제23판 2023년 최신판

세무사

제2차시험

기출문제집

월간회계 편집실 編

- 수험생 필독 ADVICE
- 세무사 제2차시험 출제경향분석 및 수험대책
- 최근 7년간(2022년~2016년) 제2차시험 기출문제 및 풀이 수록

會經社

제23판을 내면서

"세무사"는 나라 살림에 쓰이는 세금을 적법하게 징수하고 납부할 수 있도록 국가와 국민 사이에서 교량역할을 담당하는 아주 중요한 위치에 서 있으며, 세무행정의 원활화를 도모하는 공공성을 지닌 조세전문자격사이기도 하다. 특히 경제규모의 증대와 사회 정치적 발전과 함께 국민이 부담하는 세금의 규모가 커지게 되면서 세무사는 복잡하고 어려운 세금문제를 다루는 조세전문가로서 국민의 재산과 권익을 보호하는 최일선에 서있다. 납세자의 세금을 대신 신고하고 관리해 주는 도우미의 역할뿐만 아니라, 세법지식이 부족한 국민(납세자)이 부당한 세금부과로 인해 억울한 피해를 입지 않도록 사전예방과 구제에도 앞장서고 있다. 그리고 세무사는 선진국 궤도에 진입하게 되면 가정마다 세무사가 지정되어 각종 세금문제를 전담하게 되는 국민생활에 꼭 필요한 전문 직업군이다. 따라서, 세무사의 인지도와 직업적 가치는 날로 높아져 세무사를 지원하는 수험생들은 매년 증가하는 추세이다.

이번 제23판은 전년도와 비교하여 2022년도 기출문제 및 풀이를 추가 · 보완하였다.

『세무사 제2차시험 기출문제집』의 구성내용을 살펴보면,

(1) 「수험생 필독 ADVICE」에서는 세무사 제2차시험에 임하는 자세와 최근 10여년 동안의 세무사 제2차시험 출제경향 및 수험대책을 상세히 수록하여 각 과목별 출제경향과 수험대책을 미리 파악하여 체계적인 수험전략을 수립할 수 있게 하였다.

(2) 「세무사 제2차시험 기출문제 및 풀이」에서는 최근 7년간(2022년부터 2016년까지)의 제2차시험 기출문제 및 풀이를 최근 개정된 세법과 한국채택국제회계기준(K-IFRS)을 적용하여, 수정 · 보완하여 수록하였다.

이 책의 내용들이 세무사 시험을 거쳐 자신이 의도하는 최종 목표에 도달하는 과정 속에서 수험생 각자에게 조금이나마 도움이 될 수 있는 정보로 활용되기를 바란다.

세무사 제1차시험 출제경향분석 및 수험대책과 기출문제는 『세무사 제1차시험 기출문제집』을, 합격수기 및 합격자 인터뷰는 『공인회계사 · 세무사 합격수기』를 구입하여 활용하기 바란다.

앞으로도 도서출판 회경사는 수험생을 위한 체계적인 최신 정보를 제공하여 수험생 여러분의 성원에 보답하고자 최선의 노력을 다할 것을 약속드린다.

2022년 9월

『월간회계』 편집실에서 …

차 례

Contents

● 수험생 필독 ADVICE ●

■ 세무사 제 2차시험에 임하는 자세 ………………………………………… 10

■ 세무사 제 2차시험 출제경향분석 및 수험대책 ………………………… 11
  1. 회계학 1부(재무회계, 원가관리회계) ………………………………… 11
  2. 회계학 2부(세무회계) ………………………………………………… 25
  3. 세법학 1부 ……………………………………………………………… 34
  4. 세법학 2부 ……………………………………………………………… 43

■ 세무사 제2차시험 채점평 ………………………………………………… 52
  1. 2019년도 제56회(2019.11.13.) ……………………………………… 52
  2. 2018년도 제55회(2018.11.2.) ……………………………………… 56
  3. 2017년도 제54회(2017.11.14.) ……………………………………… 60
  4. 2016년도 제53회(2016.11.2) ……………………………………… 63
  5. 2015년도 제52회(2015.10.28) ……………………………………… 66
  6. 2014년도 제51회(2014.10.29) ……………………………………… 70
  7. 2013년도 제50회(2013.10.10) ……………………………………… 73

■ 2023년 국가전문자격 시험 논술형 답안지 안내 ……………………… 79

● 2022년 제59회 기출문제 ●

회계학1부(재무회계, 원가회계) ……………………………………………… 104
회계학2부(세무회계) …………………………………………………………… 116

5

세법학1부 ·· 136
세법학2부 ·· 140

2021년 제58회 기출문제

회계학1부(재무회계, 원가회계) ································ 146
회계학2부(세무회계) ·· 153
세법학1부 ·· 168
세법학2부 ·· 173

2020년 제57회 기출문제

회계학1부(재무회계, 원가회계) ································ 178
회계학2부(세무회계) ·· 188
세법학1부 ·· 204
세법학2부 ·· 208

2019년 제56회 기출문제

회계학1부(재무회계, 원가회계) ································ 214
회계학2부(세무회계) ·· 223
세법학1부 ·· 242
세법학2부 ·· 248

2018년 제55회 기출문제

회계학1부(재무회계, 원가회계) ································ 252
회계학2부(세무회계) ·· 264

세법학1부 ··· 282
세법학2부 ··· 286

▶ 2017년 제54회 기출문제 ◀

회계학1부(재무회계, 원가회계) ··· 290
회계학2부(세무회계) ··· 300
세법학1부 ··· 318
세법학2부 ··· 323

▶ 2016년 제53회 기출문제 ◀

회계학1부(재무회계, 원가회계) ··· 328
회계학2부(세무회계) ··· 335
세법학1부 ··· 352
세법학2부 ··· 357

기출문제 풀이

● 2022년 제59회 2차시험 기출문제 풀이
회계학 1부(재무회계, 원가회계) ········ 김정호 ······································· 360
회계학 2부(세무회계) ····················· 김형준 ······································· 372
세법학 1부 ································· 이상민 ······································· 381
세법학 2부 ································· 이상민 ······································· 387

● 2021년 제58회 2차시험 기출문제 풀이
회계학 1부(재무회계, 원가회계) ········ 김정호 ······································· 392
회계학 2부(세무회계) ····················· 김형준 ······································· 400
세법학 1부 ································· 이상민 ······································· 408
세법학 2부 ································· 이상민 ······································· 414

• 2020년 제57회 2차시험 기출문제 풀이

회계학 1부(재무회계, 원가회계) ········ 김정호 ········· 420

회계학 2부(세무회계) ··············· 이상민 · 김형준 ········· 427

세법학 1부 ························· 김형준 ········· 435

세법학 2부 ························· 이상민 ········· 441

• 2019년 제56회 2차시험 기출문제 풀이

회계학 1부(재무회계, 원가회계) ········ 김정호 ········· 448

회계학 2부(세무회계) ··············· 김명근 ········· 455

세법학 1부 ························· 김명근 ········· 470

세법학 2부 ························· 김명근 ········· 476

• 2018년 제55회 2차시험 기출문제 풀이

회계학 1부(재무회계, 원가회계) ········ 김정호 ········· 483

회계학 2부(세무회계) ··············· 월간회계 편집실 ········· 490

세법학 1부 ························· 정지훈 ········· 503

세법학 2부 ························· 정지훈 ········· 509

• 2017년 제54회 2차시험 기출문제 풀이

회계학 1부(재무회계, 원가회계) ········ 김정호 ········· 517

회계학 2부(세무회계) ··············· 월간회계 편집실 ········· 525

세법학 1부 ························· 황준수 ········· 538

세법학 2부 ························· 황준수 ········· 545

• 2016년 제53회 2차시험 기출문제 풀이

회계학 1부(재무회계, 원가회계) ········ 김정호 ········· 553

회계학 2부(세무회계) ··············· 월간회계 편집실 ········· 559

세법학 1부 ························· 김재상 ········· 570

세법학 2부 ························· 김재상 ········· 580

수험생 필독 ADVICE

■ 세무사 제2차시험에 임하는 자세 · 10
■ 세무사 제2차시험 출제경향분석 및 수험대책 · 11
  1. 회계학1부(재무회계, 원가관리회계) · 11
  2. 회계학2부(세무회계) · 25
  3. 세법학1부 · 34
  4. 세법학2부 · 43
■ 세무사 제2차시험 채점평 · 52
  1. 2019년도 제56회(2019.11.13) · 52
  2. 2018년도 제55회(2018.11.2) · 56
  3. 2017년도 제54회(2017.11.14) · 60
  4. 2016년도 제53회(2016.11.2) · 63
  5. 2015년도 제52회(2015.10.28) · 66
  6. 2014년도 제51회(2014.10.29.) · 70
  7. 2013년도 제50회(2013.10.10) · 73
■ 2023년 국가전문자격 시험 논술형 답안지 안내 · 79

수험생 필독 ADVICE

■ 세무사 제2차시험에 임하는 자세

세무사 시험은 1차시험 시행일(2022년의 경우 5.28(토))로부터 2차시험 시행일(2022년의 경우 9.27(토))까지의 기간이 짧으므로 평소에 1차시험에만 매달리다가는 2차시험 준비기간이 턱없이 모자라게 된다. 간혹 일단 1차만 붙고 2차는 유예기간이 있으니까 내년에 합격하면 되지 하고 안일한 생각을 갖고 있는 수험생이 있는데 위험한 발상이 아닐 수 없다.

세무사 시험은 과목특성상 차이는 있겠지만 평소엔 2차위주(주관식)로 공부하다가 1차시험 4개월여 전부터 객관식 문제에 적응해 나가는 것이 좋다. 2차시험의 회계학과 세법학은 모두 1차시험과도 연관이 깊으므로 1차나 2차만을 위한 학습은 없는 것이다. 합격자들을 보면 대개 회계학과목의 점수가 세법학1, 2부의 평균점수보다 10점가량 높다. 이는 회계학이 곧 2차시험의 당락을 결정짓는 잣대가 된다는 것이다. 세법학1, 2부는 논술형으로 서론, 본론, 결론 중 어느 정도의 학습이 이루어진 수험생이라면 본론의 내용은 거의 동일하고 서론이나 결론으로 점수를 얻어야 하는데 높은 점수를 받기는 어려운 과목이다. 반면에 회계학과목 중 원가관리회계는 계산문제로 정답이 나오는 문제이므로 점수를 얻기 쉽고 나머지 재무회계나 세무회계도 평소의 학습량에 비례하여 정직한 점수가 나오는 분야이므로 회계학과목에 승부를 걸어야 할 것이다.

이때 주의해야할 점은 2차시험은 매 과목 연습지 3쪽(분리불가) 및 답안 작성란 16쪽(양면사용, 추가지급가능) (〈교시별 표시색〉 1교시 : 홍색, 2교시 : 녹색, 3교시 : 황색, 4교시 : 백색, 5교시 : 청색)의 22행 답안지를 정해진 시간에 모두 채워야만 높은 점수를 받을 수 있다는 것이다. 그러므로 평소 눈으로 풀고 넘어가거나 연습장에 대충 풀이해 보는 것은 금물이다. 반드시 2017.3.18.부터 적용하는 국가전문자격 논술형 표준답안지(가로확장 A4 사이즈, 가로넘김)에 쓰는 것을 숙달시켜 시험장에서 당황하여 답안지를 엉망으로 만들어 채점자를 짜증나게 하는 누를 피해야 한다.

※ 2017년도 논술형 답안지 작성시부터 반드시 지워지지 않는 검정색 필기구만 사용(그 외 연필류, 유색필기구 등)해야 함에 주의.

■ 세무사 제2차시험 출제경향 분석 및 수험대책

2001년도부터 2차시험과목 회계학이 회계학1부(재무회계, 원가회계)가 100점, 회계학2부
(세무회계)가 100점으로 나누어졌다.

1. 회계학1부(재무회계, 원가관리회계) — 1교시(09:30~11:00, 90분)

회계학 1부는 100점으로, 재무회계가 60점, 원가회계가 40점이 배점된다.

> ※ 2010년도 시험부터 회계학(1차), 재무회계(2차) 과목의 회계처리기준과 관련된 문제는
> 한국채택국제회계기준(K-IFRS)을 적용하여 시험문제가 출제된다.

회계학은 타과목과 달리 이론적 접근 이외에 숙달과정을 필요로 하는 과목이다. 즉, 해답을
참조하지 않고 스스로 문제를 풀고 피드백(feed back)해야 실력이 향상되는 과목인 것이다.
따라서 눈으로 해답을 참조하면서 독서하는 공부방식은 오히려 수험기간을 연장시킬 뿐이다.
기본서로 이론공부를 하면서 단권의 문제집으로 종합하는 방법이 가장 빠르고 효과적인 회계학
정복의 방법이다. 회계학은 1차시험이나 2차시험 모두 풀이시간이 부족한 과목이므로 평소에
시간배분에 관심을 갖고 실전경험을 쌓는 것이 중요하다.

(1) 재무회계

1) 출제경향분석

2001년도부터는 변경된 제도에 따라 2문제가 출제되어 각각 계산형과 서술형이 혼합되어 60점이
재무회계에 배점되어 출제되었으며 향후에도 이런 형태로 출제될 것으로 예상된다.

2001년도 시험의 출제경향은 다음과 같다.

① 전반적으로 평년에 비하여 난이도가 약간 높게 출제되었다.

② 기업회계기준 및 해석 등의 내용을 묻는 문제가 많이 출제되었다.

③ 공인회계사 시험형태이면서 난이도를 낮추어서 출제되었다.

④ 계산문제를 위한 지문의 양이 긴 편이어서 계산형 문제의 풀이에 어려움이 있었다.

⑤ 지분법문제의 서술형 물음에 대한 답안작성의 어려움이 있었을 것으로 판단된다.

⑥ 1차시험 합격자에게 유리하고, 상대적으로 1차 면제자에게는 상대적으로 어려움이 있는
   문제라고 판단된다.

2002년도에도 2문제가 출제되어 출제된 분야는 리스회계와 공사수익(이연법인세 포함) 60
점(각 30점)으로 출제가 예상된 문제였고, 물음도 대부분 기본적인 내용이어서 답안작성에 큰
어려움은 없었으리라 판단된다.

2003년도에도 2문제가 출제되었으며 평이한 문제와 약간 까다로운 문제가 적절히 배합된

형태로 출제되었다.

2004년에는 2문제(60점)가 출제되었으며 난이도는 평이하였으나 수익의 인식과 전환증권, 주당순이익에 편중되어 이 부분을 자세히 보지 못하였던 수험생들은 당황하지 않았을까 판단된다. 세무사의 직업적 특성상 수익금액의 측정이나 자본부분은 항상 중요한 부분(세법상 수입금액을 결정하는 부분임)이므로 시험목적에 부합하는 문제라 판단된다.

2005년도에도 2문제(60점)가 보통수준으로 출제되었다. 출제된 분야는 채권채무조정, 이연법인세회계 등 의사결정회계로 수험서 및 학원 등에서 비중있게 취급한 파트여서 일부 채권채무조정문제를 제외하고는 무난하게 답안을 작성하였으리라 판단된다. 채권채무조정문제는 기업회계기준서의 사례와 거의 유사하게 출제되었다. 이러한 출제형태는 2006년 시험에도 계속될 것으로 기대된다.

2006년도는 2문제(60점)가 평년수준보다 약간 높게 출제된 것으로 판단된다. 대다수의 수험생이 시간부족으로 인해 일부 문제를 풀 수 없었다고 한다. 1차 못지 않게 2차도 속전속결로 답안을 작성하는 것이 중요하다. 즉, 계산의 산출과정은 간략하게 하거나, 중요성이 없으면 생략하여야 하며, 서술형의 답안의 길이도 분량을 초과하지 않게 아니 오히려 핵심용어 위주로 간략하게 서술하여야 한다.

2007년도 재무회계는 현금흐름표 문제(유형자산의 교환 포함)와 충당부채 문제가 출제되었으며 예년보다 좀 어렵게 2문제가 출제되었다. 유형자산의 교환문제에서 자산처분이익은 이연처리한다는 모호한 표현으로 수험생이 당황하였다고 한다. 또한 장기미지급으로 취득한 유형자산의 미지급금의 지급을 투자활동과 재무활동 중 어떤 활동으로 분류할 것인가의 문제는 현행회계기준에서 소개되지 아니한 국제회계기준, 미국기준의 규정에 따른 풀이를 요구한 것으로 수험생간 의견의 다툼이 많았다고 본다(결론 : 당기말 미지급금지급액은 재무활동임). 충당부채는 준비된 수험생이라면 충분히 풀 수 있는 문제였다.

2008년도 재무회계는 유형자산 문제와 전환사채 문제로 기본단원에서 대체로 평이하게 출제되었으나 핵심적인 고려사항을 반영하지 않은 경우에는 득점이 쉽지 않은 문제였다.

2009년도 재무회계는 무형자산(30점), 사채와 충당부채(30점)에서 출제되었다. 특수회계 단원에서 출제되지 않아 유예생이나 1차 면제자 보다는 동차생이 상대적으로 유리하였다고 볼 수 있다.

2010년도 재무회계의 경우 국제회계기준(IFRS) 도입으로 이번 시험의 변수가 될 것이라 예상했지만 예상 외로 평이하게 출제된 것으로 나타났다. 유형자산 재평가 문제 등 IFRS를 기준으로 문제가 출제되었지만 어려운 편은 아니었다. 그러나 주당이익에서 우선주매입손실을 보통주순이익에서 차감하는 것, 주식선택권에서 행사가격을 조정 후 자기주식법 적용이 어려웠다.

2011년도 재무회계는 평균적으로 쉽게 출제된 편이었다. 지분법은 자주 출제되지 않는 단원이지만 50% 정도는 객관식에서 커버될 수 있는 쉬운 문제가 포함되어 있다. 고객보상점수 등은 충분히 예상되었고, CPA시험에도 출제된 바가 있어 높은 점수를 기대할 수 있을 것으로 보인다.

2012년도 재무회계도 모두 예상되었던 분야에서 출제되어 폭탄문제(?)는 없었다. 평이한 물음도 있었고, 좀 까다로운 물음도 있어 적절하게 난이도를 구성한 것으로 판단된다. 전반적으로 평년에 비하여 시간의 압박이 좀 있었을 것으로 예상된다.

2013년 재무회계는 재고자산과 유형자산에서 출제되었다. 즉, 특수회계단원에서는 한 문제도 출제되지 않았다. 이는 2011년 무형자산(그 지문의 양이 상당하였다)과 금융부채가 출제된 것과 약간 유사하다. 재무회계는 시간의 압박과 함께 특이한 물음이 있어 높은 점수를 기대하기 어렵다. 이런 출제유형의 경우 우선 간단한 문제만 선별하여 풀고 나머지 문제는 skip하는 것이 효율적이다.

재무회계 문제 1번 : (물음 1) 반품조건판매의 경우 반품률을 합리적 추정가능하면 수익인식하므로 해당 재고는 기말재고를 구성하지 않음에 유의하여야 한다. (물음 2) 비정상감모손실, 정상감모손실, 재고자산평가손실환입의 계산 및 회계처리를 요구하는 문제이다. (물음 3) 현재가치 계산 문제로 평이한 문제이다. 문제 1번은 K-IFRS(재고자산)의 규정을 충실히 문제로 구성한 것이다.

재무회계 문제 2번 : (물음 1) (물음 1-1)은 지문의 양이 상당하고 그 구성도 너무 특수상황이라 정확한 답을 도출하시는 것은 기대할 수 없는 문제이다. 맨붕상태. 시간 잡아먹는 하마(?)라 할까. 스킵하여야 할 문제이다. (물음 1-2)와 (물음 1-3)은 풀이가 가능한 문제이다. (물음 2) 4월 1일에 회계추정의 변경을 하는 경우 감가상각비를 계산하는 문제이다. K-IFRS에서는 연차보고기간초에 회계추정의 변경을 하는 것과 상충된다고 볼 수 있다. 4월 1일에 회계추정의 변경을 하여 (즉, 4월 1일부터 전진적용하여) 계산된 값을 정답으로 하는 것이 출제의도로 보인다. (물음 3)은 기본문제여서 쉽게 답을 구할 수 있다. (물음 4)는 까다로운 문제여서 정답을 구하기 어려웠을 것으로 보인다.

2014년 재무회계는 수익인식과 사채(발행자측면과 보유자측면)에서 출제되었고, 비교적 평이한 수준이었다.

- 재무회계 문제 1 : (물음 1) (1) 이종교환의 경우 받은 재화의 공정가치로 수익을 측정한다. (2) 계약수익과 계약원가 계산문제로 평이한 문제이다. (3) 받을 채권이 연속상환사채의 현금흐름이다. 현금흐름을 잘 계산하여 이를 할인하여 계산된 현재가치를 수익을 인식한다. (4) 위탁판매 현금수취액에서 위탁판매수익을 역으로 계산하는 문제이다. (5) 반품금액을 합리적으로 추정할 수 없는 경우에는 수익을 인식하지 못한다. (물음 2) 1차년도에는 원가회수기준으로 수익을 인식하고 2차연도에서 처음으로 진행기준으로 수익을 인식하는 문제이다. (물음 3) 회수현금흐름이 감소함에 따른 손상차손(대손상각비)를 계산하는 문제이다. 현재가치계산에 적용할 할인율은 매출 발생시 유효이자율임에 유의하여야 한다. (물음 4) 반품조건판매의 경우 매출액을 인식하는 문제이다.

- 재무회계 문제 2 : 모두 예상된 문제들이어서 실수만 하지 않는다면 30점을 획득할 수 있는 문제이다. (물음 1) 사채의 발행자 입장의 회계처리 문제이다. (물음 1-1) 권면발행일 후

발행시 현금수취액 계산문제이다. (물음 1-2) 유효이자계산, 사채할인발행차금 상각을 정확히 계산하여야 한다. (물음 1-3) 사채 조기상환시 상환손익계산문제이다. (물음 2) 사채의 보유자 입장의 회계처리 문제이다. (물음 2-1) 만기보유금융자산에서 매도가능금융자산으로 분류변경시 회계처리이다. 공정가치와 상각후원가의 차이를 매도가능금융자산평가손익으로 인식한다. (물음 2-2) 취득후 2차연도 매도가능금융자산(채무증권) 평가관련 회계처리 문제이다. (물음 2-3) 매도가능금융자산처분손익 계산문제이다. 처분금액에서 장부금액을 차감하고 매도가능금융자산처분손익을 가감하여 계산한다. 처분금액에서 상각후원가를 차감하여 계산할 수도 있다.

2015년 재무회계는 무형자산과 금융자산에서 출제되었다. 즉, 특수회계단원에서는 한 문제도 출제되지 않았다. 2012년, 2013년 및 2014년도에도 특수단원에서 출제되지 않았다. 즉, 4년간 비특수단원에서만 출제된 것이다.

재무회계 문제 1 : 고득점이 가능한 문제이다. (물음 1) (물음 1-1) 무형자산의 재평가모형에 대한 문제이다. (물음 1-2) 무형자산의 재평가모형문제에서 재평가잉여금을 이익잉여금으로 대체하는 경우를 추가한 문제이다. 재평가잉여금을 이익잉여금으로 대체하는 금액은 재평가잉여금을 잔존내용연수로 나눈 금액이다. (물음 1-3) 유형자산 교환문제이다. 상업적 실질이 있는 교환의 경우, 교환으로 인식할 처분손익(취득자산의 공정가치가 제공자산의 공정가치보다 더 명확하지 않은 경우)은 제공한 자산의 공정가치에서 제공한 자산의 장부금액을 차감한 금액이다. (물음 1-4) 무형자산의 정의를 충족하는 속성을 묻는 문제이다. 식별가능성, 통제, 효익 (물음 2) (물음 2-1) 개발비 인식조건 6가지 서술문제이다. 실무에서 매우 중요한 내용인데, 1차와 2차 모두 출제된 바가 없던 문제이다. 반드시 출제되었어야 하는 문제이다. (물음 2-2) 연구단계와 개발단계를 구분하는 문제이다.

재무회계 문제 2 : 단기매매금융자산은 손상차손과 손상차손환입은 인식하지 않음을 유의해야 한다. (물음 1) (물음 1-1) 단기매매금융자산의 경우 취득 시 수수료 등은 당기비용처리하고, 기말에 평가손익을 당기손익으로 인식한다. 만기보유금융자산은 유효이자율법을 적용한 상각후원가가 기말 장부금액이 된다. (물음 1-2) 단기매매금융자산은 손상차손을 인식하지 않음에 유의, 만기보유금융자산의 경우 손상차손은 장부금액과 현재가치(할인율은 취득당시 유효이자율)의 차이로 계산된다. (물음 1-3) 단기매매금융자산은 손상차손환입을 인식하지 않음에 유의. 만기보유금융자산의 손상차손환입은 현재가치(잔여현금흐름을 취득 당시 유효이자율로 할인한 금액)과 장부금액의 차이로 계산된다. (물음 2) (물음 2-1) 매도가능금융자산(지분상품)은 공정가치변동을 기타포괄손익으로 인식하고, 매도가능금융자산(채무상품)은 먼저 유효이자율법을 적용하고, 다음 공정가치 평가를 한다. (물음 2-2) 매도가능금융자산(지분상품)의 손상차손은 취득원가에서 회수가능액을 차감하여 계산된다. 매도가능금융자산(채무상품)의 손상차손은 상각후원가에서 회수가능액을 차감하여 계산된다. (물음 2-3) 매도가능금융자산(지분상품)의 손상차손환입을 인식하지 아니한다. 매도가능금융자산(채무상품)의 손상차손환입은 현재가치(잔여현금흐름을 시장이자율로 할인한 금액)에서 장부금액(상각후원가)를 차감하여 계산된다.

2016년 세무사 2차 회계학1부 재무회계 출제현황은 다음과 같다.

구분	배점	출제단원
재무회계	30점	사채(권면발행일 후 발행)
	30점	법인세회계

재무회계는 사채와 법인세회계에서 출제되었다. 사채문제는 평이하게 출제되었고 대부분 객관식문제에서 자주 취급된 유형이다. 법인세회계문제는 2006년도 출제되고 2015년까지 출제되지 않았던 분야인데 오랜만에 출제되었다.

재무회계 문제 1 : (물음 1) 사채문제로 전형적인 물음이어서 고득점을 기대할 수 있다. (물음 1-1) 권면발행일후 발행시점의 발행금액계산문제이다. 권면발행일의 현재가치(실제발행일의 시장이자율적용)에 권면발행일과 실제발행일간 유효이자를 가산하고 표시이자를 차감하여 계산한다. 여기서 표시이자를 차감하지 않으면 현금수취액이 되고, 경과이자를 포함한 발행금액이 된다. 하지만 발행금액은 표시이자(경과이자)를 포함하지 않은 금액이다. (물음 1-2) 사채발행연도의 이자비용은 권면발행일의 발행금액에 유효이자율과 9/12을 곱하여 계산한다. (물음 1-3) 총이자비용은 권면발행일기준 총이자비용에서 권면발행일과 실제발행일간 유효이자를 차감하여 계산한다. (물음 2) (물음 2-1) 유효이자율법을 적용하여 상각후원가를 계산하는 문제이다. (물음 2-2) 사채의 장부금액(경과이자포함)에서 상환액을 차감하여 사채상환손익을 계산한다. (물음 3) 연속상환사채는 현금흐름을 잘 계산하여 현재가치를 계산하여야 한다. 권면발행일 후 발행이지만 권면발행일 기준으로 유효이자율법으로 사용하여 상각후원가계산하면 해결된다.

재무회계 문제 2 : 법인세회계문제이다. (물음 1) (물음 1-1) 법인세비용, 기타포괄손익, 이연법인세자산, 이연법인세부채, 당기법인세부채 계산문제는 법인세회계문제에서 반드시 요구되는 물음으로 쉽게 답을 제시할 수 있을 것으로 기대된다. (물음 1-2) 유효세율은 법인세비용을 법인세비용차감전순익으로 나누어 계산한다. (물음 1-3) 법인세회계 개념문제이다. (물음 2) (물음 2-1) 이연법인세자산을 발생시키는 항목은 미사용 세무상 결손금, 세액공제 등 이월액이다. (물음 2-2) 이연법인세 상계조건은 과세당국이 동일하고, 상계권리가 있어야 한다.

2017년 세무사 2차 회계학1부 재무회계 출제현황은 다음과 같다.

구분	배점	출제단원
재무회계	30점	건설계약, 현금흐름표
	30점	재고자산, 오류수정

2문제가 출제되는 단점을 극복하고자 여러 단원을 믹스하는 퓨전문제가 출제되었다.

[문제 1] 현금흐름표는 오랜만에 출제되었다. 현금흐름표 중 순증감액으로 표시되는 문제는 CPA시험에도 출제된 바가 없는 새로운 유형의 문제가 답을 도출하기 어려웠으리라 본다.

[문제[2] 재고자산의 매입액 계산 시 연속상환사채 형식으로 현금흐름 현재가치계산에 유의하여야 한다.

2018년 세무사 2차 회계학1부 재무회계 출제현황은 다음과 같다.

구분	배점	출제단원
재무회계	30점	신주인수권부사채, 자기주식처분손익, 주식선택권, 자본조정표, 주당이익
	30점	고객과의 계약에서 생긴 수익, 권면발행일 후 사채 발행, 상각후원가 측정금융자산, 당기손익－공정가치 측정금융자산, 기타포괄손익－공정가치 측정금융자산, 금융자산손상

[문제 1] (물음 1), (물음 2), (물음 3)은 충분히 풀 수 있는 문제인 반면에 (물음 3) 기본주당이익은 평이했지만, 희석주당이익 계산은 계산량이 많아 어려웠으리라 본다. 특히 주식선택권은 조정후 행사가격을 계산하여 자기주식법을 적용해야 한다.

[문제 2] (물음 1)은 KIFRS 1115 "고객과의 계약에서 생긴 수익"의 문제이다. 지적재산 라이선스를 부여하는 약속의 성격을 사용권과 접근권으로 구분하고, 사용권은 라이선스 부여시점에, 접근권은 기간에 걸쳐 수익인식하는 규정을 묻는 문제이다. 문제 지문이 명확하지 않지만 사용권으로 보는 것이 타당하다. 쉽게 풀었으리라 본다. (물음 2)는 기존 교과서나 기출문제에서 많이 나온 유형이라 충분히 풀 수 있는 문제이다. (물음 3)은 KIFRS 1109 "금융자산"의 문제이다. 상각후원가측정금융자산 또는 기타포괄손익―공정가치측정금융자산으로 구분하여 손상차손과 손상차손환입을 물어보는 문제이다. 개정된 기준을 반영한 문제이다.

2019년 세무사 2차 회계학 1부 재무회계 출제현황은 다음과 같다.

전반적으로 문제의 물음의 양과 계산량이 많아 시간 부족으로 평년보다 약간 점수가 낮으리라 예상된다. 이번 시험도 시간 안배가 중요했다.

구분	배점	출제단원
재무회계	30점	현금흐름표
	30점	리스회계

[재무회계]

[문제 1]의 현금흐름표는 준비된 수험생에겐 100% 커버할 수 있는 문제였다. 그런데 준비된 수험생은 소수라 예상된다. 회계사시험 준비를 한 수험생이라면 고득점 했으리라 본다. (물음

1)은 간접법 영업활동현금흐름, (물음 2)는 직접법 영업활동현금흐름을 (물음 3) 직접법과 간접법의 장단점 서술을 각각 요구하였다. 영업활동순현금흐름은 2가지 접근방식으로 풀 수 있다. (물음 4)와 (물음 5)는 상대적으로 쉬워 많은 수험생은 충분히 풀 수 있는 문제였다.

　[문제 2] 리스문제는 기본문제로 출제되었다. 관계식만 잘 정리 및 암기했다면 쉽게 풀 수 있는 문제이다. (물음 1)과 (물음 2)는 "리스순투자 = 리스자산의 공정가치 + 리스개설직접원가 = 고정리스료의 현재가치 + 리스종료일 추정잔존가치의 현재가치" "리스총투자 = 고정리스료 합계 + 리스종료일 추정잔존가치" "미실현금융수익 = 리스총투자 — 리스순투자"식을 알면 풀 수 있다. (물음 3)에서는 "리스부채 = 고정리스료의 현재가치 + 보증잔존가치의 현재가치" "리스자산 = 리스부채 + 리스이용자 리스개설직접원가"식을 적용하면 풀 수 있다.

　(물음 4)와 (물음 5) 역시 1차 시험에도 출제되는 쉬운 문제이다. (물음 6)은 무보증잔존가치 손상차손 계산 공식인 "손상차손 = Min[무보증잔존가치, 잔존가치감소]의 현재가치"을 이용하면 쉽게 풀 수 있다.

　2020년 세무사 2차 회계학 1부 재무회계 출제현황은 다음과 같다.

　출제분야는 중요도가 높은 단원이어서 이른바 폭탄은 없었다. 예상된 단원에서 출제되어 난이도는 평균 또는 평균보다 좀 낮다고 판단된다. 특히, 재무회계에서 요즘 핫하고 1차시험에서 출제되고 있는 조건변경(채무상품과 리스) 문제는 수험생들이 착실히 준비되었고 좋은 점수를 얻었으리라 본다.

구분	배점	출제단원
재무회계	30점	지분법, 재평가모형, 투자부동산으로 재분류
	30점	금융부채 조건변경, 리스회계 변경

[재무회계]

　[문제 1]은 지분법의 기본문제가 출제되었다. 단계적 취득과 유의적 영향력 상실 회계처리를 요구하는 문제이다. 지분법은 과거에도 출제된 적이 있어 예상가능한 단원이다. 유형자산의 재평가모형 문제로 비례표시 감가상각누계액 계산을 특히 많이 요구했다. 감가상각누계액은 "공정가치 × 경과연수/잔존연수" 식을 이용하면 쉽게 계산가능하다. 재평가모형을 투자부동산(공정가치모형)으로 대체 시 회계처리에 재평가모형을 적용하여 손익처리하는 기본문제이다.

　[문제 2]는 금융부채의 조건변경문제로 1차시험과 CPA2차 시험에도 출제된 예상가능한 문제이다. 실질적 조건변경 판단시 최초유효이자율 적용과, 지급수수료과 실질적 조건변경 여부에 따라 달리 회계처리됨에 유의해야 한다.

　리스회계의 조건변경도 1차시험에 출제된 바 있어 충분히 풀 수 있는 문제이다.

　2021년 재무회계는 중요도가 높은 단원에서 출제되고 물음도 어렵지 않아 출제난도는 평균보다 좀 낮다고 판단된다. 제한된 시간에 모든 문제를 푼 수험생은 상당히 소수일 것이다. 풀 문제를 선별하는 선구안이 필요하고 훈련이 요구된다.

2022년 재무회계는 여러 단원에서 골고루 출제되었다. 평년의 난도보다 조금 높은 수준이었고 시간의 압박이 있었으리라 본다.

연 도	문제의 유형	물음의 내용
2001	1. 주당순이익 (30점) 2. 지분법 (30점)	
2002	1. 리스회계처리 (30점) 2. 건설업회계처리 (30점)	
2003	1. 이연법인세와 전환사채 (30점) 2. 현금흐름표 (30점)	
2004	1. 수익인식(로열티수익, 진행기준, 할부판매, 상품권) (30점) 2. 무형자산(개발비, 감액), 전환사채, 주식매수선택권 (30점)	
2005	1. 채권채무조정 (30점) 2. 이연법인세, 유가증권평가, 자기주식회계처리 (30점)	
2006	1. 이연법인세회계 (30점) 2. 회계변경 (30점)	
2007	1. 현금흐름표(유형자산의 교환포함) (30점) 2. 충당부채 (30점)	
2008	1. 유형자산(취득원가계산, 손상차손, 손상차손환입계산) (30점) 2. 전환사채(발행자와 투자자의 회계처리) (30점)	
2009	1. 무형자산 (30점) 2. 사채와 충당부채 (30점)	
2010	1. 유형자산재평가 (30점) 2. 주당이익 (30점)	
2011	1. 지분법(30점) 2. 고객보상점수/충당부채(30점)	
2012	1. 금융비용 자본화 (30점) 2. 금융리스 회계처리 (30점)	
2013	1. 재고자산(30점) 2. 유형자산(30점)	
2014	1. 수익인식(30점) 2. 금융부채, 금융자산(30점)	
2015	1. 무형자산(연구개발비, 재평가모형)(30점) 2. 금융자산(손상차손, 손상차손환입)(30점)	
2016	1. 사채(권면발행일 후 발행)(30점) 2. 법인세 회계(30점)	

2017	1. 현금흐름표, 진행기준수익인식(30점) 2. 재고자산, 오류수정(30점)
2018	1. 신주인수권부사채, 자기주식, 주당순이익(30점) 2. 수익인식 금융상품 회계처리(30점)
2019	1. 현금흐름표(30점) 2. 리스회계(30점)
2020	1. 지분법, 재평가모형, 투자부동산으로 재분류(30점) 2. 금융부채 조건변경, 리스회계 변경(30점)
2021	1. 유형자산 교환, 재평가, 손상(30점) 2. 현금결제형 주식기준보상, 확정급여제도(30점)
2022	1. 재고자산, 지분법, 통화선도, 차입원가 자본화, 보고기간후 사건(30점) 2. 현금흐름표, 회계변경, 오류수정(30점)

2) 수험대책

재무회계는 내용도 방대하거니와 단순한 이론암기에 그치는 것이 아니라 숫자를 통해서 내용을 이해하고 다시 글로 정리해야 하는 과목이다. 그러므로 기본적인 계산문제 및 예제의 반복풀이는 내용 이해에 필수적이므로 계산문제를 등한시해서는 안된다.

세무사 2차시험의 재무회계처럼 서술형 문제의 경우는 문제를 반복하여 읽은 후 출제자의 의도를 파악하고, 답안작성을 위한 핵심용어(Key-word)들을 먼저 떠올린 후 문제흐름에 맞게 자연스럽게 서술해 나가는 연습을 해야 한다. 이를 위해서는 중급회계 교재를 통하여 전반적인 흐름을 이해하고 Sub-note를 하면서 출제가능한 요점들을 중점적으로 정리하는 한편, 기본적인 흐름을 이해하는데 필요한 예제 및 문제를 선정하여 3~5회 정도 반복하여 풀어보는 것이 바람직하다.

⑵ 원가관리회계

1) 출제경향분석

2001년도부터는 변경된 제도에 따라 2문제가 출제되어 40점이 원가회계에 배점된다.

또한, 시험의 출제경향이 완전히 바뀌었다. 과거 이론위주의 암기식에서 이해위주의 계산문제 중심으로 바뀌었다. 난이도도 회계사수준으로 물어봄으로써 폭넓고 심도있는 공부가 필요하게 되었다. 단계법의 경우 복잡하게 배부기준을 제시함으로써 상당한 시간을 요구하였고 관련된 부분은 전부 물어봤다. CVP문제의 경우 ABC와 결합하여 물어봄으로써 단순 암기식으로 공부한 수험생들에게는 상당히 접근하기 어려웠을 것이다.

2002년도 원가회계는 기본개념에 충실하고 이론과 계산문제를 균형있게 공부한 수험생이라면 고득점을 할 수 있는 문제가 출제되었다.

2003년도에는 평이한 문제와 약간 까다로운 문제가 적절히 배합된 형태로 출제되었다. 특히 문제 1의 풀이과정에서 유휴생산능력이 발생하자 당황하는 수험생이 일부 있었던 것으로 전해지고 있다.

2004년도에는 난이도가 회계사 2차시험과 같을 정도로 어려워졌다. 기본적인 문제가 많이 출제되었지만 단순히 예상문제 중심으로 공부한 수험생은 굉장히 어려웠을 것이라 생각된다. O, X문제까지 출제되는 것을 보니 향후 세무사 2차 수험생들은 기본서뿐만 아니라 객관식과 고급원가까지 풀어볼 것을 권한다.

2005년도에는 원가회계 쪽보다는 관리회계에서 2문제가 출제되었다. [문제3]은 기댓값의 의미를 물어보는 평이한 문제였고 [문제4]는 특별주문 문제로 정상적으로 기본부터 공부한 수험생이라면 풀 수 있는 문제였다.

2006년도에는 2문제가 평년수준보다 약간 높게 출제된 것으로 판단된다. 대다수의 수험생이 시간부족으로 인하여 일부문제를 풀 수 없었다고 한다. 1차 못지 않게 2차도 속전속결로 답안을 작성하는 것이 중요하다.

2007년도 원가관리회계(2문제)는 평년수준으로 출제된 것으로 보인다. 활동기준원가계산과 특별주문의사결정문제가 출제되었다. 활동기준원가계산은 평이하게 출제되었다. 다만, 매출비율을 출제자는 매출수량비율로 가정한 것으로 보이나 매출액비율로 보고 푼 수험생은 하늘이 무너지는 아픔이 있으리라 본다. 매출비율은 매출수량비율과 매출액비율 모두 가능하며, 오히려 매출액비율이 더 일반적이라고 판단된다. 따라서 매출수량비율과 매출액비율을 모두 정답처리하는 것이 공평하다고 본다. 특별주문의사결정문제는 원재료 재고유지비용 계산시 한국마크 상표부착원가 800원의 포함여부가 애매한데 필자는 포함하여 계산하였다.

2008년도 원가관리회계는 활동원가계산문제와 CVP분석문제가 비교적 평이하게 출제되었다.

2009년도 원가관리회계는 전통적 원가계산과 활동기준원가계산(20점), 대체가격계산, 합병가격계산(20점)에서 비교적 난이도가 높게 출제되었다.

2010년도 원가관리회계는 새로운 유형이 선보였지만 전체적으로 까다롭지는 않았다는 반응이다. 그러나 생산대기의사결정은 2008년 CPA시험에서 출제되었던 유형의 문제로서 사전에 풀어보지 않았으면 힘든 문제이다.

2011년도 원가관리회계도 비교적 쉽게 기본단원에서 출제되었다. 서술형문제는 출제되지 않고 전부 계산형문제였다. 회계학 1부에서는 예년과 달리 과락은 많지 않을 것으로 보이며, 고득점도 가능한 시험이라 타과목에서 과락이 없다면 회계학1부에서 고득점을 한 수험생은 합격가능성이 매우 높을 것이다.

2012년도 원가관리회계도 예상되었던 분야에서 전반적으로 평이하게 출제되었다.

2013년도 원가관리회계는 상대적으로 적절한 난이도로 출제되었다. 원가관리회계 문제 3번 : 영업이익에서 출발하여 매출액을 계산하고, 개당표준원가계산을 하면 정답이 도출될 수 있는 평이한 문제이다. 원가관리회계 문제4번 : 대체가격 문제로 고압밸브의 최저대체가격만 잘 계산하면 크게 무리없이 답이 도출된다. 다만, 표준밸브 생산능력이 40,000개로 감소한다는 가정을 잘못 해석하여 그릇된 답이 도출될 위험이 있다.

2014년도 원가관리회계는 상대적으로 시간의 압박이 좀 있었을 것이나 적절한 난이도 수준으로 잘 출제된 문제라고 평가한다.

- 원가관리회계 문제 3 : 결합원가와 종합원가가 혼합된 문제이다. (물음 1) 공손이 있는 종합원가계산문제이다. 결합원가는 완성품원가로 계산된다. (물음 2) 순실현가치법으로 결합원가를 배분하는 문제이다. 폐물처리원가는 제품 C와 관련되어 있으므로 배분대상이 아니고 제품C의 원가에 포함되어야 한다. (물음 3) 이번 시험에서 가장 어려운 문제이다. 변동원가를 잘 계산하여야 하고, 물량의 흐름을 정확히 반영하여야 정확한 답이 도출된다. 또한 물음의 제시문 중 "제품 A의 판매량이 증가함에 따라 제품 B의 변동판매비 가운데 1/3은 계속 발생할 것으로 예상된다."의 해석에 따라 두 가지 답안이 도출될 수 있다고 본다.
- 원가관리회계 문제 4 : (물음 1) 복수제품의 손익분기점 계산문제이다. (물음 2) 제약조건 하에서 최적의사결정문제이다. (물음 3) 선형계획법 문제로 두 제약조건식의 교점을 계산하여 최적해를 알 수 있다. 교점은 두 제약조건식을 연립방적식으로하여 계산하면 된다. (물음 4) (물음 4-1) 매출가격차이와 매출조업도차이계산문제이다. (물음 4-2) 매출수량차이와 매출배합차이 계산문제이다.

2015년도 원가관리회계는 CVP분석과 변동원가계산에서 출제되었다. 평이한 수준으로 출제되어 시간의 압박은 크지 않았으리라 본다.

원가관리회계 문제 3 : (물음 1) 다음과 같은 계산식을 이용하면 쉽게 풀 수는 있는 문제이다. 공헌이익률＝공헌이익/매출액, 손익분기점매출액＝고정비/공헌이익률, 영업레버리지도＝공헌이익/영업이익, 안전한계매출액＝매출액—손익분기점매출액, 안전한계비율＝안전한계매출액/매출액 (물음 2) 영업레버리지도는 고정영업비의 영업손익 확대효과로 고정비비중이 클수록 영업레버리지지도는 크다. 매출액이 증가하면 영업레버리지도가 큰 방법이 더 많은 영업이익 증가를 가져온다. (물음 3) 수수료율이 변동되어 공헌이익률이 변경되었다. 목표매출액에 변경된 공헌이익률을 곱한 금액이 종전 공헌이익과 일치되게 계산식을 만들어 풀면 된다.

원가관리회계 문제 4 : (물음 1) 변동원가계산 영업이익＝매출액 - 총변동원가 - 총고정원가 (물음 2) 전부원가계산 영업이익＝변동원가계산 영업이익 - 기초재고에 포함된 고정제조간접원가+기말재고에 포함된 고정제조간접원가 (물음 3) 순현금흐름＝현금유입 - 현금유출 (물음 4) 초변동원가계산의 유용성과 한계점 서술

2016년도 원가관리회계는 계산량이 많아 시간의 압박이 컸을 것으로 본다.

구분	배점	출제단원
원가관리회계	20점	표준종합원가계산, 변동원가계산, 초변동원가계산
	20점	활동기준원가계산

원가관리회계 문제 3 : (물음 1) 완상품환산향계산 등 평이한 문제라 정답률이 높을 것으로 기대된다. (물음 2) (물음 2-1) 영업이익을 계산하는 경우 불리한 변동제조간접원가차이를 잘 계산하여 차감하여야 한다. (물음 2-2) 초변동원가계산 영업이익 계산문제이다. 매출액에서 직접재료원가를 차감하여 공헌이익을 계산하고, 나머지 원가(직접노무원가, 제조간접원가)를 기간비용을 처리한다.

원가관리회계 문제 4 : 활동기준원가계산문제로 시간의 압박이 있어 힘든 문제가 될 가능성이 크다. (물음 1) 기계작업시간과 품질검사의 원가동인수를 계산하는 데 시간 소모가 클 수 있다. (물음 2) 간단하게 계산될 수 있는 문제이다. (물음 3) 연마작업원가, 동력지원원가, 정밀검사원가를 잘 계산하여야 정답을 도출할 수 있다.

2017년도 원가관리회계의 출제현황은 다음과 같다.

구분	배점	출제단원
원가관리회계	20점	종합원가계산, 품질원가
	20점	CVP분석, 제한된 자원하에서 의사결정

[문제 3] 종합원가계산의 경우 1공정, 2공정, 공손존재, 재고완성도 계산 등 시간의 압박이 큰 문제였다. 다만, 계산 과정이 모두 반올림없이 계산되어 계산과정중 답을 확신할 수 있었다.

[문제 4] 문제의 내용을 특별히 어렵지 않았으나, (물음 3)과 (물음 4)의 계산량이 많아 시간의 압박이 컸을 것으로 본다.

전반적으로 문제의 요구사항과 계산량이 많아 평년보다 점수가 낮으리라 예상된다.

2018년 세무사 2차 원가관리회계 출제현황은 다음과 같다.

구분	배점	출제단원
원가관리회계	20점	표준원가계산, 재고자산예산, 변동원가계산 손익계산서, 전부원가계산 매출원가, 현금예산, 신규 투자의 경제적 부가가치
	20점	특별주문 의사결정

[문제 3] (물음 3)의 계산량이 많아 시간의 압박이 컸을 것으로 본다.

[문제 4] 가장 쉬운 문제이다. 계산량도 적고 특별히 어렵지 않아 고득점이 가능하다.

2019년 세무사 2차 회계학 1부 원가관리회계 출제현황은 다음과 같다.

구분	배점	출제단원
원가관리회계	20점	실제전부원가계산, 실제변동원가계산, 정상원가계산
	20점	대체가격결정, 경제적 부가가치 계산

[문제 3] 전부원가계산과 변동원가계산 문제로 일반적 형태의 문제로 상대적으로 어렵지 않아 많은 점수를 획득할 수 있으리라 본다. 단, (물음 3)의 계산량이 많아 시간의 압박이 클 것으

로 본다.

[문제 4] 해외 대체가격 및 경제적 부가가치 문제로 계산의 압박의 적어 잘 접근한다면 많은 점수를 획득할 수 있다고 본다.

2020년 세무사 2차 회계학1부 원가관리회계 출제현황은 다음과 같다.

구분	배점	출제단원
원가관리회계	20점	정상원가계산, 차이배부
	20점	자가제조 or 외부구입 의사결정, 학습곡선

[문제 3] 정상개별원가계산 문제이다. 차이배부 등 일반적 형태의 문제로 상대적으로 어렵지 않아 많은 점수를 획득할 수 있으리라 본다.

[문제 4] 자체생산 또는 외부구입 의사결정문제에 학습곡선 등이 추가된 문제이다. 계산과정이 상대적으로 짧아(시간분배를 잘 해) 반드시 풀어야 할 문제였다.

제한된 시간에 모든 문제를 푼 수험생은 상당히 소수일 것이다. 풀 문제를 선별하는 선구안이 필요하고 훈련이 요구된다.

2021년도 원가관리회계는 중요도가 높은 단원에서 출제되고 물음도 어렵지 않아 출제난도는 평균보다 좀 낮다고 판단된다.

2022년도 원가관리회계는 여러 단원에서 골고루 출제되었다. 평년의 난도보다 조금 높은 수준으로 판단된다.

연 도	문제의 유형	물음의 내용
2001		1. 단계법(배부기준제시) (20점) 2. CVP(ABC와 결합) (20점)
2002		1. ABC (20점) 2. 종합원가계산 (20점)
2003		1. 관련원가분석 (20점) 2. 전부원가계산과 변동원가계산 (20점)
2004		1. 제조원가명세서, 종합원가계산 (20점) 2. 관련원가분석 (20점)
2005		1. CVP분석 (20점) 2. 특별주문 (20점)
2006		1. 종합원가계산 (20점) 2. 대체가격 (20점)
2007		1. 활동기준원가계산 (20점) 2. 특별주문의사결정 (20점)
2008		1. 활동원가계산(반품고려 효율성 판단) (20점) 2. CVP분석(비선형 CVP의 공헌이익 등 계산) (20점)

2009	1. 전통적 원가계산과 활동기준원가계산 (20점) 2. 대체가격계산, 합병가격계산 (20점)
2010	1. 의사결정(특별주문) (20점) 2. 생산대기의사결정 (20점)
2011	1. 활동기준원가계산 (20점) 2. 종합원가계산 (20점)
2012	1. 표준종합원가계산 (20점) 2. CVP분석 (20점)
2013	1. 표준원가 종합원가계산(20점) 2. 대체가격(20점)
2014	1. 결합원가계산, 종합원가계산(20점) 2. CVP분석, 제한된 자원하의 의사결정, 매출차이(20점)
2015	1. CVP분석(20점) 2. 변동원가계산, 전부원가계산, 초변동원가계산(20점)
2016	1. 표준종합원가계산, 변동원가계산, 초변동원가계산(20점) 2. 활동기준 원가계산(20점)
2017	1. 종합원가계산, 품질원가(20점) 2. CVP분석, 제한된 자원 하의 의사결정(20점)
2018	1. 표준원가계산과 종합예산(20점) 2. 특별주문 의사결정(20점)
2019	1. 전부원가계산과 변동원가계산(20점) 2. 관세가 있는 해외 대체가격(20점)
2020	1. 정상원가계산, 차이배부(20점) 2. 자가제조 or 외부구입 의사결정, 학습곡선(20점)
2021	1. 종합원가계산, 결합원가계산(20점) 2. 특별주문 의사결정(20점)
2022	1. 의사결정(제약조건, 특별주문 등)(20점) 2. 변동예산, 차이분석, 손익분기점, 구매예산(20점)

2) 수험대책

2001년도부터는 변경된 제도에 따라 배점 40점으로 시험의 출제경향도 완전히 바뀌었다. 과거 이론 위주의 암기식에서 이해위주의 계산문제 중심으로 바뀌었을 뿐만 아니라 난이도도 회계사수준으로 높아짐으로써 폭넓고 심도있게 공부하여야 한다.

따라서 기본이론서의 학습이 충실하지 않은 상태에서 문제집 위주로만 논리 없이 공부하고 또 출제경향과는 동떨어진 원가계산부분만 공부하고 관리회계는 포기하여서는 안될 것이다. 하지만 관리회계는 재무회계와 비교한다면 공부범위가 절반밖에 되지 않으며 최소의 시간 투자로 실력을 향상시킬 수 있는 전략과목이다. 우선 출제경향에 따라 관리회계부분에 70% 정도의 비중을 두고 먼저 학습한 후 원가계산부분을 다음에 공부하는 것이 좋은 접근방법이다.

2. 회계학2부(세무회계) - 2교시(11:30~13:00, 90분)

(1) 출제경향분석

2001년도부터는 변경된 제도에 따라 회계학2부(세무회계) 100점으로 과목이 독립되었다. 시험제도가 변경된 후 처음 치러진 시험이었지만 예상에서 크게 벗어나지 않고 무난하게 출제된 것으로 보이며, 수험생들의 실력을 충분히 점검할 수 있도록 난이도 면에서도 적절하였던 것으로 판단된다.

출제범위가 법인세법, 소득세법 및 부가가치세법 전분야에서 골고루 출제되어 착실하게 준비한 수험생이라면 좋은 점수를 받을 수 있을 것으로 기대된다.

2002년도에는 법인세문제(2)를 제외하고는 확실히 준비한 수험생이라면 어렵지 않게 해답에 접근할 수 있었을 것으로 판단된다. 다만, 법인세문제(2)는 정답을 맞추기 어려운 문제로 보이며, 상속세문제로 전혀 대비하지 않은 수험생은 고전했으리라 생각된다.

2003년도에는 문제수준은 평이했지만 평소에 답안작성연습이 부족했던 분은 시간적으로 애로가 있었으리라 예상된다.

2004년도에는 소득세법은 30점이라는 시험배점에 비해 쉽게 출제되었다. 법인세법 30점의 항목별 세무조정은 쉬운 문제도 있는 반면, 퇴직급여 충당금과 대손충당금, 지급이자의 조정은 상당히 어렵게 느꼈을 것이다. 배점에 비해 시간이 부족하였을 것이다. 법인세 분할과 관련한 20점 문제는 기존의 어떤 세무회계 교재에서 볼 수 없는 고난이도의 문제가 출제되었다. 실제 풀이에 접근한 수험생들이 거의 없을 정도로 당황한 수험생이 많았으리라 생각된다. 부가가치세 20점 문제는 난이도는 평이하고 다양한 방향에서 다양한 내용을 물어보았지만 배점에 비해 시간이 많이 부족했으리라 생각된다.

2005년도에는 법인세 문제로서 [문제1]은 항목별 조정에 대한 소득금액조정합계표 작성문제로서 매우 평이한 문제였다. [문제2]는 과세표준·세액계산 문제로서 전기결손금 소급공제와 연결하여 당기 공제가능 이월결손금 등 감안한 산출세액 계산, 세부담(농특세 부담 등) 최소화 차원의 최저한세 및 세액공제액 계산 등을 묻는 상당히 난이도 있는 문제로 숙련이 요구되는 문제였다. [문제3]은 소득세 문제로 종합과세되는 금융소득금액, 추계시의 부동산임대소득금액, 근로소득금액, 기타소득금액 및 양도소득금액 계산을 묻는 문제로서 평이한 수준의 난이도였다. [문제4]는 제시된 문제내용에 비해 비교적 간단한 매출세액, 매입세액 계산과 또 다른 자료에 대한 가산세 계산문제로서 중간정도의 난이도로 보여진다. 전체적으로 보면, 법인세 2번문제와 4번문제의 가산세를 제외하고는 비교적 평이하게 출제되었지만 조금 많은 양의 자료제시와 간혹 문제에 함정이 있어 부분적으로 실수가능성이 많아서 예년정도의 난이도로 판단된다.

2006년도에는 법인세 [문제2], 소득세 [문제1] 등에서 생소한 부분의 출제와 함정, 부분적 실수 가능성을 많이 유도하는 등 난이도가 상당히 높았다.

2007년도 출제문제는 전체적인 난이도 면에서 평이한 수준으로서 기본기를 확실히 다지고 문제를 연습한 수험생의 경우는 기대보다 고득점이 예상되는 상황인 것 같다. 세무회계는 역시 세법개론, 세무회계 기본서의 각 각론부분에 충실하면서 확실히 알도록 학습해야 한다는 것과 주어진 시험기간 내에 고득점하기 위해서는 많은 반복과 숙달연습으로 문제에 숙련되어야 한다는 것이다.

2008년도 출제문제는 전체적인 난이도 면에서 중간수준이었다. 소득세법 문제인 [문제1]은 비교적 평이했지만 실수를 유발하는 부분이 있었다. 법인세법 문제인 [문제2]는 중간 이상의 난이도로서 적은 수의 자료로 특정 테마부분을 집중적으로 묻는 문제였다. 법인세법 문제인 [문제3]은 불공정자본거래와 관련된 테마형 문제로 중간 이상의 난이도이며 통상적으로 맨 마지막에 푸는 문제로서 시험시간 부족을 감안할 때 완벽하게 접근한 수험생은 드물 것으로 생각된다. 부가가치세법 문제인 [문제4]는 평이한 난이도의 문제이지만 기본기를 확실히 다지고 평소에 성실하게 연습한 수험생만 쉽게 접근이 되는 문제라고 생각된다.

2009년도 출제문제는 전체적인 난이도 면에서 중간수준으로서 기본기를 확실히 다지고 문제풀이를 연습한 수험생의 경우에는 비교적 편하게 접근했으리라 본다. 법인세법 문제인 [문제1]은 항목별 세무조정 문제로 중간 정도의 난이도로서 과거 출제빈도수가 가장 높은 항목의 문제였다. [문제2]는 합병과 관련된 테마형 문제로 낮은 수준의 난이도 문제로서 합병에 대하여 정확히 이해한 수험생의 경우는 거의 완벽하게 접근했으리라 생각된다. 소득세법 문제인 [문제3]은 중간 정도의 난이도로서 종합소득 중 개별소득금액, 종합소득공제액계산 및 양도소득과세표준을 계산하는 문제였다. 부가가치세법 문제인 [문제4]는 평이한 난이도의 문제로서 기본기를 확실히 다진 수험생은 쉽게 접근을 했으리라 생각된다.

2010년도 출제 문제의 전체적인 난이도는 중간 수준으로 보여진다.

그런데, 이번 출제에서 법인세법 문제의 제시된 자료가 많아 애로가 있었고 소득세법이나 부가가치세법부터 시험시간을 많이 할당하여 먼저 푼 수험생의 경우에는 법인세법 풀이에서 고전했다고 의견이 많았다.

과거의 기출문제와 비교할 때 이번 시험에서 크게 다른 면은 법인세법 2문제 전부를 소득금액조정합계표를 작성하는 항목별 세무조정 문제로 출제했다는 점이다.

법인세법 문제인 [문제1]은 항목별 세무조정 문제로 중간정도의 난이도로서 과거 출제 빈도수가 가장 높은 항목인 감가상각비, 접대비, 퇴직급여충당금 및 지급이자 · 인정이자 등을 묻는 문제였다. 실제로 감가상각비 문제와 지급이자 손금불산입 관련 문제가 어렵게 출제되었을 것으로 생각된다.

[문제2]도 역시 항목별 세무조정 문제로 중간정도의 난이도로서 과거 출제 빈도수가 높은 항목인 유가증권 중 주식, 대손충당금 및 고가매입 등의 문제이다.

소득세법 문제인 [문제3]은 중하정도의 난이도로서 종합소득 중 금융소득금액, 근로소득금액 및 종합소득공제액 계산과 출자공동사업자 배당소득이 있는 경우의 종합소득산출세액 계산 문제였다. 특히, 금융소득의 비교과세 방식을 사용한 종합소득산출세액 계산과 취지에 관한 물음은 이론적으로 좋은 문제로 생각된다. 예년과 다르게 종합소득세 계산구조상의 각 단계별 금액의 가정치를 제시하지 않아서 앞부분의 오류가 뒷부분까지 연결될 수 있어 계산 논리는 맞으나 금액상의 오류가 많이 나올 것으로 생각된다.

부가가치세법 문제인 [문제4]는 중간정도의 난이도가 있는 문제로서 (물음1)은 신고서상의 과세표준과 매출세액을 구하는 문제이다. 겸용주택의 과세표준 계산(세금계산서, 기타)의 경우에 연습을 안한 수험생의 경우는 정확히 풀이하기가 힘들었을 것이다.

(물음2)는 예정신고 누락 등과 관련된 가산세 문제이다.

2011년도 출제 문제의 전체적인 난이도는 법인세 문제 때문에 중간 이상으로 보인다. 법인세법 문제인【문제1】은 K-IFRS 도입에 따른 세법 보완 내용 중 핵심적인 부분을 문제화 하고 인정이자, 보험차익, 접대비, 퇴직급여충당금 · 퇴직연금충당금 등의 문제를 출제하여 중상의 난이도를 보였다. 특히, K-IFRS 도입에 따른 세법 보완 내용을 평소에 눈여겨보지 않은 수험생의 경우는 크게 좌절했을 것 같다.

한편, 법인세법 문제인【문제2】는 합병관련 모든 과세문제를 물어보는 대형 문제로서 평소에 합병과 관련하여 논리적인 세무조정 순서로 접근하지 못한 수험생은 풀기 어려운 최상 수준의 문제이다.

법인세법의 문제에 비하여 소득세법 문제【문제3】과 부가가치세법 문제【문제4】는 중하정도의 난이도로서 합리적인 수험생이라면【문제3,4】를 완벽하게 풀고【문제1】,【문제2】순으로 접근하는 것이 과락 없이 회계학2부 과목에서 비교적 선전하지 않았을까 생각해 본다.

기출문제를 풀이하면서 느낀 점은 역시 세법개론, 세무회계 기본서의 각 각론부분에 충실하면서 확실히 알도록 학습해야 한다는 것과 주어진 시험시간 내에 고득점 하기 위해서는 출제 유망한 부분 중심으로 평소 반복과 숙달 연습으로 문제에 숙련되어야 한다는 것이다. 그리고 실제 시험장에서는 문제풀이 순서도 전략적으로 해야 한다는 것이다.

2012년도 회계학 2부(세무회계)의 기출문제 분석을 해보면 이전 시험보다는 평이했던 것 같다. 과거 기출되었던 부분에서 다시 재출제한 부분이 많은 듯 하고 난이도 역시 과거 시험보다는 낮은 듯하다. 그러나 대체로 1차 과목에서 주로 다루는 퇴직급여충당금, 접대비, 기부금, 소득세 인적공제, 부가가치세 납부세액 및 가산세 등이 모두 제외되고 재해손실 및 최저한세 등이 기출된 것은 최근 3개년 중에 기출된 부분을 제외하다보니 매우 중요성이 떨어지는 부분에서 기출이 되어 유예생에게는 유리했던 듯하다.

총평을 해보면 직전에 기출되었던 부분들을 피해서 문제가 작성되다 보니 일부 예상문제에서 많이 나온듯 하며, 작년 IFRS와 관련되어 기출되었던 부분은 많이 제외되어 사실상 과거의 기출과 많이 비슷했던 것 같다. 그렇다면 내년 예상은 올해와 다르게 다소 난이도가 있을 것으로 예상이 된다. 즉 올해에는 과거에 중요하게 반복적으로 기출되었던 부분이 대거 제외되었기 때문에 2013년은 중요한 TOPIC에서 부담없이 기출될 가능성이 매우 높아 더욱 난이도가 높아질 가능성이 있어 보인다.

2013년도 회계학 2부(세무회계)는 기본적인 문제 위주로 기본서에 충실한 수험생들은 고득점을 할 수 있는 전체적인 중하 정도의 난이도를 보였다고 생각한다.

법인세법【문제1】은 유가증권 저가매입, 채무의 출자전환, 의제배당, 수입배당금 익금불산입, 자산계상 접대비, 즉시상각의제, 대손충당금, 재고자산의 평가로 구성되어 있었으며 기본적인 내용을 묻는 문제로 출제되었다.

또한, 주로 대형문제 패턴을 보이던【문제2】는 부당행위계산부인에 관한 소문제 3개로 구성한 세무조정을 묻는 문제로 상대적으로 접근하기 쉬웠을 것으로 보여진다.

다만, 소득세법【문제3】은 금융소득을 구하는 문제에서 평소에 다루지 않았던 유사배당소득이 출제되어 문구를 처음 접하는 수험생들은 다소 당황하였을 것으로 판단된다. 또한, 개정세법을 반영한 연금소득 문제나 서화의 무조건 분리과세 기타소득 문제가 출제됨으로써 매년 개정되는 사항을 좀 더 꼼꼼하게 확인할 필요가 있어 보인다.

부가세법【문제4】는 겸영사업자의 과세표준, 매출세액, 매입세액공제액을 묻는 문제로 복잡한 내용이 아닌 항목별로 쉽게 접근할 수 있는 쉬운 난이도로 출제되었다.

이번 기출문제를 풀이하면서 느낀 점은 세무회계 기본서의 중요성이 첫 번째 이며, 자주 출제되는 논제들을 반복적으로 열심히 연습하고 개정된 사항을 눈여겨 봐야 한다는 것이 두 번째였다. 또한, 문제풀이의 순서도 (소득세→부가세→법인세)의 패턴으로만 연습하지 말고, 문제의 난이도에 따라 탄력적으로 접근하는 연습도 필요하다는 것이었다.

2014년도 회계학 2부(세무회계)는 전체적인 총평을 하자면, 시간 안배가 관건으로 보여진다. 소득세법 문제의 경우 예년과 다르게 종합문제 스타일로 출제하여 수험생들의 체감난이도가 상당히 높았을 것으로 생각된다. 대신, 부가세법 문제나 법인세법 1번 문제는 평이하게 출제하여 전략적으로 접근하신 수험생들은 좋은 점수를 얻었을 것으로 사료된다.

- 법인세법【문제1】: 지급이자 및 인정이자, 접대비, 의제배당 및 수입배당금 익금불산입, 대손금 및 대손충당금, 재고자산평가충당금, 외화자산 및 외화부채평가, 의제기부금, 감가상각비 문제로 구성되었으며, 시간이 많이 소요되는 물음1번을 제외하고 풀이했다면 고득점이 가능하다고 판단된다.
- 법인세법【문제2】: 중간예납 및 경정고지에 의한 법인세 추징세액을 묻는 문제로 구성되었으며, 난이도는 어렵지 않으나 대부분의 수험생이 준비가 되지 않은 문제일 것이므로 실전에서는 스킵하고 소득세 문제를 공략하는 것이 효율적이라고 판단된다.
- 소득세법【문제3】: 소득자별 차가감납부세액을 묻는 문제로 구성되었으며, 물음1번의 경우에는 풀이하는데 상당한 시간이 소요되었을 것으로 판단된다. 또한, 특별세액공제 등 개정된 부분에서 많은 내용이 출제되었다.
- 부가세법【문제4】: 매출세액, 겸영사업자의 납부/환급세액 재계산, 간이과세자의 차가감납부세액을

묻는 문제로 구성되었으며, 전반적으로 예년보다 쉬운 난이도로 출제하였다.

2015년도 회계학 2부(세무회계)는 종합문제형식이 아닌 상호 독립된 자료를 이용한 소문항이 많이 출제되었다. 각 문항별 난이도는 높지 않았으나 문제의 양이 많아서 전체적인 난이도가 높았다고 할 수 있다.

2015년도에서는 청산소득에 대한 법인세 및 동업기업과세특례를 묻는 문제가 출제되었다. 출제빈도가 높은 분야만 공부하기 보다는 전체적인 내용을 빠짐없이 학습하는 것이 좋은 점수를 받는 데 중요하다고 판단된다.

2016년도는 예년에 비해 회계학2부는 대체적으로 평이하게 출제되었다.

법인세의 경우 업무용승용차에 대한 세무조정을 포함한 기본적인 세무조정문제와 외국납부세액공제 및 외국납부세액의 손금산입문제가 출제되었다. 자주 출제되는 기본적인 내용으로 구성되어 법인세의 난이도는 그리 높지 않았다고 생각된다.

반면, 소득세와 부가가치세의 경우 복잡하지 않은 문제가 출제되었으나 함정이 많아 응시생들이 최종답을 정확하게 도출하기는 어려웠을 것으로 판단된다.

회계학2부의 경우 시험의 특성상 최종답을 맞추기는 쉽지 않다. 최종답을 정확하게 맞추는 것이 가장 좋겠지만, 그렇지 못할 가능성이 항상 있으므로 계산근거를 충실하게 적어 부분점수를 최대한 많이 받는 것이 좋은 점수를 얻는데 중요하다.

또한 복잡하고 어려운 문제를 잘 푸는 것보다 기본적인 내용을 실수 없이 푸는 것이 더욱 중요한 만큼 항상 요구사항을 꼼꼼하게 읽고 정확하게 풀이하는 연습이 필요하다.

2017년도는 회계학 2부 시험은 문제별 난이도의 편차가 컸다. 빠르고 간단하게 풀이되는 쉬운 문제와 문제풀이시간이 오래걸리고 계산이 복잡한 어려운 문제가 함께 출제되었다. 체감난이도는 낮았을 것으로 판단되나, 함정이 많아 수험생들이 정확한 답을 도출하기는 쉽지 않았을 것으로 생각된다.

시간 안에 문제를 풀어야 되는 시험인 만큼 시간 배분을 적정하게 하여 난이도가 낮은 문제를 먼저 풀고 시간이 남는 경우 난이도가 높은 문제를 풀이하는 방향으로 문제풀이순서를 가져가는 것이 언제나 중요하다.

2018년도 세무사 2차 회계학 2부는 평이한 수준으로 출제되었다. 일부 문제를 제외한 대부분의 문제들은 기존에 기출되었던 문제와 유형이 동일했으므로 기본기를 탄탄히 갖춘 응시생분들은 문제를 잘 풀이하였을 것으로 판단된다.

구분		난이도	배점	출제항목
문제1	소득세법	★★★☆☆	30점	금융소득(산출세액계산의 특례, 원천징수세액 포함) 연금소득, 근로소득, 기타소득, 임원의 퇴직소득 한도초과액, 퇴직소득의 과세표준
문제2	법인세법	★★★★☆	20점	의제배당, 수입배당금 익금불산입

| 문제3 | 법인세법 | ★★★☆☆ | 30점 | 손익귀속시기, 접대비, 감가상각비, 불공정합병 |
| 문제4 | 부가가치세법 | ★★☆☆☆ | 20점 | 과세표준 매입세액(의제매입세액, 과세사업전환매입세액, 공통매입세액 포함) 간이과세자의 차가감납부세액 |

- 소득세법의 경우 이번연도에는 소득공제, 세액공제부분이 출제되지 않았으나, 해당 파트를 제외한 전범위에서 골고루 문제가 출제되었다.
- 법인세법의 경우 대부분의 문제는 기존에 자주 출제되었던 주제였으나, 문제2 [물음3]의 경우에는 기존문제와 유형과 달라 정답률이 높지 않았을 것으로 판단된다.
- 부가가치세법의 경우 평이한 수준으로 출제되었으므로 응시생분들이 큰 어려움 없이 문제를 풀이하였을 것으로 생각된다.

2019년도 회계학2부는 문제의 양도 많은데다가 시험 난이도도 상당히 어려워서 제 시간에 정확하게 푸는 것은 매우 어려워 보인다. 이런 경우에는 꼭 맞춰야 할 문제를 정확하게 풀어야 유리하다. 특히 풀이과정을 답안지에 잘 남겨놓아야 답이 틀리더라도 부분점수를 받을 수 있다.

2020년도 회계학2부는 코로나 사태로 인해 2차시험이 많이 미루어졌다. 하지만 이를 감안하였을 때 난이도는 어렵지 않게 출제되었다. 다만, 소득세법 문제 중 연금수령한도를 구하는 문제는 기존 수험계 강사들 간에도 다소 이견이 있는 부분이었고, 법인세법 문제에서 다소 생소한 기부금 단체가 출제되었는데 문제의 배점이 비교적 크게 할당된 점은 출제자가 진지하게 생각해 볼 부분이다. 부가가치세법은 폭넓게 다양한 주제를 물어보았는데 배점에 비해 풀이 시간이 부족한 느낌이 들었다.

하지만 전반적으로 복잡하고 난해한 주제보다는 필수로 숙지해야하는 부분에서 문제들이 출제되었으므로 실수가 없었다면 안정적인 점수를 확보하였을 것이라고 생각한다.

2021년 회계학2부는 시험 문제는 지난해에 비해 평이하게 출제되었다. 소위 말해 수험생들이 스킵하는 주제보다는 대비하는 파트에서 대부분 출제되었다.

소득세법에서는 근로소득자의 총급여액부터 시작하여 각종 소득공제와 세액공제를 적용하여 실제 결정세액과 기납부세액을 반영한 환급세액까지 물어보는 문제가 출제되었는데, 난이도 자체는 어렵지 않았으나 소문항 개수가 많아 시간 조절을 염두에 두어야 했을 것으로 생각한다. 그러나 실제 세액이 산출되는 과정까지 물어본 부분은 세법 실무의 전문가로서 세무사 시험에 적합한 문제라 생각하여 매우 긍정적인 생각이 든다.

법인세법에서는 불공정감자와 결손금소급공제를 중심으로 출제되었는데 토지 등 양도소득에 대한 법인세액 산출에 대해 준비하지 않은 수험생들은 해당 문제의 배점이 컸으므로 시험장에서 당황하였을 것이다. 하지만 문제 자체의 난이도는 평이하였으므로 평소 해당 주제를 준비한 수험생은 어렵지 않게 풀었을 것이다.

부가가치세법은 항상 출제되었던 과세표준, 의제매입세액공제, 공통매입세액 불공제분을 묻는 문제가 출제되었고, 이번에 대폭 개정이 된 간이과세자에 대한 문제가 출제되었다. 그러나 전반적으로 너무 쉽게 출제되어 문제의 변별력이 떨어지는 점은 아쉬움으로 남는다.

2022년 회계학2부는 지난해에 비해 난이도가 대폭 상향되어 출제되었다. 특히 대부분의 수험생들이 등한시하는 주제들이 다수 출제되어 시험장에서 체감 난이도는 훨씬 높게 느껴졌을 것이라 보인다. 그러나 평이하게 출제된 소득세법과 부가가치세법에서 실수 없이 문제를 풀었다면 최소한의 합격점수를 확보하는데 문제는 없었을 것으로 보인다.

[문제 1] 법인세법에서는 최저한세를 구한 후 최저한세 적용 공제 및 감면을 배제하는 기본문제에서 시작해 해당 최저한세를 기반으로 외국납부세액공제와 재해손실세액공제를 구하는 문제가 출제되었다. 기본적인 난이도는 예제 수준이었으나 최저한세를 잘못 구할 경우 뒷문제에까지 영향을 미치기때문에 신중한 접근이 필요했다.

접대비 문제는 자산계상 접대비 형태로 출제되어 관련 세무조정을 빠뜨리지 않고 접근해야 했으며, 퇴직연금의 경우 추계액 산정시 꼼꼼이 학습하지 않았다면 시험장에서 당황했을 것으로 보여 전반적으로 풀이 시간이 많이 할애되었을 것으로 보인다.

[문제 2]는 법인세법 중 연결과 합병이 출제되었다. 해당 주제가 대부분의 수험생들이 등한시하거나 학습하지 않는 주제여서 준비하지 않은 학생과 준비한 학생의 변별력이 작용하였을 것으로 보인다. 다만 문제 난이도는 평이하게 출제되어 기본 예제 정도만 숙지하였더라도 일부 점수를 확보할 수 있었을 것이다.

[문제 3] 소득세법에서는 근로소득자의 총급여에서부터 차감납부할세액까지 전 과정을 소문항을 통해 하나하나 물어보았으며 가장 무난하게 출제되어 확실히 점수를 확보하였어야하는 파트였다.

[문제 4] 부가가치세법은 매년 출제되었던 과세표준과 매출세액, 매입세액, 의제매입세액공제 및 공통매입세액공제 등이 출제되었으나 이번에는 이례적으로 의제매입세액공제 부분에서 제조업 특례 부분을 출제하여 변별력을 둔 점이 인상적이었다.

연도	문제의 유형	물음의 내용	
2001	개별세무조정	1. 부가가치세법(20점)	2. 법인세법세무조정(30점)
		3. 소득금액 합계표 작성(25점)	4. 소득세(25점)
2002	1. 법인세 세무조정(25점)		
	2. 연구인력개발비 세액 공제 및 세무조사결정 세액(25점)		
	3. 부가가치세(겸영사업자)(13점)		
	4. 상속세 과세가액(12점)		
	5. 종합소득세 계산(25점)		
2003	1. 종합과세되는 이자소득 · 배당소득, 부동산임대소득(30점)		
	2. 간이과세자가 일반과세자로 전환한 경우(20점)		
	3. 합병(15점)		
	4. 소득금액합계표 작성 종합(35점)		
2004	1. 종합소득금액, 종합소득산출세액 및 결정세액(30점)		
	2. 세무조정과 소득처분 종합(60점)		

	3. 회사분할(20점) 4. 부가가치세 납부세액(20점)
2005	1. 소득금액합계표 작성 종합(30점) 2. 법인세 산출세액, 연구및인력개발비 세액공제, 재해손실 세액공제(30점) 3. 종합소득에 합산될 이자소득 및 배당소득금액, 부동산임대소득, 근로소득(20점) 4. 부가가치세 납부세액(20점)
2006	1. 소득세법(금융소득금액, 공동사업 지분별 과세시의 사업소득금액, 근로소득금액 계산과 종합소득공제 액, 산출세액 및 종합소득세액 공제를 묻는 종합문제)(30점) 2. 법인세법(소득금액조정합계표 작성)(30점) 3. 법인세법(차감납부할 세액계산과 분납제도 등)(20점) 4. 부가가치세법(법인인 겸영사업자의 예정신고·확정신고시의 세액계산, 수정신고시의 가산세 계산)(20점)
2007	1. 소득세법(종합소득금액계산)(30점) 2. 법인세법(항목별 세무조정)(35점) 3. 법인세법(외국납부세액 공제)(15점) 4. 부가가치세법(신고서상의 매출세액과 매입세액에 대한 오류사항 수정)(20점)
2008	1. 소득세법(금융소득금액, 사업소득금액, 근로소득금액, 종합소득금액, 양도차손통산 후 양도소득 과세 표준 계산)(30점) 2. 법인세법(소득금액조정합계표, 감가상각비, 대손충당금, 간주임대료, 접대비, 의제배당과 수입배당 금)(35점) 3. 법인세법(불공정증자, 불공정감자)(15점) 4. 부가가치세법(과세표준, 매출세액, 납부세액계산, 매출과 매입예정신고누락 후 확정신고시 가산세 계 산)(20점)
2009	1. 법인세법(감가상각비, 접대비, 퇴직급여충당금, 대손충당금 및 지급이자·인정이자 등(30점) 2. 법인세법(합병과 관련된 테마형 문제)(20점) 3. 소득세법(종합소득 중 개별소득금액, 종합소득공제액계산 및 양도소득과세표준)(30점) 4. 부가가치세법(과세표준과 매출세액, 매입세액, 가산세)(20점)
2010	1. 법인세법(감가상각비, 접대비, 퇴직급여충당금 및 지급이자·인정이자 등)(30점) 2. 법인세법(유가증권 중 주식, 대손충당금 및 고가매입 등)(20점) 3. 소득세법(종합소득 중 금융소득금액, 근로소득금액 및 종합소득공제액 계산과 출자공동사업자 배당소 득이 있는 경우의 종합소득산출세액 계산)(30점) 4 부가가치세법(신고서 상의 과세표준과 매출세액, 예정신고 누락 등과 관련된 가산세)(20점)
2011	1. 법인세법(한국채택국제회계기준(K-IFRS)에서 감가상각, 할부판매, 공사수익, 대손충당금, 외화자산부 채, 대여금, 보험차익, 접대비, 퇴직연금부담금, 세무조정)(30점) 2. 법인세법(합병기업의 세무조정)(20점) 3. 소득세법(종합소득과세표준)(30점) 4. 부가가치세법(부가가치세과세표준, 간이과세자, 일반과세자, 겸영사업자 포함)(20점)
2012	1. 법인세법(재고자산, 의제배당금액, 유형자산, 사용수익기부자산, 대손충당금, 공사수익, 주식보상비용, 세무조정, 부당행위계산부인)(30점) 2. 법인세법(연구인력개발비 세액공제, 최저한세, 납부세액)(20점) 3. 소득세법(종합소득과세표준)(30점) 4. 부가가치세법(부가가치세 과세표준)(20점)
2013	1. 법인세법(유가증권 저가매입, 채무의 출자전환, 의제배당, 수입배당금 익금불산입, 자산계정 접대비, 즉시상각의제, 대손충당금, 재고자산의 평가)(30점)

	2. 법인세법(부당행위계산부인에 관한 소문제 3개로 구성한 세무조정)(20점) 3. 소득세법(금융소득에서 유사배당소득, 개정세법에 따른 연금소득, 서화의 무조건 분리과세 기타소득)(30점) 4. 부가가치세법(겸영사업자의 과세표준, 매출세액, 매입세액공제액)(20점)
2014	1. 법인세법(지급이자 및 인정이자, 접대비, 의제배당 및 수입배당금 익금불산입, 대손금 및 대손충당금, 재고자산평가충당금, 외화자산 및 외화부채평가, 의제기부금, 감가상각비)(30점) 2. 법인세(중간예납 및 경정고지에 의한 법인세 추징세액)(20점) 3. 소득세법(소득자별 차가감납부세액)(30점) 4. 부가가치세법(매출세액, 겸영사업자의 납부/환급세액 재계산, 간이과세자의 차가감납부세액)(20점)
2015	1. 법인세법(채무면제이익, 감자시 의제배당 및 수입배당금 익금불산입, 인건비, 지정기부금 한도시부인, 감가상각의제, 건물감가상각비, 업무무관자산 관련 지급이자)(30점) 2. 법인세법(청산소득에 대한 법인세, 접대비 한도초과액, 간접외국납부세액, 과세표준, 최저한세, 외국납부세액공제금액)(20점) 3. 소득세법(종합소득세에 합산될 금융소득, 동업자가 배분받을 소득금액, 양도소득 과세표준, 종합소득 결정세액)(30점) 4. 부가가치세법(임대관련 부가가치세 공급가액, 과세표준, 매출세액, 매입세액)(20점)
2016	1. 법인세법(업무용승용차에 대한 세무조정을 포함한 기본적인 세무조정)(30점) 2. 법인세법(외국납부세액공제 및 외부납부세액의 손금산입)(20점) 3. 소득세법(종합과세 이자소득, 배당소득, 근로소득, 연금소득)(30점) 4. 부가가치세(과세표준과 매출세액, 매입세액, 공제받지 못할 매입세액)(20점)
2017	1. 법인세법((상장법인(비중소기업)의 세무조정(개발비, 접대비, 유가증권 처분, 주식선택권 포함)) (30점) 2. 법인세법(연결납세 소득금액, 산출세액)(20점)) 3. 소득세법(종합소득)(30점) 4. 부가가치세법(과세사업과 면세사업 겸영 사업자의 부가가치세 산출세액)(20점)
2018	1. 법인세법(금융소득, 연금소득, 퇴직소득)(30점) 2. 법인세법(의제배당, 수입배당금)(20점) 3. 소득세법(토지양도소득, 접대비, 사용수익 기부자산, 비상장법인 합병)(30점) 4. 부가가치세법(부가가치세 매입세액 공제, 과세표준, 공통매입세액, 의제매입세액, 간이과세사업자의 납부할 세액)(20점)
2019	1. 법인세법(세무조정, 당기 대손실적율, 대손충당금 한도초과액, 세액공제액)(30점) 2. 법인세법(세무조정, 세법상 처리, 기업소득, 미환류소득)(20점) 3. 소득세법(소득세 원천징수세액, 양도소득 산출세액)(30점) 4. 부가가치세법(부가가치세 과세표준 및 매출세액, 매입세액공제액)(20점)
2020	1. 소득세법(종합소득금액에 합산할 이자소득금액, 근로소득금액, 양도소득금액)(30점) 2. 법인세법(세무조정, 합병시 금전교부 간주액, 양도소득, 의제배당금액)(20점) 3. 법인세법(세무조정, 접대비, 기부금, 소득금액과 과세표준, 토지등 양도소득과 법인세 산출세액)(30점) 4. 부가가치세법(부가가치세 과세표준과 세율 및 매출세액, 매입세액 공제액, 의제매입세액, 납부세액)(20점)
2021	1. 소득세법(총급여액, 근로소득금액, 인적공제, 각종 소득공제, 세액공제를 적용하여 실제 결정세액과 기부납부액을 반영한 환급세액)(30점) 2. 법인세법(회계처리와 세무조정 및 소득처분)(20점) 3. 법인세법(불공정감자와 결손금소급공제, 퇴직금 지급에 대한 세무조정, 결손금, 환급세액)(30점) 4. 부가가치세법(과세표준, 매입세액, 납부세액)(20점)
2022	1. 최저한세, 접대비, 퇴직급여충당금(30점)

2. 연결납세, 수입배당금, 합병(20점)
3. 근로소득세, 종합소득세(30점)
4. 부가가치세 과세표준, 매출세액, 공통매입세액, 간이과세(20점)

(2) 수험대책

한 권의 주교재와 한 권의 부교재를 선택해 계산문제를 수회 되풀이하여 풀어보는 연습과정을 통해 빠른 시간내에 답을 구하는 능력을 키워야 한다. 세무회계 종합문제를 풀기 위해서는 재무회계, 기업회계기준, 세법규정 등 복합적인 학습이 필요하다.

우선 재무회계 실력을 쌓아 회사가 회계처리한 내용을 분석할 수 있는 능력을 키워야하고, 기업회계기준을 숙지하여 회계처리 수정에 따른 세무조정의 변동을 알아야 하며, 세법규정을 정확히 이해하고 있어야 한다. 그리고 앞으로 수험기간 중 세법문제를 풀 때에는 먼저 쉬운 문제부터 해결하고 난 뒤 어려운 문제를 풀어야 하며 또한 출제자가 문제를 통해서 수험생 여러분께 얻고자 하는 것이 무엇인가를 먼저 생각하고 문제를 접근하는 것이 공부의 능률을 올리고 재미가 붙을 것이라고 판단한다. 그리고 기본에 충실하면서 확실히 알도록 학습해야 한다는 것, 특정부분에 치중하거나 출제예상부분 중심으로만 학습한다면 낭패를 부를 수 있다는 점과 주어진 시간내에 고득점을 하기 위해서는 많은 반복과 숙달연습으로 출제에 숙련되어야 한다는 것이다. 그래서 수험방법면에서 반복된 기본기 학습과 모의고사 과정을 반드시 거치도록 조언하고 싶다.

3. 세법학1부 - 3교시(14:00~15:30, 90분)

(1) 출제경향분석

2000년도에는 대체로 평이한 문제였으나 종전과는 달리 문제수가 3문제에서 4문제로 늘어난 점이 지난해와 다른 점이다.

2001년에도 문제수가 4문제로 대체로 평이한 문제였다.

2002년도 출제경향은 세법학의 기본적인 내용, 세법학 전반에 대한 종합적인 질문, 사례형 질문이 평이하게 출제되어 예년에 비해 쉽게 느껴졌을 것으로 판단된다. 그래서 수험생 중에는 세법학을 따로 공부할 필요가 없고 개론서로 공부하여도 충분하다는 주장을 하는 이도 상당히 있었다.

그러나 2003년도의 출제수준은 예년의 난이도를 회복하였다. 따라서 개론서로 세법학 준비를 한 수험생은 점수획득이 상당히 힘들었을 것으로 보여진다.

2004년도의 출제경향을 살펴보면 [문제1]은 서류의 송달에 관한 국세기본법 규정과 간단한 사례를 묻는 문제로 난이도는 중급에 해당하는 수준이었으며 사례검토가 최근 대법원 판례를 기초로 한 바 정확한 내용서술에 따라 변별력이 있는 문제라 할 수 있다. [문제2]는 법인세 과세요건을 서술하는 문제로서 난이도는 너무 낮은 수준이라고 생각된다. 주어진 소주제가 6개인 것에 감안하면 답안작성시 어느 정도까지 기술해야 하는지가 실전에서 난감한 수준이라 할 것이다. 변별력은 없는 문제였다고 생각한다. [문제3]은 양도소득세의 기초를 검토하는 문제와 국외자산양도의 단일주제는 서술하는 문제로 난이도는 평이한 수준이었다. [문제4]는 증여세 연대납세의무를 묻는 문제와 증여재산의 범위중 협의분할과 증여재산의 반환을 복합한 문제로 난이도는 중급에 해당하는 수준이었으며 사례검토의 정확성 여부에 따라 변별력을 가질 수 있을 것이다. 전반적으로 쉬운 문제였으나 작년도에 세법학1부의 과락으로 많은 수험생들이 고생한 점을 생각해 본다면 시험이 수준미달인 점이 오히려 고맙게 느껴진다.

2005년도에는 예년에 비해 상당히 어렵게 출제된 것으로 느껴졌을 것으로 판단된다. 세법 전체 메커니즘을 조직적이고 체계적으로 이해하고 있는지의 여부, 실질적인 조세법 법원리를 이해하고 있는지의 여부, 조세법을 현실의 경제행위에 어떻게 해석적용하여야 할지의 여부 등 조세전문가로서 갖추어야 할 제반 세법지식의 습득여부를 검증하기에 손색이 없는 문제가 출제된 것으로 판단된다.

2006년도에는 정확한 기본지식을 요하는 부분이 상당히 많았으며 각 세법간의 관련부분도 이해해야 되는 상당히 폭이 넓은 문제들로 구성되었다. 특히, 법학이라는 측면을 강조하여 권리의무관계 또는 조세법률관계를 중심으로 답안을 요구하고 있음을 주시하여야 할 것이다.

2007년도 세법학1부는 기본적인 내용을 약간 응용한 수준의 문제로 예년에 비해 다소 쉽게 출제된 것으로 평가된다. 물론 출제난이도와 득점과는 별개일 수 있음을 밝히며 얼마나 정확하게 기술하였는가는 득점을 좌우하는 핵심 요소가 될 것이다. 새삼 중요한 기본분야가 시험에서도 중요함을 일깨워준 시험으로 기본부터 착실히 준비하신 분이 고득점을 했으리라 생각된다.

2008년도 세법학1부 문제를 분석하면 국세기본법은 조세회피에 관한 문제인데 평이한 수준이고 법인세법은 최근 대법원 판례에서 나온 문제로서 기본서에 소개된 내용으로 잘 정리하고 있으면 무난한 문제였다. 소득세법은 출제가능성이 높다고 강조한 문제로서 논점을 파악하면 쉽게 쓸 수 있는 문제였고, 상속세 및 증여세법은 공익법인 출연재산에 대한 사후관리를 묻는 문제로 다소 난이도가 높았다.

2009년 세법학1부 문제는 다소 쉽게 출제된 것으로 평가된다. 기출문제의 공개가 되지 않아 수험생의 기억만으로는 문제에서 요구하는 논점의 정확한 파악이 안되는 관계로 월간회계에서는 세법학의 기출문제 복원을 하지 못하였다. 이점 독자들의 양해를 바란다.

2010년 세법학 1부 시험의 경우 모두 사례형 문제가 출제되어 이러한 문제에 익숙지 않은 수험생의 경우 무척 힘든 시험이었으리라 생각된다. 특히, 세법을 회계학의 연장선장이 아니라 법학의 관점에서 보려는 학계의 움직임이 보편화되면서 세법학의 관점을 정립하지 않고 1차 시험과목인 세법일반으로는 논술이 힘들어지는 추세가 되었다. 조세평등주의의 측면에서 보는 권리의무 확정주의나 권리의 확정의 의미와 한계를 묻는 등 출제위원들의 의도가 순수 법학적인 관점에서 세법의 기본이념을 보려는 의지가 나타나고 있으며 위법소득에 대한 문제에서 보는 바와 같이 판례에 임한 피고와 원고의 입장에 대한 서술하는 문제를 통해 종합적인 판단능력과 배경지식을 요구하고 있다.

2011년도 세법학 1부의 문제는 예년과는 달리 판례를 인용한 문제보다는 세법 규정에 충실한 문제를 출제하여 전체적으로 평이한 수준이었다고 평가할 수 있으며 그 특징은 다음과 같다.

국세기본법의 경우 많은 수험생이 예상했던 논제에서 평이하게 출제되었다. 법인세법과 소득세법의 경우 세법학 문제라기보다는 오히려 세무회계 문제에 가까워 평소 세무회계를 열심히 공부한 수험생이라면 답안을 작성하는데 크게 어려움이 없을 것이라 판단한다. 상속세 및 증여세법의 경우에도 많이 다루어 봤고 예상했던 논제에서 출제되어 답안을 작성하는데 크게 어려움이 없을 것으로 사료된다.

앞으로 세법학 1부의 경우 이러한 문제 패턴은 계속 될 것이며 수험 준비를 함에 있어 세법 규정에 대한 충실한 이해와 암기 그리고 판례 및 사례연습을 통한 응용력을 길러야 할 것이며 모의고사를 통한 답안작성을 통해 출제자의 의도를 파악하는 연습도 게을리 하면 안 될 것이다.

2012년 세법학 1부 시험은 대체로 평이하게 출제되었다.

1. 국세기본법 : 경정청구 여부를 묻는 문제로 과거 대한생명과 신동아건설간의 사건을 다룬 대법원 판례(2004두2332, 2005.1.27선고)를 사례문제로 다루었다.

2. 소득세법 : 배우자로부터 증여받은 재산에 대한 이월과세를 주로 묻는 문제로 수증 받은 배우자가 혼인관계를 유지한 경우, 이혼한 경우에는 이월과세 규정이 적용되지만 사망한 경우 이월과세 규정이 적용되지 않는다. 다만, 아쉬운 점은 이혼한 경우 자산의 증여 원인을 위자료와 재산분할의 이유로 나누어서 물었더라면 더 좋은 문제가 되지 않았을까 하는 점이다.

3. 법인세 : 채무의 출자전환시 채권자 및 채무자 양 당사자 사이에 발행하는 세무문제를 집중적으로 물었다. 평소에 세무회계공부를 열심히 한 수험생이라면 어렵지 않게 풀었을 것이다.

4. 상속세 및 증여세법 : 특정법인을 통한 이익의 증여규정을 묻는 문제로 주식회사 A가 비상장법인인지 아닌지 나누어 서술하여야 할 것이며, 특정법인에게 이전된 이익은 (이월)결손금이 있는 경우 그 (이월)결손금을 한도로 한다는 점만 잘 기억하였다면 쉽게 풀 수 있는 문제이다.

2013년 세법학 1부 시험의 문제수준은 그렇게 어렵지 않지만 체감 난이도는 상당히 높았던 것으로 판단한다.

1. 국세기본법 : 납세자의 성실성 추정과 그 예외 및 국세부과의 제척기간과 징수권소멸시효에 관한 사례문제로 그렇게 어렵지 않게 출제되었다. 따라서 평소에 사례연습을 충분히 한 수험생이라면 쉽게 답안을 작성했을 것으로 판단된다.

2. 소득세법 : 추계방법에 관한 전반적인 문제로 문제수준은 그렇게 어렵지 않지만 요약서로 세법학 시험을 준비한 수험생에게는 허를 찔린 문제가 아닐까 생각된다. 그리고 기존 세법학 수험서에 추계방법에 대한 내용은 그렇게 풍부하지도 않다.

3. 법인세법 : 요즘 법인세에서 가장 hot한 주제인 연결납세방식에 관한 문제다. 문제는 그렇게 어렵게 출제되지는 않았지만 요즘 수험생들이 보는 세법학 수험서에 단일실체개념 및 개별실체개념이 나와 있지 않고, 연결납세방식 도입시 유리, 불리한 차이에 대한 내용이 전혀 언급이 되어 있지 않아 문제를 접한 수험생들은 많이 당황했을 것을 판단된다.

4. 상속세 및 증여세법 : 상속공제 중 배우자상속공제에 대한 문제로 배우자상속공제와 배우자상속공제분할 등기의 관계에 대해 중점을 두지 않고 평소에 배우자상속공제한도 공식 암기에만 집착한 수험생들에게는 어려웠던 문제가 아닐까 생각한다.

2014년도 세법학 1부는 모든 수험생이 공통으로 느꼈겠지만 세법의 법문을 많이 본 수험생이 유리했을 것이다. 향후 수험생들이 세법학 시험을 대비하는데 어려움이 있을 것으로 보인다.

따라서 이번 시험은 생각보다 점수따기가 쉽지 않을 것으로 보여 세법학 I부 과락이 수험생들의 생각보다 많을 것으로 보인다.

2015년도 세무사 2차 세법학 I부는 대체로 평이한 수준의 문제였다. 그러나 이런 유형의 문제는 오히려 득점차가 클 것이다. 왜냐하면 질문요지에 적합하게 답안을 작성해야 되기 때문이다.

2016년도 세법학 1은 다수의 판례를 바탕으로 문제가 출제되어 전반적으로 어렵게 출제되었고 정답을 찾는 데에 많은 수험생들이 어려움을 느꼈으리라 생각된다. 다음은 구체적인 각 세목별 문제에 대한 강평이다.

1. 국세기본법 : 2012년 세법개정사항으로서 후발적 경정청구에 해당하는지를 묻는 일반적인 문제이다(난이도 중).

2. 소득세법 : 최신 판례와 기타소득의 과세문제를 묻는 다소 까다로운 문제이다(물음1,2는 난이도 하, 물음3 난이도 상).

3. 법인세법 : 비영리법인의 가지급금 관련하여 수험생으로서 접근하기 어려운 문제로서 정답을 맞추기가 매우 힘들었을 것으로 생각된다(난이도 상).

4. 상증세법 : 동거주택상속공제와 상속공제종합한도의 사례를 통한 단순이론 문제이다(난이도 하).

2017년도는 모든 문제가 사례형으로 출제되었다. 단순한 법의 암기를 한 수험생들에게는 쉽지 않은 문제였다고 생각한다. 특히, 법인세법의 경우 직접적으로 판례의 태도를 묻는 물음이 있었다. 판례를 평소에 공부하지 않았던 수험생에게는 매우 어려운 문제였을 것이라 생각한다.

법의 단순한 암기를 벗어나서 실생활의 사례에 적용해보고, 판례에서는 어떠한 태도를 취하고 있는지도 함께 공부하는 전방위적인 학습이 필요할 것으로 생각된다.

2018년을 포함한 최근 몇 년간의 추세로 볼 때, 세법학 시험이 각 문제마다 물음이 세부적으로 나누어서 출제되는 경향이 있다. 55회 세무사시험 같은 경우, 전반적으로 주제는 평이하였으나, 물음 안에서도 사례를 나누어 서술하는 문제가 많아 수험생들이 제한된 시간 내에 답안을 작성하기가 상당한 어려움이 있었을 것으로 예상되며, 실제 시험장에서 느끼는 체감난이도는 더 높았을 것으로 생각된다.

2019년 세법학 1부의 국세기본법과 소득세법은 기존 판례를 응용하여 출제되었다. 사례를 관련 법령과 판례를 이용하여 종합적으로 판단하는 능력이 중요하다. 또한 법인세와 상증세의 경우에는 단순 법령만 암기해서는 안되고, 제반이론에 대해서도 충분히 이해를 해야 풀 수 있는 문제이다.

2020년 세법학 1부는 전반적으로 각 세목에서 중요하다고 판단되는 주제가 중심으로 출제되었다.

국세기본법에서는 제2차 납세의무를 부담하는 취지와 그 성질, 과점주주의 요건을 잘 숙지하고 있다면 사례를 판단함에 있어서 어렵지 않을 것으로 판단된다.

소득세법에서 출제된 이자소득과 사업소득의 구분 및 배당소득의 의의 등은 그 소득의 판단 요건을 이해하는 것이 중요하다고 생각한다.

법인세법에서는 외국법인과 추계결정에 대해서 물어보았는데 추계결정사유 및 방법 등에 대해 정확하게 정리하지 않았으면 답안을 작성하기 쉽지 않았을 것이다.

상속세 및 증여세법에서는 특정법인과의 거래를 통한 이익의 증여의제와 특수관계법인으로부터 제공받은 사업기회로 발생한 이익의 증여의제에 대한 사례를 접하지 않은 경우 글로써 이를 풀어내기가 쉽지 않았을 것으로 생각하는데 평소 암기식 학습방법보다는 해당 법령의 취지를 이해하고 그것이 어떤 과정으로 과세되는지를 중점에 두고 공부해 나가야 할 것이다.

2021년 세법학 1부의 [문제 1]은 국세기본법상 납세자 권리 사항 중 중복세무조사 금지 원칙과 세무조사 범위 확대 사유에 관한 기본적인 법령을 묻고 이와 관련된 재조사의 적법성 여부 판단(물음2)과 납세자보호위원회의 심의 내용을 알고 있는지(물음4)에 대하여 출제하였다. 기출된 횟수가 잦았던 내용인 만큼 법령의 서술을 기본 토대로 하여 물음2의 적법성까지 끌어냈어야 하나, 물음4의 납세자보호위원회의 심의사항을 도출해 내는 것은 다소 어려움이 있었으리라 추측된다.

[문제 2]는 소득세법상 추계과세가 출제되었다. 기본적으로 각 물음에서는 추계과세의 사유, 기준경비율 계산방법, 수입금액 계산방법 등의 기본적인 법령 서술 물음을 출제하였고, 물음2에서 어떤 추계사유에 해당하는지를 판단하는 문제가 출제되었다. 물음4 또한 사례판단이 결합한 물음으로서 법령과 판례를 서술하여 왜 추계방법으로 계산할 수 없는지를 논리적으로 도출해야 할 필요성이 있어 보였다. 전반적으로 다소 중요성이 높은 주제로서 법령 서술에 중점을 두어 써 내려갔으면 해당 문제의 5할 이상의 점수는 획득할 수 있었으리라 예상된다.

[문제 3]은 법인세법상 지급이자 손금불산입, 건설자금이자, 감가상각비, 업무무관자산 등의 내용이 출제되었다. 물음1은 부동산매매업과 건설자금이라는 키워드를 통해 사례를 풀어나가야 했고 물음2는 문제의 내용을 통해 감가상각비는 결산조정사항이라는 점을 직관적으로 파악한 후 이에 대한 예외적인 사항까지 선제적으로 공략하여 논술할 수 있어야 하는 문제였으나 수험생으로서는 내용연수 비한정무형자산의 예외적인 규정까지 파악하는 것은 무리가 있으므

로 기본적인 결산조정사항에 대한 내용은 놓치지 않았어야 평타 이상은 할 것이라고 본다. 물음 3은 사례 내용 중 '업무와 관련 없는 자산'이라는 키워드를 통해 우선적으로 아는 내용을 서술한 후 사례의 후단 괄호 내용을 근거로 결어를 도출하였다면 선방한 것이다. 물음4는 법인세법 시행규칙에 서술된 내용으로 매우 지엽적인 부분으로써 수험생들이 맞추기는 어려웠을 것으로 보인다. 부동산매매업의 정의를 서술하는데 가중치를 두어 펜촉을 기울이고 빠르게 다음 문제로 넘어가는 것이 좋은 선택이었을 것이다. 문제의 길이도 길고 전반적으로 굉장히 난도가 높은 문제였다고 생각한다. 이런 문제일수록 키워드를 중심으로 접근하면 비교적 쉽게 문제가 풀리는 경우가 많다는 사실을 내년 수험생께서는 알고 계셨으면 하는 바람이다.

[문제 4]는 상증세법상 재산의 평가 내용이었다. 저당권평가특례 법령을 서술(물음1) 후 이를 통해 상호 평가방법 사이의 우선순위를 판단하여 증여공제까지 적용한 후 최종적으로 과세가액까지 계산하는 물음(물음2)이 출제되었다. 저당권 평가 특례는 실무에서는 중요한 내용이지만 수험생 입장에서는 다소 지엽적이었을 수 있을 거라 판단된다. 그러나 아쉽게도 한 번이라도 본 자와 그렇지 않은 자간의 점수 격차가 벌어질 수 있는 문항이었을 것이라 여겨진다. 기출을 보면 세법학 상증세법 문제에 계산 문제가 간간히 출제되고 있다. 세무사를 준비하는 수험생이라면 세무회계 연습 서중에서 말문제를 제외한 계산문제는 2번 정도 풀어보는 것이 좋다고 생각한다. 계산문제를 대비하는 동시에 이론내용을 공고히 다질 수 있는 장점이 있다. 물음3은 거저 주는 문제로 수험생의 90% 이상이 맞췄을 것이라 예상된다.

2022년 세법학 1부 [문제 1]은 세무조사와 관련된 납세자권리와 천재등으로 인한 기한연장 규정과 이와 관련된 절차규정이 출제 되었고 마지막 물음에서는 권리구제 수단이 출제되었다. 문제를 정확히 읽지 않고 물음1을 작성할 경우 물음2에나오는 답안 내용을 물음 1에 적는 실수를 범할수 있어 전반적으로 물음을 훑어본 후 답안을 작성하였으면 좋았을 것 같다. 물음 1을 작성하는데 어려움이 있었을 것이나 물음2와 물음3은 중요한 논제로써 모든 수험생이 잘 준비가 되었을 것으로 생각된다.

[문제 2]는 소득세법에서 금융소득과 관련된 내용이 출제되었다. 세법학 논제는 아니고 세무회계에서 준비되었어야할 내용이어서 세무회계 내용의 기본이 잘 다져진 수험생이라면 쉽게 써 내려 갔으리라 예상된다. 출자공동사업자와 그로스업 내용은 세법학에서 전통적으로 중요한 논제이므로 대부분의 수험생이 잘 작성했으리라 본다.

[문제 3]은 법인세에서 세무조정과 소득처분과 관련된 내용이 출제되었다. 법인세의 기본은 기업회계의 수익과비용을 세법에 맞게 세무조정과 소득처분을 근간으로 각 사업연도소득금액으로 수정하는 것이다. 신고조정, 결산조정, 유보, 사외유출등 기본적인 키워드에 대한 이해가 명확하다면 굳이 암기하지 않더라도 답안 작성이 가능하다. 소득세와 마찬가지로 세법학이 아닌 세무회계에서 이미 준비되었어야할 논제로써 항상 기본이 중요함을 명심하자.

[문제 4]는 상속세 과세방식과, 사전증여재산 합산과세와 관련된 규정이 출제되었다. 유산과

세방식과 취득과세방식의 구별은 정말 기본이 되는 내용으로 A급논제에 해당하는 사항이다. 사전증여재한 합산과세 또한 이해가 쉬운 내용으로 모든 수험생이 거의 잘 작성했으리라 생각된다.

연 도	물음의 내용
2001	1. 법인세법상(이월)결손금에 대한 규정(35점) 2. 법인의 5가지 세무조정사항 제시하고 소득세법상 의무를 묻는 사례(30점) 3. 국세기본법상 국세부과와 세법적용의 원칙설명 및 부과처분의 타당성 판단(20점) 4. 증여세의 과세여부 및 그 이유(15점)
2002	1. 국세우선변제권(20점) 2. 배당소득과세제도(30점) 3. 외국인에게 소득지급시 원천징수(30점) 4. 증여추정(20점)
2003	1. 2차 납세의무(20점) 2. 비상장주식 증여세 과세표준(20점) 3. 소득세법상 납세의무자(30점) 4. 비영리법인의 납세의무와 고유목적사업 준비금(30점)
2004	1. 서류송달(30점) 2. 법인세 과세체계(20점) 3. 거주자의 국외자산 양도(30점) 4. 공동상속인의 협의 분할에 대한 상속세 납세의무(20점)
2005	1. 가산세(20점) 2. 소득처분(25점) 3. 감자시 증여의제(25점) 4. 정치자금의 과세(30점)
2006	1. 국세기본법(과점주주의 제2차 납세의무와 가등기권리를 혼합)(20점) 2. 법인세법(접대비와 유사한 손금의 판단사례)(30점) 3. 소득세법(소득처분에 따른 소득의 소득세법상 특징과 법인세법상 취급, 소득금액 변동통지, 원천징수 납세의무의 법률관계)(30점) 4. 상속세 및 증여세법(증여세·양도소득세의 조세법률관계)(20점)
2007	1. 국세기본법(국세기본법상 소급과세금지원칙)(20점) 2. 법인세법(지분법평가손익에 대한 법인세법상 처리, 합병시 자산·부채의 승계, 승계결손금, 불균형합병)(30점) 3. 소득세법(결손금 및 이월결손금의 의의, 결손금 공제, 이월결손금 공제, 금융소득에 대한 결손금 공제)(30점) 4. 상속세 및 증여세법(증여세 물납의 요건과 비상장주식의 물납시 평가방법 및 문제점)(20점)
2008	1. 국세기본법(조세회피행위와 절세행위, 조세포탈행위 비교 및 실질과세 원칙과의 관계 그리고 각 세법별 조세회피 방지 규정)(20점) 2. 법인세법(부당행위계산부인, 채무자 파산시 구상채권 여부 및 손금산입 여부)(30점) 3. 소득세법 공동사업자 사례(채무에 대한 무한책임과 지분율만 주어진 경우 납세의무, 손익분배비율 주어졌을 때 납세의무, 출자공동사업자일 경우 납세의무, 토지를 현물출자하는 경우 과세문제)(30점)

	4. 상속세 및 증여세법 공익법인 문제(증여세 과세 판단, 자기내부거래 제한에 대한 사후관리, 공익법인 해산시 문제)(20점)
2009	1. 국세기본법(경정청구, 후발적 경정청구)(20점)
	2. 법인세법(기타사외유출과 대표자 상여 국세부과원칙위배 여부, 소득금액변동통지서의 처분성)(30점)
	3. 소득세법(금융소득의 과세방법)(30점)
	4. 상속세 및 증여세법(상속개시전 처분재산, 상속세 과세관청에 입증확인방법)(20점)
2010	1. 국세기본법(매각대금 배분 순서대로 서술 후 종합소득세 등에 배분될 금액 계산, 양도담보권자의 물적 납세의무)(20점)
	2. 소득세법(매각대금 횡령에 대한 소득세부과처분의 甲과 과세관청의 논거)(30점)
	3. 법인세법(손익의 귀속사업연도와 관련한 권리의무 확정주의, 익금산입여부, 손금산입여부)(30점)
	4. 상속세 및 증여세법(증여세 과세문제, 연대납부의무)(20점)
2011	1. 국세기본법(법인격이 없는 단체에 대한 과세)(20점)
	2. 소득세법(공동사업자의 과세비용)(30점)
	3. 법인세법(주식소각)(30점)
	4. 상속세 및 증여세법(특수관계자간 이익의 증여)(20점)
2012	1. 국세기본법(경정청구)(20점)
	2. 소득세법(양도소득과세문제)(30점)
	3. 법인세법(채무의 출자전환)(30점)
	4. 상속세 및 증여세법(특수관계자간 증여세 과세문제)(20점)
2013	1. 국세기본법(납세자의 성실성 추정과 그 예외 및 국세부과의 제척기간과 징수권 소멸시효)(20점)
	2. 소득세법(소득금액의 추계방법)(30점)
	3. 법인세법(연결납세방식)(30점)
	4. 상속세 및 증여세법(배우자상속공제)(20점)
2014	1. 국세기본법(정기세무조사 대상자 선정기준, 세무조사 연기신청 사유, 납세자 보호위원회 역할, 조세소송시 입증책임)(20점)
	2. 소득세법(퇴직소득 또는 이연퇴직소득, 연금수령과 연금외수령 구분, 이연퇴직소득에 대한 연금외수령 판정특례)(30점)
	3. 법인세법(고가매입, 저가양수, 결손금이 공제된 것으로 보는 경우)(30점)
	4. 상속세 및 증여세법(피상속인이 비거주자인 경우, 수증자가 비거주자인 경우, 재산취득자금 등의 증여 추정)(20점)
2015	1. 국세기본법(과세전적부심사청구의 요건과 그 효과, 사건처분의 적법성, 가산세)(20점)
	2. 소득세법(양도소득의 개념, 1세대2주택 비과세 특례제도, 양도소득세 과세방법)(30점)
	3. 법인세법(주식발행액면초과액 자본전입시 자기주식배정분 등, 채무면제이익 등, 출자전환 채무면제이익의 법인세 과세)(30점)
	4. 상속세 및 증여세법(명의신탁제도의 증여의제 등, 증여세 과세문제)(20점)
2016	1. 국세기본법(후발적 경정청구)(20점)
	2. 소득세법(최신판례와 기타소득의 과세문제)(30점)
	3. 법인세법(비영리법인의 가지급금 관련)(30점)
	4. 상속세 및 증여세법(동거주택상속공제와 상속공제종합한도의 사례를 통한 단순이론 문제)(20점)

2017	1. 국세기본법(세무조사)(20점) 2. 소득세법(공통사업 합산과세제도)(30점) 3. 법인세법(분식회계와 세무상 문제)(30점) 4. 상속세 및 증여세법(증여세, 양도소득세 과세문제)(30점)
2018	1. 국세기본법(국세기본법상 가산세의 의의, 성격, 감면사유, 부과처분의 적법성)(20점) 2. 소득세법(토지매매거래에서 양도의 시기, 소득의 종류, 과세방법)(30점) 3. 법인세법(법인세법상 부당행위 계산 부인)(30점) 4. 상속세 및 증여세법(상장주식 평가방법, 증여재산가액, 보충적 평가방법의 적법성)(20점)
2019	1. 주식에 대한 증권거래세, 양도소득세(20점) 2. 사례금, 종합소득세(30점) 3. 익금 및 손금의 귀속시기(30점) 4. 공동상속인의 연대납세의무, 증여세 과세(20점)
2020	1. 국세기본법(제2차 납세의무의 의의, 주된 납세의무와의 관계 및 납부통지의 적법성과 그 책임범위)(20점) 2. 소득세법(이자소득과 사업소득의 판단기준, 배당소득)(30점) 3. 법인세법(외국법인의 의의, 국내사업장 인정요건, 사업수입금액을 확정하는 방법 및 이월결손금 처리 방법)(30점) 4. 상속세법 및 증여세법(증여의제와 증여추정의 개념 및 구별 실익, 증여의제이익 계산방법과 입법취지)(20점)
2021	1. 국세기본법(중복세무조사금지원칙과 허용되는 경우 적법성, 납세자보호위원회의 심의사항)(20점) 2. 소득세법(추계과세, 추계결정·경정할 수 있는 사유, 기준경비율 수입금액의 계산방법)(30점) 3. 법인세법(법인세 부과처분의 적법성, 감가상각비 손금산입여부, 부동산매매업의 정의와 다른 사업을 겸영하는 경우 주업을 판단하는 기준)(30점) 4. 상속세 및 증여세법(저당권평가특례법령 서술, 과세가액의 계산과정, 법정결정기한 설명)(20점)
2022	1. 국세기본법상 권리보호제도, 기한연장, 납세자 권리구제제도(20점) 2. 금융소득 과세제도(30점) 3. 대손금 처리, 법인세법 소득처분(30점) 4. 상속세 과세방법, 상속포기, 사전상속(20점)

(2) 수험대책

세무사 2차시험에서 세법의 비중은 막대하다. 총 400점 중 회계학과목의 세무회계까지 포함하면 무려 300점의 배점을 차지하고 있다. 그만큼 비중이 크며 또한 방향을 잘못 잡으면 좀처럼 학습효과를 거두기 힘든 과목이다. 우선 적절한 이론서를 선택하여 마스터하고 세무사 2차대비 세법 1·2부교재를 통해 문제를 접해보는 방법이 가장 좋은데 이 과정에서 특히 중요한 것은 자신만의 Sub-note를 만들어 계속해서 스스로 정리해 나가야 한다는 것이다. 수험시간은 결코 넉넉하지 않다. 짧은 시간(90분)에 답안지를 모두 채우기 위해서는 한순간도 펜이 쉬지 않고 움직여야 한다. 이를 위해서는 조문이나 모범답안의 단순한 암기로는 결코 고득점할 수 없다. Sub-note를 하는 과정 속에서 내용에 대한 이해를 심화시키고 자기 나름대로의 논리체계를 세워 시험장에서 자신만의 논리 전개와 흐름을 쫓아서 재구성해야 한다. 세법학1부의 국세기본법, 소득세법, 법인세법, 상속세 및 증여세법은 그 어느 세법도 소홀히 할 수 없는 분야들이므로 심층적인 학습까지 필요하다. 이를 위해서는 법규나 학습서를 주어진 그대로 받아들이는 수동적인 태도보다는 항상 '왜'라는 의문을 갖고 반문해서 비판적으로 학습해야 한다. 그래야만이 자신만의 논리적 체계가 형성되는 것이다.

4. 세법학2부 - 4교시(16：00～17：30, 90분)

(1) 출제경향분석

세무사 2차시험 마지막교시 과목이며 세법학Ⅰ부와 같이 논술형으로 단지 출제범위가 간접세제(부가가치세법, 개별소비세법), 지방세제(지방세법・지방세기본법・지방세징수법 및 지방세 특례제한법 중 취득세・재산세 및 등록에 대한 등록면허세), 조세감면제도(조세특례제한법)로 다를 뿐이다. 이중 부가가치세법의 출제비율이 가장 높고 해마다 개정된 법률과 관련된 문제가 출제되는 경향이다. 1999년도에도 최근 시사성이 있었던 부가가치세 분야와 주식매입 선택권이 출제되었고 지방세의 경우 등록세 비과세규정이 출제되었다.

2000년도에는 대체로 평이한 문제였으나 조세특례제한법의 경우 2년 전의 기출문제와 내용이 겹치는 부분이 출제되었고 지방세의 경우에는 총칙부분에서 출제되었다. 또한 문제수가 3문제에서 4문제로 늘어난 점이 지난해와 다른 점이다.

2001년에도 문제수가 4문제로 대체로 평이한 문제였다. 하지만, 비정형적인 문제・사례 등의 문제가 다수 출제되고 있으므로, 유사한 문제유형에 쉽게 적용할 수 있도록 분석력을 갖추어야 할 것이다.

2002년도에도 문제수가 4문제로 2001년도에 비하여 비교적 난이도가 낮아졌고, 출제경향의 입장에서 보면 세법학이론에 대한 보다 깊이있고 예리한 질문이 상대적으로 감소되었고, 기본적인 문제, 종합적인 문제, 사례형 문제가 평이하게 출제되었다고 볼 수 있다.

2003년도에는 예전의 난이도를 회복하여 조세전문가가 갖추어야 할 기본소양으로서, 조세제도의 기본적인 개념이해 여부의 검증, 세법 전체의 흐름 이해 정도의 검증, 세법내용을 경제주체의 경제행위에 적용할 수 있는지의 여부를 검정하는 예년의 난이도 정도로 출제되었다고 할 수 있다.

2004년도에는 최근 세무사 2차시험에서 부가가치세법이 10점 배점의 소문제로 구성된 점에 비추어 다시 큰 주제형식의 문제가 나온 것이 다소 의외이며 특별소비세를 20점 배점으로 크게 다룬 것도 눈에 띄는 변화이다. 그 외 조세특례제한법과 지방세법은 일반적으로 예상하는 단일주제의 틀에서 크게 벗어나지 않았으니 문제를 찍어서 공부한 분들은 많이 힘들 수 있는 주제였다고 생각한다.

2005년도에는 예년에 비해 상당히 어렵게 출제되었다. 조세 전문가로서 갖추어야 할 제반

세법지식의 습득여부를 검증하기에 손색이 없는 문제가 출제된 것으로 판단된다.

2006년도에는 작년과 비슷한 난이도로 출제되었다. 실무전문가를 뽑는 성격이 강한게 세무사시험이므로 앞으로도 사례형이나 판례 등이 중요하게 다루어질 것으로 생각된다.

2007년도 세법학Ⅱ부도 Ⅰ부와 마찬가지로 예년에 비해 다소 쉽게 출제된 것으로 평가된다. 세법학Ⅱ부는 기본서의 내용 위주로 문제가 출제되어 기본서의 내용을 충실히 이해하고 그 내용이 어떤 사례에 적용되는지를 파악하는 것이 답안을 작성하는 핵심이라고 생각한다.

2008년도 세법학2부 문제를 분석하면 부가가치세법은 과세표준 전반에 대한 내용으로 비교적 쉬운 문제였으며, 개별소비세법의 승용자동차의 조건부 면세에 대한 문제는 그 대상과 절차, 사후관리를 기술하는 문제로 비교적 난이도가 높았다. 조세특례제한법은 워낙 문제내용이 방대하여 이런 과세특례 내용까지 정리할 시간이 부족해서 난해한 문제로 판단된다.

지방세법은 과점주주의 간주취득세의 전반에 관한 문제는 출제가능성이 높다고 강조한 문제이고, (물음2)의 사례는 최근 대법원 판례를 그대로 응용한 문제로 비교적 쉬운 문제였다.

2009년도 세법학2부는 전체적으로 난이도가 높았다. 기출문제 공개가 되지 않아 수험생의 기억만으로는 문제에서 요구하는 논점의 정확한 파악이 안되는 관계로 『월간회계』에서는 세법학의 기출문제 복원을 하지 못하였다. 이점 독자들의 양해를 바란다.

2010년도 세법학 2부 시험의 경우 최근 도입한 매입자발행 세금계산서 제도와 다소 오래되었지만 조세특례제한법상 재무구조개선계획 등에 따른 기업의 채무면제이익 등 시사적인 부분에 대하여 출제하는 경향이 보인다. 전체적으로 난이도는 다소 있는 편이며 미리 예측하지 못한 수험생은 답안의 양을 작성하는 데 어려움이 있었을 것으로 보인다.

2011년도 세법학 2부의 문제는 전체적으로 평이하게 출제된 것으로 평가할 수 있으며 특징은 다음과 같다.

1. 부가가치세법 : 전체적으로 평이하게 출제되었으며 처음으로 판례를 묻는 문제(물음 3)가 출제되었다.

2. 개별소비세법 : 개별소비세의 경우 종전과 다른 형식으로 출제되었으며, '포괄승계'에 관한 물음 ④, ⑤은 개별소비세법에서 잘 다루지 않는 논제라 많은 수험생들이 당황했을 것이라 생각한다.

3. 조세특례제한법 : 요즘 많이 이슈가 되고 있는 '가업 승계시 증여세 과세특례' 규정이 출제되었으며, 각각의 요건에 대해 상세한 답을 요구하여 앞으로 조세특례제한법에 대한 공부에 있어 이슈가 되고 있는 논제에 대한 철저한 준비가 요구된다고 할 수 있겠다.

4. 지방세법 : 최근 출제된 바 있는 합의해제 부분이 물음에 포함되어 최근 출제된 논제라 하더라도 중요한 논제는 반드시 공부해야 할 것이다. 그리고 물음 2의 경우 최근 대법원 판례(2006. 7. 6.선고 2005두11128판결)로 논란이 된 사례가 출제되었다.

2012년도 세법학 2부도 세법학 1부와 마찬가지로 평이하게 출제되었다.

1. 부가가치세법 : 환수효과와 누적효과를 집중적으로 묻는 문제로, 평소에 열심히 공부한 수

험생이라면 충분히 대비한 논제일 것이다. 다만, 환수효과와 누적효과를 완화하기 위한 규정의 경우 빠짐없이 적어야 고득점이 가능할 것이다.

2. 개별소비세법 : 수출면세의 취지, 절차, 사후관리를 묻는 문제로 충분히 대비한 논제일 것이다. 그리고 수출면세의 절차의 경우 미납세반출절차와 유사하므로 평소에 이에 대한 대비가 된 수험생이라면 어렵지 않았을 것이다.

3. 조세특례제한법 : 자경농지에 대한 양도소득세 감면의 취지와 간단한 사례를 묻는 문제가 출제되었다. 상속의 경우에는 일반적으로 기간이 통산되지만 증여의 경우에는 기간 통산이 허용되지 않는 공통점이 있다는 것을 평소 공부하면 염두에 두었다면 어려운 문제는 아니다.

4. 지방세법 : 재산세 납세의무자 규정과 취득세의 취득시기 규정이 혼합된 문제이다. 사실상의 소유자인지 여부는 취득세의 취득시기가 도래했는지 아닌지 여부에 달려있다.

2013년도 세법학 2부의 경우 예상 외의 문제가 출제되어 수험생들이 많이 당황했을 것으로 판단된다.

1. 부가가치세법 : 부가가치세법은 공통매입세액 안분계산과 과세표준 안분계산의 비교문제와 공통매입세액 안분계산 기준의 법적성질에 대하여 물었다. 많은 수험생들이 중요한 논제로 판단한 문제로 어렵지 않은 문제로 판단된다.

2. 개별소비세법 : 개별소비세 문제의 경우 예상을 벗어난 문제가 출제되어 많은 수험생들이 당황했을 것으로 판단된다.

3. 조세특례제한법 : 조세특례제한법은 작년에 출제되었던 자경농지에 대한 양도소득세 감면이 또 출제되었다. 특히 자경의 의미에 대하여 물어본 문제이다. 기출 문제를 한번이라도 풀어본 수험생이라면 나은 편이지만 기출문제라고 무시한 수험생이라면 시험장에서 가장 당황했을 문제라고 본다. 요즘 정치권에서 유행하는 말이 있다. "끄진 불도 다시 보자." 앞으로 수험생들은 "기출문제도 다시 보자" 이렇게 해야 하지 않을까?

4. 지방세법 : 론스타의 스타타워빌딩 사건 중 취득세와 등록세 회피에 관한 사건을 간단한 사례로 출제한 문제로 어려운 문제는 아니다. 언론에 이슈화된 조세사건에 대해서는 관심을 가져 볼 필요가 있겠다. 그리고 이 사건과 관련되어 많은 논문에 나왔다.

2014년도 세법학 2부 문제는 전반적으로 난이도가 높게 출제되었다.

1. 부가가치세의 경우 물음1번은 평이하게 출제되었으나 물음2번의 경우 소문항 1,2번은 심판원에서부터 대법원까지 각급 법원에서 판결이 계속 뒤집어질 정도로 과세관청과 납세자 양측 모두 타당성 있는 근거를 가지고 소송에 임한 사례를 가지고 문제화했으며 처음 볼 때는 쉽게 보이지만 한번 더 생각하고 풀어야 하는 난이도 높은 문제였다.

2. 개별소비세의 경우 기본서를 충분히 숙지한 수험생이라면 풀 수 있는 정도의 평이한 수준으로 출제되었다.

3. 지방세의 경우 상당히 난해한 수준의 문제가 출제되었다. 물음 1에서는 단순한 법령 암기

수준의 문제를 출제한게 아니라 법조문의 해석을 통해서 승계취득은 취득세 중과세 대상에서 제외된다는 결론을 도출해야 하는 문제가 출제되었으며 물음 2에서는 재산세 과세대상 분류에 대하여 전체 조문을 빠짐없이 숙지한 수험생이 좋은 점수를 받을 수 있는 문제가 출제되었다.

4. 조세특례제한법은 근로장려세제의 기본적인 내용을 바탕으로 평이하게 출제되었다.

2015년도 출제된 세법학 2부의 출제경향은 사례형 문제가 출제되던 부가가치세법과 지방세법뿐만 아니라 개별소비세법과 조세특례제한법에서도 사례형 문제가 출제되면서 앞으로 수험생들에게 학습방향을 새로이 제시한다는 데에 그 의미를 둘 수 있겠다.

특히 개별소비세법은 다른 법에 비해서 조문의 수가 적은 관계로 집행기준이나 통칙등에서 출제되는 경향이 고착화 된 것으로 보이며, 조세특례제한법의 경우에는 기존의 단순암기방식에서 이제는 각 개별세법과의 연관된 종합적인 사고를 요구하는 문제가 출제되고 있으며 이러한 방식이 앞으로도 자주 출제될 것으로 예상한다.

2016년도 세법학2는 전체적으로 출제가 예상되었던 중요한 내용들이 출제되었다. 성실하게 준비한 수험생이라면 무난하게 답안을 작성할 수 있었으리라 예상된다. 다음은 구체적인 각 세목별 문제에 대한 강평이다.

1. 부가가치세법 : 재화의 공급에 대한 일반적인 이론문제(난이도 하)
2. 개별소비세법 : 장애인의 조건부면세에 대한 내용이 출제되어 동차생에게는 다소 지협적인 내용(난이도 유예생 중, 동차생 상)
3. 지방세법 : 2014년과 2015년도 주요 개정사항으로서 평이한 내용으로 출제되었다(난이도-하).
4. 조세특례제한법 : AA급의 주요논제가 이론형으로 출제되었다(난이도-중).

2017년도의 대부분 문제들은 단순 암기한 법의 내용을 설명하는 것으로 법의 의의, 적용요건, 절차 등을 성실하게 학습했다면 쉽게 느껴졌을 것이라고 생각된다.

세법학 2부에서도 역시나 사례문제를 물어봄으로써 법을 단순히 암기하는 것에 그치지 않고 암기한 내용을 얼마나 잘 응용할 수 있는지를 가늠해보는 문제가 출제되었다.

또한, 조세특례제한법 같은 경우 최근 우리 경제의 가장 큰 과제인 고용창출에 대해서 관심을 가지고 있었다면 학습했을 것으로 생각되는 주제가 출제된 것과 같이 최근의 시사이슈에도 관심을 가지고 관련된 법조문들을 학습하는 것이 도움이 되었을 것이라 생각된다.

2018년은 최근 몇 년간의 기출흐름과 유사하게 법령과 취지를 중심으로 출제되었다. 부가가치세법의 경우 익숙한 주제로 평이하게 출제되었으나, 개별소비세의 경우 다소 법령으로 암기하기에는 까다로운 부분까지 출제되었다. 지방세의 경우 최근 기출흐름과 유사하게 간단한 사례판단형태로 출제되었으며, 조세특례제한법은 사회에서 이슈가 되고 있는 정규직전환에 대한 세액공제 및 월세액 세액공제 등이 출제되었다. 전반적인 난이도측면에서 세법학 I 부에 비해 수월했을 것이라 생각되나, 법령암기가 충분하지 않은 수험생들의 경우 어려운 시험이 되었을 것이라 생각된다.

2019년 세법학 2부는 개별소비세와 조세특례제한법은 법령 암기가 되었다면 충분히 풀 수 있는 문제인 것으로 보이고, 부가가치세법의 경우에는 제반 법령과 이론을 종합적으로 판단하여 서술할 수 있는 능력이 중요하며, 지방세의 경우에는 해당 법령의 취지를 충분히 이해를 할 수 있어야 풀 수 있다.

2020년 세법학2부 [문제1]에서는 신탁계약에서의 부가가치세 과세문제를 전반적으로 물어보았다. 담보신탁 관련 규정은 신설된 지 얼마 안 된 규정이었고 일반 신탁관련내용은 출제된 적도 없었으므로 1순위 논제로써 수험생들의 많은 대비가 되었을 것으로 생각된다. 특히 신탁법리는 부가가치세외에도 각 세목 전반에 걸쳐 흩뿌려진 중요한 내용이므로 내년에도 잘 대비가 되어있어야 할 것이라고 여겨진다.

[문제2] 물음1,2에서는 고급물품과 관련된 과세요건, 미납세반출, 면세규정으로써 사례내용이 가미된 이론형 위주의 물음이 출제되었다. 마지막 물음3에서는 다소 생소한 내용인 포괄승계규정을 통해 개별소비세 과세여부를 판단할 수 있는가를 확인하고자 하였다. 개별소비세법은 이론을 위주로 풀어나가야 하는 세목이다보니 사례연습도 중요하지만 관련법령의 암기가 선행되어야 한다고 본다.

[문제3]에서는 지방세법상 법인과의 계약한 경우로써 취득세 과세표준 및 취득시기 판단, 계약해제(해제조건의약정)에 따른 경정청구 가능 여부 판단에 대해 물었다. 다른 세법학2부 문제들에 비해 지문의 길이가 다소 길고, 물음2는 단순 계약의 해제가 아닌 민법상 해제조건이 부가된 약정으로써 수험생이 다소 생소한 내용이었을 것이라고 판단된다. 그러나 물은1은 수험가의 중요한 논제로써 어느 정도 준비된 수험생이라면 5점이상은 쉽게 득했을 것이라고 생각된다.

[문제4]는 조세특례제한법으로 법인 전환시 이월과세 규정 내용이 출제되었다. 중소기업간 통합에 대한 양도소득세 이월과세규정과 더불어 법인 전환시 이월과세규정도 실무에서는 매우 중요한 내용이다. 2001년에 기출된 적이 있었고 특히 중소기업 관련내용은 2015년에 기출된 적이 있었기 때문에 이월과세규정에 대한 대비가 되지 않은 수험생이 많았을 것이라고 추측된다. 하지만 모르는 내용이 나오더라도 수험생은 실락의 끈을 놓치 않는 다는 심정으로 최선을 다해야한다. 물음1은 법령에 대비가 되지 않았더라도 지문의 내용을 이용해 역으로 답안을 도출함으로써 키워드 위주로 적어나갈 필요가 있었을 것이라고 생각되고, 물음2 또한 물음의 키워드를 이용해 적용요건들을 간략하게나마 서술한 후 소급과세원칙을 기반으로 부칙규정의 시행일을 기준으로 규정의 적용 여부를 판단하고 과세관청의 정당성을 판단하였다면 어느 정도는 출제자의 의도와 맥을 같이 하지 않았을까 하고 생각한다.

2021년 세법학 2부 [문제 1]은 부가가치세법에 관한 내용으로 이론 문제는 세금계산서 발급대상, 세금계산서를 발급하는 자, 세금계산서 발급시기 특례, 가공거래에 대한 가산세에 관한 내용이 출제되었다. 물음4가 유일한 사례판단 물음이었는데 쟁점을 비교적 간단하게 파악 할 수 있었을 것이나, 관련 가산세 규정을 세무회계나 세법학 학습시 명확하게 알고 있지 않으면 관련 법령을 서술하는데 약간의 무리가 있었을 것이다. 또한 물음1과 물음2는 오직 재화에 관한 내용만을 요구하였기 때문에 용역에 대한 장황설을 풀어 놓을 경우 감점이 수반될 수 있다는 출제자의 의도가 엿보인다. 어느 과목이나 그렇듯 문제를 정확하게 읽는 것은 실수를 줄이기 위한 가장 정확한 방법이다. 물음2에서 뜻밖의 재화를 수입하는 경우 발급자에 대하여 물어서 당황한 수험생도 있으리라 생각된다. 부가가치세 세법학은 회계학2부에서 기본적인 내용을 학습하고 추가적인 세법학 이론 부분도 회계학2부 요약서를 통해서 단권화한 후 부족한 부분을 세법학 교재를 통해 학습하는 것이 효율적이다. 따라서 신중하게 고민한 후 각 과목간의 시너지효과가 있는 교재를 선택하여 세법(회계학2부, 세법학) 과목을 좀더 콤팩트하게 준비할 수 있도록 하자.

[문제 2]는 개별소비세법상 골프장의 입장행위에 대한 과세(면세 포함), 유흥주점업과 관련된 개별소비세 과세방법 등 출제될 만한 A급 주제가 출제되었다. 긴말은 필요 없을 것 같다. 초시생이라 하더라도 최소 15점 이상의 점수가 요구된다. 단, 과세요건이라는 말이 중구난방으로 표시되어 헷갈렸을 수험생이 있을 것 같다. 출제자는 공정하고 변별력있는 시험을 위해서 신중하고 명확한 표현으로 출제해 주셨으면 한다.

[문제 3]은 지방세법이 출제되었다. 물음1은 재건축한 조합 자산에대하여 취득세 납세의무자를 물었고 물음2는 재산세 납세의무자의 사례판단 물음3은 지방세기본법상 과오납금에 관한 내용에 대한 물음이다. 조합의 과세대상 자산 취득에 관한 취득세 및 재산세 납세의무자는 중요한 내용이었으면 수험생 대부분이 잘 대비가 되었으리라 판단된다. 물음3의 경우 국세기본법과 그 내용이 유사하므로 국세기본법에서 중요 논제였던 과오납금에 대해 잘 대비했었다면 지방세에서도 점수를 일부 받을 수 있었을 것이다.

[문제 4]는 조세특례제한법에 대한 내용으로 부모세대에서 자식세대로의 부의 조기 이전을 촉진 및 지원하기위한 조세특례제도로써 가업승계와 창업자금승계의 두 케이스가 모두 출제되었다. 실무에서도 매우 중요하고 빈번하게 발생하는 조세특례제도 이를 감안하여 출제된 것으로 보인다. 취지와 요건 그리고 효과에 대한 내용으로도 한 페이지를 넉넉히 채울 수 있으므로 사례판단은 비교적 간단하게 마무리 하면 족할 것으로 판단된다.

2022년 세법학2부 [문제 1]은 부가가치세법에서 부동산 일괄공급할 경우 공급가액을 계산하는 문제가 출제되었다. 물음1의 경우 단서규정을 제외하고는 본인이 아는 한 최대한 작성이 되었어야 하고 물음2의 경우는 사례를 정확히 읽고 공급시기를 쟁점으로 잡고 써내려 갈 경우 20점 이상은 득할 수 있었을 것이라 생각된다. 어려운 문제일 수록 긴장하지 말고 기본적인 쟁점이 무었인지 캐취하여 답안을 작성하는 연습을 해보자. 사업양도 관련 물음은 중요한 논제로써 모든 수험들이 잘 준비되었으리라 여겨진다.

【문제 2】는 개별소비세 조건부 면세 규정이 출제되었다. 물음1과 물음2-(1)은 기본 법령내용을 묻는 것이였으나, 물음2-(2)내용은 대법원 판례내용이어서 작성하는데 어려움이 있었을 것 같다.

【문제 3】은 지방세 중 재산세 문제가 출제되었다. 아마 이번 세법학 문제중 가장 지엽적인 내용이 아니었을까 생각이 된다. 공장용지, 전, 답, 과수원, 목장용지, 고급오락장용지외에 분리과세 대상을 일일이 파악하기란 쉽지 않기 때문이다. 물음 2 중 첫 번째 물음정도만 잘 썼어도 선방했던 문제였다. 어려운 문제는 스킵하고 다음 답안부터 적을 줄 아는 유연함도 필요하다.

【문제 4】는 조세특례제한법으로 최저한세 규정이 출제 되었다. 전통적인 세법학 논제는 아니고 세무회계에서 기본이 되어야 하는 내용이다. 세법학은 세무회계에서 기본을 다져야하는 과목으로 항상 법인세, 소득세, 부가가치세, 상속세및증여세법은 세무회계를 튼튼히 다진 후 공부하면 훨씬 쉽게 공부할 수 있다는 것을 명심하자.

연 도	물음의 내용
2001	1. 부가가치세법의 개정내용 반영된 문제(40점) 2. 특별소비세 미납세반출의 의의와 사후관리에 대한 설명(15점) 3. 조세특례제한법의 [이월과세]와 [과세이연]의 의의 내용 및 적용례와 적용제한에 대한 설명(20점) 4. 지방세법의 취득세와 관련한 문제(25점)
2002	1. 부가가치세의 예정신고제도, 대손세액공제, 면세사업과 과세사업의 차이, 간이과세제도, 총괄납부제도 (35점) 2. 특별소비세의 제조의제와 반출의세(20점) 3. 영농조합의 과세특례(25점) 4. 재산세 납세의무자(20점)
2003	1. 국민생활의 안정을 위한 조세특례(25점) 2. 취득세 과세표준, 세율체계, 신고납부(20점) 3. 특별소비세 과세요건 및 면세요건(20점) 4. 부가가치세 공급시기, 신용카드세액 공제, 자가공급(45점)
2004	1. 간이과세제도(35점) 2. 특별소비세법상 총괄납부제도(20점) 3. 지역간의 균형발전을 위한 조세특례(25점) 4. 소유권 취득과 관련된 등록세의 세율구조(20점)
2005	1. 부가가치세 면세제도(35점) 2. 특별소비세법 납세의무(20점) 3. 조세특례제한제도의 필요성(25점) 4. 취득세, 등록세, 재산세의 납기 및 징수방법, 기한후 신고제도(20점)
2006	1. 부가가치세법(세금계산서 관련 기능과 문제점, 부실세금계산서의 과세상 불이익)(35점) 2. 특별소비세법(부가가치세의 차이점 및 미납세반출의 절차 및 대상)(20점) 3. 조세특례제한법(직접감면과 간접감면에 대한 물음과 인적회사에 대한 과세특례)(25점) 4. 지방세법(재산세의 탄력세율과 취득세 비과세사례형 문제)(20점)
2007	1. 부가가치세법(영세율의 의의, 대상거래, 영세율 사업자의 권리의무)(35점) 2. 특별소비세법(판매·반출 의제시 과세표준 및 납세절차, 사업폐지시 부가가치세와 특별소비세의 비교)(20점)

	3. 조세특례제한법(감면제도의 취지와 창업의 의의, 세액감면 적용대상기업, 세액감면내용)(25점)
	4. 지방세법(매매계약의 해제와 합의해제시 취득세 납세의무)(20점)
2008	1. 부가가치세법(과세표준전반, 과세표준에 포함하지 아니하는 경우와 공제하지 아니하는 경우, 부당대가를 받은 경우와 대가를 받지 않는 경우 과세표준)(35점)
	2. 개별소비세법(승용자동차의 조건부 면세)(20점)
	3. 조세특례제한법 과세특례(25점)
	4. 지방세법(과점주주의 간주취득 전반)(20점)
2009	1. 부가가치세법(영세율, 대리납부의무)(35점)
	2. 개별소비세법(납세의무자, 과세시기, 반출의제)(20점)
	3. 조세특례제한법(양도세 감면)(25점)
	4. 지방세법(취득세 납세의무)(20점)
2010	1. 부가가치세법(세금계산서 발급과 관련한 거래형태별 공급시기, 교부시기 특례, 매입자 발행 세금계산서의 발행)(35점)
	2. 개별소비세(과세물품으 과세표준 산정에 따른 유형별 가격계산)(20점)
	3. 조세특례제한법(기업의 채무면제이익에 대한 과세특례의 내용 및 사후처리)(20점)
	4. 지방세법(형식적 부동산 소유권 취득에 대한 취득세 비과세)(25점)
2011	1. 부가가치세법(사업자등록과 부가가치세 제도)(35점)
	2. 개벌소비세(영업의 포괄승계와 과세특례제도)(20점)
	3. 조세특례제한법(상속증여세법상 가업상속과 과세특례)(25점)
	4. 지방세법(취득세 및 등록면허세 납세의무와 과세표준)(20점)
2012	1. 부가가치세법(의제매입세액공제제도의 환수효과와 누적효과)(35점)
	2. 개별소비세법(수출면세)(20점)
	3. 조세특례제한법(자경농지에 대한 양도소득세 감면)(20점)
	4. 지방세법(재산세 납세의무자)(25점)
2013	1. 부가가치세법(공통매입세액의 안분계산과 과세표준 안분계산 비교, 안분계산 기준의 법적성질)(35점)
	2. 개별소비세법(용도변경 등으로 세액을 징수하는 물품의 가격계산, (외국인전용 판매장에서) 면세물품의 구입방법 및 판매보고)(20점)
	3. 조세특례제한법(자경농지에 대한 양도소득세 감면)(20점)
	4. 지방세법(대도시 내 법인설립에 대한 등록세 중과)(25점)
2014	1. 부가가치세법(과세방법 장·단점 비교 및 매입세액 공제)(35점)
	2. 개별소비세법(납세담보의 제공 및 처분, 환급사유 및 방법)(20점)
	3. 지방세법(승계하는 대중골프장과 회원제 골프장의 취득세, 재산세)(20점)
	4. 조세특례제한법(근로장려세제의 도입배경 및 기대효과, 신청자격, 산정방법)(25점)
2015	1. 부가가치세법(영세율을 적용받을 수 있는 제도와 영세율에 대한 상호주의 적용에 관한 설명, 특례제도 및 과세대상여부 및 적용세율 설명)(35점)
	2. 개별소비세법(개벌소비세의 과세요건 납부절차)(20점)
	3. 지방세법(과점주주, 취득세 부과처분의 위법여부)(20점)
	4. 조세특례제한법(양도소득세 이월과세)(25점)
2016	1. 부가가치세법(재화의 공급에 대한 일반적인 이론문제)(35점)
	2. 개별소비세법(장애인의 조건부면세)(20점)

	3. 지방세법(신탁재산에 대한 취득세 과세대상 및 재산세 납세의무자)(20점)
	4. 조세특례제한법(벤처기업 주식매수선택권 행사이익에 대한 납부특례, 과세특례)(25점)
2017	1. 부가가치세법(부가가치세 과세대상 면세제도)(35점)
	2. 지방세법(토지취득과 관련된 취득세)(20점)
	3. 개별소비세법(개별소비세 미납세 반출, 과세대상)(20점)
	4. 조세특례제한법(조세특례제한법상 조세특례, 고용창출투자세액 공제)(25점)
2018	1. 부가가치세법(부가가치세법상 매입세액 불공제, 대손세액 공제, 용역의 제공)(35점)
	2. 개별소비세법(개별소비세법상 담배에 대한 과세요건, 과세시기, 과세특례)(20점)
	3. 지방세법(경락받은 부동산에 대한 취득세)(20점)
	4. 조세특례제한법(조세특례제한법의 근로소득을 증가시킨 기업에 대한 세액공제제도)(25점)
2019	1. 임대소득, 건물신축공사에 대한 매입세액 공제, 과세전환에 대한 매입세액(35점)
	2. 재산세 별도합산과세와 종합합산과세(20점)
	3. 개별소비세 면세 및 추징(20점)
	4. 조세특례제한법상 공익사업용토지 및 영농사업용 토지에 대한 조세지원제도(25점)
2020	1. 부가가치세법(부가가치세 납세의무자에 대한 설명, 신탁과세이론 측면으로도 설명(35점)
	2. 개별소비세법(개별소비세의 과세물품, 과세표준, 세율, 납세의무자)(20점)
	3. 지방세법(분양받은 아파트의 취득세 과세표준 및 취득시기, 유예된 잔금지급채무의 면제 사실이 경정청구를 할 수 있는 사유(20점)
	4. 조세특례제한법(양도소득세 이월과세 적용신청을 하기 위한 요건 및 그 과세특례의 취지, 사후관리규정의 의의 및 적용요건)(25점)
2021	1. 부가가치세법(세금계산서 발급대상, 발급자, 발급시기 특례, 가공거래에 대한 가산세)(35점)
	2. 개인소비세법(골프장 입장행위에 대한 과세, 유흥주점업과 관련된 개별소비세 과세방법 등)(20점)
	3. 지방세법(재건축한 조합자산에 대한 취득세 납세의무자, 재산세 납세의무자의 사례판단, 지방세기본법상 과오납금에 관한 내용)(20점)
	4. 조세특례제한법(가업의 승계에 대한 증여세 과세특례, 창업자금에 대한 증여세 과세특례)(25점)
2022	1. 부가가치세법(토지와 건물을 공급하는 경우, 사업양도)(35점)
	2. 개별소비세법(조건부 면세)(20점)
	3. 재산세 분리과세, 불법건축물 부속토지에 대한 재산세 부과(20점)
	4. 최저한세(필요성, 감면배제 등)(25점)

(2) 수험대책

세법학2부는 세법학1부와 단지 출제범위만 다를 뿐이므로 기본적인 학습방법은 같다고 볼 수 있다. 부가가치세법은 출제율도 높고 범위도 타법에 비해 공부할 범위가 많지 않기 때문에 점수를 얻기에 유리한 분야이다.

■ 세무사 제2차시험 채점평

(출처 : 한국산업인력공단 전문자격실 전문자격운영팀)

1. 2019년도 제56회(2019.11.13.)

(1) 회계학 1부

[문제 1] 현금흐름표의 작성 및 표시에 관한 종합적인 기본문제이다. 특히, 영업활동현금흐름을 계산하는 방법, 즉 직접법과 간접법으로 작성하는 각각의 원리와 이를 표시하는 방법에 대해서 정확한 이해가 요구된다. 채점 결과, 많은 수험생들이 직접법에 대한 물음에서는 비교적 정답률이 높았으나, 상대적으로 작성이 쉬운 간접법에 대한 물음에서는 정답률이 낮은 것으로 나타났다. 또한 2가지 계산방법에 대한 충분한 이해 없이 기계적으로 풀이를 한 경우도 많았다. 현금흐름표의 작성원리뿐 아니라 그 표시에 대한 종합적인 이해력을 바탕으로 기본에 충실하는 노력이 요구된다.

[문제 2] 리스거래와 관련된 문제로 리스거래의 기초개념과 회계처리 그리고 리스채권손상을 요구하는 문제이다. 리스거래와 관련하여 최근 개정된 한국채택국제회계기준 규정에 대한 정확한 이해가 있어야 할 것이다. 채점결과, 대부분의 수험생이 개정 내용을 충실히 학습하여 문제를 풀이하고자 노력하였다. 고정리스료의 계산 및 재무제표에 미치는 영향에 대한 물음에는 정답률이 비교적 높았지만, 리스총투자 및 미실현금융수익의 계산은 그렇지 못하였다. 일부 수험생의 경우 주어진 가정을 무시하고 푸는 경우도 있었다. 기본개념에 대한 이해를 토대로 문제의 요구사항을 해결하려는 노력이 요구된다.

[문제 3] 전부원가계산제도와 변동원가계산제도, 실제원가계산제도와 정상원가계산제도, 재고자산 평가방법 등의 개념을 묻는 문제이다. (물음1)은 주어진 자료를 사용하여 전부원가계산제도와 변동원가계산제도에 의한 2개년의 영업이익을 묻는 질문이고 (물음2)는 두 원가계산방법에서 비용으로 인식된 고정제조간접원가 금액을 산정하는 질문이다. 채점결과, (물음1)과 (물음2)의 경우는 대부분의 수험생들이 정답을 구하는데 어려움이 없었던 것으로 보였으나 (물음3)의 경우는 상당수 수험생들이 가중평균법의 개념을 올바르게 이해하지 않고 있는 것으로 보였다.

그리고 (물음4) 정상원가계산의 경우 대부분의 수험생들이 정답을 제시하지 못하였다. 원가회계분야를 준비함에 있어서 계산능력 못지않게 개념에 대한 이해를 반드시 하여야 할 것으로 생각한다.

[문제 4] '경제적 부가가치(EVA)를 사용한 대체가격 결정'은 다국적기업뿐만 아니라 사업부간 평가에 있어서도 중요한 부분이다. 특히 세금부담의 최소화 및 유휴자원의 활용을 위한

대체가격의 결정은 각국의 법인세, 관세 및 시장 환경 등을 고려해야 하는 부분이므로 개념을 정확하게 숙지하여 활용하는 것이 필요하다. 특히 이번 시험에서 성과평가, 전략수립 등에 있어서 많이 활용되고 있는 경제적 부가가치를 활용한 목표판매량, 증분이익 및 최소대체가격 등을 출제하였으나 수험생들이 다소 어렵게 접근하여 기본적인 점수만을 획득하는 아쉬움이 있었다. 향후 원가관리회계를 학습함에 있어서 기본개념을 명확하게 숙지하여 다른 분야에 응용할 수 있는 능력을 키우고 풀이과정은 명료하게 기술하는 노력이 필요하다고 판단된다.

(2) 회계학 2부

[문제 1] 본 문제는 소득세법을 적용하는데 있어서 법의 취지를 명확히 이해하고 적용할 수 있는지, 향후 세무사 업무 수행과 관련하여 중요한 영역 중 하나인 양도소득세 계산의 기본원리를 명확하게 이해하고 있는지를 검증하는데 중점을 두었다.

채점 결과, 세법에서 요구하는 세액산출의 기본구조에 대하여 명확히 이해하고 있는 수험생들도 있었지만 그렇지 않은 수험생들도 있었다.

향후 수험생들은 세법에 대한 기본 이해사항 및 양도소득세의 산출구조 및 관련 규정에 대한 이해를 바탕으로 문제풀이를 하는 노력이 필요하겠다. 더불어 세법에 대한 명확한 이해를 위하여 입법취지 및 구조를 논리적으로 해석하여 숙지하는 방향을 기본으로 하여 학습을 하는 것이 향후 시험을 준비하는데 있어서 큰 도움이 될 것이라고 생각된다.

[문제 2] 1) 국고보조금에 대한 일시상각충당금의 설정을 이연수익법으로 회계처리한 경우의 세무조정을 묻는 문제로 대부분의 수험생이 잘 이해하고 문제를 푼 것으로 나타났다. 2) 불공정증자로서 고가배정의 경우 이익의 분여자와 분여받은자에 대한 세법상 처리를 묻는 문제로 실권주가 발생한 경우 양자간의 특수관계와 현저한 이익의 발생여부에 따라 세무조정이 달라지는데 이러한 세법상의 처리요건을 정확하게 이해하고 문제를 푼 수험생이 많지 않아 아쉬웠다. 3) 미환류소득에 대한 법인세계산과 관련된 문제로 대다수의 수험생이 문제를 푸는데 어려움을 겪었던 것으로 나타났다. 자주 출제되는 영역에 대한 학습에만 국한하지 않고 법인세법 전반에 대한 폭넓은 학습이 필요한 것으로 보인다.

[문제 3] 1) 기부금의 세무조정에 관한 사항으로 의제기부금의 계산 및 기부금이월공제 등 전반적인 기부금 세무조정의 흐름을 이해하고 있는지에 대한 질문이다. 가장 기본적인 부분을 소홀히 하거나 정확한 이해가 부족한 경우가 많았다. 2) 감가상각비 관련 세무조정으로 즉시상각의제 및 감가상각의제 등 감가상각의 기본적 세무조정내용 이외에 후속관리를 요하는 항목을 구성하였다. 전체적으로 감가상각의 기본내용은 이해하고 있으나 즉시상각의제의 후속사후관리에 대한 세무조정을 정확히 이해하지 못하거나 감가상각의제의 추가적인 세무조정을 이해하지 못하는 경우가 많았다. 3) 대손충당금에 관련한 세무조정 문제로 대손금의 손익귀속시기, 조건 대손충당금 적용비율의 계산 등 전반적인 내용을 확인하기 위한 문항이다.

마지막은 최저한세, 세액공제 및 세액의 계산과정을 묻는 문항이다. 전반적으로 충분한 학습이 되어있지 않은 답안이 많았다. 관련 개념에 대한 전반적인 학습이 필요할 것으로 생각된다.

[문제 4] 부가가치세 문제는 영세율 적용여부, 과세표준, 적용세율, 납부세액 및 겸영사업자의 산출세액을 구하는 계산문제가 출제되었다. 과세표준과 세율, 산출세액을 구하라는 문제에는 과세표준과 영세율의 적용여부를 묻는 문제이므로 과세표준, 적용세율, 산출세액을 모두 적어야 할 것이며, 겸영사업자의 산출세액을 구하는 문제에서는 답안으로 제시된 세액이 납부세액인지 매입세액공제액인지를 구분하여 제시할 수 있어야 한다.

또한 계산문제는 계산근거를 제시하여 어떤 과정으로 답안을 도출하였는지 알 수 있게 하는 것이 바람직 하다고 보여진다.

전체적으로 수험생들에게는 제시된 물음과 양식에 대한 충실한 답안을 작성하는 것이 중요하다고 할 수 있다.

(3) 세법학 1부

[문제 1] 국세의 부과제척기간과 실질과세원칙의 적용을 묻는 사례형 문제다. 지문에서 주어진 사실관계나 가정을 정확히 이해하지 못한 채 작성한 답안이나 질문의 취지와 무관한 답안을 쓴 경우도 있었고, 일부 수험생의 경우 지문에서 이미 언급된 문구를 단순 반복하거나 아무런 의미 없는 이유를 대면서 결론에 대한 근거라고 기술하는 경우도 있었다. 무엇보다 "서론 - 본론 - 결론" 또는 "쟁점 - 근거법령 - 판단" 등 획일적인 답안작성 틀을 만들고 이에 무조건 맞추어 쓰려고 하는 답안을 다수 볼 수 있었다. 그러나 사례들은 저마다 묻는 질문의 취지가 다르고 그에 따라 요구되는 내용을 논리적 순서에 따라 작성하는 것이 필요하기 때문에 무조건 획일적 틀로 답하는 것은 지양하는 것이 필요해 보인다.

[문제 2] 소득세법상 소득구분에 관한 문제로, 판례를 사례화한 것으로서 수험생들이 어느 정도 공부를 하였으면 충분히 제대로 서술할 수 있는 문제라고 판단된다. 채점 결과 전반적으로 제대로 이해를 하고 있는 수험생들이 많지 않은 것을 느낄 수 있었다.

수험생들이 내용을 이해하고 정리한 것이 아니라, 단순히 암기하고 있기 때문이라고 판단된다.

[문제 3] 손익의 귀속시기에 대한 문제이다. 법인세는 과세기간에 따른 세금을 산출하므로, 손익이 어느 과세기간에 귀속이 될 것인지는 매우 중요한 문제이다. 1)의 경우에는 익금의 귀속시기에 대한 기본내용을 묻는 문항이었다. 예상했던대로 많은 수험생들이 고득점을 하였다. 2)는 계약상 지급의무에 따른 의무확정주의와 직접대응비용에 대한 수익비용 대응의 원칙에 대한 과세문제를 논하는 문제이다. 2)의 경우 세법학 공부량에 비례하여 답안이 작성되었다. 공부량이 적은 수험생의 경우 출제의도 파악 및 무엇을 적시하여야 하는지 갈피조차 잡지 못하였으며, 근거없이 결론만 섣불리 도출하는 답안도 있었다. 적당한 공부량을 가진 수험생은 관련 근거를 일정부분 언급하여 일정 점수를 획득 하였고, 일부 수험생의 경우 고득

점을 취득하였다.

세법학의 경우 단순 결어의 점수비중은 높지 않다. 관련 근거를 충분하게 기재하고 그 기재한 근거를 토대로 판단을 하는 답안작성을 하도록 연습이 필요해 보인다.

[문제 4] 법정상속과 협의상속의 우선순위에 대한 문제이다. 특히 협의 상속의 과정에서 상속인의 채권자가 민법에 의한 대위권행사를 하면서 법정상속분대로 등기를 한 연후에 상속인들의 협의상속이 이루어졌을 경우에 법률행위의 우선순위를 제대로 이해하는 지를 요구하는 문제였다. 또한 협의상속이 이루어진 경우에 법정상속지분보다 증가된 상속분에 대하여 증여세를 부과할 수 있는 지에 대한 이해를 묻는 문제였다. 이번 문제는 단순한 법조문 암기를 넘어서서 정확한 법적 논리를 이해하여야 정답을 적을 수 있도록 구성되어 있었다.

(4) 세법학 2부

[문제 1] 부가가치세법상 과세·면세거래의 매입세액 공제 여부와 관련된 과세문제 및 부가가치세법 제43조 면세사업 등을 위한 감가상각자산의 과세사업 전환시 매입세액공제 특례에 대한 문제다. 전반적으로 수험생들은 주어진 물음에 잘 답하였다. 다만, 문제에서 주어진 질문의 요지가 무엇인지를 정확하게 파악하지 못하고 자신이 알고 있는 내용의 기술에만 치중하는 답안과 물음의 내용 중 일부를 답하지 않은 답안이 있었다. 또한 법조문과 관련된 물음에 있어서는 해당 조문을 정확하게 숙지하지 못한 답안이 있었다. 따라서 답안을 작성함에 있어서는 물음의 내용을 꼼꼼하게 분석하여 출제자의 의도를 파악하는 한편 세법학 과목의 특성상 평소 법령을 주의 깊게 살피려는 태도가 요구된다고 하겠다.

[문제 2] 신탁법에 따른 신탁재산에 대한 재산세 과세문제를 다루었다. 답안을 몇 번째로, 어떻게 제시할까 고민한 흔적이 역력했다. 1) 물음에 답안을 제시하지 못한 경우가 많아 아쉬움이 컸다. 반면에 출제자의 의도에 부합하는 답안을 작성한 경우도 많았다. 물음의 취지를 정확히 이해하고, 법조문과 사례를 논리적으로 꿰는 구상을 하고 답안을 쓴 경우에 좋은 점수를 받을 수 있었다. 평소에 법조문을 학습할 때 수험생이 아닌 출제자의 입장에서 적용가능한 사례를 개발하고 풀어보는 것은 시험 준비에 도움이 된다. 납세의무자의 변경과 같은 사안에 대하여는 그 제도가 왜 도입되었고, 어떤 문제점을 갖고 있는가를 찾는 것까지 다각도로 공부하는 습관이 필요하다고 사료된다.

[문제 3] 이번 개별소비세법 문제에서는 군납면세, 외교관면세의 추징과 면세반출 승인신청 특례에 대한 문제이다. 많은 수험생들이 무난하게 답안을 작성하였으나 답안작성시 중요한 점을 간과하는 수험생도 있었다. 답안작성시 관련 용어를 정확히 쓰고 핵심 키워드와 관련내용이 정확히 서술되어 있는지가 중요하다. 찍어낸듯한 기계식 단순암기를하여 작성하기 보다는 관련개념을 정확히 숙지하고 작성하는 노력이 필요해 보인다.

[문제 4] 올해 조세특례제한법의 문제는 공익사업용 토지에 대한 조세지원제도와 영농사업용 토지에 대한 조세지원제도가 출제되었다.

1)은 시사적 이슈가 있는 내용이라서 상당수 수험생들이 답안을 잘 작성하였다. 하지만 대토보상에 대한 내용을 2)의 농지대토에 대한 내용과 혼동하여 작성한 답안들도 있어서 아쉬운 마음이 들었다.

2)는 자경농지와 농지대토에 대한 경작기간에 대해 비교·설명하라는 문제인데 배점에 비해 너무 많은 시간과 답안 분량을 할애한 수험생들이 많았다.

출제자의 의도와 묻는 물음에 적합한 답안을 작성하는 것이 무엇보다 중요하다고 생각한다. 모든 수험생 여러분의 합격을 기원하며 훌륭한 전문가로 성장하길 바란다

2. 2018년도 제55회(2018.11.2.)

(1) 회계학 1부

[문제 1] 자본과 복합금융상품, 주당이익의 종합적 사고를 요구하는 문제이다. 자본변동에 대한 중요성은 국제회계기준 하에서도 매우 중요한 주제이다. 최근 자본시장이 정교해지고 복잡해짐에 따라 다양한 자본조달방법이 나타나고 있으며, 신주인수권부사채 등 다양한 잠재적 보통주식의 이해가 있어야 할 것이다. 신주인수권부사채의 경우 발행과 행사 회계처리는 비교적 정답률이 높았지만, 자본거래 및 자본변동요소, 희석주당이익의 계산오류 및 무응답이 있었다. 재무회계 전 분야의 종합적인 사고와 심도 있는 이해가 요구된다.

[문제 2] 수익인식 및 금융상품과 관련된 문제로 수익인식 5단계에 대한 기본 개념과 회계처리 그리고 금융상품(부채)의 취득(발행), 후속측정, 손상회계와 관련하여 최근 개정된 한국채택국제회계기준 규정에 대한 정확한 이해가 요구된다. 채점 결과, 대부분의 수험생이 문제와 관련된 회계기준의 개정 내용을 충실히 학습하여 세부적인 물음에 대해 해답을 제시하고자 노력한 흔적을 확인할 수 있었다. 다만, 일부 수험생들의 경우 분개나 계산과정에서 단순 오류를 범하는 경우가 많아 안타까운 측면이 있었다. 관련 회계기준의 기본 개념에 대한 명확한 이해를 바탕으로 문제의 요구사항을 파악하고 계산 실수 및 분개 과정에서의 단순 실수를 줄이려는 노력이 필요할 것으로 판단된다.

[문제 3] 표준원가계산제도를 도입한 상황에서의 제조예산, 재료매입예산, 예산 손익계산서 작성, 현금예산 문제이며, 신규투자에 대한 경제적부가가치(EVA)를 구하는 독립된 문제가 포함되었다. 표준원가계산, 종합예산, 변동원가계산, 성과평가 등에 대한 기본개념을 숙지하고 있으면 풀 수 있는 평범한 문제이다. 채점결과 많은 수험생들이 요구되는 답을 제시하였으나 현금예산과 경제적 부가가치 계산문제는 출제자의 기대만큼 정답을 제시하지 못하여 아쉬움 있다. 특정주제(단원)만 아니라 각 주제를 연계한 통합적 사고를 요하는 문제에 대비할 필요가 있다.

[문제 4] 특별주문의 수락 또는 거부에 관한 다양한 형태의 의사결정을 묻는 문제이다. 교과서의 관련 내용을 종합적으로 숙지하고 있다면 충분히 해결할 수 있는 문제로 판단된다. 채점결과, 증분원가 개념으로 접근하면 쉽게 해결할 수 있는 문제이나 일부 수험생들이 지나치게 문제를 복잡하게 해결하려고 하거나, 물음에서 요구하는 사항을 정확히 답변하지 않고 풀이과정만 장황하게 제시하는 경우가 있었다. 관리회계는 기본개념을 응용하는 문제가 주로 출제되므로, 기본에 충실하고 다양한 응용 및 복합적인 문제 해결 능력을 배양하는 노력이 요구된다.

(2) 회계학 2부

[문제 1] 소득세의 전반적인 체계와 기본적인 개념 혹은 용어를 정확히 이해하고 있는지 파악하는데 중점을 두고 출제하였다. 그리고 구체적인 세법규정에 대한 학습을 필요로 하는 물음을 일부 가미함으로써 수험생 사이에 학업성취도의 차이를 분별해낼 수 있도록 신경을 썼다.

채점을 해본 결과 0점부터 만점까지 점수대가 다양하게 분포함으로써 소기의 목적을 달성한 것으로 평가된다. 한편 세법규정의 취지나 개념 등을 충분히 숙지하지 않은 상태에서 단순히 산식 등을 암기만 한 결과로, 물음에 대한 정답을 구하는데 요구되는 풀이과정을 제대로 따라가지 못한 수험생들이 있었다. 따라서 앞으로 수험생들은 지엽적이거나 세부적인 사항에 대한 암기보다는 근본적이거나 기초적인 내용에 대한 철저한 이해를 우선시하는 방식으로 시험에 대비할 것을 권고한다.

[문제 2] 법인세법상 의제배당에 관한 세무조정을 수행할 능력이 있는지를 평가하기 위한 것이다. 첫 번째 질문은 감자로 인한 의제배당을 묻는 것으로 과거의 이익준비금 자본전입에 대한 반대의 세무조정을 할 수 있는 지를 묻는 것이었다. 많은 수험생들이 과거의 세무조정에 대한 반대의 조정을 누락하는 경우가 많았다. 두 번째 질문은 자기주식재배정으로 인한 의제배당으로 자기주식 배정 분을 추가 배정하지 않는 경우를 질문한 것이다. 자기주식 배정 분을 추가배정하지 않아도 당초의 지분율과 차이가 나는 부분은 재원의 구분없이 의제배당으로 계산하여야 하는 것이다. 대부분 수험생들이 올바르게 답을 하였으나, 당초의 지분율과 차이를 의제배당으로 계산하지 않는 오답이 많았다. 세 번째 질문은 1) 유가증권의 저가매입에 따른 세무조정과 주식의 처분시 평균법을 적용하여야 하는 것에 대한 세무조정을 묻는 것과 2) 수입배당금 총액과 익금불산입 계산시 제외되어야 하는 배당을 구분할 수 있는 지와 수입배당금 익금불산입하는 경우 지급이자 차감액을 계산 할 수 있는지를 질문한 것이다. 많은 수험생들이 수입배당금 총액을 익금불산입대상 배당금으로 계산한 경우가 많았고, 익금불산입 대상 배당금액과 수입배당금 지급이자 차감액에는 익금불산입율을 정확히 적용하여야 하나 잘못 적용하거나 이를 적용하지 않는 경우가 많았다.

[문제 3] 본 문항은 기업회계기준과 법인세법의 차이를 이해하고 기본적인 세무조정 수행 능력을 갖추고 있는지 여부를 평가하기 위한 것이다. 본 문제의 출제의도를 이해한 수험생은 이에

적절한 세무조정 답안을 작성한 것으로 생각되나, 일부 수험생은 세무조정 방법을 알고 있음에도 불구하고 문제의 내용을 정확하게 이해하지 못하거나 문제에서 제시된 가정을 무시하고 답안을 기술하였다.

법인세는 기업회계 상의 회계처리 방법을 이해하고 이를 법인세법에 맞게 조정하는 과정인 세무조정 능력을 배양하는 것이 매우 중요하다는 것을 명심하기 바란다. 특히 세무조정을 요구하는 시험답안을 작성하는 경우 세무조정의 내용을 정확한 계산을 통해 산출하여 답안양식에 맞추어 기술하는 것이 중요하다는 것을 참고하여 학습하기 바란다.

[문제 4] 부가가치세 문제는 과세표준, 납부세액 또는 환급세액을 구하는 계산문제가 출제되었다. 수험생들에게는 물음에 대한 충실한 답안을 작성하는 것이 중요하다고 할 수 있다. 물음에서 과세표준을 구하라는 문제에는 산출세액이 아니라 과세표준을 적어야 할 것이며, 납부세액 또는 환급세액을 구하는 문제에서는 답안으로 제시된 세액이 납부세액인지 환급세액인지를 적시하는 것이 바람직하다고 할 수 있다. 또한 계산문제는 시험지 첫면의 답안작성요령에서 기술되어 있듯이 계산근거를 제시하여 어떤 과정으로 답안을 도출하였는지 알 수 있게 하는 것이 바람직한 답안 작성 태도라고 할 수 있다.

(3) 세법학 1부

[문제 1] 법령내용과 기존의 유사판례를 이용하여 문제에서 주어진 판례사례에 대한 논리적인 의견을 묻는 문제이다. 워낙 중요한 용어이고 유명한 판례사례이다 보니 짧은 시간이었음에도 불구하고 상당히 많은 수험생들이 출제자의 의도에 부합하는 논리적인 답안을 서술한 것으로 보인다. 법령내용과 기존의 유사판례, 문제에서 주어진 판례사례의 내용으로 일관되고도 논리적인 결론에 이를 수 있음에도 불구하고 완전히 다른 결론에 이르게 되는 답안이라면 그 서술에 논리적인 모순이 발생할 수밖에 없으므로 바람직한 답안으로 볼 수 없다.

[문제 2] 부동산 양도에 대한 양도시기, 취소에 따른 세금문제에 대한 사례문제이다.
물음1)은 소득세법의 기본내용을 묻는 문제이고, 물음2)와 물음3)은 사례에 대한 인식 및 해결능력을 묻는 문제이다.
물음1)은 세법공부량에 비례하여 답안을 작성되었다. 즉, 공부량이 많은 경우 쉽게 접근하여 점수를 취득하였으나 공부량이 적은 경우에는 답안에 접근조차 못하는 경우가 많았다.
물음2)는 양도시기에 대한 사례문제로서 양도소득세를 이해하고 현실에서 발생한 문제에 대하여 관심있게 본 수험생이라면 고민했을 법한 문제이다. 응당 세무사라면 세법이라는 법령을 단순히 암기하여서는 안 되며, 세무문제에 대한 적용 및 문제해결의 도구로 활용하여야 한다. 이에 대해, 사례적용을 적용함에 취약하여 높은 점수를 획득한 수험생이 많지 않았다.
물음3)은 계약 해제권 인정여부에 따른 양도소득세 납세의무 존재를 논하는 문제로서 계약 해제권과 납세의무의 연관관계를 묻는 것이다. 법률적인 지식과 세법논리를 적용하여 답안을 작성하였다면 점수획득이 가능하나 일반적으로 법률적인 지식만 있는 경우가 있는가 하면, 세법논리로만 치우치게 경우가 많아 아쉬웠다.

[문제 3] 부당행위계산부인의 한 유형을 중심으로 판례 등에서 다루어진 논점을 관련 법조문의 내용과 함께 잘 이해하고 있는지를 평가하고자 했던 문제이다. 설문들에는 부당행위계산부인의 일반론에 해당하는 질문도 있고, 사례에서 주어진 유형에 특유한 내용을 체계적으로 정리하여 답하여야 하는 질문도 있다. 설문이 뜻하는 질문의 논지를 제대로 이해하는 것이 중요하고, 관련 법조문의 내용을 정확히 숙지한 것을 바탕으로 논리적인 답안을 작성하는 것이 중요하다. 법조문에 주어진 사실관계를 적용하여 자신의 논지대로 체계적으로 설명할 줄 아는 공부습관을 들이는 것이 필요하다.

[문제 4] 주식에 대한 상속세 및 증여세법상 평가규정에 법조문을 정확히 이해하여 사례에 적용할 수 있는 지와 관련 판례를 제대로 숙지하고 있는 지를 묻는 문제이다. 상장주식의 평가규정에 대해서는 대부분의 수험생들이 적절하게 기술하고 있으나, 일부 수험생들은 부동산 등 일반적인 평가규정에 대해서 답변하는 등 규정에 대한 정확한 이해가 부족하였다. 또한 사례 분석시 문제의 단서규정 등 문제를 제대로 파악하지 못하거나 관련 판례에 비추어 적절하게 분석하지 못한 경우가 종종 있었으며, 문제와 관계없이 본인이 암기한 내용만 일방적으로 서술한 수험생도 있어 채점에 아쉬움이 있었다.

(4) 세법학 2부

[문제 1] 이번 부가가치세 문제에서는 매입세액 불공제대상과 그 이유, 사실과 다른 세금계산서의 예외적 공제사항에 대한 취지와 내용, 대손세액공제 및 대리납부제도에 대해 출제되었다. 한정된 시간에 답안을 구상하여 서술한다는 것이 쉽지 않았을 텐데 아주 훌륭하게 답안을 작성한 수험생도 꽤 많았다. 그러나 시간안배를 잘못한 수험생들이 꽤 많았던 것 같다. 예를 들어 물음1은 16점 배점이고 물음4는 5점 배점인데 물음4에 더 많은 시간과 답안 분량을 할애한 수험생이 다수 있었다. 물음4는 아무리 답안을 잘 작성해도 5점이 만점이다.

배점에 맞게 시간과 답안분량을 할애하기 바란다. 좋은 점수를 받기 위해서는 출제자가 묻는 말에 적합한 답안을 작성하는 것이 중요한데 출제자의 의도와는 상관없이 답안을 작성한 수험생도 꽤 많았다. 모든 수험생 여러분의 합격을 기원하며 시험합격은 전문가로서의 첫걸음이라는 것을 명심하기 바라며 수험생 여러분의 앞날에 좋은 일만 가득하길 소원한다.

[문제 2] 담배에 대한 개별소비세문제가 출제되었다. 과세요건 및 과세시기, 미납세반출에 관한 특례, 개별상황에 있어서 과세처분을 정당화할 수 있는 근거를 묻는 문제였다. 과세요건 및 과세시기에 대하여는 과세요건에 속하는 항목을 언급하고 이에 대한 내용을 적시하고 과세시기에 대하여 언급하여야 하는데 담배에 대한 종류별세율을 암기한 내용만을 많은 부분

할애하여 정작 중요한 과세요건을 빠뜨리는 수험생이 많았다. 개별상황의 과세처분의 정당성 문제도 정당화시키는 논리를 묻고 있는데 반대의 논리를 언급하는 수험생도 있었고 상황에 적합한 설명을 하더라도 키워드만 간단하게 적어 논리적설명이 따르지 않는 답안들은 채점을 하면서 아쉬운 마음이 들었다.

[문제 3] 경락으로 인한 부동산취득시 취득세의 과세표준과 세율에 대한 문제이다.
문제의 취지를 잘 이해하고 잘 쓴 답안도 있었지만, 문제의 취지를 잘못 이해하고, 1물음과 2물음을 혼용하여 쓴 답안도 적지 않았다. 단순한 암기보다 법조문이 나오게 된 배경과 그 취지 등을 함께 이해할 수 있도록 학습한다면 사례형 문제도 어렵지 않게 대처할 수 있을 것이다.

[문제 4] 조세특례제한법의 문제는 현재 조세정책의 가장 중요한 세제에 대해 설명을 하는 문제였다. 상당수 수험생들은 해당 주제에 대해 어렴풋이 인지는 하고 있었지만, 정작 그 제도가 도입된 취지에 대해서는 피상적인 답에 그쳤다. 그 원인으로는 수험생들이 조세특례제한법과 관련된 시사적 이슈가 무엇인지를 고민하기 보다는 세부적인 계산방법 등에 대해서는 단순암기를 바탕으로 답안을 작성했기 때문이다. 보다 고득점을 하기 위해서는 조세특례제한법 상 특정 주제에 대해 왜 도입되었는지, 조세특례제도의 내용이 무엇인지, 문제점은 없는지 및 그에 대한 해결방안을 염두에 두고 공부하는 학습이 필요하다고 본다. 단순 암기식 공부 방법으로는 고득점이 어렵다고 본다.

3. 2017년도 제54회(2017.11.14.)

(1) 회계학 1부
[문제 1] 회계처리와 현금흐름표와 관련된 규정을 정확하게 이해하고 있는 수험생들은 충분한 점수를 얻었지만, 일부 수험생들의 경우에는 계산과정에서 오류를 범하는 경우가 많았다. 본 문제와 관련된 출제의도를 정확하게 파악하는 것이 중요하다고 생각한다.

[문제 2] 회계에 대한 기본적인 원리를 충실히 하며, 각 회계 주제에 대해 연계된 이해가 필요하다고 생각한다. 대부분의 수험생이 세부적인 물음에 대해 해답을 제시하고자 노력한 흔적을 확인할 수 있었다. 기본 개념에 대한 명확한 이해를 바탕으로 문제의 요구사항을 파악하는 것이 중요하다고 생각한다.

[문제 3] 기본적인 개념을 명확하게 이해하고 있다면 평이하게 풀 수 있는 문제로 판단된다. 채점 결과, 수험생들이 무난하게 풀이한 것으로 판단되지만, 정답을 표시하는 과정에 있어 소수점 표기를 잘못하거나 단순 계산오류 등의 실수가 종종 있었다. 기본개념을 명확하게 숙지하길 바라며, 계산 실수를 줄이려는 노력이 필요할 것으로 사료된다.

[문제 4] 교과서의 관련 내용을 숙지하고 있다면 충분히 해결할 수 있는 문제로 판단된다. 채점결과, 물음에서 요구하는 사항을 정확히 답변하지 않고 풀이과정만 장황하게 제시하는 경우가 많았다. 관리회계는 기본개념을 응용하는 문제가 주로 출제되므로, 기본에 충실하면서 다양한 응용 및 복합적인 문제를 연습하기를 바란다.

(2) 회계학 2부

[문제 1] 본 문항은 세무회계의 다양한 소재를 이용하여 기본적인 세무조정 수행 능력을 평가하기 위한 것으로서, 한 분야의 깊이 있는 지식보다는 회계기준과 법인세법의 기본적인 차이에 대한 이해 여부를 확인하는 수준이었다. 상당수의 수험생들이 적절한 답안을 작성한 것으로 판단되었지만, 일부 수험생들은 문제에 제시된 조건 및 가정을 무시하여 적절하지 못한 답안을 기술하였다. 관련지식을 정확한 용어와 정확한 숫자로 기술하는 것이 필요하다.

[문제 2] 향후 경제적 실체의 중요성이 강조됨에 따라 연결법인세와 관련된 내용은 그 중요성이 커질 것이므로'각 연결사업연도의 소득에 대한 법인세'의 기본적인 내용을 숙지하는 것이 필요하다. 특정 분야에만 치우치지 않고 법인세 전반적인 내용에 대해 학습하길 바라며, 풀이과정은 주어진 답안양식에 맞게 명료하게 기술하는 것이 필요하다.

[문제 3] 각 소득별로 문제해결 능력이 있는 지를 묻는 간결한 문제들로 구성되었다. 하지만, 구체적인 판단의 문제를 가미하였으므로 학습의 정도에 따라서 차등적인 성적이 나오도록 구성되었다.

[문제 4] 일부수험생은 과세표준과 세액을 혼동하여 기재하거나 금액단위를 잘못 기재하는 등 부정확한 답안작성사례가 있었다. 단순계산보다는 기본개념을 숙지해야 해결할 수 있는 계산문제 등이 출제되었으므로 향후 시험을 준비하는 데 있어서 수험생들이 참고가 되었으면 하는 바람이다.

(3) 세법학 1부

[문제 1] 사례 형태의 문제에 있어서는 제시된 사례가 어떤 사항에 해당하느냐 등의 구체적인 물음으로 표현되는 경우가 많다. 이 때 수험생들의 답안은 해당여부에 대한 자신의 판단과 그 판단에 이른 과정을 법령과 판례 등의 근거에 의하여 명료하게 기술하는 것이 바람직하다. 일부수험생의 경우 제시된 조세제도에 대한 일반적인 설명에 치중하는 경우가 있는데, 사례에 대한 주변적인 설명보다는 사례에 대한 수험생의 판단과 그 근거에 대해 명확하게 기술하는 것이 바람직하다.

[문제 2] 공동사업합산과세와 부당행위계산부인에 대해 수험생들이 한번쯤 모두 다루어 보았을 문제이다. 한정된 시간에 답안을 구상하여 서술한다는 것이 쉽지 않았을 텐데 아주 훌륭하게 답안을

작성한 수험생도 꽤 많았지만, 백지를 제출한 수험생도 가끔 눈에 띄었다. 좋은 점수를 받기 위해서는 출제자가 묻는 말에 적합한 답안을 작성하는 것이 중요 하다. 시험합격은 전문가로서의 첫걸음이라는 것을 명심하기 바라며 수험생 여러분의 앞날에 좋은 일만 가득하길 소원한다.

[문제 3] 판례에서 다루어진 사례를 바탕으로 하여 그 논점 및 이와 관련된 법조문의 내용을 확인하는 문제이다. 우선 주어진 사례의 논점이 무엇인지를 정확하게 찾아내고, 이를 바탕으로 관련된 판례의 결론과 그러한 결론에 이르기까지의 논리적인 전개과정에 대한 정확한 이해가 선행되어야 할 것이다. 또한 법조문의 내용은 정확한 숙지와 함께 특정한 주제와 관련이 있는 조항들은 묶어서 정리할 필요가 있으며, 특히 최근에 개정된 사항은 더욱더 주의 깊게 살피는 자세가 요구된다.

[문제 4] 사례형 문제에서는 지문에서 주어진 사실관계를 숙지하고 질문에서 무엇을 묻고 있는지를 정확히 파악하는 것이 중요하다. 답안 작성 시 어떠한 결론을 도출하게 된 근거를 기술할 때는 의미 없는 문구의 반복보다는 합리적인 논리의 전개를 통하여 설득력 있는 이유를 제시하는 것이 필요하다. 이를 위해서는 평소 중요한 판례와 법령의 내용을 깊이 음미하며 심도 있게 공부하는 습관을 들이는 것이 좋다.

(4) 세법학 2부

[문제 1] 부가가치세 과세대상 판별의 핵심인 재화와 용역, 재화와 용역을 공급하는 사업구분, 면세사업과 과세사업의 구분과 관련된 문제였다. 부가가치세법의 가장 핵심적이며 기본적인 문제임에도 제대로 쓴 수험생은 지극히 드물었으며 구체적인 서술범위를 주었음에도 두리뭉실하게 서술하는 경우가 대다수였다. 부가가치세법에 대한 기본내용에 충실한 학습이 필요하다고 생각한다.

[문제 2] 지방세와 관련해서는 취득세의 신고납부기한과 세율구조에 대한 질문으로, 단순 암기 보다는 취득세의 전반에 대한 정확한 이해를 바탕으로 하여 서술하는 것이 필요하다고 판단된다. 즉, 사례에 대한 정확한 이해를 바탕으로 하지 않고, 단순히 암기한 수험생들의 경우에는 이번 시험이 매우 까다로울 수 있었을 것이라고 보인다. 수험생들은 지방세의 경우에는 단순 암기라고 생각하는 경향이 강한데, 각 세목별로 과세요건에 대한 유기적인 이해를 필요로 하는 과목이라고 생각한다.

[문제 3] 개별소비세법상 미납세반출의 취지와 절차 및 무조건 면세와의 구분을 묻는 문제였다. 많은 수험생들이 미납세반출제도에 대해 기본적인 내용을 나열하였으나 제도의 취지를 정확히 이해하고 단계별 절차를 명확하게 구분한 답안지는 많지 않았다. 특히 결론만 이해하기 보다는 전체를 이해하는 정교한 학습이 필요하다고 생각한다.

[문제 4] 조세특례제한법상 "고용창출투자세액공제"를 중심으로 조세특례의 정의를 포함하여 설명하는 문제였다. 대부분의 수험생들이 해당내용을 인지하고는 있었던 반면에 출제자가 의도하는 답안을 제시하는 데에는 다소 어려움이 있었던 것으로 보였다. 해당 세액공제에 대한 세부물음에 있어서는 일부 핵심적인 내용이 제시되지 않아 많이 아쉬웠다. 특정 내용에 대한 전반적인 이해력과 더불어 세부적인 분석력을 키우는 방향으로 학습이 필요하다고 생각한다.

4. 2016년도 제53회(2016.11.2)

(1) 회계학 1부

[문제1] 일반사채 및 연속상환사채와 관련된 가장 기본적인 내용으로 사채의 기본개념에 대한 명쾌한 논리가 요구되며, 회계처리의 기본 개념에 대한 명확한 이해가 필요하다. 전반적으로 볼 때 상대적으로 난이도가 높지 않은 문제로 사료된다. 특히, 사채의 기본기를 갖춘 준비된 수험생은 정확한 수치와 함께 주어진 시간에 손쉽게 풀 수 있을 것으로 기대하였고, 예상한대로 기대치와 거의 일치된 결과가 나타났다.

[문제2] 본 문제는 법인세비용과 회계이익의 차이를 이해하고 미사용 결손금 등으로부터 발생하는 이연법인세자산의 인식, 법인세에 관한 재무제표 표시 및 법인세 관련 정보의 공시에 대하여 다루고 있다. 기업회계기준서의 규정을 정확하게 이해하고 있는 수험생에게는 평이한 난이도라고 할 수 있다. 하지만 문제를 풀이하는 과정에 있어 올바른 풀이과정을 서술하기 보다는 문제에 제시된 정보를 단순히 나열하는 등 풀이과정이 출제의도에 벗어나는 경우도 보였다. 따라서 문제를 풀이하는 기술적인 측면에 대한 학습에 앞서 한국채택국제회계기준의 규정과 원리에 대한 충분한 이해가 요구된다 하겠다.

[문제3] 원가회계에 대한 기본적인 원리와 흐름을 이해하고 있다면 쉽게 풀이할 수 있는 문제라고 예상하였으며, 대부분의 수험생이 세부적인 물음에 대해 해답을 제시하고자 노력한 흔적을 확인할 수 있었다. 그러나 이와 달리 많은 수험생들이 출제의도를 정확하게 파악하지 못하여, 문제풀이 과정에서 드러난 노력에 비해 점수가 낮은 경우가 많아 안타깝게 생각된다. 기본적인 원리에 충실해야 하며, 문제에서 요구하는 것이 무엇인지를 정확하게 인지하는 것이 중요하다는 것을 강조하고 싶다.

[문제4] 이 문제에서는 많은 수험자들이 활동기준원가계산의 기본 개념을 이해하고 있었으나 출제자의 의도를 파악하지 못한 경우도 다수 있었다. 어떤 주제의 문제를 접하더라도 기본 개념에 충실하고 그 기본 위에서 개념을 확장해 가기를 바란다.

(2) 회계학 2부

[문제1] 과거 법인세 문제의 세부문항이 많아 수험생에게 과도한 부담을 주고 이로 인해 시간이

부족했던 점이 고려되어 세부문항이 줄었으며, 세무업무를 수행할 수 있는 기본역량을 평가하는 것에 초점을 맞추기 위해 법인세 세무조정의 기본원리를 이해하고 어느 정도 학습량이 쌓인 수험생이라면 풀 수 있는 기본적인 항목을 위주로 출제하였으나 많은 수험생들이 시험의 부담감 때문인지 실수를 범해 안타까움을 금할 수 없었다. 시험을 준비하며 단순히 세무조정 금액을 맞추는 것에 안도하지 말고 2차 시험 답안지를 작성한다는 생각으로 본인이 알고 있는 내용을 답안지에 정확히 기재할 수 있는 연습을 충분히 하는 것이 필요할 것으로 보인다.

[문제2] 법인세 산출세액 계산문제의 경우 산출세액을 계산하는 과정을 제시하는 것은 법인세 산출세액의 도출과정이 올바른가를 보여주는 것이기 때문에 중요하다고 할 수 있다. 그리고 그 과정을 기술할 때에는 수험생만 이해할 수 있는 방식이 아니라 채점자가 이해할 수 있게 명료하게 제시하여야 한다. 세무조정과 소득처분에 관한 문제의 경우 답안양식이 주어지는 경우가 대부분이다. 수험생들이 이에 충실히 따르는 것이 소득처분의 내용을 기술하지 않는 것과 같은 실수를 줄일 수 있는 방안이 될 수 있다.

[문제3] 이자소득, 배당소득, 근로소득, 연금소득, 기타소득에 해당하는 항목별 소득의 구분 및 소득금액의 계산, 원천징수, 종합소득산출세액 계산 등을 종합적으로 묻되, 세부적인 사항에 대한 물음보다는 기본적이고 전반적인 사항에 대한 물음에 많은 비중을 할애하였다. 이는 수험생의 노력 정도를 적절히 반영하면서도 수험생간 변별력을 확보하기 위한 취지에 따른 것이며, 이러한 취지는 충분히 달성된 것으로 판단된다. 일부 수험생의 경우 기본적이고 전반적인 사항에 대한 이해가 부족한 상태에서 단순히 암기식 학습을 한 결과 저조한 득점에 머무른 것으로 보인다. 따라서 수험생들은 소득세의 과세방식과 용어의 개념 등과 같은 기초적인 사항에 대한 명확한 이해를 먼저 할 필요가 있다고 사료된다.

[문제4] 전년도와 동일하게 부가가치세 신고서 서식을 답안양식으로 제시하였으므로 답안양식의 작성요령에 대해서는 이미 숙지하고 있을 것으로 기대하였으나 그렇지 않은 경우가 적지 않아 안타까움을 금할 수 없었다.

암기를 요하는 복잡한 계산문제보다는 부가가치세의 기본개념을 숙지하고 실무에서 발생할 수 있는 사례들에 잘 대응할 수 있는 지에 대해서 확인하고자 하였으나 풀이과정을 살펴본 결과 기본개념에 대한 숙지가 미흡한 답안이 있어 수험생들의 학습방향에 시사하는 바가 크다고 할 수 있었다. 마지막으로 수험생 본인의 인생을 걸고 치르는 시험인 만큼 답안 작성시 조금만 더 객관적인 정성을 기울일 필요가 있다는 것도 주지하였으면 한다.

(3) 세법학 1부
[문제1] 사례 형태의 문제에 있어서는 무엇보다 출제자가 평가하고자 하는 요소가 무엇인지를 정확하게 파악하는 것이 중요한데, 일부 수험생들은 질문의 요지를 파악하기보다는 자신

이 알고 있는 내용의 기술에만 치중하는 모습을 보이기도 하였다. 또한 본 사례 문제에 제대로 답하기 위해서는 평소 법령에 규정된 것을 단편적으로 기억하기보다는 그 구체적인 의미와 함께 실제 어떠한 상황 하에서 관련 규정이 적용되는지를 이해하려는 노력이 필요할 것이며, 아울러 세법학 과목의 특성상 법령을 주의 깊게 살피려는 태도도 요구된다고 할 것이다.

[문제2] 사례형 문제에 적합하지 않은 내용과 체계로 작성된 답안이 상당수 있어 수험자들의 사례형 문제에 대한 대비가 부족하다는 인상을 받았다. 사례형 문제의 경우, 우선 주어진 사실관계에 대한 정확한 이해를 바탕으로 문제에서 묻고 있는 사항을 정확하게 파악하는 것이 중요하다. 그리고 일반적인 설명을 나열하는 것보다는 제시된 사례와 관련지어 답안을 작성하는 것이 바람직하다. 나아가 관련 사항에 대한 충분한 설명과 논리 전개 이후, 결론에 문제에서 요구하는 답을 명확히 제시하는 것이 필요하다. 관련 사항에 대한 설명과 논리 전개에 있어서는 법령 및 판례를 그 주된 근거로 제시하는 것이 좋다.

[문제3] 수험생들이 단순히 세법규정을 암기하여 쓸 수 있는 문제보다는 알고 있는 지식을 사실관계에 적용하여 주어진 정보를 바탕으로 구체적 타당성 있는 해결을 잘 도출하고 있는지 여부를 확인하는데 주안점을 둔 사례형 문제이다. 조문의 내용을 단순 암기하여 답안을 나열하기 보다 주어진 사례에 포섭하여 구체적 타당성 있는 해결을 도출하는 연습이 많이 필요하다고 생각된다.

[문제4] 상속세 및 증여세법의 동거주택상속공제와 상속공제한도 문제를 출제하였다. 이 중 첫 번째 문제의 경우에는 상당수 수험생들이 제도의 의의와 요건에 대하여 어느 정도 충분한 답안을 작성하였으며, 사례 적용에서도 대부분 예문을 제대로 파악하여 답안을 작성하였다. 그러나 두 번째 문제의 경우 관련 세법규정 및 사례에 대한 정확한 답안 작성에 많은 수험생들이 어려워하였다. 수험생들은 관련주제에 대한 법령과 기본이론 등을 충실히 이해하여야 하며, 답안 작성시에는 질문에 따라 핵심사항 위주로 답안을 작성하는 것이 무엇보다 필요하다고 여겨진다.

(4) 세법학 2부

[문제1] 부가가치세법 상 과세대상거래에 대한 일반적인 내용을 포괄적으로 묻는 문제였다. 수험생들이 가장 기본적인 내용이라고 생각하는 내용이 출제되어 비교적 수월하게 답안을 작성한 것으로 생각된다. 하지만 답안 작성 시 그 상황의 예외가 되는 내용을 생략하거나 내용을 나열하고 그 이유를 밝히는 부분에 대하여서는 나열만 하고 그 이유에 대하여는 핵심적인 내용을 기술하지 못하고 앞의 내용을 대강 동의 반복하는 등 출제자의 의도를 파악하지 못하는 수험생들도 많아 안타깝게 생각했다.

[문제2] 개별소비세와 관련해서는 장애인이 구입한 승용자동차에 대한 조건부 면세제도에

대하여 설명하는 내용이었다. 개별소비세의 경우에는 세목의 특성상 특정 주제에 대한 정확한 이해와 더불어, 그 내용을 정리하여 서술하는 것이 필요하다고 할 것이다.

이러한 점에서 좀 더 정교한 학습이 필요하다고 생각된다.

[문제3] 많은 수험생들이 문제풀이에 잘 접근한 것으로 보였지만, 법리와 논거 또는 입법취지를 제대로 기술하는 데에는 어려움 또한 있었던 것으로 보인다. 법조문의 단순한 암기보다는 해당 법조문과 관련된 판례 등의 전후사정과 그에 따른 입법내용의 제정(또는 개정)배경 및 그 취지 등을 함께 학습하여 이해하는 것이 필요하다고 판단된다.

[문제4] 조세특례제한법상의 "벤처기업 주식매수청구권 행사이익에 대한 특례제도"에 관한 사항을 행사이익의 범위, 납부특례와 과세특례로 나누어 묻는 문제였다. 대부분의 수험생이 이러한 특례제도의 존재를 인지하고는 있었으나, 제대로 답안을 작성한 수험생이 많지는 않았다. 무엇보다도 문제를 집중해서 읽고 묻는 바를 정확하게 파악하는 것이 중요하다. 아울러 조세법 공부를 하면서는 최근에 개정된 사항이 있는지에 유의할 필요가 있다.

5. 2015년도 제52회(2015.10.28)

(1) 회계학 1부

[문제1] 무형자산의 회계처리에 초점을 둔 문제이다. 무형자산은 유형자산과 달리 물리적 실체가 없다는 특징으로 인해 회계처리에 있어 매우 신중함을 요구한다. 물음은 모두 단순 지식을 이용하는 측면보다는 수험생들이 한국채택국제회계기준의 무형자산 회계처리에 대한 규정을 올바르게 이해하고 있는지를 묻고 있다. 따라서 무형자산 회계처리에 대해 충실하게 학습하고 무형자산 회계처리기준을 올바르게 이해하고 있는 수험생들에게는 고득점을 기대할 수 있었다. 반면, 무형자산 회계처리기준에 대한 지식이 다소 부족하여 문제의 핵심에 접근하지 못하여 점수가 낮은 경우도 상당수 보였다. 회계학에서 회계기준에 대한 학습은 무엇보다 중요하다. 이에 현재 우리나라에서 적용하고 있는 한국채택국제회계기준을 충분히 이해한 후에 기술적인 측면에 대한 학습이 요구된다 하겠다.

[문제2] 본 문제는 금융자산의 손상차손 인식과 손상차손환입에 지분상품과 채무상품 각각에 대해 차이점을 인지하고 그에 대한 회계처리 결과 재무제표에 어떻게 반영이 되어야 하는지 묻는 문제이다. 또한, 이러한 금융자산의 손상차손과 손상차손환입 인식에 대해 유형자산이나 무형자산과도 구별할 수 있는지 함께 물어보는 질문이기도 한다. 대부분의 수험생들이 금융자산의 지분상품과 채무상품에 대해 손상차손 인식과 손상차손환입에 대한 회계처리의 차이점을 인식하고 해당 문항에 알맞게 풀이를 하여 금융자산의 손상차손인식과 관련된 내용을 잘 숙지하고 있는 것으로 여겨진다. 일부 수험생의 경우 지분상품과 채무상품의 손상과 관련된 회계처리를 혼동하여 반대로 회계처리하거나 둘 중 한 가지에 대해서만 회계처리하는

경우가 있어 좀 더 명확히 금융자산의 손상관련 기준이나 회계처리에 대한 이해가 필요할 것으로 판단된다.

[문제3] 원가 및 관리회계의 기본 지식을 갖고 있는 응시자라면 쉽게 해결할 수 있는 원가-조업도-이익분석에 대한 문제이다. 그러나 예상보다 많은 응시자들이 문제의 출제의도를 잘못 파악하여 오답을 적어 내었다. 앞으로 문제에 대한 답을 작성하기 전에 문제의 출제의도, 질문의 내용을 정확히 파악하는 것이 중요하다는 점을 강조하고 싶다.

[문제4] 다른 문제들과 유사하게 난이도가 평이한 문제로 기본에 충실한 방식으로 시험을 준비한 수험생이라면 어렵지 않게 풀었을 것으로 사료된다. 이를 반영하듯, 많은 수험생들이 4개의 세부적인 물음 모두에 대해서 답안지를 채우고자 노력한 흔적이 보인다. 다만, 문제의 본질과 출제의도를 충분히 파악하지 않은 채 단순 기계적으로 빠른 시간 내에 해결하려다보니 실수를 범하는 등 정답이 아닌 오답을 제시한 경우가 많이 발견되어 상당히 안타깝게 생각한다.

(2) 회계학 2부

[문제1] 법인세문항의 경우 세무조정을 하게 되면 가산조정 및 차감조정 후 반드시 소득처분이 수반되는데 소득처분에 대한 이해가 부족한 수험생이 의외로 많은 것으로 보인다. 특히 기타, 기타사외유출, 기타소득에 대한 소득처분을 혼동하는 수험생이 많았다.

[문제2] 많은 수험생들이 법인세 세액계산과 관련한 계산구조에 대하여 학습이 일정 수준 되어 있는 것으로 판단되나 세액계산의 각 단계에 대한 정확한 이해 및 법령에 문구에 대한 숙지정도가 많이 부족한 점이 아쉬웠다. 특히 세액계산을 기계적으로 학습하여 각 단계의 정확한 의미를 파악하지 못하고 개념에 대한 불충분한 이해로 인하여 정답을 표기하지 못한 경우가 많았다. 또한 각 물음에서 학생들의 문제풀이를 위한 기본적인 전제 또는 가정을 제시한 경우가 있는데 이를 세심하게 확인하지 못하여 정답을 작성하는데 있어서 오류가 발생하는 경우도 간혹 있었다.

채점을 진행한 결과 앞으로 본시험을 통해 세무사 자격을 취득하려는 학생들은 법령의 의미 및 법령문구에 대하여 기본서의 내용을 충분히 숙지하여 이해할 수 있도록 하는 것이 절실히 필요하다고 판단되며 문제를 풀이하는데 있어서 문제의 조건을 정확히 확인하는 세심성을 기르는 것이 필요하다고 생각된다.

[문제3] 답안지 작성을 위한 양식이 주어진 문제의 경우에 수험생들은 주어진 양식에 따라 답안지를 작성하여 하는데, 문제만 풀어 놓고 양식에 따라 정리를 하지 않은 경우에는 좋은 점수를 받기 어렵다.

[문제4] 회계학 2부의 부가가치세 문제는 전형적인 안분계산을 통한 과세표준 계산문제와

부가가치세 관련 요구사항에 따라 금액(또는 계산근거)과 세액을 부가가치세 신고서 양식에 따라 풀이하는 문제이다. 수험생은 답안 작성 예시와 문제에서 주어진 요구사항을 반드시 지켜야 하고, 계산근거를 반드시 밝혀야 한다.

(3) 세법학 1부

[문제1] 과세전적부심사제도는 과세처분 이후의 사후적 구제제도와는 별도로 과세처분 이전의 단계에서 납세자의 주장을 반영함으로써 권리구제의 실효성을 높이기 위하여 마련된 사전적 구제제도로서 그 중요성이 날로 커지고 있다. 본 문제는 위와 같은 동 제도에 대한 일반적인 청구의 요건과 그 효과를 묻고, 이를 올바르게 이해하고 있는지를 파악하기 위하여 사례문제로 구성하였다. 과세전적부심사 청구의 요건과 그 효과에 대하여 수험생들이 법령상 내용을 비교적 잘 기술하였지만, 일부 수험생의 경우 청구의 대상에서 제외되는 사항 등에 대해서는 상세히 설명하지 못한 답안지도 적지 않았다. 아울러 본 사례문제의 경우 과세전적부심사에 대한 결정·통지가 있기 전이라도 과세처분을 할 수 있는 일정한 사유에 대한 기본적인 내용을 보다 체계적으로 이해하고자 하는 노력이 문제해결의 지름길이라 생각된다.

[문제2] 이번 세법학1부 소득세분야는 수험생뿐만 아니라 일반 국민들도 관심이 많은 1세대 1주택 및 1세대 2주택 비과세특례제도에 대하여 출제 하였다. 대부분의 수험생이 소득세분야는 어느 정도는 답안을 작성하였다. 물론 답안을 훌륭하게 작성한 수험생도 다수 있었다. 그러나 개정된 세법을 반영하지 못하거나 용어를 혼용하는 수험생도 다수 있었다. 일부이기는 하지만 답안지에 문제만 적어내거나 백지로 답안지를 제출하는 수험생도 눈에 띄었다. 모르는 문제가 나오더라도 당황하지 말고 문제에서 답안을 뽑아내려고 노력하는 자세가 필요하지 않나 생각한다.

[문제3] 법인세 문제는 두개의 사례를 기반으로 하여 법인세법 규정의 내용과 취지를 정확히 이해하고 있는 지를 묻고 있다.
① 주식발행액면초과액의 자본전입시 의제배당에 관한 법인세법 규정과
② 이월결손금의 보전에 충당한 출자전환 채무면제이익에 대한 법인세법 규정에 관해 묻고 있는 문제이다.
  이 문제에 대한 답안을 작성할 때에는 규정의 내용과 취지를 원칙과 예외로 구분하여 설명하고 사례를 적용한 결과를 보여줄 필요가 있다.

[문제4] 세법학 1부의 상속세 및 증여세법 문제는 명의신탁재산의 증여의제와 증여재산의 반환재증여에 대한 내용이었는데, 이에 대한 채점평을 간단히 적어보면 다음과 같다.
  사례형 문제의 해결과 관련하여 명의수탁자가 명의신탁받은 주식을 명의신탁자에게 반환하는 경우의 증여세 과세문제에 대하여는 그럭저럭 답안을 작성하였으나, 명의수탁자가 명의

신탁받은 주식을 명의신탁자의 지시에 따라 제3자 명의로 변경한 경우의 증여세 과세문제에 대하여는 논점을 제대로 파악하지 못한 답안이 많았다.

전체적으로는 최근 세무사시험의 세법학 과목에서 사례형 문제의 출제가 증가하는 경향을 보이고 있음에도 불구하고 아직도 사례형 문제에 대한 대비가 되어 있지 않은 답안이 많다는 인상을 받았다. 충분한 논리의 전개 없이 성급하게 결론을 내거나 논술식 답안의 체계를 갖추지 못한 답안이 눈에 많이 띄므로 평소에 답안지 작성 연습을 꾸준히 할 필요가 있다는 점을 지적하고 싶다.

(4) 세법학 2부

[문제1] 이번 세법학 2부의 문제 1은 부가가치세법 문제였다. 물음 1에서는 면세포기와 영세율에 대한 상호주의 적용에 대한 물음이 출제되었고, 물음 2에서는 전자적 용역의 공급과 관련된 물음이 출제되었다.

물음 1은 면세사업자가 영세율을 적용받을 수 있는 제도를 물으면서 면세포기 제도와 영세율에 대한 상호주의 적용에 관하여 설명할 것을 요구하였다. 두 개의 주제 모두 기본적인 내용이지만 이를 정확하게 알고 답안을 작성한 응시생은 많지 않았다. 특히 영세율에 대한 상호주의 적용의 의미를 대부분의 수험생들이 오해하고 있다는 것이 안타까울 정도였다. 실무를 할 때에도 기본적인 내용일수록 본인이 이해하고 있는 것이 옳은지 한번더 확인하는 습관이 반드시 필요하다.

물음 2는 최근에 제정되어 시행되고 있는 전자적 용역의 공급에 대한 물음이었다. 이는 최근에 이슈가 되었던 주제이니만큼 기본적인 개념은 많은 응시생들이 알고 있었으나, 기본 개념을 제외한 세법상 취급과 관련된 내용을 정확히 기술한 응시생은 많지 않았다. 아무리 많은 내용을 답안에 쓴다 해도 정확하지 않으면 득점할 수 없다.

부가가치세법 문제의 두 개의 물음 모두 난이도가 높지 않았으나, 기본적인 문제일수록 오히려 아는 내용이라는 생각으로 등한시 하는 경향이 나타난 것으로 보인다. 또한 사례형 문제에서 기본내용만 기술하고 사례에 적용하지 않는 경우도 많이 있었다.

[문제3] '과점주주의 간주 취득세'에 관한 문제는 사례형 문제임에도 불구하고 수험생들에게 익숙한 주제 탓인지 제도의 취지를 언급하고 이에 따라 옳은 답을 이끌어 내고자 노력한 우수 답안이 적지 않았다. 반면에 시간적 제약 탓인지 문제를 끝까지 읽지 않고 당사자(A⇌B,C)를 혼동하여 개별 문항에 답한 경우도 적지 않았다. 평소 각 세법별 중요 판례에 대해서는 그 의미를 새겨보는 기회를 가졌으면 한다.

[문제4] 전반적으로 수험생들이 법조문이 주어졌음에도 불구하고 조문의 내용을 활용하지 못하고 답안을 작성한 느낌을 받았다. 1번문항의 중소기업 통합의 이월과세 취지에 관하여는 중소기업이 통합하는 이유와 이월과세의 의미를 생각하면 대답할 수 있을 것이라 믿었으나

시험문제로 나올 조문만을 암기하여 시험에 응한 수험생들이 많은 지 한두 줄에 그친 답안이 있었고, 2번 문항의 과세당국의 이월과세 부인에 대한 적법여부를 묻는 것에서도 수험생들이 이월과세의 법문을 활용하지 못하고 답안을 작성하여 득점에 어려움이 있었던 것으로 판단된다.

앞으로 조문이 제시되는 문제의 경우에는 조문의 내용을 파악하고 그 내용에 따라 답안을 작성하는 요령이 필요하다.

6. 2014년도 제51회(2014.10.29)

(1) 회계학 1부

[문제1] 수익거래와 관련한 사례에 관한 문제로 실무에서 가장 빈번하게 발생하는 판매기준과 진행기준에 초점을 두고 있다. 4개의 물음은 모두 기술적인 측면보다는 학생들이 한국채택국제회계기준의 규정을 올바르게 이해하고 있는지를 묻고 있다. 따라서 기본에 충실하고 원리를 이해하고 있는 학생들에게는 고득점을 기대할 수 있었다. 반면에, 문제에 제시된 다양한 정보 가운데 정확하게 필요한 정보만을 이용하여 문제를 풀이하는 능력이 부족하여 풀이과정에 드러난 노력에 비해 점수가 낮은 경우도 상당수 보였다. 한국채택국제회계기준의 규정과 원리를 충분히 이해한 이후에 기술적인 측면에 대한 학습이 요구된다 하겠다.

[문제2] 재무회계의 기본적 지식을 바탕으로, 본 자격시험을 준비한 수험생이라면, 평이하게 풀 수 있는 문제라고 예상하였다.

전반적으로 많은 수험생들이 본 문제에 집중하여 점수를 획득하려는 자세를 보였으며, 출제의도와 난이도를 고려할 때 비교적 일치된 채점결과로 나타났다. 향후 수험생들이 준비과정에 임할 때 현행 K-IFRS 회계기준에 대한 가장 기본적인 내용을 명확히 이해하는 것이 중요하다는 것을 강조하고자 한다.

[문제3] 이런 유형의 문제를 한 번만이라도 접해 본 경우라면 쉽게 풀이할 수 있다고 생각했지만 그렇지 못했다. 이번 채점을 통해 느낀 점은 첫째, 기본에 충실해야 한다는 것이다. 2차 주관식 시험이니까 아주 어려운 문제가 출제될 것이라고 예상할 수 있겠지만 모든 문제는 기본에서 출발한다고 본다. 둘째, 답안에 대한 마무리를 잘 해야 할 것 같다. 문제풀이에만 집중할 것이 아니라 문제에서 요구하는 답으로 잘 마무리해야 할 것이다.

[문제4] 전반적으로 문제 4는 회계학 1부의 다른 문제들에 비해 그 난이도가 상대적으로 높지 않은 것으로 사료된다. 그럼에도 불구하고 적지 않은 수험생들이 출제의도를 파악하지 못하거나 물음을 꼼꼼하게 읽지 않고 문제를 해결하려고 한 흔적들이 눈에 띄며, 특히 답안을 작성하는데 있어 사소한 실수를 범하여 올바른 답안을 작성하지 못하고 오답을 제시한 것이 상당히 안타깝게 생각된다.

(2) 회계학 2부

[문제1] 세부문항 중 법인세 세무조정의 기본원리에 대한 이해여부를 묻는 질문이 과반수로서 어느 정도 학습량이 쌓인 수험생이라면 충분히 합격권의 점수를 받았으리라 생각된다.

문제풀이과정이나 제반 사정들을 보아 문제가 의도하는 바를 확실히 파악하고 정확하게 풀이를 하였으나, 마지막 순간에 집중하지 못 하여 감점을 당하는 사례였기에 안타까움을 금할 수 없었다. 학습의 범위나 학습량을 늘리는 것도 중요하겠으나, 비록 부족한 학습량이라도 본인이 학습한 내용에 대해서 정확하고 침착하게 답안지에 표현할 수 있는 연습을 충분히 하고 시험에 임할 필요가 있을 것이다.

[문제2] 대다수 수험생들은 기출문제를 분석하여 출제빈도가 높은 분야를 중심으로 학습하였을 뿐 출제빈도는 낮지만 법인세신고를 함에 있어서 필수적이고 기본적으로 알아야 하는 부분에 대해서는 학습을 소홀히 하였는지 쉬운 사례 문제임에도 불구하고 많은 수험생들이 답안지를 제대로 작성하지 못하여 아쉬웠다. 따라서 회계학 2부의 경우에 있어서는 출제빈도가 높은 분야에 한정하여 학습하는 것보다 실무에서 사용되면서 중요도가 높거나 기본적으로 필요로 하는 분야를 중심으로 학습하는 것이 좋은 성적을 획득하는 방법이 될 수 있다고 판단한다.

[문제3] 수험생들은 문제가 요구하는 소득의 종류가 무엇이지를 먼저 파악한 후에 답안지를 작성하여야 하는데, 그렇지 못한 경향이 있었다. 필요한 자료를 선별하고, 이를 분석하여 요구사항에 답하는 능력은 단지 시험에서 뿐만 아니라 실무에서도 중요한 요소이다.

회계학 2부에서 높은 점수를 받으려면 계산과정을 반드시 제시하여야 하며, 최소한 소득의 명칭, 소득공제 및 세액공제의 명칭을 간단하게라도 표시하여야 한다. 문제에서 요구하는 사항을 먼저 파악하고, 이에 필요한 자료를 선별하여 답하는 능력이 필요하다고 할 수 있다.

[문제4] 회계학2부는 세액산출에 관한 계산문제가 대부분이다. 특히 문제4번의 경우 부가가치세 세액 산출에 관한 문제로서 비교적 단순한 계산과정을 거쳐 납부세액을 산출하는 평이한 수준의 문제가 대부분이었다.

그러나 수험생들이 계산과정을 생략한 채 답안을 작성한 경우가 다수 있었다. 이 경우 채점자는 수험생이 어떤 계산과정을 거쳐 답안을 도출했는지 의문을 가질 수밖에 없다. 수험생은 자신이 채점자가 아니라는 사실을 명심해야 한다. 답안지 첫째장의 답안작성요령에 계산문제의 경우 계산과정을 밝히라고 명기하고 있으므로 수험생들은 이를 준수하여야 자신이 작성한 답안에 대한 올바른 평가를 받을 수 있다.

(3) 세법학 1부

[문제1] 정기조사 대상자 선정기준, 세무조사 연기신청사유에 대해서 법령상 나타난 내용을 수

험생들이 비교적 잘 적었지만, 일부 수험생은 정기조사 대상자 선정기준 및 세무조사 연기신청사유에 대해 전혀 적지 못한 경우도 있었다. 답안을 작성할 때에는 질문에서 요구하는 바대로 각각 핵심사항 중심으로 빠짐없이 잘 제시하는 것이 필요하다. 그렇지만 질문에서 요구하는 부분에 대해 전혀 적지 못한 수험생들이 있어 안타까움을 금할 수 없었다.

[문제2] 소득세 문제로 연금제도에 대한 시사성 있는 주제를 출제하였다. 출제된 내용은 연금소득에 대한 일반적인 구조를 묻는 문제였으며, 퇴직금이 연금으로 전환되는 상황을 가정하여 '이연퇴직소득'의 의미와 연금소득으로 인정되기 위한 '연금수령'의 요건 등에 대한 물음으로 구성되어 있었다. 물음의 전체적인 내용은 평이하였기 때문에 고득점이 나올 것으로 기대했지만 그렇지 못한 답안지가 적지 않았다. 고득점을 받을 수 있는 답안을 제시하기 위해서는 연금소득과 퇴직소득간의 관계에 대한 올바른 이해와 분류과세의 속성에 대한 이해가 필요하였지만 세법에 대한 이해가 부족함을 드러낸 답안지가 많았다.

[문제3] 이 문제는 하나의 사례를 기반으로 하여 법인세법 규정을 중심으로 묻고 있다. ① 법인세법상의 부당행위계산부인 규정과 ② 법인이 특수관계인인 개인으로부터 유가증권을 저가로 매입한 경우에 대한 법인세법 규정에 관해 묻고 있는 문제이다. 이 중에서 ①의 경우에는 대다수 수험생들이 어느 정도 충분한 답을 하였으나 ②의 경우에는 제대로 답을 하지 못한 수험생이 상당수 있었다. 수험생들이 세법학을 학습함에 있어서는 어떤 세법규정이 적용되는 경우 및 당해 세법규정이 의도한 취지에 대하여 보다 구체적으로 이해하도록 노력할 필요가 있는 것으로 생각된다.

[문제4] 최근 조세피난처를 중심으로 국내거주자의 국외상속이나 국외증여가 급증하고 있다. 조세피난처를 이용하는 목적 중의 하나가 공격적인 조세회피다. 이해 대한 세무상 대처능력을 파악하기 위해 국외상속, 국외증여의 문제를 출제하였다. 이 문제에 대한 답안을 작성할 때에는 차명계좌에 대한 증여추정 규정이 세법개정으로 도입된 내용을 알고 있는지 여부와 입증책임에 대한 안분기준을 알고 있는지 여부를 보여줄 필요가 있다. 또한 수험생들은 상속세와 증여세 과세대상물건의 평가문제 이외에도 이를 둘러싼 입증책임 등의 내용에 대해서도 숙지할 필요가 있다고 본다.

(4) 세법학 2부
[문제1] 상당수의 답안이 전단계거래액공제법과 전단계세액공제법의 장단점을 1~2가지 정도 나열하는 것에 그치고 있을 뿐 다양한 기준에서 전단계거래액공제법과 전단계세액공제법의 장단점을 비교분석하는 수준에까지 이르지 못한 점은 아쉬움으로 남는다. 수험생들은 교과서의 기본이론과 법령 등을 충실히 숙지한 후 판례까지 학습의 범위를 넓혀서 사례문제에 대한 적용력을 키울 필요가 있을 것이다.

[문제2] 개별소비세법상 납세담보와 환급에 대한 물음으로서 국세기본법 내용과 유사하기 때문에 기본적인 문제이면서도 수험생의 입장에서는 익숙한 주제이기 때문에 오히려 제대로 정리하지 않았을 가능성이 매우 큰 문제이다. 다른 과목도 동일하겠지만, 세법학의 경우에도 기본적인 내용의 정리가 가장 중요하다고 할 것이다.

[문제3] 대중골프장과 회원제골프장용 토지와 건축물에 대한 재산세 과세 부분에서는 양자의 과세상 차이를 명확하게 이해하여 기술하지 못한 점이 아쉬웠다. 이러한 현상은 법조문의 단순한 암기에 기인한 것이라고 판단되며, 해당 조문의 세법상 개념에 대한 명확한 이해를 바탕으로 그에 따른 과세상의 취급이 어떻게 다를 수 있는지에 대한 좀 더 정교한 학습방법이 필요한 것으로 판단된다.

[문제4] 전반적으로 수험생들이 조세특례제한법상의 "근로장려를 위한 조세특례"에 대한 사항을 숙지하지 않고 시험장에 들어온 것 같다는 인상을 받았다. 1번문항의 도입배경 및 기대효과에 관하여는 상식적인 수준에서도 답할 수 있었으나 2번문항의 신청자격과 3번문항의 산정방법은 구체적인 답안을 제시하여야 하나 구체적 기준을 제시하지 않고 답지를 채우려는 수험생이 많아 득점에 어려움이 있었던 것으로 판단된다.

7. 2013년도 제50회(2013.10.10)

(1) 회계학 1부

[문제1] 재고자산의 매입, 수량파악 및 기말재고 평가 그리고 매출원가 산정, 재무제표에의 보고와 관련된 일련의 문제를 출제하였는바 수험생들이 재고자산의 평가와 보고에 관한 전반적인 이해를 어느 정도로 하고 있는지를 묻는 문제였다.
재고자산 회계에 대해 전반적인 이해를 한 학생들은 고득점이 가능하였으나 이에 대한 핵심적 회계이론과 흐름을 이해 못하는 경우에는 그렇지 못한 것으로 나타났다.

[문제2] 수험생들이 많이 다뤄봤을 기본적인 항목이면서도 소홀하기 쉬운 내용이 출제되었다. 물음 1의 유형자산 취득원가의 경우 토지, 건물, 구축물, 비용에 대한 명확한 구분기준 숙지에 대해 아쉬웠고, 물음 2의 감가상각 산정의 경우 난이도가 높지 않아 고득점이 예상되었으나 일부 수험생들의 정확한 계산능력이 아쉬웠다. 물음 3의 당기 이익잉여금 증감 문제는 당기 이익잉여금의 범위와 기타포괄손익의 범위를 혼동한 수험생이 상당수 있었으며, 물음 4의 연구개발비의 비용 또는 자산 인식의 경우도 판매관리비, 개발비 및 유형자산의 구분기준 및 인식기준에 대한 명확한 숙지가 아쉬웠다. 또한 전반적으로 구분기준 및 계산문제이므로 대다수의 수험생들이 문제 풀이과정과 답을 명시하여 수험생들의 이해도나 단순 오류 여부를 파악할 수 있었으나, 일부 수험생의 경우 오답을 제시하면서 문제 풀이과정도 생략하여 안타까웠다.

기본적인 문제일수록 마지막까지 포기하지 않고 풀이과정과 답안을 성실하게 작성하는 태도가 필요하다 하겠다.

[문제3] 매우 많은 주제를 연결한 복합적인 문제이다. 원가조업도·이익분석, 표준원가계산제도, 가격결정, ROI, 그리고 변동원가계산제도 등을 망라한 종합적인 문제이다. 그러나 주제의 다양성에 비해서 문제의 난이도는 그리 높지 않은 문제이다. 따라서 문제의 핵심을 파악하면 쉽게 해결할 수 있다. 많은 지원자들이 공란으로 답안을 제출하였는데 그 이유는 앞의 재무회계 1,2번 문제에 많은 시간을 소비하였거나 본 문제의 핵심을 파악하지 못한 결과인 것 같다. 본 문제를 해결하는데 있어서 가장 기본적인 단계는 작업시간을 사용하여 최대생산량을 산출하는 것이다. 이를 산출한다면 그 이후 물음은 쉽게 해결할 수 있다. 종합적으로 볼 때 본 문제는 원가, 관리회계의 중요한 주제를 종합적으로 결합한 문제로 난이도는 높지 않은 기본적인 문제이나 수험생의 경우 개념 이해 없이 문제풀이에 집중하였다면 어려운 문제일 수도 있었다는 생각이 든다.

(2) 회계학 2부
[문제1] 법인세 문제로서 법인세 각분야의 내용을 두루 물어보고 있다. 최근의 출제경향을 보면 복잡한 세무조정보다는 간단하지만 기본적인 개념을 알고 있는지에 대한 물음이 대부분이라고 생각한다. 계산문제는 논술식이라고 하더라도 1차문제의 난이도에서 크게 차이가 나지 않는 만큼 기본적 내용에 대한 숙지와 숙달이 중요하고 문제에서 요구하는 형식을 잘지키는 연습이 필요하다.

[문제2] 법인세의 부당행위계산부인에 관련된 물음이었다. 이문제는 대체로 평이하여 수험생들이 잘 풀었다는 생각이 들었다. 다만, 일부 수험생은 바로 접근할수 있는 세무조정 내용도 전혀 풀지 않아 채점자를 안타깝게 하였다. 수험생은 얼른 보아 다 풀지 못할 문제라도 미리 포기하지 말고 풀 수 있는 부분은 풀어놓는 것이 득점을 할수 있는 기회를 놓치지 않는 것이다.

[문제4] 부가가치세 매출세액과 매입세액을 주어진 답안양식에 따라 작성하는 문제로 부가가치세 과세표준, 매출세액 및 매입세액에 대한 기본적인 사항의 이해를 중심으로 출제되었다. 수험생 답안에 대한 전반적인 느낌은 답안양식이 구체적으로 주어졌음에도 불구하고 수험생들이 임의적으로 답안을 작성하는 경우가 적지 않았고, 글씨도 채점자가 알아보기 어려울 정도인 경우도 보였다. 한편, 금액표시의 경우 원단위가 아닌 백만원단위 등으로 기재하고 이에 대해 아무런 표시가 없는 경우도 다수 있었다. 수험생들은 답안의 내용뿐만 아니라 주어진 지시사항과 형식을 준수하는 연습도 필요하다. 물음 1에서는 영세율 구분, 공통사용재화 매각, 부동산 일괄공급, 무형자산별 과세여부, 직매장반출 등에 대해서 물어보았으며, 수험생들이 무난하게 답안을 작성하였다. 물음 2에서 매입세액 공제사항과 불공제사항에 대하여

일반적인 사항에 대하여 출제하였으며, 의제매입세액 계산시 포함되는 항목에 대한 숙지를 하지 못한 경우가 많았다.

주관식 시험은 답안작성시 근거 및 과정을 일목요연하게 제시해야만 하나, 상당수의 수험생들의 경우 계산 근거를 전혀 제시하지 않거나, 제시하였더라도 채점자가 제대로 인지하기 어려울 정도로 체계적이지 않은 경우가 많이 있었다. 적절한 계산근거 및 계산과정을 일목요연하게 제시하는 연습을 많이 할 것을 권고한다. 또한, 법인세 세무조정 문제의 경우에는 비교적 평이한 출제에도 불구하고 기본적인 세무조정의 구조를 이해하지 못해서 쉽게 점수를 얻지 못하는 사례를 자주 발견할 수 있었다. 이후의 세무사 시험에서 회계학2부를 준비하는 수험생들은 가장 기본적인 내용을 충실하게 이해하는 학습방법이 필요하다.

(3) 세법학 1부

[문제1] 수험생들이 문제를 정확히 파악하지 아니한 상태에서 답안지를 작성하고 있다는 느낌이 든다. 문제에서는 분명히 두 가지 사항에 대하여 묻고 있는데 한 가지 물음에 대해서는 언급조차 하지 않는 답안지가 많았고, 문제의 배점에 부합하는 답안지를 작성하지 못하고 마치 단답형 문제처럼 답안지를 작성하는 경우가 많았다.

서술형 세법학 문제의 경우에는 정답의 배경지식이나 관련된 법규, 판례 등을 포함하는 답안을 작성해야 좋은 점수를 받을 수 있다.

[문제2] 사례에 대한 물음의 형태로 크게 네 가지 세부쟁점을 제시하고 있다. 하나하나의 세부쟁점에 대해 답하는 것도 중요하기는 하지만 해당 세부쟁점에 빠짐없이 답안을 작성하는 것 역시 중요하다고 할 수 있다. 세부쟁점 몇 개에 대해서만 집중적으로 작성을 하고 아예 제시된 쟁점 자체에 전혀 다루지 못한 경우도 있었다.

사례에 대한 물음이라는 점에서 단순히 일반적인 설명을 하는 것 보다는 사례와의 관련성이 있는 답변을 하는 것이 더 좋다. 또한, 세부쟁점에 대해 일반적인 설명도 중요하기는 하지만, 각 결론에 대한 자신이 주장하는 바를 정확하게 이야기하여야 하고, 이러한 주장의 근거가 될 만한 사항(판례, 법령 또는 자신만의 체계적인 논리 등)을 제대로 제시하는 것도 필요하다.

[문제3] 연결납세조정에 대한 내용을 알고 있으면서도 이론적 이해가 부족하여 대부분의 수험생이 정확하게 접근하지 못하고 있었다. 계산문제 뿐만 아니라 이론적 접근도 함께 공부할 필요가 있다. 개별납세와 연결납세의 적용 시 법인세부담에 미치는 영향은 그 원인을 주어진 세무자료를 이용하여 정확하게 기술해야 됨에도 불구하고 추상적인 기술에 그친 답안지와 주어진 자료의 범위를 벗어난 기술이 있어서 아쉬웠다.

연결납세제도에서 연결자법인의 범위가 되기 위한 요건은 기본 교과서로도 충분히 답을 기술할 수 있는 기본적인 문제임에도 대부분의 답안지는 충실히 기술하지 못한 부분이 많았다.

특히 법인세법은 기본 교과서를 충실히 학습한 후 최근 이슈나 판례 등을 통해 추가적으로 깊이 있는 공부를 하는 것이 더 낫지 않을까 생각해 본다.

[문제4] 상속세 과세표준을 계산하는데 있어서 상속세 과세가액에서 공제되는 상속공제 중 배우자 상속공제에 관한 문제로 수험생들에게 매우 익숙한 내용이다. 사례문제의 경우 무엇을 물어보는지에 대한 정확한 이해가 필요하다. 물음 1의 경우 배우자상속공제를 받기 위한 상속재산의 분할에 관한 내용을 중심으로 사례를 분석할 필요가 있으나 상당수의 수험생이 배우자상속공제의 한도액 등 일반적인 내용에 많은 지면을 할애하고 있는 점은 아쉬운 점이라 할 수 있다.

물음 2의 상속세 과세문제는 상속개시 당시에는 이혼으로 배우자가 아닌 경우 이혼 전에 증여받은 재산이 사전증여재산에 해당되어 상속세 과세가액에 포함되는지, 이혼한 배우자가 상속세 납세의무자에 해당되는지, 이혼하였음에도 불구하고 여전히 배우자상속공제가 허용되는지 및 이혼 전에 증여받은 사전증여재산에 대한 증여세액의 처리문제 등이 이에 해당된다고 할 수 있다. 특히 물음2의 경우 상당수의 수험생이 상속세 산출세액에서 공제할 증여세액에 대한 명확한 이해가 부족하여 아쉬웠다.

결론적으로 기본에 충실한 답안을 작성하고 문제에서 요구하는 핵심내용을 중심으로 서술하고 기본적인 목차를 정리하여 기술하는 태도를 가지는 것이 고득점의 지름길이라 생각한다.

(4) 세법학 2부

[문제1] 부가가치세법상 과세사업과 면세사업을 겸영하는 사업자의 과세문제를 다룬 것이다. 물음1은 공통매입세액과 공통사용재화의 공급시 과세표준에 대하여 이 둘의 안분계산의 취지, 안분계산방법 및 안분계산의 생략을 비교하여 설명하라는 것이고, 물음2는 정부부처의 특정사업을 시행하기 위하여 실시계획승인서상의 과세사업과 면세사업에 소요되는 사업비의 비율에 의하여 안분계산을 한 것이 부가가치세법상의 규정을 위반하는지의 여부에 대하여 논거를 들어 설명하라는 물음이다.

첫째, 물음1은 수험생들이 가장 기본적으로 학습하고 많이 다룬 기본적인 문제로, 물음의 내용도 수험생들이 출제의 의도와 답안 작성의 범위를 정확히 알 수 있도록 했으며 거의 모두가 이 물음에 모두 충실히 답을 하였다. 그러나 수험생들이 자신감을 가지고 알고 있는 내용을 많은 분량으로 제시하였으나, 분량의 충분성에 비하여 답안 작성 방식이 단선적이었다는 점이 아쉬움으로 남는다.

둘째, 물음2에 대해서는 논거를 충분히 제시하라는 요구사항에 대하여 거의 적지 못한 수험생들이 많았다. 물음1에 대하여는 충분히 답안을 작성한 반면에 물음2에 대하여는 그렇지 아니한 것은 겸영사업자의 과세문제에 대하여 법전 내용을 기계적으로 암기하고 이를 표현하는 데는 익숙하지만 더 나아가서 겸영사업자의 과세문제를 분석하는 훈련이 필요하다는 점을 시사하고 있다.

(문제1)은 세무사 2차시험 응시자들의 수험능력을 평가하는 아주 적합하고 좋은 문제라고 판단된다. 백지 답안지를 작성한 수험생이 극히 적으면서도, 본 문제에 대하여 완벽한 숙지와 시간 투자를 많이 한 수험생들과 그렇지 않은 경우를 구별해 주는 수준 높은 문제였다고 판단된다. 법전의 내용을 숙지하는 것부터 세법의 현실 적응력을 키우고, 생각의 근력을 키우며, 나아가 답안 작성에 정성을 다하고 최선을 다하는 노력이 필요하다 하겠다.

[문제2] 세무사 제2차 시험에서 케이스(case)문제의 출제가 증가하고 있으나, 개별소비세법은 단순한 서술형 문제를 유지하고 있다. 금년에는 면세에 관한 2개의 서술형 문제가 출제되었다.

첫째, 물음1은 면세로 반출 또는 반입한 자가 해당물품의 용도를 변경하거나 타인에게 양도하는 등의 사유로 개별소비세를 징수하거나 신고·납부하는 경우 해당물품의 가격계산에 관한 것이다.

채점결과 출제의도에 맞추어 개별소비세법 관련조항의 규정내용을 숙지하고 면세유형별로 구분하여 해당물품의 가격계산을 기재한 답안은 극히 소수였고, 문제를 꼼꼼히 읽지 않은 채 본인이 알고 있는 내용을 답안지에 표현하는 수험생이 의외로 많았다. 시험장에서 마음이 급하더라도 문제를 여러 번 읽고 출제의도를 정확히 파악한 후 답안을 작성하는 것이 중요하다. 또한 논술형 시험이므로 목차를 잡아서 답안을 작성하는 것이 좋고, 답안이 지나치게 짧으면 좋은 점수를 얻기 어려우므로 적당한 양을 채우는 것이 요구된다고 하겠다.

둘째, 물음 2는 외국인이 외국인전용판매장에서 면세물품을 구입하는 경우 면세물품의 구입방법 및 판매보고에 관한 것이다. 채첨결과 물음 1과 비교하여 물음 2는 비교적 충실하게 작성된 답안이 많았다. 목차의 구성 측면이나 답안의 내용과 양적인 측면이나 모두 대체로 물음 1보다는 우수하였으며 공란으로 되어 있는 답안도 물음 1보다는 적었다. 다만 물음 1에 대한 강평에서도 언급하였듯이 문제를 꼼꼼히 읽고 이를 답안에 반영하는 것이 필요하다고 생각한다. 예를 들어, 문제가 '면세물품의 구입방법 및 판매보고'라고 되어 있으므로 목차도 다른 용어를 사용하는 것보다는 면세물품의 구입방법, 면세물품의 판매보고 등으로 구성하는 것이 바람직하다고 판단된다.

세무사 시험의 세법과목을 공부함에 있어서 법령의 중요성은 아무리 강조해도 지나치지 않다. 특히 케이스(case)문제보다는 서술형 문제에 의존하고 있는 개별소비세법의 공부에 있어서는 더욱 그러하다. 따라서 개별소비세법을 공부할 때 법령을 가까이하는 것이 고득점을 얻는 방법임을 명심해야 할 것이다.

[문제3] 관련 규정을 요령있게 기술한 답안도 많았으나, 쟁점과 직접적 관련이 없는 규정을 언급한 답안도 적지 않았다.

사례의 해결과 관련하여 위 쟁점의 해결을 위해서 문항에서 주어진 사실 중에서 ① 토지

일부를 丙에게 임차하고, 丙이 조경공사용 성목을 식재한 사실, ② 甲이 교사로 재직한 사실 등이 쟁점의 해결과 관련하여 중요한 판단요소인 데, 이들 사실들을 이용하여 쟁점별로 잘 정리한 답안도 많았으나, 어떤 답안은 단순히 암기한 내용만을 적어놓은 답안도 있었다.

2013년 제50회 세무사 2차시험 제3문의 경우 수험생들에게 생소하지 않은 것으로 보이나 사례형으로 출제되어서 미처 준비가 소홀한 탓인지 당황하였던 기색이 엿보이는 답안이 적지 않았다. 백지로 내거나, 문제를 그대로 베껴놓은 것도 있었고, 관련 규정은 제대로 쓴 것 같으나, 사례해결에 가서는 제대로 기술하지 못한 답안도 있었다. 세무사의 업무범위 중 조세불복 대리업무도 있음을 감안하면 적용빈도가 높은 세법규정의 중요 사례에 관해서는 세법을 공부 하면서 평소 숙지할 필요가 있을 것이다.

[문제4] 채점한 결과 문제의 핵심의도를 파악한 후 이에 관한 판례와 견해를 언급하고 일관 된 결론을 도출한 수험생이 소수에 불과하였다. 논점을 제대로 파악하지 못하고 있을 뿐만 아니라 법률용어에 대한 기본개념도 제대로 정립하지 못하였고, 법률용어를 언급한 수험생이 많지 않아 아쉬웠다. 법학전공이 아니기 때문에 높은 수준까지 요구할 수는 없다고 하더라도 기본개념과 정의를 파악하고 논점을 정리하는 연습을 많이 하여야 좋은 결과를 얻을 수 있을 거라 생각된다.

▨ 2023년 국가전문자격 시험 논술형 답안지 안내

(출처 : 한국산업인력공단 전문자격실 전문자격운영팀)

○ 대상자격(18개)

가맹거래사 2차	감정평가사 2차	경영지도사 2차	공인노무사 2차
관세사 2차	기술지도사 2차	문화재수리기술자 1차	박물관 및 미술관준학예사 1차
변리사 2차	산업보건지도사 2차	산업안전지도사 2차	세무사 2차
소방시설관리사 2차	소방안전교육사 2차	한국어교육능력검정 1차	행정사 2차
정수시설운영관리사 2차	농산물 품질관리사 2차	수산물품질관리사 2차	손해평가사 2차

○ 답안 작성시 사용가능한 필기구 안내
  - 답안 작성 시에는 반드시 지워지지 않는 검정색 필기도구만 사용하여야 합니다(그 외 연필류, 유색필기구 등 사용 불가).

○ 논술형 답안지 규격 및 인쇄면수

규격	표지	연습지	답안내지	지 질	
				표지	내지
230×297mm(변형 A4)	4면	3면	16면	색지 90g	모조지 100g

● 논술형 표준답안지 형태 및 견본이미지 ●

- 가로 확장 A4 사이즈, 가로 넘김, 연습지 3쪽(분리불가) 및 답안 작성란 16쪽(추가 지급 가능)

〈교시별 표지 색〉
1교시 : 홍색
2교시 : 녹색
3교시 : 황색
4교시 : 백색
5교시 : 청색

(총   권중   번째)

1교시(과목)

(20   )년도 (   )시험 답안지

과 목 명	

수험자 확인사항	1. 답안지 인적사항 기재란 외에 수험번호 및 성명 등 특정인임을 암시하는 표시가 없음을 확인하였습니다. 확인 □ 2. 연필류, 유색필기구 등을 사용하지 않았습니다. 확인 □ 3. 답안지 작성시 유의사항을 읽고 확인하였습니다. 확인 □

답안지 작성시 유의사항

가. 답안지는 **표지, 연습지, 답안내지(16쪽)**로 구성되어 있으며, 교부받는 즉시 쪽 번호 등 정상 여부를 확인하고 연습지를 포함하여 1매라도 분리하거나 훼손해서는 안 됩니다.

나. 답안지 표지 앞면 빈칸에는 시행년도 · 자격시험명 · 과목명을 정확하게 기재하여야 합니다.

다. 채점 사항	1. 답안지 작성은 반드시 **검정색 필기구만 사용**하여야 합니다.(그 외 연필류, 유색필기구 등을 사용한 **답항은 채점하지 않으며 0점 처리**됩니다.) 2. 수험번호 및 성명은 반드시 연습지 첫 장 좌측 인적사항 기재란에만 작성하여야 하며, **답안지의 인적사항 기재란 외의 부분에 특정인임을 암시하거나 답안과 관련 없는 특수한 표시를 하는 경우 답안지 전체를 채점하지 않으며 0점 처리**합니다. 3. **계산문제는 반드시 계산과정, 답, 단위를 정확히 기재**하여야 합니다. 4. 답안 정정 시에는 두 줄(=)을 긋고 다시 기재 또는 수정테이프 사용이 가능하며, 수정액을 사용할 경우 채점상의 불이익을 받을 수 있으므로 사용하지 마시기 바랍니다. 5. 기 작성한 문항 전체를 삭제하고자 할 경우 반드시 해당 문항의 답안 전체에 명확하게 X표시하시기 바랍니다.**(X표시 한 답안은 채점대상에서 제외)** 6. 채점기준 및 모범답안은 「공공기관의 정보공개에 관한 법률」제9조제1항제5호에 의거 공개하지 않습니다.
라. 일반 사항	1. 답안 작성 시 문제번호 순서에 관계없이 답안을 작성하여도 되나, 문제번호 및 문제를 기재(긴 경우 요약기재 가능)하고 해당 답안을 기재하여야 합니다. 2. 각 문제의 답안작성이 끝나면 바로 옆에 **"끝"**이라고 쓰고, 최종 답안작성이 끝나면 줄을 바꾸어 중앙에 **"이하여백"**이라고 써야합니다. 3. 수험자는 시험시간이 종료되면 즉시 답안작성을 멈춰야 하며, 종료시간 이후 계속 답안을 작성하거나 감독위원의 답안지 **제출지시에 불응할 때에는 당회 시험을 무효처리**합니다. 4. 답안지가 부족할 경우 추가 지급하며, 이 경우 먼저 작성한 답안지의 16쪽 우측하단 [ ]란에 **"계속"**이라고 쓰고, 답안지 표지의 우측 상단(총 권 중 번째)에는 답안지 **총 권수, 현재 권수**를 기재하여야 합니다.**(예시: 총 2권 중 1번째)**

부정행위 처리규정

다음과 같은 행위를 한 수험자는 부정행위자 응시자격 제한 법률 및 규정 등에 따라 **당회 시험을 정지 또는 무효**로 하며, 그 시험 시행일로부터 **일정 기간 동안 응시자격을 정지**합니다.

1. 시험 중 다른 수험자와 시험과 관련한 대화를 하는 행위
2. 시험문제지 및 답안지를 교환하는 행위
3. 시험 중에 다른 수험자의 문제지 및 답안지를 엿보고 자신의 답안지를 작성하는 행위
4. 다른 수험자를 위하여 답안을 알려주거나 엿보게 하는 행위
5. 시험 중 시험문제 내용을 책상 등에 기재하거나 관련된 물건(메모지 등)을 휴대하여 사용 또는 이를 주고 받는 행위
6. 시험장 내·외의 자로부터 도움을 받고 답안지를 작성하는 행위
7. 사전에 시험문제를 알고 시험을 치른 행위
8. 다른 수험자와 성명 또는 수험번호를 바꾸어 제출하는 행위
9. 대리시험을 치르거나 치르게 하는 행위
10. 수험자가 시험시간 중에 통신기기 및 전자기기(휴대용 전화기, 휴대용 개인정보 단말기(PDA), 휴대용 멀티미디어 재생장치(PMP), 휴대용 컴퓨터, 휴대용 카세트, 디지털 카메라, 음성파일 변환기(MP3), 휴대용 게임기, 전자사전, 카메라 펜, 시각표시 이외의 기능이 부착된 시계)를 휴대하거나 사용하는 행위
11. 공인어학성적표 등을 허위로 증빙하는 행위
12. 응시자격을 증빙하는 제출서류 등에 허위사실을 기재한 행위
13. 그 밖에 부정 또는 불공정한 방법으로 시험을 치르는 행위

성명

수험번호

감독확인란

[연습지]

※ 연습지에 성명 및 수험번호를 기재하지 마십시오.(기재할 경우, 0점 처리됩니다.)
※ 연습지에 기재한 사항은 채점하지 않으나 분리하거나 훼손하면 안됩니다.

HRDK 한국산업인력공단

[연습지]

[연습지]

1쪽

번호	

3쪽

4쪽

5쪽

6쪽

7쪽

8쪽

9쪽

10쪽

11쪽

12쪽

13쪽

14쪽

15쪽

16쪽

수험생 여러분의 합격을 기원합니다!

HRDK 한국산업인력공단

2022년도 제 59 회

기출문제

회계학1부(재무회계 · 원가회계) · 104

회계학2부(세무회계) · 116

세법학1부 · 136

세법학2부 · 140

회계학1부

제1교시

아래 문제들에서 특별한 언급이 없는 한 기업의 보고기간(회계기간)은 1월 1일부터 12월 31일까지이다. 또한 기업은 주권상장법인으로 계속해서 한국채택국제회계기준(K-IFRS)을 적용해오고 있다고 가정한다. 자료에서 제시한 것 이외의 사항은 고려하지 않고 답한다. 예를 들어 법인세에 대한 언급이 없으면 법인세효과는 고려하지 않는다. 모든 문제에 대하여 계산 근거를 반드시 제시하시오.

【문제 1】 물음 1) ~ 물음 5)는 각각 독립적인 상황이다. 물음에 답하시오. (30점)

물음 1) 다음은 (주)세무의 20×1년 상품(동일품목)의 매입·매출에 관한 자료이며, (주)세무는 한국채택국제회계기준에 따라 적절하게 회계처리를 하였다고 가정한다. (10점)

1. 20×1년 1월 1일 상품수량은 1,000개이고, 상품평가충당금은 ₩15,000이다.
2. 20×1년 1월 2일 (주)한국으로부터 상품 2,500개를 취득하면서 ₩500,000은 즉시 지급하고, 나머지 대금 ₩2,000,000은 20×2년 말에 지급하기로 하였으며, (주)세무 공장까지의 운반비 ₩80,000은 (주)한국이 부담하였다. 취득일 현재 상품의 현금 가격상당액은 총지급액을 유효이자율로 할인한 현재가치와 동일하며, 동 거래에 적용되는 유효이자율은 연 9%이다. (단, 9%의 1기간과 2기간 기간 말 단일금액 ₩1의 현가계수는 각각 0.9174와 0.8417이다. 금액계산은 소수점 첫째자리에서 반올림한다.)
3. 20×1년 8월 20일 상품 2,600개를 수입하였는데, 상품대금 중 US$700은 20×1년 6월 30일 선지급하였고, US$1,200은 20×1년 8월 20일 입고시점에 지급하였으며, US$800은 20×2년 1월 15일 지급하였다. 환율정보는 다음과 같다.

20×1년 6월 30일	20×1년 8월 20일	20×1년 12월 31일	20×2년 1월 15일
₩1,150/US$	₩1,350/US$	₩1,400/US$	₩1,480/US$

4. 20×1년 10월 8일 상품 4,100개를 판매하였다.

5. 20×1년 12월 25일 상품 1,500개의 구입대금 ₩1,725,000을 지급하였다. 동 상품은 도착지 인도조건으로 계약하였고 20×1년 말 현재 운송 중이다.
6. 20×1년 12월 28일 도착지 인도조건으로 판매하는 계약을 체결하고 출고한 상품 300개는 20×1년 말 현재 운송중이다.

〈추가 자료〉

1. 상품의 감모손실 중 75%는 원가성이 있고, 25%는 원가성이 없는 것으로 가정한다. 원가성이 있는 감모손실과 평가손실(환입)은 매출원가에 반영하고, 원가성이 없는 감모손실은 기타비용으로 처리한다.
2. 20×1년 말 현재 (주)세무는 동일한 상품을 개당 ₩1,250에 구입할 수 있으며, (주)세무가 판매할 경우 개당 예상 판매가격은 ₩1,300이며, 개당 예상 판매비용은 ₩40이다.

(1) 20×1년 1월 2일 매입한 상품의 취득원가는 얼마인가?

(2) 20×1년 8월 20일 매입한 상품의 취득원가는 얼마인가?

(3) 상품 감모손실이 없다고 가정할 때, 20×1년 말 상품 재고수량은 몇 개인가?

(4) 20×1년 원가성 있는 감모수량이 150개라면, 20×1년 말 현재 (주)세무의 창고에 보관중인 실제 상품 재고수량은 몇 개인가?

(5) 20×1년 매출원가에 반영될 상품평가손실(환입)은 얼마인가? 매출원가를 증가시키면 '증가', 감소시키면 '감소'라고 표시하시오. (단, 원가성 있는 감모수량은 150개이며, 평가충당금을 고려하기 전 상품단가는 ₩1,280으로 가정한다.)

물음 2) (주)세무는 20×1년 1월 1일 (주)대한의 의결권 주식 20%를 ₩1,200,000에 취득하여 유의적인 영향력을 갖게 되었으며, 취득 이후 (주)세무의 지분율(20%)은 변동이 없다. (6점)

1. 20×1년 1월 1일 (주)대한의 자산총액은 ₩10,000,000이고 부채총액은 ₩4,000,000이며, 자산과 부채의 장부금액과 공정가치의 차이는 없다.
2. (주)대한의 20×1년 말 재고자산 중 ₩120,000은 20×1년 중 (주)세무로부터 매입한 것이며, (주)세무는 원가에 20%의 이익을 가산하여 판매하고 있다.
3. (주)대한의 20×0년 말과 20×1년 말 이익잉여금은 각각 ₩75,000과 ₩100,000이다. (주)대한은 20×1년 11월 20일 중간배당으로 현금배당 ₩60,000을 결의 후 지급하였으며, 배당금과 당기순이익 이외에 이익잉여금 변동은 없다.

(1) (주)세무가 20×1년에 인식할 지분법손익은 얼마인가? (단, 이익/손실 여부를 표시하시오.)

(2) (주)세무가 20×1년에 인식할 지분법이익이 ₩10,000이라고 가정할 때, (주)세무의 20×1년말 재무상태표에 계상될 (주)대한 주식의 장부금액은 얼마인가?

(3) (주)대한은 20×2년 9월 1일 (주)세무로부터 기계장치를 공정가치인 ₩500,000에 매입하였으며, 구입 당시 (주)세무의 기계장치 장부금액은 ₩400,000이었다. (주)세무와 (주)대한이 기계장치를 정률법(상각률 30%)으로 월할 상각할 때, 기계장치와 관련된 미실현손익이 (주)세무의 20×2년 지분법손익에 미치는 영향은 얼마인가? (단, 지분법이익을 증가시키면 '이익'으로, 감소시키면 '손실'로 표시하시오.)

물음 3) (주)세무는 급격한 환율상승 위험을 관리하기 위해 20×1년 7월 1일에, 통화선도계약(만기일인 20×2년 3월 31일에 US$100을 수취하고 ₩130,000을 지급하는 계약)을 체결하였으며, 환율정보가 다음과 같을 때, ① 결산일과 ② 만기일에 통화선도계약과 관련하여 인식할 손익은 각각 얼마인가? (단, 이익/손실 여부를 명확하게 표시하고, 화폐의 시간가치는 고려하지 않는다.) (4점)

일자	현물환율	선도환율(*)
20×1년 7월 1일(계약 체결일)	₩1,250	₩1,300
20×1년 12월 31일(결산일)	₩1,330	₩1,315
20×2년 3월 31일(만기일)	₩1,350	-

(*) 만기가 20×2년 3월 31일인 환율임

결산일(20×1년 말)	①	만기일(20×2년 3월 말)	②

물음 4) (주)세무는 20×1년 4월 1일 구축물 건설을 시작하여 20×2년 12월 31일 완료하였다. 아래 ①~⑥은 각각 얼마인가? (단, 20×2년 적격자산 평균지출액 계산 시 20×1년 자본화 차입원가는 고려하지 않는다. 또한, 이자비용과 평균지출액은 월할 계산하며, 일반차입금 자본화 이자율은 퍼센트를 기준으로 소수 둘째자리에서 반올림(예: 12.36% → 12.4%)하시오.) (6점)

1. 구축물 건설관련 공사대금의 지출내역은 다음과 같다.

20×1. 4. 1.	20×1. 10. 1.	20×2. 1. 1.	20×2. 10. 1.
₩600,000	₩900,000	₩300,000	₩1,200,000

2. 구축물 건설과 관련된 차입금 내역은 다음과 같다.

은행명	차입금액	연 이자율	차입기간	분류
AA은행	₩800,000	4%	20×1.4.1. ~ 20×2.12.31.	특정차입금
BB은행	₩600,000	6%	20×1.4.1. ~ 20×2.6.30.	일반차입금
CC은행	₩900,000	9%	20×1.10.1. ~ 20×2.4.30.	일반차입금

3. AA은행의 차입금 중 ₩200,000은 20×1년 중 3개월 동안 일시투자로 연 3%의 투자수익을 창출하였다.

20×1년	
특정차입금 자본화 차입원가	①
일반차입금 자본화 이자율	②
일반차입금 자본화 차입원가	③
20×2년	
특정차입금 자본화 차입원가	④
일반차입금 자본화 이자율	⑤
일반차입금 자본화 차입원가	⑥

물음 5) 다음은 (주)세무의 결산일(20×1년 12월 31일) 이후, 이사회가 재무제표를 승인하기전에 발생한 사건들이다. 아래의 사건들이 개별적으로 (주)세무의 20×1년 당기순손익에 미치는 영향은 각각 얼마인가? (단, 각 사건들은 상호 독립적이고, 금액적으로 중요하며, 당기순이익을 증가시키면 '이익'으로, 감소시키면 '손실'로 표시하시오.) (4점)

사건 1. 20×2년 1월 31일: 20×1년 말 현재 자산손상의 징후가 있었으나, 손상금액의 추정이 어려워서 자산손상을 인식하지 않았던 매출거래처 A가 파산되어 매출채권 ₩100,000의 회수가 불가능하게 되었다.

사건 2. 20×2년 2월 1일: 보유하던 기계장치(20×1년 말 장부금액 ₩500,000)가 지진으로 파손되었으며, 고철판매 등으로 ₩8,000을 회수할 수 있을 것으로 파악되었다.

사건 3. 20×2년 2월 5일: 인근 국가에서의 전쟁 발발로 환율이 비정상적으로 급등하였다. 이러한 환율변동을 20×1년 말 재무제표에 반영할 경우, (주)세무가 추가로 인식해야 할 외환손실은 ₩300,000이다.

사건 4. 20×2년 2월 7일: (주)세무는 소송 중이던 사건의 판결 확정으로 ₩150,000의 배상금을 지급하게 되었다. (주)세무는 이사회 승인 전 20×1년 말 재무상태표에 동 사건과 관련하여 충당부채 ₩170,000을 계상하고 있었다.

구분	금액 및 이익/손실
사건 1	①
사건 2	②
사건 3	③
사건 4	④

【문제 2】 물음 1) ~ 물음 4)는 각각 독립적인 상황이다. 물음에 답하시오. (30점)

물음 1) (주)세무는 유통업을 영위하며 20×2년 재무상태표와 포괄손익계산서는 다음과 같다. 이들 자료와 추가정보를 이용하여 각 물음에 답하시오. (14점)

재무상태표			포괄손익계산서 (20×2.1.1~20×2.12.31)	
과목	20×2.12.31	20×1.12.31	과목	금액
현금및현금성자산	₩88,000	₩38,000	매 출 액	₩950,000
단기대여금	30,000	10,000	매출원가	(510,000)
매출채권(순액)	31,000	40,000	급여	(105,000)
미수이자	3,000	2,000	매출채권 손상차손	(8,000)
재고자산	118,000	70,000	감가상각비	(48,000)
토지	420,000	300,000	기타판매비와관리비	(85,000)
건물(순액)	580,000	250,000	유형자산처분이익	18,000
			이자수익	5,000
자산총계	₩1,270,000	₩710,000	이자비용	(50,000)
			법인세비용차감전순이익	167,000
매입채무	₩60,000	₩32,000	법인세비용	(42,000)
단기차입금	140,000	150,000		

미지급이자	8,000	6,000	당기순이익		₩125,000
미지급법인세	2,000	4,000	토지재평가차익		15,000
미지급판매비와관리비	4,000	8,000	총포괄이익		₩140,000
사 채	500,000	0			
사채할인발행차금	(30,000)	0			
자 본 금	460,000	400,000			
자본잉여금	0	60,000			
이익잉여금	150,000	50,000			
토지재평가잉여금	15,000	0			
자기주식	(39,000)	0			
부채와자본총계	₩1,270,000	₩710,000			

〈 추가정보 〉

1. (주)세무는 이자 및 배당금 수취는 영업활동으로, 이자 및 배당금 지급은 재무활동으로 분류하는 방식을 채택하고 있다.
2. 20×2년 중에 장부금액 ₩100,000인 건물을 처분하고 유형자산처분이익 ₩18,000을 인식하였다.
3. 20×2년 초에 액면금액이 ₩500,000인 사채를 ₩455,000에 할인발행하였다. 포괄손익계산서의 이자비용에는 사채할인발행차금상각액이 포함되어 있다.
4. 20×2년 중에 자본잉여금 ₩60,000을 자본금으로 전입하였으며, 발행주식 일부를 ₩39,000에 현금취득하였다.
5. 20×1년 말 단기차입금과 단기대여금은 20×2년에 모두 상환 또는 회수되었다.

(1) (주)세무가 영업활동현금흐름을 직접법으로 표시하는 20×2년 현금흐름표를 작성할 경우에, 다음 ①~⑩에 표시될 금액은 얼마인가? (단, 현금흐름표의 괄호 표시항목은 유출을 의미한다.)

영업활동현금흐름	
고객으로부터 유입된 현금	₩ ①
공급자에 대한 현금유출	(②)
종업원 및 판매관리활동 현금유출	(③)
영업에서 창출된 현금	₩ ?
이자수취	④
법인세납부	(⑤)

영업활동순현금흐름		₩ ?
투자활동현금흐름		
토지의 취득	(⑥)	
건물의 취득	(⑦)	
단기대여금의 회수	?	
건물의 처분	⑧	
단기대여금의 대여	(?)	
투자활동순현금흐름		(?)
재무활동현금흐름		
단기차입금의 상환	(?)	
이자지급	(⑨)	
배당금지급	(⑩)	
사채발행	?	
단기차입금의 차입	?	
자기주식취득	(?)	
재무활동순현금흐름		?
현금및현금성자산 순증가		50,000
기초 현금및현금성자산		38,000
기말 현금및현금성자산		88,000

(2) 영업활동현금흐름을 간접법으로 표시할 때 법인세비용차감전순이익에 가감 조정할 영업활동관련 자산과 부채의 변동액(순액)은 얼마인가? (단, 영업활동관련 자산과 부채의 변동액(순액)을 법인세비용차감전순이익에 차감 조정할 경우에는 금액 앞에 (-)로 표시하고, 조정금액이 없을 경우는 '0'으로 표시하시오.)

물음 2) 회계정책의 변경은 일관성과 비교가능성을 손상시킬 수 있다. 그럼에도 불구하고 한국채택국제회계기준에서 회계정책의 변경을 허용하는 경우 2가지를 기술하시오. (2점)

물음 3) (주)세무는 20×1년 초에 건물을 ₩500,000에 취득하고 유형자산으로 분류하였다. (주)세무는 동 건물에 대하여 내용연수는 10년, 잔존가치는 ₩0으로 추정하였으며, 정액법으로 감가상각하고 원가모형을 적용하여 회계처리하고 있다. 20×1년 말과 20×2년 말의 공정가치는 각각 ₩540,000과 ₩480,000이다. 다음 각 독립적 상황 (1), (2)에 대하여 물음에 답하시오. (단, (주)세무의 유형자산은 동 건물이 유일하며, 각

상황별 회계변경은 정당하고 법인세효과는 무시한다.) (8점)

(1) (주)세무는 20×2년부터 동 건물에 대하여 기업회계기준서 제1016호 '유형자산'에 따라 자산을 재평가하는 회계정책을 최초로 적용하기로 하였다. 이 경우에 20×2년 말에 작성하는 비교재무제표에 표시되는 다음 ①과 ②의 금액은 얼마인가? (단, 재평가자산의 총장부금액과 감가상각누계액은 장부금액의 변동에 비례하여 수정한다.)

과목	20×2년	20×1년
유형자산	?	①
감가상각누계액	②	?

(2) (주)세무는 20×2년 초에 동 건물의 미래경제적 효익의 기대소비형태를 반영하여 감가상각방법을 연수합계법으로 변경하고, 잔존내용연수를 8년으로 새롭게 추정하였다. 20×2년말 작성하는 비교재무제표에 표시될 다음 ①과 ②의 금액은 얼마인가?

과목	20×2년	20×1년
유형자산(순액)	①	?
감가상각비	?	②

물음 4) (주)세무는 20×3년 장부마감 전에 다음과 같은 오류를 발견하였다. 각각의 오류는 중요하며 법인세에 대한 영향을 고려하지 않는다. 각각의 오류를 수정하였을 때 20×3년 기초이익잉여금과 당기순이익의 변동금액(①~⑥)은 얼마인가? (단, 감소의 경우에는 금액 앞에 (-)로 표시하고, 영향이 없는 경우에는 '0'으로 표시하시오.) (6점)

오류 1 : 20×1년 착공하여 20×3년 초에 완성한 건물(내용연수 20년, 잔존가치 ₩0, 정액법상각)과 관련하여 자본화할 차입원가 ₩120,000을 발생기간의 이자비용(20×1년분 ₩80,000, 20×2년분 ₩40,000)으로 처리하였으며, 취득시점에서 납부한 취득세와 등록세 ₩50,000을 일반관리비로 처리하였다.

오류 2 : 20×1년 말, 20×2년 말, 20×3년 말 재고자산을 각각 ₩4,000 과소, ₩5,000과대, ₩6,000 과소 계상하였다.

오류 3 : 20×2년 7월 1일 신규 가입한 화재보험료 ₩36,000(월 ₩3,000)과 20×3년 7월 1일 갱신 보험료 ₩48,000(월 ₩4,000)을 매년 선납하면서 전액 보험료비용으로 처리하였다.

구분	20×3년	
	기초이익잉여금	당기순이익
오류 1	①	②
오류 2	③	④
오류 3	⑤	⑥

【문제 3】 다음 물음에 답하시오. 특별한 가정이 없는 한 각 물음은 상호 독립적이다. (20점)

〈 기본 자료 〉

(주)세무의 부품사업부는 두 종류의 부품 S와 D를 생산·판매하는 이익중심점이며, 각 부품의 단위당 판매가격과 단위당 변동제조원가에 대한 예상 자료는 다음과 같다.

	부품 S	부품 D
판매가격	₩500	₩800
직접재료원가	100	190
직접노무원가	80	160
변동제조간접원가	170	250

부품사업부의 연간 총 고정제조간접원가는 ₩6,200,000으로 예상되며, 판매비와관리비는 발생하지 않는 것으로 가정한다. 부품 종류에 관계없이 직접노무시간당 임률은 ₩400으로 일정하다. 해당 부품을 생산하기 위해서는 매우 숙련된 기술자가 필요하고, 관계 법률에 의하여 노무자 1인당 제공할 수 있는 노무시간이 제한되어 있어서 부품사업부가 부품 생산을 위해 최대 투입할 수 있는 연간 총 직접노무시간은 14,000시간이다. 한편, 부품사업부가 생산하는 부품 S와 D의 연간 예상시장수요는 각각 30,000단위, 25,000단위이며, 현재로서는 경쟁업체가 없는 상황이므로 부품사업부가 부품 S와 D를 생산하기만 한다면, 시장수요를 충족시킬 수 있을 것으로 예상된다. 부품사업부는 재고자산을 보유하지 않는 정책을 적용하고 있다.

물음 1) 부품사업부가 달성할 수 있는 연간 최대 총 공헌이익은 얼마인가? (4점)

물음 2) 〈기본 자료〉와 같이 예상한 직후에 새로 수집한 정보에 의하면, 기존 설비와 기존인력을 이용하여 부품 S와 D 외에 부품 H를 생산하는 것도 가능하다는 것을 알았다.

부품 H의 연간 예상시장수요는 4,000단위이며, 부품 H 한 단위를 제조하기 위해서는 직접재료원가 ₩130, 직접노무원가 ₩200, 변동제조간접원가 ₩140이 소요될 것으로 예상된다. 현재 부품 H의 판매가격은 아직 미정이다. 부품사업부의 이익을 증가시키기 위해서는 부품 H의 단위당 판매가격은 최소한 얼마를 초과해야 하는가? (단, 부품 H의 직접노무시간당 임률도 ₩400이며, 부품 H를 생산하는 경우에도 부품S와 D에 대한 기존 연간 예상시장수요량은 동일하다.) (4점)

물음 3) (주)세무에는 부품사업부 외에 별도의 이익중심점인 완성사업부가 있다. 완성사업부에서는 그동안 부품사업부가 생산하는 부품 S와 유사한 부품 K를 외부에서 구입하여 완제품 생산에 사용하였다. 〈기본 자료〉와 같은 상황에서 완성사업부가 부품사업부에 부품 K 8,000단위를 공급해줄 것을 제안하였다. 부품사업부가 부품 K를 생산하기 위해서는 단지 부품 S 생산에 사용하는 직접재료 하나만 변경하면 되며, 이 경우 단위당 직접재료원가 ₩10이 추가로 발생한다. 부품사업부가 자기 사업부의 이익을 감소시키지 않으면서 완성사업부의 제안을 수락하기 위한 최소대체가격은 얼마인가? (단, 내부대체하는 경우에도 부품 S와 D에 대한 기존 연간예상시장수요량은 동일하다.) (6점)

물음 4) 〈기본 자료〉와 같이 예상한 직후에 그 동안 거래가 없던 (주)대한으로부터 부품S를 단위당 ₩420에 10,000단위 구입하겠다는 특별주문을 받았다. 이 특별주문은 전량을 수락하든지 또는 거절해야 한다. 이 특별주문을 수락하는 경우에도 부품 S와 D에 대한 기존 연간 예상시장수요량은 동일하다. (주)대한의 특별주문을 전량 수락하는 경우 부품사업부의 영업이익은 얼마나 증가 또는 감소하는가? (단, 〈기본자료〉와 달리 부품사업부가 부품 생산에 최대 투입할 수 있는 연간 총 직접노무시간은 17,000시간이라고 가정한다.) (6점)

【문제 4】 다음 물음에 답하시오. 특별한 가정이 없는 한 각 물음은 상호 독립적이다. (20점)

〈 기본 자료 〉

(주)세무는 제품 A를 생산·판매하고 있다. (주)세무는 안정적인 시장환경을 가지고 있어 매년 4,500단위의 제품 A 생산·판매량을 기준으로 예산을 편성하고 있으며, 매 연

도에 실제 생산된 제품 A는 각 연도에 모두 판매된다. 다음은 (주)세무의20×1년 초 예산편성을 위한 기초자료이다.

단위당 판매가격	₩200
단위당 변동매출원가	
직접재료원가	40
직접노무원가	25
변동제조간접원가	15
단위당 변동판매비와관리비	50
고정제조간접원가(총액)	135,000
고정판매비와관리비(총액)	78,000

물음 1) 다음은 20×1년 변동원가계산을 기준으로 한 (주)세무의 실제 공헌이익손익계산서(일부)이며, 동 기간 동안 제품 A 4,200단위를 생산·판매하였다. ① 매출조업도차이, ② 변동예산차이는 각각 얼마인가? (단, 금액 뒤에 유리 또는 불리를 반드시 표시하시오.) (4점)

매출액	₩924,000
변동원가	
변동매출원가	344,400
변동판매비와관리비	201,600
공헌이익	378,000
고정원가	
고정제조간접원가	140,000
고정판매비와관리비	80,000
영업이익	158,000

물음 2) 〈기본 자료〉와 물음 1)의 자료를 같이 이용했을 때, ① (주)세무의 20×1년 변동원가계산과 전부원가계산에 의한 실제 영업이익의 차이금액은 얼마이며, ② (주)세무에서 그러한 차이금액이 발생한 이유는 무엇인가? (단, 재공품은 없다.) (4점)

물음 3) 〈기본 자료〉와 물음 1)의 자료를 같이 이용한다. (주)세무는 표준원가를 이용하여 예산을 편성하며, 제조간접원가는 직접노무시간을 기준으로 배부한다. 20×1년 제품 A의 단위당 표준직접노무시간은 1시간이다. 20×1년 제조간접원가의 능률차이는 ₩1,500(불리), 소비차이는 ₩3,500(불리)으로 나타났다. 20×1년 ① 실제 발생한 직접노무시간, ② 변동제조간접원가 실제발생액은 각각 얼마인가? (4점)

물음 4) 〈기본 자료〉와 같은 상황에서 20×1년 초 (주)세무는 기존 제품라인에 제품 B를 추가할 것을 고려하고 있다. 제품 B를 추가 생산·판매하더라도 제품 A의 단위당 예산판매가격과 예산변동원가는 동일하게 유지될 것으로 예측된다. 제품 B의 단위당 예산공헌이익은 ₩80이며, 제품 A와 B의 예산판매량 기준 배합비율은 7 : 3이다. 이 경우 제품 A의 예산상 손익분기점 수량은 4,067단위이다. 제품 B의 추가생산·판매로 인해 예산상 고정원가는 얼마나 증가하는가? (4점)

물음 5) 〈기본 자료〉와 같은 상황에서 제품 A의 직접재료 수량표준은 2kg이다. 20×1년 초 직접재료의 기초재고는 700kg이며, 기말재고는 차기연도 예산판매량의 10%를 생산할 수 있는 직접재료수량을 보유하고자 한다. 20×1년 초 (주)세무의 기초재공품은 150단위(가공원가 완성도 30%)이다. 기말재공품은 100단위(가공원가 완성도 20%)를 보유하고자 한다. 직접재료는 공정초에 모두 투입되며, 가공원가는 전체공정에 걸쳐 균등하게 발생한다. 20×1년 (주)세무의 직접재료구입예산(금액)은 얼마인가? (4점)

회계학2부

제2교시

〈문제공통적용〉 〈자료〉에서 다른 언급이 없는 한 조세 부담 최소화를 가정하며, 금액 계산의 경우 원 단위 미만에서 반올림한다. 각 문제의 물음에 대해 계산근거를 표시하여 답하시오.

【문제 1】 다음 자료를 바탕으로 물음에 답하시오. 각 자료는 상호 독립적이다. 같은 자료에 세무조정이 2개 이상 있는 경우 상계하지 말고 모두 표시하시오. (단, 전기까지의 세무조정은 정상적으로 처리되었으며 주어진 자료 이외의 사항은 고려하지 않는다.) (30점)

〈자료 1〉 다음은 중소기업인 (주)대한의 제22기(2022.1.1. ~ 2022.12.31.) 법인세 과세표준 및 세액계산 자료이다.

1. (주)대한의 각사업연도소득금액은 다음과 같다.

구 분	금 액
당기순이익	₩400,000,000
(+)익금산입 및 손금불산입	250,000,000
(−)손금산입 및 익금불산입	270,000,000*1)
각사업연도소득금액	₩380,000,000

*1) 조세특례제한법 제28조의2에 규정하고 있는 중소·중견기업 설비투자자산의 감가상각비 손금산입 특례에 따라 손금산입한 금액 ₩150,000,000이 포함되어 있음

2. 세무상 이월결손금은 전액 국내원천소득에서 발생한 것으로 제10기에 발생한 ₩20,000,000과 제16기에 발생한 ₩30,000,000으로 구성되어 있다.

3. (주)대한은 미국에 소재하는 A사와 B사에 2021년 초부터 출자하고 있으며, 당기에 지급받은 배당금 관련 내용은 다음과 같다(동 배당금은 제22기 당기순이익에 포함되어 있음). 직접 납부한 국외원천징수세액과 간접외국납부세액은 익금산입 및 손금불산입으로 세무조정되었으며, 제20기 외국납부세액 중 한도초과로 공제받지 못하여 이월된 금액 ₩2,000,000이 있다.

구 분	출자 비율	수입배당금 (국외원천징수 세액 포함)	수입배당금 국외원천징수 세액	소득금액	법인세액
A사	28%	₩24,000,000	₩5,000,000	₩200,000,000	₩80,000,000
B사	15%	40,000,000	2,500,000	600,000,000	100,000,000

* A사와 B사는 해외자원개발사업을 영위하는 법인이 아님

4. 2022.5.10.에 발생한 화재와 관련된 자료는 다음과 같다. (주)대한은 제21기에 대한 법인세 ₩25,000,000(납부지연가산세 ₩5,000,000 포함)을 납부하지 않고 있다.

자 산	화재 전 가액	화재 후 가액	화재손실액
건물	₩500,000,000	₩300,000,000	₩200,000,000[*1]
토지	300,000,000	300,000,000	-
제품 및 상품	500,000,000	345,000,000	155,000,000[*2]
기계장치	300,000,000	200,000,000	100,000,000
계	₩1,600,000,000	₩1,145,000,000	₩455,000,000

[*1] 건물 소실액에 대하여 보험회사로부터 ₩150,000,000의 보험금을 수령함
[*2] 제품 및 상품의 화재손실액 중에는 거래처로부터 수탁받은 상품소실액 ₩60,000,000(계약상 배상책임이 (주)대한에 있음)이 포함되어 있음

5. 제22기에 연구 및 인력개발비 세액공제액 ₩8,000,000, 통합투자세액공제 ₩25,000,000, 장부의 기록·보관불성실가산세 ₩2,000,000, 중간예납세액 ₩12,000,000이 있다.

6. 중소기업에 대한 최저한세율은 7%이다.

물음 1) 〈자료 1〉을 이용하여 다음 물음에 답하시오. (11점)

(1) (주)대한의 감면 후 세액(최저한세 적용대상 조세감면 등을 적용받은 후의 세액을 말함)과 최저한세를 다음의 양식에 따라 제시하시오.

구분	금액
감면 후 세액	①
최저한세	②

(2) 최저한세로 인하여 적용 배제되는 조세감면 항목과 당기에 손금산입한 설비투자자산에 대한 감가상각비 중 실제 손금으로 인정되는 금액을 다음의 양식에 따라 제시하시오. (단, 최저한세 적용으로 인한 조세감면의 배제는 경정시 배제순서에 따른다.)

구분	적용배제 항목 또는 금액
최저한세로 인하여 적용 배제되는 조세감면 항목	①
설비투자자산에 대한 감가상각비 중 손금인정액	②

(3) (1)에서 계산된 최저한세를 고려하여 (주)대한의 제22기 사업연도 ① ~ ③의 금액을 다음의 양식에 따라 제시하시오.

구분	금액
간접외국납부세액	①
외국납부세액공제 한도액	②
외국납부세액공제액	③

(4) (1)에서 계산된 최저한세를 고려하여 (주)대한의 제22기 사업연도 재해손실세액공제액을 계산하시오. (단, 재해상실비율 계산시 소수점 첫째자리에서 반올림한다.)

(5) '(3) 및 (4)'의 정답과 관계없이 한도 내에서 공제받을 수 있는 외국납부세액공제액이 ₩3,000,000, 재해손실세액공제액이 ₩4,000,000이라고 가정할 때 (주)대한의 제22기 사업연도 차감 납부할 세액을 계산하시오.

〈자료 2〉 다음은 제조업을 영위하는 (주)민국(중소기업 아님)의 제22기 사업연도(2022.1. 1. ~ 2022.12.31.) 법인세 신고 관련 자료이다.

1. 손익계산서상 매출액은 ₩20,000,000,000(중단된 사업부문의 매출액 ₩3,000,000,000 이 포함되어 있으며, ₩5,000,000,000은 특수관계인과의 거래에서 발생한 것임)이며, 관련 세부내역 중 일부는 다음과 같다.
   ① 위탁자인 (주)민국은 수탁자가 제22기에 특수관계인 외의 자에 대하여 판매한 위탁매출액 ₩1,000,000,000을 제23기의 매출로 회계처리하였다.
   ② 영업외수익 중에는 부산물 매각대금 ₩400,000,000이 포함되어 있으며, 영업외 비용에는 매출할인액 ₩50,000,000이 포함되어 있다. 이는 모두 특수관계인 외의 자에 대한 것이다.
   ③ 특수관계인 외의 자에 대한 임대보증금에 대한 간주임대료 ₩80,000,000이 매 출액에 포함되어 있다.

2. 해당 사업연도의 접대비 계상내역은 다음과 같다.

과 목	금 액
① 판매비와 관리비로 계상된 접대비	₩50,000,000
② 건설중인 자산으로 계상된 접대비	5,000,000
③ 건물로 계상된 접대비	65,000,000
계	₩120,000,000

3. 손익계산서에 판매비와 관리비로 계상된 접대비의 내역은 다음과 같다.

구 분	건당 3만원 이하	건당 3만원 초과	합 계
신용카드매출전표 수취	₩1,000,000	₩15,000,000*1)	₩16,000,000
세금계산서 수취	-	18,900,000*2)	18,900,000
영수증 수취	600,000	3,400,000*3)	4,000,000
적격증명서류 미수취	-	11,100,000*4)	11,100,000
계	₩1,600,000	₩48,400,000	₩50,000,000

*1) 신용카드사용액으로서 제23기에 결제일이 도래하는 금액 ₩1,000,000과 임원이 개인명의 신용카드를 사용하여 거래처에 접대한 금액 ₩2,500,000이 포함되어 있음
*2) 거래처에 접대목적으로 증정할 제품 구입액 ₩2,200,000(부가가치세 포함)이 포함되어 있음

*3) 이 중 ₩2,400,000은 농·어민으로부터, 나머지 ₩1,000,000은 영농조합법인으로부터 직접 재화를 공급받아 거래처에 증정한 것임. (주)민국은 그 대가를 금융회사를 통하여 지급하였으며 법인세 신고시 송금명세서를 첨부하여 납세지 관할세무서장에게 제출할 예정임

*4) 특수관계가 없는 거래처인 (주)태백에 직접 생산한 제품(원가 ₩10,000,000, 시가 ₩11,000,000)을 접대목적으로 증정하고 다음과 같이 회계처리한 금액임

(차) 접대비	11,100,000	(대) 매 출	10,000,000
		부가가치세예수금	1,100,000
(차) 매출원가	10,000,000	(대) 제 품	10,000,000

4. 건물은 2022.7.1. 완공되었고 당기말 현재 재무상태표상 취득원가는 ₩500,000,000이며, 회사는 당기에 ₩50,000,000의 감가상각비를 계상하였다. (신고내용연수: 20년, 신고한 감가상각방법: 정액법)

5. 수입금액에 대한 적용률은 다음과 같다.

수입금액	적용률
100억원 이하	0.3 %
100억원 초과 500억원 이하	3천만원+(수입금액 − 100억원)×0.2 %

물음 2) 〈자료 2〉를 이용하여 다음 물음에 답하시오. (11점)

(1) (주)민국의 제22기 사업연도 접대비한도액 계산의 기준이 되는 수입금액과 시부인 대상 접대비, 그리고 접대비 한도액을 다음의 양식에 따라 제시하시오.

구분	금액
접대비한도액 계산상 수입금액	①
시부인대상 접대비	②
접대비한도액	③

(2) (주)민국의 제22기 사업연도의 세무조정을 다음의 양식에 따라 제시하시오. (단, 간주임대료에 대한 세무조정은 고려하지 않는다.)

익금산입 및 손금불산입			손금산입 및 익금불산입		
과목	금액	소득처분	과목	금액	소득처분

〈자료 3〉 다음은 제조업을 영위하는 (주)만세의 제22기 사업연도(2022.1.1.~2022.12.31.) 법인세 관련 자료이다.

1. (주)만세가 제22기에 손익계산서상 인건비로 계상한 총급여액 ₩1,150,000,000에는 다음의 금액이 포함되어 있다.
   ① 당기 중에 퇴직한 직원의 급여 ₩40,000,000
   ② 당기 중에 입사한 직원의 급여 ₩10,000,000(회사의 퇴직급여지급규정에는 1년 미만 근속자에게도 퇴직급여를 지급하도록 규정하고 있음)
   ③ 확정기여형 퇴직연금 설정자에 대한 급여 ₩50,000,000
   ④ 임원상여금 한도초과액 ₩6,000,000
   ⑤ (주)만세의 지배주주와 특수관계에 있는 총무과장이 동일 직위에 있는 다른 직원보다 정당한 사유 없이 초과 지급받은 급여 ₩10,000,000

2. 제22기 퇴직급여충당금 계정의 증감내역은 다음과 같다.

퇴직급여충당금			(단위: 원)
당기감소액	260,000,000	기초잔액	800,000,000*1)
기말잔액	1,000,000,000	당기설정액	460,000,000

*1) 한도 초과로 손금불산입된 금액 ₩650,000,000이 포함되어 있음

3. 당기 중 퇴직급여 ₩260,000,000을 지급하고 회사는 다음과 같이 회계처리하였다.

   (차) 퇴직급여충당금　　260,000,000 (대) 퇴직연금운용자산　140,000,000
   　　　　　　　　　　　　　　　　　　　　현　금　　　　　120,000,000

4. 회사는 확정급여형 퇴직연금과 확정기여형 퇴직연금을 동시에 운용하고 있으며, 제22기 확정급여형 퇴직연금과 관련된 퇴직연금운용자산의 변동내역은 다음과 같다.

퇴직연금운용자산			(단위: 원)
전기이월액	850,000,000	당기지급액	140,000,000
당기증가액	230,000,000	차기이월액	940,000,000

5. (주)만세는 퇴직연금을 신고조정하고 있으며, 전기까지 ₩850,000,000이 손금에 산입되었다.

6. 퇴직급여추계액은 다음과 같다.

  ① 퇴직급여지급규정에 따라 당기말 현재 재직하는 임직원의 전원이 퇴직할 경우에 퇴직급여로 지급되어야 할 금액의 추계액(확정기여형 퇴직연금으로 손금에 산입된 금액 ₩30,000,000은 제외되어 있음)

구 분		일시퇴직기준 추계액
확정급여형 퇴직연금가입자	확정급여형 퇴직연금 가입기간 추계액	₩755,000,000
	확정급여형 퇴직연금 미가입기간 추계액	25,000,000
확정급여형 퇴직연금 미가입자		40,000,000
계		₩820,000,000

  ② 근로자퇴직급여보장법 제16조 제1항 제1호에 따른 금액(당기말 현재를 기준으로 산정한 확정급여형 퇴직연금제도 가입자의 보험수리적기준 퇴직급여추계액)은 ₩820,000,000(확정기여형 퇴직연금으로 손금에 산입된 금액 ₩30,000,000 포함)이다.

7. 제22기말 퇴직금전환금 잔액은 ₩8,000,000이다.

물음 3) 〈자료 3〉을 이용하여 다음 물음에 답하시오. (8점)

(1) (주)만세의 당기 퇴직급여충당금 한도액과 퇴직연금 손금산입 한도액을 다음의 양식에 따라 제시하시오.

구분	금액
퇴직급여충당금 한도액	①
퇴직연금 손금산입 한도액	②

(2) (주)만세의 제22기 세무조정과 소득처분을 다음의 양식에 따라 제시하시오.

익금산입 및 손금불산입			손금산입 및 익금불산입		
과목	금액	소득처분	과목	금액	소득처분

【문제 2】 다음 자료를 바탕으로 물음에 답하시오. 각 자료는 상호 독립적이다. (20점)

〈자료 1〉 (주)P(연결모법인, 지주회사가 아님)와 (주)S(연결자법인)로 구성된 연결집단은 2021년부터 연결납세방식을 적용하며, 모두 제조업을 영위하는 중소기업이다. (주)P의 (주)S에 대한 지분율은 100%이며, 2021년도 세무조정은 적법하게 이루어졌다. (주)P의 제22기(2022.1.1. ~2022.12.31.) 사업연도와 (주)S의 제12기(2022.1.1. ~ 2022.12.31.) 사업연도의 자료는 다음과 같다.

1. 연결집단의 재무상태표상 자산총액은 다음과 같다.

구분	2022.12.31.	2021.12.31.
(주)P의 자산총액	₩12,000,000,000	₩10,000,000,000
(주)S의 자산총액	6,000,000,000	5,000,000,000
(주)P와 (주)S의 자산총액의 합계액*1)	16,000,000,000	14,000,000,000

*1) 연결법인간 대여금, 매출채권, 미수금 등의 채권, 연결법인이 발행한 주식을 제거한 후의 금액임

2. (주)P의 2022년의 손익계산서 상 이자비용 ₩50,000,000은 차입금의 이자 ₩48,000,000과 현재가치할인차금상각 ₩2,000,000으로 구성되어 있으며 손금불산입 금액은 없다. (주)S의 2022년의 손익계산서상 이자비용 ₩30,000,000은 차입금의 이자로 (주)P에게 지급한 이자 ₩10,000,000이 포함되어 있으며 손금불산입 금액은 없다. (주)S와 (주)P 간의 차입거래에는 부당행위계산 부인이 적용되지 않는다.

3. (주)P와 (주)S가 2022년에 수령한 수입배당금은 다음과 같다.

배당수령 법인	배당지급 법인	수입배당금*2)	주식의 장부가액*3)	주식취득일	지분율
(주)P	(주)S	₩20,000,000	₩500,000,000	2012.1.1.	100%
(주)P	(주)G*1)	30,000,000	800,000,000	2021.8.27.	20%
(주)S	(주)G	15,000,000	400,000,000	2021.8.27.	10%

*1) (주)G는 주권비상장내국법인임
*2) 배당기준일은 모두 2021.12.31.이며, 2022년의 당기순이익에 반영되었음
*3) 주식의 장부가액은 법인세법상 장부가액과 동일하며 2022년 중 변동 없음

4. 2022.8.1. (주)P는 장부가액 ₩120,000,000의 기계를 (주)S에게 ₩150,000,000에 매각하고 처분이익 ₩30,000,000을 2022년의 당기순이익에 반영하였다. (주)S는 해당 기계에 대해 신고내용연수 5년, 정액법, 잔존가치 0으로 감가상각 하였으며, 상각부인액은 없다.

5. 2022.8.27. (주)S는 장부가액 ₩60,000,000의 금융투자상품(파생상품)을 (주)P에게 ₩50,000,000에 매각하고 처분손실 ₩10,000,000을 2022년의 당기순이익에 반영하였다. 2022.12.17. (주)P는 (주)S로부터 양수한 금융투자상품 중 80%를 (주)D에게 매각하였고, 20%는 2022.12.31. 현재 보유 중이다.

물음 1) 〈자료 1〉을 이용하여 2022년의 연결법인별 법인세 과세표준 및 세액조정계산서에서 ① ~ ④에 기재할 금액을 다음의 양식에 따라 제시하시오. (10점)

항　　목		(주)P	(주)S
1. 연결전 각 사업연도 소득금액			
2. 연결법인별 연결조정항목 제거			
(1) 수입배당금액 상당액 익금불산입액 익금산입		①	
:			
3. 연결집단내 연결법인간 거래손익의 조정			
(1) 연결법인간 자산양도소득	익금불산입		
	익금산입	②	
(2) 연결법인간 자산양도손실	손금불산입		
	손금산입		③
:			
4. 연결조정항목의 연결법인별 배분액			
(1) 연결법인 수입배당금 익금불산입액			④
:			

〈**자료 2**〉 제조업을 영위하는 비상장내국법인 (주)A는 2022.9.1.(합병등기일)에 동종업종을 영위하는 특수관계인이 아닌 비상장내국법인 (주)B를 흡수합병하였다. (주)A와 (주)B의 사업연도는 매년 1.1.부터 12.31.까지이다.

1. 합병 직전 (주)B의 재무상태표상 자본은 자본금 ₩100,000,000, 이익잉여금 ₩20,000,000 으로 구성되어 있으며, 자산과 부채에 관한 자료는 다음과 같다.

구분	재무상태표 상 금액	시가	유보
유동자산	₩100,000,000	₩100,000,000	
건물*1)	40,000,000	50,000,000	₩5,000,000
기타 비유동자산	200,000,000	200,000,000	
자산합계	340,000,000		
유동부채	80,000,000	80,000,000	
비유동부채	140,000,000	140,000,000	
부채합계	220,000,000		

*1) 건물의 취득일은 2017.10.1., 취득가액은 ₩60,000,000, 신고내용연수 및 기준내용연수는 20년, 유보 는 상각부인액이며, 취득 이후 감가상각시부인계산은 적법하게 세무처리되었다고 가정함

2. (주)A는 합병대가로 (주)A의 신주(액면금액 ₩120,000,000, 시가 ₩160,000,000) 를 교부하였다. 합병대가 중 ₩30,000,000에 해당되는 금액은 (주)B의 상호에 대하 여 사업상 가치가 있다고 보아 지급한 대가이다. (주)A는 합병에 대하여 다음과 같 이 회계처리 하였다.

(차) 유동자산	100,000,000	(대) 유동부채	80,000,000
건물	50,000,000	비유동부채	140,000,000
기타 비유동자산	200,000,000	자본금	120,000,000
영업권	30,000,000	주식발행초과금	40,000,000

3. (주)A는 합병으로 승계한 건물의 상각범위액 계산방법으로 양도법인의 상각범위액 을 승계하는 방법을 선택하였다. 합병으로 승계한 건물의 2022년 감가상각비 계상 액은 ₩1,000,000이다. 합병 전 (주)A의 기존 건물에 대한 신고내용연수는 기준내 용연수와 동일한 20년이다.

4. (주)A의 2021년의 자본금과 적립금조정명세서(을) 상 자산조정계정(건물)과 합병매 수차손의 기말잔액은 ₩0이다.

5. (주)A가 대납하는 (주)B의 법인세 등은 ₩8,000,000이다.

6. 합병 전에 (주)B의 주식(취득가액 ₩40,000,000)을 소유하고 있던 (주)C는 지분율(30%)에 따라 합병대가로 (주)A의 신주(액면금액 ₩36,000,000, 시가 ₩48,000,000)를 받았다. (주)A와 (주)C는 특수관계가 아니다.

물음 2) 〈자료 2〉를 이용하여 다음의 물음에 답하시오. (10점)

(1) 자료의 합병이 적격합병인 경우 (주)A의 2022년의 자본금과 적립금조정명세서(을) 상 자산조정계정(건물)의 기말잔액을 제시하시오.

(2) 자료의 합병이 적격합병인 경우 (주)A의 2022년의 자본금과 적립금조정명세서(을) 상 합병으로 승계한 건물의 상각부인액의 기말잔액을 제시하시오.

(3) 자료의 합병이 비적격합병인 경우 합병으로 인한 (주)B의 양도손익을 제시하시오.

(4) 자료의 합병이 비적격합병인 경우 (주)A의 2022년의 자본금과 적립금조정명세서(을) 상 합병매수차손의 기말잔액을 제시하시오.

(5) 자료의 합병이 비적격합병인 경우 합병으로 인한 (주)C의 의제배당액을 제시하시오.

【문제 3】 다음은 (주)한국의 재무팀장으로 근무하는 홍길동(남성)씨의 2022년도 소득에 관한 자료이다. 다음 자료를 바탕으로 물음에 답하시오. (원천징수대상이 되는소득은 세법에 따라 적법하게 원천징수 되었다.) (30점)

〈근로소득 자료〉

구분	금액	비고
기본금	₩50,400,000	월 ₩4,200,000
상여금	28,000,000	연 4회 매회 ₩7,000,000
직책수당	3,600,000	월 ₩300,000
식대보조금	2,400,000	(주)한국은 직원들에게 별도의 식사를 제공함
자가운전보조금	2,400,000	월 ₩200,000 홍길동씨 본인의 소유차량을 업무수행에 이용하였으며, 출장 등에 실제로 소요된 여비를 지급받는 대신 (주)한국의 지급기준에 따라 지급받은 금액임
연장근로수당	2,000,000	
연월차수당	1,200,000	
계	₩90,000,000	

〈종합소득공제 및 세액공제 자료〉

1. 인적공제자료

가족	나이(만)	소득	비고
모친	73세	-	2022.12.3. 사망
본인	54세	〈근로소득 자료〉 참조	
배우자	50세	총급여액 ₩5,000,000	장애인
장녀	23세	-	-
장남	20세	-	-
차남	16세	사업소득금액 ₩2,500,000	장애인

* 위의 가족은 모두 2022년도 과세연도 종료일 현재(모친은 사망일 전일 현재) 생계를 같이 하고 있으며, 나이는 2022년도 과세연도 종료일 현재(모친은 사망일 전일 현재)의 상황에 의한 것임

2. 2022년도 과세기간 홍길동씨는 국민연금법에 따라 연금보험료 ₩2,000,000을 납부하였다.

3. 보험료 지급명세

종류	금액
건강보험료	₩200,000
고용보험료	100,000
생명보험료	1,500,000
계	₩1,800,000

* 위의 건강보험료와 고용보험료는 사용자 부담분 50 %를 제외하고 국민건강보험법 및 고용보험법에 따라 본인이 실제로 부담한 나머지 50 %에 해당하는 금액이며, 생명보험료는 배우자를 피보험자로 하는 생명보험의 보험료(장애인전용보험에 해당하지 않음)로 동 보험의 만기환급금은 납입보험료를 초과하지 않음

4. 홍길동씨는 무주택자로 2015년 1월 1일 이후에 주택청약종합저축에 가입하여 해당 과세기간에 ₩2,200,000을 납입하였다.

5. 홍길동씨의 소득공제대상 신용카드 등 사용금액의 연간합계액은 다음과 같다. (전년도대비 증가분은 없음)

구분	신용카드	직불카드	현금영수증	계
전통시장사용분	₩2,000,000	₩100,000	₩600,000	₩2,700,000
대중교통이용분	200,000	10,000	-	210,000
도서·신문·공연·박물관·미술관 사용분	-	-	-	-
위 이외의 사용분	21,000,000	1,200,000	1,300,000	23,500,000
계	₩23,200,000	₩1,310,000	₩1,900,000	₩26,410,000

6. 의료비 지급명세

구분	금액
본인의 정밀건강진단비	₩400,000
본인의 치료를 위한 한약 구입비	500,000
모친의 입원치료비 및 의약품 구입비	1,200,000
장남의 입원치료비 및 의약품 구입비	12,000,000
계	₩14,100,000

7. 교육비 지급명세

구분	금액
본인의 야간대학 등록금	₩7,000,000
장남의 대학 등록금	12,000,000
계	₩19,000,000

〈근로소득공제 자료, 기본세율 속산표 자료〉

1. 근로소득공제 자료

총급여액	공제액
500만원 이하	총급여액×70%
500만원 초과 1,500만원 이하	350만원+(총급여액 - 500만원)×40%
1,500만원 초과 4,500만원 이하	750만원+(총급여액 - 1,500만원)×15%
4,500만원 초과 1억원 이하	1,200만원+(총급여액 - 4,500만원)×5%
1억원 초과	1,475만원+(총급여액 - 1억원)×2%

2. 기본세율 속산표

종합소득과세표준	종합소득산출세액
1,200만원 이하	과세표준× 6 %
4,600만원 이하	과세표준×15 % - 1,080,000원(누진공제액)
8,800만원 이하	과세표준×24 % - 5,220,000원(누진공제액)
1억5천만원 이하	과세표준×35 % - 14,900,000원(누진공제액)
3억원 이하	과세표준×38 % - 19,400,000원(누진공제액)
5억원 이하	과세표준×40 % - 25,400,000원(누진공제액)
10억원 이하	과세표준×42 % - 35,400,000원(누진공제액)
10억원 초과	과세표준×45 % - 65,400,000원(누진공제액)

물음 1) 다음은 홍길동씨에 대한 (주)한국의 연말정산 신고서이다. 다음의 양식에 따라 ① ~⑫의 금액을 제시하시오. (금액이 ₩0인 경우 ₩0으로 표기한다.) (26점)

항목				금액
총급여액				①
근로소득공제				②
근로소득금액				
종합소득공제	기본공제	본인공제		③
		배우자공제		
		부양가족공제		
	추가공제	경로우대공제		④
		장애인공제		
	연금보험료공제			⑤
	특별소득공제	보험료공제	건강보험료	
			고용보험료	
		주택자금소득공제	주택청약종합저축	⑥
	신용카드 등 사용금액에 대한 소득공제			⑦
소득공제 종합한도 초과액				₩0
종합소득 과세표준				
산출세액				
세액공제	근로소득 세액공제			₩500,000
	자녀세액공제			⑧
	특별세액공제	항목별 세액공제	보장성보험료 세액공제	⑨
			의료비 세액공제	⑩
			교육비 세액공제	⑪
결정세액				⑫

물음 2) 홍길동씨는 2022년도의 근로소득에 대한 연말정산을 적법하게 하였다. 추가적으로 2022년도에 발생한 기타소득금액 ₩20,000,000(20 % 세율로 적법하게 원천징수가 이루어짐)으로 인하여 종합소득신고를 하여야 한다. 다음은 2022년도 종합소득세 확정신고 시 자진 납부할 세액(또는 환급세액)을 계산하기 위한 자료이다. 다음의 양식에 따라 ① ~ ③의 금액을 제시하시오. (단, 근로소득에 대한 연말정산시 결정세액은 ₩4,000,000으로 가정한다.) (4점)

항목		금액
근로소득금액		₩70,000,000
기타소득금액		
종합소득금액		
종합소득 공제	기본공제	3,000,000
	추가공제	3,000,000
	연금보험료공제	3,000,000
	특별소득공제	3,000,000
	신용카드 등 사용금액에 대한 소득공제	3,000,000
소득공제 종합한도 초과액		0
종합소득 과세표준		
산출세액		
세액공제		3,000,000
결정세액		①
기납부세액		②
납부할 세액(환급받을 세액)		③

【문제 4】 다음 자료를 바탕으로 물음에 답하시오. 각 자료는 상호 독립적이다. (20점)

〈자료 1〉 다음은 기계장비제조업을 영위하는 일반과세자인 (주)대한의 2022년 제2기 부가가치세 과세기간 최종 3개월(2022. 10. 1.~2022. 12. 31.)의 거래자료이다. (단, 제시된 자료는 별도의 언급이 없는 한 부가가치세가 포함되지 아니한 금액이며, 세금계산서는 공급시기에 적법하게 발급된 것으로 가정한다.)

1. 2022.10.1.에 특수관계인인 (주)민국에게 제품A를 ₩10,000,000에 판매하였다. 동 제품의 시가는 ₩7,000,000이다.

2. 2022.11.1.에 제품B(시가 ₩20,000,000, 원가 ₩16,000,000)가 거래처에 운송도중 운송회사의 과실로 파손되어 ₩14,000,000의 손해배상금을 수령하였다. 동 제품은 2022.12.31.현재 회사 창고에서 수선대기 중에 있다.

3. 2022.12.20.에 국내 수출업자 K사에 내국신용장에 의하여 $100,000의 제품C를 인도하였다. 대금 중 $50,000는 2022.12.10.에 수령하여 당일 ₩60,500,000으로 환전하였으며, 나머지 $50,000는 2022.12.31.에 수령하였다. 내국신용장은 2022.12.15.에 개설되었으며, K사의 수출선적일은 2022.12.30.이다.

구분	2022.12.10. (계약일)	2022.12.15. (내국신용장 개설일)	2022.12.20. (인도일)	2022.12.30. (선적일)	2022.12.31. (잔금수령일)
기준환율 (₩/$)	1,220	1,250	1,300	1,350	1,360

4. 2022.12.15.에 거래처의 주문을 받아 제품D를 생산하여 인도하기로 하고 계약을 체결하였다. 계약상 대금수령조건은 다음과 같으며, 제품D의 인도일은 잔금 수령약정일과 같다.

구분	대금수령약정일	금액
계약금	2022.12.15.	₩15,000,000
잔금	2023.12.25.	₩15,000,000

5. 2022.12.30.에 거래처에 제품E(판매가액: ₩80,000,000)를 6개월 이내 대금결제조건으로 외상판매하고 동 제품을 인도하였다. 거래처가 2023.1.6.에 약정기일보다 조기에 외상대금을 변제하였으므로 ₩3,000,000을 할인하고 ₩77,000,000을 수령하였다.

6. (주)대한은 2022년 중 생산한 제품F를 수입자 검수조건부로 다음과 같이 직수출하였다. 총공급가액은 $40,000이며, 계약금 $20,000은 계약일에 지급받아 당일 ₩24,000,000으로 환전하였고, 잔금 $20,000은 수입자검수일에 지급받았다. 제품F의 수출선적일은 2022.12.20.이다.

구분	2022.12.1. (계약일)	2022.12.20. (선적일)	2023.1.5. (수입자검수일)
대금수령	$ 20,000	-	$ 20,000
기준환율(₩/ $)	1,210	1,300	1,380

7. 2022.12.1.에 거래처에 제품G를 생산하여 판매하는 계약을 체결하였다. 계약상 대금수령조건은 다음과 같으며, 제품G는 2023.6.20.에 인도하는 것으로 약정되어 있다.

구분	계약일(2022.12.1.)	중도금(2023.3.1.)	잔금(2023.7.1.)
대금수령	₩20,000,000	₩20,000,000	₩20,000,000

8. 2022.6.1.에 (주)대한은 다음과 같이 대금을 수령하는 조건으로 제품H를 생산하여 판매하는 계약을 거래처와 체결한 바 있다. 계약상 제품H는 잔금수령과 동시에 인도하는 조건이며, 대금은 약정일에 모두 수령하였다. 그러나 (주)대한은 2022.12.30.에 매수인인 거래처와 협의하여 당일 제품H를 조기 인도하였다.

구분	계약금(2022.6.1.)	중도금(2022.10.1.)	잔금(2023.1.20.)
대금수령	₩15,000,000	₩15,000,000	₩15,000,000

9. 2022.11.20.에 거래처에 제품I를 판매하는 계약을 체결하고 동 제품을 인도하였다. 대금 ₩36,000,000은 2022.12.1.부터 매달 초일에 ₩3,000,000씩 총 12회에 걸쳐 수령하기로 약정하였다.

물음 1) 〈자료 1〉을 이용하여 (주)대한의 2022년 제2기 부가가치세 과세기간 최종 3개월(2022.10.1.~2022.12.31.)의 부가가치세 과세표준과 매출세액을 다음의 양식에 따라 제시하시오. (단, 해당란의 금액이 없는 경우 '0'으로 표기하시오.) (10점)

〈자료 1〉의 항목번호	과세표준	매출세액
1		
. .		
9		
합계		

〈자료 2〉 다음은 과세사업(과일통조림 제조판매사업)과 면세사업(과일판매사업)을 겸영하는 (주)한국(중소기업)의 2022년 부가가치세 관련 자료이다. (주)한국은 2015.1.1.에 설립되었으며, 설립연도부터 과일통조림 제조업을 영위하고 있다. (단, 세부담 최소화를 가정하고 별도의 언급이 없는 한 세금계산서 및 계산서는 적법하게 발급 및 수취한 것으로 가정한다.)

1. 과세기간별 공급가액

구분	2022년 제1기	2022년 제2기		
		7.1. ~ 9.30.	10.1. ~ 12.31.	계
과세사업	₩187,200,000	₩291,200,000	₩395,200,000	₩686,400,000
면세사업	62,400,000	156,800,000	196,800,000	353,600,000
계	₩249,600,000	₩448,000,000	₩592,000,000	₩1,040,000,000

2. 세금계산서 수취분 매입세액(2022년 제2기)

구분	2022.7.1. ~ 2022.9.30.	2022.10.1. ~ 2022.12.31.	계
과세사업	₩18,000,000[*1)	₩22,000,000	₩40,000,000
면세사업	7,000,000	11,000,000	18,000,000
공통매입세액1[*2)	6,000,000	9,000,000	15,000,000
공통매입세액2[*3)	10,000,000	12,000,000	22,000,000
계	₩41,000,000	₩54,000,000	₩95,000,000

*1) 접대비 관련 매입세액 ₩2,000,000이 포함되어 있음
*2) 공통매입세액1은 과세사업과 면세사업의 공통매입세액으로서 실지귀속을 확인할 수 없음
*3) 공통매입세액2는 면세사업용 과일을 보관하기 위하여 2022.7.10. 착공하여 2022.12.25. 완공한 저온창고 신축관련 매입세액임. (주)한국은 저온창고 시설 중 일부를 타업체에 임대할 예정임. 저온창고 신축관련 매입세액은 제2기 예정신고시에는 예정사용면적(과일판매사업 : 300m², 임대사업 : 200m²)으로 안분 계산하였으나 2022.12.31.에 실제사용면적(과일판매사업 : 350m², 임대사업 : 150m²)이 확정되었음

3. 2022년 중 과세사업(과일통조림 제조판매사업)과 면세사업(과일판매사업)에 사용될 면세농산물인 과일의 매입과 사용내역은 다음과 같으며, 의제매입세액 공제요건을 충족한다. 2021년 제2기 과세기간에서 이월된 과일의 재고는 없으며, 2022년 제1기 과세기간확정신고는 적정하게 이루어졌다. (주)대한은 부가가치세법 시행령 제84조

제3항에 의한 매입시기 집중 제조업 면세농산물등 의제매입세액 공제 대상에 해당한다. (단, 의제매입세액 공제율은 4/104이며, 의제매입세액 공제한도의 기준금액은 과세표준의 100분의 50에 해당하는 금액으로 가정한다.)

구분	매입	사용		기간말일 재고*1)
		과일통조림 원료	과일판매	
2022년 제1기 과세기간 (1.1. ~ 6.30.)	₩140,000,000	₩104,000,000	₩36,000,000	-
2022년 제2기 예정신고기간 (7.1. ~ 9.30.)	230,000,000	118,300,000	61,700,000	₩50,000,000
2022년 제2기 확정신고기간 (10.1. ~ 12.31.)	258,900,000	198,900,000	110,000,000	-
계	₩628,900,000	₩421,200,000	₩207,700,000	

*1) 과세사업과 면세사업에 대한 실지귀속을 확인할 수 없음

4. (주)한국은 과일판매사업에만 사용하던 운반용 트럭을 2022.7.1.부터 과일통조림 제조판매사업에도 함께 사용하기 시작하였다. 동 트럭은 2021.6.1.에 취득하였으며, 취득시 공급가액은 ₩60,000,000(2022.7.1.현재 장부가액 ₩44,000,000)이며 매입세액불공제되었다.

물음 2) 〈자료 2〉를 이용하여 (주)한국의 2022년 제2기 부가가치세 예정신고시와 확정신고시, ① ~ ④의 금액을 다음의 양식에 따라 제시하시오. (8점)

구분	예정신고시	확정신고시
(1) 세금계산서 수취분 매입세액	₩41,000,000	₩54,000,000
(2) 그 밖의 공제매입세액	①	③
(3) 공제받지 못할 매입세액	②	④
(4) 매입세액 공제액 : (1)+(2) - (3)		

〈자료 3〉 개인사업자 甲은 음식점업(부가가치율 15 %)과 숙박업(부가가치율 25 %)을 겸영하는 간이과세자이다. 다음은 간이과세자 甲의 2022년 과세기간(2022.1.1. ~ 2022.12.31.)의 부가가치세 관련 자료이다. (단, 甲은 세금계산서 발급의무자에 해당하지 아니한다.)

1. 과세기간 중 사업별 공급대가

구분	공급대가	공급대가 중 신용카드 매출전표 발행금액
음식점업	₩42,000,000	₩15,000,000
숙박업	28,000,000	10,000,000
계	₩70,000,000	₩25,000,000

2. 음식점업과 숙박업에 공통으로 사용하던 비품을 공급대가 ₩5,000,000에 매각하였다.

3. 과세기간 중 세금계산서 수취분 매입 내역

구분	공급가액	부가가치세액	비고
음식점업	₩15,000,000	₩1,500,000	공급가액 중 ₩1,000,000(부가가치세액 ₩100,000)은 개별소비세 과세대상 5인승 승용자동차의 유지에 관한 지출분임
숙박업	5,000,000	500,000	
계	₩20,000,000	₩2,000,000	

4. 예정부과기간에 대한 고지납부세액은 없다.

5. 개인사업자 甲은 직접 전자신고의 방법으로 신고하기로 한다.

물음 3) 〈자료 3〉을 이용하여 개인사업자 甲의 2022년 부가가치세 차가감납부세액(지방소비세 포함)을 계산하시오. (2점)

세법학1부

제3교시

【문제 1】 다음 사례를 읽고 물음에 답하시오. (20점)

〈사례〉

> 중소규모 납세자인 甲은 2019년 7월에 국내에서 음식점을 개업하였으나 '코로나 바이러스감염증-19'가 발생하여 사업에 심각한 경영난을 겪고 있고, 질병으로 6개월 이상 치료를 요하는 상태이다. 甲은 소득세 신고기한이 임박하였으며, 상속세와 관련하여 관할세무서장으로부터 세무조사 사전통지서를 수령하였다.

(물음 1) 〈사례〉와 관련하여 자문세무사가 甲에게 권유할 수 있는 「국세기본법」상 권리보호제도에는 무엇이 있는지 설명하고, 만일 세무조사의 기간이 연장되는 경우 적용 가능한 「국세기본법」상 권리보호제도에 대하여 설명하시오. (6점)

(물음 2) 〈사례〉와 관련하여 甲이 소득세 신고기한 연장을 원하는 경우 「국세기본법」상 ① 기한연장의 신청기한 ② 과세관청의 승인 기한 및 이의 통지방법 ③ 과세관청의 승인시 기한연장의 기간에 대하여 설명하시오. (8점)

(물음 3) 물음 2)와 관련하여 과세관청이 甲의 정당한 소득세 신고기한 연장신청을 부당하게 거부하는 처분을 할 경우, 甲의 권리 보호를 위해 「국세기본법」에서 규정하고 있는 권리구제 수단의 내용을 쓰시오. (6점)

【문제 2】 소득세와 관련하여 다음 물음에 답하시오. (30점)

(물음 1) 금융소득(이자소득 및 배당소득) 과세와 관련하여 ①, ②, ③에 대하여 답하시오. (17점)

① 「소득세법」상 종합소득과세표준 계산 시 종합과세되는 금융소득의 금액을 계산하는 과정을 설명하시오.

② 거주자의 금융소득이 종합과세기준금액을 초과하는 경우, 「소득세법」상 종합소득산출세액을 계산하고 결정하는 방법에 대하여 설명하시오.

③ 거주자의 배당소득 중 출자공동사업자의 소득분배금이 포함되어 있을 경우, 이에 대한 과세방법과 그 이유를 설명하시오.

(물음 2) 거주자의 배당소득 중 「소득세법」상 배당소득 총수입금액에 가산하는 금액(배당가산액)이 있을 경우, 이와 관련하여 ①, ②에 대하여 답하시오. (13점)

① 「소득세법」상 배당가산액 제도의 입법취지를 설명하고 그에 입각하여 현행 배당가산액 제도의 미비점에 대하여 설명하시오.

② 배당가산액 제도의 적용대상이 되는 배당소득의 요건에 대하여 설명하시오.

【문제 3】 다음 각 사례를 읽고 물음에 답하시오. (30점)

〈사례 1〉

내국법인인 A주식회사는 법인의 결산을 앞두고 대손금의 처리와 관련한 「법인세법」시행령 제19조의2 제3항의 내용을 결산에 어떻게 적용할 것인지를 고민하고 있다. 「법인세법」시행령 제19조의2 제3항에 따르면 대손금을 손금에 산입하는 사업연도가 '해당 사유가 발생한 날'과 '해당 사유가 발생하여 손비로 계상한 날'로 구분하여 규정되어 있기 때문이다.

〈사례 2〉

법인의 세무팀에 근무하고 있는 김과장은 세무업무 지침서에 제시된 다음의 내용을 검토하고 있다.
"법인의 과세소득은 결산서상 당기순이익에 가산조정(익금산입·손금불산입)과 차감조정(손금산입·익금불산입)을 가감하여 구한다. 그리고 이러한 조정사항에 대하여는 그 소득의 귀속을 확인하는 절차인 소득처분 규정을 두고 있다."

물음 1) 〈사례 1〉에서 언급한 ① '해당 사유가 발생한 날'에 손금에 산입하는 경우와 ② '해당 사유가 발생하여 손비로 계상한 날'에 손금에 산입하는 경우를 각각 3가지씩 제시하시오. (6점)

물음 2) 신고조정과 결산조정의 의미를 제시하고 〈사례 1〉에서 대손금의 귀속시기를 달리 규정하고 있는 이유를 신고조정과 결산조정 방식의 입장에서 설명하시오. (5점)

물음 3) 세법상 준비금과 충당금에 대하여는 원칙적으로 결산조정을 통하여 손금에 산입하도록 하고 있다. 그러나 특정한 경우에는 신고조정방식을 허용하는 특례규정을 두고 있는데 이러한 특례규정을 둔 이유를 설명하고 이에 해당되는 경우 중 2가지를 제시하시오. (4점)

물음 4) 〈사례 2〉와 관련하여 소득처분의 유형은 크게 유보와 사외유출로 나뉘는데 그렇게 구분하는 기준은 무엇인지 제시하고, 유보와 사외유출 처분이 법인 또는 소득귀속자의 세금부담에 미치는 영향의 차이를 설명하시오. (5점)

물음 5) 〈사례 2〉와 관련하여 기타사외유출로 소득처분하는 사유와 그 논리적 근거가 무엇인지 설명하시오. (5점)

물음 6) 〈사례 2〉와 관련하여 세무상 소득처분 중 해당 법인의 미래 법인세부담에 영향을 미치는 처분은 어떤 것이 있는지를 제시하고, 해당 처분이 미래 법인세 부담에 미치는 영향의 내용을 설명하시오. (5점)

【문제 4】 다음 각 사례를 읽고 물음에 답하시오. (20점)

〈사례 1〉

2022년 중 거주자 甲이 사망하여 상속이 개시되었다. 甲의 자녀로서 상속인 중 한 사람인 乙은 법정기한 내에 상속포기신고를 하였다. 乙은 상속개시일 4년 전에 甲으로부터 20억 원을 증여받은 바 있다.

물음 1) 상속세를 과세하는 방식으로 유산과세방식과 취득과세방식이 거론된다. 두 방식 각각의 장점과 그 내용을 설명하시오. (8점)

물음 2) 〈사례〉에서 乙에게 적용되는 「상속세 및 증여세법」의 과세규정을 제시하고 그렇게 규정된 취지를 설명하시오. (8점)

물음 3) 〈사례〉에서 사전 증여재산의 취득자가 甲의 상속인이 아니라 영리법인이라면 적용되는 과세 결과가 어떻게 되는지를 제시하고 그렇게 되는 이유를 설명하시오. (4점)

세법학2부

【문제 1】 부가가치세와 관련하여 다음 물음에 답하시오. (35점)

(물음 1) 사업자가 토지와 그 토지에 정착된 건물을 함께 공급하는 경우, 「부가가치세법」상 건물의 공급가액 계산에 대하여 설명하시오. (20점)

물음 2) 다음 사례를 읽고 (1), (2)에 대하여 답하시오. (15점)

〈사례〉

거주자 甲은 주택신축판매업을 운영하는 개인사업자로서, 거주자 乙(업종: 부동산 임대업, 사업자등록일: 2017년 8월 1일) 소유의 건물(용도: 근린생활시설)이 있는 토지를 취득하기 위하여 다음과 같이 부동산 매매계약을 체결하였다.

[다음]
① 계약일: 2022년 8월 20일, 잔금지급일: 2022년 9월 20일
② 매매대금: 7억2천만 원(건물가격 0원, 토지가격 7억2천만 원, 합계 7억2천만 원이며 부가가치세는 별도임)
③ 특약사항: 양도자 乙이 잔금지급일 전에 건물 철거 후 토지만 甲에게 양도하기로 함

한편, 해당 부동산에 대한 감정평가는 받은 바 없으며, 계약일 현재 기준시가는 각각 건물 4천만 원, 토지 2억 원이다.

(1) 위 〈사례〉와 관련하여 양도자 乙은 해당 부동산 매매와 관련한 건물 공급에 대하여 「부가가치세법」상 공급가액을 계약서상 금액인 0원으로 해도 되는지 아니면 일정한 금액으로 신고하여야 하는지 의문이다. 양도자 乙이 「부가가치세법」상 건물 공급에 대하여 부가가치세 공급가액으로 신고하여야 하는 금액과 그 근거를 제시하여 서술하시오.

(2) 양수자 甲과 양도자 乙이 계약내용을 변경하여 건물을 철거하지 않은 채 양도하기로 합의하고 계약서를 다시 작성하였다. 양도자 乙은 건물에 대한 부가가치세 계산이 복잡하므로 '재화의 공급으로 보지 아니하는 사업양도'로 처리가 가능한지 여부를 세무사에게 문의하고 있다.

「부가가치세법」상 '재화의 공급으로 보지 아니하는 사업양도'에 대하여 설명하고, 양도자 乙이 재화의 공급 대상이 아닌 사업의 양도를 적용받을 수 있는지 여부를 근거와 함께 제시하여 서술하시오.

【문제 2】 개별소비세와 관련하여 다음 물음에 답하시오. (20점)

물음 1) 「개별소비세법」상 조건부면세 제도의 의의에 대하여 설명하시오. (5점)

물음 2) 다음 사례를 읽고 (1), (2)에 대하여 답하시오. (15점)

〈사례〉

> 甲은 개별소비세 과세대상인 승용차의 장기대여사업(이하 '렌터카업'이라 한다)을 운영한다. 甲이 렌터카업에 사용하는 승용차를 구입할 때 개별소비세에 대한 조건부면세승인이 적용되었다.

(1) 甲은 렌터카업에 사용할 목적으로 조건부면세 승인을 통하여 2022년 1월 2일에 A승용차를 구입한 후 乙법인에게 대여하였는데, 2022년 8월 15일자로 乙법인에게 A승용차를 대여한 전체 기간의 합계가 6개월을 초과하였다. 이에 대하여 ① 개별소비세 과세여부 및 과세요건과 ② 그에 따른 신고 절차를 설명하시오.

(2) 甲은 2022년 2월 28일에 조건부면세 승인을 받아 취득한 후 렌터카업에 사용한 승용차 20대를 2022년 중에 양도하고자 한다.

조건부면세를 받은 해당 승용차가 반입된 날로부터 5년 이내 양도된 경우에는 조건부면세 사후관리 대상에 해당되어 개별소비세 과세문제가 발생할 것을 우려한 甲은 이러한 개별소비세가 과세되지 않으면서 양도할 수 있는 「개별소비세법」상 규정이 있는지를 세무사에게 묻고 있다.

'조건부 면세승용차의 재반출(양도)시 면세절차'와 관련하여 ① 조건부면세의 요건과 ② 조건부면세를 받기 위한 신고절차를 서술하시오.

【문제 3】「지방세법」상 재산세와 관련하여 다음 물음에 답하시오. (20점)

물음 1) 「지방세법」제106조 '과세대상의 구분 등'에 따라 토지에 대한 재산세 과세대상을 구분하는 경우, 과세기준일 현재 납세의무자가 소유하고 있는 토지 중 국가의 보호·지원이 필요한 토지로서 국가 및 지방자치단체 지원을 위한 특정 목적 사업용 토지에 해당하여 재산세 분리과세대상으로 구분되는 토지가 있다. 이에 해당하는 사례 5개를 「지방세법」시행령 제102조 '분리과세대상 토지의 범위'에 근거하여 제시하시오. (10점)

물음 2) 다음 사례를 읽고 ①, ②에 대하여 답하시오. (10점)

〈사례〉

> 가방제조업을 영위하고 있는 A사가 재산세 과세기준일 현재 공장으로 사용 중인 건축물은 건축물대장에 등재되지 않은 불법건축물로서, 건축법 등 관계 법령에 따라 허가 등을 받아야 하는 건축물임에도 불구하고 건축물로서 허가를 받지 않고 사실상 공장용도로 사용하고 있다. 또한 A사는 동 불법건축물의 부속 토지를 소유하고 있다.

위 〈사례〉에서 A사가 공부상 등재되지 아니한 불법건축물을 사실상 공장용도로 사용하는 경우, 동 불법건축물의 부속 토지에 대하여 ① 재산세를 부과하는 기준과 ② 그러한 기준에 따라 재산세를 부과해야 하는 이유를 「지방세법」 제106조 '과세대상의 구분 등'에 근거하여 서술하시오.

【문제 4】「조세특례제한법」상 최저한세액과 관련하여 다음 물음에 답하시오. (25점)

물음 1) 「조세특례제한법」에 따라 최저한세액에 미달하는 세액에 대하여 감면 등을 배제해야 하는 규정이 필요한 이유를 설명하시오. (10점)

물음 2) 다음 사례를 읽고 ①, ②에 대하여 답하시오. (15점)

〈사례〉

> 내국영리법인(제조업)으로서 중소기업에 해당하는 (주)A의 관할 세무서장은 (주)A가 당
> 초 신고한 법인세 과세표준 및 세액에서 「조세특례제한법」제132조 '최저한세액에 미달
> 하는 세액에 대한 감면 등의 배제'와 관련한 사항의 적용이 누락되었음을 확인하고 경
> 정을 검토하고 있다.

(주)A가 당초 각 사업연도의 소득에 대한 법인세 과세표준 및 세액 신고 시 적용한 조
세감면 등은 다음 〈보기〉와 같다. (단, 최저한세와 관련된 제한 사항을 제외하고 다음
〈보기〉의 조세 감면 등을 받을 수 있는 해당 요건은 모두 충족하였다고 가정함)

―――――――――――――― 〈보기〉 ――――――――――――――

(주)A가 당초 법인세 과세표준 및 세액 신고 시 적용한 조세 감면 등의 내역:

- 「조세특례제한법」 제7조에 따른 중소기업에 대한 특별세액감면
- 「조세특례제한법」 제10조에 따른 연구ㆍ인력개발비에 대한 세액공제
- 「조세특례제한법」 제10조의2에 따른 연구개발 관련 출연금 등의 과세특례 규정에 의
  한 익금불산입
- 「조세특례제한법」 제12조에 따른 기술이전 및 기술취득 등에 대한 과세특례 규정에
  의한 세액감면

관할세무서장의 검토 결과, (주)A의 경우 「조세특례제한법」상 법인세 최저한세액에 미
달하는 세액이 있으며, 그에 상당하는 부분에 대해서 감면 등을 배제해야 하는 것으로
확인되었다. 따라서 (주)A의 관할세무서장이 「조세특례제한법」상 관련 규정에 따라 감
면 등을 배제하여 세액을 계산하고 경정절차를 진행하는 경우, ① 위 〈보기〉 중 그 적
용이 배제되어야 할 조세 감면 등을 올바른 배제 순서에 따라 차례로 기술하고 ② 그렇
게 배제 순서를 기술한 근거를 설명하시오. (단, 위 〈보기〉의 조세 감면 등으로 인해
감소되는 세액의 합계는 「조세특례제한법」에 따른 법인세 최저한세액에 미달하는 세액
에 상당하는 것으로 가정함)

2021년도 제 58 회

기출문제

회계학1부(재무회계 · 원가회계) · 146

회계학2부(세무회계) · 153

세법학1부 · 168

세법학2부 · 173

회계학1부

제1교시

아래 문제들에서 특별한 언급이 없는 한 기업의 보고기간(회계기간)은 1월 1일부터 12월 31일까지이다. 또한 기업은 주권상장법인으로 계속해서 한국채택국제회계기준(K - IFRS)을 적용해오고 있다고 가정한다. 자료에서 제시한 것 이외의 사항은 고려하지 않고 답한다.

예를 들어 법인세에 대한 언급이 없으면 법인세 효과는 고려하지 않는다. 모든 문제에 대하여 계산 근거를 반드시 제시하시오.

【문제 1】 물음 1), 물음 2)는 각각 독립적인 상황이다. 물음에 답하시오. (30점)

(물음 1) (주)세무는 20×1년 1월 1일 자사 소유 건물을 (주)국세의 건물과 교환하였다. 동 교환거래는 상업적 실질이 있고, (주)세무의 건물 공정가치가 (주)국세의 건물 공정가치보다 더 명백하며, (주)세무는 (주)국세로부터 공정가치 차이 ₩400,000을 현금수취하였다. 교환시점에 (주)세무와 (주)국세의 건물에 대한 장부금액과 공정 가치는 다음과 같다. (10점)

	(주)세무	(주)국세
장부금액(순액)	₩1,400,000	₩1,300,000
공정가치	1,600,000	1,200,000

(1) 동 건물의 교환거래에 대하여, ① (주)세무가 인식할 건물 취득원가와 ② (주)국세가 인식할 건물 취득원가를 계산하시오.

(주)세무가 인식할 건물 취득원가	①
(주)국세가 인식할 건물 취득원가	②

(2) 동 건물의 교환거래에 대하여, ① (주)세무가 인식할 처분손익과 ② (주)국세가 인식할 처분손익을 계산하시오. (단, 처분손실이 발생하면 금액 앞에 '(-)'를 표시하시오.)

(주)세무가 인식할 처분손익	①
(주)국세가 인식할 처분손익	②

(물음 2) (주)세무는 20×1년 1월 1일 기계장치를 취득하고(취득원가 ₩1,200,000, 내용연수 5년, 잔존가치 ₩0, 정액법 감가상각), 매년 말 재평가모형을 적용한다. 동 기계장치의 기말 장부금액은 기존의 감가상각누계액을 전액 제거하는 방법으로 조정하며, 재평가잉여금이 발생할 경우 자산을 사용하는 기간 중에 이익잉여금으로 대체하지 않는다. 또한, 동 기계장치에 대하여 손상징후를 검토하고 손상징후가 발견되면 이를 반영하는데, 처분부대원가는 무시할 수 없을 정도로 판단한다. 재평가와 자산손상을 적용하기 위한 연도별 자료는 다음과 같다. (20점)

	20×1년 말	20×2년 말	20×3년 말
공정가치	₩1,050,000	₩730,000	₩490,000
사용가치	1,090,000	680,000	470,000
순공정가치	1,020,000	690,000	480,000

(1) (주)세무가 20×1년 말에 계상할 ① 손상차손과 ② 기타포괄손익을 계산하시오. (단, 손상차손 혹은 기타포괄손익이 없으면 0으로 표시하고, 기타포괄손실이 발생하면 금액 앞에 '(-)'를 표시하시오.)

손상차손	①
기타포괄손익	②

(2) (주)세무가 20×2년 말에 계상할 ① 손상차손을 계산하시오.

손상차손	①

(3) (주)세무가 20×3년 말에 보고할 ① 기타포괄손익을 계산하시오. (단, 기타포괄손실이 발생하면 금액 앞에 '(-)'를 표시하시오.)

기타포괄손익	①

【문제 2】 물음 1), 물음 2)는 각각 독립적인 상황이다. 물음에 답하시오. (30점)

(물음 1) (주)세무의 확정급여제도와 관련된 〈자료〉는 다음과 같다. (단, 20×1년 초 우량 회사채의 시장수익률은 연 10 %이며, 확정급여채무의 할인율로 사용하고 변동은 없다.) (12점)

○ 20×1년 초 확정급여채무의 현재가치는 ₩100,000이다.
○ 20×1년 초 사외적립자산의 공정가치는 ₩80,000이다.
○ 20×1년도 당기 근무원가는 ₩120,000이다.
○ 20×1년 말 퇴직종업원에게 ₩10,000의 현금을 사외적립자산에서 지급하였다.
○ 20×1년 말 사외적립자산에 ₩70,000을 현금으로 출연하였다.

(1)과 (2)는 각각 독립적인 상황이다.

(1) (주)세무의 확정급여제도와 관련하여 20×1년 말 현재 사외적립자산의 공정가치는 ₩150,000이고, 보험수리적 가격의 변동을 반영한 20×1년 말 확정급여채무는 ₩230,000일 때, ① 20×1년도 포괄손익계산서에 표시될 퇴직급여 금액과 ② 20×1년 말 현재 재무상태표에 표시될 재측정요소(기타포괄손익)을 계산하시오. (단, 기타포괄손익에 포함되는 재측정요소의 경우 재무상태표에 통합하여 표시하며, 기타포괄손실인 경우 에는 괄호안에 금액을 표시하시오.)

20×1년도 포괄손익계산서에 표시될 퇴직급여 금액	①
20×1년 말 현재 재무상태표에 표시될 재측정요소(기타포괄손익)	②

(2) (주)세무의 확정급여제도와 관련하여 20×1년 말 현재 사외적립자산의 공정가치는 장부 금액과 동일하고 보험수리적 가정의 변동은 없을 때, ① 20×1년 말 현재 재무상태표에 표시될 순확정급여부채(자산)의 장부금액을 계산하시오. (단, 순확정급여자산인 경우 에는 괄호 안에 금액을 표시하시오.)

20×1년 말 현재 재무상태표에 표시될 순확정급여부채(자산)	①

(물음 2) 다음 물음에 답하시오. (18점)

(주)세무는 20×1년 1월 1일 종업원 100명에게 앞으로 3년간 근무할 것을 조건으로

각각 현금결제형 주가차액보상권을 10개씩 부여하였다. 다음은 각 회계연도의 실제 퇴사 종업원 수와 각 회계연도 말 추정 퇴사 종업원 수에 대한 자료이다.

구 분	실제 퇴사 종업원 수	회계연도 말 추정 퇴사 종업원 수
20×1년	3명	20×2년과 20×3년에 7명이 퇴사할 것으로 추정
20×2년	4명	20×3년에 3명이 퇴사할 것으로 추정
20×3년	3명	-

20×3년 말 계속근무자 90명은 부여받았던 주가차액보상권을 모두 가득하였으며, 각 회계연도 말 주가차액보상권을 행사한 종업원 수에 대한 자료는 다음과 같다.

구 분	주가차액보상권 행사 종업원 수
20×3년	30명
20×4년	30명
20×5년	30명

(주)세무가 매 회계연도 말에 추정한 주가차액보상권의 공정가치와 주가차액 보상권의 내재가치(현금지급액)에 대한 자료는 다음과 같다.

연도	공정가치	내재가치(현금지급액)
20×1년	₩144	
20×2년	155	
20×3년	182	₩150
20×4년	214	200
20×5년	250	250

(1) ① 20×1년도에 인식할 비용과 ② 20×2년 말 부채장부금액을 계산하시오.

20×1년도에 인식할 비용	①
20×2년 말 부채장부금액	②

(2) ① 20×3년도에 인식할 비용과 ② 20×3년 말 부채장부금액을 계산하시오.

20×3년도에 인식할 비용	①
20×3년 말 부채장부금액	②

(3) ① 20×4년도에 인식할 비용과 ② 20×4년 말 부채장부금액을 계산하시오.

20×4년도에 인식할 비용	①
20×4년 말 부채장부금액	②

【문제 3】 다음 물음에 답하시오. (20점)

(주)세무는 결합생산공정을 통해 동일한 원재료 T를 가공처리하여 결합제품 A, B, C를 생산하며, 이 때 폐물 P가 산출된다. 제1공정에서는 반제품이 생산되는데 그 가운데 일부는 제품 A라는 이름만 붙여 외부에 판매되며, 또 일부는 제2공정을 거쳐 제품 B가 생산되고, 나머지는 제3공정을 거쳐 제품 C가 생산된다. (주)세무는 실제원가를 이용하여 선입선출법에 의한 종합원가계산을 사용하고 있다. 결합원가는 순실현가능가치법에 의해 각 결합제품에 배부 되며, 부산물과 폐물에 대한 회계처리는 생산시점에서 순실현가능가치로 평가하여 인식한다. 다음은 20×1년 9월 생산 및 관련 자료이다.

(1) 제1공정에서 직접재료원가와 전환원가는 공정전반에 걸쳐 균등하게 발생한다. 기초재공품 200단위(전환원가 완성도 40%), 당기투입 2,600단위, 당기완성량 2,000단위, 기말재공품 600단위(전환원가 완성도 60%), 1차 공손수량 100단위, 2차 공손수량 100단위이다. 품질검사는 두 차례 실시하는데 공정의 20% 시점에서 1차검사를 하고, 공정의 종료시점에서 2차검사를 한다. (주)세무의 정상공손수량은 1차검사에서는 검사시점을 통과한 합격품의 2%, 2차검사에서는 검사시점을 통과한 합격품의 2.5%이다. 공손품은 발생 즉시 추가비용 없이 폐기된다. 기초재공품 원가는 ₩22,600(직접재료원가 ₩10,000, 전환원가 ₩12,600)이며, 당기투입원가는 ₩2,400,000(직접재료원가 ₩1,440,000, 전환원가 ₩960,000)이다. (주)세무는 정상 공손원가를 당월에 검사시점을 통과한 합격품의 물량단위에 비례하여 배부하며, 공손품의 처분가치는 없다.
(2) 제품 A는 400단위 생산되었으며, 추가가공원가는 발생하지 않는다. 제2공정에서는 제품 B가 600단위 생산되었으며, 추가가공원가는 총 ₩200,000 발생하였다. 제3공정에서는 제품 C가 800단위 생산되었으며, 추가가공원가는 총 ₩300,000 발생하였다. 폐물 P는 200단위 생산되었으며, 정부의 환경관련 법규에 따라 폐기하는데 단위당 ₩500의 비용이 소요된다. 제2공정, 제3공정에서 재료의 투입은 이루어지지 않았으며, 재공품과 공손 및 감손은 없었다.
(3) 제품 A의 단위당 판매가격은 ₩2,000, 제품 B의 단위당 판매가격은 ₩1,500, 제품 C의 단위당 판매가격은 ₩2,000이다. 제품 A의 총 판매비는 ₩200,000, 제품 B의 총 판매비는 ₩200,000, 제품 C의 총 판매비는 ₩400,000이다.

(물음 1) 제1공정의 1차 검사시점과 2차 검사시점의 정상공손수량을 각각 계산하시오. (2점)

(물음 2) 제1공정에서 완성품환산량단위당원가, 결합제품에 배부해야 할 결합원가 총액, 그리고 정상공손원가 배부 후 비정상공손원가를 각각 계산하시오. (7점)

(물음 3) 20×1년 9월에 발생한 결합원가를 배부하여 제품 A, B, C의 제품원가를 각각 계산 하시오. (4점)

(물음 4) (주)한국이 폐물 P를 추가재료로 사용하기 위해 단위당 ₩1,500에 구입하겠다고 (주)세무에게 제안을 하였다. 이 경우 (주)세무는 폐물 P를 생산시점부터 부산물로 처리하려고 하며, (주)세무는 폐물 P를 추가가공해서 판매할 수 있으며, 추가가 공원가는 ₩350,000이다. (주)한국의 제안에 대해 (주)세무의 의사결정에 대한 증분손익을 계산하고 수락 또는 거절의 의사결정을 제시하시오. (3점)

(물음 5) 물음 4)의 의사결정을 수락할 경우, 20×1년 9월에 발생한 결합원가를 배부하여 제품 A, B, C의 제품원가를 각각 계산하시오. (4점)

【문제 4】 다음 물음은 독립적인 상황이다. 각 물음에 답하시오. (20점)

(주)세무는 제품 A와 제품 B를 생산하여 판매한다. (주)세무는 제품의 종류에 관계없이 연간 최대 40,000단위의 제품을 생산할 수 있는 능력을 가지고 있다. 20×1년도 생산량과 판매량은 각각 30,000단위(제품 A: 15,000단위, 제품 B: 15,000단위)이다. (주)세무의 단위당 판매가격은 제품 A ₩1,000, 제품 B ₩1,200이며, 단위당 변동판매비와관리비는 제품 A와 제품 B 각각 ₩100이다. (주)세무의 고정판매비와관리비는 ₩2,000,000이다. 유휴설비의 대체적 용도는 없다.

단위당 제조원가	제품 A	제품 B
직접재료원가	₩400	₩500
직접노무원가	100	100
변동제조간접원가	50	50
고정제조간접원가	40	40
합계	₩590	₩690

(물음 1) (주)국세가 제품 A를 단위당 ₩800에 2,000단위를 특별주문하였다. (주)세무가 이 특별주문을 수락할 경우, 이 특별주문에 대한 단위당 변동판매비와관리비가 50% 절감된다. (주)세무가 특별주문을 수락하였을 경우, 총공헌이익이 얼마나 증가 또는 감소하는지를 계산하시오. (단, 총공헌이익이 증가하는 경우에는 금액 앞에 '(+)'를, 감소하는 경우에는 금액 앞에 '(-)'를 표시하시오.) (3점)

(물음 2) (주)국세는 제품 B 10,000단위를 특별주문 하였다. (주)세무가 이 특별주문을 수락할 경우, (주)국세가 (주)세무의 고정판매비와관리비 ₩1,000,000을 부담하기로 하였다. (주)세무가 특별주문을 수락하여 ₩1,500,000의 이익을 얻기 위한 특별주문에 대한 단위당 판매가격을 계산하시오. (4점)

(물음 3) (주)세무는 (주)국세로부터 제품 B 12,000단위를 단위당 ₩900에 구입하겠다는 특별주문을 받았다. (주)세무가 동 특별주문을 수락하면 이 특별주문에 대한 (주)세무의 단위당 변동판매비와관리비 40%가 절감되며, 기존시장에서의 제품 A 판매량 2,000단위를 포기해야 한다. (주)세무가 특별주문 수량을 모두 수락할 경우, 이익이 얼마나 증가 또는 감소하는지를 계산하시오. (단, 이익이 증가하는 경우에는 금액 앞에 '(+)'를, 감소하는 경우에는 금액 앞에 '(-)'를 표시하시오.) (4점)

(물음 4) (주)세무는 (주)국세로부터 제품 B 15,000단위를 단위당 ₩1,000에 구입하겠다는 특별주문을 받았다. (주)세무는 5,000단위를 추가 생산할 수 있는 기계를 취득원가 ₩1,000,000에 구입하여 사용하고 사용 후 즉시 ₩700,000에 처분할 계획이다. 또한 특별주문 제품 B의 로고 인쇄비용으로 단위당 ₩10의 추가비용이 발생될 것으로 예상된다. (주)세무가 특별주문을 수락할 경우, (주)세무의 이익에 미치는 영향을 계산하시오. (단, 이익이 증가하는 경우에는 금액 앞에 '(+)'를, 감소하는 경우에는 금액 앞에 '(-)'를 표시하시오.) (4점)

(물음 5) (주)세무는 (주)국세로부터 제품 A 1,000단위와 제품 B 2,000단위의 묶음주문을 받았다. (주)국세는 제품 A와 제품 B 모두 단위당 ₩1,000의 가격을 제시하고 있다. (주)국세는 (주)세무에게 묶음주문에 대해서 추가 디자인 작업을 요청하였으며 이를 반영하기 위해서는 제품 A 단위당 ₩50, 제품 B 단위당 ₩25의 추가비용이 발생될 것으로 예상된다. (주)세무의 입장에서, 이 묶음주문의 가중 평균공헌이익률을 계산하시오. (5점)

회계학2부

제2교시

> 〈문제공통적용〉〈자료〉에서 다른 언급이 없는 한 조세 부담 최소화를 가정하며, 금액계산의 경우 원 단위 미만에서 반올림한다. 각 문제의 물음에 대해 계산근거를 표시하여 답하시오..

【문제 1】 다음 자료를 이용하여 각 물음에 답하시오. 답은 주어진 양식에 작성하시오. (30점)

거주자 갑은 (주)산업테크의 인사팀 과장으로 재직 중이다. (주)산업테크는 기본급, 상여금 및 수당 등을 급여지급일인 매월 25일에 지급한다. 거주자 갑은 근로소득만 있으며, 이외의 소득은 없다고 가정한다.

〈자료 1〉 다음은 거주자 갑의 2022. 1. 1.부터 2022. 12. 31. 까지 소득 및 이에 관련된 지출 자료이다.

1. (주)산업테크와 거주자 갑 간의 근로계약에 따르면 기본급은 월 ₩3,500,000이며, 상여금은 연간 월 기본급의 600%이다. 이와는 별도로 과장 직책수당은 월 ₩250,000이다.

2. (주)산업테크는 사내 식당에서 식사를 제공하고 있으며, 이와는 별도 규정에 의해 월 ₩150,000의 식대를 급여일에 지급한다. 거주자 갑은 사내 식당에서 식사를 하였으며, 식대를 급여일에 수령하였다.

3. (주)산업테크는 시내출장에 대해서는 실제 여비를 지급하지 않고 직책에 따라 자가운전 보조금을 차등 지급하는 '자가운전보조금 지급규정'이 있다. 거주자 갑은 시내출장 시 본인의 승용차를 이용하였고, 실제 여비를 받는 대신에 자가운전보조금 ₩300,000을 매 월 급여일에 수령하였다.

4. (주)산업테크는 임직원의 자녀가 대학원 또는 대학에 재학 중인 경우, 실제 등록금을 넘지 않는 범위에서 자녀 1인당 학기별로 ₩4,000,000의 학비보조금을 회사의 복리후생비로 지급하는 '장학금 규정'이 있다. 거주자 갑은 대학원 재학 중인 자녀 A와 대학에 재학 중인 자녀 B의 학비보조금으로 3월과 9월에 각각 ₩8,000,000을 수령하였다.

5. (주)산업테크와 거주자 갑이 2022년 동안 납부한 사회보험료 내역은 아래와 같다.

구 분	총 액	사용자부담금	본인부담분
국민연금보험료	₩6,000,000	₩3,000,000	₩3,000,000
국민건강보험료	2,400,000	1,200,000	1,200,000
노인장기요양보험료	200,000	100,000	100,000
고용보험료	400,000	200,000	200,000

6. (주)산업테크가 거주자 갑의 근로소득에 대해 원천징수한 소득세는 총 ₩4,750,000이다.

〈자료 2〉 다음은 거주자 갑이 2022년 귀속 근로소득 연말정산을 하기 위해 회사에 제출한 자료이다. 각 자료에 대한 증빙은 적법하게 제출되었다.

1. 거주자 갑과 생계를 같이 하는 기본공제대상자는 다음과 같다.

관 계	생년월일	연간소득금액	비 고
본인	1976. 5. 25.	〈자료 1〉	
배우자	1972. 5. 30.	-	전업주부
모친	1953. 4. 15.	₩17,000,000*	
자녀 A	1998. 8. 20.	-	대학원생
자녀 B	2000. 7. 17.	-	대학생, 장애인
자녀 C	2004. 9. 25.	-	고등학생

* 모친은 국내 상장주식에 직접투자를 하고 있으며, 2022년 12월 31일 현재 보유하고 있는 상장주식의 평가액은 ₩150,000,000이다. 위의 연간소득금액은 원천징수를 하기 전의 현금배당금액이다.

2. 거주자 갑은 본인을 피보험자로 하는 자동차 손해보험의 보험료 ₩1,300,000을 지

출하였고, 자녀 B를 피보험자로 하는 장애인전용보험의 보험료 ₩1,200,000을 지출하였다.

3. 거주자 갑과 그 배우자 및 생계를 같이 하는 자녀 등의 소득공제 대상 신용카드 등 사용금액의 연간 합계액은 다음과 같다. 2021년에 신용카드 등으로 사용한 금액은 ₩42,000,000이다.

구 분	신용카드	직불카드	현금영수증	합 계
전통시장	₩3,500,000	₩500,000	₩200,000	₩4,200,000
대중교통	500,000	100,000	-	600,000
위 외의 사용분*	28,300,000	4,900,000	1,000,000	34,200,000
합 계	₩32,300,000	₩5,500,000	₩1,200,000	₩39,000,000

* 위 외의 사용분은 백화점과 대형마트에서 식료품을 구매하기 위하여 지출한 금액이다.

4. 거주자 갑이 기본공제대상자를 위하여 지출한 의료비 내역은 다음과 같다. 거주자 갑과 기본공제대상자는 실손의료보험에 가입하지 않았다.

관 계	지출 내역	금 액
본 인	질병예방비, 치료목적 의약품 구입	₩ 860,000
모 친	입원치료비, 치료목적 의약품 구입	870,000
자녀 A	입원치료비, 치료목적 의약품 구입	750,000
자녀 B	의사처방에 따른 의료기기 구입	1,580,000
자녀 C	입원치료비	350,000
	콘택트 렌즈 구입비	650,000
	치료목적 의약품 구입	50,000

5. 거주자 갑이 기본공제대상자를 위하여 지출한 교육비 내역은 다음과 같다. 교육비와 관련된 학자금 대출을 받지 않았으며, 교육비 지출액 중 소득세나 증여세가 비과세되는 장학금은 없다. 모친은 2022년에 만학도로 4년제 대학에 입학하여 언론에 기사화된 바가 있다.

관 계	교육비 내역	금 액	비 고
모친	입학금과 수업료	₩6,000,000	일반대학 재학
자녀 A	대학원 수업료	14,000,000	
자녀 B	대학 수업료	9,500,000	일반대학 재학
자녀 C	교복구입 비용	700,000	
	학교에서 구입한 교과서 대금	50,000	
	방과후학교 수업료	900,000	
	학교 급식비	550,000	
	사설 입시학원 수강료	4,000,000	

〈자료 3〉 근로소득 공제, 기본세율 및 근로소득 세액공제는 아래 표를 참고하시오.

1. 근로소득공제액

총급여액	근로소득공제액
1,500만원 초과 4,500만원 이하	750만원 + (총급여액 - 1,500만원)×15%
4,500만원 초과 1억원 이하	1,200만원 + (총급여액 - 4,500만원)×5%
1억원 초과	1,475만원 + (총급여액 - 1억원)×2%

2. 소득세 기본세율

과세표준	기본세율
4,600만원 초과 8,800만원 이하	582만원+(과세표준 - 4,600만원)×24%
8,800만원 초과 1억5천만원 이하	1,590만원+(과세표준 - 8,800만원)×35%
1억5천만원 초과 3억원 이하	3,760만원+(과세표준 - 1억5천만원)×38%

3. 근로소득 세액공제

근로소득산출세액	근로소득 세액공제액
130만원 초과	세액공제액=Min ┌ ① 공제세액 : 715,000원+(근로소득산출세액 - 130만원)×30% └ ② 한도액 : 총급여액 구간별 한도액(74만원~50만원)

[총급여액 구간별 한도액]

총급여액	한 도 액
3,300만원 초과 7,000만원 이하	MAX(①, ②) ① 74만원 - (총급여액 - 3,300만원)×0.8% ② 66만원
7,000만원 초과	MAX(①, ②) ① 66만원 - (총급여액 - 7,000만원)×50% ② 50만원

(물음 1) 총급여액과 근로소득금액을 계산하시오. (5점)

⑴ 총급여액	⑵ 근로소득금액

(물음 2) 인적공제를 기본공제액과 추가공제액으로 구분하여 계산하시오. (3점)

⑴ 기본공제액	⑵ 추가공제액	⑶ 인적공제 합(1+2)

(물음 3) 건강보험료 등 소득공제액과 연금보험료 소득공제액을 계산하시오. (2점)

⑴ 건강보험료 등 소득공제액	⑵ 연금보험료 소득공제액

(물음 4) (물음 1)과 관계없이 총급여액을 ₩82,000,000이라고 가정하고, 신용카드 등 사용 금액에 대한 소득공제액을 계산하시오. (4점)

⑴ 기본한도내 공제액	⑵ 추가공제액	⑶ 신용카드 등 소득공제액 합(1+2)

(물음 5) (물음 1)부터 (물음 4)까지의 답을 적용하여 근로소득 과세표준과 산출세액을 계산 하시오. (2점)

(1) 과세표준	(2) 산출세액

(물음 6) (물음 1) 및 (물음 5)와 관계없이 총급여액은 ₩82,000,000, 산출세액이 ₩7,300,000이라고 가정하고, 세액공제를 계산하시오. (단, 해당 세액공제 금액이 없으면 금액란에 '없음'이라고 표시한다.) (12점)

세액공제 항목	금 액
(1) 근로소득 세액공제	
(2) 자녀 세액공제	
(3) 보장성보험료 세액공제	
(4) 의료비 세액공제	
(5) 교육비 세액공제	
합 계	

(물음 7) 산출세액이 ₩7,300,000이라고 가정하고 (물음 6)의 답을 적용하여 거주자 갑의 결정세액을 계산한 후, 연말정산시 추가 납부할 세액 혹은 환급받을 세액을 계산 하시오. (2점)

(1) 결정세액	(2) 원천징수세액(기납부세액)	(3) 추가납부(환급세액)

【문제 2】 다음은 비상장 영리내국법인 (주)A의 제10기(2021.1.1.~2021.12.31.)와 제11기(2022.1.1.~2022.12.31.)의 자산 고가양수와 감자에 관한 자료이다. 각 (물음에 답하시오. (20점)

〈자료 1〉

1. 제10기 2021년 1월 2일에 출자임원으로부터 기계장치를 ₩100,000,000(시가: ₩80,000,000)에 매입하고, 매입대금을 전액 현금 지급하였다. (주)A는 기계장치의 취득가액으로 ₩100,000,000을 계상하였다.

2. 기계장치의 내용연수는 5년, 감가상각방법은 정률법(상각률은 40 %로 가정함)으로 하여 납세지 관할세무서장에게 신고하고, 이를 기준으로 계산한 감가상각비를 손익계산서에 반영하였다.

3. 제11기 2022년 12월 31일에 기계장치를 현금 ₩20,000,000에 양도하였다.

(물음 1) 〈자료 1〉에서 기계장치와 관련된 제10기 및 제11기의 회계처리와 세무조정을 행하시오. (세무조정이 없는 경우 "세무조정 없음"으로 표시한다.) (5점)

〈자료 2〉 제11기에 (주)A는 주주 甲, 乙, 丁의 보유주식을 감자 목적으로 다음과 같이 일부 소각하였다. 주주 甲, 乙, 丙, 丁 모두 영리내국법인이며, 주주 甲과 丙은 법인세법상 특수관계에 있다. (그 외 특수관계는 없음) (주)A의 1주당 액면가액은 ₩5,000이며, 감자 전 1주당 평가액은 ₩10,000이다.

주주	소각 전 주식수	주식소각	소각 후 주식수
甲	10,000주	4,000주	6,000주
乙	6,000주	2,000주	4,000주
丙	8,000주	-	8,000주
丁	6,000주	4,000주	2,000주
합계	30,000주	10,000주	20,000주

〈답안양식〉

구분	세무상 처리에 대한 설명
주주 甲	
주주 乙	
주주 丙	
주주 丁	

구분	익금산입 및 손금불산입			손금산입 및 익금불산입		
	과목	금액(단위: 원)	소득처분	과목	금액(단위: 원)	소득처분
주주 甲						
주주 乙						
주주 丙						
주주 丁						

(물음 2) 〈자료 2〉에서 (주)A가 감자대가로 1주당 ₩4,000을 지급한 경우, 계산과정을 제시하고 〈답안양식〉을 이용하여 각 주주의 세무상 처리에 대한 설명과 세무조정 및 소득처분을 행하시오. (세무조정이 없는 경우 "세무조정 없음"으로 표시한다.) (5점)

(물음 3) 〈자료 2〉에서 (주)A가 감자대가로 1주당 ₩8,000을 지급한 경우, 계산과정을 제시하고 〈답안양식〉을 이용하여 각 주주의 세무상 처리에 대한 설명과 세무조정 및 소득처분을 행하시오. (세무조정이 없는 경우 "세무조정 없음"으로 표시한다.) (5점)

(물음 4) 〈자료 2〉에서 (주)A가 감자대가로 1주당 ₩13,000을 지급한 경우, 계산과정을 제시하고 〈답안양식〉을 이용하여 각 주주의 세무상 처리에 대한 설명과 세무조정 및 소득처분을 행하시오. (세무조정이 없는 경우 "세무조정 없음"으로 표시한다.) (5점)

【문제 3】 다음은 제조업을 영위하는 (주)국세(중소기업에 해당함)의 제13기(2021.1.1.~ 2021. 12.31.)와 제14기(2022.1.1.~2022.12.31.)에 관한 자료이다. 각 물음에 답하시오. (30점)

〈자료〉

1. (주)국세는 제13기 법인세 신고기한 내에 다음과 같이 법인세를 신고·납부하였다.

구 분	금 액
과세표준	₩500,000,000
산출세액	80,000,000
공제감면세액	(38,000,000)
가산세액	3,000,000
총부담세액	45,000,000
기납부세액	(20,000,000)
차감납부세액	25,000,000

2. 제14기에 경기상황의 악화로 인해 (주)국세는 불가피하게 사업부를 축소함에 따라 일부 임직원을 2022년 7월 1일에 명예퇴직 시키면서 다음과 같이 퇴직금을 지급하였다. (단, (주)국세는 모든 임직원에게 확정급여형 퇴직연금제도를 적용하고 있으며, 퇴직금에 대한 중간정산은 실시하지 않았다.)

퇴직자성명 (직책) 근속연월	2021.7.1.~ 2021.12.31. 비용 계상한 일반급여	2021.7.1.~ 2021.12.31. 비용 계상한 상여금	2022.1.1.~ 2022.6.30. 비용 계상한 일반급여	2022.1.1.~ 2022.6.30. 비용 계상한 상여금	2022.7.1. 지급한 퇴직금
김세무 (전무이사) 5년 8개월	₩60,000,000	₩15,000,000	₩75,000,000	₩0	₩105,000,000
이국민 (부장) 8년 6개월	55,000,000	12,000,000	47,000,000	6,000,000	112,000,000
최미래 (과장) 6년 9개월	37,000,000	8,000,000	33,000,000	2,000,000	64,000,000

⑴ 제13기에 비용 계상한 임직원의 일반급여와 상여금은 세법의 규정에 의해 지급한 것으로 전액 손금에 산입되었다.

⑵ (주)국세는 임직원에 대한 퇴직급여지급규정을 별도로 두고 있지 않으며, 퇴직급여 충당금을 설정하지 않는다.

3. (주)국세는 경기상황의 악화에 따른 재무구조 개선과 퇴직금 재원을 마련하기 위해 제14기에 보유하고 있던 비사업용 토지를 다음과 같이 양도하였다. (단, 비사업용 토지의 양도와 취득은 특수관계인이 아닌 제3자와 정상적인 금액으로 이루어진 것이다.)

⑴ 양도와 관련된 자료는 다음과 같다.
① 양도 시점 : 2022.4.15.(잔금청산일)
② 양도 당시 실지거래가액 : ₩600,000,000
③ 양도에 따른 양도비용(중개수수료 등) : ₩10,000,000

⑵ 양도 당시의 장부가액과 관련된 자료는 다음과 같다.
① 취득 시점 : 2017.5.10.(소유권이전등기일)
② 취득 당시 실지거래가액 : ₩245,000,000
③ 취득에 따른 부대비용(취득세 등) : ₩5,000,000
④ 2018.1.15. 발생한 자본적 지출액 : ₩10,000,000

4. 2022년 7월 1일에 임직원에게 현금으로 지급한 퇴직금을 전액 손금산입하여 계산된 (주)국세의 제14기 세법상 결손금은 ₩220,000,000이다. 제14기 세법상 결손금은 퇴직금 지급에 대한 세무조정을 제외한 금액이고, 익금항목·손금항목 및 비사업용 토지의 양도 등에 관한 세무조정은 법인세법에 따라 처리되었다.

5. 제13기와 제14기에 적용되는 법인세율은 다음과 같다.

과세표준	세　율
2억원 이하	과세표준×10%
2억원 초과 200억원 이하	2천만원+(과세표준－2억원)×20%

(물음 1) 임직원의 퇴직금 지급에 대한 세무조정을 하고, 퇴직금 지급에 대한 세무조정을 반영한 (주)국세의 제14기 세법상 결손금을 계산하시오. (8점)

(물음 2) 결손금 소급공제를 신청할 경우 최대한 소급공제 받을 수 있는 결손금과 (주)국세가 제13기 납부한 법인세액 중 최대로 환급받고자 할 경우 제14기 소급공제 받을 수 있는 결손금을 각각 계산하시오. (8점)

(물음 3) (주)국세는 결손금에 대한 소급공제를 최대한 받기 위해 제14기 법인세 신고기한 내에 소급공제법인세액환급신청서를 제출하였다면, 제14기 환급받을(납부할) 세액을 계산하시오. (단, 제14기 기중에 납부한 세액(원천납부, 수시납부, 중간예납 등)은 없었으며, 제13기에 납부한 세액은 금전으로 일시납입 하였다고 가정한다.) (14점)

【문제 4】 다음 자료를 바탕으로 물음에 답하시오. 각 자료는 상호 독립적이다. (20점)

〈자료 1〉 다음은 제조업과 부동산임대업을 겸영하는 일반과세자인 (주)대한의 2022년 제2기 부가가치세 과세기간 최종 3개월(2022.10.1.~2022.12.31.)의 거래 자료이다. (단, 별도의 언급이 없는 한 자료에 제시된 금액은 부가가치세가 포함되지 아니한 금액이며 세금계산서는 공급시기에 적법하게 발급되었다.)

1. 2022.10.2. 본사 건물 일부에 대한 전세임대계약(임대기간 2022.10. 3.~2023.10. 2.)을 체결하고, 2022년 10월 5일에 임대보증금 ₩730,000,000을 수령하였다. 2022년

12월 31일 기준 국세청장이 고시하는 이자율은 1.2%로 가정한다.

2. 2022.10.4. 제품 A를 운송비 ₩50,000과 하자보증금 ₩150,000을 포함하여 ₩2,000,000에 판매하고, 판매장려금 ₩100,000을 차감한 ₩1,900,000을 수령하였다.

3. 2022.10.11. 제품 B를 거래처 (주)ABC에게 시가인 ₩1,000,000에 판매하였다. 판매대금은 (주)ABC에게 제품 인도시 ₩500,000을 현금으로 수령하였고 ₩400,000은 (주)대한이 (주)ABC에게 적립해 준 자기적립마일리지로 결제받았으며, 나머지 ₩100,000은 (주)S카드가 (주)ABC에게 제공한 마일리지로 결제받았다. (단, (주)대한과 (주)S카드는 세법상 특수 관계인이 아니며, (주)대한은 마일리지 결제액에 대하여 거래일이 속한 월의 말일에 (주)S카드로부터 전액 현금으로 보전받았다.)

4. 2022.11.1. 판매가액 ₩6,000,000인 제품 C를 잔금회수일에 인도하기로 하는 판매계약을 체결하였으며 판매대금의 회수약정일은 다음과 같다.

구분	금액	회수약정일
계약금	₩1,000,000	2022. 11. 5.
중도금	3,000,000	2023. 3. 5.
잔금	2,000,000	2023. 7. 5.

5. 2022.11.10. 거래처로부터 원재료(시가 ₩1,000,000)를 차용하여 사용한 후 2022.12. 10.에 다른 종류의 원재료(취득원가 ₩1,000,000, 시가 ₩1,200,000)를 구입하여 반환하였다.

6. 2022.11.11. 제품 E에 대해 해외 K사와 $10,000 수출계약을 체결하고 2022년 11월 15일에 제품을 선적하였다. 수출대금 중 $3,000는 2022년 11월 12일에 수령하여 원화 ₩3,150,000으로 환가하였으며, 나머지 $7,000는 2022년 11월 20일에 수령하여 2022년 11월 30일에 원화로 환가하였다.

구분	2022.11.11.	2022.11.12.	2022.11.15.	2022.11.20.	2022.11.30.
기준환율/$	₩1,000	₩1,050	₩1,100	₩1,150	₩1,200

7. 2022.12.1. 제조업에 사용하던 토지, 건물 및 기계장치를 일괄하여 매각하면서 현금 ₩400,000,000을 수령하였다. 양도자산의 장부가액과 기준시가는 매각일 현재

가액이며, 감정가액은 2022년 6월 30일 평가가액이다.

구분	취득가액	장부가액	기준시가	감정가액
토지	₩100,000,000	₩100,000,000	₩300,000,000	₩500,000,000
건물	160,000,000	50,000,000	100,000,000	200,000,000
기계장치	100,000,000	50,000,000	-	-

(물음 1) 〈자료 1〉을 이용하여 (주)대한의 2022년 제2기 과세기간 최종 3개월 (2022.10.1.~ 2022.12.31.)의 부가가치세 과세표준을 다음의 〈답안양식〉에 따라 작성하시오. (10점)

〈답안양식〉

번호	과세표준
1	
· ·	
7	

〈자료 2〉 다음은 제조업을 영위하며 과세사업과 면세사업을 겸영하는 (주)한국의 2022년 제2기 과세기간 최종 3개월(2022.10.1.~2022.12.31.)의 부가가치세 확정신고 관련 자료이다. (단, 별도의 언급이 없는 한 자료에 제시된 금액은 부가가치세가 포함되지 아니한 금액이며 세금계산서는 적법하게 발급하고 수취한 것으로 가정한다.)

1. 2022년 제2기 과세기간 최종 3개월 동안 세금계산서를 수취한 매입내역은 다음과 같다.

월 일	내역	공급가액	세액
10. 2.	과세원재료 구입	₩ 50,000,000	₩ 5,000,000
10. 10.	과세사업용 비품 구입	10,000,000	1,000,000
10. 20.	수리비	1,000,000	100,000
11. 1.	거래처 접대용 선물 구입	3,000,000	300,000
11. 5.	운송비	2,000,000	200,000
12. 11.	공장부지 조성비	20,000,000	2,000,000
계		86,000,000	8,600,000

⑴ 2022년 10월 20일에 지출한 수리비 ₩1,000,000은 영업부 사원이 업무용으로 사용하기 위한 10인승 승용자동차의 수리비용이다.

⑵ 2022년 11월 5일에 지출한 운송비 ₩2,000,000은 면세농산물의 구입 시에 운송업자에게 지급한 운송비용이다.

⑶ 2022년 12월 11일에 지출한 공장부지 조성비 ₩20,000,000은 새로운 공장을 건설하기 위하여 신규 취득한 토지에 있는 기존 건물의 철거비용이다.

2. 2022년 제2기 과세기간 공급가액

구분	2022.7.1.~2022.9.30.	2022.10.1.~2022.12.31.	합계
과세	₩ 600,000,000	₩ 800,000,000	₩ 1,400,000,000
면세	400,000,000	200,000,000	600,000,000
계	1,000,000,000	1,000,000,000	2,000,000,000

3. 2021년 7월 10일 취득 후 면세사업에서 사용하던 업무용트럭(취득시 매입세액 ₩3,000,000)을 2022년 10월 15일부터 과세사업에 공통으로 사용하는 것으로 전환하였다.

4. ⑴ 2022년 제2기 7월 1일 현재 2022년 제1기 과세기간으로부터 이월된 면세농산물은 없다.

⑵ 2022년 제2기 예정신고기간에 구입한 면세농산물은 모두 과세제품 제조에 사용하였으며, 2022년 제2기 예정신고기간에 공제받은 의제매입세액은 ₩1,000,000이다.

⑶ 2022년 10월 1일부터 2022년 12월 31일까지 면세농산물을 ₩80,000,000 매입하였고 그 사용내역은 다음과 같다.

구분		매입가액
사용	과세사업	₩ 38,000,000
	면세사업	22,000,000
미사용		20,000,000

⑷ 의제매입세액 공제율은 4/104로 하고 의제매입세액 공제한도는 고려하지 않는다.

(물음 2) 〈자료 2〉를 이용하여 (주)한국의 2022년 제2기 부가가치세 과세기간 최종 3개월 (2022.10.1.~2022.12.31.) 확정신고 시 매입세액공제액을 계산하기 위한 세액 중 다음 세액을 〈답안양식〉에 따라 작성하시오. (5점)

〈답안양식〉

구분	세액
(1) 의제매입세액	
(2) 과세사업전환 매입세액	
(3) 공제받지 못할 매입세액	

〈자료 3〉 개인사업자 甲씨는 제조업(최종소비자에게 직접 재화를 공급하는 사업)을 영위 하는 일반과세자였다가 2022년 7월 1일부터 간이과세자로 전환되었다. 다음은 간이과세자 甲씨의 2022년 과세기간(2022.7.1.~2022.12.31.)의 부가가치세 신고 관련 자료이다.

1. 재화의 공급 시에 공급가액과 세액을 구분 기재하여 발급한 영수증이다.

구분	공급가액	세액
영수증	₩60,000,000	₩6,000,000

2. 사업 관련 매입내역은 다음과 같으며, 세금계산서는 모두 일반과세자로부터 발급받았다.

구분	공급대가
세금계산서	₩44,000,000
영수증	4,000,000

3. 2022년 7월 1일 현재 사업 관련 보유자산의 현황은 다음과 같다. 해당가액은 부가가치세가 포함되지 않은 금액이며, 보유자산 매입 시 부가가치세는 적법하게 처리되었다.

구분	취득일	취득가액	장부가액	시가
제품	2021.6.10.	-	₩2,000,000	₩1,500,000
기계장치	2022.3.20.	₩ 10,000,000	8,000,000	9,000,000

4. 제조업의 부가가치율은 다음과 같다고 가정한다.

구분	2021.1.1.~2021.12.31.	2022.1.1.~2022.12.31.
부가가치율	10%	20%

(물음 3) 〈자료 3〉를 이용하여 개인사업자 甲씨의 2022년 과세기간(2022.7.1.~2022.12.31.)의 부가가치세 신고시 다음 세액을 〈답안양식〉에 따라 작성하시오. (5점)

〈답안양식〉

구분	세액
(1) 납부세액	
(2) 재고납부세액	
(3) 세금계산서등 수취세액공제	

세법학1부

제3교시

【문제 1】 다음 사례를 읽고 물음에 답하시오. (20점)

〈사례〉

내국법인인 A주식회사(이하 'A회사'라 함)는 국방부의 군사정보보안시스템 구축사업 중 관련 하드웨어 및 소프트웨어 장비(이하 '쟁점장비'라 함)의 공급을 도급받은 후 2017년 7월 1일 B주식회사(이하 'B회사'라 함)와 쟁점장비를 2017년 7월 31일까지 공급받기로 하는 물품공급계약을 체결하였다. A회사는 2017년 8월 10일 B회사로부터 쟁점장비를 공급받았다는 내용의 세금계산서(이하 '이 사건 세금계산서'라 함)를 교부받아 기한 내에 부가가치세를 신고하였다.

과세관청은 2020년 2월경 A회사에 대한 2016년 및 2017년 법인제세 통합 세무조사를 실시하여 쟁점장비의 공급에 관하여 별다른 세금 탈루의 혐의가 없다고 보아 종결하였다. 그 이후 2021년 7월경 과세관청의 B회사에 대한 세무조사 과정에서 B회사의 대표이사는 구체적인 증빙자료를 제시하면서 '이 사건 세금계산서에 따른 쟁점장비의 공급은 B회사의 복수의 협력사들에서 직접 수행하였으며 A회사와 B회사 사이에 실제 거래는 없었다'는 취지의 진술을 하였다. 나아가 B회사는 쟁점장비의 공급이 가공거래 임을 인정하는 취지의 수정신고까지 하였다. 이에 과세관청은 2022년 5월경 A회사에 대하여 다시 2017년 제2기 부가가치세를 대상으로 세무조사(이하 '이 사건 재조사'라 함)를 실시하였다. 한편 과세관청은 이 사건 재조사 과정에서 A회사와 B회사 사이에 2018년 4월경에도 쟁점장비의 공급과 유사한 방식의 거래가 있었음을 확인하고 이 사건 재조사의 범위에 2018년 제1기 부가가치세를 포함하기로 결정하였다(이하 '이 사건 범위 확대'라 함).

(물음 1) 국세기본법령상 중복세무조사 금지 원칙과 중복세무조사가 허용되는 경우를 설명하시오. (8점)

(물음 2) 〈사례〉에서 이 사건 재조사가 적법한지를 논하시오. (4점)

(물음 3) 국세기본법령상 세무조사 범위를 확대할 수 있는 사유를 설명하시오. (4점)

(물음 4) 〈사례〉에서 과세관청의 이 사건 범위 확대에 대하여 「국세기본법」상 A회사가 과세관청을 상대로 취할 수 있는 조치가 무엇인지 설명하시오(단, 〈사례〉에서 A회사는 「국세기본법」 제81조의18 제2항 제1호에 정한 '중소규모납세자'에 해당 함). (4점)

【문제 2】 다음 사례를 읽고 물음에 답하시오. (30점)

〈사례〉

거주자인 甲은 2011년에 서울시 종로구에서 'A가든'이라는 상호로 고급음식점을 개업하여 경영하고 있다. 甲은 2022년 5월 31일에 2021년 귀속 종합소득세를 신고·납부하였으나 甲이 제출한 서류에는 월별 수입금액만 기록되어 있을 뿐 이를 뒷받침할 만한 일일 수입금액에 관한 장부나 증빙이 없다. 또한 2021년 5월 1일부터 같은 해 8월 31일까지의 수입금액에 관한 원시기록 장부상의 실제 수입금액은 15억 원인데 반해 甲이 제출한 서류상의 수입금액은 6억 원에 불과하였고 그 이외의 기간에 대한 실제 수입금액을 확인할 증빙이 없다. 한편 甲이 신고한 장부상의 원·부재료비 지 출액은 원시기록 장부상의 실제 지출액의 50%에 불과하였다. 이에 과세관청은 2021년 5월 1일부터 같은 해 8월 31일까지의 甲의 원시기록 장부상의 실제 수입금액 (15억 원)과 해당 기간 동안의 실제 원·부재료비 지출액(6억 원)을 기초로 비용관계 비율(2.5)을 적용하여 해당 사업연도의 수입금액을 추계하여 산출하는 한편, 원시장 부상의 실제 원·부재료 지출액 및 기타 증빙서류에 의하여 인정되는 실제 금액을 필요경비로 보아 2021년 귀속 종합소득세를 경정하는 처분을 하였다.

(물음 1) 「국세기본법」상 근거과세 원칙과 「소득세법」상 추계과세와의 관계를 설명하시오. (4점)

(물음 2) 소득세법령상 추계 결정·경정할 수 있는 사유를 설명하고, 〈사례〉가 적법한 추계 사유에 해당하는지를 논하시오. (8점)

(물음 3) 소득세법령상 추계 결정·경정 방법 중 하나인 기준경비율에 대하여 설명하시오. (8점)

(물음 4) 「소득세법 시행령」 상 추계 결정·경정시 수입금액의 계산방법을 설명하고, 〈사례〉에서 과세관청이 수입금액을 추계로 경정하였음을 이유로 필요경비도 추계 방법으로 경정하여야 한다고 甲이 주장하는 경우 이 주장이 적법한지를 논하시오. (10점)

【문제 3】 다음 각 사례를 읽고 물음에 답하시오. (30점)

〈사례 1〉

> A주식회사(이하 'A회사'라 함)는 부동산매매업을 영위하는 내국법인이다. A회사는 분양사업을 위하여 X건물의 건설자금을 조달하는 과정에서 발생한 대출실행수수료, 청약금 관리 대리사무 보수 및 금융자문·주선업무수수료 등(이하 "쟁점수수료"라 함)을 손금산입하였다. 그러나 과세관청은 쟁점수수료를 X건물의 취득가액에 포함 되는 것으로 보아 익금산입하여 A회사에게 법인세를 부과·고지하였다.

〈사례 2〉

> 2020년 10월 1일 내국상장법인 B주식회사(이하 'B회사'라 함, 사업연도는 1월 1일부터 12월 31일까지임)와 내국법인 C주식회사(이하 'C회사'라 함)간에 C회사가 보유한 Y상표권을 B회사가 국내에 한정하여 영구무상 사용할 수 있는 상표권 사용계약(이하 '쟁점상표사용권'이라 함)을 체결하였다. B회사의 쟁점상표사용권과 관련한 한국회계기준원의 회신내용에 따르면, '쟁점상표사용권은 라이선스 계약으로서 한국채택국제회계기준 제1038호 무형자산 기준서 문단 10의 식별가능성, 자원에 대한 통제, 미래 경제적 효익의 존재를 모두 충족하는 무형자산에 해당된다'고 회신 받았으나, B회사는 쟁점상표사용권을 취득하면서 장부상 아무런 회계처리를 하지 않았다.
> 과세관청은 2021년 10월 중 B회사에 대한 세무조사 결과, B회사가 상표사용계약을 통해 C회사로부터 무형자산(쟁점상표사용권)을 무상으로 취득한 것으로 보아 쟁점상표사용권을 「상속세 및 증여세법」에 따라 평가하고, 자산수증이익으로 익금산입하여 2021년 12월 5일에 B회사에게 2020사업연도 법인세를 부과·고지하였다.

〈사례 3〉

> 내국법인 D주식회사(이하 'D회사'라 함)는 체육시설업, 스포츠용품 대여 및 판매업을

주업으로 영위하다 2012년 1월 15일 부동산매매업을 법인등기부에 사업목적으로 추가등록하였다. 이후 2016년 6월 22일 Z토지(이하 '쟁점토지'라 함)를 취득[쟁점토지 취득시 재무상태표에 유형자산(토지계정)으로 계상]하여 2018년 8월 15일에 양도하고 손익계산서상 유형자산처분이익으로 계상하였다. D회사는 쟁점토지를 보유당시 업무용부동산으로 보아 관련 이자비용, 재산세 등을 손금산입하여 법인세 과세표준을 신고하였다. 그러나 과세관청은 2020년 12월 중 D회사에 대한 세무조사 결과, 쟁점 토지를 업무와 관련 없는 자산으로 보아 관련비용을 손금불산입하고, 2021년 2월 15일 D회사에게 법인세를 부과·고지하였다. (단, 쟁점토지 양도일이 속하는 사업연도 이전에는 부동산매매업의 매출액이 없으며, 쟁점토지의 양도금액은 해당 사업연도 매출액의 5% 미만임)

(물음 1) 〈사례 1〉에서 과세관청의 법인세 부과처분이 적법한지에 대해 논하시오. (5점)

(물음 2) 〈사례 2〉에서 과세관청의 부과처분이 적법하다고 볼 경우 「법인세법」상 쟁점 상표사용권에 대한 2020사업연도 감가상각비를 손금산입할 수 있는지에 대해 논하시오. (10점)

(물음 3) 〈사례 3〉에서 과세관청의 법인세 부과처분이 적법한지에 대해 논하시오. (5점)

(물음 4) 〈사례 3〉에서 법인세법령상 부동산매매업의 정의와 부동산매매업과 다른 사업 을 겸영하는 경우에 주업을 판단하는 기준에 대해 설명하시오. (10점)

【문제 4】 다음 사례를 읽고 물음에 답하시오. (20점)

〈사례〉

2021년 10월 1일에 거주자 甲(57세)은 별도로 세대를 구성하는 직계비속인 자녀 乙(27세, 회사원)에게 시가가 불분명한 X단독주택(이하 '쟁점주택'라 함)을 금융채무와 임대보증금을 모두 부담하는 조건(모든 채무의 인수사실이 입증됨)으로 부담부증여를 하였다. 乙은 증여일 이전 10년 동안 그 누구에게서도 증여받은 적이 없다. 또한 거주자 甲은 쟁점주택 증여일 현재 쟁점주택 외에는 보유한 주택이 없으며 쟁점주택과 관련된 사항은 아래와 같다. (단, 쟁점주택은 조정대상지역 외의 지역에 소재하고, 주어진 자료 이외에는 고려하지 않음)

- 증여일 현재 쟁점주택 관련 사항 -
○ 증여당시 「부동산 가격공시에 관한 법률」에 따른 개별주택가격 : 4억 원
○ 임대계약 현황 : 임대보증금 3억 원, 임대료 월 150만 원(부가가치세 별도)
○ 근저당권이 설정된 금융채무 : 2억 원(평가기준일 현재 채무액을 말함)

물음 1) 상속세 및 증여세법령상 저당권 등이 설정된 재산 평가의 특례에 대해 설명하시오. (6점)

(물음 2) 〈사례〉에 대하여 증여재산가액 및 증여세 과세가액의 계산과정을 각각 설명하시오. (10점)

(물음 3) 상속세 및 증여세법령상 상속세 및 증여세의 법정결정기한을 설명하시오. (4점)

세법학2부

【문제 1】 부가가치세법 상 세금계산서 제도와 관련하여 다음 물음에 답하시오. (35점)

(물음 1) 「부가가치세법」상 과세사업과 면세사업을 겸영하는 일반과세자인 甲이 계약 상 또는 법률상의 원인에 의하여 재화를 인도하거나 양도하는 경우, 「부가가치세법」상 세금계산서 발급대상인 경우와 발급대상이 아닌 경우를 구분하여 설명하시오. (10점)

(물음 2) 사업자가 부가가치세 과세대상 재화 또는 용역을 공급하는 경우와 재화를 수 입 하는 경우, 「부가가치세법」상 세금계산서를 발급하여야 하는 자에 대하여 원칙과 예외로 구분하여 설명하시오. (5점)

(물음 3) 일반과세자인 乙이 부가가치세 과세대상 재화를 공급하는 경우, 「부가가치세 법」상 세금계산서 발급시기에 대하여 대가의 전부를 해당 재화의 공급시기 이전에 수 령한 경우와 공급시기 이후에 수령한 경우로 구분하여 설명하시오. (10점) (2022 수정)

(물음 4) 丙은 관할 세무서장으로부터 사업자등록증(일반과세자)을 발급받고, 세금계산 서 (공급가액 1억 원, 세액 1천만 원)를 사업자인 丁에게 발급한 후, 부가가치세를 신 고·납부하였다. 그러나 관할 세무서장은 丙이 실제로는 사업상 독립적으로 재화 또는 용역을 공급하는 자에 해당하지 않기 때문에 「부가가치세법」상 사업자가 아닌 것으로 판단하였고, 세금계산서(공급가액 1억 원, 세액 1천만 원)는 재화 또는 용역을 공급하 지 아니하고 발행한 사실을 확인하였다. 이에 대하여 관할 세무서장이 丙에 대한 부가 가치세 부과처분시 그 근거로 적용할 「부가가치세법」상의 규정을 그 취지와 내용으로 구분하여 설명하시오. (10점)

【문제 2】 세무사업을 영위중인 甲은 골프장업을 영위하려고 하는 乙과 유흥주점업을 영위 하려고 하는 丙의 요청으로 개별소비세와 관련한 세무상담을 준비하고 있다. 다음 물음에 답하시오. (20점)

(물음 1) 乙이 영위하려고 하는 골프장업과 관련한 「개별소비세법」상 과세장소의 과세요건ㆍ과세표준ㆍ세율에 대하여 설명하시오. (7점)

(물음 2) 乙이 영위하려고 하는 골프장이 「개별소비세법」상 과세장소인 골프장에 해당하는 경우, 해당 골프장에서 열리는 골프대회(대한체육회의 회원단체인 대한골프협회가 개최하는 대회임)에 참가하는 선수가 대회기간 중 입장행위에 대해 개별소비세의 과세여부를 설명하시오. (3점)

(물음 3) 丙이 영위하려고 하는 유흥주점업과 관련한 「개별소비세법」상 과세유흥장소의 과세요건에 대하여 설명하시오. (5점)

(물음 4) 丙이 영위하려고 하는 「개별소비세법」상 과세유흥장소의 과세표준과 세율에 대하여 설명하시오. (5점)

【문제 3】 다음 사례를 읽고 물음에 답하시오. (20점)

〈사례〉

⑴ 「주택법」제11조에 따른 주택조합 甲(이하 '甲조합'이라 함)은 재건축한 공동주택(이하 '이 사건 공동주택'이라 함)을 2016년 3월경 조합원용과 비조합원용(일반분양분)으로 구분하여 분양하였다. 2018년 3월 8일 甲조합은 이 사건 공동주택에 관하여 乙구청장으로부터 준공인가 전 사용허가를 받았다. 2018년 4월 2일 甲조합은 동ㆍ호수 추첨에 따른 집합건축물대장 작성절차를 경료하였다. 그 후 조합원들은 2018년 4월 22일부터 2019년 3월 13일까지 그 분양대금을 납부하면서 입주하였고, 2021년 12월 14일까지 소유권보존등기를 마쳤다.
⑵ 乙구청장은 2018년 3월 사용승인일부터 조합원들이 소유권보존등기를 마친 2021년 12월까지의 기간 동안 甲조합이 이 사건 공동주택의 사실상 소유자라고 보아 재산

세를 부과하는 처분(이하 '이 사건 처분'이라 함)을 하였다. 이에 甲조합은 조합규약 등에 의하여 조합원용 주택을 배정받은 조합원으로 하여금 소유권을 취득하도록 할 의무를 부담하므로 원칙적으로 이를 조합원의 의사에 반하여 처분하거나 사용·수익할 수 없으며, 조합원용 주택이 신축되어 건축물대장이 작성된 후에는 「부동산등기법」 제65조 제1호에 의하여 건축물대장에 최초 소유자로 등록된 조합원이 소유권보존등기를 신청할 수 있음을 근거로 乙구청장의 이 사건 처분에 대해 위법하다고 주장하고 있다.

(물음 1) 지문 (1)에서 '이 사건 공동주택'의 「지방세법」상 취득세 납세의무자를 조합원 용과 비조합원용으로 구분하여 설명하시오. (4점)

(물음 2) 〈사례〉에서 '이 사건 처분'에 대한 「지방세법」상 甲조합의 주장이 타당한지를 논하시오. (12점)

(물음 3) 지문 (2)에서 만일 甲조합이 재산세를 납부한 후 '이 사건 처분'의 하자가 중대하고 명백하여 당연무효가 되었다면, 「지방세기본법」상 乙구청장이 취해야 할 조치에 대하여 설명하시오. (4점)

【문제 4】 다음 사례를 읽고 물음에 답하시오. (25점)

〈사례〉

○ 2022년 현재 甲(65세)의 가족관계는 배우자 乙(61세), 장남 丙(30세), 차남 丁(28세) 이다. 이들은 모두 「소득세법」상 거주자이다.

(1) 甲은 2008년 8월경부터 중소기업(상속세 및 증여세법령상 가업상속공제요건을 갖춤)인 A주식회사(이하 'A회사'라 함)의 대표이사이며 발행주식총수의 100분의 40 에 해당하는 주식을 소유한 최대주주로 10년 이상 계속하여 A회사를 경영해 왔고, 丙에게 가업을 승계시키려고 하였다. 이에 甲은 2022년 5월 30일 乙이 10년 이상 보유하던 A회사 발행주식총수의 100분의 20에 해당하는 주식을 증여받고, 그 다음 날 자신이 보유하던 주식과 乙로부터 받은 주식을 丙에게 모두 증여하였다. 2022년

8월 20일 丙은 증여세과세표준신고와 함께 주식등 특례신청서를 관할 세무서장에게 제출하였다.

⑵ 丁은 평소 소프트웨어와 앱 개발에 관심을 가지고 사업을 준비하던 중 2022년 6월 15일 甲에게 중소기업(제조업) 창업을 위한 자금을 부탁하였다. 2022년 6월 20일 甲은 丁에게 창업자금으로 현금 10억 원을 증여하였다. 2022년 8월 25일 丁은 증여세과세표준신고와 함께 창업자금 특례신청서 및 사용내역서를 관할세무서장에게 제출하였다.

(물음 1) 지문 ⑴에서 「조세특례제한법」상 '가업의 승계에 대한 증여세 과세특례'의 취지, 증여자, 수증자, 특례내용을 설명하고, 丙이 과세특례를 적용받을 수 있는지에 대하여 판단하시오. (15점)

(물음 2) 지문 ⑵에서 「조세특례제한법」상 '창업자금에 대한 증여세 과세특례'의 취지, 증여자, 수증자, 특례내용을 설명하고, 丁이 과세특례를 적용받을 수 있는지에 대하여 판단하시오. (10점)

2020년도 제 57 회

기출문제

회계학1부(재무회계 · 원가회계) · 178

회계학2부(세무회계) · 188

세법학1부 · 204

세법학2부 · 208

회계학1부

제1교시

아래 문제들에서 특별한 언급이 없는 한 기업의 보고기간(회계기간)은 1월 1일부터 12월 31일까지이다. 또한 기업은 주권상장법인으로 계속해서 한국채택국제회계기준 (K-IFRS)을 적용해오고 있다고 가정한다. 자료에서 제시한 것 이외의 사항은 고려하지 않고 답한다. 예를 들어 법인세에 대한 언급이 없으면 법인세 효과는 고려하지 않는다. 모든 문제에 대 하여 계산 근거를 반드시 제시하시오.

【문제 1】(물음 1), (물음 2)는 각각 독립적인 상황이다. 물음에 답하시오. (30점)

(물음 1) ㈜세무의 투자주식과 관련된 사항은 다음과 같다. (15점)

1) ㈜세무는 20×1년 1월 1일 ㈜국세의 주식 100주(의결권의 5%)를 1주당 ₩10,000에 취득하고 당기손익 - 공정가치 측정항목으로 분류하였다. 20x1년 말 ㈜국세의 1주당 공정가치는 ₩11,000이었다.

2) 20×2년 1월 1일에 ㈜세무는 ㈜국세의 주식 500주(의결권의 25%)를 1주당 ₩12,000에 추가 취득하여 유의한 영향력을 행사할 수 있게 되었다. 이에 따라 ㈜세무는 보유한 ㈜국세의 주식을 관계기업투자주식으로 분류하고, 이 시점에서 유의한 영향력을 일괄하여 획득한 것으로 간주하여 지분법을 적용하였다. 20×2년 1월 1일 현재 ㈜국세의 순자산 장부금액은 공정가치와 일치하였으며, 관계기업투자주식 취득원가와 ㈜국세의 순자산 공정가치 중 ㈜세무의 몫에 해당하는 금액은 동일하였다. ㈜국세는 20×2년도 당기순이익으로 ₩50,000을 보고하였으며, 20×2년 말 ㈜국세의 1주당 공정가치는 ₩12,300이었다.

3) ㈜국세는 20×3년 2월 20일에 1주당 ₩20의 현금배당을 선언하고 지급하였으며, 20×3년도 당기순이익으로 ₩80,000을 보고하였다. 20×3년 말 ㈜국세의 1주당 공정가치는 ₩12,500 이었다.

4) 20×4년 1월 2일에 ㈜세무는 보유 중인 ㈜국세 주식 400주(의결권의 20%)를 1주당 ₩13,000에 처분하였으며, 더 이상 유의한 영향력을 행사할 수 없게 되었다. 이에 따라

㈜세무는 계속 보유하고 있는 ㈜국세 주식을 당기손익-공정가치 측정항목으로 분류하였다.

⑴ ㈜세무가 20×2년 1월 1일과 12월 31일에 수행할 분개를 제시하시오.

20×2년 1월 1일	(차변)	(대변)

20×2년 12월 31일	(차변)	(대변)

⑵ ㈜세무의 20×3년 말 현재 관계기업투자주식의 장부금액을 계산하시오.

20×3년 말 관계기업투자주식의 장부금액	

⑶ ㈜세무가 20×4년 1월 2일 관계기업투자주식의 처분으로 인하여 발생한 손익을 계산하고, 이 때 수행할 분개를 제시하시오. (단, 처분손실이 발생한 경우에는 금액 앞에 '(-)'를 표시하며, 계산된 금액이 없는 경우에는 '없음'으로 표시하시오.)

처분손익	

(차변)	(대변)

(물음 2) ㈜세무의 공장건물과 관련된 사항은 다음과 같다. (15점)

1) ㈜세무는 20×1년 1월 1일에 공장건물을 ₩25,000,000에 신규 취득하였다. ㈜세무는 곧바로 공장건물을 제품생산에 사용하였다. ㈜세무는 공장건물에 대하여 내용연수는 10년, 잔존가치는 ₩0으로 추정하고, 정액법에 의해 감가 상각하기로 하였으며 재평가모형을 적용하였다. 20×1년 말과 20×2년 말 공장 건물의 공정가치는 각각 ₩24,750,000과 ₩26,400,000이었다. ㈜세무는 자산의 장부금액을 재평가금액으로 조정할 때, 총장부금액은 장부금액의 변동에 비례하여 수정하고, 재평가일의 감가상각누계액은 손상차손누계액을 고려한 후 총 장부금액과 장부금액의 차이와 같아지도록 조정한다. 또한 재평가잉여금은 이익잉여금으로 대체하지 않는다.

2) ㈜세무는 20×3년 들어 경기악화로 동 공장건물의 가동을 멈추게 되었다. 이에 따라 ㈜세무는 20×3년 7월 1일에 동 공장건물을 임대목적으로 전환하고 즉시 임대를

> 개시하였다. ㈜세무는 임대목적으로 전환한 시점에서 공장건물을 투자부동산으로 분류변경하고, 공정가치모형을 적용하기로 하였다. 20×3년 7월 1일 현재 공장건물의 공정가치는 ₩25,000,000이었다.

(1) ㈜세무의 20×1년 말 재무상태표에 표시될 공장건물의 감가상각누계액과 재평가잉여금을 계산하시오.

공장건물의 감가상각누계액	공장건물 관련 재평가잉여금
①	②

(2) ㈜세무의 20×2년 말 재무상태표에 표시될 공장건물의 감가상각누계액과 재평가잉여금을 계산하시오.

공장건물의 감가상각누계액	공장건물 관련 재평가잉여금
①	②

(3) ㈜세무의 20×3년 7월 1일 재분류 직전 공장건물 감가상각누계액과 재분류로 인하여 발생하는 재평가손익을 계산하고, 20×3년 7월 1일에 수행할 분개를 제시하시오.

재분류 직전 공장건물 감가상각누계액	재분류로 인하여 발생하는 재평가손익 (단, 손실은 금액 앞에 '(-)'를 표시하며, 계산된 금액이 없는 경우에는 '없음'으로 표시)
①	②
(차변)	(대변)

【문제 2】 (물음 1), (물음 2)는 각각 독립적인 상황이다. 물음에 답하시오. (30점)

(물음 1) ㈜세무는 액면금액이 ₩1,000,000인 사채(표시이자율 연 6%, 만기일 20×2년 12월 31일, 매년 말 이자 지급)를 발행하고 상각후원가로 측정하는 금융부채로 분류하였다. 사채발행시점의 유효이자율은 연 8%이었으며, 20x0년 12월 31일 현재 동 사채의

장부금액은 ₩964,298이다. 20×1년 1월 1일 ㈜세무는 사채의 만기를 20×4년 12월 31일로 연장하고, 표시이자율을 연 6%에서 연 3%로 낮추기로 채권자와 합의하였으며, 이 과정에서 채무조정수수료 ₩15,000을 지급하였다. 사채 계약조건 변경일(20×1년 1월 1일) 현재 ㈜세무의 신용위험을 고려한 현행시장이자율은 연 10%이다. 현재가치 계산이 필요할 경우 다음의 현가계수를 이용하고 금액은 소수점 첫째자리에서 반올림하여 계산한다. [예: ₩555.555.. → ₩556] (14점)

기간	단일금액 ₩1의 현가계수		정상연금 ₩1의 현가계수	
	8%	10%	8%	10%
1	0.9259	0.9091	0.9259	0.9091
2	0.8573	0.8264	1.7833	1.7355
3	0.7938	0.7513	2.5771	2.4868
4	0.7350	0.6830	3.3121	3.1699

⑴ 20×1년 1월 1일 위 사채의 계약조건변경이 실질적인 변경인지의 여부와 그에 대한 판단 근거를 기술하고, 20×1년 1월 1일 ㈜세무가 수행할 회계처리를 제시하시오.

실질적 조건변경 여부	판단 근거
실질적 조건변경이면 ○, 그렇지 않으면 ×로 표시	
(차변)	(대변)

⑵ 조건변경 후 ㈜세무가 위 사채와 관련하여 인식해야 하는 20×1년 이자비용과 20×1년 말 현재 동 사채의 장부금액을 각각 계산하시오.

20×1년 이자비용	20×1년 말 사채의 장부금액
①	②

⑶ 만약 위의 계약조건 변경 시 만기 연장은 동일하나, 표시 이자율을 연 3%가 아니라 연 5%로 낮추기로 합의하였다고 가정할 때, 해당 계약조건변경이 실질적인 변경인지의 여부와 그에 대한 판단 근거를 기술하고, 20×1년 1월 1일 ㈜세무가 수행할 회계처리를 제시하시오.

실질적 조건변경 여부	판단 근거
실질적 조건변경이면 ○, 그렇지 않으면 ×로 표시	

(차변)	(대변)

(물음 2) ㈜세무는 20×1년 1월 1일에 ㈜나라리스로부터 기초자산 A(기계)를, ㈜민국리스로부터 기초자산 B(사무실)를 각각 리스하는 계약을 체결하였다. 기초자산 A와 B의 리스 모두 리스개시일은 20×1년 1월 1일이며 리스기간은 6년이고, 리스료는 매년 말에 지급한다. 기초자산 A와 B는 리스기간 종료 시 리스제공자에게 반환하며, 모든 리스는 소액기초자산리스에 해당하지 않는다. 리스개시일 현재 기초자산 A의 내용연수는 8년(잔존가치 ₩0), 기초자산 B의 내용연수는 10년(잔존가치 ₩0)이다. 리스의 내재이자율은 알 수 없으며, 20×1년 1월 1일 ㈜세무의 증분차입이자율은 연 5%이다. ㈜세무는 모든 사용권자산에 대해 원가모형을 적용하여 회계처리하고 있으며, 사용권 자산은 모두 잔존가치 없이 정액법을 이용하여 상각한다. 한편, 현재가치 계산이 필요할 경우 다음의 현가계수를 이용하고 금액은 소수점 첫째 자리에서 반올림하여 계산한다. [예: #555.555.. → ₩556] (16점)

기간	단일금액 ₩1의 현가계수		정상연금 ₩1의 현가계수	
	5%	10%	5%	10%
1	0.9524	0.9091	0.9524	0.9091
2	0.9070	0.8264	1.8594	1.7355
3	0.8638	0.7513	2.7232	2.4868
4	0.8227	0.6830	3.5460	3.1699
5	0.7835	0.6209	4.3295	3.7908
6	0.7462	0.5645	5.0757	4.3553

⑴ ㈜세무는 기초자산 A(기계)에 대한 리스료로 20x1년과 20×2년에는 연간 ₩100,000을 지급하고, 이후에는 2년 단위로 소비자물가지수의 변동을 반영하여 리스료를 조정하기로 하였다. 20×3년과 20×4년의 리스료는 20×3년 초의 소비자물가지수를

반영하여 산정하고, 20×5년과 20×6년의 리스료는 20×5년 초의 소비자물가지수를 반영하여 산정한다. 리스개시일의 소비자물가지수는 100이었으나 20×3년 1월 1일 에는 120으로 상승하였고 그 이후에는 변동이 없다고 가정한다. 20×3년 1월 1일 ㈜세무의 증분차입이자율은 연 10%이다. 기초자산 A의 리스와 관련하여 ㈜세무가 20×2년과 20×3년에 당기손익으로 인식할 아래 항목의 금액을 각각 계산하시오. (단, 기초자산 A의 리스와 관련하여 발생한 비용 중 자본화된 금액은 없다.)

구분	감가상각비	이자비용
20×2년	①	②
20×3년	③	④

⑵ 기초자산 B는 1,000m²의 사무실 공간이며, 이에 대한 리스료로 ㈜세무는 연간 ₩200,000을 지급한다. 20×3년 1월 1일에 ㈜세무는 리스기간 중 남은 4년 동안 사무실의 공간을 1,000m²에서 500m²로 줄이기로 ㈜민국리스와 합의하였으며, 남은 4년 동안 리스료로 매년 말에 ₩120,000씩 지급하기로 하였다. 리스계약변경시점인 20×3년 1월 1일 ㈜세무의 증분차입 이자율은 연 10%이다. 기초자산 B의 리스와 관련하여 20×3년 1월 1일 ㈜세무가 인식할 리스부채와 리스변경 손익, 그리고 20×3년에 당기손익으로 인식할 리스부채의 이자비용과 사용권자산에 대한 감가상각비를 각각 계산하시오. (단, 기초자산 B의 리스와 관련하여 발생한 비용 중 자본화된 금액은 없다. 또, 리스변경 손실이 발생한 경우에는 금액 앞에 '(-)'를 표시하며 계산된 금액이 없는 경우에는 '없음'으로 표시하시오.)

구분	리스부채	리스변경손익
20×3년 1월 1일	①	②

구분	이자비용	감가상각비
20×3년 당기손익	③	④

【문제 3】 맞춤가구를 주문생산하여 아파트 신축공사 현장에 납품하는 ㈜세무는 하나의 보조부문(동력부문)과 두 개의 제조부문(절단부문, 조립부문)을 운영하며, 정상 개별원가계산(normal job costing)을 채택하고 있다. 동력 부문의 원가는 전력사용량(kWh)을 기준으로 제조부문에 배부하며 단일배부율을 사용한다. 제조부문은 부문별 단일 배부율을 이용하여 제조간접원가를 배부하며 절단부문의 경우 기계 가동시간을 기준으로, 조립부문의 경우 직접노무시간을 기준으로 제조간접원가를 각 작업에 배부한다. ㈜세무는 개별법을 이용하여 재고자산을 평가하며, 당기 회계연도는 20×2년 1월 1일부터 20×2년 12월 31일이다. (20점)

1) 동력부문의 20×2년도 연간 원가예산은 다음과 같다.

$$\text{동력 부문의 원가} = ₩216,000 + ₩2 \times \text{전력사용량(kWh)}$$

2) 제조부문의 20×2년도 연간 예산자료는 다음과 같다.

구 분	절단부문	조립부문
보조부문원가 배부 전 제조간접원가	₩600,000	₩311,000
직접노무시간	800시간	2,600시간
가계가동시간	5,000시간	800시간
기계가동시간당 전력사용량	2kWh	2.5kWh

3) 202년도 각 작업과 관련된 실제자료는 다음과 같다.

구분	#107	#201	#202
직접재료원가	₩300,000	₩100,000	₩200,000
직접노무원가	230,000	150,000	320,000
직접노무시간			
절단부문	200시간	200시간	400시간
조립부문	900	300	1,200
기계 가동시간			
절단부문	1,500시간	1,000시간	11,500시간
조립부문	400	120	200

4) 전기로부터 이월된 작업 #107은 당기에 완성되어 판매되었으며, #201과 #202는 당기에 착수하여 당기 말 현재 #201은 미완성, #202는 완성되었다. ㈜세무의 기초 제품 재고는 존재하지 않으며 기초재공품에 대한 원가자료는 다음과 같다.

구 분	기초재공품
직접재료원가	₩160,000
직접노무원가	200,000
제조간접원가	60,000

(물음 1) 절단부문과 조립부문의 부문별배부율은 각각 얼마인지 계산하고, 작업 #107, #201, #202에 배부되는 제조간접원가를 각각 계산하시오. (5점)

(물음 2) 당기 말 제조간접원가 배부차이 조정 전, 기말재공품, 기말제품 및 매출원가는 얼마인지 계산하시오. (3점)

(물음 3) 보조부문 원가를 제조부문에 배부한 후, 절단부문과 조립부문의 실제제조간접 원가가 각각 ₩720,000과 ₩356,400으로 집계되었을 경우, 당기 말 제조간접원가 배 부차이를 부문별로 계산하고, 그 차이가 과소배부(부족배부) 또는 과대배부(초과배부) 인지 표시하시오. (5점)

(물음 4) ㈜세무가 제조간접원가 배부차이를 원가요소기준 비례배부법에 따라 배부하 는 경우, 당기 말 배부차이 조정 후 기말재공품, 기말제품 및 매출원가는 얼마인지 계 산하시오. (7점)

【문제 4】 무선이어폰을 생산·판매하고 있는 ㈜세무는 무선이어폰에 장착되는 주요 부품인 음 성수신장치를 자체 생산하고 있다. ㈜세무는 20×1년도에 무선이어폰 생산 및 판매량을 1,000단위로 예상하고 음성수신장치 1,000단위를 자체 생산할 계획에 있으며, 1,000단위의 음성수신장치 생산과 관련된 원가를 다음과 같이 예상하고 있다. 물음에 답하시오. (단, 각 물 음은 독립적이다.) (20점)

구 분	총원가
직접 재료원가 (₩600/단위)	₩600,000
직접노무원가 (₩900/시간)	900,000
변동제조간접원가 (₩900/직접 노무시간)	900,000
고정 제조간접원가	500,000
합 계	₩2,900,000

(물음 1) ㈜세무는 외부 공급업자로부터 무선이어폰에 장착되는 음성수신장치 1,000단위 전량을 공급해 주겠다는 제안을 받았다. ㈜세무가 이 공급제안을 수용하는 경우, 고정제조간접원가 중 ₩100,000을 절감할 수 있으며, 기존 생산설비를 임대하여 연간 ₩200,000의 수익을 창출할 수 있다. ㈜세무가 외부공급업자의 제안을 수용하기 위해서 지불할 수 있는 단위당 최대 구입가격을 계산하시오. (3점)

(물음 2) ㈜세무는 무선이어폰에 장착되는 음성수신장치의 생산방식을 기존 생산방식에서 1묶음(batch)의 크기를 5단위로 하는 묶음생산방식으로의 변경을 검토하고 있다. ㈜세무는 생산방식을 묶음생산방식으로 변경하는 경우, 기존 생산방식에서 발생하는 고정제조간접원가 중 ₩100,000과 변동가공원가(variable conversion cost)의 30%를 절감할 수 있고 생산설비의 일부를 임대하여 연간 ₩150,000의 수익을 창출할 수 있으나, 작업준비와 관련하여 묶음당 ₩4,000의 변동제조간접원가가 추가적으로 발생할 것으로 예상하고 있다. ㈜세무가 생산방식을 묶음생산방식으로 변경하는 경우, 기존 생산방식과 비교하여 영업이익이 얼마나 증가 또는 감소하는 지를 계산하시오. (단, 영업이익이 증가하는 경우에는 금액 앞에 '(+)'를, 감소하는 경우에는 금액 앞에 '(-)'를 표시하시오.) (4점)

(물음 3) ㈜세무는 무선이어폰에 장착되는 음성수신장치를 자체 생산하지 않고 외부공급업자로부터 공급받는 것을 검토하던 중, ㈜국세로부터 20×1년도에 소요될 음성 수신장치 1,000단위 전량을 단위당 ₩3,500에 공급하겠다는 제안을 받았다. ㈜국세의 제안을 수용하는 경우에 ㈜세무는 기존 생산설비를 이용, 외부 공급업자로부터 공급받은 음성수신장치를 추가적으로 가공하여 음성송신기능을 갖춘 고급사양의 음성송수신장치를 생산할 수 있으며, 무선이어폰에 해당 음성송수신장치를 장착하게 되면 무선이

어폰의 단위당 판매 가격을 ₩1,500 인상할 수 있다. 고급사양의 음성송수신장치 생산을 위한 추가가공은 묶음생산방식에 의해 가공이 이루어지며, 추가가 공과 권련된 원가는 묶음(batch)수에 비례하여 발생하는 변동가공 원가(variable conversion cost)로서 묶음당 ₩10,000이 발생한다. ㈜세무가 ㈜ 국세의 제안을 수용하려면 추가가공을 위한 1묶음의 크기는 최소 몇 단위가 되어야 하는지 계산하시오. (단, 고급사양의 음성송수신장치를 장착한 무선이어폰의 생산·판매량은 1,000단위로 동일하다.) (7점)

(물음 4) ㈜세무는 20×1년도에 무선이어폰 1,000단위 생산에 소요되는 음성수신장치 1,000 단위를 기존 생산방식에서 250단위를 1묶음(batch)으로 하는 묶음생산방식으로 변경하는 것을 검토하고 있다. ㈜세무가 음성수신장치를 묶음생산방식으로 생산할 경우, 직접노무시간은 90%의 누적 평균시간 학습곡선모형을 따르며, 음성수신장치 250단위 생산과 관련된 원가는 다음과 같다.

구 분	총원가
직접 재료원가 (₩600/단위)	₩150,000
직접노무원가 (₩900/시간)	225,000
변동제조간접원가 (₩900/직접노무시간)	225,000
고정 제조간접원가	500,000
합 계	₩1,100,000

㈜세무는 무선이어폰에 장착되는 음성수신장치를 묶음생산방식으로 생산하기로 결정하고 연간 생산계획을 수립하던 중, 무선이어폰에 장착이 가능한 동일한 사양의 음성수신장치를 외부공급업자로부터 단위당 ₩2,100에 구입이 가능하다는 사실을 파악하였다. ㈜세무가 20×1년도 무선이어폰 생산에 필요한 음성수신장치 1,000 단위 전량을 외부공급업자로부터 구입할 경우, 묶음 생산방식에 의해 자체 생산하는 경우에 비하여 영업이익이 얼마나 증가 또는 감소하는지를 계산하시오. (단, 영업이익이 증가하는 경우에는 금액 앞에 '(+)'를, 감소하는 경우에는 금액 앞에 '(-)'를 표시하시오.) (6점)

회계학2부

제2교시

〈문제공통적용〉〈자료〉에서 다른 언급이 없는 한 조세 부담 최소화를 가정하며, 금액 계산의 경우 원 단위 미만에서 반올림한다. 각 문제의 물음에 대해 계산근거를 표시하여 답하시오.

【문제 1】 다음은 거주자 갑의 2022년도 귀속 소득과 관련된 자료이다. 각 물음에 답하시오. (단, 제시된 금액은 원천징수되기 전의 금액이고 별도의 언급이 없는 한 원천징수는 적법하게 이루어졌으며 주어진 자료 이외에는 고려하지 말 것) (30점)

1. 갑의 금융소득 관련자료

   ⑴ 국내의 은행으로부터 받은 예금의 이자 ₩3,000,000이 있다.

   ⑵ 비영업대금의 이익(원천징수되지 아니함) ₩5,000,000을 수령하였다.

   ⑶ 비상장법인인 ㈜A의 주주(지분율 40%)로서 받은 무상주의 액면가액은 ₩20,000,000이다. ㈜A는 주식발행초과금 ₩50,000,000을 재원으로 무상증자를 실시하였는데 자기주식(지분율 20%)에 배정될 부분은 실권처리하였다.

   ⑷ 상장법인 ㈜B로부터 받은 현금배당 ₩8,000,000이 있다.

   ⑸ 출자공동사업자의 소득분배액 ₩30,000,000이 있다.

   ⑹ 집합투자기구로부터의 이익(60%를 채권에 투자한 상태이고 전액 과세대상임) ₩3,000,000이 있다.

2. 갑의 근로소득 및 연금소득 관련자료

   ⑴ 갑은 제조업을 영위하는 중소기업의 생산직 근로자로서 갑이 2022년도에 수령한 시간외 근무수당은 ₩3,000,000이다(월정액급여는 ₩2,050,000이며 직전연도 총급여는 ₩28,000,000 이었음).

⑵ 같은 회사로부터 주택구입자금을 무상으로 대여받고 있는데 그 이익은 ₩5,000,000 이다.

⑶ 회사로부터 식권을 제공받은 가액 ₩1,800,000(=150,000×12월)이 있다(이 식 권은 외부 음식업자와 계약에 의해 제공되며 현금으로 환급되지 아니함).

⑷ 자녀학비 보조금으로 ₩3,000,000과 본인의 직업능력개발훈련시설 수업료(업무 와 관련된 교육으로 규정에 따라서 지급되었으며 교육기간이 6개월 미만임) ₩2,000,000을 수령하였다.

⑸ 위 항목 이외에 급여로 받은 금액 ₩20,000,000이 있다.

⑹ 갑은 2011.1.1. 연금저축계좌에 가입하여 약정대로 10년 동안 매년 ₩5,000,000 씩 총 ₩50,000,000을 납입하였는데 이 금액 중 연금계좌세액공제를 받지 못한 금액 ₩4,000,000이 포함되어 있다고 가정한다.

⑺ 갑은 위 연금저축계좌로부터 연금수령 개시가 가능한 시기인 2022.1.1.부터 연 금을 수령하기 시작하였는데, 2022년도 연금수령액은 ₩18,000,000이다(의료 목적이나 천재지변 등 부득이한 사유에 의한 인출은 없음).

⑻ 2022.1.1. 현재 연금계좌평가액은 ₩70,000,000이며 갑은 2022년 현재 60세 이다.

3. 갑의 양도소득 관련자료

⑴ 갑은 2022.3.1.에 배우자 을로부터 상가건물을 증여받고(증여 당시 시가 8억원) 2022.10.5.에 이를 9억원에 양도하였다. 증여당시 증여세산출세액은 ₩30,000,000 이었고 신고세액공제 ₩900,000을 제외한 ₩29,100,000을 납부하였다.

⑵ 갑이 양도한 상가건물과 관련된 자료는 다음과 같다.

구 분	을의 취득내역	증여내역	갑의 양도내역
일 자	2013.4.1.	2022.3.1.	2022.10.5.
실거래가액	₩600,000,000	₩800,000,000	₩900,000,000
자본적지출과 양도비용	15,000,000	-	20,000,000

⑶ 장기보유특별공제율은 보유기간 8년 이상 9년 미만의 경우 16%이고 9년 이상 10년 미만의 경우 18%이다.

4. 기타 관련자료

(1) 근로소득공제액 계산을 위한 자료는 다음과 같다.

총급여액	근로소득공제액
500만원 이하	총급여액×70%
500만원 초과 1,500만원 이하	350만원+(총급여액 - 500만원)×40%
1,500만원 초과 4,500만원 이하	750만원+(총급여액 - 1,500만원)×15%
4,500만원 초과 1억원 이하	1,200만원+(총급여액 - 4,500만원)×5%
1억원 초과	1,475만원+(총급여액 - 1억원)×2%

(2) 연금소득공제액 계산을 위한 자료는 다음과 같다.

총 연금액	연금소득공제액
350만원 이하	총연금액
350만원 초과 700만원 이하	350만원+(총연금액 - 350만원)×40%
700만원 초과 1,400만원 이하	490만원+(총연금액 - 700만원)×20%
1,400만원 초과	630만원+(총연금액 - 1,400만원)×10%

(3) 소득세 기본세율은 다음과 같다.

과세표준	기본세율
1,200만원 이하	과세표준×6%
1,200만원 초과 4,600만원 이하	72만원+(과세표준 - 1,200만원)×15%
4,600만원 초과 8,800만원 이하	582만원+(과세표준 - 4,600만원)×24%
8,800만원 초과 1억5천만원 이하	1,590만원+(과세표준 - 8,800만원)×35%
1억5천만원 초과 3억원 이하	3,760만원+(과세표준 - 1억5천만원)×38%
3억원 초과 5억원 이하	9,460만원+(과세표준 - 3억원)×40%
5억원 초과 10억원 이하	1억7,460만원+(과세표준 - 5억원)×42%
10억원 초과	3억8,460만원+(과세표준-10억원)×45%

(물음 1) 금융소득과 관련하여 다음 양식에 따른 해답을 제시하시오. (9점)

구 분	해 답
① 종합소득금액에 합산할 이자소득금액	
② 배당가산액(Gross-Up금액)	
③ 종합소득금액에 합산할 배당소득금액	

(물음 2) 근로소득 및 연금계좌 인출과 관련하여 다음 양식에 따른 해답을 제시하시오. (12점)

구 분	해답
① 종합소득금액에 합산할 근로소득금액	
② 연금수령한도	
③ 연금계좌인출시 원천징수할 소득세액	
④ 종합소득금액에 합산할 연금소득금액	

(물음 3) 양도소득과 관련하여 다음 양식에 따른 해답을 제시하시오. (9점)

구 분	이월과세를 적용하는 경우	이월과세를 적용하지 않는 경우
① 양도소득금액		
② 양도소득산출세액		

③ 갑에게 적용될 양도소득 산출세액	

【문제 2】 제조업을 영위하는 비상장내국법인 ㈜A는 2022.10.10.(합병등기일)에 동종업종을 영위하는 특수관계인이 아닌 비상장내국법인 ㈜B를 흡수합병하였다. ㈜A와 ㈜B의 정관상 사업연도는 매년 1.1.부터 12.31.까지이다. 각 물음은 서로 독립적이다. (20점)

〈자료 1〉 다음은 ㈜B의 합병 직전 재무상태표와 시가 자료이다.

1. 합병 직전 ㈜B의 재무상태표

재무상태표   (단위: 원)

유동자산	40,000,000	부채	50,000,000
토 지	100,000,000	자 본 금	20,000,000
건물	20,000,000	주식발행초과금	30,000,000
		이익잉여금	60,000,000
합 계	160,000,000	합 계	160,000,000

2. ㈜B가 합병직전 보유한 자산의 시가 자료는 아래와 같으며, 부채의 장부가액과 시가는 동일하다.

구 분	금 액
유동자산	₩40,000,000
토 지	120,000,000
건 물	40,000,000
합 계	₩200,000,000

3. ㈜B의 자산 및 부채와 관련된 유보(또는 △유보)는 없다고 가정한다.

4. ㈜A가 납부하는 ㈜B의 법인세는 없다고 가정한다.

〈자료 2〉 다음은 ㈜B의 주주관련 사항 및 합병 대가와 관련된 자료이다.

1. 합병직전 ㈜B의 주주관련 사항은 다음과 같다.

주주	취득가액	지분비율
㈜A	₩20,000,000	40%
㈜C	30,000,000	60%

2. ㈜A는 ㈜C와 특수관계가 아니며, ㈜A는 ㈜B의 주식을 <u>2019.10.15.</u>에 취득하였다.

3. ㈜A는 ㈜C에게 합병 대가로 시가 ₩40,000,000(액면가액 ₩20,000,000)인 ㈜A의 신주를 교부하고, 추가적으로 합병교부금 ₩8,000,000을 지급하였다. 합병포합주

식에 대해서는 ㈜A의 주식과 합병 교부금을 지급하지 않았다.

4. 과세를 이연하기 위한 조건은 피합병법인의 주주가 합병으로 인하여 받은 합병대가의 총합계액 중 합병법인의 주식가액이 80% 이상이어야 한다는 조건을 제외하고는 모두 충족하였다고 가정한다.

(물음 1) 〈자료 1〉과 〈자료 2〉를 이용하여 다음 요구사항에 답하시오. (10점)

(1) 합병시 금전교부 간주액은 얼마인지 구체적으로 제시하시오.

(2) 합병 대가의 총합계액 중 합병법인의 주식가액이 차지하는 비율을 구체적으로 제시하고, 이에 따른 ㈜C의 의제배당금액을 제시하시오.

〈**자료 3**〉 다음은 합병등기일 현재 ㈜A와 ㈜B의 합병관련 자료이다.

1. 합병등기일 현재 ㈜B의 「자본금과 적립금조정명세서(을)」에는 토지의 취득세와 관련된 세무조정사항 ₩2,000,000(△유보)이 있다.

2. ㈜C는 유일한 ㈜B의 주주이며, ㈜A는 ㈜B의 합병 대가로 ㈜C에게 시가 ₩150,000,000 (액면가액 ₩80,000,000)인 ㈜A의 신주를 교부하였다. 또한 ㈜A는 합병교부금으로 ₩20,000,000을 ㈜C에게 지급하였다. ㈜C는 ㈜B의 주식을 ₩40,000,000에 취득하였으며, ㈜A와 ㈜C는 특수관계가 아니다.

3. ㈜A는 합병등기일 현재 시가로 ㈜B의 자산과 부채를 취득하였으며 한국채택국제회계 기준에 따라 아래와 같이 회계처리하였다.

(차)			(대)		
	유동자산	40,000,000		부채	50,000,000
	토지	120,000,000		현금	20,000,000
	건물	40,000,000		자본금	80,000,000
	영업권	20,000,000		주식발행초과금	70,000,000

4. ㈜B의 합병직전 재무상태표상 자산의 장부가액은 ₩160,000,000이고 부채의 장부가액은 ₩50,000,000이다.

5. 위의 합병은 적격합병이 아니다.

(물음 2) 〈자료 3〉을 이용하여 다음 요구사항에 답하시오. (단, 세부담 최소화를 가정함) (10점)

⑴ 합병과 관련된 ㈜A의 세무조정을 하시오.

⑵ ㈜B의 합병으로 인한 양도손익을 제시하시오.

⑶ ㈜C의 합병으로 인한 의제배당금액을 제시하시오.

【문제 3】 다음 자료를 기초로 각 물음에 답하시오. 같은 자료에 세무조정이 2개 이상 있는 경우 상계하지 말고 모두 표시하시오. (단, 법인세 부담 최소화를 가정하고 전기까지의 세무조정은 정상적으로 처리되었으며, 각 물음은 상호 독립적이고 주어진 자료 이외의 사항은 고려하지 않는다.) (30점)

〈자료 1〉 다음은 제조업을 영위하는 중소기업인 ㈜내국의 제22기(2022.1.1.~ 2022.12.31.) 토지 매각과 관련된 자료이다.

1. ㈜내국은 2022.5.1.에 토지를 ₩50,000,000(장부가액은 양도가액의 60%임)에 매각하면서 아래의 표와 같이 대금을 수령하는 조건으로 계약을 체결하였다.

2022.5.1. (계약금)	2022.8.1. (1차 중도금)	2023.9.1. (2차 중도금)	2024.9.1. (잔금)
₩5,000,000	₩5,000,000	₩10,000,000	₩30,000,000

⑴ 토지의 사용수익일은 2022.8.1.이고, 토지의 소유권이전등기일은 잔금 수령일이다.
⑵ ㈜내국은 2022.5.1.에 계약금 ₩2,000,000을 수령하고, 2022.8.1.에 ₩8,000,000을 수령하였다. 그리고 나머지 금액은 2024.9.1.에 수령하기로 하였다.
⑶ ㈜내국은 토지 매각과 관련하여 인도기준으로 수익과 비용을 계상하였다.
⑷ ㈜내국은 2023.8.1.에 폐업하였다.

(물음 1) 〈자료 1〉을 이용하여 제22기와 제23기 사업연도의 세무조정을 다음의 양식에 따라 하시오. (4점)

사업연도	조정유형	과목	금액	소득처분
<u>제22기</u>				
<u>제23기</u>				

(물음 2) 〈자료 1〉을 이용하되 ㈜내국이 폐업하지 않았다고 가정하고, <u>제22기와 제23기</u> 사업연도의 세무조정을 다음의 양식에 따라 하시오. (4점)

사업연도	조정유형	과목	금액	소득처분
<u>제22기</u>				
<u>제23기</u>				

〈자료 2〉 다음은 제조업을 영위하는 내국영리법인(중소기업이 아님)인 ㈜내국의 제22기(2022.1.1.~2022.12.31.) 접대비와 관련된 자료이다.

1. 손익계산서상 매출액은 ₩28,000,000,000(특수관계자와의 거래는 없음)이며, 이외의 사항은 다음과 같다.
   ① 부산물 매출액 ₩500,000,000이 영업외수익으로 계상되어 있다.
   ② 중단사업부문의 매출액 ₩350,000,000이 포함되어 있다.
   ③ 임대보증금에 대한 간주익금 ₩220,000,000이 포함되어 있다.
   ④ 반제품 매출 ₩130,000,000이 누락되어 있다.

2. 손익계산서상 접대비 계정의 금액은 ₩150,000,000이며, 이와 관련된 사항은 다음과 같다.
   ① 대표이사의 동창회비로 지출한 금액을 접대비로 계상한 금액이 ₩6,000,000 있다.
   ② 건당 <u>₩30,000</u> 초과 적격증빙 수취분(문화접대비 ₩17,000,000 포함)은 ₩45,000,000이다.
   ③ 건당 <u>₩30,000</u> 초과 영수증 수취분은 ₩23,000,000이다.
   ④ 위의 ①, ②, ③을 제외한 나머지는 건당 <u>₩30,000</u> 이하이며, 모두 적격증빙을 수취하였다.

(물음 3) 〈자료 2〉를 이용하여 <u>제22기</u> 사업연도의 접대비 한도액 계산의 기준이 되는 수입금액과 접대비손비한도액을 다음의 양식에 따라 제시하시오. (단, 코로나19로 인한

수입금액적용률의 특례규정인 「조세특례제한법」 제136조 제4항은 적용하지 않음) (3점)

구 분	해 답
접대비 한도액 계산상 수입금액	
접대비손비 한도액	

(물음 4) 〈자료 2〉를 이용하여 <u>제22기</u> 사업연도의 접대비 관련 세무조정을 다음 양식의 예시에 따라 하시오. (단, 접대비손비한도액은 물음 3)의 결과를 이용할 것) (4점) <u>(21년 수정)</u>

조정유형	과목	금액	소득처분
익금산입	제품	×××	유보
…	…	…	…

〈자료 3〉 다음은 제조업을 영위하는 내국영리법인(사회적 기업은 아님)인 ㈜내국의 <u>제22기(2022.1.1.~2022.12.31.)</u> 법인세 신고 관련 자료이다.

1. <u>제22기</u>의 손익계산서상 당기순이익은 ₩255,000,000이다.

2. <u>제22기</u> 세무조정 사항은 다음과 같다.

   ① 법인세비용 ₩36,000,000이 비용으로 계상되어 있다.

   ② 손익계산서상 기부금 내역서를 보면, 한국과학창의재단에 지출한 금액은 ₩10,000,000, <u>사회복지법인</u>에 지출한 금액은 ₩20,000,000, 독립기념관에 지출한 금액은 ₩20,000,000이다.

   ③ 법정기부금과 지정기부금의 사업연도별 한도초과액을 살펴보면 다음 표와 같다.

사업연도	법정기부금 한도초과액	우리사주조합기부금 한도초과액	지정기부금 한도초과액
제12기(2012.1.1.~2012.12.31.)	₩2,000,000	-	₩3,000,000
제15기(2015.1.1.~2015.12.31.)	5,000,000	-	4,000,000
제17기(2017.1.1.~2017.12.31.)	10,000,000	-	-
제19기(2019.1.1.~2019.12.31.)	12,000,000	-	1,000,000

④ 회사의 손익 계산서상 이자비용 ₩80,000,000이 계상되어 있으며, 이 중 ₩10,000,000
은 본사건물 건설관련 특정차입금의 건설자금이자이며, 제22기 말 현재 동 건물은 완
공되지 아니하였다.

⑤ 영업외수익에는 자산수증이익 ₩50,000,000(국고보조금 ₩10,000,000 포함)이
계상되어 있다.

⑥ 주식의 포괄적 교환차익 ₩30,000,000을 주식발행초과금으로 계상하였다.

3. 사업연도별 이월결손금 내역은 다음과 같다.

사업연도	발생액	잔액
제12기(2012.1.1.~2012.12.31.)	₩100,000,000	₩90,000,000
제13기(2013.1.1.~2013.12.31.)	80,000,000	80,000,000
제14기(2014.1.1.~2014.12.31.)	70,000,000	70,000,000

4. ㈜내국은 조세특례제한법상 중소기업이 아니며, 회생계획을 이행 중인 기업 등의 범
위에 포함되지 않는다.

(물음 5) 〈자료 3〉을 이용하여 제22기 사업연도의 소득금액조정합계표를 다음 양식의
예시에 따라 작성하시오. (4점) (21년 수정)

익금산입 및 손금불산입			손금산입 및 익금불산입		
과목	금액	소득처분	과목	금액	소득처분
제품	××××	유보	제품	××××	유보
…	…	…	…	…	…

(물음 6) 〈자료 3〉을 이용하여 제22기 사업연도의 기부금관련 세무조정을 다음 양식의
예시에 따라 하시오. (4점)

조정유형	과목	금액	소득처분
익금산입	제품	××××	유보
…	…	…	…

(물음 7) 〈자료 3〉을 이용하여 제22기 사업연도의 각사업연도 소득금액과 과세표준을 다음의 양식에 따라 제시하시오. (2점)

구 분	해 답
각사업연도 소득금액	
과세표준	

〈**자료 4**〉 다음은 제조업을 영위하는 내국영리법인(중소기업 아님)인 ㈜내국의 제22기 (2022.1.1.~2022.12.31.) 토지등양도소득에 관련된 자료이다.

1. ㈜내국은 제22기에 토지(비사업용)를 양도하였다. 양도가액은 ₩600,000,000(실지 거래가액)이며 이 자산의 매입가액은 ₩150,000,000(실지거래가액)이고 매입부대 비용은 ₩20,000,000이다.

2. 위의 자료 외의 제22기 ㈜내국의 소득금액은 ₩250,000,000이다.

3. ㈜내국은 해당 토지를 2017.1.1.에 취득하였으며, 미등기 상태이다.

(물음 8) 〈자료 4〉를 이용하여 제22기 사업연도의 각사업연도소득에 대한 법인세의 과 세표준과 산출세액을 다음 양식에 따라 제시하시오. (2점)

구 분	해답
과세표준	
산출세액	

(물음 9) 〈자료 4〉를 이용하여 제22기 사업연도의 토지등양도소득과 토지등양도소득 에 대한 법인세의 산출세액을 다음 양식에 따라 제시하시오. (3점)

구 분	해답
토지등양도소득	
토지등양도소득에 대한 법인세의 산출세액	

【문제 4】 다음의 자료를 바탕으로 물음에 답하시오. 각 자료는 상호독립적이다. (20점)

〈자료 1〉 다음은 일반과세자인 ㈜세무의 2022년 제2기 부가가치세 관련 자료이다. (단, 제시된 금액은 별도의 언급이 없는 한 부가가치세가 포함되지 아니한 금액이며, 세금계산서는 공급시기에 적법하게 발급 및 수취된 것으로 가정한다.)

1. 2022.12.1.에 제품을 할부조건으로 ₩50,000,000(회계기준에 따른 현재가치는 ₩45,000,000임)에 판매하였다. 대금은 인도일에 ₩10,000,000을 수령하고, 나머지는 4회로 분할하여 매 6개월마다 ₩10,000,000씩 수령하기로 하였다. 2022.12.1.에 계약금을 수령하면서 거래 상대방의 요청으로 계약금과 할부금을 합한 ₩50,000,000에 대하여 전자세금계산서를 발급하였다.

2. 2022.10.1.에 거래처에 판매장려 목적으로 원가 ₩5,000,000(시가 ₩8,000,000)의 제품(매입세액 공제를 받음)을 무상으로 제공하고 세금계산서는 발급하지 아니하였다.

3. 2022.11.30.에 업무용 소형승용차(배기량 2,000cc, 취득시 매입세액 불공제됨)를 ₩12,000,000에 6개월 할부조건으로 매각하고 인도하였다. 대금은 2022.11.30.부터 매월 말에 ₩2,000,000씩 수령하기로 하였다.

4. 제품을 2023.1.20.에 인도할 예정이나 2022.12.30.에 거래처의 요청으로 ₩17,000,000에 대하여 전자세금계산서를 발급하였다. 거래내역은 다음과 같으며, 대금청구시기 및 지급시기에 관한 약정 등은 없다.

구분	세금계산서 발급일	제품인도일	대금수령일	금액
제품A	2022.12.30.	2023.1.20.	2023.1.5.	₩9,000,000
제품B	2022.12.30.	2023.1.20.	2022.6.30.	₩8,000,000

5. 2022.11.1.에 장부가액 ₩25,000,000인 기계장치A를 동종업종 타 회사의 기계장치B(시가 ₩20,000,000)와 교환하였다. 기계장치A의 시가는 불분명하나 교환당시 감정평가업자의 감정가액은 ₩23,000,000이다.

6. 제품을 다음과 같이 중간지급조건부로 직수출하기로 하였다. 총공급가액은 $40,000

이며, 선적일에 잔금을 수령한다.

일 자	2022.10.10. (계약일)	2022.12.20. (1차 중도금)	2023.2.20. (2차 중도금)	2023.4.20. (선적일)
수령금액	$ 10,000	$ 10,000	$ 10,000	$ 10,000
기준환율(W/$)	1,000	1,050	1,100	1,150

7. 제품을 다음과 같이 국내거래처에 내국신용장에 의하여 공급하였다.

매출처	거래금액	제품인도일	내국신용장개설일
㈜A	₩10,000,000	2022.10.1.	2022.6.30.
㈜B	12,000,000	2022.11.1.	2023.1.25.
㈜C	13,000,000	2022.12.1.	2023.1.30.

8. 국내사업장이 없는 비거주자에게 $20,000의 제품을 2022.10.10.에 인도하고 그 대금은 2022.12.10.에 미화($)로 수령하였다.

일 자	2022.10.10.	2022.12.10.
기준환율(W/$)	1,000	1,100
대고객 외국환매입률(W/$)	990	1,080

9. 2022.11.10.에 동종업종의 다른 사업자에게 제품의 원재료(수량 100개, 장부가액 ₩15,000,000, 시가 ₩16,000,000)를 대여하고 2022.12.10.에 동일한 원재료(수량 100개, 시가 ₩17,000,000)를 반환받았다.

(물음 1) 〈자료 1〉을 이용하여 ㈜세무의 2022년 제2기 과세기간 최종 3개월 (2022.10.1.~ 2022.12.31.)의 부가가치세 과세표준과 세율 및 매출세액을 다음의 답안 양식에 따라 제시하시오. (10점)

〈답안양식〉

〈자료 1〉의 항목번호	과세표준	세율	매출세액
1			
:			
9			
합계			

〈자료 2〉 다음은 과세사업(생선통조림 제조판매사업)과 면세사업(생선판매사업)을 겸영하는 ㈜대한(중소기업 아님)의 2022년 과세기간의 자료이다. (단, 세부담 최소화를 가정하고 별도의 언급이 없는 한 세금계산서 및 계산서는 적법하게 발급 및 수취한 것으로 가정한다.)

1. 과세기간별 공급가액

구 분	2022년 제1기	2022년 제2기		
		7.1.~9.30.	10.1.~12.31.	계
생선판매사업	₩125,000,000	₩70,000,000	₩123,750,000	₩193,750,000
생선통조림 제조판매사업	375,000,000	180,000,000	251,250,000	431,250,000
계	₩500,000,000	₩250,000,000	₩375,000,000	₩625,000,000

2. 2022.12.20.에 생선판매사업과 생선통조림 제조판매사업에 공통으로 사용하던 건물 A와 부수토지를 ₩253,500,000(부가가치세 포함)에 일괄 양도하고 잔금을 수령하였다(이 금액은 상기 '1. 과세기간별 공급가액'에 포함되어 있지 않음). 건물 A와 부수토지의 공급가액의 구분은 불분명하다. 단, 건물A는 매입시 공급가액을 기준으로 매입세액을 공제하였으며, 양도일 현재의 가액(부가가치세 제외 금액)은 다음과 같다.

구 분	장부가액	감정가액[1]	기준시가
건물A	₩60,000,000	₩120,000,000	₩80,000,000
토지	40,000,000	40,000,000	40,000,000
계	₩100,000,000	₩160,000,000	₩120,000,000

[1] 2022.6.20. 감정평가업자의 감정가액임

3. 2022.10.11.에 생선통조림 제조판매사업에 사용하던 건물B(취득가액은 ₩250,000,000이며 매입세액 공제를 받았음, 취득일 2018.8.7.)를 생선 판매사업에도 사용하기로 하였다. 겸용사용일 현재 건물B의 감정가액은 ₩200,000,000이다.

4. 세금계산서 수취분 매입세액

구 분	2022.7.1.~2022.9.30.	2022.10.1.~2022.12.31.
생선판매사업	₩3,000,000	₩4,000,000
생선통조림 제조판매사업	6,000,000	8,000,000*1)
공통매입세액*2)	3,000,000	5,000,000

*1) 접대비 관련 매입세액 ₩1,000,000이 포함되어 있음

*2) 공통매입세액은 생선 판매사업, 생선통조림 제조판매사업의 공통매입세액으로서 실지 귀속을 확인할 수 없음

5. 2022년 제2기 과세기간 중 생선 판매사업과 생선통조림 제조판매사업에 사용될 생선의 매입과 사용 내역은 다음과 같으며, 의제매입세액 공제 요건을 충족한다. ㈜대한은 생선의 매입 시기가 한 과세기간에 집중되는 법인이 아니며, 2022년 제1기 과세기간에서 이월된 재고는 없다. 2022년 제2기 예정신고는 적정하게 이루어졌다.

기 간	매 입	사 용		기간말일 재고*1)
		생선판매	생선통조림 원료	
7.1.~9.30.	₩109,660,000	₩41,260,000	₩60,900,000	₩7,500,000
10.1.~12.31.	172,900,000	75,000,000	95,400,000	10,000,000

*1) 면세사업과 과세사업에 대한 실지귀속을 확인할 수 없음

6. 2021.10.1.에 면세사업과 과세사업에 공통으로 사용하기 위해 운반용 트럭을 ₩60,000,000(부가가치세 ₩6,000,000 별도)에 취득하였다. 2021년 제2기 면세사업과 과세사업 공급가액은 각각 ₩79,200,000과 ₩280,800,000이었다.

(물음 2) 〈자료 2〉를 이용하여 ㈜대한의 2022년 제2기 과세기간 최종 3개월(2022.10.1.~ 2022.12.31.)의 부가가치세 과세표준과 매출세액을 다음의 답안 양식에 따라 제시하시오. (4점)

〈답안양식〉

〈자료 2〉의 항목번호	과세표준	세율	매출세액
1			
2			
3			

(물음 3) 〈자료 2〉를 이용하여 ㈜대한의 2022년 제2기 과세기간 최종 3개월(2022. 10.1.~2022.12.31.)의 매입세액 공제액과 매입세액 불공제액을 다음의 답안 양식에 따라 제시하시오. (2점)

〈답안양식〉

〈자료 2〉의 항목번호	매입세액 공제액	매입세액 불공제액
4		

(물음 4) 〈자료 2〉를 이용하여 ㈜대한의 2022년 제2기 과세기간 최종 3개월 (2022.10.1.~ 2022.12.31.)의 의제매입세액 공제액을 제시하시오. (단, 의제매입세액 공제율은 2/102이며, 의제매입세액 공제한도는 고려하지 않는다.) (2점)

〈답안양식〉

〈자료 2〉의 항목번호	의제매입세액 공제액
5	

(물음 5) 〈자료 2〉를 이용하여 ㈜대한의 운반용 트럭과 관련하여 2022년 제2기의 납부세액 또는 환급세액을 재계산하고, 납부세액에 가산 또는 차감여부를 표시하시오. (2점)

〈답안양식〉

〈자료 2〉의 항목번호	세액	가산 또는 차감 여부
6		

세법학1부

【문제 1】 다음 사례를 읽고 물음에 답하시오. (20점) (2021 수정)

〈사례〉

A주식회사(이하 'A회사'라 함)는 2012년 5월에 설립된 내국법인이며 비상장법인이다. A회사의 주주는 거주자 甲, 乙, 丙이다. 甲은 발행주식총수(의결권이 없는 주식은 제외한다. 이하 같다)의 40%, 甲의 배우자인 乙은 20%, 甲의 동생인 丙은 40%를 회사설립 이후 2022년 현재까지 각각 소유하고 있다. 甲과 乙은 丙의 부탁을 받아 명의만 대여해준 명의수탁 주주에 불과하다.

A회사는 2017년부터 사업이 악화되기 시작하여 2018 사업연도 이후 법인세 등을 체납하였고, 2020년도에는 이미 자본잠식상태에 이르렀다. 이에 과세관청은 2021년 11월 30일 A 회사의 2018, 2019, 2020 사업연도의 체납액에 대해 甲을 제2차 납세의무자로 지정하여 납부통지를 하였다.

(물음 1) 『국세기본법』상 제2차 납세의무의 의의, 주된 납세의무와의 관계에 대해 설명하고, 과세관청이 A회사의 제2차 납세의무자로 甲을 지정하여 납부통지한 것이 적법한지를 설명하시오. (14점)

(물음 2) 〈사례〉와 달리 만일 甲과 乙이 A회사의 실질적 주주로서 주주총회에 참석하여 자신의 권리를 적극적으로 행사하였다면, 과세관청이 A회사의 제2차 납세의무자로 乙을 지정하여 납부통지할 수 있는지 여부와 그 책임범위를 설명하시오. (6점)

【문제 2】 다음 각 사례를 읽고 물음에 답하시오. (30점)

〈사례 1〉

'우주사'라는 상호로 대금업을 영위하는 거주자 甲은 2020년 3월 4일부터 2021년 12월 15일까지 자금주들에게 A상호신용금고(이하 'A금고'라 함)를 소개하여 합계 60억 원의 예금을 A금고에 유치하여 주었다. 甲은 위 기간 동안 A금고로부터 예금유치 관련 수수료(이하 '이 사건 수수료'라 함) 1억 원을 지급받았다. 이 때 A금고는 甲에게 지급한 이 사건 수수료에 대해 이자소득으로 원천징수하였다. 2021년 5월 20일 甲은 이 사건 수수료 1억 원을 이자소득으로 종합소득세 신고납부하였다. 이에 과세관청은 이 사건 수수료가 사업소득에 해당한다고 보아 2022년 7월 11일 甲에게 2020년도 귀속 종합소득세 증액경정처분(이하 '이 사건 처분'이라 함)을 하였다.

〈사례 2〉

거주자 甲은 거주자 乙과 함께 부동산매매업을 공동으로 영위하기로 계약을 체결하고, 2017년 6월 지분의 1/2인 2억 원을 출자하였다. 甲과 乙은 경매 등을 통한 부동산의 취득과 양도를 여러 차례 함께 영위하여 왔고, 약정된 손익분배비율에 따라 공동사업에서 발생한 소득금액을 분배하였다.

그런데 甲과 乙은 2019년 4월 30일 공동사업을 하지 않기로 하였다. 이 때 乙은 甲의 출자금의 반환에 갈음하여 乙 소유의 과수원(이하 '이 사건 과수원'이라 함)을 2019년 9월까지 이전하기로 약정하였다. 하지만 甲과 乙 간의 분쟁으로 그에 관한 소유권이전등기가 지체되던 중 한국토지주택공사가 이 사건 과수원을 수용하면서 피공탁자를 乙로 하여 수용보상금을 공탁하였고, 甲은 乙을 상대로 공탁금출급청구권 양도를 구하는 소를 제기하여 승소 판결을 받아 2020년 9월 23일 乙이 받은 수용보상금 3억 원을 수령하였다. 이에 과세관청은 甲이 받은 수용보상금 3억 원에서 출자금 2억 원을 공제한 1억 원을 동업관계 탈퇴에 따른 배당소득으로 보아 2022년 7월 30일 甲에게 2020년도 귀속 종합소득세 증액경정처분(이하 '이 사건 처분'이라 함)을 하였다.

(물음 1) 〈사례 1〉에서 「소득세법」상 이자소득과 사업소득의 판단기준에 대해 설명하고, 이 사건 처분이 적법한지를 설명하시오. (15점)

(물음 2) 〈사례 2〉에서 「소득세법」상 배당소득에 대해 설명하고, 이 사건 처분이 적법한지를 설명하시오. (15점)

【문제 3】 다음 각 사례를 읽고 물음에 답하시오. (30점)

〈사례 1〉

외국에 설립된 A단체(이하 'A'라 함)는 재무자문업을 하고 있는데, 2020년부터 국내에서 내국법인에게도 해당 용역을 제공하고 있다.

〈사례 2〉

과세관청은 내국법인B(이하 'B'라 함)의 법인세 과세표준을 결정함에 있어 사업수입금액과 이에 대응하는 경비의 계상 내용을 장부나 그 밖의 증명서류에 의하여 계산할 수 없다고 판단하고 이를 추계결정하고자 한다. (단, B는 「조세특례제한법」상 소기업이 아님)

(물음 1) 〈사례 1〉과 관련하여 「법인세법」상 외국법인의 의의에 대하여 설명하고, 같은 법은 A의 실질적 관리장소가 국내에 있는 경우 이를 내국법인으로 규정하고 있는바 해당 실질적 관리장소의 의미를 설명하시오. (5점)

(물음 2) 〈사례 1〉에서 과세관청은 A가 국내사업장이 존재하며 이를 통해 사업을 수행하고 있다고 보고 과세소득을 산출하고자 한다. 「법인세법」상 국내사업장으로 인정할 수 있는 요건을 설명하고, 고정된 장소를 두고 있지 않는 경우에도 국내사업장이 있는 것으로 간주할 수 있는 요건을 설명하시오. (5점)

(물음 3) 〈사례 1〉에서 A는 국내사업장이 있다고 가정하자. A는 각 사업연도소득금액 중 법인세 등 법령에서 정한 금액을 빼고 남은 금액을 본사가 있는 외국으로 송금 하고자 한다. 해당 송금액에 과세할 수 있는 경우를 설명하고, 해당 규정의 입법 취지를 설명하시오. (5점)

(물음 4) 〈사례 2〉에서 과세관청이 B의 법인세 과세표준을 계산함에 있어 장부에 근거하지 않고 추계결정할 수 있는 사유를 설명하시오. (3점)

(물음 5) 〈사례 2〉에서 B의 법인세 과세표준을 추계결정할 때, 사업수입금액을 장부나 그 밖의 증명서류에 의해 계산할 수 없을 경우 사업수입금액을 확정하는 방법과 해당 사업수입금액에 대응하는 경비를 확정하는 방법 및 이월결손금에 대한 처리 방법을 설명하시오. (12점)

【문제 4】 다음 각 사례를 읽고 물음에 답하시오. (20점)

〈사례 1〉

「상속세 및 증여세법」상 거주자인 甲은 내국법인A(아하 'A'라 함)의 지배주주이다. 그런데 甲의 특수관계인인 乙은 A에게 부동산을 시가보다 낮은 금액으로 양도하였다. 과세관청은 乙이 시가보다 낮은 대가로 양도한 사실에 기초하여 증여의제이익을 산출하고 관련 증여세를 부과하려고 한다.

〈사례 2〉

「상속세 및 증여세법」상 거주자인 丙은 내국법인B(이하 'B'라 함)의 지배주주이다. 한편, 丙과 그의 특수관계인인 丁은 내국법인C(이하 'C'라 함)의 지배주주이다. B는 자체적으로 수행하던 자동차 운송사업 업무를 C에게 임대하였다. 과세관청은 위 사업기회 제공 사실에 기초하여 증여의제이익을 산출하고 관련 증여세를 부과하려고 한다. (단, B는 상속세 및 증여세법」에서 적용대상이 아닌 것으로 정하고 있는 중소기업과 그 밖의 법인은 아님)

(물음 1) 「상속세 및 중여세법」상 증여의제와 증여추정의 개념 및 구별 실익을 설명하시오. (6점)

(물음 2) 〈사례 1〉에서 「상속세 및 증여세법」상 증여의제이익 계산방법과 시가 판정기준 및 해당 규정의 입법취지를 설명하시오. (7점)

(물음 3) 사례 2〉에서 「상속세 및 증여세법」상 증여의제이익 계산방법과 정산증여의제이익 계산방법 및 해당 규정의 입법취지를 설명하시오. (7점)

세법학2부

제4교시

【문제 1】 다음 사례를 읽고 물음에 답하시오. (35점)

〈사례〉

(1) 「부가가치세법」상 사업자인 甲은 성남시 분당구에 있는 6개 상가건물(이하 '이 사건 건물'이라 함)의 매수자금에 사용하기 위하여 A은행으로부터 42억 원을 대출받았다.

(2) 甲은 위 대출금채무를 담보하기 위하여 2017년 6월 30일 수탁자인 B부동산신탁 주식회사(이하 'B신탁회사'라 함)와 이 사건 건물에 관하여 신탁원본의 우선수익자를 A은행으로, 수익권증서 금액을 58억 원으로 정한 부동산담보신탁계약을 체결하면서, 신탁부동산이 환가되는 경우 A은행의 채권을 우선적으로 변제하고 잔액은 甲에게 지급하기로 약정하였다. 甲과 B신탁회사는 이 사건 건물에 관하여 2017년 7월 1일 甲명의의 소유권이전등기를 마친 다음, 곧이어 신탁을 원인으로하여 B신탁회사 명의의 소유권이전등기를 마쳤다.

(3) 그러나 甲이 위 대출금채무를 제때 변제하지 못하자 A은행의 요청에 따른 B신탁회사의 공개매각 절차에 따라 2021년 2월 23일 乙이 45억 원에 이 사건 건물의 소유권을 취득하였다.

(4) 관할 세무서장은 위탁자인 甲이 乙에게 이 사건 건물을 공급함으로써 부가가치세의 납세의무자가 되었다고 보아 2022년 1월 16일 甲에게 2021년 제1기분 부가가치세를 부과하는 처분(이하 '이 사건 처분'이라 함)을 하였다.

(물음 1) 과세관청이 甲을 납세의무자로 하여 이 사건 처분을 한 이유에 대하여 신탁과 세이론 측면에서 설명하시오. (10점)

(물음 2) 이 사건 처분의 적법 여부에 대하여 설명하시오. (10점) (2022 수정)

(물음 3) 사안을 달리하여 甲이 채무 없이 이 사건 건물을 취득한 후 임대관리 및 처분 위탁만을 목적으로 B신탁회사에 신탁하고 그 수익을 甲에게 지급함을 내용으로 하는 신탁계약을 체결하였고 해당 신탁계약에 따라 B신탁회사가 2021년 2월 23일 이 사건 건물을 처분한 경우의 부가가치세 납세의무자에 대하여 설명하시오. (15점) (2022 수정)

【문제 2】 다음 사례를 읽고 물음에 답하시오. (20점)

〈사례〉

(1) A사는 2022년 1월부터 고급가방(특정물품 운반·보관용 아님)을 직접 생산하되 일부 부족한 수량은 B사에게 생산을 위탁하여 판매하고 있다. B사가 A사에게 공급하는 가액은 개당 500만 원이고 A사의 판매가격은 직접 생산분과 위탁 생산분 모두 1,200만 원이다. 위 각 가액에는 포장비용 50만 원이 포함되어 있고, 해당 포장은 개봉 이후 재활용할 수 없다. 가방표면에는 보석이 장식되어 있고 제조원가 중 보석의 구성비율은 30%이며 나머지는 모두 가방제조원가에 해당 한다. B사는 수탁제조물품을 반출하면서 개별소비세를 신고·납부하지 않았고, 미납세반출승인신청도 하지 않았다.

(2) 한편, A사는 직접 생산한 고급가방 10개를 국외 전시회에 출품하였다가 전시회 종료 후 제조장에 환입하였다. 출품 시에는 관련 승인을 받았으나, 환입 시에는 별도의 신고를 하거나 승인을 받지 아니하였다.

(3) 이후 2022년 10월 5일 A사는 합의 하에 B사로부터 제조장을 사실상 이전하지 않고 제조업의 영업을 포괄승계받았는바, 당시 제조장에는 고급가방 50개가 반출되지 아니하고 있는 상태였다.

(물음 1) 지문(1)과 관련하여 개별소비세의 과세물품, 과세표준, 세율, 납세의무자에 대하여 설명하시오. (10점)

(물음 2) 지문(2)와 관련하여 A사가 직접 생산한 고급가방을 국외 전시회에 출품하기 위하여 반출하는 경우 및 제조장에 환입하는 경우의 과세문제에 대하여 설명하시오. (6점)

(물음 3) 지문(3)과 관련하여 반출되지 않고 B사의 제조장에 남아 있는 고급가방에 대한 개별소비세 과세여부에 대하여 설명하시오. (4점)

【문제 3】 다음 사례를 읽고 물음에 답하시오. (20점)

〈사례〉

⑴ 甲은 A건설회사로부터 부산시 소재 아파트를 분양받은 후 <u>2018년</u> 11월경 아파트 공급계약서 및 A건설회사로부터 제출받은 분양금 납부확인서를 첨부하여 취득세를 신고·납부하면서 소유권이전등기를 마쳤다.

⑵ 甲이 A건설회사와 체결한 공급계약서에는 아래와 같은 특약(이하 '이 사건 특약' 이 라 함)이 포함되어 있다.

> 제2조 [잔금 납부시 분양대금의 10% 2년간 납부 유예]
> ⑴ 매수인이 입주시 납부하여야 할 잔금 중 분양대금의 10%를 입주지정만료일로 부터 2년간 납부 유예한다. 다만, 납부 유예한 잔금을 제외한 분양대금을 완 납하면 매수인에게 아파트의 소유권을 이전하여 주기로 한다.
> 제3조 [분양가격 미만으로 시세 하락시 원금 보장제 적용]
> ⑴ A건설회사는 입주지정만료일로부터 2년이 경과하는 시점(기준시점)에 아파트 에 대한 시세가액이 아파트의 분양가격 대비 하락시 분양가의 최대 10% 범위 내에서 아래와 같은 방법으로 잔금 납부 유예분을 처리하기로 약정한다.
> ① 분양가격 대비 해당 시세가액이 10% 이상 하락시 → 잔금 납부 유예분 지 급면제
> ② 분양가격 대비 해당 시세가액이 분양가 미만~10% 미만 하락시 → 잔금 납부 유예분 중 시세 하락분(분양가격-시세가액) 지급면제

⑶ 이 사건 특약에 따라 입주지정만료일부터 약 2년이 지난 시점인 <u>2020년 6월 30일</u> 기준으로 아파트 시가감정을 의뢰한 결과 시세가액이 분양가격보다 10% 이상 하락 된 것으로 평가되어 <u>2020년 9월 4일</u> 甲에게 유예된 잔금지급채무가 면제되었다.

⑷ 그 후 甲이 지급면제된 금액에 상응하는 취득세 환급을 구하는 경정청구를 <u>2021년</u> 7월경에 하였으나 乙구청장은 <u>2021년 8월 7일</u> 이를 거부하였다.

(물음 1) 「지방세법」상 甲이 분양받은 아파트의 취득세 과세표준 및 취득시기에 대하여 설명하시오. (10점)

(물음 2) 「지방세기본법」상 甲에게 유예된 잔금지급채무의 면제 사실이 경정청구를 할 수 있는 사유에 해당하는가를 설명하시오. (10점)

【문제 4】 다음 사례를 읽고 물음에 답하시오. (25점)

〈사례〉

---

(1) 甲은 A시 소재 토지 및 그 지상건물(이하 '이 사건 부동산'이라 함)에서 B공업사라는 상호의 자동차부품 제조업을 영위하다가 2012년 12월 24일 이 사건 부동산을 현물출자하여 2013년 3월 7일 주식회사C를 설립하였다.

(2) 甲은 2013년 1월 31일 「조세특례제한법」상 법인전환에 대한 양도소득세 이월과세 특례규정을 근거로 양도소득세 이월과세 적용신청을 하였다.

(3) 甲은 2013년 1월 3일 현물출자로 인수할 주식회사C의 주식 20만주 가운데 19만 8천주(이하 '쟁점 주식'이라 함)를 처와 자녀 등에게 증여하는 계약을 수증자들과 체결하고, 2013년 4월 30일 증여세를 신고·납부하였다.

(4) 주식회사C는 설립등기 전인 2012년 12월 29일 사업자등록을 마치고, 2013 사업연도 법인세 신고서에 수증자들이 쟁점 주식을 증여받은 내역을 반영한 주식변동상황명세서를 첨부하였다.

(5) 乙세무서장은 2017년 3월 8일 甲에게 이월과세 특례를 적용받은 양도소득세를 납부할 의무가 있다는 이유로 2013년 귀속 양도소득세 7억 원을 결정·고지하였다.

(물음 1) 지문(2)에서 甲이 양도소득세 이월과세 적용신청을 하기 위한 요건 및 그 과세특례의 취지에 대하여 설명하시오. (10점) (21년 수정)

(물음 2) 「조세특례제한법」이 2013년 1월 1일 개정되어 법인전환에 대한 양도소득세 이월 과세 특례를 적용받은 거주자가 법인설립일로부터 5년 이내에 법인전환으로 취득한 주식의 100분의 50 이상을 처분하는 경우 이월과세액을 양도소득세로 납부하여야 한다는 규정(이하 '사후관리규정'이라 함)이 신설되었고, 동 법률 부칙 제11조는 이 조항을 2013년 1월 1일 이후 취득한 주식을 처분하는 분부터 적용한다고 규정하고 있다. 사후관리규정의 의의 및 적용요건에 대하여 설명하고, 위 사례에서 乙세무서장의 甲에 대한 2013년 귀속 양도소득세 과세처분을 정당화할 수 있는 근거를 설명하시오. (15점)

2019년도 제 56 회

기출문제

회계학1부(재무회계 · 원가회계) · 214
회계학2부(세무회계) · 223
세법학1부 · 242
세법학2부 · 248

회계학1부

제1교시

아래 문제들에서 특별한 언급이 없는 한 기업의 보고기간(회계기간)은 1월 1일부터 12월 31일까지이다. 또한 기업은 주권상장법인으로 계속해서 한국채택국제회계기준(K-IFRS)을 적용해오고 있다고 가정한다. 자료에서 제시한 것 이외의 사항은 고려하지 않고 답한다. 예를 들어 법인세에 대한 언급이 없으면 법인세 효과는 고려하지 않는다. 모든 문제에 대하여 계산 근거를 반드시 제시하시오.

【문제 1】 다음은 유통업을 영위하고 있는 ㈜세무의 20×2년도 비교재무상태표와 포괄손익계산서이다. 이들 자료와 추가정보를 이용하여 각 물음에 답하시오. (30점)

비교재무상태표

계정과목	20×2.12.31	20×1.12.31	계정과목	20×2.12.31	20×1.12.31
현금및현금성자산	₩74,000	₩36,000	매입채무	₩70,000	₩44,000
매출채권	53,000	38,000	미지급이자	18,000	16,000
손실충당금	(3,000)	(2,000)	미지급법인세	2,000	4,000
재고자산	162,000	110,000	사채	200,000	0
금융자산(FVPL)	25,000	116,000	사채할인발행차금	(8,000)	0
차량운반구	740,000	430,000	자본금	470,000	408,000
감가상각누계액	(60,000)	(100,000)	자본잉여금	100,000	100,000
			이익잉여금	139,000	56,000
자산총계	₩991,000	₩628,000	부채와자본총계	₩991,000	₩628,000

포괄손익계산서

계정과목	금 액
매출액	₩420,000
매출원가	(180,000)
판매비와관리비	(92,000)
영업이익	148,000
유형자산처분이익	4,000
금융자산(FVPL)평가이익	5,000
금융자산(FVPL)처분손실	(2,000)
이자비용	(8,000)
법인세비용차감전순이익	147,000
법인세비용	(24,000)
당기순이익	₩123,000
기타포괄손익	0
총포괄이익	₩123,000

[추가정보]

1. 금융자산(FVPL)은 단기매매목적으로 취득 또는 처분한 자산으로 당기손익 – 공정가치모형을 적용해오고 있다.

2. 20×2년 중에 취득원가가 ₩100,000이고, 80% 감가상각된 차량운반구를 ₩24,000에 매각하였다.

3. 20×2년 중에 액면금액이 ₩100,000인 사채 2좌를 1좌당 ₩95,000에 할인발행하였다.

4. 20×2년 자본금의 변동은 유상증자(액면발행)에 따른 것이다.

5. 포괄손익계산서의 판매비와관리비 ₩92,000에는 매출채권 손상차손 ₩2,000이 포함되어 있으며, 나머지는 급여와 감가상각비로 구성되어 있다.

6. 포괄손익계산서의 이자비용 ₩8,000에는 사채할인발행차금상각액 ₩2,000이 포함되어 있다.

7. 이자 및 배당금 지급을 영업활동현금흐름으로 분류하고 있다.

(물음 1) ㈜세무가 20×2년도 현금흐름표 상 영업활동현금흐름을 간접법으로 작성한다고 가정하고, 다음 ①~⑤에 알맞은 금액을 계산하시오. (단, 현금유출은 (-)로 표시하고 현금유출입이 없는 경우에는 '0'으로 표시하시오.) (10점)

영업활동현금흐름	
법인세비용차감전순이익	₩ ?
가감 :	
감가상각비	①
매출채권의 증가(순액)	②
재고자산의 증가	?
금융자산(FVPL)의 감소	?
매입채무의 증가	?
유형자산처분이익	?
이자비용	③
영업으로부터 창출된 현금	₩ ④
이자지급	?
법인세의 납부	?
배당금지급	?
영업활동순현금흐름	₩ ⑤

(물음 2) ㈜세무가 20×2년도 현금흐름표 상 영업활동현금흐름을 직접법으로 작성한다고 가정하고, 다음 ①~⑥에 알맞은 금액을 계산하시오. (단, 현금유출은 (-)로 표시하고 현금유출입이 없는 경우에는 '0'으로 표시하시오.) (8점)

영업활동현금흐름	
고객으로부터의 유입된 현금	₩ ①
금융자산(FVPL)으로부터의 유입된 현금	②
공급자와 종업원에 대한 현금유출	③
영업으로부터 창출된 현금	₩ ?
이자지급	④
법인세의 납부	⑤
배당금지급	⑥
영업활동순현금흐름	₩ ?

(물음 3) 현금흐름표 상 영업활동현금흐름은 직접법 또는 간접법으로 작성될 수 있다. 직접법과 간접법의 장·단점을 기술하시오. (4점)

(물음 4) 20×2년도 차량운반구 취득으로 인한 현금유출액을 계산하시오. (4점)

(물음 5) 20×2년도 현금흐름표 상 재무활동순현금흐름을 계산하시오. (단, 현금유출의 경우에는 금액 앞에 (－)표시를 하시오. (4점)

【문제 2】 ㈜대한은 20×0년 12월 31일에 항공기를 ₩5,198,927에 취득하였다. 리스제공자인 ㈜대한은 항공서비스를 제공하는 ㈜세무과 20×1년 1월 1일에 금융리스계약을 체결하였다. 구체적인 계약내용이 다음 〈자료〉와 같을 때, 각 물음에 답하시오. (30점)

─────── 〈자 료〉 ───────

1. 리스개시일은 20×1년 1월 1일이고, 만료일은 20×4년 12월 31일이다. 이 기간 동안은 리스계약의 해지가 불가능하다.
2. 기초자산(항공기)의 공정가치는 ₩5,198,927이며, 경제적 내용연수는 6년이고 내용연수 종료 후 추정잔존가치는 없다. 해당 기초자산은 정액법으로 감가상각한다.
3. 리스기간 종료시점의 해당 기초자산 잔존가치는 ₩500,000으로 추정되며, ㈜세무의 보증잔존가치는 ₩200,000이다. 추정잔존가치 중 ㈜세무가 보증한 잔존가치 지급예상액은 ₩200,000이다.
4. 리스료는 리스기간 동안 매년 말 고정된 금액을 수수한다.
5. 리스기간 종료시점에 소유권이전약정이나 염가매수선택권은 없으며, 리스기간 종료시 기초자산을 ㈜대한에 반환하여야 한다.
6. ㈜대한이 리스계약과 관련하여 지출한 리스개설직접원가는 ₩300,000이며, ㈜세무가 리스계약과 관련하여 지출한 리스개설직접원가는 ₩300,000이며, ㈜세무가 리스계약과 관련하여 지출한 리스개설직접원가는 ₩200,000이다. 이들 리스개설직접원가는 모두 현금으로 지급하였다.
7. ㈜대한의 내재이자율은 연 10%이며, ㈜세무는 증분차입이자율은 12%이다. ㈜세무는 ㈜대한의 내재이자율을 알고 있다.
8. ㈜세무는 사용권자산에 대한 감가상각방법으로 정액법을 채택하고 있으며, 감가상각비는 지급할 것으로 예상되는 보증잔존가치를 차감하는 방법으로 회계처리한다.
9. 현재가치 계산 시 아래의 현가계수를 이용하며, 금액을 소수점 첫째 자리에서 반올

림하여 계산한다. [예 : ₩5,555.5 → ₩5,556]

기간	단일금액 ₩1의 현가계수		정상연금 ₩1의 현가계수	
	10%	12%	10%	12%
1	0.9091	0.8929	0.9091	0.8929
2	0.8264	0.7972	1.7355	1.6901
3	0.7513	0.7118	2.4868	2.4018
4	0.6830	0.6355	3.1699	3.0373

(물음 1) ㈜대한이 매년 받게 될 고정리스료를 계산하고, ㈜대한이 리스개시일에 수행해야 할 회계처리를 제시하시오. (5점)

①	고정리스료	

②	(차변)	(대변)

(물음 2) ㈜대한이 동 리스거래로 인해 인식하게 될 리스총투자, 미실현금융수익을 계산하시오. (4점)

리스총투자	미실현금융수익
①	②

(물음 3) ㈜세무가 리스개시일에 계상해야 할 사용권자산과 리스부채를 계산하고, ㈜세무가 리스개시일에 수행해야 할 회계처리를 제시하시오. (6점)

	사용권자산	리스부채
①		

②	(차변)	(대변)

(물음 4) 동 리스거래와 관련한 회계처리가 ㈜대한의 20×1년도 당기순이익에 미치는 영향과 ㈜세무의 20×1년도 당기순이익에 미치는 영향을 각각 계산하시오. (단, 당기순이익이 감소하는 경우에는 금액 앞에 (-)표시를 하시오.) (6점)

㈜대한의 20×1년도 당기순이익	㈜세무의 20×1년도 당기순이익
①	②

(물음 5) ㈜대한의 20×2년도 이자수익과 ㈜세무의 20×2년 말 미상환부채를 계산하시오.

㈜대한의 20×2년도 이자수익	㈜세무의 20×2년 말 미상환부채
①	②

(물음 6) 만일, 20×1년 12월 31일 해당 기초자산의 잔존가치 추정치가 ₩300,000으로 하락하였다면, ㈜대한이 20×1년 말 리스채권손상차손으로 인식할 금액을 계산하시오.

【문제 3】 ㈜세무는 단일제품을 생산하여 판매한다. 20×1년도 1월과 2월의 원가계산 및 손익계산을 위한 자료는 다음과 같다. (20점)

1) 제품생산 및 판매자료

구 분	1월	2월
월초 재고수량	0단위	100단위
생산량	400단위	500단위
판매량	300단위	300단위
월말 재고수량	100단위	300단위

2) 실제 발생원가 자료

원가항목	1월	2월
단위당 직접재료원가	₩100	₩100
단위당 직접노무원가	₩40	₩40
단위당 변동제조간접원가	₩20	₩20
단위동 변동판매관리비	₩10	₩10
월 총고정제조간접원가	₩12,000	₩12,000
월 총고정판매관리비	₩2,000	₩2,000

3) 단위당 판매가격은 ₩400이며 월초 및 월말 재공품은 없다.

(물음 1) 선입선출법을 사용하여 재고자산을 평가하는 경우 실제전부원가계산과 실제 변동원가계산에 의한 20×1년도 1월과 2월의 영업이익을 구하시오. (5점)

(물음 2) (물음 1)에서 실제전부원가계산과 실제변동원가계산의 20×1년도 1월과 2월의 영업이익을 구하는 과정에서 비용으로 인식한 고정제조간접원가를 구하고, 그 금액을 사용하여 두 가지 원가계산에 의한 영업이익의 차이를 설명하시오. (5점)

(물음 3) 가중평균법을 사용하여 재고자산을 평가하는 경우 실제전부원가계산에 의한 20×1년도 2월의 영업이익을 구하시오. (5점)

(물음 4) ㈜세무는 정상원가계산(평준화원가계산, normal costing)과 원가차이 조정 시 매출원가조정법을 사용한다. 이 경우 제조간접원가 배부기준은 기계작업시간이며 20×1년도 제조간접원가 예정배부율 산정을 위한 연간 제조간접원가 예산금액은 ₩220,800(변동제조간접원가 ₩76,800, 고정제조간접원가 ₩144,000)이고 연간 예정 조업도는 9,600시간(제품 4,800단위)이다. 월 예정기계작업시간은 800시간이나 실제 기계작업시간은 1월에 800시간, 2월에 1,000시간이 발생하였다. 한편 고정제조간접원가의 월 예산금액은 실제발생액과 동일한 ₩12,000이다. 정상전부원가계산과 정상변동원가계산에 의한 20×1년도 1월과 2월의 원가차이 조정 후 영업이익을 구하시오.

【문제 4】 ㈜세무는 한국에 있는 사업부(국내사업부)와 말레이시아에 있는 사업부(해외사업부)로 구성되어 있으며, 국내사업부에서는 단일제품인 제품A를 생산하고 있다. 20×1년도 원가와 관련된 자료는 다음과 같으며, 재고의 변화는 없다고 가정한다. (20점)

1) 국내사업부는 제품A를 생산하여 국내에서 연간 20,000단위(단위당 판매가격 ₩10,000)를 안정적으로 판매하며, 해외사업부로 일정 단위를 대체하여 해외에서 판매할 수도 있다. 제품A와 관련된 원가자료는 다음과 같다.

단위당 변동제조원가	₩6,000
단위당 변동판매관리비	₩600
연간 고정제조원가	₩50,000,000
연간 최대조업도	25,000단위

2) 국내사업부는 제품A를 해외사업부로 대체하는 경우 단위당 변동판매관리비는 ₩600에서 ₩200으로 감소되는 것으로 파악하였다.

3) 해외사업부는 제품A를 한국에서 수입하여 현지에서 재가공 없이 연간 5,000단위(단위당 판매가격 ₩12,000)를 안정적으로 판매 가능하다. 다만, 해외사업부는 제품A를 현지에서 판매하기 위해서 국내사업부로부터 대체받는 가격의 20%에 해당하는 관세를 말레이시아 정부에 납부하여야 하는데, 관세는 모두 해외사업부에서 부담한다.

4) 해외사업부는 제품A에 대한 재고를 보유하지 않기 때문에 고정원가는 발생하지 않는다. 한편, 해외사업부는 제품A를 구내사업부로부터 대체받아 판매하지 못할 경우 국내의 다른 공급업자로부터 단위당 ₩9,600(관세 포함)에 구입하여 판매할 수도 있다.

5) 국내사업부와 해외사업부의 책임자는 각 사업부 경영에 관해 자율적 의사결정을 할 수 있는 권한을 갖고 있으며, 사업부의 성과는 경제적 부가가치(EVA : Economic Value Added)에 의해 평가하도록 규정되어 있다. 국내사업부의 투하자본은 ₩100,000,000이며, 경제적 부가가치를 계산함에 있어서 적용하는 가중평균자본비용은 6%라고 가정한다.

6) 국내사업부와 해외사업부의 법인세율은 각각 20%와 10%의 단일비례세율을 적용하며, 주어진 자료 이외에는 추가되는 수익과 비용은 없다고 가정한다.

(물음 1) 국내사업부가 제품A를 국내에서만 판매할 경우 경제적 부가가치 ₩2,960,000을 달성하기 위한 목표판매수량은 몇 단위인가? (5점)

(물음 2) 해외사업부의 책임자는 국내사업부의 책임자에게 외부에서 구입할 수 있는 가격인 단위당 ₩8,000(관세 불포함)에 5,000단위를 해외사업부로 대체해 줄 것을 제안하였다. 다만, 국내사업부가 해외사업부의 제안을 받아들여 25,000단위(최대조업도)를 안정적으로 생산하기 위해서는 현재 제조설비에 ₩20,000,000 추가 투자를 해야 하는 것으로 분석되었다. 추가 시설 투자로 인해 투하자본은 ₩120,000,000으로 변동되고, 투하자본 증가에 따라 제품A를 해외사업부로 대체하는 기간에 국내사업부는 연간 ₩3,000,000의 고정제조원가가 추가 발생하는 것으로 분석되었다. 국내사업부의 책임자가 해외사업부로 5,000단위 대체하기로 결정하는 경우 국내사업부의 세후 영업이익과 경제적 부가가치의 증감은 각각 얼마인가? (5점)

(물음 3) 경제적 부가가치에 의해 사업부의 성과평가를 하는 경우 국내사업부의 입장에서 해외사업부로 5,000단위를 대체함에 있어서 받고자 하는 단위당 최소대체가격은 얼마인가? (단, 국내외 판매환경에는 변화가 없으며, 투하자본의 증가액과 연간 고정제조원가의 증가액은 '(물음 2)'의 자료와 동일하다고 가정한다.) (5점)

(물음 4) 한국과 말레이시아는 양국 협의에 의해 제품A에 대한 관세를 철폐하기로 하였다. (단, 국내사업부는 해외사업부로 제품A를 대체하기로 결정한 상태이며, 투하자본의 증가액과 연간 고정제조원가의 증가액은 '(물음 2)'의 자료와 동일하다고 가정한다.) (5점)
(1) 기업 전체의 세후영업이익을 극대화시키는 단위당 대체가격은 얼마인가?
(2) 관세를 부과하는 시기에도 기업 전체의 세후영업이익을 극대화시키는 방향으로 대체가격을 결정하였다면 관세 철폐 후 기업 전체의 세후영업이익은 얼마나 증감하였는가?

회계학2부

제2교시

> 〈문제공통적용〉〈자료〉에서 다른 언급이 없는 한 조세 부담 최소화를 가정하며, 금액 계산의 경우 원 단위 미만에서 반올림한다. 각 문제의 물음에 대해 계산근거를 표시하여 답하시오.

【문제 1】 다음은 거갑의 <u>2022년도</u> 귀속 소득에 대한 자료이다. 각 물음에 답하시오. (단, 제시된 금액은 원천징수 전의 금액이며 별도의 언급이 없는 한 원천징수는 모두 적법하게 이루어졌다고 가정한다.) (30점)

1. 갑의 금융소득 관련 자료
   (1) 국내은행에 예치된 정기예금 이자 : ₩8,000,000
   (2) 상호저축은행법에 따른 신용부금으로 인한 이익 : ₩6,000,000
   (3) 집합투자기구로부터의 이익(전액 이자수익으로 구성됨) : ₩9,000,000
   (4) 발행일에 매입하여 계속 보유중인 장기채권의 이자(2012.11.30. 발행, 만기 10년) : ₩4,000,000
   (5) 출자공동사업자의 소득분배액 : ₩12,000,000
   (6) 외국법인으로부터 받은 현금배당(국내에서 원천징수한 금액은 없음) : ₩5,000,000

2. 갑의 근로소득 및 기타소득 관련 자료
   (1) 갑은 제조업을 영위하는 ㈜A(중소기업 및 벤처기업이 아님)의 기업부설연구소의 비출자임원으로 근무하고 있으며 매월 ₩6,000,000의 급여를 12개월간 수령하였다.
   (2) 갑은 기업부설연구소에서 연구활동을 직접 수행하여 연구보조비를 매월 ₩500,000씩 12개월간 수령하였다.
   (3) 갑은 법인세법상 연간 적정임대료가 ₩30,000,000인 사택을 12개월간 무상으로 제공받았다.

⑷ 갑은 임원기밀비(업무를 위하여 사용하였는지 분명치 않음)로 매월 ₩1,000,000을 12개월간 수령하였다.

⑸ 갑이 ₩40,000(1매당 가격 ₩5,000)에 구입한 복권 중 1매가 3등에 당첨되어 ₩30,000,000의 당첨금을 수령하였다.

⑹ 갑은 5년간 소유하고 있던 특허권(취득가액이 확인되지 않음)을 ₩20,000,000에 양도하였다.

⑺ 갑은 ㈜A가 조직한 지역사회봉사동아리 회장으로 봉사한 공적을 인정받아 지방자치단체로부터 봉사상과 부상으로 ₩3,000,000을 받았다.

⑻ 갑이 11년간 소유하고 있는 150년 전 제작된 골동품 1점을 양도하고 ₩120,000,000을 수령하였다. (골동품 소유로 실제 사용된 필요경비는 ₩100,000,000임)

3. 갑의 양도소득 관련 자료

갑은 본인 소유의 주택 및 주식을 특수관계 없는 을과 병에게 각각 양도하였으며 이외에 다른 양도는 없었다. 양도한 주택 및 주식과 관련된 자료는 다음과 같다.

구분	주택	비상장주식
양도일	2022.3.5.	2022.8.17
보유기간	5년 4개월	5년
양도가액 (실지거래가액)	₩1,500,000,000	₩200,000,000
양도가액 (기준시가)	800,000,000	180,000,000
취득가액 (실지거래가액)	500,000,000	-
취득가액 (기준시가)	300,000,000	90,000,000

⑴ 주택은 1세대 1주택 비과세요건을 충족하며 조정대상지역에 있는 등기된 주택이다. 취득 및 양도와 관련하여 부동산매매계약의 해약으로 인한 위약금 ₩50,000,000과 부동산 중개수수료 ₩15,000,000이 발생하였다. (위약금 및 중개수수료의 적격증명서류를 수취하여 보관하고 있음)

⑵ 비상장주식은 제조업을 영위하고 있는 ㈜B(중소기업 및 중견기업에 해당하지 않음)가 발행한 것이며 갑은 ㈜B의 대주주가 아니다.

⑶ 비상장주식의 취득당시 실지거래가액은 확인되지 않으며 취득당시 매매사례가액은 ₩100,000,000이고 감정가액은 ₩95,000,000이다. (매매사례가액 및 감정가액은 특수관계인과의 거래에 따른 가액이 아니며 객관적으로 부당하다고 인정되는 경우의 가액도 아님)

⑷ 주식의 양도와 관련하여 증권거래세 ₩2,000,000(적격증명서류를 수취하여 보관하고 있지 않음)이 발생하였다.

⑸ 장기보유특별공제율은 보유기간이 5년 이상 6년 미만의 경우 10%(1세대 1주택의 경우 40%)이다.

4. 근로소득공제액의 계산식은 다음과 같다.

총급여액	근로소득공제액
500만원 이하	총급여액 × 70%
500만원 초과 1,500만원 이하	350만원 + (총급여액 - 500만원) × 40%
1,500만원 초과 4,500만원 이하	750만원 + (총급여액 - 1,500만원) × 15%
4,500만원 초과　　1억원 이하	1,200만원 + (총급여액 - 4,500만원) × 5%
1억원 초과	1,475만원 + (총급여액 - 1억원) × 2%

5. 소득세 기본세율은 다음과 같다.

과세표준	기본세율
1,200만원 이하	과세표준 × 6%
1,200만원 초과　4,600만원 이하	72만원 + (과세표준 - 1,200만원) × 15%
4,600만원 초과　8,800만원 이하	582만원 + (과세표준 - 4,600만원) × 24%
8,800만원 초과 1억5천만원 이하	1,590만원 + (과세표준 - 8,800만원) × 35%
1억5천만원 초과　　3억원 이하	3,760만원 + (과세표준 - 1억5천만원) × 38%
3억원 초과　　5억원 이하	9,460만원 + (과세표준 - 3억원) × 40%
5억원 초과　　10억원 이하	1억 7,460만원 + (과세표준 - 5억원) × 42%
10억원 초과	3억 8,460만원 + (과세표준 - 10억원) × 45%

(물음 1) 종합소득금액에 합산될 ① 이자소득금액과 ② 배당소득금액 및 ③ 금융소득에 대한 소득세 원천징수세액(분리과세금액 포함)을 다음 양식에 따라 제시하시오. (단, 분리과세 신청이 가능한 경우 적법하게 분리과세 신청을 하였다고 가정한다.) (10점)

구분	해답
① 종합소득금액에 합산될 이자소득금액	
② 종합소득금액에 합산될 배당소득금액	
③ 금융소득에 대한 소득세 원천징수세액(분리과세금액 포함)	

(물음 2) 종합소득과세표준에 포함될 ① 근로소득금액과 ② 기타소득금액 및 ③ 기타소득에 대한 소득세 원천징수세액(분리과세금액 포함)을 다음 양식에 따라 제시하시오. (10점)

구분	해답
① 종합소득과세표준에 포함될 근로소득금액	
② 종합소득과세표준에 포함될 기타소득금액	
③ 기타소득에 대한 소득세 원천징수세액(분리과세금액 포함)	

(물음 3) ① 주택의 양도소득과세표준과 ② 비상장주식의 양도소득과세표준 및 ③ 양도소득산출세액을 다음 양식에 따라 제시하시오. (단, 조세부담 최소화를 가정하며 ③ 양도소득산출세액 계산시 주택의 양도소득과세표준은 ₩30,000,000, 비상장주식의 양도소득과세표준은 ₩82,900,000으로 한다.) (10점) (2022 수정)

구분	해답
① 주택의 양도소득과세표준	
② 비상장주식의 양도소득과세표준	
③ 양도소득산출세액	

【문제 2】 다음 자료를 기초로 각 물음에 답하시오. 각 자료는 상호 독립적이며 주어진 자료 이외의 사항은 고려하지 않는다. (20점)

〈자료 1〉 다음은 제조업을 영위하는 ㈜대한(상장내국법인이며 중소기업이 아님)의 보조금 관리에 관한 법률에 따른 국고보조금 관련 자료이다.

1. ㈜대한은 2021.3.1. 국고보조금 ₩20,000,000을 현금으로 수령하고 다음과 같이 회계처리 하였다.

   (차) 현금   20,000,000   (대) 이연국고보조금수익   20,000,000

2. ㈜대한은 수령한 국고보조금으로 2021.4.30.에 취득가액 ₩40,000,000의 기계장치를 구입하여 사업에 사용하고 다음과 같이 회계처리 하였다.

   (차) 기계장치   40,000,000   (대) 현금   40,000,000

3. 2021.12.31. ㈜대한은 위 기계장치에 대해 감가상각을 하고 다음과 같이 회계처리 하였다. 기계장치의 잔존가치는 없으며 신고내용연수는 5년, 감가상각방법은 정액법으로 신고하였다.

   (차) 감가상각비   6,000,000   (대) 감가상각누계액   6,000,000
        이연국고보조금수익   3,000,000   국고보조금수령이익   3,000,000

4. ㈜대한은 2022.1.1. 위 기계장치를 ₩25,000,000에 처분하고 다음과 같이 회계처리하였다.

   (차) 현금   25,000,000   (대) 기계장치   40,000,000
        감가상각누계액   6,000,000
        유형자산처분손실   9,000,000
   (차) 이연국고보조금수익   17,000,000   (대) 국고보조금수령이익   17,000,000

(물음 1) 〈자료 1〉을 이용하여 ㈜대한의 법인세부담이 최소화되도록 제21기(2021.1.1. ~2021.12.31.)와 제22기(2022.1.1.~2022.12.31.)의 세무조정을 다음 양식에 따라 작성하시오. (6점)

		익금산입 및 손금불산입			손금산입 및 익금불산입		
		과목	금액(단위 : 원)	소득처분	과목	금액(단위 : 원)	소득처분
제21기	3.1.						
	4.30.						
	12.31.						
제22기	1.1.						

〈자료 2〉 다음은 ㈜민국(비상장영리법인)의 유상증자와 관련된 자료이다.

1. ㈜민국은 유상증자를 위해 50,000주의 신주를 발행하기로 하였다. 증자 전 ㈜민국의 주주현황은 다음과 같다.

주주	보유주식수	지분비율
A법인주주	80,000주	40%
B법인주주	40,000주	20%
C법인주주	60,000주	30%
D법인주주	20,000주	10%
합계	200,000주	100%

2. 주주 중 A법인주주와 B개인주주가 신주인수를 포기하였다.
3. A법인주주와 C법인주주는 비상장영리법인이며, B개인주주와 D개인주주는 거주자이다.
4. A법인주주, C법인주주, D개인주주는 특수관계인에 해당한다.
5. ㈜민국의 유상증자 전 1주당 평가액은 ₩20,000이다.

(물음 2) 〈자료 2〉를 이용하여 각 경우별로 이익분여액에 대한 개별주주의 세법상 처리를 다음 양식에 따라 제시하시오. (6점)

⑴ 증자시 발행되는 신주 1주당 인수가액이 ₩35,000이고 A법인주주와 B개인주주가 포기한 신주를 증자 전의 지분비율대로 다른 주주에게 추가 배정하는 경우

	익금산입 및 손금불산입			손금산입 및 익금불산입		
	과목	금액(단위 : 원)	소득처분	과목	금액(단위 : 원)	소득처분
A법인주주						
B개인주주						
C법인주주						
D개인주주						

⑵ 증자시 발행되는 신주 1주당 인수가액이 ₩36,500이고 A법인주주와 B개인주주가
포기한 신주를 재배정하지 않는 경우

	익금산입 및 손금불산입			손금산입 및 익금불산입		
	과목	금액(단위 : 원)	소득처분	과목	금액(단위 : 원)	소득처분
A법인주주						
B개인주주						
C법인주주						
D개인주주						

〈자료 3〉 다음은 조세특례제한법 제100조의 32에 규정된 '투자·상생협력 촉진을 위한
과세특례' 적용 대상으로 제조업을 영위하는 ㈜만세(지주회사 아님)의 제22기(2022.1.1.
~2022.12.31.) 미환류소득에 대한 법인세과세 자료이다.

1. ㈜만세의 제22기 각사업연도소득금액 및 과세표준 내역은 다음과 같다.

	당기순이익	₩3,000,000,000
(+)	익금산입 · 손금불산입	700,000,000
(−)	손금산입 · 익금불산입	500,000,000
	차가감소득금액	3,200,000,000
(+)	법정기부금 한도초과액	50,000,000
(−)	지정기부금 한도초과액 손금산입	250,000,000
	각사업연도소득금액	3,000,000,000
(−)	이월결손금	400,000,000
	과세표준	₩2,600,000,000

2. 익금산입·손금불산입 내역

　　⑴ 법인세비용 : ₩350,000,000(법인지방소득세 ₩25,000,000, 법인세 감면분에 대한 농어촌특별세 ₩50,000,000, 전기분 법인세 추징세액 ₩15,000,000 포함)

　　⑵ 대손충당금 한도초과액 : ₩150,000,000

　　⑶ 접대비 한도초과액 : ₩200,000,000

3. 손금산입·익금불산입 내역

　　⑴ 전기분 종합부동산세 환급가산금 : ₩20,000,000

　　⑵ 수입배당금 중 익금불산입액 : ₩470,000,000

　　⑶ 정기예금 미수이자 : ₩10,000,000

4. 당기의 잉여금처분에 따른 금전배당은 ₩400,000,000이고, 주식배당은 ₩200,000,000이며, 상법에 따라 적립하는 이익준비금은 ₩50,000,000이다.

5. 당기에 사업에 사용하기 위해 토지 ₩800,000,000과 차량운반구 ₩640,000,000(중고품 ₩80,000,000과 시설대여업자로부터 1년 이내 단기 임차(운용리스)한 금액 ₩60,000,000 포함)을 취득하였다.

6. 당기에 세법상 손금으로 인정되는 감가상각비는 ₩250,000,000이며, 동 금액에는 당기에 취득한 차량운반구에 대한 감가상각비 ₩50,000,000이 포함되어 있다.

7. 전기 대비 당기의 상시근로자 수는 증가하지 않았으며, 전기 대비 당기의 상시근로자 임금증가액은 ₩200,000,000, 당기에 정규직으로 신규 전환된 근로자의 임금증가액은 ₩100,000,000이다. 회사의 상시근로자 중 청년정규직근로자는 없으며, 상시근로자와 정규직 전환 근로자는 모두 조세특례제한법시행령 제26조의 4에서 규정하는 근로자에 해당한다.

8. 당기 중에 근로복지기본법에 따른 공동근로복지기금에 ₩10,000,000을 출연하였다.

(물음 3) 〈자료 3〉을 이용하여 다음의 각 물음에 답하시오. (8점)

⑴ ㈜만세의 <u>제22기</u> 기업소득을 아래와 같이 나누어 계산하시오.

　　① 투자액 제외방식에 따른 기업소득(미환류소득 계산시 투자액을 차감하는 방식)

　　② 투자액 포함방식에 따른 기업소득(미환류소득 계산시 투자액을 차감하지 않는 방식)

(2) 투자액 제외방식에 따른 기업소득이 ₩2,900,000,000(투자액으로 차감되는 자산에 대한 감가상각비 손금산입액 ₩100,000,000 포함)이라고 가정할 때, ㈜만세의 <u>제22기</u> 미환류소득을 아래와 같이 나누어 계산하시오.<u>(21년 수정)</u>

① 투자액 제외방식에 따른 미환류소득

② 투자액 포함방식에 따른 미환류소득

(3) ㈜만세의 <u>제22기</u> 미환류소득에 대한 법인세를 계산하시오. (단, 제21기에서 이월된 초과환류액 ₩30,000,000(제20기 발생분 중 제21기의 미환류소득에서 공제하고 남은 잔액임)이 있으며 ㈜만세는 <u>제22기</u> 미환류소득 전액에 대하여 법인세를 납부하고자 한다. 그리고 <u>제22기</u>의 미환류소득은 위 '(2)의 ①과 ②에서 계산된 미환류소득' 중 미환류소득에 대한 법인세 부담이 최소화되는 방식을 선택한다고 가정한다.)

【문제 3】 다음 자료를 기초로 각 물음에 답하시오. 별도의 언급이 없는 한 전기의 세무조정은 정상적으로 이루어진 것으로 가정한다. (30점)

〈자료 1〉 다음은 제조업을 영위하는 ㈜한국(사회적기업 아님)의 <u>제22기(2022.1.1.~2022.12. 31.)</u> 기부금과 관련된 자료이다.

1. 법인세비용차감전순이익 : ₩20,000,000

2. 손익계산서상 기부금 내역

(1) 당기 중 사립학교법에 따른 사립대학교에 시설비로 지출한 기부금 ₩10,000,000 (<u>2023</u>.1.2. 만기어음으로 지급)에 대하여 다음과 같이 회계처리 하였다.

(차) 기부금   10,000,000   (대) 미지급금   10,000,000

(2) 전기에 국방헌금으로 납부한 현금기부금에 대하여 선급금으로 회계처리한 것을 당기 중 다음과 같이 회계처리 하였다.

(차) 기부금   5,000,000   (대) 선급금   5,000,000

(3) 당기 중 회사의 제품(장부가액 ₩15,000,000, 시가 ₩20,000,000)을 불우이웃돕기 성금으로 특수관계 있는 지정기부금 단체에 기증하고 다음과 같이 회계처리 하였다.

   (차) 매출원가   15,000,000   (대) 제품   15,000,000

(4) <u>2022.12.31.에 특수관계 없는 지정기부금 단체로부터 건물(시가 ₩80,000,000)</u>을 ₩110,000,000에 매입하고 매입금액을 취득원가로 회계처리 하였다. 건물을 시가보다 고가로 매입한 정당한 사유는 없다.

(5) 당기 중 지방자치단체에 토지(장부가액 ₩50,000,000, 시가 ₩80,000,000)를 ₩55,000,000에 매각하고 장부가액과 처분가액과의 차이를 처분이익으로 회계처리 하였다. 토지를 시가보다 저가로 매각한 정당한 사유는 없다.

(6) 당기 중 ㈜한국이 피투자법인의 우리사주조합에 지출한 현금기부금 ₩15,000,000에 대하여 손익계산서상 기부금으로 회계처리 하였다.

3. 과세표준을 계산할 때 공제대상이 되는 이월결손금은 ₩5,000,000이다.

4. 기부금 손금한도초과액의 내역은 다음과 같다.

발생사업연도	법정기부금	우리사주조합기부금	지정기부금
15기(2015.1.1.~2015.12.31.)	₩2,500,000	-	₩2,000,000
14기(2014.1.1.~2014.12.31.)	-	₩3,000,000	450,000
12기(2012.1.1.~2012.12.31.)	1,000,000	-	-

5. 위 자료 이외의 추가적인 세무조정사항은 없다고 가정한다.

(물음 1) 〈자료 1〉을 이용하여 아래 물음에 답하시오. (8점)

(1) 기부금 한도계산을 제외한 세무조정을 다음 양식에 따라 작성하시오.
   (단, 세무조정란은 가산조정이면 'A', 차감조정이면 'B'로 기입할 것)

세무조정	과목	금액(단위 : 원)	소득처분
A	×××	×××	×××
⋮			

(2) 기부금 세무조정을 다음 양식에 따라 작성하시오.
   (단, 세무조정란은 가산조정이면 'A', 차감조정이면 'B'로 기입할 것)

세무조정	과목	금액(단위 : 원)	소득처분
A	×××	×××	×××
⋮			

〈자료 2〉 다음은 제조업을 영위하는 영리내국법인 ㈜대한(중소기업)의 제22기(2022.1.1. ~2022.12.31.) 감가상각과 관련된 자료이다.

1. ㈜대한은 2021.5.1. 개인주주(지분율 3%)가 취득 후 3년간 사용하던 기계장치를 ₩500,000,000(시가 ₩400,000,000)에 매입하여 즉시 사업에 사용하고, 취득원가를 매입가액으로 계상하였다.

   (1) 동 기계장치와 관련하여 손익계산서상 수선비로 계상한 내역은 다음과 같다.

구분	제21기	제22기
자본적 지출액[1]	₩50,000,000	₩20,000,000
수익적 지출액	10,000,000	2,000,000

   [1] 자본적 지출액은 주기적인 수선을 위한 지출이 아님

   (2) 동 기계장치의 손익계산서상 감가상각비로 제21기 ₩40,000,000, 제22기 ₩20,000,000을 계상하였다.

   (3) 기계장치의 법정내용연수는 10년이며 상각률은 다음과 같다.

구분	8년	10년	12년
정액법	0.125	0.100	0.083
정률법	0.313	0.259	0.221

   (4) 동 기계장치는 조세특례제한법에 의한 중소기업특별세액감면을 적용받는 사업에 사용하고 있으며 당기에 해당 세액감면을 받았다.

2. ㈜대한은 2021.1.1. 회사보유 토지 위에 제1공장 건물의 건설에 착공하여 2022.4.1. 완공하고 즉시 사업에 사용하기 시작하였다.

   (1) 건물의 취득가액은 ₩1,000,000,000이다.

   (2) 공장건설을 위해 2021.7.1. ₩800,000,000(이자율 10%)을 차입하고, 당기말 현재

상환하지 않고 있다.

 (3) ㈜대한은 차입금으로부터 전기 및 당기에 발생한 모든 이자비용을 장부상 비용으로 처리하였다.

 (4) 당기에 장부상 감가상각비로 계상한 금액은 ₩30,000,000이다.

 (5) 건물에 대한 법정내용연수는 20년으로 가정한다.

3. ㈜대한은 기계장치 및 건물에 대한 감가상각방법을 신고하지 않았다.

4. ㈜대한은 한국채택국제회계기준을 적용하지 않으며, 설비투자자산의 감가상각비 손금산입특례를 적용하지 않는 것으로 한다.

(물음 2) 〈자료 2〉를 이용하여 ㈜대한의 세무조정을 다음 양식에 따라 작성하시오. (7점) (세무조정은 가산조정이면 'A', 차감조정이면 'B'로 표시할 것)

구분	세무조정	과목	금액(단위 : 원)	소득처분
제20기	A	×××	×××	×××
	⋮			
제21기				

〈자료 3〉 다음은 제조업을 영위하는 영리내국법인 ㈜국세(중소기업임)의 <u>제22기 (2022.1.1.~2022.12.31.)</u> 대손금 및 대손충당금 관련 자료이다.

1. <u>제21기</u> 자본금과적립금조정명세서(을) 기말잔액의 내역은 다음과 같다.

과목 또는 사항	기말잔액
미수금 대손부인액	₩8,000,000
대손충당금 한도초과액	1,603,200
㈜A 외상매출금 대손부인액	3,000,000
㈜B 받을어음 대손부인액	2,000,000
㈜C 매출채권 소멸시효 완성분 신고조정액	△3,200,000

 (1) <u>제21기</u>의 미수금 대손부인액 중 ₩2,500,000은 <u>제22기</u>에 회수하여 대손충당금의 증가로 처리하였으며, ₩1,000,000은 2022.5.31. 민사소송법에 의한 화해로 회수 불능채권으로 확정되었다.

(2) ㈜A 외상매출금 대손부인액 중 제22기에 소멸시효가 완성된 채권금액은 ₩2,000,000 이다.

(3) ㈜B 받을어음 대손부인액은 2021.7.25. 부도가 발생한 어음(2매, 저당권을 설정하지 않음)이다.

2. 제22기 재무상태표상 대손충당금 계정의 내역은 다음과 같다.

대손충당금   (단위 : 원)

당기상계액	9,000,000	기초잔액	12,000,000
		상각채권 추심	2,500,000
기말잔액	19,500,000	당기설정액	14,000,000
합계	28,500,000	합계	28,500,000

(1) 당기상계액 중 ₩7,800,000은 부도발생일부터 6개월이 지난 ㈜D 외상매출금(부도발생일 이전의 것)으로 채무자의 재산에 충분한 저당권을 설정하고 있다.

(2) 당기상계액 중 ₩1,200,000은 ㈜C 매출채권으로 제20기에 상법상 소멸시효 완성에 따라 신고조정으로 손금산입한 금액의 일부이다.

3. 제22기 중 외상으로 판매한 제품(원가 ₩2,000,000, 시가 ₩2,600,000(부가가치세 제외금액))에 대하여 회계처리를 하지 않았다.

4. 제22기말 재무상태표상 채권 잔책의 내역은 다음과 같다.

과목	금액	비고
외상매출금	₩70,000,000	당기 중 상법상 소멸시효가 완성된 채권 ₩1,500,000 포함 금액임
받을어음	60,000,000	부도발생일로부터 6개월 이상 지난 어음상 채권 ₩20,000,000(저당권을 설정하고 있지 않음) 포함 금액임
미수금	120,000,000	대손세액공제를 받은 부가가치세 매출세액 미수금 ₩24,000,000과 부당행위계산에 해당하는 고가양도에 따른 시가초과 상당금액 ₩16,000,000 포함 금액임
대여금	133,700,000	채무보증대위변제로 인한 구상채권 ₩5,000,000 및 종업원에 대한 주택구입자금 대여금 ₩30,000,000 포함 금액임
합계	₩383,700,000	

5. 전기의 대손실적율은 2.4%이다.

(물음 3) 〈자료 3〉을 이용하여 다음 물음에 답하시오. (8점)

⑴ ㈜국세의 당기 대손실적율을 다음 양식에 따라 제시하시오.

당기 대손금(①)	
전기말 채권잔액(②)	
당기 대손실적율(①÷②)	

⑵ ㈜국세의 대손충당금 한도초과액을 다음 양식에 따라 제시하시오.

당기말 채권잔액	
당기 대손충당금 한도액	
당기 대손충당금 한도초과액	

〈자료 4〉 다음은 제조업을 영위하는 영리내국법인 ㈜세무의 제22기 사업연도(2022.1. 1.~2022.12.31.)의 법인세 과세표준 및 세액계산 관련 자료이다.

1. 손익계산서상 당기순이익은 ₩150,000,000이며 아래 주어진 자료 이외의 세무조정 사항은 없다.

2. 이월결손금의 내역은 다음과 같으며 모두 국내소득에서 발생하였다.

발생사업연도	발생액
제20기(2020.1.1.~2020.12.31.)	₩20,000,000
제15기(2015.1.1.~2015.12.31.)	40,000,000[*1]

*1) 이 중 ₩10,000,000은 제18기에 자산수증이익으로 충당되었고, ₩15,000,000은 제19기 법인세 과세표준계산에서 공제함.

3. 외국에 본점을 둔 해외투자처인 C사(지분율 30%, 취득일 2021.1.1.)로부터 지급받은 배당금 관련 내용은 다음과 같다. ㈜세무는 외국납부세액공제방식을 선택하였으며, 직접 납부한 국외원천징수세액은 손익계산서상 비용으로 회계처리 하였다.

구분	수입배당금 (원천징수세액 포함)	수입배당금 국외원천징수세액	C사 소득금액	C사 법인세액
금액	₩20,000,000	₩2,000,000	₩300,000,000	₩50,000,000

4. 연구 및 인력개발비 관련 자료는 다음과 같다.

(1) 연구 및 인력개발비 발생액

사업연도	22기	21기	20기	19기	18기
발생액	₩20,000,000	₩19,000,000	₩16,000,000	₩18,000,000	₩15,000,000

(2) 연구 및 인력개발비에는 신성장동력·원천기술연구개발비는 없다.

(3) ㈜세무는 전기에 중소기업유예기간이 종료되었으며, 2022년부터 중견기업에 해당한다.

5. 당기 중에 납부한 중간예납세액은 ₩2,500,000이다.

6. ㈜세무는 법에서 정하는 회생계획, 기업개선계획 및 경영정상화계획을 이행 중에 있지 않다.

(물음 4) 〈자료 4〉를 이용하여 다음 물음에 답하시오.

(1) 연구 및 인력개발비 세액공제액을 계산하시오. (단, 적용 공제율은 당기 발생분은 15%, 전기 대비 초과발생분은 40%로 한다.)

(2) 외국납부세액공제액에 대한 세무조정을 하시오.

(3) 최저한세를 계산하시오. (단, 최저한세율은 8%로 한다.)

(4) 차감납부할세액을 계산하시오.

【문제 4】 다음의 자료를 바탕으로 각 물음에 답하시오. 각 자료는 상호 독립적이다. (20점)

〈자료 1〉 다음은 일반과세자인 ㈜대한의 2022년 제2기 부가가치세 관련 자료이다. (단, 제시된 금액은 별도의 언급이 없는 한 부가가치세가 포함되지 아니한 금액이며, 세금계산서는 공급시기에 적법하게 발급 및 수취된 것으로 가정한다.)

1. 국내 수출업자인 ㈜서울에 내국신용장에 의하여 $120,000의 제품을 2022.11.25. 인도하였다. 인도대금 중 $50,000은 2022.11.1. 선수하여 원화 ₩60,500,000으로

환가하였으며, 나머지 $70,000은 2023.1.5. 수령하였다. 내국신용장은 2023.1.10. 개설되었다. 2022.11.25. 기준환율은 ₩1,250이며 2023.1.5. 기준환율은 ₩1,270 이다.

2. 국내사업장이 없는 외국법인이 지정하는 국내사업자 ㈜부산에게 ₩50,000,000의 제품을 인도하고 대금은 외국환은행에서 원화로 수령하였다. ㈜부산은 인도된 제품 중 70%는 과세사업에 30%는 면세사업에 사용하였다.

3. 제조업을 영위하는 ㈜대구(수출업자 ㈜인천에게 내국신용장으로 재화를 공급하고 있음)에게 직접도급계약에 의하여 ₩7,000,000의 수출재화 임가공용역을 제공하였다.

4. 국내에서 대한적십자가에 ₩30,000,000의 재화를 공급하고 원화로 수령하였다. 대한적십자사는 공급받은 재화의 80%를 해외구급봉사에 무상으로 반출하고 20%는 국내에서 사용하였다.

5. ㈜대전에 제품 A와 제품B를 다음과 같은 대금회수조건으로 판매하기로 계약을 체결하였으며, 잔금지급약정일에 인도하기로 하였다.

구분	계약금		중도금		잔금	
	일자	금액	일자	금액	일자	금액
제품A[*1)]	2022.10.4.	₩3,000,000	2023.1.20	₩5,000,000	2023.6.15.	₩2,000,000
제품B[*1)]	2022.10.5.	₩4,000,000	2022.11.20	₩6,000,000	2023.2.15.	₩5,000,000

*1) 2022.10.10.에 계약자와의 합의로 제품 A에 대한 중도금 및 잔금 ₩7,000,000을 2023.6.15.에 일시에 수령하기로 변경하였다. (계약금은 2022.10.4.에 수령함)

*2) 2022.10.30.에 계약자와 합의로 제품B에 대한 중도금 ₩6,000,000은 2022.12.30.에 잔금 ₩5,000,000은 2023.6.20.에 수령하기로 계약조건을 변경하였다. (계약금과 중도금은 해당일자에 수령함)

6. 2022.10.5.에 ㈜광주에 제품C를 ₩27,000,000에 외상으로 판매하고 세금계산서를 발급하였으며 대금은 2022.12.5.에 지급기간 연장에 따른 연체이자 ₩450,000을 포함하여 ₩27,450,000을 수령하였다.

7. 2022.12.30.에 거래처 ㈜서울에게 2022.7.1.~2022.12.31.까지의 거래 실적에 따라 판매장려금 ₩3,000,000 및 판매장려품(시가 ₩1,560,000, 원가 ₩1,200,000)을 지급하였다.

8. 2022.11.1. 고객에게 공기청정기(시가 ₩800,000 원가 ₩600,000)을 판매하고 대

금은 S신용카드가 제공한 마일리지로 전액 결제되었으나, S신용카드사로부터 보전받지 못하였다.

9. 2022.10.27.에 과세사업에 사용하던 토지, 건물, 구축물에 대하여 ㈜울산과 일괄양도계약을 체결하였으며, 대금청산일(소유권이전등기일)은 2022.12.27.이다. 양도와 관련된 자료는 다음과 같으며, 매매계약서상 토지, 건물, 구축물의 공급가액을 구분하여 기재하였다. 장부가액과 기준시가는 계약일 현재 가액이며, 감정가액은 2022.6.30. 기준으로 평가한 가액이다.

구분	취득가액	장부가액	기준시가	감정가액	매매계약서상 공급가액
토지	₩140,000,000	₩140,000,000	₩160,000,000	₩180,000,000	₩350,000,000
건물	160,000,000	120,000,000	100,000,000	150,000,000	140,000,000
구축물	100,000,000	50,000,000	-	70,000,000	50,000,000
합계	₩400,000,000	₩310,000,000	₩260,000,000	₩400,000,000	₩540,000,000

(물음 1) 〈자료 1〉을 이용하여 ㈜대한의 2022년 제2기 과세기간 최종 3개월 (2022.10.1.~2022.12.31.)의 부가가치세 과세표준 및 매출세액을 다음 양식에 따라 기입하시오. (12점)

자료번호	과세표준	세율	매출세액
1			
·			
·			
9			

〈자료 2〉 다음은 과세사업(햄통조림제조업)과 면세사업(육류도매업)을 겸영하는 일반과세자인 ㈜한국의 2022년 제2기 부가가치세 관련 자료이다. (단, 별도의 언급이 없는 한 제시된 금액은 부가가치세가 포함되지 않는 금액이고, 세금계산서 및 계산서 발급 및 수취와 매입세액공제를 받기 위한 모든 절차는 적법하게 이루어진 것으로 가정한다.)

1. <u>2022년</u> 제2기 공급가액

구분	2022년 제2기		
	7.1.~9.30.	10.1.~12.31.	계
면세사업	₩25,000,000	₩35,000,000	₩60,000,000
과세사업	95,000,000	145,000,000	240,000,000
합계	₩120,000,000	₩180,000,000	₩300,000,000

2. <u>2022년</u> 제2기 세금계산서 수취내역

일자(기간)	공급가액	내역
10.1.~12.31.	₩7,500,000	면세사업을 위한 매입임
10.1.~12.31.	14,500,000	과세사업을 위한 매입임
10.11.	4000,000	거래처 직원에게 접대목적으로 지출한 음식대금임
10.20.	20,000,000	개별소비세 과세대상 차량운반구로 제품 판매활동을 지원하기 위하여 구입함
11.7.	12,000,000	과세사업을 위해 사용하던 공장이 노후화되어 기존공장을 허물고 신축하기 위한 기존 공장의 철거비용임
12.17.	9,000,000	과세사업과 면세사업에 공통으로 사용하기 위해 기계장치를 구입함
합계	₩63,400,000	

3. <u>2022.9.30.</u> 과세사업과 면세사업에 공통으로 사용하는 비품을 매입하고 세금계산서(공급가액 ₩3,000,000)을 발급받았으나 예정신고시 누락되어 확정신고와 함께 신고하기로 하였다.

4. <u>2022.10.18.</u> 과세사업과 면세사업에 공통으로 사용하기 위하여 소모품 ₩700,000을 법인신용카드로 구입하였다.

5. 면세사업에 사용하기 위하여 <u>2021.10.8.</u> 구입한 트럭을 <u>2022.11.1.</u>부터 과세사업에 공통으로 사용하고 있다. 트럭의 취득시 공급가액은 ₩35,000,000으로 매입세액불공제 되었다.

6. 2021년 제1기 부가가치세 확정신고시 대손처분 받은 ₩7,700,000(부가가치세 포함)을 2022.11.3. 변제하였다.

7. 2022.11.20. 과세사업에 사용할 컴퓨터 4대를 ₩8,000,000에 외상으로 구매하였으며, 대금은 2023.1.20.에 지급하고 동일자에 세금계산서를 발급받았다.

8. 2022년 제2기 과세기간 최종 3개월(2022.10.1.~2022.12.31.)의 과세사업과 면세사업에 사용된 돼지고기 매입과 관련된 자료는 다음과 같다. ㈜한국은 매입시기가 한 과세기간에 집중되는 법인이 아니다. (단, 의제매입세액공제율은 2/102이고, 의제매입세액 공제한도는 고려하지 않으며 기초재고는 없다고 가정한다.)

구분	2022.10.1.~2022.12.31.
매입	₩52,700,000
과세사업에 전용하여 사용됨	18,700,000
과세사업과 면세사업에 원재료로 사용됨	27,500,000
기말재고액*1)	6,500,000

*1) 과세사업과 면세사업에 대한 실지귀속여부는 확인할 수 없음

(물음 2) 〈자료 2〉를 이용하여 ㈜한국의 2022년 제2기 확정신고시 매입세액 공제액을 다음 양식에 따라 제시하시오. (8점)

구분	세액
1. 세금계산서 수취분 매입세액	
2. 예정신고 누락분	
3. 신용카드매출전표 등 수령명세서 제출분	
4. 의제매입세액	
5. 과세사업전환 매입세액	
6. 변제대손세액	
7. 공제받지 못할 매입세액	
8. 공통매입세액 면세사업등분	
9. 차가감계(1+2+3+4+5+6-7-8)	

세법학1부

제3교시

【문제 1】 다음 각 사례를 읽고 물음에 답하시오. (20점)

〈사례〉

A주식회사의 대표이사 甲은 2014년 10월경 A주식회사의 재정팀장으로 근무하던 乙에게 甲 소유의 B주식회사(비상장법인) 주식을 매도하라고 지시하면서, 매도할 수 있는 주식의 대략적인 수량만 정하여 준 채 매도가격, 매도상대방, 매도시점 등에 관한 일체의 권한을 위임하였다. 이에 따라 乙은 2014년 11월경 甲 소유의 B주식회사 주식 50만 주를 C주식회사에 대금 100억원에 매도하는 계약을 체결하였다.

그런데 乙은 위 주식 50만주의 매도과정에서 C주식회사의 과장 丙에게 형식상의 중간거래인을 세워줄 것을 부탁한 다음, 위 주식 50만주를 丙이 내세운 D주식회사에 대금 80억원에 매도하였다가 D주식회사가 다시 C주식회사에 대금 100억원에 매도하는 것처럼 2단계의 계약서를 작성하였다. 특별한 재산이 없고 신용불량자인 乙은 2014년 12월 15일에 C주식회사로부터 대금 100억원을 지급받은 후 80억원과의 차액 20억원을 자신이 취하여 개인빚을 갚는데 모두 소진하였는바, 그 무렵 다른 채권자들과의 민사재판 결과에 따르면 乙은 특별한 지불능력이 없는 것으로 나타났다.

乙은 甲으로부터 위 주식거래에 대한 양도소득세 및 증권거래세 신고를 지시받고는 2015년 2월경 甲과 D주식회사 사이의 매매계약서를 기초로 위 주식의 양도가액을 80억원으로 하는 양도소득세 및 증권거래서 신고하였다.

관할 세무서장은 甲이 위 주식을 C주식회사에 대금 100억원에 매도하였음에도 실제 계약내용가 달리 D주식회사에 대금 80억원에 양도한 것처럼 양도소득세 및 증권거래세 신고를 한 것은 신고내용의 탈루에 해당한다고 보아 2021년 5월 4일 甲에게 그 차액 20억원에 관하여 2014년 귀속 양도소득세 및 증권거래세를 증액경정하는 처분을 하였다. (단, 甲, 乙, 丙은 모두 거주자이고, A, B, C, D는 모두 내국법인으로 전제하며, 가산세는 논외로 함)

(물음 1) 위 처분 중 증권거래세와 관련하여 甲이 위 증권거래세 증액경정처분은 국세의 부과제척기간이 도과된 후 이루어진 것으로서 무효라고 주장하는 것이 타당한지 여부를 설명하시오. (단, 이 사례에서 증권거래세의 부과제척기간의 기산일은 2015년 3월 1일이라고 전제한다.) (12점)

(물음 2) 위 처분 중 양도소득세와 관련하여 위 사례에서 乙이 취한 양도대금 차액 20억원이 甲 자신에게 귀속되지 않았다고 하면서 위 양도소득세 증액경정처분이 위법하다고 하는 甲의 주장이 타당한지 여부에 대하여 설명하시오. (8점)

【문제 2】 다음 각 사례를 읽고 물음에 답하시오. (30점)

〈사례 1〉

거주자 甲은 내국법인 A주식회사에서 2001년경부터 근무하였다. 그러던 중 2016년 3월경부터 2017년 6월경까지 A주식회사의 실질적인 최대주주인 거주자 乙에 대한 구속수사 및 형사재판이 진행되는 동안 甲은 장기간 근무에 따른 오랜 친분관계가 있어 제반 사정을 잘 알고 있었던 관계로 乙 및 乙의 가족들과 변호인 사이의 연락 담당, 형사재판에 필요한 자료수집, 乙의 구치소 및 병원생활 지원 등의 일을 도맡아 수행하였다. 甲은 乙이 법원의 집행유예 판결에 따라 석방된 이후인 2017년 7월 12일 乙로부터 A주식회사의 주식을 양수받기로 하였다가 乙이 이를 이행하지 않아 민사소송을 거쳐 2021년 1월 30일에 70억원을 지급받았다. 甲은 乙로부터 받은 위 금원을 「소득세법」 상 일시적 인적 용역에 대한 대가로 보아 2021년 귀속 종합소득세 신고를 하였으나, 관할 세무서장은 이 금원이 사례금에 해당한다고 보아 관련 세법규정을 적용하여 甲에게 2021년 귀속 종합소득세 경정부과처분을 하였다.

〈사례 2〉 거주자 丙과 거주자 丁은 2007년경 봉제완구 제조·판매에 관한 동업을 하기로 하고 홍콩과 국내에 각각 법인을 설립하여 영업을 하였다. 그런데 국제금융불안과 국내경기 부진으로 2019년 2월 27일 동업을 청산하기로 하면서 丙과 丁은 동업관계 청산에 있어서 서로 이해관계가 대립하는 당사자의 지위에서 각자의 지분에 상응하는 몫을 정하기 위하여 합의에 이르렀는바, 이에 따라 丙이 丁으로부터 청산의 대가로 15억원을 지급하되, 丙은 홍콩 관련 고객들의 진행 제품에 대한 원본 패턴과 견본을,

丁은 나머지 고객들의 진행 제품에 대한 원본 패턴과 견본을 각각 소지하고 일방이 갖고 있는 패턴에 대해 상대방은 복사본을 요구할 수 있으며, 위 15억원의 지급이 완료되는 때에 패턴의 공유의무를 종결하기로 하였다. 丙은 이 합의에 따라 丁으로부터 2019년 10월 15일 현금 15억원을 지급받았다. 관할 세무서장은 丙이 丁으로부터 받은 이 금원이 「소득세법」상 사례금에 해당한다고 보아 관련 세법규정을 적용하여 丙에게 종합소득세 부과처분을 하였다.

(물음 1) 「소득세법」이 기타소득의 하나로 규정한 '사례금'의 의미와 이에 해당하는지 여부의 판단방법, 소득금액의 계산 및 그 과세방법에 대하여 설명하시오. (12점)

(물음 2) 〈사례1〉과 〈사례2〉에서 관할 세무서장의 각 판단 및 그에 따른 각 종합소득세 부과처분이 적법한지에 대하여 설명하시오. (18점)

【문제 3】 다음 사례를 읽고 물음에 답하시오. (30점)

〈사례〉 내국법인 A주식회사(이하 'A법인'이라 한다, 사업연도는 1월 1일부터 12월 31일까지이다)는 건강보조식품을 방문판매원들을 통하여 판매하는 회사이다. 방문판매원(이하 '판매원'이라 한다)은 A법인과 상품판매계약을 체결하고 판매수수료를 수령하며, A법인은 판매수수료를 지급하면서 사업소득으로 원천징수하고 있다. A법인은 판매원들로부터 판매한 상품의 계약금을 수령한 경우 이를 선수금으로 회계처리하였다가 판매원들에게 상품을 인도할 때 매출로 인식하고 있다. A법인은 판매원들로부터 계약금만을 수령하고 아직 상품의 인도가 이루어지지 않은 상태에서 판매원들에게 계약금을 기준으로 매월 판매수수료를 지급하고 이를 손비로 계상하였다.

[위 사례에서 쟁점이 되는 A법인의 건강보조식품의 매입 및 판매에 관한 회계처리에 대한 예시는 다음과 같다.]

─── 〈가 정〉 ───
1) 건강보조식품의 개당 매입가는 60만원, 판매가는 100만원이다. (매입가와 판매가는 항상 변동이 없다.)

2) 판매원들로부터 수령하는 건강보조식품 개당 계약금은 30만원, 잔금은 70만원, 판매원들에게 지급하는 판매수수료는 개당 20만원이다.

3) <u>2018년도</u>에 해당 상품의 매입이 있었고, <u>2019년도</u>에 판매계약과 동시에 계약금의 수령 및 판매수수료의 지급이 있었으며, <u>2020년도</u>에 상품이 인도됨과 동시에 잔금을 수령하였다.

4) A법인의 아래와 같은 회계처리에 관한 동종업계의 관행은 존재하지 않는다.

5) 이 사안의 거래는 장기할부조건의 상품판매가 아니다.

6) 사업소득 원천징수에 대한 회계처리는 고려하지 않는다.

─── 〈회계처리〉 ───

1) <u>2018년도</u> 상품 매입시 회계처리

차　변	대　변
상품 600,000원	현금 600,000원

2) <u>2019년도</u> 상품 판매 계약금 수령시 회계처리

차　변	대　변
현금 300,000	선수금 300,000원
판매수수료 200,000	현금 200,000원

3) <u>2020년도</u> 상품인도시 회계처리

차　변	대　변
매출원가 600,000원	상품 600,000원
현금 700,000원 선수금 300,000원	매출 1,000,000원

(**물음 1**) A법인은 위 회계처리에서 보는 바와 같이 상품의 판매가격 100만원을 판매계약시점인 <u>2019년도</u>가 아니라 판매한 상품의 인도시점인 <u>2020년도</u>에 매출 계정을 사용하여 수익으로 인식하였다. 법인세법상 익금의 귀속시기에 관한 제 원칙을 설명하고, 위와 같은 회계처리에 대하여 <u>2020</u> 사업연도 법인세 과세표준 확정신고를 위한 세무조정이 필요한지 여부에 관하여 논하시오. (15점)

(물음 2) A법인은 위 회계처리에서 보는 바와 같이 판매수수료 20만원을 판매한 상품의 인도시점인 2020년도가 아니라 판매수수료 지급시점인 2019년도에 손비로 인식하였다. 법인세법상 손금의 귀속시기에 관한 제 원칙을 설명하고, 위와 같은 회계처리에 대하여 2019 사업연도 법인세 과세표준 확정신고를 위한 세무조정이 필요한지 여부에 관하여 논하시오. (15점)

【문제 4】 다음 각 사례를 읽고 물음에 답하시오. (20점)

〈사례〉 피상속인 甲이 2021년 2월 1일 유언없이 사망하였고, 당시 그의 유일한 재산으로는 토지 한 필지가 있었다. 피상속인 甲의 공동상속인으로 그의 처인 거주자 乙, 그의 아들인 거주자 丙, 그의 딸인 거주자 丁이 있다. 丙은 당시 영위하던 사업의 부도로 인하여 채무초과 상태에 있었던 바, 상속을 받을 경우 그의 채권자들로부터 강제집행을 당할 우려가 있어 상속세 신고기한이 지나도록 상속인들은 상속세 과세표준 및 세액의 신고를 하지 못하였다. 이후 丙의 채권자 戊가 2021년 10월 15일 「민법」 제404조에 따른 채권자대위권을 행사하여 공동상속인들의 법정상속분대로 위 토지에 대하여 상속을 원인으로 한 소유권이전등기를 하였다. 그러자 공동상속인들은 乙이 단독으로 상속받은 것으로 상호 협의하여 丙의 채권자 戊가 미처 丙의 상속지분에 대하여 압류 또는 가압류를 하기 전인 2021년 10월 25일에 협의분할로 인한 상속을 원인으로 한 경정등기를 완료하였다.

(물음 1) 과세관청은 위와 같은 사실을 확인하고 공동상속인들의 상속세 산출세액으로 산출된 7천만원을 공동상속인들에게 부과하고자 한다. 공동상속인 乙, 丙, 丁이 지는 각자의 상속세 납세의무 여부 및 그 세액과 공동상속인들 간의 연대납부의무에 관하여 논하시오. (10점)

(물음 2) 위 사례와 같은 협의 분할로 인한 상속으로 丙, 丁이 그들의 법정상속분을 乙에게 증여하였다고 보고 과세관청이 乙에게 증여세를 부과할 수 있는지에 관하여 논하시오. (10점)

〈관련 조문〉

「민법」
제404조【채권자대위권】
① 채권자는 자기의 채권을 보전하기 위하여 채무자의 권리를 행사할 수 있다. (단서 생략)
② 생략

「부동산등기법」
제28조【채권자대위권에 의한 등기신청】
① 채권자는「민법」제404조에 따라 채무자를 대위하여 등기를 신청할 수 있다.
② 생략

세법학2부

2019년 제56회   제4교시

【문제 1】부가가치세는 재화나 용역이 생산되거나 유통되는 모든 거래단계에서 생성되는 부가가치를 과세대상으로 하는 간접세를 말한다. 부가가치세에 관한 다음 물음에 답하시오. (35점)

(물음 1) 甲은 오피스텔 신축판매업을 영위하는 일반과세자로서 판매목적으로 신축한 오피스텔이 분양되지 않아 임대를 고민 중이다. 오피스텔 신축공사에 대한 매입세액의 공제여부에 따라 임차인에게 사업용으로 임대하는 경우와 주거용으로 임대하는 경우의 과세문제에 대하여 설명하시오. (15점)

(물음 2) 일반과세자 乙이 건물을 신축하여 상가와 주택(국민주택규모 이하 주택과 국민주택규모 초과 주택 포함)을 분양하는 경우 건물 신축공사에 대한 매입세액의 공제여부와 공제방법에 대하여 설명하시오. (단, 건물면적에 대한 실지귀속은 정해져 있다.) (10점)

(물음 3) 면세사업을 영위하는 丙대학교가 면세사업에 사용하기 위하여 증축하는 건물 중 일부를 과세사업인 부동산임대업에 사용하는 경우 면세사업 등을 위한 감가상각 자산의 과세사업 전환 시 매입세액공제 특례 규정이 적용된다. 이 제도의 ① 취지, ② 공제요건, ③ 과세전환에 대한 매입세액의 계산방법, ④ 일부과세전환에 대한 매입세액의 계산방법에 대하여 설명하시오.

【문제 2】다음 사례를 읽고 물음에 답하시오. (20점) (2021 수정)

〈사례〉 2022년 1월 개인 甲은 재산세 과세대상인 별도합산과세대상 토지 A1과 A2를, 개인 乙은 재산세 과세대상인 종합합산과세대상 토지 B1과 B2를, 그리고 개인 丙은 재산세 과세대상인 종합합산과세대상 토지 C1과 C2를 「신탁법」에 따라 신탁회사 丁의 '신탁 I'에 신탁하였고, 모든 토지는 소유권이전등기와 신탁등기까지 완료되었다. 2022년

재산세 과세기준일 현재 그 신탁은 그대로 유지되고 있고, 이 때 丁의 고유재산 중 토지로는 별도합산과세대상 토지 D1과 종합합산과세대상 토지 D2가 있다. 한편, 丁은「지방세법」에 따라 신탁 받은 토지를 위탁자별로 구분하여 관리하고 있다. (단,「지방세법」등 법령에 따라 재산세가 비과세 또는 면제되는 토지 및 재산세가 경감되는 토지의 경감비율에 해당하는 토지는 없다.)

(물음 1) 위 사례의 재산세 과세대상인 신탁재산에 속하는 종합합산과세대상 토지 및 별도 합산과세대상 토지의 합산 방법과 그 취지를 설명하시오. (7점)

(물음 2) 「신탁법」에 따라 수탁자 명의로 등기된 신탁재산에 대한 재산세가 체납된 경우에는 신탁회사의 고유재산과 다른 위탁자의 신탁재산을 압류할 수 있는지에 대하여 설명하시오. (5점)

(물음 3) 구 지방세법(2014.1.1. 법률 제12153호)에 의하여 「신탁법」에 따라 수탁자 명의로 등기·등록된 신탁재산의 재산세 납세의무자가 위탁자에서 수탁자로 변경되었다. 이 변경으로 인한 논쟁사항을 설명하시오. (8점)

【문제 3】다음 사례를 읽고 물음에 답하시오. (20점)

〈사례〉甲은 개별소비세 과세대상인 A에 대한 개별소비세를 면제받고자 면세승인 절차를 거쳐 관할세무서장 또는 세관장으로부터 2022년 3월 5일 그 승인을 받았다.

(물음 1) 위 사례의 면세승인은 甲이 A를 수출 및 군납 면세를 위해 받은 것이다. 甲이 A를 반출한 후 용도증명을 하지 아니한 경우 개별소비세의 추징에 대하여 설명하시오. (7점)

(물음 2) 위 사례의 면세승인은 甲이 A(자동차)를 외교관 면세를 위해 받은 것이다. A(자동차)를 소유한 주한외교관 乙이 본국으로 인사발령이 나서 2022년 8월 5일 丙에게 이를 양도한 경우 개별소비세의 추징에 대하여 설명하시오. (8점)

(물음 3) 「개별소비세법」상 면세 반출 승인신청에 대한 특례를 설명하시오. (5점)

【문제 4】「조세특례제한법」상 공익사업용 토지에 대한 조세지원제도와 영농사업용 토지에 대한 조세지원제도에 관한 다음 물음에 답하시오. (25점)

(물음 1) 공익사업용 토지 등에 대한 양도소득세의 감면 규정의 취지 · 감면요건 · 감면내용 · 사후관리와 대토보상에 대한 양도소득세 과세특례 규정의 취지 · 감면요건 · 감면내용 · 사후관리에 대하여 비교 · 설명하시오. (20점)

(물음 2) 자경농지에 대한 양도소득세 감면 규정의 경작기간과 농지대토에 대한 양도소득세 감면 규정의 경작기간에 대하여 비교 · 설명하시오. (5점) (21년 수정)

2018년도 제 55 회

기출문제

회계학1부(재무회계 · 원가회계) · 252

회계학2부(세무회계) · 264

세법학1부 · 282

세법학2부 · 286

회계학1부

제1교시

아래 문제들에서 특별한 언급이 없는 한 기업의 보고기간(회계기간)은 1월 1일부터 12월 31일까지이다. 또한 기업은 주권상장법인으로 계속해서 한국채택국제회계기준(K-IFRS)을 적용해오고 있다고 가정한다. 자료에서 제시한 것 이외의 사항은 고려하지 않고 답한다. 예를 들어 법인세에 대한 언급이 없으면 법인세 효과는 고려하지 않는다. 모든 문제에 대하여 계산 근거를 반드시 제시하시오.

【문제 1】 ㈜세무의 20×0년 말 재무상태표에서 확인한 자본계정은 다음과 같다. 물음에 답하시오. (30점)

〈자본〉

Ⅰ. 자본금*
　1. 보통주자본금　₩50,000,000 (총 10,000주)
　2. 우선주자본금**　₩50,000,000 (총 10,000주)

Ⅱ. 자본잉여금
　1. 주식발행초과금　₩70,000,000
　2. 감자차익　₩6,000,000\
　3. 자기주식처분이익　₩2,000,000

Ⅲ. 이익잉여금
　1. 이익준비금　₩10,000,000
　2. 이월이익잉여금　₩12,000,000

자본총계 : ₩200,000,000

* 보통주와 우선주의 1주당 액면가액은 동일하며, 20×1년에 배당 결의와 배당금 지급은 없었다.
** 우선주는 20×0년 1월 1일 발행된 전환우선주로, 전환우선주 1주를 보통주 1주로 전환할 수 있고, 누적적, 비참가적 우선주이며 액면금액을 기준으로 연 배당률은 6%이다. 해당 우선주는 최초 발행 이후 추가로 발행되거나 전환되지 않는다.

(물음 1) ㈜세무는 20×1년 1월 1일 다음 조건의 신주인수권부사채를 액면금액(₩1,000,000)으로 발행하였다. 신주인수권부사채의 만기는 3년(만기일 : 20×3년 12월 31일)이고 표시이자율은 연 5%이며, 이자는 매 연도 말 지급한다. (4점)

> • 행사비율 : 사채권면액의 100%
> • 행사금액 : 사채액면금액 ₩1,000당 현금 ₩10,000을 납입하고 보통주 1주
>   (액면가액 : ₩5,000)를 인수 할 수 있음
> • 행사기간 : 발행일 이후 1개월이 경과한 날로부터 상환기일 30일 전까지 행사가능
> • 원금상환방법 : 만기에 액면금액의 100%를 상환함. 신주인수권이 행사되지
>   않더라도 상환할증금은 지급하지 않음

(단, 신주인수권부사채 발행시점(20×1년 1월 1일)에 신주인수권은 없으나 다른 조건은 모두 동일한 일반사채의 시장이자율은 연 10%이다. 현재가치 계산 시 아래의 현가계수를 이용하며, 금액은 소수점 첫째자리에서 반올림하여 계산한다. [예 : ₩5,555.55.. → ₩5,556])

연간이자율 및 기간	단일금액 ₩1의 현가계수	정상연금 ₩1의 현가계수
5%, 3기간	0.86384	2.72325
10%, 3기간	0.75131	2.48685

⑴ 20×1년 1월 1일 신주인수권부사채를 발행한 시점에 동 신주인수권부사채와 관련하여 ㈜세무의 자산과 부채 및 자본이 얼마큼 변동했는지 금액을 각각 계산하시오. (단, 각 항목이 감소했으면 금액 앞에 (-) 표시를 하고 변동이 없으면 0으로 표시하시오.)

구 분	20×1년 1월 1일 변동한 금액
자산	①
부채	②
자본	③

⑵ ㈜세무가 신주인수권부사채와 관련하여 20×1년 포괄손익계산서에 인식할 이자비
용을 계산하시오.

(물음 2) ㈜세무의 20×1년 자본 변동과 관련한 사항은 다음과 같다. (10점)

- 1월 1일 : ㈜세무는 물음 1)의 조건대로 신주인수권부사채를 발행하였다.
- 1월 1일 : ㈜세무는 최고경영자인 나세무씨에게 주식선택권 10,000개(개당 행
  사가격 ₩14,000)를 부여하고 3년간 용역제공조건을 부여하였다. 용
  역제공조건 기간이 종료한 후 나세무씨는 주식선택권 1개당 보통주
  1주로 행사가능하며, 주식선택권의 단위당 공정가치는 ₩1,800이다.
  ㈜세무는 나세무씨가 해당 주식선택권을 가득할 것으로 기대한다.
- 7월 1일 : ㈜세무는 보통주 5,000주 유상증자를 실시하였다. 납입금액은 주당
  ₩11,000이고 유상증자 직전 보통주의 주당 공정가치는 ₩22,000이다.
- 9월 1일 : ㈜세무는 자기주식(보통주)을 주당 ₩8,000에 3,000주 취득하였다.
- 10월 1일 : ㈜세무는 자기주식(보통주)을 주당 ₩6,000에 1,200주 처분하였다.
- 11월 1일 : ㈜세무는 자기주식(보통주)을 주당 ₩15,000에 900주 처분하였다.
- 12월 31일 : ㈜세무는 작년(20×0년 4월 1일 취득)에 구입한 토지(취득가액 :
  ₩10,000,000)를 취득시점에 유형자산으로 분류했으며, 변경사항
  은 없다. 토지의 측정방법은 취득시점부터 재평가모형을 적용하고
  있다. 20×1년 12월 31일의 공정가치는 ₩15,000,000이다.
- 12월 31일 : ㈜세무가 20×1년도에 보고한 당기순이익*은 ₩54,800,000이다.

---

* 해당 당기순이익은 20×1년 발생한 ㈜세무의 모든 당기손익을 반영한 금액임.

⑴ ㈜세무는 자기주식 회계처리에 대해 원가법을 적용하고 있으며, 자기주식처분이익
과 자기주식처분손실을 우선적으로 서로 상계처리 한다. 20×1년 10월 1일 ㈜세무
가 자기주식 처분과 관련하여 수행해야 할 회계처리를 제시하시오.

(차변) ①	(대변) ②

⑵ ㈜세무가 20×1년 1월 1일 발행한 주식선택권과 관련하여 20×1년 말에 수행해야
할 회계처리를 제시하시오.

(차변) ①	(대변) ②

(3) ㈜세무는 신주인수권부사채 발행과 관련하여 발생한 자본요소를 자본잉여금으로 분류하며, 자기주식과 주식선택권은 자본조정으로 분류한다. ㈜세무가 20×1년 말 재무상태표에 보고할 다음의 각 항목을 계산하시오. (단, 각 항목이 음의 값을 갖는 경우 금액 앞에 (-) 표시를 하고 보고할 금액이 없으며 0으로 표시하시오.)

구 분	20×1년 말 자본 구성항목의 금액
자본잉여금	①
기타포괄손익누계액	②
자본조정	③

(물음 3) ㈜세무의 20×1년 보통주 시가평균은 ₩16,000이다. 당해 중단사업손익은 없으며, 법인세율은 단일세율로 20%이다. (단, 해당 세율을 이용한 법인세효과는 물음 3)의 희석효과 및 희석주당이익 계산에만 고려하고, 주당이익은 원 단위로 소수점 첫째 자리에서 반올림하여 계산한다. [예 : ₩555.555.. → ₩556]) (12점)

(1) 다음 절차에 따라 ㈜세무의 20×1년 기본주당이익을 계산하시오. (단, 가중평균 유통보통주식수는 원할계산한다.)

20×1년의 가중평균유통보통주식수	①
20×1년의 기본주당이익	②

(2) 20×1년 말 ㈜세무가 보유한 잠재적 보통주식은 전환우선주와 신주인수권부사채 및 주식선택권이 있다. 셋 중 어떤 항목이 가장 희석효과가 높은지 기술하고 그 이유를 기재하시오.

(3) ㈜세무의 20×1년 희석주당이익을 계산하시오. (단, (1)과 상관없이 20×1년의 가중평균유통보통주식수는 10,000주이고 기본주당이익은 주당 ₩5,000으로 가정한다. 또한, 잠재적보통주식수의 가중평균은 월할계산한다.)

(4) 20×1년 초 발행할 ㈜세무의 신주인수권부사채가 모든 조건(액면금액, 이자지급조건, 이자율, 만기 등)이 동일한 전환사채라고 가정하자. 단, 전환사채는 전환권 행사 시 사채책면금액 ₩1,000당 보통주 1주(액면가액 : ₩5,000)로 전환 가능하다. 이 경우 ㈜세무의 20×1년 희석주당이익을 계산하시오. (단, (1)과 상관없이 20×1년의

가중평균유통보통주식수는 10,000주이고 기본주당이익은 주당 ₩5,000으로 가정한다. 또한, 잠재적보통주식수의 가중평균은 월할계산한다.)

(물음 4) ㈜세무가 20×1년 1월 1일 발행한 신주인수권부사채의 액면금액 중 ₩500,000에 해당하는 신주인수권이 20×2년 1월 1일에 행사되었다. (4점)

⑴ 20×2년 1월 1일 신주인수권이 행사된 시점에 동 인주인수권 행사와 관련하여 ㈜세무의 자산과 부채 및 자본이 얼마큼 변동했는지 금액을 각각 계산하시오. (단, 각 항목이 감소했으면 금액 앞에 (‒) 표시를 하고 변동이 없으면 0으로 표시하시오.)

구분	20×2년 1월 1일 변동한 금액
자산	①
부채	②
자본	③

⑵ ㈜세무가 신주인수권부사채와 관련하여 20×2년 포괄손익계산서에 인식할 이자비용을 계산하시오.

【문제 2】 (물음 1), (물음 2), (물음 3)은 각각 독립적인 상황이다. 물음에 답하시오. (30점)

(물음 1) 20×1년 ㈜세무는 반려로봇사업을 개시하였다. ㈜세무는 반려로봇과 반려로봇의 인공지능 소프트웨어를 1년간 사용할 수 있는 사용권을 판매한다. 개별적으로 판매할 경우 반려로봇은 개당 ₩80,000에 판매하고, 1년간 사용할 수 있는 인공지능 소프트웨어 사용권은 ₩10,000에 판매한다. 반려로봇을 구입한 고객은 인공지능 소프트웨어 사용권을 연간 ₩10,000에 갱신가능하다. 20×1년 9월 1일 ㈜세무는 반려로봇사업의 개시 기념으로 반려로봇과 1년간 사용할 수 있는 소프트웨어 사용권을 고객에게 패키지 형태의 방식으로 패키지당 ₩72,000에 총 60개를 판매하고, 대금은 현금으로 수취하였다. (7점)

⑴ ㈜세무가 20×1년 9월 1일 패키지 판매와 관련하여 수행해야 할 회계처리를 제시하시오.

(차변) ①	(대변) ②

(2) ㈜세무가 20×1년 패키지 판매와 관련하여 20×1년 포괄손익계산서에 인식할 총수익을 계산하시오.

(3) 2018년 초부터 적용되는 한국채택국제회계기준(K-IFRS) 제1115호 '고객과의 계약에서 생기는 수익'에서는 수익인식을 위해 총 5단계의 과정을 거치도록 되어 있다. 수익인식의 5단계 과정을 순서대로 쓰시오.

(4) 다음은 한국채택국제회계기준(K-IFRS) 제1115호 '고객과의 계약에서 생기는 수익'에 대한 설명이다. 각각의 항목이 옳으면 O, 옳지 않으면 X로 기재하시오.

> ① 어떠한 상황에서는 수익인식의 5단계가 동시에 이루어질 수 있다.
> ② 제공하기로 한 재화 또는 용역이 뚜렷함과 동시에 계약 내의 다른 재화 또는 용역과 구분 가능한 경우 수행의무는 별도로 존재하는 것으로 본다.

(물음 2) ㈜세무는 액면가 ₩1,000,000, 표시이자율 연 12%, 만기 3년, 이자지급일이 매년 말이며 권면상 발행일이 20×1년 1월 1일인 사채를 20×1년 5월 1일에 ㈜한국에서 발행하고 상각후원가로 측정하는 금융부채로 분류하였다. (단, 동 사채의 권면상 발행일(20×1년 1월 1일)의 유효이자율은 연 13%이며 실제발행일(20×1년 5월 1일)의 유효이자율은 연 15%이다. 현재가치 계산이 필요할 경우 다음의 현가계수를 이용하고 금액은 소수점 첫째자리에서 반올림하여 계산한다. [예 : ₩555.555., → ₩556]) (13점)]

〈단일금액 ₩1의 현가계수〉

기간 \ 이자율	12%	13%	14%	15%
1	0.89286	0.88496	0.87719	0.86957
2	0.79719	0.78315	0.76947	0.75614
3	0.71178	0.69305	0.67497	0.65752

〈정상연금 ₩1의 현가계수〉

기간 \ 이자율	12%	13%	14%	15%
1	0.89286	0.88496	0.87719	0.86957
2	1.69005	1.66810	1.64666	1.62571
3	2.40183	2.36115	2.32163	2.28323

(1) ㈜세무가 20×1년 5월 1일에 수행해야 할 회계처리를 제시하시오.

(차변) ①	(대변) ②

(2) ㈜세무와 ㈜한국이 20×1년 말에 수행해야 할 회계처리를 각각 제시하시오. (단, ㈜한국은 취득한 ㈜세무 사채를 상각후원가로 측정하는 금융자산으로 분류하고 있다.)

㈜세무 (차변) ①	(대변) ②

㈜한국 (차변) ①	(대변) ②

(3) (2)와 달리 ㈜한국이 취득한 ㈜세무 사채를 (ㄱ)당기손익 – 공정가치로 측정하는 금융자산으로 분류하였을 경우와 (ㄴ)기타포괄손익 – 공정가치로 측정하는 금융자산으로 분류하였을 경우 각각에 대해 동 사채와 관련한 회계처리가 ㈜한국의 20×1년 포괄손익계산서상 당기순이익과 기타포괄이익에 미치는 영향(다음 표의 ①~③)을 계산하시오. (단, 20×1년 말 현재 ㈜세무가 발행한 동 사채의 시장이자율은 연 14%이며, 당기순이익과 기타포괄이익이 감소하는 경우에는 금액 앞에 (–)를 표시하시오.

(ㄱ) 당기손익 – 공정가치 측정 금융자산으로 분류	당기순이익에 미치는 영향	①
(ㄴ) 기타포괄손익 – 공정가치 측정 금융자산으로 분류	당기순이익에 미치는 영향	②
	기타포괄이익에 미치는 영향	③

(물음 3) ㈜세무는 20×1년 1월 1일에 ㈜나라가 다음과 같은 조건으로 발행한 사채를 ₩910,767에 취득하였으며 취득 시 신용이 손상되어 있지는 않았다. 동 사채의 취득시

점의 유효이자율은 연 13%이다. (단, 현재가치 계산이 필요한 경우 아래의 현가계수를 이용하고 금액은 소수점 첫째자리에서 반올림하여 계산한다. [예₩5,555.55., → ₩5,556]) (10점)

- 발행일 : 20×1년 1월 1일
- 액면금액 : ₩1,000,000
- 표시이자율 : 연10%
- 이자지급 : 매년 12월 31일
- 만기일 : 20×4년 12월 31일
- 상환조건 : 만기일에 일시상환

다음은 ㈜세무가 취득한 ㈜나라 사채와 관련하여 매 보고기간 말에 발생한 상황들이다.

---

1) ㈜세무는 20×1년 말 ㈜나라 사채와 신용위험이 유의하게 증가하지 않았다고 판단하였으며, 20×1년 말 현재 12개월 기대신용손실과 전체기간 기대신용손실을 각각 ₩10,000과 ₩20,000으로 추정하였다. 20×1년 말 현재 ㈜나라 사채의 공정가치는 ₩940,000이다.

2) ㈜세무는 20×2년 말에 표시이자 ₩100,000을 정상적으로 수취하였으나 ㈜나라사채의 신용이 후속적으로 손상되었다고 판단하였다. ㈜세무는 채무불이행 발생확률을 고려하여 20×3년과 20×4년에 수취할 이자의 현금흐름을 매년 말 ₩50,000으로, 만기에 수취할 원금의 현금흐름을 ₩800,000으로 추정하였다. 20×2년 말 현재 ㈜나라 사채의 공정가치는 ₩670,000이다.

3) ㈜세무는 20×3년 말 ㈜나라 사채의 신용손상이 일부 회복되어 20×4년 말에 이자 ₩80,000과 원금 ₩900,000을 회수할 것으로 추정하였다. 단, 20×3년 말에 수령할 것으로 예측한 이자 ₩50,000은 전액 수령하였으며, 20×3년 말 현재 ㈜나라 사채의 공정가치는 ₩840,000이다.

〈추가자료〉 연 이자율 13% 현가계수

기간	단일금액 ₩1의 현가계수	정상연금 ₩1의 현가계수
1	0.88496	0.88496
2	0.78315	1.66810
3	0.69305	2.36115

⑴ ㈜세무가 취득한 ㈜나라 사채를 상각후원가로 측정하는 금융자산으로 분류한 경우 동 금융자산과 관련하여 ㈜세무가 ① 20×2년도에 손상차손으로 인식해야 할 금액

과 ② 20×3년도에 손상차손환입으로 인식할 금액을 각각 계산하시오.

(2) ㈜세무가 취득한 ㈜나라 사채를 기타포괄손익 - 공정가치로 측정하는 금융자산으로 분류하였다고 할 경우 동 금융자산과 관련한 회계처리가 ㈜세무의 20×2년 포괄손익계산서상 ① 당기순이익에 미치는 영향과 ② 기타포괄이익에 미치는 영향을 각각 계산하시오. (단, 당기순이익과 기타포괄이익이 감소하는 경우에는 금액 앞에 (-)를 표시하시오.)

【문제 3】 표준원가계산제도를 도입하고 있는 ㈜세무가 20×1년에 생산할 제품 A의 단위당 표준원가와 2/4분기 예산편성을 위한 자료는 다음과 같다. 물음에 답하시오. (20점)

1) 단위당 표준수량과 표준가격 및 표준원가

원가항목	표준수량	표준가격	표준원가
직접재료원가	2kg	₩500	₩1,000
직접노무원가	3시간	60	180
변동제조간접원가	3시간	40	120
고정제조간접원가	3시간	100	300
합계			₩1,600

2) 단위당 변동판매비와관리비는 ₩100이며 고정판매비와관리비는 매월 ₩800,000으로 예상된다.

3) 고정제조간접원가는 매월 ₩1,800,000으로 일정하게 발생한다. 고정제조간접원가 표준배부율을 산정하는데 사용한 기준조업도는 18,000시간이다.

4) 고정제조간접원가에는 월 ₩600,000의 감가상각비가 포함되어 있으며 고정판매비와관리비에는 월 50,000의 무형자산상각비가 포함되어 있다.

5) 제품 A의 월별 판매수량과 매출액

구분	3월	4월	5월	6월
판매수량	3,500단위	4,500단위	5,500단위	5,000단위
매출액	₩7,000,000	₩9,000,000	₩11,000,000	₩10,000,000

6) 월말 제품재고는 다음 달 예산 판매수량의 10%를 유지하고, 월말 직접재료의 재고는 다음 달 예산 사용량의 20%수준을 유지한다. 월말 재공품은 없는 것으로 한다.
7) 모든 재고자산의 매입과 매출은 외상거래로 이루어진다. 매출액의 60%는 판매한 달에, 나머지 40%는 판매한 다음 달에 현금으로 회수한다. 외상매입금은 매입한 달에 70%를, 나머지 30%는 매입한 다음 달에 현금으로 지급한다. 그리고 재료 매입액을 제외한 제조원가와 판매비와관리비는 발생한 달에 전액 현금으로 지급한다.
8) 원가차이 중 가격차이, 능률차이, 예산차이는 발생하지 않고 고정제조간접원가 조업도 차이는 매출원가에서 조정하는 것으로 가정한다.
9) 3월 말 현금잔액은 ₩2,500,000이다.

(물음 1) 다음 물음에 답하시오. (5점)
(1) 4월의 제조(생산량)예산을 구하시오.
(2) 4월의 재료매입예산액을 구하시오.

(물음 2) 표준원가자료를 반영하여 다음 물음에 답하시오. (5점)
(1) 변동원가계산에 의한 4월의 예산 손익계산서를 작성하시오.
(2) 전부원가계산에 의한 4월의 매출원가를 구하시오.

(물음 3) 4월 말 예산 현금잔액을 구하시오. (5점)

※ [물음 4]는 [물음 1], [물음 2], [물음 3]과 독립적이다.

(물음 4) ㈜세무는 추가적인 자본조달을 통해 새롭게 설비를 확정하였다. 설비확장을 위해 투하된 자금은 ₩25,000,000으로 이중 20%는 이자율 연 12%인 장기부채로 조달하였으며 나머지는 주식을 발행하여 조달하였다. 신규투자로 인한 세전영업이익이 ₩4,800,000 발생하였다. 자기자본비용이 15%, 법인세율이 25%일 때, 신규투자의 경제적 부가가치를 구하시오. (단, 장기부채 및 자기자본의 장부가치와 시장가치는 동일하다. 가중평균자본비용 계산 시 소수점 네 자리 이하는 버린다. [예 : 0.1136 → 0.1131]) (5점)

【문제 4】㈜세무는 단일제품 A를 생산·판매하는 회사로 연간 최대 25,000단위의 제품을 생산할 수 있는 능력을 가지고 있다. 20×1년도 생산·판매량은 20,000단위이다. 판매가격은 단위당 ₩500이며, 판매비와관리비는 단위당 ₩10의 변동판매관리비와 연간 ₩2,000,000의 고정판매비와관리비가 발생한다. 제품 A의 생산과 관련된 단위당 원가 자료는 다음과 같다. 물음에 답하시오. (단, 물음은 독립적이다.) (20점)

원가항목	금액
직접재료원가	₩150
직접노무원가	110
변동제조간접원가	40
고정제조간접원가	30
합계	₩330

(물음 1) ㈜대한이 제품 A를 7,000단위 주문해 왔다. 이 특별주문을 수락할 경우 단위당 변동판매비와관리비가 60% 절감되며, 고정판매비와관리비가 ₩110,000 증가한다. ㈜세무가 생산시설을 확장하지 않고 유휴설비의 대체적 용도가 없다고 할 때, 특별주문을 수락할 경우 손실을 보지 않기 위해 제시할 수 있는 제품 A의 단위당 최저 판매가격을 계산하시오. (4점)

(물음 2) ㈜대한이 변동판매비와관리비를 부담하는 조건으로 제품 A를 일부 개량해야 하는 제품 Aa 5,000단위를 특별주문해 왔다. ㈜세무가 제품 Aa를 생산하기 위해서는 특수기계(취득원가 ₩500,000, 내용연수 3년, 잔존가치 ₩50,000)를 구입하여 총 1,250시간(시간당 임률 ₩80)을 투입해서 추가 작업하여야 한다. 이 기계는 특별주문품 생산 외에는 사용할 수 없으므로 제품 Aa를 생산한 후 즉시 ₩200,000에 처분한다. 유휴설비의 대체적 용도가 없다고 할 때 특별주문으로부터 ㈜세무가 목표이익 ₩50,000을 달성하기 위해 제시할 수 있는 제품 Aa의 단위당 판매가격을 계산하시오. (4점)

(물음 3) ㈜대한은 제품 A를 단위당 ₩350에 10,000단위를 주문해 왔다. ㈜세무는 5,000단위를 추가 생산할 수 있는 설비를 연간 임차료 ₩440,000을 지급하고 임차하고자 한다. 유휴설비의 대체적 용도가 없다고 할 때 특별주문을 수락할 경우 ㈜세무의 이익에 미치는 영향을 계산하시오. 이익이 감소하는 경우 금액 앞에 (-) 표시를 하고,

영향이 없으면 0으로 표시하시오. (단, 변동판매비와관리비는 ㈜세무와 ㈜대한이 3 : 7 로 부담한다.) (3점)

(물음 4) ㈜세무가 제품 A를 25,000단위 생산·판매하고 있다고 가정하자. 제품 A와 동일한 생산공정을 거쳐 생산되는 제품 B를 ㈜대한이 단위당 판매가격 ₩480에 1,000 단위를 주문하면서 ㈜세무가 직접 생산·판매할 경우 변동판매비와관리비를 부담하겠 다고 하였다. 각 상황에 대해 이익이 감소하는 경우 금액 앞에 (-) 표시를 하고, 영향 이 없으면 0으로 표시하시오. (9점)

⑴ ㈜세무가 ㈜대한의 주문을 수락할 경우 이익에 미치는 영향을 계산하시오.

⑵ ㈜세무가 제품 B를 생산하기로 결정하였다. 이 때 ㈜한국이 제품 A 1,000단위를 ㈜ 세무에게 단위당 ₩420에 공급하겠다고 제의해 왔다. ㈜세무가 ㈜한국의 제의를 수 락할 경우 총공헌이익에 미치는 영향을 계산하시오.

⑶ ㈜세무가 제품 A를 24,000단위 생산·판매하고 있을 때 ㈜대한으로부터 제품 B를 생산하여 단위당 ₩320에 판매하라는 주문을 받았는데 나회계 사장이 이를 거절하 였다. 사장의 의사결정이 ㈜세무의 이익에 미치는 영향을 계산하시오.

회계학2부

〈문제공통적용〉〈자료〉에서 다른 언급이 없는 한 조세 부담 최소화를 가정하며, 금액 계산의 경우 원 단위 미만에서 반올림한다. 각 문제의 물음에 대해 계산근거를 표시하여 답하시오.

【문제 1】 거주자 김국세 씨(남성, 65세)의 2022년 소득에 대한 다음의 자료에 근거하여 각 물음에 답하시오. (단, 제시된 금액들은 국내외에서 원천징수된 세액을 차감하지 않은 금액이다.) (30점)

1. 금융소득 관련 자료

   (1) 2015.9.1.에 ㈜A의 직장공제회에 가입하여 2022.6.30.에 탈퇴할 때까지 총 ₩30,000,000의 공제료를 납입하였으며, 탈퇴시 ₩40,000,000의 반환금을 수령하였다.

   (2) 2022.2.1.에 은행으로부터 ₩100,000,000을 차입하여 동 금액을 고교동창인 甲에게 빌려주었다가, 2022.11.30.에 원금과 이자를 합한 ₩107,000,000을 甲으로부터 회수하였다. 그리고 2022.11.30.에 상기 차입금에 대한 원금과 이자를 합한 ₩104,000,000을 은행에 상환하였다.

   (3) 미국소재 외국법인의 이익잉여금 처분에 따른 배당액은 ₩14,000,000이며, 이에 대하여 외국에서 원천징수된 금액은 ₩1,000,000이고 국내에서 원천징수된 금액은 없다.

   (4) 비상장 내국법인인 ㈜B의 법인세 세무조정에 따라 김국세 씨에게 배당으로 소득처분된 금액 내역은 다음과 같다.

㈜B의 사업연도	결산확정일	소득처분액
2021.1.1.~2021.12.31.	2022.3.2.	₩18,000,000
2022.1.1.~2022.12.31.	2023.3.2.	₩15,000,000

2. 퇴직소득 및 근로소득 관련 자료(수정)

　(1) 김국세 씨는 2011.7.1.에 ㈜A에 임원으로 입사하여 근무하다가 2022.06.30.에 퇴직하면서 ₩844,800,000의 퇴직급여를 지급받았다.

　(2) 김국세 씨가 2017.1.1.부터 2019.12.31.까지 ㈜A로부터 받은 총급여(비과세소득과 인정상여는 제외)는 ₩540,000,000이며 2020.1.1.부터 2021.12.31. 까지 받은 총급여(비과세소득과 인정상여는 제외)는 ₩310,000,000이다.

　(3) 김국세 씨가 2011.12.31.에 퇴직한다고 가정한다고 가정할 때 ㈜A의 규정에 따라 지급받을 퇴직급여는 ₩60,000,000이다.

　(4) 김국세 씨가 퇴직급여 이외에 ㈜A로부터 2022년에 지급받은 금액은 다음과 같다.

　　① 급여액 : ₩48,000,000(근무기간 중 수령액임)

　　② 상여금 : ₩20,000,000(근무기간 중 수령액이며, 2021.11.30.에 잉여금처분 결의에 따라 지급된 ₩2,000,000을 포함함)

　　③ 근무 중 발생한 부상에 대한 위자료로 받은 금액 : ₩20,000,000

　　④ 「발명진흥법」에 따라 직무발명보상금으로 받은 금액 : ₩12,000,000(이중에서 ₩5,000,000은 퇴사한 이후에 지급받은 것임)

3. 연금소득 관련 자료

　(1) 김국세 씨가 2022년에 수령한 국민연금은 ₩12,000,000이다. 총납입기간 동안의 환산소득 누계액은 ₩750,000,000이고, 2002.1.1. 이후 납입기간의 환산소득 누계액은 ₩450,000,000이다. 그리고 2002.1.1. 이후에 연금보험료공제를 받지 아니하고 납입한 국민연금보험료는 ₩3,200,000으로 확인된다.

　(2) 김국세 씨는 2010.1.1. 연금저축계좌에 가입한 이후 가입기간 동안 총 ₩50,000,000을 연금저축계좌에 납입하였으며, 이 중에서 ₩10,000,000에 대하여는 연금계좌 세액공제를 받지 아니하였다. 당해 연금저축계좌는 2022년 초부터 연금수령하는 조건의 계약이다. 김국세 씨는 2022.1.1.에 연금수령 개시를 신청하였으며, 신청일 현재 연금저축계좌 평가액은 ₩65,000,000이다. 그리고 김국세 씨는 2022.1.10. 에 법령에서 정하는 의료목적으로 당해 연금저축계좌에서 ₩8,000,000을 인출하였고, 그 이후 2022년 말까지 당해 연금저축계좌에서 ₩22,000,000(법령에서 정하는 의료목적이나 부득이한 인출요건에 해당하지 않음)을 인출하였다.

4. 근로소득공제액의 계산식은 다음과 같다.

총급여액	근로소득공제액
500만원 이하	총급여액×70%
500만원 초과 1,500만원 이하	350만원+(총급여액 - 500만원)×40%
1,500만원 초과 4,500만원 이하	750만원+(총급여액 - 1,500만원)×15%
4,500만원 초과 1억원 이하	1,200만원+(총급여액 - 4,500만원)×5%
1억원 초과	1,475만원+(총급여액 - 1억원)×2%

5. 연금소득공제액의 계산식은 다음과 같다.

총연금액	연금소득공제액
350만원 이하	총연금액
350만원 초과 700만원 이하	350만원+(총연금액 - 350만원)×40%
700만원 초과 1,400만원 이하	490만원+(총연금액 - 700만원)×20%
1,400만원 초과	630만원+(총연금액 - 1,400만원)×10%

6. 근속연수에 따른 퇴직소득공제액의 계산액은 다음과 같다.

근속연수	근속연수에 따른 공제액
5년 이하	30만원×근속연수
5년 초과 10년 이하	150만원+50만원×(근속연수 - 5년)
10년 초과 20년 이하	400만원+80만원×(근속연수 - 10년)
20년 초과	1,200만원+120만원×(근속연수 - 20년)

7. 환산급여에 따른 퇴직소득 차등공제액의 계산식은 다음과 같다.

환산급여	환산급여액에 따른 차등공제액
800만원 이하	환산급여의 100%
800만원 초과 7,000만원 이하	800만원+(800만원 초과분의 60%)
7,000만원 초과 1억원 이하	4,520만원+(7,000만원 초과분의 55%)
1억원 초과 3억원 이하	6,170만원+(1억원 초과분의 45%)
3억원 초과	1억 5,170만원+(3억원 초과분의 35%)

8. 소득세 기본세율은 다음과 같다.

과세표준	기본세율
1,200만원 이하	과세표준×6%
1,200만원 초과 4,600만원 이하	72만원+(과세표준-1,200만원)×15%
4,600만원 초과 8,800만원 이하	582만원+(과세표준-4,600만원)×24%
8,800만원 초과 1억 5천만원 이하	1,590만원+(과세표준-8,800만원)×35%
1억5천만원 초과 3억원 이하	3,760만원+(과세표준-1억5천만원)×38%
3억원 초과 5억원 이하	9,460만원+(과세표준-3억원)×40%
5억원 초과 10억원 이하	1억 7,460만원+(과세표준-5억원)×42%
10억원 초과	3억 8,460만원+(과세표준-10억원)×45%

(물음 1) 금융소득 이외의 종합과세되는 소득금액이 ₩115,000,000이고 종합소득공제가 ₩10,000,000이라고 가정할 경우, ① 종합소득과세표준과, ② 종합소득산출세액을 다음의 양식에 따라 계산하시오. (6점)

구분	해답
① 종합소득과세표준	
② 종합소득산출세액	

(물음 2) 직장공제회 초과반환금에 대하여 원천징수한 소득세액과, ② 퇴직소득 한도초과액(가급적 금액을 작게 하는 것으로 가정함) 및 ③ 연금계좌로부터의 연금수령한도액을 다음의 양식에 따라 제시하시오. (9점) (21년 수정)

구분	해답
① 직장공제회 초과반환금에 대하여 원천징수할 소득세액	
② 퇴직소득 한도초과액	
③ 연금계좌로부터의 연금수령한도액	

(물음 3) 위 (물음 2)에서 '퇴직소득 한도초과액'의 해답이 ₩268,000,000이라고 가정할 경우, ① 근로소득금액과, ② 2016.1.1. 이후 시행되는 소득세법 규정에 따른 퇴직소득과세표준을 다음의 양식에 따라 제시하시오. (6점)

구분	해답
① 근로소득금액	
② 퇴직소득과세표준	

(물음 4) 위 (물음 2)에서 '연금계좌로부터의 연금수령한도액'의 해답이 ₩16,000,000
이라고 가정할 경우, ① 종합과세되는 연금소득금액과, ② 원천징수 대상 기타소득금액
을 다음의 양식에 따라 제시하시오. (9점)

구분	해답
① 종합과세되는 연금소득금액	
② 원천징수 대상 기타소득금액	

【문제 2】 다음은 ㈜한국의 제22기 사업연도(2022.1.1.~2022.12.31.)와 관련된 자료이다.
㈜한국은 지주회사가 아닌 내국상장법인으로 제조업을 영위하고 있다. ㈜한국은 2022년
말 재무상태표상 자산총액이 ₩1,000,000,000이고, 차입경영을 하지 않는 무부채기업이
며 법인세법상 지급이자에 해당하는 금액도 없다고 가정한다. ㈜한국으로부터 출자를 받
은 회사는 모두 내국상장법인으로 제조업을 영위하고 있으며, 지급배당에 대한 소득공제와 「조
세특례제한법」상 감면규정 및 동업기업과세특례를 적용받지 않는다.

다음의 각 자료는 서로 독립적이며, 주어진 자료 이외의 사항은 고려하지 않는다. 같은
자료에 2개 이상의 세무조정이 있는 경우, 상계하지 말고 모두 표시하시오. (20점)

〈자료 1〉

1. ㈜한국은 ㈜대한(발행주식 총수 200,000주, 1주당 액면가액 ₩5,000)의 주식을 보
유하고 있으며, 취득내역은 아래와 같다. ㈜한국은 유상 취득한 주식에 대해서만
2018년에 회계처리하였으며, 2018년 주식의 취득과 무상주 수령에 대한 세무조정
은 2018년에 적정하게 이루어졌다. ㈜한국이 보유하고 있는 ㈜대한 주식의 2022년
기초 장부가액은 원가법을 적용하여 ₩63,400,000이다.

취득일	주식수	취득내역	1주당 취득가액	장부가액
2018.4.20.	4,000	유상 취득	₩7,500	₩30,000,000
2018.8.20	4,000	유상 취득	8,350	33,400,000
2018.10.20	1,000	주식발행초과금으로 자본전입으로 무상주 수령	-	-
2018.12.10	1,000	이익준비금 자본전입으로 무상주 수령	-	-
계	10,000	-		₩63,400,000

2. ㈜대한은 2022.4.1.에 1주당 ₩20,000의 현금을 지급하고 발행주식 총수의 20% (40,000주)를 감자하였다. ㈜대한은 이와 관련하여 아래와 같이 회계처리하였다.

차) 자본금   200,000,000   대) 현 금   800,000,000
    감자차손   600,000,000

3. ㈜한국은 2022.4.1.에 ㈜대한으로부터 감자대가를 수령하고 아래와 같이 회계처리하였다.

차) 현금   40,000,000   대) 유가증권   12,680,000
                           유가증권처분이익   27,320,000

(물음 1) 〈자료 1〉을 이용하여 아래 물음에 답하시오. (4점)

⑴ ㈜한국의 ① 의제배당금액(감자대가, 소멸하는 주식가액을 표시)을 제시하고, ② 감자와 관련된 세무조정을 하시오.

⑵ ㈜한국의 수입배당금에 대한 이중과세조정과 관련한 세무조정을 하시오.

〈자료 2〉

1. ㈜한국은 2021.10.10.에 ㈜민국(발행주식 총수 10,000주, 1주당 액면가액 ₩5,000의 주식 2,000주를 1주당 ₩15,000에 취득하였다. ㈜한국의 ㈜민국에 대한 지분율은 20%이며, 주식의 장부가액은 원가법을 적용하여 2022년 기초 재무상태표에 ₩30,000,000으로 계상하고 있다.

2. ㈜민국은 <u>2022.4.1.</u> 현재 자기주식을 2,000주 보유하고 있다. ㈜민국은 <u>2022.4.1.</u>에 잉여금을 자본전입하여 10,000주의 무상주를 배부하려고 하였으나, 기존주주에게 8,000주를 배정하고 자기주식 배정 분을 기존주주에게 추가 배정하지 않는다. 당초 무상주 10,000주의 배정재원과 8,000주 배정에 따른 회계처리는 아래와 같다.

⑴ 배정재원

잉여금 구분	금액	비 고
주식발행초과금	₩15,000,000	주식의 액면초과 발행금액임
자기주식소각이익	15,000,000	주식소각일은 2020.7.10.임
자기주식처분이익	10,000,000	자기주식 처분일은 2021.9.10.임
이익준비금	10,000,000	
계	₩50,000,000	

⑵ 배정에 따른 회계처리

차) 주식발행초과금   12,000,000   대) 자본금   40,000,000
     자기주식소각이익   12,000,000
     자기주식처분이익   8,000,000
     이익준비금   8,000,000

3. ㈜한국은 무상주 2,000주를 수령하고 회계처리를 하지 않았다.

(물음 2) 〈자료2〉를 이용하여 아래 물음에 답하시오. (6점)

⑴ ㈜한국의 ① 의제배당금액을 제시하고, ② 무상주 수령과 관련된 세무조정을 하시오.

⑵ ㈜한국의 수입배당금에 대한 이중과세조정과 관련한 세무조정을 하시오.

〈자료 3〉

1. ㈜한국은 <u>2022.1.1.</u> 현재 ㈜서울(발행주식 총수 20,000주, 1주당 액면가액 ₩5,000)의 주식 47.5%를 보유하고 있으며, 장부가액은 원가법을 적용하여 ₩59,000,000이다. ㈜한국이 보유하고 있는 ㈜서울 주식의 취득내역은 다음과 같으며, <u>2022년 중</u>에 보유하고 있는 ㈜서울의 주식 수는 변동이 없었다.

취득일	주식수	취득단가 (처분단가)	지분율	장부가액	비고
2021.4.11	5,500	₩5,500	27.5%	₩30,250,000	1주당 시가가 ₩6,000이나 ㈜한국의 대표이사인 김국한으로부터 1주당 ₩5,500에 취득하였다.
2021.10.26	4,500	7,000	22.5%	31,500,000	제3자로부터 1주당 시가인 ₩7,000에 정상적으로 유상 취득한 것이다.
2021.12.18	△500	(5,500)	-2.5%	△2,750,000	1주당 시가인 ₩7,500에 정상적으로 매각한 것이다. 회사는 선입선출법을 적용한 원가를 장부가액에서 차감하였다.
계	9,500	-	47.5%	₩59,000,000	

2. 앞에서 ㈜한국이 무부채기업이라고 가정하였으나, 이를 무시하고 ㈜한국의 2022년도 손익계산서상 이자비용으로 계상된 금액이 ₩18,000,000이라고 가정한다. 이자비용 중 ₩1,700,000은 채권자불분명사채이자이며, 이것을 제외하고 지급이자와 관련된 손금불산입 금액은 없다. 채권자불분명사채이자에 대한 세무조정은 적절하게 이루어졌다.

3. ㈜서울은 2021.12.31.을 배당기준일로 하여 2022.1.15.에 1주당 ₩500의 현금배당 결의를 하였다. 실제로 배당금은 2022.1.25.에 지급되었고, 아래와 같이 회계처리하였다.

　　 차) 미지급배당금　　　 10,000,000　　　 대) 현금　　　　　　　 10,000,000

4. ㈜한국은 2022년 배당금 수령을 기업회계기준에 따라 적정하게 회계처리하였다.

(물음 3) 〈자료 3〉을 이용하여 아래 물음에 답하시오. (10점)

⑴ ㈜한국이 2021년에 수령한 ① 주식 취득 관련 세무조정과 ② 주식 처분 관련 세무조정을 각각 제시하시오.

⑵ ㈜한국의 ① 수입배당금 총액을 제시하고, 수입배당금에 대한 이중과세조정과 관련된 ② 익금불산입 대상 배당 금액, ③ 지급이자 차감액을 제시하고 ④ 세무조정을 하시오.

【문제 3】 다음 자료를 기초로 각 물음에 답하시오. 세무조정 물음에 대한 답안은 아래와 같은 형식으로 작성하고, 같은 자료에 세무조정이 2개 이상 있는 경우 상계하지 말고 모두 표시하시오. (단, 전기까지의 세무조정은 정상적으로 처리되었으며, 각 물음은 상호 독립적이고 주어진 자료 이외의 사항은 고려하지 않는다.) (30점)

물음번호	조정유형	과 목	금 액	소득처분
	〈익금산입〉	토지 A	××	(유보)
	…	…	…	…
	〈손금산입〉	토지 B	××	(△유보)
	…	…	…	…

〈자료 1〉 다음은 제조업을 영위하는 중소기업인 ㈜대한(사업연도 : 1.1.~12.31.)의 제품과 토지의 판매 등에 관한 자료이다.

1. ㈜대한은 제22기 사업연도 2022.8.5.에 제품 A를 ₩20,000,000(원가율 70%)에 판매하면서 다음과 같이 대금을 수령하는 조건으로 계약을 체결하였다.

2022.9.5.(계약금)	2022.10.5.(중도금)	2023.10.5.(잔금)
₩2,000,000	₩8,000,000	₩10,000,000

(1) ㈜대한은 2022.9.5. 계약금 ₩2,000,000을 수령하면서 제품 A를 인도하였으며, 2022.10.5. 중도금 중 ₩7,000,000을 수령하였고, 2022.10.5. 나머지 잔금인 ₩11,000,000을 수령하였다.

(2) ㈜대한은 제품 A의 판매에 대해 실제 회수한 대금을 기준으로 수익과 비용을 계상하였다.

2. ㈜대한은 2022.7.1.에 토지(장부가액 ₩80,000,000)를 다음과 같이 양도하기로 계약하였다.

(1) 토지의 양도대금은 ₩200,000,000이며 대금의 수령 계약조건은 다음과 같다.

2022.7.1.(계약금)	2022.10.1.(중도금)	2023.9.1.(잔금)
₩30,000,000	₩70,000,000	₩100,000,000

⑵ 토지의 사용수익일은 중도금 수령일이고, 토지의 소유권이전등기일은 잔금 수령일이다.

⑶ ㈜대한은 토지 양도의 계약금과 중도금을 수령하면서 모두 선수금으로 계상하였으며, <u>2023.9.1.</u> 잔금을 수령하면서 토지처분이익 ₩120,000,000을 계상하였다.

(물음 1) 〈자료 1〉을 이용하여 아래 물음에 답하시오. (8점)

⑴ ㈜대한의 제품 A 판매에 대한 <u>제22기</u> 사업연도와 <u>제23기</u> 사업연도의 세무조정을 하시오.

⑵ ㈜대한의 토지 양도에 대한 <u>제22기</u> 사업연도와 <u>제23기</u> 사업연도의 세무조정을 하시오.

〈자료 2〉 다음은 제조업 및 부동산임대업을 영위하며 중소기업인 ㈜대한의 <u>제22기</u> 사업연도(<u>2022.1.1.~2022.12.31.</u>)의 접대비 등에 관한 자료이다.

1. 손익계산서상 수익내역은 다음과 같다.
   ① 매출액 ₩10,000,000,000(제품매출액 ₩9,800,000,000, 본사건물의 임대료수입 ₩200,000,000이며, 제품매출액 중 ₩1,000,000,000은 특수관계인에 대한 매출액이다.
   ② 영업외 수익 ₩700,000,000(기계장치의 임대료수입 ₩500,000,000, 부산물매각대 ₩200,000,000)

2. 손익계산서상 접대비 계정총액은 ₩50,000,000이며 다음의 항목이 포함되어 있다.
   ① 임직원의 단합을 위하여 지출한 회식비 ₩2,000,000
   ② 거래처 임원 자녀의 결혼축의금 지급액 ₩500,000(1회, 적격증명서류 미수취)
   ③ 임원 개인명의의 신용카드를 사용한 거래처 접대액 ₩3,000,000(거래건당 <u>3만원</u> 초과분)
   ④ 거래처에게 접대용으로 제공한 생산제품의 시가 ₩1,000,000(적격증명서류 미수취)

3. 접대비 이외의 비용 계정에는 다음의 사항이 포함되어 있다.
   ① 종업원이 구성한 노동조합으로 법인인 단체에 지출한 운영비 ₩5,000,000
   ② 약정에 따라 포기한 거래처 매출채권에 대한 대손상각비 ₩ 10,000,000

③ 접대비 관련 부가가치세 불공제매입세액 ₩400,000

④ 생산한 제품으로 거래처에게 제공한 접대비에 대한 부가가치세 매출세액 ₩100,000

⑤ 사전 약정없이 특정거래처에게 지급한 판매장려금 ₩1,200,000

(물음 2) 〈자료 2〉를 이용하여 아래 물음에 답하시오. (7점) (21년 수정)

(1) ㈜대한의 제22기 사업연도 접대비에 대한 세무조정을 하시오.

(2) ㈜대한이 중소기업이 아니며 부동산임대업을 주된 사업으로 하는 법령으로 정한 접대비 한도액 축소대상 특정내국법인인 경우 ㈜대한의 제22기 사업연도 접대비 한도초과액을 계산하시오. (단, 접대비 한도초과액 계산시 접대비해당액은 ₩50,000,000(문화접대비 ₩1,000,000포함)이고 수입금액은 ₩5,000,000,000으로 한다.)

〈자료 3〉 다음은 ㈜대한의 제22기 사업연도(2022.1.1.~2022.12.31.)의 사용수익기부자산 등에 관한 자료이다.

1. ㈜대한은 서울특별시가 보유하고 있는 토지에 건물을 신축하며 무상으로 기부하고 완공 후 10년간 동 건물을 무상으로 사용하기로 하였다.

2. ㈜대한이 2022.7.1. 건물의 완공시점까지 투입한 건설자금의 장부가액은 ₩200,000,000 이며, 완공건물에 대한 취득세 ₩20,000,000이다.

3. ㈜대한은 동 건물을 2022.7.1. 완공시점에 서울특별시에 기부하였으며, 건물의 시가인 ₩300,000,000을 사용수익기부자산으로 계상하고 다음과 같이 회계처리하였다.

   (1) 건물 완공 회계처리

차) 건물	220,000,000	대) 건설중인자산	200,000,000
		현금	20,000,000

   (2) 사용수익기부자산 회계처리

차) 사용수익기부자산	300,000,000	대) 건물	220,000,000
		유형자산처분이익	80,000,000

4. ㈜대한은 제22기 사업연도 사용수익기부자산의 감가상각비로 ₩30,000,000을 계상하였다.

(물음 3) 〈자료 3〉을 이용하여 아래 물음에 답하시오. (7점)

⑴ ㈜대한의 제22기 사업연도 사용수익기부자산에 대한 세무조정을 하시오.

⑵ ㈜대한이 사용수익기부자산에 대하여 2022.10.31. 건물피난시설에 대한 설치비 ₩10,000,000을 수선비로 계상한 경우 ㈜대한의 제22기 사업연도 사용수익기부자산 상각부인액을 계산하시오. (단, 사용수익기부자산 상각부인액 계산시 사용수익기부자산의 취득가액은 ₩200,000,000이고 회계상 감가상각비는 ₩20,000,000으로 한다.)

〈자료 4〉 다음은 ㈜서울의 제22기 사업연도(2022.1.1.~2022.12.31.)의 특수관계인인 ㈜부산의 흡수합병 등에 관한 자료이다.

1. ㈜서울과 ㈜부산은 모두 비상장법인이며 합병 직전 각 법인의 발행주식 총수와 1주당 평가액 및 액면가액은 다음과 같다.

구분	㈜서울	㈜부산
발행주식 총수	30,000주	20,000주
1주당 평가액	₩50,000	₩10,000
액면가액	₩5,000	₩5,000

2. ㈜서울과 ㈜부산의 주주현황은 다음과 같다.

구분	주주	지분율
㈜서울	㈜대한	75%
	㈜민국	15%
	거주자 A	10%
㈜부산	㈜화성	40%
	㈜금성	55%
	거주자 B	5%

3. ㈜대한과 ㈜화성은 특수관계인이고, ㈜민국과 거주자 B는 특수관계인이며, 그 밖에 특수관계인에 해당하는 주주는 없다.

4. ㈜서울은 ㈜부산을 흡수합병하면서 ㈜부산의 주식 2주당 ㈜서울의 주식 1주를 ㈜부산의 주주에게 교부하였으며, 합병교부금은 지급하지 않았다.

(물음 4) 〈자료4〉를 이용하여 아래 물음에 답하시오. (8점)

(1) ㈜서울의 <u>제22기</u> 사업연도에 ㈜부산의 흡수합병으로 인한 ① ㈜대한의 세무조정과 ② ㈜민국의 세무조정을 각각 하시오.

(2) ㈜서울의 <u>제22기</u> 사업연도에 ㈜부산의 흡수합병으로 인한 ㈜화성의 세무조정을 하시오.

【문제 4】 다음의 각 자료를 바탕으로 각 물음에 답하시오. 각 자료는 상호 독립적이다. (20점)

〈자료 1〉 다음은 제조업과 건설업을 겸영하는 일반과세자인 ㈜대한(중소기업 아님)의 2022년 제2기 과세기간 최종 3개월(2022.10.1.~2022.12.31.)의 거래내역이다. 세금계산서는 적법하게 발급하였으며, 별도의 언급이 없는 한 재화는 매입세액 공제를 받았다. 금액은 부가가치세가 포함되어 있지 않다.

1. 제품 ₩50,000,000을 <u>2022.10.15.</u>에 외상판매하였다. 거래상대방은 대금할인기간 이내인 <u>2022.10.25.</u>에 외상대금을 변제하였으므로 매출할인 ₩1,500,000이 발생하였다. ㈜대한은 동 거래처에 판매장려금 ₩1,000,000을 <u>2022.11.1.</u>에 별도로 지급하였다.

2. 수탁회사인 ㈜부산에 위탁판매를 위하여 제품 ₩140,000,000(장부가액)을 적송하였다. 수탁회사는 <u>2022.12.31.</u>에 동 제품 절반을 ₩80,000,000에 현금 판매하였고, <u>2023.1.3.</u>에 나머지를 ₩80,000,000에 현금 판매하였다.

3. <u>2022.12.30.</u>에 할부조건으로 ₩40,000,000(유효이자율로 할인한 현재가치는 ₩38,000,000임)에 제품을 판매하기로 계약을 체결하고 인도하였다. 할부대금은 인도일에 ₩10,000,000을 수령하고, 나머지는 3회로 분할하여 매 6개월마다 회수하기로 약정하였다.

4. ㈜서울의 특별주문에 따라 제품A와 제품B를 생산하여 잔금회수약정일에 인도하기로 하고 <u>2022.11.25.</u>에 계약을 체결하였다. 동 계약내용에 의한 대금회수조건은 다음과 같다. <u>2022.12.31.</u> 현재 제품A와 제품B의 완성도는 각각 20%와 30%이다.

구분	제품A		제품B	
	금액	회수 약정일	금액	회수 약정일
계약금	₩20,000,000	2022.11.25	₩15,000,000	2022.11.25.
중도금	-	-	15,000,000	2023.3.25.
잔금	20,000,000	2023.7.25.	15,000,000	2023.6.25.
대금 계	₩40,000,000	-	₩45,000,000	-

5. 제품을 타계정으로 대체한 내역은 다음과 같다.

계정과목	내용	원가	시가
복리후생비	장기근속 종업원 포상	₩3,000,000	₩4,000,000
기부금	국가에 제품 무상 제공	6,000,000	8,000,000

6. 2022.10.1.에 기계장치A를 제품생산과 관련된 협력업체에 무상으로 이전하였다. 기계장치A는 2021.7.10. ₩9,000,000에 취득과 동시에 사용하여 왔으며, 무상이전시 장부가액과 시가는 각각 ₩7,000,000과 ₩5,000,000이다.

7. 2022.10.2.에 건물을 신축하는 도급공사계약을 ㈜미국과 체결하였다. 총 계약금액은 ₩200,000,000이며, 공사대금은 아래의 완성도 조건에 따라 지급받기로 하였다. 2022.12.31. 현재 공사진행률은 40%이다.

공사진행률	0%(계약시)	50% 도달시	70% 도달시	100% 도달시
대금회수 약정내용	10% 지급	30% 지급	30% 지급	30% 지급

8. 기계장치B와 건물(토지 제외)을 ㈜광장에게 다음과 같은 대금회수조건으로 매각하기로 하고 2022.10.1.에 계약을 체결하였다. 계약내용에 의하면 기계장치B는 잔금 수령일에 인도하는 조건이며, 매수인의 건물 이용가능일은 2022.12.15.이다.

구분	기계장치B		건물	
	대금회수 약정일	금액	대금회수 약정일	금액
계약금	2022.10.1.	₩2,000,000	2022.10.1.	₩100,000,000
중도금	2022.12.1.	4,000,000	2022.12.1.	200,000,000
잔금	2023.2.1.	4,000,000	2023.2.1.	200,000,000

(물음 1) 〈자료 1〉을 이용하여 ㈜대한의 2022년 제2기 과세기간 최종 3개월(2022.10. 1.~2022.12.31.)의 부가가치세 과세표준은 다음의 답안 양식에 따라 제시하시오. (8점)

〈답안양식〉

자료번호	과세표준
1	
:	
8	
합 계	

〈자료 2〉 다음은 과세사업과 면세사업을 겸영하는 ㈜한국(중소기업이 아님)의 2022년 과세기간의 자료이다(단, 별도의 언급이 없는 한 세금계산서는 적법하게 발급 및 수취한 것으로 가정한다).

1. 공급가액

구분	2022년 제1기	2022년 제2기		
		7.1.~9.30.	10.1.~12.31.	계
과일판매사업	₩90,000,000	₩62,500,000	₩83,300,000	₩145,800,000
과일통조림사업	247,500,000	132,812,500	207,387,500	340,200,000
부동산임대사업	112,500,000	54,687,500	59,312,500	114,000,000
계	₩450,000,000	₩250,000,000	₩350,000,000	₩600,000,000

2. 세금계산서수취분 매입세액

구분	2022.7.1.~2022.9.30.	2022.10.1.~2022.12.31.
과일판매사업	₩4,000,000	₩4,500,000
과일통조림사업	10,000,000	14,000,000
부동산임대사업	1,000,000	1,500,000
공통매입세액*1)	5,000,000	4,000,000
합계	₩20,000,000	₩24,000,000

*1) 공통매입세액은 과일판매사업, 과일통조림사업 및 부동산임대사업의 공통매입세액으로서 실지귀속을 확인할 수 없다.

3. <u>2022년</u> 제2기 과세기간 최종 3개월(<u>2022.10.1.~2022.12.31.</u>)에 신용카드매출전표를 수취한 매입세액은 다음과 같으며, 신용카드매출전표 수령명세서는 적법하게 제출하였다.

① 과일판매사업과 과일통조림사업에 공통으로 사용되는 소모품의 매입세액 ₩500,000

② 과일판매사업, 과일통조림사업과 부동산임대사업에 공통으로 사용되는 비품의 매입세액 ₩1,000,000

4. 트럭을 <u>2021.4.10.</u>에 구입(취득시 매입세액 ₩3,000,000)하여 과일판매사업에서 사용해오던 중, <u>2022.11.25.</u>부터 과일통조림사업에도 공통으로 사용하였다.

5. <u>2022년</u> 제2기 과세기간 중 과일판매사업과 과일통조림사업에 사용될 과일의 매입과 사용내역은 다음과 같으며, 의제매입세액 공제 요건을 충족한다. ㈜한국은 과일의 매입시기가 한 과세기간에 집중되는 법인이 아니며, <u>2022년</u> 제1기 과세기간에서 이월된 재고는 없다.

구분	적용	2022.7.1.~2022.9.30	2022.10.1.~2022.12.31
입고	기간 초일 과일재고액	₩0	₩7,000,000
	과일매입	80,640,000	111,260,000
출고	과일판매로 사용	32,500,000	41,800,000
	과일통조림 원료로 사용	41,140,000	66,960,000
	기간 말일 과일재고액*1)	7,000,000	9,500,000

*1) 면세사업과 과세사업에 대한 실지귀속을 확인할 수 없다.

6. <u>2022년</u> 제2기 예정신고는 적정하게 이루어졌으며, 세부담 최소화를 가정한다.

(물음 2) 〈자료 2〉를 이용하여 ㈜한국의 <u>2022년</u> 제2기 학정신고시 매입세액 공제액을 다음의 답안양식에 따라 제시하시오. (단, 의제매입세액 공제율은 2/102이며, 의제매입세액 공제한도는 고려하지 않는다.) (8점)

〈답안양식〉

구분	세액
⑴ 세금계산서수취분 매입세액	

구분	세액
⑵ 신용카드매출전표등 수령명세서 제출분	
⑶ 의제매입세액	
⑷ 과세사업전환 매입세액	
⑸ 공제받지 못할 매입세액	
⑹ 공통매입세액 면세사업등분	
⑺ 차가감 계{⑴+⑵+⑶+⑷-⑸-⑹}	

〈자료 3〉 다음은 숙박업(부가가치율 20%)과 소매업(부가가치율 10%)을 겸영하는 간이 과세자 김공단씨의 2022년 과세기간(2022.1.1.~2022.12.31.)의 자료이다. (단, 별도 의 언급이 없는 한 세금계산서 및 계산서는 적법하게 수취한 것으로 가정한다. 또한, 모든 거래는 1~6월 중 발생한 것으로 가정한다.) (21년 수정)

1. 과세기간 중 사업별 공급대가는 다음과 같다.

구분	공급대가	비고
숙박업	₩20,000,000	신용카드매출전표 발행분 ₩8,000,000 포함
소매업	30,000,000	신용카드매출전표 발행분 ₩12,000,000 포함
합계	₩50,000,000	

2. 숙박업과 소매업에 공통으로 사용하던 비품을 ₩4,000,000(공급대가)에 매각하였다.

3. 과세기간 중 매입세액의 내용
   ① 세금계산서 수취 매입세액은 숙박업 귀속분이 ₩1,000,000이고 소매업 귀속분이 ₩1,600,000이다.
   ② 신용카드매출전표 수취 매입세액은 ₩1,000,000이며, 이는 숙박업과 소매업에 공통사용되는 비품의 매입세액으로서 귀속이 불분명하다. 신용카드매출전표 수령명세서는 적법하게 제출하였다.

4. 예정부과기간의 고지납부세액은 ₩220,000이다.

(물음 3) 〈자료 3〉을 이용하여 김공단씨의 2022년 부가가치세 차가감납부세액(지방소비세 포함)을 다음의 답안 양식에 따라 제시하시오. (4점) (21년 수정)

〈답안양식〉

구분		세액
납부세액		
공제세액	∴ 계	
예정고지세액		
차가감 납부할 세액(△환급세액)		

세법학1부

2018년 제55회   제3교시

【문제 1】 다음 각 사례를 읽고 물음에 답하시오. (20점)

〈사례 1〉

변호사 甲은 2009년부터 2021년까지 다수의 법인파산사건에 대한 파산관재 업무를 수행하고 지급받은 보수를 기타소득으로 신고하였다. 2018년 2월 과세관청은 해당 소득이 기타소득임을 증명할 수 있는 자료를 제출할 것을 요청하였으나 甲은 아무런 조치를 취하지 않았다. 2022년 5월 과세관청은 이를 기타소득이 아닌 사업소득으로 보아 부과제척기간 내의 과세연도 귀속 종합소득세 부과처분을 하면서 가산세도 함께 부과하였다.

한편, 과세관청은 2006년 질의회신 등을 통하여 변호사이면서 파산관재인으로 일시적 용역을 제공하고 지급받는 대가는 기타소득에 해당하는 것으로 견해를 표명하였으나, 파산관재 업무를 계속적 · 반복적으로 수행한 경우에 그 보수가 사업소득에 해당하는지에 대해서는 구체적으로 견해를 밝힌 바 없다. 또한, 세법 해석상으로도 파산관재인의 보수가 사업소득으로 과세될 수 있는지에 대하여 견해의 대립이 있다.

(물음 1) 「국세기본법」상 가산세의 의의와 법적 성격에 대하여 설명하시오. (7점)

(물음 2) 「국세기본법」상 가산세의 감면사유에 대하여 설명하시오. (8점) (2021 수정)

(물음 3) 위 사례에서 과세관청의 가산세 부과처분이 적법한지 논하시오. (5점)

【문제 2】 다음 사례를 읽고 물음에 답하시오. (30점)

〈사례〉 거주자 甲과 거주자 乙은 2020년 5월 1일 甲 소유의 X 토지를 乙에게 20억원에 매도하기로 하는 계약을 체결하면서, 계약금 2억원은 계약일에, 중도금 17억 9천만원은 2021년 2월 1일에, 잔금 1천만원은 도시개발사업 승인 후 15일 내에 乙이 甲에게 지급하

기로 약정하였다. 甲은 계약 체결과 동시에 乙에게 사용승낙서를 작성하여 주었으며, 乙은 2020년 6월 1일 X 토지에 대한 사용수익을 개시하였다. (단, 甲과 乙은 특수관계에 있지 않다.)

(물음 1) 위 사례에서 甲과 乙은 X 토지에 대한 매매계약 체결 당시 계약금 지급 후 甲이 해약할 경우 계약금의 배액을 乙에게 상환하고, 乙이 해약할 경우 甲에게 지급한 계약금을 포기하는 것으로 약정하였다. X 토지에 대한 매매계약이 2020년 5월 20일에 甲에 의하여 해약되는 경우와 乙에 의하여 해약되는 경우 소득의 종류, 수입시기, 과세방법, 원천징수의무에 대하여 각각 설명하시오. (9점)

(물음 2) 위 사례에서 X 토지에 대한 도시개발사업의 승인을 받지 못한 상태에서 2022년 2월 1일 乙이 잔금 1천만원을 지급하였다고 가정한다. 이에 甲은 2020년 6월 1일을 X 토지의 양도시기로 보아야 하고, 이를 양도시기로 보지 않을 경우에는 2021년 2월 1일을 양도시기로 보아야 한다고 주장하였다. 반면, 과세관청은 2022년 2월 1일을 X 토지의 양도시기로 보았다. 각 시점을 양도시기로 보는 근거를 설명하고, 이 중 양도소득세 부과처분이 적법하기 위한 양도시기가 언제인지 논하시오. (15점)

(물음 3) 위 사례에서 乙은 계약금과 중도금을 지급하였으나 甲이 허위의 자료를 제출하여 도시개발사업 승인을 받지 못하게 되자 잔금 1천만원을 지급하지 않았고 이에 甲은 매매계약의 해제를 통지하였다고 가정한다. 甲에게 해제권이 인정되는 경우와 인정되지 않는 경우를 구분하여, 각 경우에 있어 양도소득세 과세대상이 될 수 있는지 여부를 논하시오. (6점)

【문제 3】 다음 사례를 읽고 물음에 답하시오. (30점)

〈사례〉 주식회사 A는 2009년 3월 5일 X 고속도로의 건설과 운영을 목적으로 「사회기반시설에 대한 민간투자법」에 의해 설립된 민간투자사업법인이다. A는 건설교통부장관과 2009년 10월 5일 X 고속도로의 준공과 동시에 해당 시설의 소유권을 정부에 귀속시키되, 30년 간 무상사용권 및 관리운영권을 부여받고 추정통행료 수입의 최소 90%를 보장받는 실시협약을 체결하였다. 이에 따라 A는 X 고속도로를 건설하여 2011년

12월 5일 운영을 개시하였다.

주식회사 B는 A의 발행주식 80%를 보유하고 있었고, A는 2011년 12월 23일 B가 보유한 A 발행주식 가액 중 50억원을 유상감자하였다. 이후 A는 2012년 1월 1일 유상감자한 금액을 20년 만기, 고정금리 연 20%의 이자를 매년 말 지급하는 조건으로 B로부터 차입하는 후순위차입약정을 체결하였다. A의 자본구조 변경 후 B의 주식 지분율은 60%였으며 이후 변동되지 않았다.

한편, 건설교통부장관은 최소운영수입보장률을 90%에서 80%로 낮추어 A의 자본구조 변경에 따른 법인세 절감 등의 이익을 정부와 공유한다는 조건으로 A와 B의 후순위차입 약정을 2011년 12월 20일 승인하였다.

A는 2021년 12월 31일 B에 지급한 차입금 이자비용 10억원을 법인세 각 사업연도소득에 손금산입하여 2021 사업연도 법인세를 2022년 3월 30일 신고 및 납부하였다. A의 관할세무서는 2021 사업연도 A의 후순위차입금 이자지급 거래가 경제적 합리성이 없는 특수관계인 간의 거래로 부당행위계산에 해당한다고 판단하여 당좌대출이자율을 초과하는 금액을 손금불산입하여 2022년 8월 10일 법인세를 증액경정처분하였다. (단, 2021년 기획재정부령이 정하는 당좌대출이자율은 5%, A의 가중평균차입이자율은 12%이고, 해당 차입거래와 유사한 상황에서 A와 B 외의 불특정다수인과 계속적으로 거래한 이자율 또는 B가 아닌 제3자 간에 일반적으로 거래한 이자율은 확인되지 않는다고 가정한다.)

(물음 1) 「법인세법」상 부당행위계산 부인규정의 적용요건과 판례상 '경제적 합리성' 유무의 판단기준에 대하여 설명하시오. (8점)

(물음 2) 「법인세법」상 부당행위계산 부인규정에 적용되는 ① 일반적인 시가의 기준 및 산정방법과 ② 시가 입증책임의 귀속에 대하여 설명하시오. (6점)

(물음 3) 「법인세법시행령」상 부당행위계산의 유형으로 제시된 금전 차용거래의 시가에 있어 원칙적인 경우와 예외적인 경우를 구분하여 설명하고, 금전 차용거래의 시가를 적용하기 위한 요건을 제시하시오. (8점)

(물음 4) 위 사례에서 A가 B에게 지급한 이자비용이 「법인세법」 상 부당행위계산 부인 대상에 해당하는지 여부에 대하여 논하시오. (단, 계산과정은 불필요하다.) (8점)

【문제 4】 다음 각 사례를 읽고 물음에 답하시오. (20점)

〈사례 1〉

거주자 甲이 2020년 5월 30일 유가증권시장에서 상장되어 거래되고 있는 X 상장주식을 4억원에 취득한 후 2022년 2월 9일 甲의 아들인 거주자 乙에게 5억원에 양도하였다. X 주식의 양도일 현재 거래소의 최종시세가액은 6억원, 양도일 이전·이후 2개월간 최종시세가액의 평균은 8억원이다.

〈사례 2〉

거주자 丙은 2019년 9월 25일 Y 비상장주식을 4억원에 취득한 후 2022년 2월 2일 丙과 특수관계가 없는 거주자 丁에게 10억원에 양도하였다. 과세관청은 Y 주식의 양도일 현재 시가가 불분명하다고 판단하여 「상속세 및 증여세법」 상 보충적 평가방법에 따라 Y 주식을 6억원으로 평가하고, 고가양도에 따른 이익의 증여규정을 적용하여 증여재산가액을 산출한 후 2022년 7월 3일 丙에게 증여세를 부과하였다.

(물음 1) 「상속세 및 증여세법」 상 유가증권시장에서 상장되어 거래되고 있는 주식의 증여재산 평가규정을 설명하시오. (4점)

(물음 2) 〈사례 1〉에서 乙의 「상속세 및 증여세법」 상 증여재산가액을 계산하고 근거를 설명하시오. (6점)

(물음 3) 〈사례 2〉에서 과세관청이 보충적 평가방법에 의한 가액을 시가로 보아 증여재산가액을 산출한 것이 적법한지 여부에 대하여 논하시오. (단, Y 주식의 고가양도 거래에 관행상 정당한 사유는 없었다고 가정하며, 증여재산가액 계산은 불필요하다.) (10점)

세법학2부

제4교시

【문제 1】 세무법인 A의 고객 甲과 乙은 「부가가치세법」에서 규정하는 과세사업자이지만 주사업장 총괄납부사업자 및 사업자단위 과세사업자는 아니며, 고객 丙은 甲에게 용역을 공급하는 외국법인이다. 본인이 세무법인 A의 소속세무사라고 가정하고 甲의 부가가치세 납부세액과 관련한 아래 물음에 답하시오. (35점)

(물음 1) 甲이 자기의 사업을 위하여 사용하였거나 사용할 목적으로 공급받은 재화에 대한 부가가치세액은 매입세액으로 공제하지만, 부가가치세법령에서 규정하는 경우에는 공제하지 아니한다. 이 규정은 내용(단, 해당 조문의 단서는 제외함)과 공제하지 아니하는 이유를 각각 설명하시오. (16점)

(물음 2) 甲이 발급받은 세금계산서의 필요적 기재사항이 사실과 다르게 적힌 경우에는 매입세액공제가 허용되지 않지만 부가가치세법령에서 규정하는 경우에는 공제가 가능하다. 이 규정의 취지 및 내용을 설명하시오. (7점) (2022 수정)

(물음 3) 乙은 甲에게 재화를 외상으로 공급했으나 대금을 지급받지 못했다. 이 경우 ① 乙이 적용받을 수 있는 부가가치세법령의 '대손세액의 공제 특례' 내용(대손세액 공제시점, 외상매출금의 전부 또는 일부를 회수한 경우의 처리, 절차규정)을 설명하시오. ② 甲이 부가가치세법령에 따라 대손세액의 전부를 매입세액으로 공제받은 경우로서 그가 폐업하기 전에 乙이 대손세액공제를 받았을 경우 甲의 매입세액에 대한 처리방법을 설명하시오. (7점)

(물음 4) 丙의 甲에 대한 용역제공과 관련하여 ① 해당 용역이 「부가가치세법」에서 규정하는 대리납부 대상에 해당되는지에 대한 판단기준을 설명하시오. ② 용역을 제공받은 甲이 해당 용역을 ㉮ 과세사업에 제공하는 경우, ㉯ 면세사업에 제공하는 경우, ㉰ 과세사업과 면세사업에 공통으로 사용하는 경우 각 거래가 대리납부 대상에 해당하는지 여부를 설명하시오. ③ 甲이 丙에게 원화를 외화로 매입하여 그 외화로 대가를 지급하는 경우 적용하는 환율은 무엇인지 설명하시오. (5점)

【문제 2】 다음 사례를 읽고 아래 물음에 답하시오. (20점)

〈사례〉

> ⑴ A 법인은 <u>2010년</u> 10월부터 국내에 제조공장을 두고 담배를 생산하는 담배회사이다.
> ⑵ 2015년 1월 1일부터 담배에 대하여 개별소비세가 신설되고, 담배소비세 인상으로 인해 담배가격이 인상되었다.
> ⑶ A 법인은 제조공장 근처에 소재한 B회사 소유의 비보세(非保稅) 외부창고(이하 'B 회사 외부창고')를 2014년 9월부터 2015년 2월까지 한시적으로 임차한 후, 2014년 9월부터 2014년 12월까지 제조생산한 담배 300만 개비를 동 창고로 입고하고 담배소비세를 신고 납부하였다.
> ⑷ A 법인은 2015년 1월 1일 이후 구매주문이 들어오면, B 회사 외부창고에 축적된 담배 300만 개비를 A 법인 소유 보세창고(이하 'A 법인 보세창고')에 재입고시킨 후 재조합 또는 재포장하여 도매상 등에 모두 판매하였다.
> ⑸ 과세관청은 2016년 7월부터 A 법인에 대한 법인통합조사를 실시하고, A 법인이 2014년 9월부터 2014년 12월까지의 기간에 B 회사 외부창고를 이용한 가장(假裝) 반출로 담배 300만 개비를 부당하게 축적한 다음, 2015년에 실제로 반출·판매함으로써 개별소비세를 탈루한 것으로 보아 A 법인에게 개별소비세를 고지하였다.

(물음 1) 「개별소비세법」에서 규정하는 담배에 대한 개별소비세 과세요건 및 과세시기에 대해 설명하시오. (7점)

(물음 2) 「개별소비세법」에서 규정하는 담배에 대한 미납세반출에 관한 특례를 설명하시오. (8점)

(물음 3) 구 개별소비세법(2014.12.23. 법률 제12846호) 부칙에 의하면 담배는 2015년 1월 1일부터 개별소비세 과세대상이 되었다. 그럼에도 불구하고 과세관청은 사례 ⑶과 ⑷의 사실에 대한 세무조사 결과 사례 ⑸와 같이 개별소비세 과세 대상으로 판단하였다. 해당 과세처분을 정당화시킬 수 있는 근거를 설명하시오. (5점)

【문제 3】 다음 사례를 읽고 아래 물음에 답하시오. (20점)

〈사례〉

내국법인 A는 <u>2022년</u> 7월 甲소유의 상가건물 및 그 부속토지를 경락받아 취득하였다. 경락받은 부동산에는 「상가건물임대차보호법」에 의한 대항력을 갖춘 임차인 乙이 있어서 내국법인 A는 경락대금을 전부 납부한 이후에 乙에게 임차보증금을 지급하였다. 한편, 2016년 시행된 「지방세법」에서는 수용재결로 취득하는 경우 등 과세대상이 이미 존재하는 상태에서 취득하는 경우를 원시취득으로부터 제외한다는 규정을 두고 있지 않았으나, 2017년 개정되어 현재 시행중인 「지방세법」에서는 이를 규정하고 있다. (단, 내국법인 A의 부동산 취득 시 혹은 취득 전·후에 해당하는 부동산은 취득세 중과세, 비과세, 과세면세 또는 과세경감의 대상이 아니다.)

(물음 1) 내국법인 A가 경락받은 부동산에 대한 취득세를 신고납부하는 경우, 「지방세법」에서 규정하는 과세표준은 어떻게 산정하여야 하는지 그 근거를 들어 설명하시오. (10점)

(물음 2) 부동산 경락취득이 「지방세법」의 원시취득에 해당하는 경우에는 1천분의 28, 승계취득에 해당하는 경우에는 1천분의 40의 취득세 세율이 적용된다. 위 사례에서 내국법인 A의 부동산 취득행위가 「지방세법」의 원시취득인지 승계취득인지에 대하여 논하시오. (10점)

【문제 4】 A는 「조세특례제한법」에서 규정하는 중소기업인 내국법인이고, 甲은 A가 고용한 종업원으로 내국인인 국내거주자이다. 아래 물음에 답하시오. (25점)

(물음 1) A는 상시근로자에 대한 임금을 인상하고, 일부 비정규직 근로자를 정규직으로 전환하여 「조세특례제한법」의 '근로소득을 증대시킨 기업에 대한 세액공제제도'를 적용받고자 한다.
이 제도의 ① 운용취지, ② 상시근로자의 임금인상 관련 적용 요건, ③ 정규직 전환근로자 관련 적용 요건을 각각 설명하시오. (단, 3년 평균 초과임금 증가분과 전체 중소기업의 평균임금 증가분을 초과하는 임금증가분의 계산방식 설명은 제외한다.) (10점)

(물음 2) 甲이 「조세특례제한법」의 '월세액에 대한 세액공제제도를 적용받고자 한다. 이 제도의 ① 운용취지, ② 적용대상자, ③ 적용대상자의 소득금액별 공제액, ④ 월세액의 적용요건을 각각 설명하시오. (10점) (2021 수정)

(물음 3) A는 「조세특례제한법」의 '상생결제 지급금액에 대한 세액공제'를 적용받고자 한다. 이 제도의 적용요건을 설명하시오. (5점) (2022 수정)

2017년도 제 54 회

기출문제

회계학1부(재무회계 · 원가회계) · 290

회계학2부(세무회계) · 300

세법학1부 · 318

세법학2부 · 323

회계학1부

제1교시

아래 문제들에서 특별한 언급이 없는 한 기업의 보고기간(회계기간)은 1월 1일부터 12월 31일까지이다. 또한 기업은 주권상장법인으로 계속해서 한국채택국제회계기준(K-IFRS)을 적용해오고 있다고 가정한다. 자료에서 제시한 것 이외의 사항은 고려하지 않고 답한다. 예를 들어 법인세에 대한 언급이 없으면 법인세 효과는 고려하지 않는다. 모든 문제에 대하여 계산 근거를 반드시 제시하시오.

【문제 1】㈜세무건설의 경영자는 20×7년도 현금흐름표를 작성하고 있다. 다음은 ㈜세무건설의 20×7년 말 비교재무상태표의 일부 자료이다. (30점)

비교재무상태표

(단위: 원)

자산	20×6년 말	20×7년 말	부채 및 자본	20×6년 말	20×7년 말
현금및현금성자산	500,000	800,000	단기차입금	200,000	250,000
……	……	……		……	……
기계장치	2,000,000	1,500,000	미지급금	0	500,000
감가상각누계액*	(400,000)	(500,000)	……	……	……
……	……	……	……	……	……
자산 총계	3,800,000	4,000,000	부채 및 자본 총계	3,800,000	4,000,000

* 감가상각누계액은 기계장치에 대한 것이다.

(물음 1) ㈜세무건설이 20×5년에 수주한 장기건설공사는 3년 동안 수행된다. 최초 계약금액은 ₩3,000,000이었으나 20×6년 초에 ₩4,000,000으로 증가하였는데, 이러한 계약금액의 증가는 20×6년 초 원자재 가격 상승으로 인한 것이다. 장기건설계약의 결과는 신뢰성 있게 추정될 수 있으며, 진행기준 적용 시 진행률은 총추정원가 대비 현재까지 발생한 누적원가의 비율로 계산한다. 장기건설공사와 관련된 정보는 다음과 같다.

구분	20×5년	20×6년	20×7년
당기 발생원가	₩600,000	₩2,550,000	₩1,100,000
완성 시까지 추가 소요원가	1,800,000	1,050,000	0
대금 청구액	1,000,000	1,500,000	1,500,000
대금 회수액	800,000	1,200,000	2,000,000

㈜세무건설이 공사진행기준에 따라 장기건설공사의 수익을 인식한다고 할 때, 다음 물음에 답하시오.(15점)

(물음 1-1) ㈜세무건설이 20×5년부터 20×7년까지 각 연도별로 인식할 공사이익(공사손실)과 각 연도 말 재무상태표에 표시할 미청구공사(초과청구공사) 금액(①~⑤)을 계산하시오. (단, 공사손실과 초과청구공사의 경우에는 금액 앞에 (-)표시를 하시오.)

구분	20×5년	20×6년	20×7년
공사이익(공사손실)	①	②	③
미청구공사(초과청구공사)	④	⑤	-

(물음 1-2) 장기건설공사와 관련된 공사원가 발생액은 모두 현금거래라고 가정할 때, ㈜세무건설이 상기 장기건설공사와 관련하여 20×5년부터 20×7년까지 현금흐름표에 보고할 현금유출입 금액(①~③)을 계산하고 현금흐름의 활동구분(④~⑥)을 기술하시오. (단, 현금유출의 경우에는 금액 앞에 (-)표시를 하시오.)

구분	20×5년	20×6년	20×7년
현금유출입 금액	①	②	③
현금흐름의 활동구분	④	⑤	⑥

(물음 2) ㈜세무건설은 20×7년에 처음으로 대한은행과 당좌차월 계약(금융회사의 요구에 따라 즉시 상환해야 하는 조건이 있음)을 체결하였으며, 20×7년 말 단기차입금 잔액 ₩250,000에는 당좌차월 금액 ₩150,000이 포함되어 있다. ㈜세무건설은 단기차입금을 항상 만기 3개월 이내로 차입하여 상환하고 있으며, 20×7년 중 당좌차월 거래를 제외한 단기차입금 상환액은 ₩1,000,000이다. (8점)

(물음 2-1) ㈜세무건설이 20×7년 현금흐름표에 보고할 현금및현금성자산의 순증감액을 계산하시오. (단, 현금및현금성자산이 감소하는 경우에는 금액 앞에 (-)표시를 하시오.)

(물음 2-2) ㈜세무건설이 20×7년 단기차입금 거래를 현금흐름표에 보고할 때, 현금유출입 금액을 계산하고 현금흐름의 활동구분을 기술하시오. (단, 현금유출의 경우에는 금액 앞에 (-)표시를 하시오.)

(물음 2-3) 투자활동과 재무활동 현금흐름은 총현금유입과 총현금유출을 주요 항목별로 구분하여 총액으로 표시하는 것을 원칙으로 한다. 그러나 'K-IFRS 제1007호 문단 22'에는 영업활동, 투자활동 또는 재무활동에서 발생하는 현금흐름을 순증감액으로 보고할 수 있는 거래 유형이 제시되어 있다. ① 현금흐름표 작성 시 현금흐름을 순증감액으로 보고할 수 있는 현금흐름 거래 유형 2가지를 기술하고, ② ㈜세무건설의 단기차입금 거래가 현금흐름표에 순증감액으로 보고될 수 있는 현금흐름 거래 유형에 해당하는지를 간략히 설명하시오.

(물음 3) ㈜세무건설은 20×7년 중에 ₩1,000,000의 기계장치를 구입하였으며, 장부금액이 ₩1,300,000인 기계장치를 ₩1,500,000에 처분하였다. 이외에 기계장치 구입 및 처분과 관련된 거래는 없다. 20×7년 말 미지급금 잔액 ₩500,000은 20×7년 중 기계장치를 취득하는 과정에서 발생한 것으로 기중에 상환된 금액은 없다. 20×7년 기계장치 감가상각비로 인식한 금액은 ₩300,000이다. 기계장치(기계장치감가상각누계액 포함)와 관련하여 20×7년 현금흐름표에 보고할 내용을 현금흐름의 활동구분과 함께 기술하시오. (단, 영업활동 현금흐름은 간접법으로 작성된다고 가정하고, 현금유출과 당기순이익 차감 조정항목은 금액 앞에 (-)표시를 하시오.) (7점)

【문제 2】 (물음 1)~(물음 3)은 독립적인 상황이다. 물음에 답하시오. (30점)

(물음 1) 다음은 ㈜한국의 상품에 관련된 자료이다. (7점)

1) 모든 매입 · 매출거래는 현금거래이다.

2) 상품의 단위당 판매가격은 ₩1,500이고, 20×1년 상품의 매입 · 매출에 관한 자료

는 다음과 같다.

일자	구분	수량(개)	단위원가	금액
1월 1일	기초상품	200	₩1,100	₩220,000
2월 28일	매입	2,400	1,230	2,952,000
3월 5일	매출	2,100		
3월 6일	매출환입	100		
8월 20일	매입	2,600	1,300	3,380,000
12월 25일	매출	1,500		
12월 31일	기말상품	1,700		

3) 상품의 원가흐름에 대한 가정으로 가중평균법을 적용하고 있다.

4) 20×1년 12월 31일 상품에 대한 실사수량은 1,700개이다.

(물음 1-1) 상품에 대한 회계처리로 계속기록법을 적용하는 경우, 20×1년 12월 25일에 필요한 회계처리를 제시하시오.

(차변) ①	(대변) ②

(물음 1-2) 상품에 대한 회계처리로 실지재고조사법을 적용하는 경우, 20×1년 포괄손익계산서에 보고되는 매출원가를 계산하시오.

(물음 2) 다음은 ㈜대한의 재고자산에 관련된 자료이다. (16점)

1) 20×1년 1월 1일 재고자산은 ₩200,000이고, 재고자산평가충당금은 ₩15,000이다.

2) 20×1년 1월 1일 재고자산을 ₩18,000,000에 취득하면서 ₩6,000,000은 즉시 지급하였다. 나머지 대금은 20×1년 12월 31일과 20×2년 12월 31일에 ₩6,000,000씩 총 2회에 걸쳐 분할 지급하면서, 기초 미지급 대금의 연 5% 이자도 함께 지급하기로 하였다. 취득일 현재 재고자산의 현금가격상당액은 총지급액을 유효이자율로 할인한 현재가치와 동일하며, 동 거래에 적용되는 유효이자율은 연 8%이다.

3) 현재가치 계산 시 아래의 현가계수를 이용하고, 계산은 소수점 첫째자리에서 반올림하시오.

기간 \ 이자율	단일금액 ₩1의 현가계수	
	5%	8%
1	0.95238	0.92593
2	0.90703	0.85734
3	0.86384	0.79383

4) 20×1년 총매입액은 ₩30,000,000(1월 1일 매입액이 포함되어 있음)이고, 매입에 누리와환출은 ₩1,000,000, 매입할인은 ₩400,000이다.

5) 20×1년 총매출액은 ₩40,000,000이고, ㈜대한이 부담한 매출운임은 ₩100,000, 매출에누리와환입은 ₩300,000, 매출할인은 ₩150,000이다.

6) 20×1년 12월 31일 재고자산의 장부상 수량은 1,100개, 실사수량은 1,050개이다. 재고자산의 단위당 취득원가는 ₩1,300이고, 기말 평가를 위한 자료는 다음과 같다.

단위당 현행대체원가	단위당 예상 판매가격	단위당 예상 판매비용
₩1,200	₩1,400	₩150

7) 재고자산감모손실 중 80%는 원가성이 있고 20%는 원가성이 없는 것으로 판명되었다. 원가성이 있는 재고자산감모손실과 재고자산평가손실(환입)은 매출원가에 반영하고, 원가성이 없는 재고자산감모손실은 기타비용으로 처리한다.

(물음 2-1) 20×1년 1월 1일의 매입액을 계산하시오.

(물음 2-2) ㈜대한은 재고자산의 기말 장부수량에 단위당 취득원가를 적용하여 매출원가 산정을 위한 분개를 하였다. 정확한 매출원가 계산을 위해 ① 재고자산감모손실과 ② 재고자산평가손실(환입)에 대한 분개를 추가로 행하였다. ①과 ②의 분개가 매출원가에 미치는 영향을 각각 계산하시오. (단, 매출원가를 감소시키는 경우에는 금액 앞에 (-)표시를 하시오.)

(물음 2-3) 20×1년 포괄손익계산서에 보고되는 ① 매출액, ② 매출원가, ③ 당기순이익을 각각 계산하시오. (단, ③의 당기순이익을 계산할 경우 매출총이익은 ₩3,000,000으로 가정한다.)

(물음 3) 20×1년 초 설립된 ㈜민국은 20×3년도 재무제표의 발행이 승인되기 전에 다음과 같은 중요한 오류사항을 발견하였다.

> • 20×2년 12월 28일 ㈜갑과 선적지인도조건으로 상품을 ₩500,000(원가 ₩450,000)에 판매하는 계약을 체결하였다. 해당 상품은 20×2년 12월 30일에 선적되어 20×3년 1월 5일에 ㈜갑에게 인도되었고, ㈜민국은 20×3년에 매출을 인식하였다.
> • 20×3년 10월 1일 ㈜민국은 원가 ₩1,000,000인 상품을 ㈜병에게 ₩1,000,000에 인도하면서 매출을 인식하였다. ㈜민국은 동 상품을 6개월 후 ₩1,100,000에 재구매하기로 약정하였다.
> • 20×3년 11월 10일 ㈜민국은 고객에게 상품을 인도하고 ₩250,000의 매출을 인식하였다. 이 거래는 시용판매에 해당(인도일로부터 2개월 간 구입의사 표시 가능)하며 매출총이익률은 20%이다. 20×3년 12월 31일까지 고객이 구입의사를 표시하지 않은 금액은 판매가로 ₩100,000이다.

오류 수정 전 당기순이익은 20×1년 ₩1,500,000, 20×2년 ₩3,000,000, 20×3년 ₩1,000,000이고, 20×3년 매출원가는 ₩10,000,000이다. 당기순이익 외에 이익잉여금의 변동사항은 없다. 상기 오류를 수정한 후 ㈜민국의 ① 20×3년 매출원가, ② 20×3년 당기순이익, ③ 20×3년 기말 이익잉여금을 각각 계산하시오. (7점)

【문제 3】 ㈜세종은 실제원가에 의한 종합원가계산을 적용하여 제품원가를 계산하고 있다. 제1공정을 통해 부품A가 생산되며, 완성된 부품A는 전량 제2공정에 투입되어 제품B를 생산하는 데 사용된다. 제1공정에서는 원재료를 공정 초에 모두 투입하며 공손은 발생하지 않는 것으로 간주한다. 제2공정에서는 원재료의 60%를 공정 착수시점에, 나머지 40%는 공정 완료시점에 투입한다. ㈜세종은 제2공정의 70% 시점에서 품질검사를 실시하며 합격품의 4%를 정상공손으로 허용하고 있다. 공손품은 발견된 시점에 전량 폐기되며, 정상공손원가는 합격품원가에 배분하고 비정상공손원가는 당기비용으로 처리한다. 전환원가(가공원가: conversion costs)는 공정 전반에 걸쳐 균등하게 발생한다. ㈜세종은 원가흐름 가정으로 제1공정은 가중평균법, 제2공정은 선입선출법을 적용한다. 각 공정의 당기 생산 및 원가자료는 다음과 같다. (단, 괄호 안의 숫자는 전환원가의 완성도를 의미한다.) (20점)

(1) 제1공정

구분	물량단위	직접재료원가	전환원가
기초재공품	1,000(40%)	₩3,500	₩10,300
당기투입	19,000	56,500	88,200
당기완성품	?		
기말재공품	1,500(80%)		

(2) 제2공정

구분	물량단위	전공정원가	직접재료원가	전환원가
기초재공품	1,500(10%)	₩11,010	₩19,290	₩24,750
당기투입	?	?	35,800	55,050
당기완성품	17,000			
기말재공품	2,000(40%)			

(물음 1) 다음 물음에 답하시오. (8점)

(물음 1-1) 정상공손수량과 비정상공손수량은 각각 몇 단위인가?

(물음 1-2) 완성품(제품B)의 단위당 원가는 얼마인가?

(물음 2) ㈜세종은 모든 공손품을 보수하여 처분하는 것으로 가정한다. 공손품은 순실현가능가치(net realizable value, NRV)로 평가하여 인식한다. 공손품의 예상판매가격은 단위당 ₩15이며, 예상추가가공원가는 단위당 ₩4, 예상판매비용은 단위당 ₩2이다. (7점)

(물음 2-1) 제2공정에서 완성품원가 및 기말재공품원가를 구하시오.

(물음 2-2) 제2공정에서 당기 말에 수행해야 할 회계처리를 제시하시오.

(물음 3) (물음 1) 및 (물음 2)와 관계없이, ㈜세종은 제2공정에서 발생된 공손품을 모두 보수하여 합격품으로 전환하며, 당기에 정상공손품 및 비정상공손품을 보수하는 데

발생된 원가는 각각 ₩8,780과 ₩2,520이라고 가정한다. ㈜세종은 제1공정에서 공손이 발생되지 않는 것으로 간주하였으나, 제2공정에서 발생된 공손의 주된 원인이 제1공정에서 생산된 불량품에 있음을 확인하였다. 따라서 차기부터 제1공정에서도 품질검사를 수행할 것인지를 결정하기 위해 당기에 발생한 품질원가를 다음과 같이 수집하였다.

항목	금액	항목	금액
품질교육 및 훈련	₩20,000	공정개선	₩17,000
품질검사	30,000	불량품에 대한 손해배상	12,000
고객지원(보증수리)	34,000	원재료 공급업체 평가	9,000

차기에 제1공정의 품질검사를 위해 ₩26,000을 추가적으로 투입할 경우, 차기의 내부실패원가와 외부실패원가는 각각 당기 대비 50% 감소될 것으로 판단된다. 품질원가 관리측면에서 판단할 때, ㈜세종은 제1공정에서 품질검사를 수행해야 하는가? 계산과정을 통해 근거를 제시하시오. (5점)

【문제 4】 (물음 1)~(물음 4)는 독립적인 상황이다. 아래의 공통자료를 이용하여 물음에 답하시오. (20점)

───────── 〈공통자료〉 ─────────

㈜국세는 A, B, C 세 종류의 제품을 생산·판매한다. ㈜국세가 제품 생산에 이용 가능한 기계시간은 연간 최대 15,000시간이고, 고정비 총액은 각 제품의 매출액에 비례하여 배부한다. 기초 및 기말 재고자산은 없으며, 예산편성에 적용되는 법인세율은 20%의 단일 세율이다. 제품별 판매량은 수요량과 동일하다는 가정 하에 작성된 내년도 연간 예산은 다음과 같다. (단, 별도의 언급이 없는 한 매출배합비율, 단위당 판매가격, 단위당 변동비, 고정비 총액, 제품 단위당 기계시간은 일정하게 유지된다.)

항목	A제품	B제품	C제품	회사전체
단위당 판매가격	₩400	₩1,000	₩300	
기계시간	4,000시간	5,000시간	6,000시간	15,000시간
판매량(=수요량)	2,000단위	2,000단위	4,000단위	8,000단위

항목	A제품	B제품	C제품	회사전체
매출액	₩800,000	₩2,000,000	₩1,200,000	₩4,000,000
변동비				
직접재료원가	₩300,000	₩800,000	₩480,000	₩1,580,000
전환원가	200,000	600,000	320,000	1,120,000
판매관리비	20,000	100,000	40,000	160,000
공헌이익	₩280,000	₩500,000	₩360,000	₩1,140,000
고정비	220,000	550,000	330,000	1,100,000
세전영업이익	₩60,000	₩(-)50,000*	₩30,000	₩40,000
법인세비용				8,000
세후영업이익				₩32,000

* (-)는 손실을 의미한다.

(물음 1) 경영진은 주주들의 요구수익률을 감안하여 내년도 회사전체 세후영업이익을 ₩93,560으로 상향조정 하고자 한다. ㈜국세가 상향조정된 목표이익을 얻기 위해서는 회사전체 매출액을 얼마만큼 증가시켜야 하는가? (4점)

(물음 2) 경영진은 회사전체 매출액을 ₩400,000 증액하여 예산을 다시 편성하기로 하였다. (단, 별도의 설비투자 없이 회사전체의 이용 가능한 기계시간은 연간 최대 17,000시간까지 확대할 수 있다고 가정한다.) (6점)

(물음 2-1) 최초의 예산매출액 수준(₩4,000,000)에서 영업레버리지도(degree of operating leverage, DOL)를 계산하고, 이를 이용하여 매출액이 ₩4,400,000으로 증가한 경우에 예상되는 회사전체 세후영업이익을 구하시오.

(물음 2-2) 회사전체 매출액이 ₩4,400,000일 경우, 제품B로부터 얻을 수 있는 세후영업이익을 구하시오.

(물음 3) ㈜국세는 예산편성 직후에 해외 거래처로부터 제품B의 성능이 개선된 '제품 BB'를 구매하겠다는 특별주문을 받았다. ㈜국세가 해외 거래처의 주문을 수락하면 제

품B의 생산을 18단위 포기하고, 제품A와 제품C의 생산에 각각 투입하던 기계시간 50시간과 30시간을 제품BB의 생산을 위한 기계시간으로 전환해야 한다. 제품BB의 직접재료원가는 제품B의 직접재료원가보다 10% 증가되나, 단위당 변동전환원가 및 단위당 기계시간은 제품B의 경우와 동일하다. 특별주문과 관련된 변동판매관리비나 고정비는 발생하지 않는다. 상기 주문으로부터 세후영업손실이 발생하지 않으려면, ㈜국세는 제품BB의 단위당 최소 판매가격을 얼마로 책정해야 하는가? (5점)

(물음 4) 예산편성 직후에 외부의 수요조사 전문업체로부터 입수한 내년도 제품별 예상 수요량은 다음과 같다.

항목	A제품	B제품	C제품	합계
수요량	2,300단위	2,500단위	4,300단위	9,100단위

경영진은 증가된 수요량에 맞춰서 판매량을 늘리고자 한다. 회사전체의 연간 최대 이용 가능한 기계시간은 생산설비를 임차(임차료: 연간 ₩100,000)함으로써 2,000시간 증가시킬 수 있다. (5점)

(물음 4-1) 이익을 극대화하기 위해서는 증가된 기계시간 2,000시간을 어느 제품에 몇 시간씩 할당해야 하는가?

(물음 4-2) (물음 4-1)의 기계시간 할당 및 생산을 통해 회사전체 세후영업이익은 얼마만큼 증가하는가?

회계학2부

〈문제공통적용〉 〈자료〉에서 다른 언급이 없는 한 조세 부담 최소화를 가정하며, 금액 계산의 경우 원 단위 미만에서 반올림한다. 각 문제의 물음에 대해 계산근거를 표시하여 답하시오.

【문제 1】 다음은 제조업을 영위하는 영리내국 상장법인으로서 중소기업이 아닌 ㈜한국의 제22기 사업연도(2022.1.1.~2022.12.31.)의 세무조정을 위한 자료로서 별도의 언급이 없는 한 각각의 (물음)은 서로 독립적이다. 전기까지 세무조정은 적법하게 이루어졌다고 가정한다. (30점)

〈자료 1〉 다음은 ㈜한국의 개발비 등에 대한 자료이다.

1. ㈜한국은 2022.1.1. 부터 신제품을 개발하기 시작하여 2022.10.1. 제품개발을 완료하였으며, 동일자부터 신제품의 판매를 시작하였다.

2. ㈜한국은 신제품 개발기간에 지출한 ₩1,200,000,000 을 개발비(무형자산) 계정으로 처리하였으며, 이 중에는 해당 신제품 개발부서의 임원으로 근무해 오다 2022.9.30. 퇴직한 갑의 인건비 ₩235,000,000 이 포함되어 있다. 동 인건비는 당해 사업연도 중 임원 갑의 9개월분(2022.1.1.~2022.9.30.)의 급여와 상여금 그리고 퇴직시 지급한 퇴직금으로 구성된다.

3. 임원 갑의 퇴직 직전 1년간 지급한 급여는 ₩120,000,000(매월 ₩10,000,000 지급)이고, 퇴직 직전 1년간 별도로 상여금 ₩60,000,000(매월 ₩5,000,000 지급)을 지급하였으며, 퇴직시점(2022.9.30.)에 지급한 퇴직금은 ₩100,000,000 이다. 해당 임원의 입사일은 2003.7.1. 이고, 2018.9.10. 에 임원으로 승진되었으며, 임원으로 승진하던 시점에 퇴직금을 수령한 바 있다.

4. ㈜한국의 이사회 결의사항에 따르면, 임원의 상여금 지급한도는 급여총액의 40%이고, 퇴직급여와 관련된 별도의 규정은 없다. 한편, ㈜한국은 퇴직급여충당금을 설정하지 않으므로 퇴직시에 지급한 퇴직금을 모두 퇴직급여(당기비용)로 회계처리하거나 필요한 경우 적절한 자산의 원가로 배분하고 있다. 그리고 임원 갑에 대해 지급한 급여총액은 주주총회에서 승인된 금액이다.

5. ㈜한국의 개발비 상각기간은 5년으로 신고하였고, ₩240,000,000 을 개발비상각비계정으로 당해 사업연도의 손익계산서상 당기비용으로 계상하였다.

〈자료 2〉 다음은 ㈜한국의 재고자산과 관련된 자료이다.

1. ㈜한국의 제22기 사업연도 말 현재 재무상태표상 재고자산 금액과 법인세법상 평가금액은 다음과 같다.

구분	재무상태표상 금액	법인세법상 평가금액	
		선입선출법	총평균법
제품	₩10,000,000	₩15,000,000	₩10,000,000
재공품	4,000,000	4,000,000	3,200,000
원재료	1,800,000	1,900,000	1,500,000

2. ㈜한국은 제21기 사업연도까지 제품의 평가방법을 선입선출법으로 신고하고 평가하여 왔으나, 제22기 사업연도부터 총평균법으로 변경하기로 하고, 2022.10.31. 재고자산 평가방법 변경신고를 하였다.

3. ㈜한국은 제21기 사업연도까지는 재공품의 평가방법을 신고하지 아니하였으나, 2022.8.4. 재공품의 평가방법을 선입선출법으로 신고하였다.

4. ㈜한국은 원재료의 평가방법을 총평균법으로 신고하여 전기 사업연도 이전부터 적용하여 오고 있다. 따라서 ㈜한국은 제22기 사업연도에 신고한 방법(총평균법)에 의하여 평가하였으나 계산상의 착오로 실제금액과 다른 금액으로 평가하였다.

5. ㈜한국의 제22기 사업연도 말의 재고자산에 대한 실사결과, 저장품의 부족금액 ₩160,000 을 발견하여 이를 손익계산서상의 기타비용으로 처리하였으며, 부족금액이 발생한 사유별 내역은 다음과 같다.

부족사유 구분	시　가	원　가
정상적인 파손	₩100,000	₩78,000
대주주*의 개인적 사용	80,000	59,000
사유를 알 수 없음	30,000	23,000
합계	₩210,000	₩160,000

* ㈜한국의 임원 또는 사용인이 아닌 개인임

〈자료 3〉 다음은 ㈜한국의 접대비 등에 대한 자료이다.

1. ㈜한국의 제22기 사업연도 접대비 지출액은 ₩7,000,000으로 ㈜한국은 이 중 ₩5,800,000을 손익계산서에 비용으로 계상하였으며, 나머지 ₩1,200,000은 모두 건물(당기 중 완공됨)의 원가로 계상하였다. 이러한 회계처리는 한국채택국제회계기준에 따른 것이다.

2. 손익계산서상 비용으로 계상한 접대비 ₩5,800,000 중에는 법정 증명서류를 수취하지 못한 금액 ₩1,000,000이 포함되어 있다. 동 금액 중 영수증을 수취한 금액은 ₩700,000이며, 나머지 ₩300,000에 대해서는 어떠한 증명서류도 수취하지 못하였다. ㈜한국의 모든 접대비 지출은 지출건당 3만원을 초과하였다.

3. 상기 건물은 2022.4.1. 준공과 동시에 사용되기 시작하였으며, 당해 사업연도의 감가상각비로 ₩3,600,000을 손익계산서상 비용으로 인식하였다. 동 건물의 취득원가는 ₩72,000,000(접대비 지출액 ₩1,200,000 포함)이고, 신고한 내용연수는 20년(상각률 0.050)이다.

4. ㈜한국의 제22기 사업연도의 법인세법상 접대비한도액은 ₩1,000,000으로 가정한다.

〈자료 4〉 다음은 ㈜세종이 발행한 주식의 취득 및 처분과 관련된 자료이다.

1. ㈜한국은 2022.4.1.에 당사의 전무이사로부터 ㈜세종의 보통주 20,000주를 주당 ₩17,000에 매입하여 매입가격을 동 주식의 취득원가로 계상하였다.

2. ㈜세종의 보통주는 유가증권시장에 상장된 주식으로, ㈜세종의 총 발행 보통주식수는 200,000주이며, 2022.4.1.에 ㈜한국은 동 주식의 취득으로 인하여 ㈜세종의 최대

주주가 되는 것은 아니다.

3. ㈜한국은 2022.6.30. 에 상기 주식 중 10,000주를 거주자인 당사의 대주주(당사의 임원 또는 사용인이 아님)에게 1주당 ₩16,000 에 처분하였다.

4. ㈜세종 주식의 2022.4.1. 과 2022.6.30. 의 한국거래소 최종시세가액은 각각 주당 ₩20,000과 ₩21,000 이다.

〈자료 5〉 다음은 ㈜고려가 발행한 주식의 취득 및 처분 등과 관련된 자료이다.

1. ㈜한국은 2020.1.1. ㈜고려의 주식 1,500주를 특수관계인이 아닌 자로부터 주당 ₩5,000 에 매입하여, 매입가격을 동 주식의 취득원가로 계상하였다. ㈜고려는 법인 세법상 지급배당에 대한 소득공제를 적용받는 법인에 해당한다.

2. ㈜한국은 2021.1.1. ㈜고려가 준비금을 자본에 전입함에 따라 1,875주의 무상주를 수령하였다. ㈜고려가 발행한 주식의 1주당 액면금액은 ₩5,000 이고, ㈜고려의 무상주 교부내역은 다음과 같다.

주주구분	무상주 교부 직전		무상주 교부 수량
	보유 수량	보유 지분율	
㈜한국	1,500주	30%	1,875주
기타 주주	2,500주	50%	3,125주
자기주식	1,000주	20%	-
합계	5,000주	100%	5,000주

3. 상기 무상주 자본전입의 재원은 다음과 같으며, ㈜한국은 무상주의 수령시 회계처리 를 하지 않았다.
   ⑴ 주식발행액면초과액 ₩10,000,000
   ⑵ 자기주식소각이익(소각일 : 2020.2.25.) ₩5,000,000
   ⑶ 이익잉여금 ₩10,000,000

4. ㈜한국은 2022.3.15. ㈜고려의 주식 675주를 주당 ₩4,000 에 처분하고, 다음과 같 이 회계처리 하였다.

(차) 현금	2,700,000	(대)	금융자산	2,160,000
			금융자산처분이익	540,000

5. ㈜한국은 2022.10.1. ㈜고려가 유상감자를 실시함에 따라 ㈜고려의 주식 1,350주에 대한 감자대가로 주당 ₩4,000 을 수령하고, 다음과 같이 회계처리 하였다.

(차) 현금	5,400,000	(대)	금융자산	4,320,000
			금융자산처분이익	1,080,000

6. ㈜한국은 ㈜고려의 주식을 매 사업연도 말 시가로 평가하고 이에 따라 발생하는 평가손익을 당기손익으로 인식하고 있다. ㈜고려 주식의 각 사업연도 말 1주당 시가는 다음과 같다.

제20기 말	제21기 말	제22기 말
₩7,000	₩3,200	₩3,500

〈자료 6〉 다음은 ㈜한국의 주식선택권 등에 대한 자료이다.

1. ㈜한국은 2021.1.1. 영업부서 임직원 100명에게 1인당 100개의 현금결제형 주가차액보상권을 부여하였으며, 관련 내용은 다음과 같다.
   (1) 부여된 주가차액보상권은 권리부여일로부터 2년 간 근로용역 제공을 전제로 약정된 시기에 권리행사시점의 ㈜한국 주식의 시가와 행사가격(₩3,000)의 차액을 현금으로 보상받을 수 있으며, 해당 임직원은 2022년 말부터 향후 2년 간 부여된 권리를 행사할 수 있다.
   (2) 2022.12.31. 당초 부여된 주가차액보상권의 40%인 4,000개의 권리가 행사되었다.
   (3) ㈜한국은 부여한 주가차액보상권과 관련하여 한국채택국제회계기준에 따라 회계처리하고 있으며, 2022.12.31. 다음과 같이 회계처리 하였다.

(차) 주식보상비용	8,500,000	(대)	장기미지급비용	8,500,000
(차) 장기미지급비용	4,800,000	(대)	현금	4,000,000
			주식보상비용	800,000

2. ㈜한국은 2020.1.1. 생산부서 임직원 50명에게 1인당 100개의 주식선택권을 부여하였으며, 관련 내용은 다음과 같다.

⑴ 부여된 주식선택권은 권리부여일로부터 2년 간 근로용역 제공을 전제로 약정된 시기에 ㈜한국의 주식을 행사가격(₩3,000)에 매수할 수 있는 것이며, 해당 임직원은 <u>2022년 초부터</u> 향후 3년 간 부여된 권리를 행사할 수 있다.

⑵ <u>2022.12.31.</u> 당초 부여된 주식선택권 전부인 5,000개의 권리가 행사되었다.

⑶ ㈜한국은 부여한 주식선택권과 관련하여 한국채택국제회계기준에 따라 회계처리하고 있으며, 권리부여일 현재 주식선택권의 단위당 공정가치는 ₩240 이다.

⑷ ㈜한국은 <u>2022.12.31.</u> 주식선택권과 관련하여 다음과 같이 회계처리 하였다.

(차) 현금	15,000,000	(대) 자본금	5,000,000
주식선택권	1,200,000	주식발행초과금	11,200,000

3. 각 시점별 ㈜한국 주식의 1주당 시가와 부여된 주가차액보상권 및 주식선택권의 단위당 공정가치는 다음과 같다.

구 분	2021.1.1.	2021.12.31.	2022.12.31.
주식의 시가	₩3,000	₩3,600	₩4,000
주가차액보상권의 공정가치	200	700	1,200

4. 주가차액보상권 또는 주식선택권을 부여받은 ㈜한국의 모든 임직원은 <u>2022.12.31.</u>까지 계속 근무하였고, 부여한 주식선택권 등은 세법에서 정하는 성과급의 손금산입 요건을 충족한다.

〈답안양식〉

물음에 대한 답안은 아래와 같은 형식으로 작성하고, 계산근거는 아래 양식과는 별도로 간단명료하게 기술하며, 세무조정이 2개 이상 있는 경우 상계하지 말고 모두 표시하시오.

물음번호	조정유형	과 목	금액(단위 : ₩)	소득처분
[물음 ×]	〈익금산입〉	토지 A	××	(유보)
	〈손금산입〉	토지 B	××	(△유보)
	...	...	...	...
[물음 ×]	〈손금불산입〉	토지 C	××	(유보)
	...	...	...	...

(물음 1) 〈자료 1〉에 따라 ㈜한국의 제22기 사업연도 세무조정을 수행하시오. (5점)

(물음 2) 〈자료 2〉에 따라 ㈜한국의 제22기 사업연도 세무조정을 수행하시오. (4점)

(물음 3) 〈자료 3〉에 따라 ㈜한국의 제22기 사업연도 세무조정을 수행하시오. (6점)

(물음 4) 〈자료 4〉에 따라 ㈜한국의 제22기 사업연도 세무조정을 수행하시오. (3점)

(물음 5) 〈자료 5〉에 따라 ㈜한국의 제22기 사업연도 세무조정을 수행하시오. (6점)

(물음 6) 〈자료 6〉에 따라 ㈜한국의 제22기 사업연도 세무조정을 수행하시오. (6점)

【문제 2】 2021년부터 연결납세방식을 적용한 ㈜대한(연결모법인, 지주회사가 아님)과 ㈜민국 (연결자법인)은 모두 중소제조업이며, 연결납세방식을 적용한 2022년에도 중소기업에 해당된다. ㈜대한의 ㈜민국에 대한 지분율은 100%이며, 2021년도 세무조정은 적법하게 이루어졌다. ㈜대한의 사업연도는 제22기(2022.1.~2022.12.31.)이며, ㈜민국의 사업연도는 제12기 (2022.1.1.~2022.12.31.)이다. (20점)

〈자료 1〉 ㈜대한과 ㈜민국의 각 사업연도 소득금액은 다음과 같다. (단위 : ₩)

구 분	㈜대한	㈜민국
당기순이익	320,000,000	46,000,000
익금산입 및 손금불산입	80,500,000	20,380,000
법인세비용	44,000,000	4,500,000
적격증명서류 미수취 접대비	7,000,000	3,000,000
접대비한도초과액	19,500,000	12,880,000
대손충당금한도초과액	10,000,000	-
손금산입 및 익금불산입	38,820,000	7,290,000
수입배당금액 익금불산입	38,820,000	7,290,000
차가감 소득금액	361,680,000	59,090,000
지정기부금 한도초과액	-	16,591,000
각사업연도 소득금액	361,680,000	75,681,000

〈자료 2〉 ㈜대한과 ㈜민국의 접대비에 대한 세부내역은 다음과 같다.

구 분	㈜대한	㈜민국
접대비 총 지출액[1]	₩73,000,000	₩46,000,000
적격증명서류 수취분[2]	66,000,000	43,000,000
영수증 수취분	7,000,000	3,000,000
매출액	₩12,500,000,000[3]	₩8,460,000,000[4]

[1]. 접대비는 모두 건당 3만원(경조사비 20만원) 초과하여 발생한 것이며, 문화접대비는 없다.
[2]. 적격증명서류 수취분 중 ㈜대한의 ₩4,000,000 과 ㈜민국의 ₩8,000,000 은 연결법인에 대한 접대비이다.
[3]. ㈜대한의 매출액에는 연결법인과의 거래분은 없으며, 이외 특수관계인과의 거래분도 없다.
[4]. ㈜민국의 매출액에는 ㈜대한에 대한 매출액 ₩6,000,000,000 이 포함되어 있으며, 이외 특수관계인과의 거래는 없다. (부당행위계산 적용되지 않음)

〈자료 3〉 연결납세 대상법인 간 추가로 이루어진 거래내역은 다음과 같다.

1. ㈜대한은 2022.7.1. 건축물(장부가액 ₩100,000,000)을 ㈜민국에 ₩90,000,000 에 매각하면서 유형자산처분손실을 정확하게 계상하였다. ㈜민국은 취득한 해당 건축물에 대해 신고내용연수 10년을 적용하여 정액법(잔존가치 ₩0)으로 상각하였다.

2. ㈜민국은 2022.8.3. 금융투자상품(장부가액 ₩100,000,000)을 ㈜대한에 시가 ₩105,000,000에 매각하고 금융투자상품처분이익을 정확하게 계상하였다. ㈜대한은 2022.9.2. ㈜민국으로부터 취득한 금융투자상품 중 30%를 ㈜부산에 ₩35,000,000에 처분하면서 적절하게 회계처리를 하였고, 70%는 2022.12.31. 현재 보유하고 있다.

3. ㈜대한은 연결대상 법인이 아닌 ㈜국세에 대한 매출채권(장부가액 ₩100,000,000)을 2022.9.5. ㈜민국에게 매각하면서 매출채권처분손실 ₩3,000,000 을 계상하였다. ㈜민국은 2022.12.31. 현재 해당 매출채권을 보유하고 있지 않다. 단, 매출채권처분손실에 대하여 양도손익 과세이연을 선택하지 않은 것으로 가정한다.

〈자료 4〉 2022.12.31. 현재 재무상태표에 표시된 ㈜대한과 ㈜민국의 매출채권, 미수금 및 대손충당금은 다음과 같다.

구 분	㈜대한	㈜민국
매출 채권	₩600,000,000	₩250,000,000
대손충당금	(12,000,000)	(2,500,000)
미 수 금	₩400,000,000*	₩130,000,000
대손충당금	(8,000,000)	(1,300,000)

* ㈜대한의 미수금 ₩400,000,000 중 ₩180,000,000 은 ㈜민국에 대한 미수금이며, 이것을 제외한 ㈜대한의 다른 채권과 ㈜민국의 채권은 특수관계가 없는 기업과의 거래에서 정상적으로 발생한 채권이다.

〈자료 5〉 ㈜대한은 ㈜민국, ㈜국세 및 ㈜세무에, ㈜민국은 ㈜국세와 ㈜세무에 투자하고 있으며, 모든 투자는 최초 투자 후 2022년 말까지 지분율 변동은 없었다.

구 분	㈜대한의 투자내역			㈜민국의 투자내역	
피투자회사	㈜민국	㈜국세	㈜세무	㈜국세	㈜세무
주식취득일	2019.5.31.	2019.12.5.	2020.3.20.	2020.1.20.	2020.6.30.
주식장부가액	₩300,000,000	₩200,000,000	₩100,000,000	₩100,000,000	₩90,000,000
지분율	100%	30%	30%	20%	20%
상장여부	비상장	상장	비상장	상장	비상장

구 분	㈜대한의 투자내역			㈜민국의 투자내역	
피투자회사	㈜민국	㈜국세	㈜세무	㈜국세	㈜세무
배당금수익	₩30,000,000	₩30,000,000	₩15,000,000	₩20,000,000	₩10,000,000
배당기준일	2021.12.31.	2021.12.31.	2022.6.30.	2021.12.31.	2022.6.30.
배당확정일	2022.3.23.	2022.3.11.	2022.9.24.	2021.3.11.	2022.9.24.
자산총액	₩1,000,000,000	₩500,000,000	₩400,000,000	₩500,000,000	₩400,000,000
지급이자	₩30,000,000	₩20,000,000	₩15,000,000	₩20,000,000	₩15,000,000

1. ㈜대한과 ㈜민국은 수입배당금액을 배당금수익으로 계상하였으며, 수입배당금액 익금불산입액은 출자비율에 따라 해당 연결법인에 배분한다.

2. ㈜대한의 자산총액은 ₩5,000,000,000 이며, 연결법인 간 수취채권과 연결법인의 주식으로 자산총액에서 상계할 금액은 ₩600,000,000 이다.

3. ㈜대한의 지급이자는 ₩60,000,000 이며, ㈜대한과 ㈜민국의 지급이자는 모두 정상적인 차입거래를 통해 발생한 것이다. 한편, ㈜대한과 ㈜민국 간 차입거래는 없다.

〈자료 6〉 금전기부를 통해 손익계산서상 비용으로 계상된 기부금은 ㈜대한 ₩35,000,000 과 ㈜민국 ₩25,000,000 으로 모두 지정기부금이다. (단, 전기까지 지정기부금 한도초과액은 없으며, 지정기부금 이외 다른 기부금은 없다.) 단, ㈜대한과 ㈜민국은 사회적기업이 아님

〈자료 7〉

1. 2022.12.31. 현재 ㈜대한과 ㈜민국의 공제 가능한 이월결손금은 없다.

2. 2022.8.19. ㈜대한은 공익신탁의 신탁재산에서 발생한 소득 ₩5,000,000 을 손익계산서상 수익으로 적절하게 계상하였다.

(물음 1) 2022년 연결사업연도 소득금액의 계산과정을 다음 답안양식에 따라 제시하고, 계산근거는 별도로 간단명료하게 기술하시오. (16점) (21년 수정)

항 목	㈜대한	㈜민국
1. 각 사업연도 소득금액	₩361,680,000	₩75,681,000
2. 연결조정항목의 제거 ① ⋮		
3. 연결법인 간 거래손익의 조정 ① ⋮		
4. 연결조정항목의 연결법인별 배분 ① ⋮		
5. 연결 차가감 소득금액		
6. 지정기부금 한도초과액		
7. 연결조정 후 연결법인별 소득금액		

* 각 사업연도 소득금액에서 가산될 경우 (+), 차감될 경우 (−) 부호를 금액 앞에 반드시 표시하시오.

(물음 2) ㈜대한과 ㈜민국의 2022년 연결조정 후 연결법인별 소득금액이 각각 ₩388,000,000과 ₩67,000,000이라고 가정할 경우, 연결법인별 산출세액과 연결세율을 계산하시오. (단, 세율은 반올림하여 0.00%와 같이 소수점 둘째자리까지 표시하시오.) (4점)

【문제 3】 다음은 거주자 갑(56세)의 2022년도 귀속 소득과 관련된 자료이다. 제시된 금액은 원천징수 전의 금액이다. 각 물음은 독립적이다. 물음에 답하시오. (30점)

1. 금융소득 관련 자료

   ⑴ 개인종합자산관리계좌(ISA)에서 발생한 이자 ₩3,000,000 이 있다. 갑 씨의 2021년도 종합소득금액은 ₩35,000,000을 초과한다.

   ⑵ 소기업·소상공인공제부금(2015년 이전 가입분)의 이익 ₩6,000,000 이 있다. 이와 관련하여 중소기업중앙회에 추가적인 신청을 한 적은 없다.

   ⑶ 외국에서 수령한 이자(국내 원천징수는 하지 않음)가 ₩2,000,000 이 있다.

   ⑷ 비상장법인 A로부터 받은 무상주의 내역은 다음과 같다.

   ① 주식발행초과금 자본전입으로 받은 무상주 가액 : ₩30,000,000 (자기주식에 배정하지 않아서 지분율의 상승을 유발한 금액 ₩10,000,000 포함)

   ② 이익잉여금 자본전입에 따라 받은 무상주 가액 : ₩10,000,000

2. 사업소득 관련 자료

   ⑴ 갑 씨는 생계를 같이 하는 특수관계인과 공동으로 소유하는 상가용 빌딩(갑 씨의 지분율은 60%이며, 공동사업의 지분율은 사실과 합치된다.)을 2021년도부터 임대하고 있는데, 2022년의 연간 임대료는 ₩10,000,000 이다. 임대보증금은 ₩200,000,000 이며 임대보증금을 운용하여 이자 ₩300,000 과 유가증권처분이익 ₩500,000 을 얻었다. 간주임대료 계산에 적용되는 이자율은 연 3%로 가정한다.

   ⑵ 임대용 건물의 실제 취득가액은 토지가액 ₩200,000,000 을 포함하여 ₩300,000,000 이다.

   ⑶ 위 상가 임대에 따른 필요경비는 ₩5,000,000 이며, 이 필요경비에는 공동사업용 건물의 취득을 위해 조달한 차입금의 이자 ₩700,000 이 포함되어 있다.

3. 근로소득 관련 자료

   (1) 급여 수령 내역은 다음과 같다.

① 기본급(₩1,250,000×12회)	₩15,000,000
② 상여금(연 8회)	8,000,000
③ 시간외근무수당	3,000,000
④ 자녀 교육비 보조금	1,000,000
⑤ 식대보조비(₩200,000×12회)	2,400,000*
	₩29,400,000

     * 회사가 외부 음식업자와 계약을 체결하여 제공하는 식권으로 받은 것이다. 이 식권은 현금으로 환급받을 수 없다.

   (2) 회사는 갑 씨의 사회보장성 보험료 연간 총액 ₩960,000 (매월 ₩80,000 씩 12개월분이며, 이 금액은 종업원부담분과 회사부담분이 각각 50%씩 구성된다고 가정한다.)을 전액 부담하였다.

   (3) 회사는 2022.3.10.에 잉여금처분 결의를 하면서 갑 씨에게 성과급 ₩10,000,000 을 지급하였으며, 2021년도분 법인세 신고(신고일 2022.3.15.)를 하면서 갑 씨에게 인정이자로 ₩2,000,000 을 처분하였다.

   (4) 갑 씨는 생산직 근로자이고, 직전연도 총급여가 ₩30,000,000 이하이다.

4. 연금소득 관련 자료

   (1) 갑 씨의 연금계좌는 2013.2.28. 이전에 가입한 것으로 2021년부터 연금을 수령하고 있다. 갑 씨가 2021년에 수령한 연금은 ₩2,000,000 이다.

     ① 2022.1.1. 현재 연금계좌 평가액 : ₩150,000,000

     ② 연금계좌에 불입 시 연금계좌세액공제를 받지 못한 금액의 합계 : ₩10,000,000

     ③ 연금계좌에 포함된 이연퇴직소득 : ₩30,000,000

   (2) 갑 씨는 2022년도에 위 연금계좌에서 ₩50,000,000 을 수령하였다.

   (3) 갑 씨의 이연퇴직소득에 대하여 이연 당시에 산출한 퇴직소득세는 ₩400,000 이다.

5. 양도소득 관련 자료

   갑 씨는 자신이 4년 간 보유하던 상가건물(등기자산)을 2022년도 중 특수관계가 있는 법인에게 ₩200,000,000 에 양도하였다. 이 건물의 양도당시 시가는 ₩150,000,000 이었기에 법인세법상 부당행위계산부인 규정이 적용되어 갑 씨에게 인정소득이 처분되었다. 양도한 건물과 관련된 자료는 다음과 같다.

(1) 취득가액 : ₩85,000,000[*1]

(2) 감가상각누계액 : ₩30,000,000[*2]

(3) 자본적지출과 양도비용 : ₩15,000,000[*3]

> *1. 취득가액에는 ₩2,000,000 의 취득세가 포함되어 있는데, 이에 대한 영수증은 분실한 상태이다.
>
> *2. 건물은 사업용자산으로 사용하던 것으로 감가상각누계액은 그 사업의 필요경비로 장부상 계상한 금액이다. (단, 양도당시 상각부인액 ₩4,000,000 이 있다.)
>
> *3. 공정가액보다 10%를 더하여 준 부동산중개수수료 ₩5,500,000 이 포함되어 있다.

6. 소득금액 계산과 관련된 자료는 다음과 같다.

(1) 근로소득공제액은 다음과 같다.

총 급 여 액	근로소득공제액
500만원 이하	총급여액×70%
500만원 초과 1,500만원 이하	350만원＋(총급여 − 500만원)×40%
1,500만원 초과 4,500만원 이하	750만원＋(총급여 − 1,500만원)×15%
4,500만원 초과 1억원 이하	1,200만원＋(총급여 − 4,500만원)×5%
1억원 초과	1,475만원＋(총급여 − 1억원)×2%

(2) 연금소득공제액은 다음과 같다.

총 연 금 액	연금소득공제액
350만원 이하	총연금액
350만원 초과 700만원 이하	350만원＋(총연금액 − 350만원)×40%
700만원 초과 1,400만원 이하	490만원＋(총연금액 − 700만원)×20%
1,400만원 초과	630만원＋(총연금액 − 1,400만원)×10%

(물음 1) 종합과세할 금융소득을 다음의 구분별로 구하시오. (6점)

1. 금융소득의 종합과세 여부를 다음의 양식을 이용하여 판단하시오.

항목	금액		
	조건부 종합과세	무조건 종합과세	비과세 · 분리과세 등
계			

2. 배당가산액(Gross-Up금액)을 구하시오.

3. 종합과세 금융소득금액을 구하시오.

(물음 2) 사업소득과 관련하여 다음을 구하시오. (6점)

1. 임대보증금에 대한 간주임대료를 구하시오.
2. 부동산임대와 관련된 공동사업장의 소득금액을 구하시오.
3. 갑 씨의 사업소득금액을 구하시오.

(물음 3) 근로소득과 관련하여 다음을 구하시오. (6점)

1. 시간외근무수당의 비과세 판단의 기준이 되는 월정액급여를 구하시오.
2. 근로소득 총수입금액(총급여액)을 구하시오.
3. 근로소득금액을 구하시오.

(물음 4) 연금소득과 관련하여 다음을 구하시오. (단, 종합소득금액 최소화를 가정한다.) (6점)

1. 연금수령한도를 구하시오.
2. 연금수령과 관련한 원천징수세액을 구하시오.
3. 종합과세할 연금소득금액을 구하시오.

(물음 5) 양도소득금액을 다음의 양식에 따라서 구하시오. (6점)

구분	가액(계산내역 별도 제시)
양도가액 - 취득가액 - 기타비용	
= 양도차익 - 장기보유특별공제	
= 양도소득금액	

【문제 4】 다음은 과세사업(제조 및 임대용역)과 면세사업(교육용역)을 겸영하는 ㈜서울의 2022년 제1기 부가가치세 확정신고기간(2022.4.1.~2022.6.30.)과 관련된 자료이다. 각 자료는 상호 독립적이다. 다음의 자료를 근거로 물음에 답하시오. (단, 별도의 언급이 없는 한 제시금액은 부가가치세가 포함되지 않은 금액이며, 세금계산서는 공급시기에 정당하게 교부 및 수취된 것으로 가정한다.) (20점)

〈자료 1〉

1. 수출업체에 제품을 다음과 같이 공급하였다.

거래처	매출액	내국신용장 개설일	제품 인도일
A	₩10,000,000	2022.3.20.	2022.4.1.
B	20,000,000	2022.7.30.	2022.6.25.

2. 고객에게 구매금액에 따라 마일리지를 적립해주고 있으며, 2022년 제1기 확정신고 기간의 매출액 중 ₩10,000,000의 결제내역은 다음과 같다.

   (1) 마일리지로 결제 받은 금액 ₩5,000,000

   (2) 신용카드사가 고객에게 적립해준 포인트로 결제 받고 신용카드사에서 보전 받은 금액 ₩3,000,000

   (3) 현금결제액 ₩2,000,000

3. 2022.3.10.에 동종업종을 영위하는 ㈜세종으로부터 동종의 원재료(원가 ₩1,000,000, 시가 ₩1,200,000)를 차용하였으며, 2022.4.10.에 동종의 원재료(원가 ₩1,000,000, 시가 ₩1,300,000)로 반환하였다.

4. 회사는 노후화된 장비를 매각하고 기존장비를 인도하는 계약을 체결하였다. 기존장비 처분내역은 다음과 같다.

장비	실제 인도일	계약금	중도금	잔금
C[*1]	2022.5.20.	₩10,000,000 (2022.2.1.)	₩10,000,000 (2022.5.1.)	₩10,000,000 (2022.8.30.)
D[*2]	2022.5.30.	15,000,000 (2022.5.30.)	15,000,000 (2022.12.30.)	15,000,000 (2022.6.30.)

*1. 최초 계약 시에는 잔금지급일에 장비를 인도하기로 하였다.

*2. 2022.5.30.에 장비를 인도하고 계약금만 수령한 상태에서 장비 공급가액 전액에 대하여 세금계산서를 발급하였다.

5. 임대용으로 사용하던 건물을 2022.4.1.부터 면세사업에 전용하였다. 건물의 취득가액은 ₩525,000,000 (취득세 ₩25,000,000 포함)이며, 취득일은 2020.5.20.(사용개시일 2020.7.15.)이고 전용당시 장부가액과 시가는 각각 ₩400,000,000 과 ₩600,000,000 이다.

6. 회사는 제조업과 교육사업에 겸용하던 토지와 건물 및 임대중인 기계장치를 2022.6.1.에 ₩500,000,000 (부가가치세 제외)에 일괄양도 하였으며, 잔금지급일은 2022.6.30.이다. 기계장치는 2021.12.1.부터 1년 간 보증금 ₩10,000,000, 월임대료 ₩1,000,000 에 임대 중이었으며, 임대료는 매월 말 수령하였다. 1년 만기 정기예금 이자율은 1.6%이다. 매매계약서 상 각각의 공급가액은 구분되어 있지 않다.

구분	취득가액	장부가액	기준시가	감정가액
토지	₩80,000,000	₩80,000,000	₩80,000,000	₩120,000,000
건물	200,000,000	180,000,000	120,000,000	160,000,000
기계장치	100,000,000	50,000,000	-	70,000,000
합계	380,000,000	310,000,000	200,000,000	350,000,000

장부가액과 기준시가는 계약일 현재 가액이며, 감정가액은 2021.6.30.을 기준으로 평가한 가액이다. 기계장치 장부가액은 회계상 장부가액으로서 세무상 감가상각비 상각부인액은 ₩10,000,000 이다. 한편, 건물 취득 시 매입세액공제는 사용면적을 기준으로 안분하였으며, 취득이후 과세사업과 면세사업에 1/2씩 사용하고 있다. 직전과세기간의 과세사업과 면세사업의 공급가액은 각각 ₩300,000,000 과 ₩200,000,000 이다.

7. 매출채권 중 회수가 지연된 채권내역은 다음과 같다. 각 채권금액은 부가가치세가 포함된 금액이다.

　(1) 2020.4.20.에 발생한 매출채권 ₩110,000,000 을 회수하지 못하던 중 2022.3.25.에 거래처에 대하여 「채무자 회생 및 파산에 관한 법률」에 근거한 법원의 회생계획 인가결정으로 보통주 10,000주로 출자전환 되었으며, 동시에 80%를 무상감자하여 2,000주를 보유하고 있다. 주식의 액면가액과 시가는 각각 ₩10,000,000 과 ₩30,000,000 이다.

(2) 회사는 매출채권 ₩99,000,000 에 대하여 전액 대손세액공제를 받았으며, 2022.5.17.에 ₩44,000,000 을 회수하고 잔액은 포기하였다.

(물음 1) 〈자료 1〉을 이용하여 2022년 제1기 부가가치세 확정신고기간의 매출세액 관련 신고내용을 아래의 답안양식에 기입하시오. (12점)

자료번호	과세표준	세율	매출세액
1			
2			
. . .			

〈자료 2〉

1. ㈜서울의 제조부문과 관련된 예정신고 누락사항 및 매입세금계산서 등 지출증빙 수취내역은 다음과 같다.

   (1) 2022.3.30.에 원재료를 매입하고 발급받은 세금계산서 ₩5,000,000 을 예정신고 시 누락하였다.

   (2) 2022.4.15.에 사내 워크샵에 독립적으로 강연용역을 제공하는 전문강사를 초빙하여 강연료 ₩500,000 을 지급하였다.

   (3) 2022.6.1.에 공급받은 원재료 ₩10,000,000 에 대하여 공급시기가 2022.6.1.로 기재된 전자세금계산서를 2022.7.25.에 수취하였다.

   (4) 2022.6.10.에 소모품을 구입하고 부가가치세가 별도로 구분 기재된 현금영수증 ₩300,000 을 수취하였으며, 2022.6.15.에 간이과세자로부터 사무용품을 구입하고 ₩1,000,000 의 영수증을 수취하였다.

   (5) 회사는 보유중인 비상장주식을 매각하였으며, 이와 관련하여 법무사 수수료 및 중개 수수료 ₩5,000,000 을 2022.6.20.에 지급하였다.

   (6) 2021년 제2기에 기계장치 구입계약을 체결하고 계약금과 중도금을 각각 2021.12.1.에 ₩10,000,000, 2022.3.10.에 ₩20,000,000 을 지급하고 매입세액 공제를 받았으나 2022.6.25.에 계약이 취소되었다.

2. 2022년 제1기 확정신고기간 중 건물 신축을 위하여 건축물이 있는 토지를 구입한 후 기존 건축물을 철거하였으며, 옹벽공사를 완료하였다. 매매계약서상 토지와 건

물의 가액은 구분되어 있지 않으며, 감정가액은 없다. 이와 관련된 세부내역은 다음과 같다.

⑴ 일괄구입가격 : ₩300,000,000 (부가가치세 제외)

⑵ 기준시가 : 토지 ₩180,000,000, 건물 ₩20,000,000

⑶ 건축물 철거비용 : ₩20,000,000

⑷ 옹벽공사비 : ₩25,000,000

3. 2022.6.20.에 임대중인 건물과 부속토지를 양도하기 위하여 부동산 컨설팅 회사와 자문계약을 체결하였으며, 자문수수료로 ₩10,000,000을 지급하였다. 토지와 건물의 기준시가는 각각 ₩80,000,000과 ₩200,000,000이다.

4. 면세사업에 사용하던 사무용 비품 등 일부를 인원변동에 따라 2022.5.10.에 과세사업으로 전환하였으며 그 내역은 다음과 같다.

구분	취득일	취득가액	매입세액
책상 및 의자	2019.2.10.	₩5,000,000	₩500,000
개인용 컴퓨터	2021.4.20.	6,000,000	600,000
회의실 비품*	2021.7.12.	10,000,000	1,000,000
소모품	2022.3.25.	3,000,000	300,000

* 과세사업과 면세사업에 공통으로 사용하며, 과세사업과 면세사업의 공급가액비율은 각각 40%와 60%이다.

(물음 2) 〈자료 2〉를 이용하여 2022년 제1기 부가가치세 확정신고기간의 매입세액 관련 신고내용을 아래의 답안양식에 기입하시오. (8점)

자료번호		매입세액	매입세액 불공제액	매입세액 공제액
1	⑴			
	⑵			
	…			
2				
…				

세법학1부

2017년 제54회   제3교시

【문제 1】 다음 각 사례를 읽고 물음에 답하시오. (20점)

〈사례 1〉

A 법인의 납세지 관할세무서장 甲은 2021년 7월 6일 A에게 조사대상 세목을 '법인세 부분조사'로, 조사대상기간을 '2019년 1월 1일부터 2020년 12월 31일까지'로, 조사범위를 '에너지절약시설 투자에 대한 세액공제와 관련된 사항'으로 한 세무조사결정처분을 한 후 '에너지절약시설 투자에 대한 세액공제와 관련된 사항'에 한정하여 세무조사(이하 '1차 세무조사')를 실시하였다.

甲은 2022년 3월 21일 다시 A에게 조사대상 세목을 '법인제세 통합조사'로, 조사대상기간을 '2019년 1월 1일부터 2020년 12월 31일까지'로 하는 세무조사결정처분을 하고 세무조사(이하 '2차 세무조사')를 실시한 후 A에게 법인세를 경정·고지하였다. 2차 세무조사에서는 1차 세무조사 당시의 조사범위였던 '에너지절약시설 투자에 대한 세액공제와 관련된 사항'에 대하여는 조사가 이루어지지 않았다.

〈사례 2〉

거주자 乙은 2011년부터 2015년까지 취득가액 합계가 23억 원에 달하는 부동산을 취득하였다. 乙의 납세지 관할세무서장 丙은 2019년 9월 경 乙에 대하여 부동산 취득자금의 출처를 파악하기 위한 세무조사(이하 '1차 세무조사')를 실시한 결과 乙이 부동산을 취득할 능력이 있었다고 보아 증여세를 부과하지 아니하였다.

이후 B지방국세청은 乙의 납세지 관할세무서에 대한 정기 업무종합감사를 실시하면서, 丙이 乙에게 부동산의 취득자금에 관한 증여세를 부과하지 아니한 데 오류가 있다고 보고 부동산 양도인을 상대로 질문·조사(이하 '2차 세무조사')한 후, 乙이 부친으로부터 부동산 취득자금을 증여받은 것으로 추정하여 丙에 대하여 乙에게 증여세를 부과하도록 요구하였고, 丙은 2022년 2월 10일 乙에게 증여세를 부과·고지하였다.

(물음 1) 「국세기본법」상 재조사금지 원칙의 의의를 설명하고, 「국세기본법」및 「국세기본법 시행령」에 규정된 재조사가 허용되는 예외사유 중 4가지를 기술하시오. (단, '각종 과세자료의 처리를 위한 재조사'는 기술하지 마시오.) (6점)

(물음 2) 〈사례 1〉에서 2차 세무조사의 위법성 여부에 대하여 설명하시오. (10점)

(물음 3) 〈사례 2〉에서 2차 세무조사가 재조사가 허용되는 예외사유 중 하나인 '각종 과세자료의 처리를 위한 재조사'에 해당하는지 여부에 대하여 설명하시오. (4점)

【문제 2】 다음 사례를 읽고 물음에 답하시오. (30점)

〈사례〉
甲, 乙, 丙, 丁(모두 거주자임)이 공동사업자인 A기업은 2019년 7월 1일 사업자등록증을 발급받아 제조업을 영위하고 있다. 甲과 乙은 부부이고, 丙과 丁은 甲과 乙의 자녀이다. 사업장의 건물과 토지는 甲과 乙의 공동명의(지분율 50:50)로 되어 있으나, 乙은 사업장으로 사용하고 있는 건물과 토지의 임대료를 전혀 수령하지 않고 있다. 乙은 실질적으로 경영에 관여하지 않고 전업주부로 일하고 있는 반면, 丙은 실질적으로 경영에 관여하고 있다. 丁은 대학생으로 경영에는 관여하지 않고 수업이 없는 날 가끔씩 사업장에 들러 경리업무를 보고 있다. 甲, 乙, 丁은 사업자등록일로부터 현재까지 동거하고 있으나, 丙은 결혼하여 별도세대를 구성하고 있다. 사업자등록 당시 세무서에 신고된 공동사업자들의 손익분배비율과 출자비율은 다음과 같다. (단, 丙을 제외한 나머지 공동사업자들의 손익분배비율 및 출자비율은 사실에 의하지 아니하고 임의로 정한 것으로 확인되었다.)

공동사업자	손익분배비율	출자비율
甲(부)	30%	45%
乙(모)	20%	20%
丙(자)	25%	25%
丁(자)	25%	10%
합계	100%	100%

공동사업장을 1거주자로 보아 계산한 2021년의 사업소득금액 내역은 다음과 같다.

(단, 총수입금액 및 필요경비에 대하여는 모든 세무조정이 이루어진 후의 금액이다.)

총수입금액	10,000,000,000원
필요경비	6,000,000,000원
사업소득금액	4,000,000,000원

(물음 1) 「소득세법」상 공동사업합산과세제도에 있어 과세요건, 특수관계인의 범위, 주된 공동사업자 및 연대납세의무에 대하여 설명하시오. (10점)

(물음 2) 위 사례에서 甲, 丙, 丁의 2021년의 사업소득금액을 계산하고, 그 소득금액이 계산된 이유에 대하여 설명하시오. (6점)

(물음 3) 위 사례에서 乙의 임대료에 대한 「소득세법」상 과세 문제에 대하여 설명하시오. (8점)

(물음 4) 위 사례와 관련하여 향후 甲과 乙의 입장에서 고려 가능한 절세방안에 대하여 설명하시오. (6점)

【문제 3】 법인의 분식결산은 법인의 이익과 재산을 과대계상할 목적으로 허위의 재무제표를 작성하는 유형과 회사의 임직원이 회사의 재산을 횡령하면서 이를 숨기고 재무제표를 작성하는 유형 등이 있다. 다음 각 사례를 읽고 물음에 답하시오. (30점)

〈사례 1〉

주식회사 A는 기업개선작업 과정에서 실시된 회계감사 결과 분식결산 사실이 발견되어 2021년 12월부터 2022년 6월까지 실지조사 등을 통한 재무제표 감리를 받았다. 그 결과, 2019사업연도에 비용 375억 원을, 2020사업연도에 비용 285억 원을, 2018사업연도까지의 누적된 비용 1,336억 원을 각각 과소계상하여 2020년 12월 31일 기준으로 총 1,996억 원의 비용이 과소계상되었음이 밝혀졌다. 이후 A의 대표이사 등 분식결산 관련자들은 「주식회사의 외부감사에 관한 법률」 위반으로 유죄판결을 선고받았다. 한편 과세관청은 A의 접대비한도초과액을 손금불산입하는 등으로 2018, 2019, 2020 사업연도의 법인세를 증액경정처분한 바 있다. 이상의 내용과 관련하여 A는 스스로 장부가 조작되었음을 주장하면서 조작된 부분을 손금산입하여 과세표준과 세액을 다시 계산하여야 한다며 과세관청에 의해 이루어진 부과처분의 취소를 구하였고, 과세관청은 A가 분식결산이 적발되자 비로소 그 취소를 구하는 것은 신의성실의무에 반하는 것으로서 허용될 수 없다고 주장하였다.

⟨사례 2⟩

주식회사 B의 대주주 겸 대표이사인 甲은 2018년 7월 영국령 케이만군도에 역외펀드를 설립하고, 2018년 8월과 9월 B로 하여금 회사 자금 각 5,000만 달러를 송금하게 한 후, 다시 역외펀드로 하여금 그 중 8,000만 달러를 바하마에 있는 제3자의 개인계좌에 송금하게 하였다. 이에 대하여 과세관청은 甲이 B의 자금 8,000만 달러를 횡령한 것으로 보아 727억 원(8,000만 달러의 원화환산액)을 해당 사업연도의 익금에 산입하면서 甲에 대한 상여로 소득처분하고, 2022년 6월 9일 B에게 소득금액변동통지를 하였다. 한편 甲과 그 가족들이 보유하고 있는 B의 지분은 45%였으며, 나머지 지분은 B의 임직원들과 계열회사 등에 분산되어 있었다. 금융감독원은 횡령이 있은 후 약 1년 6개월이 지나 甲을 수사기관에 고발하였고, 그 후 B는 甲을 상대로 손해배상청구소송을 제기하여 승소확정 판결을 받았다. 이상의 내용과 관련하여 B는 甲에 대한 손해배상채권을 가지고 있을 뿐만 아니라 횡령금액을 회수하기 위한 정상적인 절차를 취했으므로 과세관청의 소득처분은 부당하다고 주장하였다.

(물음 1) ⟨사례 1⟩과 관련하여, 과세관청이 A에게 신의성실의무를 적용하여 분식결산으로 과소계상된 비용을 손금산입하지 아니하고 한 부과처분의 위법성 여부에 대하여 논하시오. (8점)

(물음 2) (물음 1)과는 별개로, ⟨사례 1⟩과 같은 경우 「법인세법」 제58조의3에서는 분식결산으로 인한 과다납부세액의 환급을 제한하는 특례규정을 두고 있는 바, 동 규정의 의의와 적용요건 및 구체적인 환급제한 방법에 대하여 설명하시오. (단, 2020년 1월 1일 이후 경정하는 분부터 적용되는 규정을 대상으로 하시오.) (12점)

(물음 3) ⟨사례 2⟩와 관련하여, 甲의 횡령행위를 상여로 사외유출 처분할 수 있는지에 대한 판례의 기본적인 입장을 기술한 후 대법원에서 제시한 사외유출에 해당되지 않을 수 있는 판단기준에 대하여 설명하시오. (10점)

【문제 4】다음 각 사례를 읽고 물음에 답하시오. (20점)

〈사례 1〉

법률혼 관계에 있던 남편 甲과 아내 乙은 재판상 이혼을 하였고, 2022년 7월 1일 이혼 및 재산분할 판결에 따라 甲이 乙에게 위자료로 시가 5억 원 상당의 상가 소유권을, 재산분할로 시가 15억 원 상당의 아파트 소유권을 각각 이전하였다. (단, 甲과 乙은 모두 거주자이고, 상가와 아파트는 모두 국내에 있는 재산이며, 위자료의 지급과 재산분할에 조세포탈의 목적은 없는 것으로 가정한다. 1세대 1주택 비과세 요건은 고려하지 마시오.)

〈사례 2〉

丙은 1992년 7월 1일 丁과 결혼식을 올렸으나 혼인신고를 하지 않은 채 1994년 8월 1일 자녀 戊를 낳았고, 2022년 2월 1일 사망하였는데, 사망 당시까지도 혼인신고는 하지 않았다. 丙의 상속재산에는 20억 원 상당의 예금채권과 시가 20억 원 상당의 주택이 있었는데, 丁과 戊는 상속재산을 50:50의 비율로 나누기로 합의하였다. 이러한 합의에 따라 丁은 20억 원 상당의 예금을 인출하여 자신의 은행계좌에 입금하였다. (단, 丙, 丁 및 戊는 모두 거주자이고, 예금채권과 주택 모두 국내에 있는 재산으로 가정한다.)

(물음 1) 〈사례 1〉에서 상가와 아파트의 소유권 이전에 대한 증여세 과세 여부에 대하여 설명하시오. (6점)

(물음 2) 〈사례 1〉에서 상가와 아파트의 소유권 이전에 대한 양도소득세 과세 여부에 대하여 설명하시오. (6점)

(물음 3) 〈사례 1〉에서 甲이 재판상 이혼이 아닌 협의 이혼에 따라 위자료 지급 및 재산분할을 한 것으로 가정하여, 상가와 아파트의 소유권 이전에 대한 증여세와 양도소득세 과세 여부에 대하여 설명하시오. (4점)

(물음 4) 〈사례 2〉에서 丁이 납부하여야 하는 조세의 세목을 기술하고, 그 이유에 대하여 설명하시오. (4점)

세법학2부

2017년 제54회   제4교시

【문제 1】 부가가치세 과세대상은 사업자가 행하는 재화 또는 용역의 공급과 재화의 수입이다. 재화와 용역의 구분은 공급의 특례 차이, 공급시기 차이, 영세율 또는 면세 차이 등을 결정하는데 영향을 미친다. 다음 물음에 답하시오. (35점)

(물음 1) 「부가가치세법」상 재화와 용역의 정의, 재화나 용역을 공급하는 사업의 구분기준에 대하여 서술하고, 수탁가공업자의 업태에 대하여 설명하시오. (9점)

(물음 2) 토지임대용역과 주택(겸용주택 포함)의 부수토지임대용역의 유상공급에 대한 부가가치세 규정에 대하여 서술하고, 임야임대에 따른 부가가치세 과세여부에 대하여 설명하시오. (9점)

(물음 3) 미가공식료품의 면세규정에 대하여 서술하고, 음식점업 사업자가 미가공수산물인 생선을 주원료로 가공하여 생선회로 판매하는 경우의 부가가치세 과세여부에 대하여 설명하시오. (9점)

(물음 4) 「부가가치세법」상 부수 재화 및 부수 용역의 공급규정에 대하여 서술하고, 유통업 사업자가 정육상태인 돼지고기와 고기양념소스를 각각 포장 후 전체를 하나의 제품으로 포장판매하는 경우의 부가가치세 과세여부에 대하여 설명하시오. (8점)

【문제 2】 다음 사례를 읽고 물음에 답하시오. (20점)

〈사례〉

A회사의 대표이사였던 甲은 2022년 5월 3일 토지를 乙에게 사인증여하는 계약을 체결하고, 2022년 5월 20일 사망하였다. 이에 乙은 위 토지에 대한 취득세를 신고·납부하

고자 한다. (단, 乙의 토지 취득 시 또는 취득 전·후에 그 토지는 토지거래허가나 취득세 중과세, 비과세, 과세면제 또는 과세경감의 대상이 아니다.)

(물음 1) 「지방세법」상 취득세 신고·납부에 대하여 설명하시오. (단, 「지방세법」제20조 제1항의 범위로 한정한다.) (5점)

(물음 2) 위 사례의 토지 취득에 대한 乙의 취득세 신고·납부의 기한에 대하여 설명하시오. (5점)

(물음 3) 「지방세법」상 토지 취득에 대한 취득세 표준세율에 대하여 설명하시오. (6점)

(물음 4) 위 사례의 토지 취득에 대한 乙의 취득세 세율에 대하여 설명하시오. (4점)

【문제 3】 다음 사례를 읽고 물음에 답하시오. (20점)

〈사례〉

개별소비세 과세대상인 승용자동차 A를 제조한 甲은 독일에서 개최되는 자동차박람회에 출품하기 위하여 A를 국외로 반출하였다가 박람회가 끝난 후 다시 甲의 제조장으로 환입하였다. 그 이후 甲은 A를 자신의 판매장에 30일 이상 전시하기 위하여 제조장에서 반출하였다.

(물음 1) 「개별소비세법」상 미납세반출의 취지와 절차에 대하여 설명하시오. (10점)

(물음 2) 위 사례에서 A를 독일로 반출한 것에 대한 「개별소비세법」상 과세여부에 대하여 설명하시오. (3점)

(물음 3) 위 사례에서 A를 甲의 제조장으로 환입한 것에 대한 「개별소비세법」상 과세여부에 대하여 설명하시오. (3점)

(물음 4) 위 사례에서 A를 자신의 판매장으로 반출한 것에 대한 「개별소비세법」상 과세여부에 대하여 설명하시오. (4점)

【문제 4】 다음 사례를 읽고 물음에 답하시오. (25점)

〈사례〉

도매업을 영위하는 내국법인 A회사는 수도권과밀억제권역 내에 있는 사업에 사용하기 위하여 사업용 자산에 해당하는 유통산업합리화시설을 <u>2017년 8월 현재</u> 새로 취득하는 투자를 하고자 한다. 이에 A회사는 세무사 甲에게 어떠한 조세특례가 있는지를 문의하면서 고용창출투자세액공제를 적용받을 수 있는지에 관하여 자문을 구하였다. (단, <u>2017년도 상시 근로자 수는 2016년도의 상시근로자 수보다 증가할 것으로 가정한다.</u>)

(물음 1) 「조세특례제한법」상 조세특례의 정의(定義)에 대하여 설명하시오. (5점)

(물음 2) 「조세특례제한법」상 고용창출투자세액공제의 적용요건을 대상자, 적용대상 업종, 투자대상 자산의 범위 및 고용 요건으로 구분하여 설명하시오. (15점)

(물음 3) 위 사례에서 A회사가 「조세특례제한법」상 고용창출투자세액공제를 적용받을 수 있는지에 대하여 설명하시오. (5점)

2016년도 제 53 회

기출문제

회계학1부(재무회계 · 원가회계) · 328

회계학2부(세무회계) · 335

세법학1부 · 352

세법학2부 · 357

회계학1부

제1교시

아래 문제들에서 특별한 언급이 없는 한 기업의 보고기간(회계기간)은 1월 1일부터 12월 31일까지이다. 또한 기업은 주권상장법인으로 계속해서 한국채택국제회계기준(K-IFRS)을 적용해오고 있다고 가정한다. 자료에서 제시한 것 이외의 사항은 고려하지 않고 답한다. 예를 들어 법인세에 대한 언급이 없으면 법인세 효과는 고려하지 않는다. 모든 문제에 대하여 계산 근거를 반드시 제시하시오.

【문제 1】 ㈜한국이 발행한 사채와 관련된 다음의 물음은 서로 독립적인 상황이다. 아래의 공통자료를 이용하여 물음에 답하시오. (30점)

1) 기간별 현재가치(현가)계수는 다음과 같다.

〈단일금액 ₩1의 현가〉

기 간	6%	7%	8%	9%	10%
1	0.9434	0.9346	0.9259	0.9174	0.9091
2	0.8900	0.8734	0.8573	0.8417	0.8264
3	0.8396	0.8163	0.7938	0.7722	0.7513
합 계	2.6730	2.6243	2.5770	2.5313	2.4868

2) 경과기간 혹은 잔여기간은 월단위로 계산한다.
3) 계산금액은 특별한 언급이 없는 한, 소수점 첫째 자리에서 반올림한다.
4) ㈜한국은 발행한 사채를 상각후원가로 측정하는 금융부채로 분류한다.

(물음 1) ㈜한국은 20×1년 4월 1일 표시이자율이 연6%인 액면금액 ₩500,000의 사채를 발행하였다. 권면상 사채발행일이 20×1년 1월 1일로 기록된 동 사채의 실제 발행일은 20×1년 4월 1일이다. 20×1년 1월 1일 사채에 적용되는 시장이자율은 연8%이며, 20×1년 4월 1일 사채에 적용되는 시장이자율은 연7%이다. 사채는 상각후 원가로

측정되며, 만기일은 20×3년 12월 31일이다(만기 3년). 이자지급일은 매년 말 12월 31일이며, 사채발행비는 발생하지 않았다. 물음에 답하시오. (15점)

(물음 1-1) ㈜한국이 발행한 사채와 관련하여 실제 발행일의 사채발행금액을 계산하시오.

(물음 1-2) ㈜한국이 발행한 사채와 관련하여 20×1년도에 인식할 이자비용을 계산하시오.

(물음 1-3) ㈜한국이 사채의 실제 발행일로부터 잔여상환기간에 걸쳐 인식할 총이자비용을 계산하시오.

(물음 2) ㈜한국은 권면상 발행일인 20×1년 1월 1일에 사채를 실제로 발행하였으며, 사채발행비 ₩6,870이 발생하였다. 실제 발행일인 20×1년 1월 1일 사채에 적용되는 시장이자율은 연8%이다. 사채의 액면금액은 ₩500,000이고, 표시이자율은 연6%이며, 이자지급일은 매년 말 12월 31일이다. 사채는 상각후 원가로 측정되며, 만기일은 20×3년 12월 31일이다(만기 3년). 사채발행차금의 상각은 유효이자율법을 사용하며, 이자율 계산시 소수점 셋째 자리에서 반올림한다(예: 4.226% → 4.23%). 물음에 답하시오. (10점)

(물음 2-1) 20×1년 12월 31일 사채의 장부금액이 ₩477,340인 경우, 사채발행일에 적용된 유효이자율을 계산하시오.

(물음 2-2) 20×2년 4월 1일에 동 사채가 ₩485,500에 상환된 경우, 사채상환손익을 계산하시오. (단, 상환일에 발생한 거래원가는 없다고 가정한다.)

(물음 3) ㈜한국은 다음과 같은 조건의 사채를 발행하였다. 사채의 액면금액은 ₩300,000이고, 매년 12월 31일에 3회에 걸쳐 액면금액을 균등하게 분할하여 연속상환한다. 사채의 권면상 발행일은 20×1년 1월 1일이며, 표시이자율은 연5%이다. 사채의 실제 발행일은 20×1년 4월 1일이며, 사채발행비는 발생하지 않았다. 20×1년 1월 1일 사채에 적용되는 시장이자율은 연10%이며, 20×1년 4월 1일 사채에 적용되는 시장이자율은 연9%이다. 사채는 상각후 원가로 측정되며, 이자지급일은 매년 12월 31일

이다. ㈜한국이 동 사채와 관련하여 인식해야 하는 20×1년 12월 31일 사채의 장부금액을 계산하시오. (5점)

【문제 2】 (물음 1)과 (물음 2)는 독립적인 상황이다. 물음에 답하시오. (30점)

(물음 1) 다음은 20×1년 1월 1일에 설립되어 영업을 시작한 ㈜세무의 20×1년도 법인세와 관련된 자료이다. 물음에 답하시오. (23점)

1) ㈜세무의 법인세비용 세무조정을 제외한 20×1년도 세무조정사항은 다음과 같다.

〈소득금액조정합계표〉

익금산입 및 손금불산입			손금산입 및 익금불산입		
과 목	금 액	소득처분	과 목	금 액	소득처분
감가상각부인액	₩20,000	유보	미수수익	₩10,000	유보
제품보증충당부채	5,000	유보	기타포괄손익-공정가치측정금융자산	5,000	유보
접대비한도초과액	10,000	기타사외유출			
기타포괄손익-공정가치측정금융자산평가이익	5,000	기타			
합 계	₩40,000		합 계	₩15,000	

2) 20×1년도 과세소득에 적용되는 법인세율은 20%이며, 차기 이후 관련 세율 변동은 없는 것으로 가정한다.

3) 20×1년도 법인세비용차감전순이익(회계이익)은 ₩120,000이다.

4) 세액공제 ₩8,000을 20×1년도 산출세액에서 공제하여 차기 이후로 이월되는 세액공제는 없으며, 최저한세와 농어촌특별세 및 법인지방소득세는 고려하지 않는다.

5) 20×1년도 법인세부담액(당기법인세)은 ₩21,000이며, 20×1년 중 원천징수를 통하여 ₩10,000의 법인세를 납부하고 아래와 같이 회계처리하였다.

　　(차) 당기법인세자산　　　　10,000　　(대) 현　　　금　　　　10,000

6) 당기법인세자산과 당기법인세부채는 상계조건을 모두 충족하며, 이연법인세자산과 이연법인세부채는 인식조건 및 상계조건을 모두 충족한다.

7) 포괄손익계산서 상 기타포괄손익항목은 관련 법인세 효과를 차감한 순액으로 표시하며, 법인세 효과를 반영하기 전 기타포괄이익은 ₩5,000이다.

(물음 1-1) ㈜세무의 20×1년도 포괄손익계산서와 20×1년말 재무상태표에 계상될 다음 각 계정과목의 금액을 계산하시오.

재무제표	계정과목	금 액
포괄손익계산서	법인세비용	①
	기타포괄이익	②
재무상태표	이연법인세자산	③
	이연법인세부채	④
	당기법인세부채(미지급법인세)	⑤

(물음 1-2) ㈜세무의 20×1년도 평균유효세율(%)을 계산하시오.

(물음 1-3) ㈜세무의 회계이익에 적용세율(20%)을 곱하여 산출한 금액과 (물음 1-1)에서 계산된 법인세비용 간에 차이가 발생한다. 해당 차이를 발생시키는 각 원인을 모두 수치화하여 기술하시오.

(물음 2) 다음은 이연법인세자산과 이연법인세부채의 인식과 표시에 관한 내용이다. 물음에 답하시오. (7점)

(물음 2-1) 이연법인세자산은 차감할 일시적차이 등과 관련하여 미래 회계기간에 회수될 수 있는 법인세 금액을 말한다. 미래 과세소득의 발생가능성이 높은 경우, 차감할 일시적차이 이외에 재무상태표 상 이연법인세자산을 인식할 수 있는 항목을 모두 기술하시오.

(물음 2-2) 재무상태표 상 이연법인세자산과 이연법인세부채를 상계하여 표시할 수 있는 조건을 기술하시오.

【문제 3】 ㈜대한은 표준종합원가계산을 적용하고 있다. 20×1년의 생산 및 판매활동, 그리고 원가에 관한 자료는 다음과 같다. 물음에 답하시오. (20점)

실제 생산자료		실제 판매자료	
	수량(완성도)		수량
기초재공품	2,000단위(40%)	기초제품	1,000단위
기말재공품	3,000단위(20%)	기말제품	2,500단위
당기완성품	15,000단위	판매량	13,500단위

원가요소별 표준원가	
직접재료원가	₩250
직접노무원가	50
변동제조간접원가	60
고정제조간접원가	90

1) 직접재료는 공정 초에 모두 투입되고, 가공원가는 공정의 전반에 걸쳐 균등하게 발생한다.

2) 기초재공품의 가공원가 완성도는 40%이며, 기말재공품의 가공원가 완성도는 20%이다.

3) 재고자산은 선입선출법(FIFO)을 적용하여 평가하며, 당기 중 공손 및 감손은 발생하지 않았다.

4) 전기와 당기의 원가요소별 표준원가는 모두 동일하다.

5) 회계연도 말에 실제 발생한 제조간접원가를 집계한 결과 총액은 ₩2,300,000이었으며, 그 중 고정제조간접원가는 ₩1,350,000인 것으로 파악되었다.

6) ㈜대한은 원가차이를 전액 매출원가에서 조정하고 있다. 단, 제조간접원가 차이를 제외한 다른 원가차이는 발생하지 않았다.

7) 제품의 단위당 판매가격은 ₩700이고, 변동판매관리비는 단위당 ₩50이며, 고정판매관리비는 ₩1,000,000이다.

(물음 1) 20×1년의 표준원가를 반영하여 다음의 물음에 답하시오. (10점)

(물음 1-1) 직접재료원가와 가공원가에 대한 당기완성품환산량을 계산하시오.

(물음 1-2) 기초재공품원가, 당기총제조원가, 완성품원가 및 기말재공품원가를 계산하시오.

(물음 1-3) 전부원가계산에 의한 영업이익과 변동원가계산에 의한 영업이익의 차이를 계산하시오.

(물음 2) 20×1년의 실제원가를 반영하여 다음의 물음에 답하시오. (10점)

(물음 2-1) 변동원가계산에 의한 공헌이익과 영업이익을 계산하시오.

(물음 2-2) 초변동원가계산에 의한 손익계산서를 작성하시오.

【문제 4】 ㈜국세는 주문생산방식에 의해서 제품X와 제품Y를 생산하고 있다. 제품생산은 전월에 주문을 받아 당월에 이루어진다. 20×1년 3월에는 제품X 1,800단위와 제품Y 1,200단위를 주문받았으며, 모두 4월에 생산·판매되었다. ㈜국세는 활동기준원가계산을 사용하고 있으며, 20×1년 4월의 생산 및 판매자료는 다음과 같다.

구 분	제품X	제품Y
판매가격(단위당)	₩220	₩250
기초원가(총액)	81,420	58,180

활동중심점	원가동인	활동원가	원가동인수		
			제품X	제품Y	합 계
기계작업준비	준비시간	₩84,000			
절삭작업	기계시간	60,000	80	120	200
조립작업	노무시간	80,000	140	60	200
품질검사	검사시간	28,800			
동력지원	kWh	42,000	800	400	1,200

㈜국세는 생산의 효율성을 제고하기 위하여 제품X를 400단위씩 묶음으로 생산하며, 제품Y는 200단위씩 묶음생산하고 있다. 기계작업준비를 위해 제품X는 1회당 2시간, 제품Y는 1회당 1시간이 소요된다. 품질검사는 각 제품을 100단위 생산할 때마다 1단위를 추출하여 30분씩 이루어진다. 절삭작업과 조립작업, 동력지원은 각 원가동인에 비례하여 발생하는 단위수준활동이다. 물음에 답하시오. (20점)

(물음 1) 각 제품에 배부되는 각 활동별 원가를 제시하고, 제품별 단위당 제품원가를 계산하시오. (8점)

(물음 2) 최근 발간된 전문보고서에 의하면 제품Y의 시장규모는 확대되고 있지만 신규 경쟁자들의 시장진입에 따라 가격경쟁이 치열할 것으로 예상된다. 이에 따라 ㈜국세의 최고경영자는 자사가 생산중인 제품Y의 생산·판매량이 향후에도 1,200단위를 유지하겠지만 단위당 판매가격은 ₩210으로 인하해야 할 것으로 전망하였다. 최고경영자는 제품Y의 매출총이익을 현재 수준(20×1년 4월 기준) 이상으로 유지하면서 원가절감할 수 있는 방법을 생산활동에서 찾고 있다. 제품Y의 단위당 제품원가가 얼마나 절감되어야 하는지 최소 금액을 계산하시오. (단, (물음 1)과 관계없이 20×1년 4월 제품Y의 단위당 제품원가는 ₩100으로 가정한다.) (4점)

(물음 3) ㈜국세의 최고경영자는 기존 제품X를 완전히 대체할 수 있는 고성능 제품Q의 생산을 고려하고 있다. 제품X는 절삭작업과 조립작업, 품질검사의 순서를 거쳐 생산되고 있다. 품질검사를 마친 제품X 1단위마다 연마작업을 추가하면 제품Q 1단위를 생산할 수 있다. 연마작업에는 제품 단위당 10분이 소요되며, 월간 동력지원활동 180kWh가 필요하고, 기타 제조활동(동력지원활동 제외)으로 연마작업시간당 ₩300이 추가로 발생한다. 또한 연마작업 후에도 품질검사가 이루어지는데 제품Q를 50단위 생산할 때마다 1단위를 추출하여 20분씩 정밀검사하며, 1회당 ₩1,400이 발생한다. 제품Q의 단위당 판매가격은 ₩310이다. 만약에 20×1년 4월에 제품X를 모두 제품Q로 대체 생산·판매하였다면 증분이익(손실)이 얼마인지 계산하시오. (8점)

회계학2부

제2교시

> 〈문제공통적용〉〈자료〉에서 다른 언급이 없는 한 세부담 최소화를 가정하며, 금액 계산의 경우 원 단위 미만에서 반올림한다. 각 문제의 물음에 대해 계산근거를 표시하여 답하시오.

【문제 1】 다음 〈자료〉를 기초로 〈답안양식〉에 따라 각 (물음)에 답하시오.(단, 전기까지의 세무조정은 정상적으로 처리되었으며, 법인세부담을 최소화하고자 한다는 것을 가정하며, 각 (물음)은 서로 독립적이다.) 세무조정이 2개 이상 있는 경우 상계하지 말고 모두 표시하시오. (30점)

〈자료 1〉 다음은 제조업을 영위하는 ㈜한국의 제22기(2022.1.1~2022.12.31) 업무용승용차에 관련된 자료이다.

1. 업무용승용차 A는 대표이사가 사용하는 것으로 2022.1.1 ₩150,000,000(부가가치세 ₩15,000,000 별도)에 취득하였다.

2. 손익계산서상 업무용승용차 A 관련비용은 다음과 같다.

구 분	금 액
감가상각비	₩30,000,000
유지관련 비용*1	7,000,000

   *1. 유지관련 비용에는 부가가치세 ₩600,000 이 포함되어 있다.

3. 업무용승용차 A에 대하여 업무전용자동차보험에 가입하였으며, 차량운반구에 대하여 감가상각방법은 정액법, 내용연수는 5년으로 신고하였다. (정액법, 내용연수 5년 상각률 : 0.2)

〈자료 2〉

다음은 제조업을 영위하는 ㈜한국의 제22기(2022.1.1~2022.12.31) 세무조정과 관련된 자료이다.

1. 이강남 씨는 2011.1.1 ㈜한국의 임원으로 입사하여 2022.12.31 퇴사하며 퇴직금 ₩512,000,000을 수령하였다.

2. 정관에서 위임한 퇴직급여지급규정에 따라 이강남씨가 지급받을 퇴직금은 ₩432,000,000 이지만, 재직기간의 공로를 감안하여 이사회 별도 결의로 퇴직위로금 ₩80,000,000을 추가하여 총 ₩512,000,000을 퇴직금으로 수령하였다.

3. 과거 6년간 ㈜한국이 이강남씨에게 지급하거나 인정상여로 소득처분한 금액은 다음과 같다.

구분	급여 등	인정상여	비과세소득	합 계
2017.1.1~2017.12.31	₩80,000,000	-	₩5,000,000	₩85,000,000
2018.1.1~2018.12.31	100,000,000	45,000,000	5,000,000	150,000,000
2019.1.1~2019.12.31	120,000,000	30,000,000	5,000,000	155,000,000
2020.1.1~2020.12.31	140,000,000	30,000,000	5,000,000	175,000,000
2021.1.1~2021.12.31	160,000,000	35,000,000	5,000,000	200,000,000
2022.1.1~2022.12.31	180,000,000	20,000,000	5,000,000	205,000,000

4. 2011.12.31에 퇴직한다고 가정할 때 퇴직급여지급규정에 따라 지급받을 퇴직소득 금액은 ₩75,000,000 이다.

〈자료 3〉 다음은 제조업을 영위하는 중소기업인 ㈜한국의 제22기(2022.1.1.~2022.12.31) 접대비에 관한 자료이다.

1. 손익계산서상 접대비는 ₩150,000,000 으로 세부내역은 다음과 같다(문화접대비는 없음).
   (1) 일반접대비

구 분	건당 3만원 이하	건당 3만원 초과	합 계
신용카드매출전표 수취*1	₩3,000,000	₩89,000,000	₩92,000,000
영수증 수취*2	5,000,000	15,000,000	20,000,000
증명서류 미수취*3	-	8,000,000	8,000,000
합 계	8,000,000	112,000,000	120,000,000

*1. 건당 3만원 초과한 접대비 중 신용카드매출전표 수취한 금액에는 ㈜한국의 임원이 개인카드를 사용하여 거래처를 접대하고 지출한 ₩10,000,000 이 포함되어 있다.

*2. 영수증 수취한 금액은 모두 해외 출장 시 거래처 접대와 관련하여 발생한 비용으로 현금 외에 다른 지출수단이 없어 영수증을 수취하였다.

*3. 증명서류 미수취한 접대비 ₩8,000,000은 ㈜한국의 제품(원가 ₩7,000,000, 시가 ₩10,000,000)을 거래처에 접대 목적으로 제공하고 다음과 같이 회계처리한 금액이다.

    (차변) 접대비   8,000,000   (대변) 제품   7,000,000
                                          부가세예수금   1,000,000

(2) 경조사비

　회사는 내부 지급규정에 따라 임직원에게 사회통념상 타당하다고 인정되는 범위 안에서 경조사비 ₩30,000,000을 지급하고 접대비로 처리하였다.

2. 기업회계기준에 따른 회사의 매출액은 ₩30,000,000,000 이고 당해 금액에는 특수관계인과의 거래에서 발생한 매출액 ₩10,000,000,000 이 포함되어 있다.

〈자료 4〉 다음은 제조업을 영위하는 ㈜한국의 제22기(2022.1.1~2022.12.31) 보험차익에 관한 자료이다.

1. 2022.1.1 건물 A에 화재가 발생하여 전소되었다. 화재발생 당시 건물 A의 재무상태표상 장부가액은 ₩40,000,000으로 세무상 가액과 동일하였다.

2. 2022.4.1 동 화재와 관련하여 보험금 ₩80,000,000을 수령하고 보험차익 ₩40,000,000을 손익계산서에 수익으로 계상하였다.

3. 2022.7.30 건물 A와 동일한 종류의 건물 B를 ₩100,000,000에 취득하였다.

4. 건물 B에 대한 세무상 감가상각방법은 정액법, 내용연수는 20년을 적용하며, ㈜한국은 제22기에 건물 B의 감가상각비로 ₩4,000,000을 계상하였다.

〈자료 5〉 다음은 제조업을 영위하는 ㈜한국의 제22기(2022.1.1~2022.12.31) 대손금 및 대손충당금에 관한 자료이다.

1. 당기 중 대손충당금 변동내역은 다음과 같다.

대손충당금

| 상계액*1 | ₩20,000,000 | 전기이월 | ₩30,000,000 |
| 기말잔액 | 60,000,000 | 설정액 | 50,000,000 |

*1. 당기 상계액 ₩20,000,000 은 채무자 회생 및 파산에 관한 법률에 따른 회생계획인가 결정에 따라 회수불능으로 확정된 받을어음을 대손처리한 금액이다.

2. 전기말 자본금과 적립금 조정명세서(을) 상 유보잔액은 다음과 같다.

과 목	금 액
대손충당금 한도초과액	₩5,000,000
외상매출금(대손부인액)*2	10,000,000
대여금(대손부인액)	100,000,000

*2. 당기 중 상법 상 소멸시효가 완성되었다.

3. 전기말 현재 법인세법상 대손충당금 설정대상 채권금액은 ₩1,500,000,000 이다.

4. 당기말 현재 재무상태표상 채권 내역은 다음과 같다.

과 목	금 액	비 고
외상매출금	₩1,500,000,000	부가가치세매출세액 ₩500,000,000 포함
미수금	400,000,000	2022.2.10 특수관계인에게 시가 ₩300,000,000의 토지를 ₩400,000,000에 양도하며 발생한 미수금임
대여금	600,000,000	무주택 종업원에 대한 주택자금대여금 ₩100,000,000과 사용인에 대한 경조사비대여금 ₩100,000,000 포함함

〈자료 6〉 다음은 제조업을 영위하는 ㈜한국의 제22기(2022.1.1~2022.12.31) 세무조정과 관련된 자료이다.

1. 제22기 각사업연도소득금액 계산내역은 다음과 같다.

결산서상 당기순이익	₩100,000,000
익금산입	70,000,000
손금산입	20,000,000
차가감소득금액	150,000,000
기부금한도초과액*1	20,000,000
기부금한도초과이월액손금산입*2	4,500,000
각사업연도소득금액	165,500,000

*1. 당기 법정기부금 한도초과액이다.
*2. 제21기에 발생한 지정기부금 한도초과 이월액 ₩20,000,000 중 당기 한도 미달액 범위 내에서 손금산입한 금액이다.

2. 당기 중 우리사주조합에 지출한 기부금은 없다.

3. ㈜한국의 세무상 이월결손금은 ₩80,000,000이다. (제20기 발생금액임)

4. ㈜한국은 상기 세무조정 이외에 익금산입 항목 ₩20,000,000이 추가로 있음을 뒤늦게 발견하였다.

〈답안양식〉

아래 물음에서 "세무조정을 하시오"는 다음과 같은 형식으로 답하시오.
〈손금불산입〉 접대비 한도초과×××(기타사외유출)

(물음 1) 〈자료 1〉에 따라 다음 각 물음에 답하시오. (5점)

(물음 1-1) 운행기록을 작성하지 않은 경우 ㈜한국의 제22기 사업연도 세무조정을 하시오. (21년 수정)

(물음 1-2) 운행기록을 작성한 경우 ㈜한국의 제22기 사업연도 세무조정을 하시오. (운행기록에 따른 업무사용비율은 80%라고 가정한다.)

(물음 2) 〈자료 2〉에 따라 다음 각 물음에 답하시오. (5점)

(물음 2-1) ㈜한국이 <u>제22기</u> 사업연도에 이강남 씨에게 지급한 퇴직금과 관련하여 손 금불산입할 금액은 얼마인가?

(물음 2-2) 이강남씨의 퇴직금 중 근로소득에 해당하는 금액은 얼마인가? <u>(21년 수정)</u>

(물음 3) 〈자료 3〉에 따라 ㈜한국의 <u>제22기</u> 사업연도 세무조정을 하시오. (5점) (21년 수정)

(물음 4) 〈자료 4〉에 따라 ㈜한국의 <u>제22기</u> 사업연도 세무조정을 하시오. (5점)

(물음 5) 〈자료 5〉에 따라 ㈜한국의 <u>제22기</u> 사업연도 세무조정을 하시오. (5점)

(물음 6) 〈자료 6〉에 따라 누락된 익금산입 항목 ₩20,000,000을 반영할 경우 ㈜한국 의 <u>제22기</u> 사업연도 각사업연도소득금액은 얼마인가? (5점)

【문제 2】 다음 자료를 바탕으로 각 물음에 답하시오. (단, 각 자료는 상호 독립적이다.) (20점)

〈**자료 1**〉 다음은 제조업을 영위하는 중소기업인 ㈜국세의 <u>제21기 사업연도(2021.1.1~</u> <u>2021.12.31)</u> 법인세액 산출을 위한 자료이다. ㈜국세는 국내원천소득과 국외원천소득이 있 으며, 국외원천소득은 A국과 B국에서 발생한 것이다. ㈜국세와 해외지점 및 해외자회사의 결산일은 동일하며, 자료 이외의 공제감면세액은 없는 것으로 가정한다.

1. 소득금액과 외국납부세액의 내역

구분	국내	A국	B국	합계
소득금액	₩400,000,000	₩200,000,000	₩100,000,000	₩700,000,000
직접외국납부세액	-	25,000,000	15,000,000	40,000,000
의제외국납부세액	-	-	5,000,000	5,000,000

2. A국과 B국의 직접외국납부세액은 위 소득금액 계산시 손금불산입되었다.

3. A국 소득금액에는 ㈜국세가 의결권 있는 발행주식 중 지분율 30%에 해당하는 주식 을 3년 전부터 보유하고 있는 해외자회사로부터 받은 배당금수익 ₩30,000,000(원

천징수세액 공제 전 금액이며, 원천징수세액 ₩4,000,000은 A국 직접외국납부세액에 포함되어 있음)이 포함되어 있으나, 간접외국납부세액은 포함되어 있지 않다. 해외자회사의 해당 사업연도 소득금액은 ₩200,000,000이며, 법인세액은 ₩50,000,000이다.

4. B국의 의제외국납부세액은 B국에서 법인세를 감면받은 세액으로서 B국과의 조세조약에 따라 법인세법상 세액공제 또는 손금산입의 대상이 되는 것이나 위 소득금액 계산시 손금산입되지 아니하였다.

5. 공제 가능한 이월결손금 ₩5,000,000이 있으며, 이는 A국에서 발생된 것이다.

6. 법인세율은 과세표준 2억원 이하 10%, 2억원 초과 200억원 이하는 20%이다.

〈자료 2〉 다음은 제조업을 영위하는 비상장법인인 ㈜세무의 제21기 사업연도(2021.1.1. ~2021. 12.31) 자료이다. (단, ㈜세무는 지주회사가 아니다.)

1. 손익계산서에 계상된 이자비용의 내역

구 분	연이자율	지급이자	차입금적수
회사채이자*1	8%	₩16,000,000	₩73,000,000,000
차입금이자	6%	18,000,000	109,500,000,000
합계		34,000,000	182,500,000,000

*1. 회사채이자에는 사채할인발행차금상각액 ₩2,000,000이 포함되어 있다.

2. 2019.6.30에 취득한 업무무관자산인 토지의 당기말 장부가액은 ₩40,000,000이며, 이 중 ₩10,000,000은 부당행위계산의 부인에 따른 시가초과취득액이다. 토지의 장부가액은 취득이후 변동은 없다.

3. 2020.5.1에 비상장법인인 ㈜한국 발행주식 중 지분율 20%에 해당하는 주식을 ₩30,000,000에 취득하였으며, 취득이후 장부가액 변동 없이 당기말 현재 보유하고 있다. ㈜한국으로부터 2021.3.15(배당기준일 2020.12.31, 잉여금처분결의일 2021.2.20)에 액면발행된 주식배당 ₩2,000,000을 받았으나 별도의 회계처리는 하지 않았다. 동 주식배당은 법인세법에 의한 내국법인이 다른 내국법인으로부터 받은 수입배당금액의 익금불산입대상에 해당한다.

4. 당기말 재무상태표상 자산총액은 ₩600,000,000이다.

5. 법인세법에서 정한 지주회사가 아닌 <u>비상장법인</u>(지분율 50% <u>미만</u>)의 수입배당금액에 대한 익금불산입 비율은 30%이다.

(물음 1) 〈자료 1〉을 이용하여 ㈜국세가 외국납부세액에 대한 처리방법으로서 외국납부세액공제를 적용할 경우 ㈜국세의 법인세 산출세액과 외국납부세액공제액을 계산하시오. (8점)

(물음 2) 〈자료 1〉을 이용하여 ㈜국세가 외국납부세액에 대한 처리방법으로서 외국납부세액 손금산입을 적용할 경우 ㈜국세의 법인세 산출세액을 계산하시오. (4점)

(물음 3) 〈자료 2〉를 이용하여 ㈜세무의 지급이자와 수입배당금에 대한 필요한 세무조정을 하고 소득처분을 하시오. (8점)

〈답안양식〉

익금산입 및 손금불산입			손금산입 및 익금불산입		
과목	금액	소득처분	과목	금액	소득처분

【문제 3】 다음은 거주자 김국세 씨(남성, 67세)의 <u>2022년도</u> 귀속 소득에 대한 자료이다. 이에 근거하여 각 물음에 답하시오. (단, 제시된 금액들은 원천징수세액을 차감하지 않은 금액이다.) (30점)

1. 금융소득 관련자료
   ① A법인(비상장내국법인)이 이익준비금을 자본전입 함에 따라 무상주 3,000주를 교부받음. (1주당 시가는 ₩6,000 이고, 1주당 액면가액은 ₩5,000임)
   ② 직장공제회(2003년도에 가입함)를 탈퇴하고 지급받은 초과반환금 : ₩5,000,000
   ③ 국외은행으로부터 받은 예금이자 : ₩11,000,000 (국내에서 원천징수 되지 아니함)
   ④ B법인(비상장내국법인)으로부터 받은 현금배당 : ₩9,000,000
   ⑤ 비실명배당소득 : ₩8,000,000
   ⑥ 저축성보험(2016년 7월에 계약함)의 만기가 도래함으로 인하여 지급받은 환급금 : ₩20,000,000 (불입한 보험료 총액은 ₩16,000,000임)

2. 김국세 씨는 C법인(중소기업)의 연구개발전담부서에서 연구원으로 근무해 오다가 2022년 6월말 퇴사하였다. 2022년도에 김국세 씨가 C법인으로부터 지급받은 금액 등의 내역은 다음과 같다.

① 급여 및 상여금 : ₩30,000,000(2022년 1월부터 6월까지)

② 연구보조비 : ₩2,400,000(2022년 1월부터 6월까지 매월 ₩400,000씩)

③ 2022년 3월에 사내임직원을 대상으로 강의를 하고 받은 강사료 : ₩500,000

④ C법인이 김국세 씨를 수익자로 하여 2022년 1월부터 6월까지 납부한 보험료 :
- 상해보험료 : ₩1,000,000
- 단체순수보장성보험료 : ₩1,500,000

⑤ 2016년도에 C법인으로부터 부여받은 주식매수선택권을 2022년 8월에 행사함에 따라, 1주당 시가가 ₩9,000 인 주식을 사전에 약정된 가액인 1주당 ₩5,000에 2,000주를 취득하였다.

3. 김국세 씨가 C법인을 퇴사한 이후 2022년도말까지 국민연금공단으로부터 연금으로 수령한 금액은 ₩12,000,000 이다. 당해 국민연금 총납입기간 동안의 환산소득 누계액은 ₩800,000,000 이고, 2002.1.1 이후 납입기간의 환산소득 누계액은 ₩600,000,000 이다. 그리고 당해 국민연금 총납입기간 동안에 납입한 연금보험료 누계액은 ₩70,000,000 이고, 2002.1.1 이후의 납입기간에 납입한 연금보험료 누계액은 ₩49,000,000 이며, 2002.1.1 이후에 납입한 연금보험료 중에서 연금보험료 소득공제를 받지 않은 금액은 없다.

4. 김국세 씨가 2022년도에 사적연금계좌(사망할 때까지 연금수령 하는 종신계약에 해당하지 않음)에서 인출한 금액은 ₩11,000,000 이다.(의료목적, 천재지변이나 그 밖의 부득이한 인출요건을 갖추지 아니함.) 당해 ₩11,000,000은 사적연금계좌에 납입한 연금보험료 중 연금계좌세액공제를 받은 납입액과 연금계좌의 운용실적에 따라 증가된 금액으로부터 인출한 것이다. 그리고 당해 ₩11,000,000 중에서 ₩6,000,000은 연금수령분이고 나머지 ₩5,000,000은 연금외수령분이다.

5. 상기 이외에 김국세 씨의 2022년도 귀속 소득은 다음과 같다.

① 공익사업을 위한 토지 등의 취득 및 보상에 관한 법률에 따른 공익사업과 관련한 지역권을 설정하고 받은 금액 : ₩10,000,000(이에 대하여 증빙이 갖추어진 필요경비는 ₩8,500,000임)

② 건물을 매수하기로 한 상대방이 계약을 해지함에 따라 계약금이 위약금으로 대체된 금액 : ₩7,000,000

③ 사업용고정자산과 함께 영업권을 양도하고 받은 대가 : ₩18,000,000

④ 유실물의 습득으로 인하여 지급받은 보상금 : ₩600,000

⑤ 부친으로부터 상속받은 저작권의 사용대가로 받은 금액 : ₩1,000,000

6. 근로소득공제액의 계산식은 다음과 같다.

총급여액	근로소득공제액
500만원 이하	총급여액×70%
500만원 초과 1,500만원 이하	350만원+(총급여액 – 500만원)×40%
1,500만원 초과 4,500만원 이하	750만원+(총급여액 – 1,500만원)×15%
4,500만원 초과 1억원 이하	1,200만원+(총급여액 – 4,500만원)×5%
1억원 초과	1,475만원+(총급여액 – 1억원)×2%

7. 연금소득공제액의 계산식은 다음과 같다.

총연금액	연금소득공제액
350만원 이하	총연금액
350만원 초과 700만원 이하	350만원+(총연금액 – 350만원)×40%
700만원 초과 1,400만원 이하	490만원+(총연금액 – 700만원)×20%
1,400만원 초과	630만원+(총연금액 – 1,400만원)×10%

8. 소득세 기본세율은 다음과 같다.

과세표준	기본세율
1,200만원 이하	과세표준×6%
1,200만원 초과 4,600만원 이하	72만원+(과세표준 – 1,200만원)×15%
4,600만원 초과 8,800만원 이하	582만원+(과세표준 – 4,600만원)×24%
8,800만원 초과 1억5천만원 이하	1,590만원+(과세표준 – 8,800만원)×35%
1억5천만원 초과 3억원 이하	3,760만원+(과세표준 – 1억5천만원)×38%
3억원 초과 5억원 이하	9,460만원+(과세표준 – 3억원) ×40%
5억원 초과 10억원 이하	1억7,460만원+(과세표준 – 5억원)×42%
10억원 초과	3억8,460만원+(과세표준-10억원)×45%

9. 기타 참고사항

① 김국세 씨는 자신이 부담할 소득세 총액이 최소화되도록 종합소득과세표준을 신고하는 것으로 가정한다.

② 김국세 씨에게 소득을 지급하는 자들과 김국세 씨는 세법상 규정된 모든 의무를 성실히 이행하는 것으로 가정한다.

③ 김국세 씨의 종합소득세와 관련한 세무처리를 함에 있어서 적용한 종합소득공제는 ₩4,000,000인 것으로 가정한다.

(물음 1) 종합과세 하는 이자소득 총수입금액과 배당소득 총수입금액 및 배당가산액 (gross-up 금액)을 다음의 양식에 따라 제시하시오. (9점)

구분	해답
1. 종합과세 하는 이자소득 총수입금액	
2. 종합과세 하는 배당소득 총수입금액	
3. 배당가산액(gross-up 금액)	

(물음 2) 종합소득과세표준에 포함할 근로소득금액은 얼마인가? (3점)

(물음 3) 소득세가 과세되는 기타소득금액과, 소득세가 과세되는 기타소득금액에 대하여 원천징수로 기납부한 소득세액을 다음의 양식에 따라 제시하시오. (6점)

구분	해답
1. 소득세가 과세되는 기타소득금액	
2. 소득세가 과세되는 기타소득금액에 대하여 원천징수로 기납부한 소득세액	

(물음 4) 종합소득과세표준에 포함할 연금소득금액과, 종합소득과세표준에 포함할 연금소득금액에 대하여 원천징수로 기납부한 소득세액을 다음의 양식에 따라 제시하시오 (6점)

구분	해답
1. 종합소득과세표준에 포함할 연금소득금액	
2. 종합소득과세표준에 포함할 연금소득금액에 대하여 원천징수로 기납부한 소득세액	

(물음 5) 위의 (물음 1)에서의 정답이 다음과 같고, 종합소득과세표준에 포함할 근로소득금액과 기타소득금액 및 연금소득금액의 합계액이 ₩53,000,000 이라고 가정하자.

- 이자소득 총수입금액 : ₩16,000,000
- 배당소득 총수입금액 : ₩25,000,000
- 배당가산액(gross-up 금액) : ₩2,300,000

이럴 경우 김국세 씨의 최종적인 종합소득산출세액은 소득세법에서 제시된 두 가지의 방식으로 계산한 산출세액 중에서 큰 금액이 된다. 여기서 큰 금액을 산출세액 A라고 하고 작은 금액을 산출세액 B라고 칭할 때, 산출세액 A와 산출세액 B를 다음의 양식에 따라 제시하시오. (6점)

구분	해답
1. 산출세액 A	
2. 산출세액 B	

【문제 4】 다음 〈자료〉를 바탕으로 각 물음에 답하시오. (단, 각 〈자료〉는 상호 독립적이다.) 아래 금액은 특별한 언급이 없는 한 부가가치세가 포함되지 아니한 금액이며 적법하게 세금계산서를 교부하였다고 가정한다. (20점)

〈자료 1〉 도매업 및 제조업을 영위하는 일반과세자인 ㈜대한(이하 "회사"라 함)의 2022년 제1기 과세기간 중 4.1부터 6.30까지의 부가가치세 관련 자료는 다음과 같다. 회사는 주사업장 총괄납부사업자, 사업자단위과세사업자 및 중소기업이 아니다.

1. 회사는 2022.4.1에 다음과 같이 재고자산을 매입하였다.

매입처	품목	매입수량	매입단가	총매입금액	세금계산서 작성일자	세금계산서 발급일자
갑	휴대폰 A	100개	₩100,000	₩10,000,000	2022.4.1	2022.5.10
을	원재료 A	200개	50,000	10,000,000	2022.4.1	2022.7.12
병	원재료 B	50개	10,000	500,000	2022.4.1	2022.7.28

2. 회사는 2022.6.1에 토지와 건물을 매입하였다. 계약서상 총매입가액은 ₩300,000,000 이나, 토지와 건물의 실지거래가액 구분은 불분명하다. 2022.6.1 현재 기준시가는 토지 ₩50,000,000, 건물 ₩10,000,000이고, 2021.11.1 감정평가업자의 감정평가액은 토지 ₩70,000,000, 건물 ₩30,000,000이다.

3. 2022.6.1 관계회사는 공동경비 ₩100,000,000을 지출하고, 총 지출액 중 ₩50,000,000을 회사에 청구하였다. (단, 회사와 관계회사의 공동경비 분담비율은 회사가 40%, 관계회사가 60%이다.)

4. 회사는 2022.4.1에 매입한 휴대폰 A 100개를 다음과 같이 판매 또는 처분하였다. (단, 휴대폰 A의 시가(또는 판매가)는 1개당 ₩150,000이다.)
   - 2022.5.1 국외 잠정고객에게 견본품으로 10개를 무상 반출하였다.
   - 2022.5.30 국내 거래처에 50개를 판매하였다.
   - 2022.6.15 국내 고객에게 40개를 배달하는 중 교통사고로 전량 파손되었다. (단, 파손 변상금으로 가해자로부터 40개의 시가 상당금액을 보상받았다.)

5. 회사는 2021.12.1에 구매한 휴대폰 B 100개 중 일부를 다음과 같이 처분하였다. (단, 휴대폰 B의 시가(또는 판매가)는 1개당 ₩100,000 이다.)
   - 2022.4.30 회사의 연구 개발활동 목적으로 연구소로 5개를 반출하였다.
   - 2022.5.1 회사 창립기념일을 맞이하여 종업원에게 경품으로 3개를 제공하였다.
   - 2022.5.14 본사 보관 장소가 협소한 관계로 경기도 파주에 위치한 회사 소유 창고로 50개를 반출하였다.
   - 2022.6.2 회사 직매장에 광고 선전을 위한 진열품 목적으로 2개를 반출하였다.

6. 회사가 2021년에 제조한 휴대폰 부품 10,000개(1개당 제조원가 ₩500)를 검수조건부로 다음과 같이 수출하였다.
   - 수출면허일: 2022.4.29, 수출선적일: 2022.5.1, 수입통관일: 2022.6.15, 수입자 인도일: 2022.7.14, 수입자 검수일: 2022.7.15
   - 총공급가액은 $10,000이고, 2022.4.30에 $4,000을 지급받고 ₩3,900,000으로 환가하고, 2022.7.15에 나머지 $6,000을 지급받고 원화로 환가함.

- 각 시점별 환율은 다음과 같다.

구분	2022.4.29	2022.4.30	2022.5.1	2022.6.15	2022.7.14	2022.7.15
기준환율	₩1,010	1,000	1,200	1,300	1,310	1,290
대고객외국환매입률	1,000	975	1,100	1,150	1,230	1,120

7. 회사가 2021년 제조한 휴대폰 부품 60,000개(1개당 제조원가 ₩500)를 국내 거래처에 검수조건부로 내국신용장에 의하여 공급하였다. 매출처별 거래내역은 다음과 같다.

매출처	거래금액	인도일	검수일	내국신용장개설일
A	₩30,000,000	2022.6.1	2022.6.30	2022.6.15
B	20,000,000	2022.5.1	2022.7.15	2022.5.10
C	10,000,000	2022.6.15	2022.6.30	2022.7.24

8. 회사가 2021.3.2에 ₩30,000,000에 취득하여 영업부서에서 업무용으로 사용하던 개별소비세법 제1조 제2항 제3호에 따른 자동차(비영업용승용자동차)를 2022.6.1에 ㈜국세에 매각하였다. (단, 회사는 2021.3.2에 비영업용승용자동차를 매입하고 취득관련 매입세액은 불공제하였고, 내용연수 4년 정액법으로 감가상각하였다. 2022.6.1 매각가액은 ₩15,000,000이다.)

9. 회사는 2022.6.1 매입한 토지를 회사와 특수관계 없는 ㈜조세가 부담하고 있는 채무의 담보로 제공하였다. 2022.6.1부터 6.30까지 담보제공의 대가로 ₩1,000,000을 수령하였다. (단, 동일한 담보제공에 따른 대가의 시가는 ₩2,000,000 이다.)

10. 회사의 대손처리내역은 다음과 같다.

매출처	공급시점	대손금액 (부가가치세 포함)	대손사유 확정시기
가	2016.6.28	₩121,000,000	2022.6.1
나	2016.12.3	11,000,000	2022.1.25
다	2017.1.4	25,300,000	2022.7.23
라	2017.4.1	55,000,000	2022.7.25

〈**자료 2**〉 과세사업과 면세사업을 겸업하는 일반과세자인 ㈜한국(이하 "회사"라 함)이 <u>2022.1.18</u> 현재 사업에 사용하던 자산의 내역은 다음과 같다. 회사는 주사업장 총괄납부사업자, 사업자단위과세사업자 및 중소기업이 아니다.

구분	장부가액	비고
유가증권	₩200,000,000	*1
원재료	30,000,000	*2
토지	500,000,000	*3
건물	150,000,000	*3
기계장치	80,000,000	*4
차량운반구	10,000,000	*5
비품	50,000,000	*6

*1. 유가증권은 단기시세차익 목적으로 보유하고 있다. <u>2022.1.18</u> 현재 유가증권의 시가는 ₩300,000,000 이다.

*2. 원재료는 전액 과세사업용이다. <u>2022.1.18</u> 현재 원재료의 시가는 ₩40,000,000 이다.

*3. 토지 및 건물의 내역은 다음과 같다.

구분	취득일자	취득가액	비고
토지 A	<u>2016.1.1</u>	₩200,000,000	과세사업용
건물 A	<u>2016.1.1</u>	100,000,000	과세사업용
토지 B	<u>2018.3.5</u>	300,000,000	과세·면세사업 겸용
건물 B	<u>2018.3.5</u>	100,000,000	과세·면세사업 겸용

회사는 토지 B와 건물 B에 대한 매매계약을 <u>2022.1.1</u>에 ㈜세무와 다음과 같이 체결하였다.
- <u>2022.1.1</u> 계약금 ₩100,000,000(토지분 ₩80,000,000, 건물분 ₩20,000,000) 수령
- <u>2022.2.15</u> 잔금 ₩400,000,000(토지분 ₩320,000,000, 건물분 ₩80,000,000) 수령 및 소유권이전등기

*4. 기계장치는 과세·면세사업 겸용자산이고, <u>2021.1.3</u>에 ₩160,000,000에 취득하였다.

*5. 차량운반구는 비영업용승용자동차로서 과세·면세사업 겸용자산이고, <u>2021.1.15.</u>에 ₩20,000,000에 취득하였다.

*6. 과세·면세사업 겸용자산인 비품의 내역은 다음과 같다.

구분	취득가액	취득일자
소프트웨어 프로그램	₩10,000,000	<u>2020.6.2</u>
그림(1998년 창작품)	40,000,000	<u>2021.7.3</u>

*7. 회사의 2021년 2기 과세공급가액은 ₩100,000,000, 면세공급가액은₩400,000,000 이다.

(물음 1) 〈자료 1〉을 이용하여 과세표준 및 매출세액 관련 신고내용을 부가가치세 신고서 작성요령에 따라 (양식 1)을 보고 답안양식에 해당사항만 기입하시오. (단, 답안에 신고내용 구분번호 (   )를 반드시 기입하시오.) (10점) (2021 수정)

(양식 1) 일반과세자 부가가치세 신고서 별지 제21호 서식임(이하 동일)

<table>
<tr><td colspan="9">❶   신   고   내   용</td></tr>
<tr><td colspan="3">구   분</td><td>구분
번호</td><td>금   액</td><td>세율</td><td>세액</td></tr>
<tr><td rowspan="8">과세
표준
및
매출
세액</td><td rowspan="4">과
세</td><td>세금계산서 발급분</td><td>(1)</td><td></td><td>10 / 100</td><td></td></tr>
<tr><td>매입자발행 세금계산서</td><td>(2)</td><td></td><td>10 / 100</td><td></td></tr>
<tr><td>신용카드 · 현금영수증 발행분</td><td>(3)</td><td></td><td rowspan="2">10 / 100</td><td></td></tr>
<tr><td>기타(정규영수증 외 매출분)</td><td>(4)</td><td></td><td></td></tr>
<tr><td rowspan="2">영
세
율</td><td>세금계산서 발급분</td><td>(5)</td><td></td><td>0 / 100</td><td></td></tr>
<tr><td>기 타</td><td>(6)</td><td></td><td>0 / 100</td><td></td></tr>
<tr><td colspan="2">예 정 신 고 누 락 분</td><td>(7)</td><td></td><td></td><td></td></tr>
<tr><td colspan="2">대 손 세 액 가 감</td><td>(8)</td><td></td><td></td><td></td></tr>
<tr><td colspan="3">합 계</td><td>(9)</td><td>기입불필요</td><td>㉮</td><td>기입불필요</td></tr>
</table>

〈답안양식〉

구분번호	금 액	세 액
(1)	○○○○○○	× × ×
.		

(물음 2) 〈자료 1〉을 이용하여 매입세액 관련 자료의 신고내용을 부가가치세 신고서 작성요령에 따라 (양식 2)를 보고 답안양식에 해당사항만 기입하시오. (단, 답안에 신고내용 구분번호 (   )를 반드시 기입하시오.) (4점) (2022 수정)

(양식 2)

<table>
<tr><td rowspan="5">매입
세액</td><td colspan="2">구   분</td><td>구분
번호</td><td>금 액</td><td>세율</td><td>세 액</td></tr>
<tr><td rowspan="2">세금계산서
수취분</td><td>일반매입</td><td>(10)</td><td></td><td></td><td></td></tr>
<tr><td>고정자산 매입</td><td>(11)</td><td></td><td></td><td></td></tr>
<tr><td colspan="2">예 정 신 고 누 락 분</td><td>(12)</td><td></td><td></td><td></td></tr>
<tr><td colspan="2">매입자발행 세금계산서</td><td>(13)</td><td></td><td></td><td></td></tr>
<tr><td colspan="4">(중   략)</td><td></td><td></td><td></td></tr>
<tr><td colspan="4">납부(환급)세액 (매출세액㉮-매입세액㉯)</td><td></td><td>㉰</td><td>기입불필요</td></tr>
</table>

〈답안양식〉

구분번호	금 액	세 액
(10)	ooooo	××××
.		

(물음 3) 〈자료 1〉을 이용하여 공제받지 못할 매입세액명세 신고내용을 부가가치세 신고서 작성요령에 따라 (양식 3)을 보고 답안양식에 해당사항만 기입하시오. (단, 답안에 신고내용 구분번호 ( )를 반드시 기입하시오.) (2점)

〈양식 3〉

(16) 공제받지 못할 매입세액 명세	구 분	구분 번호	금 액	세율	세 액
	공제받지 못할 매입세액	(49)			
	공통매입세액 면세사업등분	(50)			
	대손처분받은 세액	(51)			
	합 계	(52)	기입불필요		기입불필요

〈답안양식〉

구분번호	금 액	세 액
(49)	ooooo	×××
.		

(물음 4) 〈자료 2〉를 이용하여 <u>2022.1.18</u> 사업을 폐지하는 경우 <u>2022년</u> 제1기의 부가가치세 과세표준을 계산하시오. (4점)

세법학1부

【문제 1】 다음 사례를 읽고 물음에 답하시오. (20점)

〈사례〉

A법인은 부동산개발사업을 주목적으로 설립된 아파트 건설시행사로서 2010 사업연도부터 경기도 남양주시 별내 도시개발구역의 아파트단지 3,000세대를 신축·분양하고, 작업진행률과 분양률에 따라 관련 수익·비용 등을 계산하여 각 사업연도 법인세를 신고·납부하여왔다. 그러나 이 중 1,000세대가 잔금을 납부하지 않고 입주를 하지 않음에 따라 A법인에게 자금을 대여한 채권단에 대한 채무변제가 지체되었고, 이에 채권단은 채권자대위권을 행사하여 A법인의 분양계약해제를 추진하였다. A법인은 이를 막기 위하여 민사법원에 분양계약해제금지 가처분신청을 하였으나 법원으로부터 위 1,000세대에 대한 분양계약을 채권자대위권에 의하여 해제할 수 있다는 판결을 받았고, 이에 따라 채권단은 2014년 12월 경 위 분양계약을 해제하였다. 그러자 A법인은 분양계약이 해제되었으므로 해제의 소급효에 따라 2010 사업연도부터 2013 사업연도까지의 분양률을 재산정하여 법인세를 다시 계산하고 그 결과 초과납부된 세액에 대해 관할 세무서장 B에게 경정 및 환급을 적법한 기간 내에 청구하였다.

(물음 1) 「국세기본법」상 후발적 경정청구제도의 취지와 위 사례에서의 분양계약해제가 후발적 경정청구 사유에 해당하는지 여부에 대하여 설명하시오. (15점)

(물음 2) 위 사례에서 관할 세무서장 B가 분양계약해제에 따른 관련 손익은 계약해제일이 속하는 사업연도에 반영되어야 한다는 사유로 2010 사업연도부터 2013 사업연도에 대한 법인세 경정을 모두 거부한다면 이는 적법한 것인지에 대하여 설명하시오. (5점)

〈관련 조문〉

법인세법시행령

제69조【용역제공 등에 의한 손익의 귀속사업연도】

① 법 제40조 제1항 및 제2항을 적용함에 있어서 건설·제조 기타 용역(도급공사 및 예약매출을 포함하며, 이하 이 조에서 "건설 등"이라 한다)의 제공으로 인한 익금과 손금은 그 목적물의 건설등의 착수일이 속하는 사업연도부터 그 목적물의 인도일(용역제공의 경우에는 그 제공을 완료한 날을 말한다. 이하 이 조에서 같다)이 속하는 사업연도까지 기획재정부령으로 정하는 바에 따라 그 목적물의 건설등을 완료한 정도(이하 이 조에서 "작업진행률"이라 한다)를 기준으로 하여 계산한 수익과 비용을 각각 해당 사업연도의 익금과 손금에 산입한다. 다만, 다음 각 호의 어느 하나에 해당하는 경우에는 그 목적물의 인도일이 속하는 사업연도의 익금과 손금에 산입할 수 있다. (2013.2.15. 개정)

1. 중소기업인 법인이 수행하는 계약기간이 1년 미만인 건설등의 경우 (2012.2.2. 신설)

2. 기업회계기준에 따라 그 목적물의 인도일이 속하는 사업연도의 수익과 비용으로 계상한 경우 (2012.2.2. 신설)

② 제1항을 적용할 때 다음 각 호의 어느 하나에 해당하는 경우에는 그 목적물의 인도일이 속하는 사업연도의 익금과 손금에 각각 산입한다. (2013.2.15. 개정)

1. 작업진행률을 계산할 수 없다고 인정되는 경우로서 기획재정부령으로 정하는 경우

2. 법 제51조의 2 제1항 각 호의 어느 하나에 해당하는 법인으로서 국제회계기준을 적용하는 법인이 수행하는 예약매출의 경우

③ 제1항을 적용할 때 작업진행률에 의한 익금 또는 손금이 공사계약의 해약으로 인하여 확정된 금액과 차액이 발생된 경우에는 그 차액을 해약일이 속하는 사업연도의 익금 또는 손금에 산입한다. (2012.2.2. 신설)

※ 부칙

제2조【일반적 적용례】

이 영은 2012년 1월 1일 이후 최초로 개시하는 사업연도 분부터 적용한다.

【문제 2】 다음 사례를 읽고 물음에 답하시오. (30점)

〈사례〉

A법인의 대표이사인 거주자 甲은 경영상 어려움을 겪게 되자 2018년 6월 23일 거주자 乙에게 A법인의 주식과 경영권 등을 대금 20억 원, 대금지급기일은 2018년 9월 23일로 약정하여 양도함으로써 양도대금채권을 취득하였다. 또한 甲은 같은 날인 2018년 6월 23일 A법인의 운영과 관련하여 동업관계에 있던 거주자 丙에게 동업 정산의 명목으로 10억 원을 2018년 9월 23일까지 지급하기로 약정하였다. 甲은 지급기일인 2018년 9월 23일까지 丙에 대한 자신의 채무를 변제하지 못할 경우 연 20%의 지연손해금을 가산하여 지급하기로 하였고, 만약 2019년 9월 23일까지도 이를 변제하지 못할 경우 丙에게 乙에 대한 양도대금채권을 양도하기로 약정하였다.

甲은 2018년 9월 23일까지 자신의 채무를 변제하지 못하자 약정에 따라 丙에게 연 20%의 지연손해금을 지급하였다. 이후 2019년 9월 23일까지도 자신의 채무를 변제하지 못하게 되자 甲은 2020년 10월 15일 乙에 대한 양도대금채권을 丙에게 양도하고 乙에게 채권양도를 통지하였다. 丙은 2021년 6월 1일 乙에 대한 채권에 기하여 20억 원을 지급받았다.

(물음 1) 계약의 위약 또는 해약으로 인하여 받는 소득이 「소득세법」상 기타소득이 되기 위한 요건을 설명하시오. (10점)

(물음 2) 위 사례에서 丙이 받은 지연손해금이 「소득세법」상 기타소득에 해당하는지 여부를 설명하시오. (5점)

(물음 3) 위 사례에서 甲이 丙에게 乙에 대한 양도대금채권을 양도함으로써 丙에게 귀속되는 소득의 종류와 그 과세방법 및 수입시기를 설명하시오. (15점)

【문제 3】 다음 사례를 읽고 물음에 답하시오. (30점)

〈사례〉

1. A협동조합중앙회(이하 'A중앙회')는 지역별 회원조합이 출자하여 설립한 비영리내

국법인으로서 사업부문을 신용사업, 상호금융사업, 공제사업으로 구분하여 각 사업별 독립회계로 운영하고 있으며, 정관상 그 목적을 달성하기 위하여 회원의 상환준비금과 여유자금의 운영·관리, 회원과 그 조합원의 사업 및 생활개선을 위한 정보망의 구축, 정보화교육 및 보급 등을 위한 사업을 수행할 수 있도록 정하고 있다. 이 중 상호금융사업은 회원조합이 예치한 상환준비금과 여유자금을 운영·관리하는 업무를 수행하는 수익사업 부문이다.

2. A중앙회는 2014 사업연도부터 2020 사업연도 중 소속 조합원들을 위해 자체적으로 설치비를 조달할 능력이 없는 지역 회원조합들에게 365 현금자동인출기 코너(이하 '365 코너')의 설치비(이하 '이 사건 설치비') 50억 원을 상호금융사업의 자금을 동원하여 무이자로 대여하면서(이하 '이 사건 대여거래') 전산장비지원대출금으로 회계처리하여 각 사업연도 법인세를 신고·납부하였다. A중앙회의 회계자료에 대한 외부감사인의 검토의견에서는 '상호금융사업에서 보조성격의 무이자 자금을 직접 지원하는 경우 A중앙회의 수익창출에는 기여하나, 그 비용을 자금예치조합의 기대수익에서 충당하게 되므로, 수익사업인 상호금융사업의 수익자부담원칙이 훼손되어 회원조합 간 갈등과 중앙회에 대한 불신요인으로 작용할 소지가 크다'는 문제점이 지적된 바 있다.

3. 그런데 서울지방국세청장은 A중앙회에 대한 법인세 통합조사를 실시하고, 관할 세무서장에게 ① 이 사건 설치비는 특수관계자에게 업무와 관련 없이 지급한 가지급금에 해당하므로, 법인세법령에 따른 업무무관자산 등에 대한 지급이자 손금불산입 규정을 적용하여 이 사건 설치비 상당의 차입금에 관한 지급이자를 손금불산입할 것, ② 이 사건 대여거래는 조세의 부담을 부당히 감소시키는 것으로 인정되는 무상의 금전 대여거래에 해당하므로, 법인세법령에 따른 부당행위계산부인 규정을 적용하여 이 사건 대여거래에 따른 인정이자를 익금산입할 것 등 두 가지 경정사항이 포함된 세무조정 결과를 통보하였다. 이에 관할 세무서장은 2022년 5월 경 관련 가산세를 포함하여 위 A중앙회의 2014 사업연도부터 2020 사업연도 신고·납부세액 중 부과제척기간 내에 있는 것을 증액하는 경정처분을 A중앙회에 송달하였고, A중앙회는 이에 불복하여 조세쟁송을 제기하였다. (단, A중앙회 및 회원조합은 세법상 당기순이익과세를 적용받는 조합법인이 아니며, 세법상 가산세는 이하에서 논외로 한다.)

(물음 1) A중앙회가 영리법인이 아님에도 법인세 납세의무를 부담하는 근거와 범위에 대하여 설명하시오. (8점)

(물음 2) A중앙회에 대하여 법인세법령상 부당행위계산부인 및 업무무관 가지급금의 손금불산입 규정을 적용하기 위한 요건에 대하여 설명하시오.   (10점)

(물음 3) 위 사례에서 관할 세무서장이 한 과세처분의 적법성 여부에 대하여 논하시오. (12점)

【문제 4】 다음 사례를 읽고 물음에 답하시오. (20점)

〈사례〉

거주자 甲의 가족으로는 자녀 乙(1988년생)과 丙(1991년생), 그리고 홀어머니 丁이 있으며, 배우자는 10년 전에 사망하였다. 甲·乙·丙은 무주택 상태로 지내다 2009년 3월 1일 부천아파트를 甲의 명의로 취득하였으며, 乙의 군복무기간(2010년 1월 1일부터 2011년 12월 31일)을 제외하고는 부천아파트에서 계속하여 함께 동거하였다. 甲은 2020년 丙에게 강화토지를 증여한 후 2022년 3월 1일 사망하였는데, 甲의 사망 당시 상속재산으로는 부천아파트와 김포토지, 인천상가가 있었다. 甲은 사망 전 인천상가는 丁에게 유증하고, 부천아파트는 乙에게, 김포토지는 丙에게 상속하는 것으로 유언하였다. 상속이 개시되자 乙은 상속을 승인하였으나, 丙은 상속 이전부터 존재하였던 자신의 개인채무과다로 상속을 포기하였다. 상속인들은 2022년 5월 상속세 신고를 하였다. (乙, 丙, 丁은 모두 거주자이며, 상속세 과세가액은 15억 원이다.)

(물음 1) 동거주택상속공제의 의의 및 요건을 설명하고, 위 사례에서의 적용여부를 논하시오. (10점) (2022 수정)

(물음 2) 위 사례에서 상속인들의 상속세를 신고함에 있어 상속공제한도 적용에 대하여 설명하시오. (10점)

세법학2부

【문제 1】「부가가치세법」 제4조는 사업자가 행하는 재화 또는 용역의 공급과 재화의 수입을 과세대상거래로 규정하고 있다. 「부가가치세법」상 과세대상거래에 관한 다음 물음에 답하시오. (35점)

(물음 1) 사업자가 대가를 받지 아니하고 용역을 공급하는 경우 부가가치세 과세여부에 대하여 설명하시오. (5점)

(물음 2) 사업장이 둘 이상인 사업자가 자기의 사업과 관련하여 생산 또는 취득한 재화를 판매할 목적으로 자기의 다른 사업장에 반출하는 경우 부가가치세 과세여부에 대하여 설명하시오. (5점)

(물음 3) 「부가가치세법」상 계약상 또는 법률상의 모든 원인에 따라 재화를 인도하거나 양도하였음에도 불구하고 재화의 공급으로 보지 않는 경우를 열거하고 그 이유를 각각 설명하시오. (10점)

(물음 4) 「부가가치세법」상 계약상 또는 법률상의 모든 원인에 따라 재화를 인도하거나 양도하지 않았음에도 불구하고 재화의 공급으로 보는 경우(이하 '재화의 간주공급')를 열거하고, 이러한 재화의 간주공급을 당해 재화의 매입 시 매입세액을 공제받은 경우로 한정하는 것이 타당한지 여부를 판단하고 그 논거를 제시하시오. (15점) (2022 수정)

【문제 2】「개별소비세법」상 장애인이 구입한 승용자동차에 대하여는 개별소비세를 조건부 면세하고 있다. 이와 관련하여 다음 물음에 답하시오. (20점)

(물음 1) 장애인이 구입한 승용자동차에 대한 면세특례의 내용을 장애인의 범위와 장애인 승용자동차의 범위(명의 등 요건), 그리고 면세특례의 적용절차로 구분하여 설명하시오. (15점)

(물음 2) 면세특례를 적용받은 장애인이 구입한 승용자동차에 대하여 관할 세무서장이 개별소비세를 추징할 수 있는 경우를 설명하시오. (5점)

【문제 3】 다음 사례를 읽고 물음에 답하시오. (20점) (2021 수정)

〈사례〉

비상장법인 A는 취득세 과세대상인 소유 부동산을 2021년 10월 20일 「신탁법」에 따라 신탁회사 B에 신탁하고 B의 명의로 해당 부동산의 소유권 이전등기를 경료하였으며, B는 신탁재산을 위탁자별로 구분하여 관리하고 있다. 2022년 4월 15일 A의 주주인 甲은 A의 주식을 추가로 취득하여 「지방세기본법」상 과점주주가 되었다.

(물음 1) 「지방세법」상 위 사례의 신탁재산이 甲의 취득세 과세대상인지의 여부를 판단하고 그 판단에 대한 논거를 제시하시오. (10점)

(물음 2) 「지방세법」상 위 사례의 신탁재산에 대한 재산세 납세의무자가 누구인지를 밝히고, 이와 관련된 규정의 취지를 설명하시오. (10점)

【문제 4】 다음 사례를 읽고 물음에 답하시오. (25점)

〈사례〉

「벤처기업육성에 관한 특별조치법」에 따른 벤처기업인 A회사는 회사의 기술혁신에 우수인력인 甲이 반드시 필요하다고 판단하고 甲을 상대로 영입조건을 협상하면서 주식매수선택권 부여를 제안하였다. 이에 甲은 주식매수선택권을 받더라도 그 행사에 따른 소득세가 부담이 된다고 하면서 절세대책에 관하여 문의해왔다.

(물음 1) 위 사례에서 甲에게 적용될 수 있는 「조세특례제한법」상의 벤처기업 주식매수선택권 행사이익에 대한 특례제도와 관련하여, 그 행사이익의 범위와 납부특례의 내용에 대하여 설명하시오. (10점) (2022년 수정)

(물음 2) 위 사례에서 甲에게 적용될 수 있는 「조세특례제한법」상의 벤처기업 주식매수선택권 행사이익에 대한 과세특례의 요건, 내용 및 사후관리에 대하여 설명하시오. (15점) (2022년 수정)

기출문제

정답 및 해설

- 2022년 제59회 기출문제 정답 및 해설
  회계학1부 · 360 / 회계학2부 · 372 / 세법학1부 · 381 / 세법학2부 · 387
- 2021년 제58회 기출문제 정답 및 해설
  회계학1부 · 392 / 회계학2부 · 400 / 세법학1부 · 408 / 세법학2부 · 414
- 2020년 제57회 기출문제 정답 및 해설
  회계학1부 · 420 / 회계학2부 · 427 / 세법학1부 · 435 / 세법학2부 · 441
- 2019년 제56회 기출문제 정답 및 해설
  회계학1부 · 448 / 회계학2부 · 455 / 세법학1부 · 470 / 세법학2부 · 476
- 2018년 제55회 기출문제 정답 및 해설
  회계학1부 · 483 / 회계학2부 · 490 / 세법학1부 · 503 / 세법학2부 · 509
- 2017년 제54회 기출문제 정답 및 해설
  회계학1부 · 517 / 회계학2부 · 525 / 세법학1부 · 538 / 세법학2부 · 545
- 2016년 제53회 기출문제 정답 및 해설
  회계학1부 · 553 / 회계학2부 · 559 / 세법학1부 · 570 / 세법학2부 · 580

2022년도 제59회 기출문제 **풀이**

회계학1부

김 정 호(공인회계사 / 서울디지털대학교 겸임교수)

【문제 1】

(물음 1)

답: (1) ₩2,263,400 (2) ₩3,505,000 (3) 2,000개 (4) 1,500개 (5) 증가 ₩15,000

(1)

현금지급액		500,000
매입채무 현재가치	2,000,000×0.8417	1,683,400
합계 : 취득원가		**₩2,183,400**

(주의) 운반비는 판매자가 부담하여 판매자가 판매비용으로 인식하고, 구매자는 회계처리 없음

(2)

일자	외화금액	환율	원화금액
6월 30일(선지급)	700	1,150	805,000
8월 20일(입고일)	1,200＋800=2,000	1,350	2,700,000
합계 : 취득원가			**₩3,505,000**

[관련 분개]

〈6월 30일〉

(차) 선 급 금	805,000	(대) 현　금	805,000

〈8월 20일〉

(차) 상　품	3,505,000	(대) 선 급 금	805,000
		현　금	1,620,000 *1
		매입채무(외화)	1,080,000 *2

*1. US$1,200×₩1,350＝₩1,620,000　　*2. US$800×₩1,350＝₩1,080,000

(3)

일자	구분	재고수량
20×1년 초		1,000
1월 2일	매입	2,500
8월 20일	매입	2,600
10월 8일	판매	(4,100)
12월 25일	매입(도착지 인도조건, 운송중) 1,500	-
12월 28일	판매(도착지 인도조건, 운송중) 300	-
20×1년 말		2,000개

(4)

구분		재고수량
20×1년 말 장부재고		2,000
판매(운송중)		(300)
감모	150(원가성 감모)÷75%(원가성 감모비율)	(200)
20×1년 말 창고재고		1,500개

(5) 20×1년 말 순실현가능가치 = 예상 판매가격 1,300 - 예상판매비용 40 = 1,260

20×1년 말 상품평가충당금	1,500개(주1) × (₩1,280 - ₩1,260)	30,000
20×1년 초 상품평가충당금		15,000
상품평가손실		₩15,000

(주1) 평가대상수량은 기말수량 1,800개에서 판매계약체결로 운송중인 재고수량 300개를 차감한 1,500개이다.
₩15,000 증가

(물음 2)

답: (1) 이익 ₩13,000 (2) ₩1,198,000 (3) 손실 ₩18,000

(1)

당기순이익 몫	(주1)85,000×20%	17,000
제거할 재고자산 미실현이익 몫	120,000/1.2×20%×20%	(4,000)
지분법이익		이익 ₩13,000

(주1) 100,000 = 75,000 - 현금배당 60,000 + 당기순이익
당기순이익 = 85,000

(2)

취득금액		1,200,000
지분법이익		10,000
현금배당 몫	60,000×20%	(12,000)
장부금액		(2) ₩1,198,000

(3)

제거할 내부거래이익 몫	(500,000 − 400,000)×20%	(20,000)
재고자산 미실현이익 제거 몫	(500,000 − 400,000)×30%×4/12×20%	2,000
지분법이익(손실)		손실 (₩18,000)

(물음 3)

답: ① 이익 ₩1,500 ② 이익 ₩3,500

① 통화선도평가이익(손실) = (₩1,315 − ₩1,300)×US$100 = ₩1,500 이익
② 통화선도거래이익(손실) = (₩1,350 − ₩1,315)×US$100 = ₩3,500 이익

[참고: 관련 분개]

⟨20×1년 12월 31일⟩

(차) 통화선도자산	1,500	(대) 통화선도평가이익	1,500

⟨20×2년 3월 31일⟩

(차) 현금(US$)	135,000 *1	(대)	통화선도자산	1,500
			현 금	130,000
			통화선도거래이익	3,500

*1. US$100×₩1,350 = ₩135,000

(물음 4)

답: ① ₩22,500 ② 7% ③ ₩8,750 ④ ₩32,000 ⑤ 7.5% ⑥ ₩45,000

⟨20×1년⟩
①

차입원가	800,000×9/12×4%	24,000
일시투자수익	200,000×3/12×3%	(1,500)
특정차입금 자본화 차입원가		① ₩22,500

② $\dfrac{600,000\times9/12\times6\% + 900,000\times3/12\times9\%}{600,000\times9/12 + 900,000\times3/12} = \dfrac{47,250}{675,000} = 7\%$

③ 연평균지출액 = 600,000×9/12 + 900,000×3/12 = 675,000

  일반차입금사용액 = 675,000 − (800,000×9/12 − 200,000×3/12) = 125,000

특정차입금 자본화 차입원가 = MIN[(a),(b)] = **₩8,750**

(a) 125,000×7% = 8,750

(b) 47,250

〈20×2년〉

④ 특정차입금 자본화 차입원가 = 800,000×4% = **₩32,000**

⑤ $\dfrac{600,000\times6/12\times6\% + 900,000\times4/12\times9\%}{600,000\times6/12 + 900,000\times4/12} = \dfrac{45,000}{600,000} = 7.5\%$

⑥ 연평균지출액 = (600,000 + 900,000 + 300,000)×12/12 + 1,200,000×3/12 = 2,100,000

  일반차입금사용액 = 2,100,000 − 800,000 = 1,300,000

  특정차입금 자본화 차입원가 = MIN[(a),(b)] = **₩45,000**

  (a) 1,300,000×7.5% = 97,500

  (b) 45,000

[참고]

〈20×1년〉

평균지출액	연평균차입금 사용액		이자율	자본화할 차입원가	한도
675,000	특정차입금 (일시예치)	600,000	4%	24,000	–
		(50,000)	3%	(1,500)	
	일반차입금	125,000	8.5%	10,625	47,250
계				33,125	

〈20×2년〉

평균지출액	연평균차입금 사용액		이자율	자본화할 차입원가	한도
2,100,000	특정차입금 (일시예치)	800,000	4%	32,000	–
		–	–	–	
	일반차입금	1,300,000	7.5%	97,500	45,000
계				77,000	

(물음 5)

답: ① ₩100,000 손실 ② 불변 ③ 불변 ④ ₩20,000 이익

① 대손상각비 100,000 → ₩100,000 손실
② **불변**
③ **불변**
④ 충당부채환입 = 170,000 - 150,000 = 20,000 → ₩20,000 이익

【문제 2】

(물음 1)

(1) 답: ① ₩951,000 ② ₩530,000 ③ ₩194,000 ④ ₩4,000 ⑤ ₩44,000 ⑥ ₩105,000
⑦ ₩478,000 ⑧ ₩118,000 ⑨ ₩33,000 ⑩ ₩25,000

매출액		950,000
손상차손		(8,000)
매출채권(순액)감소 가산	31,000 - 40,000	9,000
고객으로부터 유입된 현금		① ₩951,000

[참고]

매출채권(순액)

기초	40,000	회수	951,000
		손상차손	8,000
매출액	950,000	기말	31,000
	990,000		990,000

매출원가		(510,000)
재고자산증가 차감	118,000 - 70,000	(48,000)
매입채무증가 가산	60,000 - 32,000	28,000
공급자에 대한 현금유출		(② ₩530,000)

급여		(105,000)
기타판매비와관리비		(85,000)
미지급판매비와관리비 감소 차감	4,000 - 8,000	(4,000)
종업원 및 판매관리활동 현금유출		(③ ₩194,000)

이자수익		5,000
미수이자증가 차감	3,000 - 2,000	(1,000)
고객으로부터 유입된 현금		④ ₩4,000

법인세비용		(42,000)
미지급법인세감소 차감	2,000 − 4,000	(2,000)
종업원 및 판매관리활동 현금유출		(⑤ ₩44,000)

토지증가	420,000 − 300,000	120,000
재평가차익		15,000
토지의 취득		⑥ ₩105,000

건물(순액)증가	580,000 − 250,000	330,000
처분건물의 장부금액		100,000
감가상각비		48,000
건물의 취득		⑦ ₩478,000

[참고]

건물(순액)

기초	250,000	처분	100,000
		감가상각비	48,000
취득	**478,000**	기말	580,000
	728,000		728,000

처분건물의 장부금액		100,000
유형자산처분이익		18,000
건물의 취득		⑧ ₩118,000

이자비용		(50,000)
미지급이자증가 가산	8,000 − 6,000	2,000
사채할인발행차금상각 가산	(500,000 − 455,000) − 30,000	15,000
종업원 및 판매관리활동 현금유출		(⑨ ₩33,000)

[참고] (분개법)

(차) 이자비용	50,000	(대) 미지급이자	2,000
		사채할인발행차금	15,000
		현 금	33,000

이익잉여금증가	150,000 − 50,000	100,000
당기순이익		(125,000)
종업원 및 판매관리활동 현금유출		(⑩ ₩25,000)

(2) 답: (−)₩15,000

매출채권(순액)감소 가산	31,000−40,000	9,000
재고자산증가 차감	118,000−70,000	(48,000)
매입채무증가 가산	60,000−32,000	28,000
미지급판매비와관리비감소 차감	4,000−8,000	(4,000)
영업활동관련 자산부채 변동액		(−)₩15,000

(주의) 미수이자와 미지급법인세는 자산 또는 부채의 증감으로 반영되지 않고, 수익(비용)과 수취(지급)으로 구분해서 반영된다.

[참고]

(1) 직접법에 따른 영업활동순현금흐름

고객으로부터 유입된 현금	951,000
공급자에 대한 현금유출	(530,000)
종업원 및 판매관리활동 현금유출	(194,000)
영업활동에서 창출된 현금	**227,000**
이자수취	4,000
법인세납부	(44,000)
영업활동 순현금흐름	**187,000**

(2) 간접법에 따른 영업활동순현금흐름

법인세비용차감전 순이익	951,000
이자비용	50,000
이자수익	(5,000)
감가상각비	48,000
유형자산처분이익	(18,000)
영업활동 관련 자산과 부채의 증감(주1)	(15,000)
영업활동에서 창출된 현금	**227,000**
이자수취	4,000
법인세납부	(44,000)
영업활동 순현금흐름	**187,000**

(주1) 영업활동 관련 자산과 부채의 증감

매출채권(순액)감소	9,000
재고자산증가	(48,000)
매입채무증가	28,000
미지급판매비와관리비감소	(4,000)
합계	**(15,000)**

(물음 2)

① 한국채택국제회계기준에서 회계정책의 변경을 요구하는 경우
② 회계정책의 변경을 반영한 재무제표가 거래, 기타 사건 또는 상황이 재무상태, 재무성과 또는 현금흐름에 미치는 영향에 대하여 신뢰성 있고 더 목적적합한 정보를 제공하는 경우

(물음 3)

답: (1) ① 500,000 ② ₩120,000 (2) ① ₩350,000 ② ₩50,000

(1) ① ₩500,000

〈20×2년 말〉

과목	재평가전	조정계수	재평가후
유형자산	500,000	1.2	600,000
감가상각누계액	(주1) (100,000)	1.2	(② ₩120,000)
순장부금액	400,000	(주2) 1.2	480,000

(주1) 500,000×2년/10년 = 100,000   (주2) 480,000/400,000 = 1.2

(2) ① 20×2년 초 순장부금액 = 500,000×9/10 = 450,000
　　　20×2년 말 순장부금액 = 450,000 - 감가상각비 450,000×8/36
　　　　　　　　　　　　　 = 450,000 - 100,000 = ₩350,000
　② 감가상각비 = 500,000÷10년 = ₩50,000

(물음 4)

답: ① ₩120,000 ② ₩41,500 ③ (-)₩5,000 ④ ₩11,000 ⑤ ₩18,000 ⑥ ₩6,000

① 자산과소 120,000 → ₩120,000
②

감가상각비 과소	(120,000+50,000)÷20년	(8,500)
비용처리된 취득세와 등록세		50,000
당기순이익 변동금액		② ₩41,500

③ 20×2년 말 재고자산 과대 5000 → (-)₩5,000
④

20×2년 말 재고자산 과대	5,000
20×3년 말 재고자산 과소	6,000
당기순이익 변동금액	④ ₩11,000

⑤ 선급보험료 과소금액 = 36,000×6/12 = 18,000 → ₩18,000

⑥

20×2년 말 선급보험료 과소		(18,000)
20×3년 말 재고자산 과소	48,000×6/12	24,000
당기순이익 변동금액		⑥ ₩6,000

【문제 3】

(물음 1)

답: ₩8,500,000

	부품 S	부품 D
판매가격	500	800
직접재료원가	100	190
직접노무원가	80	160
변동제조간접원가	170	250
단위당 공헌이익	150	200
단위당 투입 직접노무시간	80/400=0.2H	160/400=0.4H
직접노무시간 당 공헌이익	150/0.2H=750	200/0.4H=500
생산우선순위	1	2

	부품 S	부품 D	합계
생산량=판매량	30,000	8,000/0.4H=20,000	
직접노무시간	30,000×0.2H=6,000	14,000－6,000=8,000	14,000
최대 총 공헌이익	30,000개×₩150=4,500,000	20,000개×₩200=4,000,000	₩8,500,000

(물음 2)

답: ₩720

	부품 H
판매가격	X
직접재료원가	130
직접노무원가	200
변동제조간접원가	140
단위당 공헌이익	X－470
단위당 투입 직접노무시간	200/400=0.5H
직접노무시간 당 공헌이익	(X－470)/0.5H=2X－940

직접노무시간 당 공헌이익 = 2X − 940 = 500 (부품 D 직접노무시간 당 공헌이익)

X = ₩720

(물음 3)

답: ₩460

	부품 K	부품 D	합계
생산량=판매량	8,000	(1,600)/0.4H=4,000	
직접노무시간	8,000×0.2H=1,600H	(1,600H)	−
공헌이익	1,600단위×(X − 150 − 10)	4,000단위×₩200=800,000	−

8,000단위×(X − 100 − 90 − 170) = 800,000

X = ₩460

(물음 4)

답: 증가 ₩200,000

	부품 S	부품 D	합계
최대판매량	30,000	25,000	
직접노무시간	30,000×0.2H=6,000	25,000×0.4H=10,000	16,000

여유시간 = 17,000H − 16,000H = 1,000H

특별주문에 투입된 직접노무시간 = 10,000개×0.2H = 2,000H

특별주문 수익	10,000개×420	4,200,000
특별주문 변동비	10,000개×(100 + 80 + 170)	(3,500,000)
포기되는 부품 D 공헌이익	(2,000H − 1,000H)×₩500	(500,000)
영업이익 영향		증가 ₩200,000

【문제 4】

(물음 1)

답: ① ₩21,000 불리 ② ₩77,000 유리

① 매출조업도차이

단위당표준변동원가 = 40 + 25 + 15 + 50 = 130

매출조업도차이 = (예산판매단가 − 단위당표준변동원가)×(실제판매량 − 예산판매량)

= (₩200 − ₩130)×(4,200개 − 4,500개) = (−)21,000 불리

[별해]

고정예산(4,500단위) 공헌이익 = 4,500개×(200 − 130) = 315,000

변동예산(4,200단위) 공헌이익 = 4,200개×(200 − 130) = 294,000

매출조업도차이 = 변동예산(4,200단위)공헌이익 294,000 − 고정예산(4,500단위)공헌이익 315,000

= (−)₩21,000 불리

② 변동예산차이

변동예산(4,200단위) 영업이익 = 4,200개 × (200 − 130) − 135,000 − 78,000 = 81,000

실제 영업이익 − 변동예산 영업이익 = 158,000 − 81,000 = ₩77,000 유리

[참고]

	실제성과 4,200단위	변동 예산차이	변동예산 4,200단위	매출 조업도차이	고정예산 4,500단위
매출액	924,000		840,000	(200)	900,000
변동원가	546,000		546,000	(130)	585,000
공헌이익	378,000		294,000		315,000
고정원가	220,000		213,000		213,000
영업이익	158,000	77,000(F)	81,000	21,000(U)	102,000

(물음 2)

① 차이금액 없음

② 생산량과 판매량이 같아서, 고정제조간접원가가 비용화된 금액이 두 방법이 같기 때문이다.

(물음 3)

답: ① 4,300시간 ② ₩63,000

① 능률차이 = (4,200단위 × 1시간 − 실제직접노무시간) × ₩15

= (−)₩1,500(불리)

실제직접노무시간 = **4,300시간**

② 소비차이 = (4,300시간 × ₩15 + ₩135,000) − 제조간접원가 실제발생액 = (−)₩3,500(불리)

제조간접원가 실제발생액 = 203,000

변동제조간접원가 실제발생액 = 203,000 − 변동제조간접원가 실제발생액 140,000

= **₩63,000**

[참고]

	실제원가	실제시간기초변동예산	허용시간기초변동예산	배부액
VOH	63,000	64,500[주1]	63,000[주2]	63,000[주2]
FOH	140,000	135,000	135,000	126,000[주3]
	3,500(불리)	1,500(불리)	9,000(불리)	
	소비차이	능률차이	조업도차이	

(주1) 실제직접노무시간 4,300시간 × 단위당 배부액 ₩15 = 64,500

(주2) 허용직접노무시간 4,200시간 × 단위당 배부액 ₩15 = 63,000

(주3) 4,200단위 × ₩135,000/4,500단위 = 126,000

(물음 4)

답: ₩211,130

set 구성: 제품 A 7단위＋제품 B 3단위
set 당 공헌이익＝7단위×₩70＋3단위×₩80＝730
제품 A의 예산상 손익분기점 수량＝고정원가/730×7단위＝4,067단위
고정원가＝424,130
고정원가 증가＝424,130－213,000＝₩211,130

(물음 5)

답: ₩182,000

제품(20×1년, 물량, 예산)

기초	－	판매	4,500
완성	4,500	기말	－
	4,500		4,500

재공품(20×1년, 물량, 예산)

기초	150	완성	4,500
제조	4,450	기말	100
	4,600		4,600

직접재료(20×1년, 물량, 예산)

기초	700	제조 4,450×2kg	8,900
구입	9,100	기말 4,500×10%×2kg	900
	9,800		9,800

직접재료구입예산＝9,100kg×₩40/2kg＝₩182,000

회계학2부

김 형 준 (세무사)

【문제 1】

(물음 1)

(1)

구분	금액(원)
감면 후 세액	25,000,000
최저한세	35,000,000

1. 과세표준 : 380,000,000(각사업연도소득금액) − 30,000,000(제16기 이월결손금)
   = 350,000,000
2. 감면 후 세액 : 350,000,000 × 세율 − 25,000,000(통합투자세액공제) = **25,000,000**
3. 최저한세 : {350,000,000 + 150,000,000(조특법상 손금산입 특례)} × 7% = **35,000,000**

(2)

구분	적용배제 항목 또는 금액(원)
최저한세로 인하여 적용 배제되는 조세감면 항목	설비투자자산의 감가상각비 손금산입
설비투자자산에 대한 감가상각비 중 손금인정액	100,000,000

1. 감면배제세액 : 35,000,000(최저한세) − 25,000,000(감면 후 세액) = 10,000,000
2. 감면배제액 : 10,000,000 ÷ 20% = 50,000,000
   * 감면 후 과세표준이 2억원 이상이므로 20% 세율 적용
3. 설비투자자산에 대한 감가상각비 중 손금인정액 : 150,000,000 − 50,000,000 = **100,000,000**

(3)

구분	금액(원)
간접외국납부세액	16,000,000
외국납부세액공제 한도액	12,000,000
외국납부세액공제액	12,000,000

1. 간접외국납부세액 : $80,000,000 \times \dfrac{24,000,000}{200,000,000 - 80,000,000}$ = **16,000,000**

2. 외국납부세액공제액 : Min(①, ②) = **12,000,000**

 ① 2,000,000(이월액) + 5,000,000(직접A) + 2,500,000(직접B) + 16,000,000(간접)

  = 25,500,000

 ② 한도액 : $60,000,000 \times \dfrac{24,000,000(A사) + 40,000,000(B사) + 16,000,000(간접)}{400,000,000}$

  = **12,000,000**

  * 최저한세 고려한 산출세액 : 50,000,000 + 10,000,000 = 60,000,000
  ** 최저한세 고려한 과세표준 : 350,000,000 + 50,000,000 = 400,000,000

(4)

재해손실공제액(원)	18,900,000

1. 재해상실비율 : $\dfrac{200,000,000 + 155,000,000 + 100,000,000}{500,000,000 + 500,000,000 + 300,000,000}$ = 35% (≥20%)

2. 공제대상법인세 : (1) + (2) = 54,000,000

 (1) 재해발생일 현재 미납법인세 : 25,000,000

 (2) 해당 사업연도 법인세 : 60,000,000 + 2,000,000(장부의 기록 · 보관불성실가산세)

  − 8,000,000(연구인력개발비 세액공제)

  − 25,000,000(통합투자세액공제) = 29,000,000

3. 재해손실세액공제액 : Min(①, ②) = **18,900,000**

 ① 공제대상액 : (25,000,000 + 29,000,000) × 35% = 18,900,000

 ② 한도 : 455,000,000

(5)

차감납부할세액(원)	10,000,000

1. 차감납부할세액 : 35,000,000 − 8,000,000(연구인력개발비 세액공제)

  − 3,000,000(외국납부세액공제) − 4,000,000(재해손실세액공제)

  + 2,000,000(장부의 기록 · 보관불성실가산세) − 12,000,000(중간예납세액)

  = **10,000,000**

(물음 2)

(1)

구분	금액(원)
접대비한도액 계산상 수입금액	21,260,000,000
시부인대상 접대비	117,500,000
접대비한도액	55,520,000

1. 수입금액 : 1) + 2) = **21,260,000,000**

1) 일반 : 15,000,000,000(손익계산서상 매출액) + 1,000,000,000(위탁매출)

   + 400,000,000(부산물 매각대금) − 50,000,000(매출할인)

   − 80,000,000(간주임대료) − 10,000,000(현물접대비 매출계상액)

   = 16,260,000,000

2) 특수 : 5,000,000,000

2. 시부인대상 접대비 : 1) + 2) + 3) = **117,500,000**

   1) 비용 : 50,000,000 − 2,500,000(임원명의 신용카드) − 1,000,000(영농조합법인)

      + 1,000,000(현물접대비 반영) = 47,500,000

      * 현물접대제품 시가 11,000,000 × 1.1 − 11,100,000(접대비 계상액) = 1,000,000

   2) 건설중인 자산 : 5,000,000

   3) 건물 : 65,000,000

3. 한도 : 1) + ⑵ = **55,520,000**

   1) 12,000,000 × 12/12 = 12,000,000

   2) 10,000,000,000 × 3/1,000 + 6,260,000,000 × 2/1,000 + 5,000,000,000

      × 2/1,000 × 10% = 43,520,000

(2)

익금산입 및 손금불산입			손금산입 및 익금불산입		
과목	금액(원)	소득처분	과목	금액(원)	소득처분
위탁매출	1,000,000,000	유보	건설중인 자산	5,000,000	유보
임원명의 신용카드 사용	2,500,000	기타사외유출	건물	9,480,000	유보
적격증빙 미수취	1,000,000	기타사외유출			
접대비 한도초과	61,980,000	기타사외유출			
건물감액분 상각비	948,000	유보			
건물 상각부인액	36,789,000	유보			

1. 접대비 한도시부인

   1) 한도초과액 : 117,500,000 − 55,520,000 = 61,980,000

   2) 비용계상액 초과분 : 건설중인자산 5,000,000(손금산입), 건물 9,480,000(손금산입)

2. 건물감액분 상각비 추인 : 9,480,000 × 50,000,000/500,000,000 = 948,000

3. 감가상각비 시부인 : 1) − 2) = 36,789,000

   1) 감가상각비 : 50,000,000 − 948,000 = 49,052,000

   2) 한도 : (500,000,000 − 9,480,000) × 1/20 × 6/12 = 12,263,000

(물음 3)

(1)

구분	금액(원)
퇴직급여충당금 한도액	0
퇴직연금 손금산입 한도액	115,000,000

1. 퇴직급여충당금 한도액 : Min(①, ②) = 0
    ① 총급여기준 : (1,150,000,000 − 40,000,000 − 50,000,000 − 6,000,000
        − 10,000,000) × 5% = 52,200,000
    ② 추계액기준 : Max(a, b) × 0% + 8,000,000(퇴직금전환금) − 설정전잔액 = 0
        a. 일시퇴직기준 추계액 820,000,000
        b. 보험수리기준 추계액 (820,000,000 − 30,000,000) + 25,000,000 + 40,000,000
            = 855,000,000
            * 설정전잔액 : (800,000,000 − 650,000,000) + 0 − 120,000,000 = 30,000,000

2. 퇴직연금 손금산입 한도액 : Min(①, ②) − ③ = 115,000,000
    ① 855,000,000 − (30,000,000 + 0) = 825,000,000
    ② 940,000,000
    ③ 850,000,000 − 140,000,000 = 710,000,000

(2)

익금산입 및 손금불산입			손금산입 및 익금불산입		
과목	금액(원)	소득처분	과목	금액(원)	소득처분
임원상여한도초과	6,000,000	상여	퇴직급여충당금	140,000,000	유보
총무과장 초과보수	10,000,000	상여	퇴직연금충당금	115,000,000	유보
퇴직급여충당금	460,000,000	유보			
퇴직연금충당금	140,000,000	유보			

1. 퇴직급여충당금 한도초과 세무조정액 : 460,000,000 − 0(한도) = 460,000,000
2. 퇴직연금충당금 한도미달 세무조정액 : 0 − 115,000,000(한도) = △115,000,000

【문제 2】

(물음 1)

항목	㈜P	㈜S
1. 연결전 각 사업연도 소득금액		
2. 연결법인별 연결조정항목 제거		

항목		㈜P	㈜S
(1) 수입배당금액 상당액 익금불산입액 익금산입		① 26,040,000	
..			
3. 연결집단내 연결법인간 거래손익의 조정			
(1) 연결법인간 자산양도소득	익금불산입		
	익금산입	② 2,500,000	
(2) 연결법인간 자산양도손실	손금불산입		
	손금산입		③ 8,000,000
..			
4. 연결조정항목의 연결법인별 배분액			
(1) 연결법인 수입배당금 익금불산입액			④ 3,990,000
..			

1. ㈜P 수입배당금액 상당액 익금불산입액 익금산입 : (1)+(2) = **26,040,000**
   - (1) ㈜S : $(20,000,000 - 48,000,000 \times 5/120) \times 100\% = 18,000,000$
   - (2) ㈜G : $(30,000,000 - 48,000,000 \times 8/120) \times 30\% = 8,040,000$

2. 연결법인간 자산양도소득 익금산입 : $30,000,000 \times 1/5 \times 5/12 = $ **2,500,000**

3. 연결법인간 자산양도손실 손금산입 : $10,000,000 \times 80\% = $ **8,000,000**

4. 연결법인 수입배당금 익금불산입액
   - (1) ㈜G 수입배당금 익금불산입액
     : $\{30,000,000 + 15,000,000 - (48,000,000 + 20,000,000) \times (8억 + 4억)/160억\} \times 30\%$
     = 11,970,000
   - (2) ㈜S 배분액 : $11,970,000 \times 10\%/30\% = $ **3,990,000**

(물음 2)

항목	금액(원)
(1) 자산조정계정(건물)의 기말잔액	9,800,000
(2) 건물의 상각부인액의 기말잔액	4,800,000
(3) ㈜B의 양도손익	43,000,000
(4) ㈜A의 합병매수차손의 기말잔액	35,466,667
(5) ㈜C의 의제배당액	8,000,000

1. 자산조정계정(건물)의 기말잔액 : (1)-(2) = **9,800,000**
   - (1) 자산조정계정 : $50,000,000 - 40,000,000 = 10,000,000$
   - (2) 상각액 : $10,000,000 \times 1,000,000/50,000,000 = 200,000$

2. 건물의 상각부인액의 기말잔액

　(1) 감가상각비 시부인 : (1,000,000 -200,000) - 60,000,000 × 1/20 × 4/12 = △200,000

　(2) 상각부인액의 기말잔액 : 5,000,000 - 200,000 = **4,800,000**

3. ㈜B의 양도손익

　: (160,000,000 + 8,000,000) - (340,000,000 - 220,000,000 + 5,000,000) = **43,000,000**

4. ㈜A의 합병매수차손의 기말잔액

　(1) 합병매수차손 : 130,000,000 - (160,000,000 + 8,000,000) = △38,000,000

　(2) 합병매수차손 상각액 : 38,000,000 × 4/60 = 2,533,333

　(3) 합병매수차손의 기말잔액 : 38,000,000 - 2,533,333 = **35,466,667**

5. ㈜C의 의제배당액 : 48,000,000 - 40,000,000 = **8,000,000**

【문제 3】

(물음 1)

항목				금액(원)
총급여액				① 87,600,000
근로소득공제				② 14,130,000
근로소득금액				73,470,000
종합소득 공제	기본공제	본인공제		③ 6,000,000
		배우자공제		
		부양가족공제		
	추가공제	경로우대공제		④ 3,000,000
		장애인공제		
	연금보험료공제			⑤ 2,000,000
	특별소득공제	보험료공제	건강보험료	200,000
			고용보험료	100,000
		주택자금소득공제	주택청약종합저축	⑥ 0
	신용카드 등 사용금액에 대한 소득공제			⑦ 1,644,000
소득공제 종합한도 초과액				0
종합소득 과세표준				60,526,000
산출세액				9,306,240
세액공제	근로소득 세액공제			500,000
	자녀세액공제			⑧ 150,000
	특별세액공제	항목별 세액공제	보장성보험료 세액공제	⑨ 120,000
			의료비 세액공제	⑩ 1,365,000
			교육비 세액공제	⑪ 2,400,000
결정세액				⑫ 4,771,240

1. 총급여액 : 50,400,000 + 28,000,000 + 3,600,000 + 2,400,000 + 2,000,000 + 1,200,000

　　　　= **87,600,000**

* 식사를 현물로 제공하였으므로 현금식대는 전부 과세됨

2. 근로소득공제 : $12,000,000 + (87,600,000 - 45,000,000) \times 5\% =$ **14,130,000**

3. 인적공제 : (1)+(2)= **9,000,000**

　(1) 기본공제 : $1,500,000 \times 4$(본인, 배우자, 모친, 장남) $= 6,000,000$

　(2) 추가공제 : $2,000,000$(배우자 장애인) $+ 1,000,000$(모친 경로우대) $= 3,000,000$

4. 주택청약종합저축 소득공제 : **0** ($\because$총급여액이 7천만원을 초과)

5. 신용카드 등 사용금액에 대한 소득공제

　(1) 최저사용액 : $87,600,000 \times 25\% = 21,900,000$

　(2) 공제대상금액 : $a + b + c + d = 1,644,000$

　　a. 전통시장 : $2,700,000 \times 40\% = 1,080,000$

　　b. 대중교통 : $210,000 \times 40\% = 84,000$

　　c. 직불카드 등 : $(1,200,000 + 1,300,000 - 900,000) \times 30\% = 480,000$

　　d. 신용카드 : $(21,000,000 - 21,000,000) \times 15\% = 0$

　(3) 공제액 : Min(a, b) = **1,644,000**

　　a. $1,644,000$

　　b. $2,500,000$(일반한도)

6. 자녀세액공제 : **150,000**(장남)

7. 보장성보험료 세액공제 : $1,000,000 \times 12\% =$ **120,000**

8. 의료비 세액공제 : $\{400,000 + 500,000 + 1,200,000 + \text{Min}(12,000,000 - 87,600,000$
　　　$\times 3\%, \ 7,000,000)\} \times 15\% =$ **1,365,000**

9. 교육비 세액공제 : $(7,000,000 + 9,000,000) \times 15\% =$ **2,400,000**

10. 결정세액 : $\{(87,600,000 - 14,130,000) - (9,000,000 + 2,000,000 + 200,000 + 100,000$
　　　$+ 1,644,000)\} \times 세율 - (500,000 + 150,000 + 120,000 + 1,365,000$
　　　$+ 2,400,000) =$ **4,771,240**

（물음 2）

항목		금액(원)
근로소득금액		70,000,000
기타소득금액		20,000,000
종합소득금액		90,000,000
종합소득공제	기본공제	3,000,000
	추가공제	3,000,000
	연금보험료공제	3,000,000
	특별소득공제	3,000,000
	신용카드 등 사용금액에 대한 소득공제	3,000,000
소득공제 종합한도 초과액		0
종합소득 과세표준		75,000,000
산출세액		12,780,000
세액공제		3,000,000
결정세액		① 9,780,000
기납부세액		② 8,000,000
납부할세액(환급받을 세액)		③ 1,780,000

기납부세액 : 4,000,000(근로소득) + 20,000,000 × 20%(기타소득) = **8,000,000**

【문제 4】

(물음 1)

〈자료 1〉의 항목번호	과세표준(원)	매출세액(원)
1	10,000,000	1,000,000
2	0	0
3	125,500,000	0
4	0	0
5	80,000,000	8,000,000
6	50,000,000	0
7	0	0
8	30,000,000	3,000,000
9	36,000,000	3,600,000
합계	331,500,000	15,600,000

1. 시가보다 높게 판매하였으므로 부당행위계산부인이 아니며 거래가를 과세표준으로 한다.
2. 손해배상금은 부가가치세 과세대상이 아니다.
3. 60,500,000 + 50,000 × 1,300(내국신용장에 의한 공급시기는 인도일) = 125,500,000
4. 중간지급조건부에 해당하지 않으며, 인도일인 23.12.25을 공급시기로 한다.
6. 24,000,000 + 20,000 × 1,300(선적일) = 50,000,000
7. 중간지급조건부에 해당하지 않는다.
8. 15,000,000(중도금) + 15,000,000(조기인도에 따라 인도일이 잔금의 공급시기가 됨)
   = 30,000,000
9. 인도일의 다음날부터 최종할부금 지급기일까지 1년 이상이 아니므로 단기할부판매에 해당되어 인도일을 공급시기로 한다.

(물음 2)

구분	예정신고시	확정신고시
(1) 세금계산서 수취분 매입세액	41,000,000	54,000,000
(2) 그 밖의 공제매입세액	① 5,800,000	③ 7,790,000
(3) 공제받지 못할 매입세액	② 17,100,000	④ 23,400,000
(4) 매입세액 공제액 : (1)+(2)-(3)	29,700,000	38,390,000

1. 예정신고시
   (1) 그 밖의 공제매입세액(의제매입세액)
   : (118,300,000 + 50,000,000 × 291,200,000/448,000,000) × 4/104 = **5,800,000**

⑵ 공제받지 못할 매입세액 : a+b+c+d = **17,100,000**

　　a. 접대비 : 2,000,000

　　b. 면세사업 : 7,000,000

　　c. 공통매입세액1(면세사업분) : 6,000,000 × 156,800,000/448,000,000 = 2,100,000

　　d. 공통매입세액2(면세사업분) : 10,000,000 × 300/500 = 6,000,000

2. 확정신고시

　⑴ 그 밖의 공제매입세액 : a+b = **7,790,000**

　　a. 의제매입세액 : Min(ㄱ, ㄴ) − ㄷ − 5,800,000 = 6,800,000

　　　ㄱ. 421,200,000 × 4/104 = 16,200,000

　　　ㄴ. 한도 : (187,200,000 + 686,400,000) × 50% × 4/104 = 16,800,000

　　　ㄷ. 제1기분 : Min(104,000,000 × 4/104, 187,200,000 × 50% × 4/104) = 3,600,000

　　b. 과세전환매입세액 : 6,000,000 × (1−25%×3) × 686,400,000/1,040,000,000

　　　　　　　= 990,000

　⑵ 공제받지 못할 매입세액 : a+b+c = **23,400,000**

　　a. 면세사업 : 11,000,000

　　b. 공통매입세액1(면세사업분) : 15,000,000 × 353,600,000/1,040,000,000 − 2,100,000

　　　　　　　= 3,000,000

　　c. 공통매입세액2(면세사업분) : 22,000,000 × 350/500 − 6,000,000 = 9,400,000

(물음 3)

차가감납부세액	985,500

1. 납부세액 : ⑴+⑵+⑶ = 1,425,000

　⑴ 음식점업 : 42,000,000 × 15% × 10% = 630,000

　⑵ 숙박업 : 28,000,000 × 25% × 10% = 700,000

　⑶ 공통사용비품 매각 : 5,000,000 × 19% × 10% = 95,000

　　* 가중평균부가가치율 : 15% × 42/70 + 25% × 28/70 = 19%

2. 공제세액 : ⑴+⑵+⑶ = 439,500

　⑴ 세금계산서 등 수취세액공제

　　: (1,500,000 − 100,000 + 500,000) × 5.5% = 104,500

　⑵ 신용카드매출전표 등 발행세액공제 : 25,000,000 × 1.3% = 325,000

　⑶ 전자신고세액공제 : 10,000

3. 차가감납부세액 : 1 − 2 = **985,500**

세법학1부

이 상 민 (세무사)

【문제 1】

(물음 1)

1. 甲에게 권유할 수 있는 「국세기본법상」 권리보호제도
   (1) 세무조사의 연기신청
      사전통지를 받은 납세자가 천재지변이나 다음의 사유로 조사를 받기 곤란한 경우에는 관할 세무관서의 장에게 조사를 연기해 줄 것을 신청할 수 있다.
      ① 화재, 그 밖의 재해로 사업상 심각한 어려움이 있을 때
      ② 납세자 또는 납세관리인의 질병 · 장기출장 등으로 세무조사가 곤란하다고 판단될 때
      ③ 권한 있는 기관에 장부, 증거서류가 압수되거나 영치되었을 때
      ④ 위 ①에서 ③까지의 규정에 준하는 사유가 있을 때
   (2) 사례의 경우
      납세자 甲은 사업에 심각한 어려움이 있는 경우에 해당하므로 세무조사의 연기를 신청할 수 있다.

2. 세무조사의 기간이 연장되는 경우 적용 가능한 「국세기본법상」 권리보호제도
   (1) 세무조사시 조력을 받을 권리
      납세자는 세무조사를 받는 경우에 변호사, 공인회계사, 세무사로 하여금 조사에 참여하게 하거나 의견을 진술하게 할 수 있다.
   (2) 납세자보호위원회에 대한 납세자의 심의 요청
      ① 납세자 권리보호에 관한 사항을 심의하기 위하여 세무서, 지방국세청 및 국세청에 납세자보호위원회를 둔다.
      ② 납세자는 세무조사 기간이 끝나는 날까지 세무서장 또는 지방국세청장에게 세무조사 기간 연장 등에 해당하는 사항에 대한 심의를 요청할 수 있다.

(물음 2)

1. 기한연장의 신청기한
   천재 등으로 인한 기한의 연장에 따라 기한의 연장을 받으려는 자는 기한 만료일 3일 전까지 해당 행정기관의 장에게 신청하여야 한다. 이 경우 해당 행정기관의 장은 기한연장을 신청하는 자가 기한 만료일 3일 전까지 신청할 수 없다고 인정하는 경우에는 기한의 만료일까지 신청하게 할 수 있다.

2. 과세관청의 승인 기한 및 이의 통지방법
   행정기관의 장은 신고기한을 연장하였을 때에는 기한의 연장을 받으려는 자의 주소 또는 거소와

성명 등을 적은 문서로 지체 없이 관계인에게 통지하여야 하며, 기한의 만료일까지 신청하게 한 경우에는 기한 만료일 전에 그 승인 여부를 통지하여야 한다.

3. 과세관청의 승인시 기한연장의 기간

천재 등으로 인한 기한연장은 3개월 이내로 하되, 해당 기한연장의 사유가 소멸되지 않는 경우 관할 세무서장은 1개월의 범위에서 그 기한을 다시 연장할 수 있다. 그러나 신고와 관련된 기한연장은 9개월을 넘지 않는 범위에서 관할 세무서장이 할 수 있다.

(물음 3) 권리구제 수단

1. 관련 법령

세법에 따른 처분으로서 위법 또는 부당한 처분을 받거나 필요한 처분을 받지 못함으로 인하여 권리나 이익을 침해당한 자는 그 처분의 취소 또는 변경을 청구하거나 필요한 처분을 청구할 수 있다. 다만, 다음 각 호의 처분에 대해서는 그러하지 아니하다.

(1) 「조세범 처벌절차법」에 따른 통고처분

(2) 「감사원법」에 따라 심사청구를 한 처분이나 그 심사청구에 대한 처분

(3) 세법에 따른 과태료 부과처분

2. 사례의 경우

甲의 정당한 소득세 신고기한 연장신청을 부당하게 거부하는 처분을 한 경우 甲은 국세기본법에 의한 심사·심판청구 또는 감사원법에 따른 심사청구를 할 수 있다.

【문제 2】

(물음 1)

1. 종합소득과세표준 계산 시 종합과세되는 금융소득의 금액을 계산하는 과정

(1) 개요

'금융소득 종합과세'란 이자·배당소득을 종합소득에 합산하여 기본세율로 과세하는 제도를 말한다.

(2) 금융소득의 구분

금융소득은 비과세대상, 무조건 분리과세대상, 무조건 종합과세대상, 조건부 과세대상으로 분류된다.

(3) 종합과세 구체적인 방법

조건부 과세대상 소득과 무조건 종합과세대상소득중 원천징수되지 않은 금융소득을 합산하여 2천만원(종합과세기준금액)을 초과하는지 여부에 따라 다음과 같이 나뉘어 진다.

① 판정대상금액이 2천만원을 초과하는 경우 : 조건부 종합과세소득과 원천징수되지 않은 금융소득 모두 종합과세소득에 포함하여 과세한다. 이 경우 배당소득에 대해서는 배당가산액을 가산한 금액을 과세표준으로 한다.

② 판정대상금액이 2천만원 이하인 경우 : 원천징수되지 않은 금융소득만 종합과세소득에 포함하여 과세한다.

2. 종합소득산출세액을 계산하고 결정하는 방법

　종합과세되는 금융소득에서 귀속법인세를 가산하여 금융소득금액을 구한다. 금융소득금액에
다른종합소득금액을 가산하고 종합소득공제금액을 차감하여 종합소득과세표준을 구한다. 산출
세액은 ① 종합소득과세표준에서 2천만원을 공제한 금액은 기본세율로 과세하고 2천만원은
14%로 과세한 금액을 더한 세액과 ② 금융소득금액을 제외한 종합소득과세표준에 기본세율
을 적용한 세액과 금융소득 총수입금액에 원천징수세율을 적용한 세액을 가산한 금액중 더 큰
금액을 종합소득 산출세액으로 한다.

3. 출자공동사업자의 소득분배금 과세방법

　① 형식상 출자의 대가 성격이므로 소득구분은 배당소득으로 하며 원천징수세율은 25%를 적
용한다.

　② 내국법인으로부터의 배당이 아니므로 이중과세 문제가 없기에 그로스업을 적용하지 않으
며, 실질이 사업소득이므로 부당행위계산부인의 적용 대상이 된다.

　③ 실질이 사업소득에 해당하므로 수입시기는 과세기간의 종료일인 12월 31일로 한다.

　④ 지급자는 지급금액의 25%를 원천징수한다. 실질이 사업소득이므로 귀속자는 무조건 종합
과세한다. 단, 종합과세여부 판정대상금융소득에서는 제외한다.

(물음 2)

1. 배당가산액 제도의 입법취지 및 미비점

　(1) 입법취지

　　배당소득에 대해서는 법인단계에서 법인세가 과세되고 다시 주주단계에서 소득세가 과세되는
데, 이것을 '배당소득에 대한 이중과세'라고 한다. 현행 소득세법은 이러한 이중과세를 조정하
기 위하여 배당가산액 제도를 채택하고 있다.

　(2) 미비점

　　현행 배당가산액 제도는 법인세율을 10% 가정하고 가산율을 계산하였으므로 완전히 이중과
세가 조정되지 못하는 문제점이 있다.

2. 적용대상 배당소득의 요건

　① 내국법인으로부터 받은 배당소득일 것

　② 법인세가 과세된 소득을 재원으로 하는 배당소득일 것

　③ 종합과세되고 기본세율이 적용되는 배당소득일 것(2천만원 초과분을 말함)

【문제 3】

(물음 1) 손금에 산입하는 경우

1. 해당 사유가 발생한 날

　① 「상법」에 따른 소멸시효가 완성된 외상매출금 및 미수금

　② 「어음법」에 따른 소멸시효가 완성된 어음

　③ 「수표법」에 따른 소멸시효가 완성된 수표

　④ 「민법」에 따른 소멸시효가 완성된 대여금 및 선급금

384 • 2022년도 제59회 기출문제 풀이

⑤ 「채무자 회생 및 파산에 관한 법률」에 따른 회생계획인가의 결정 또는 법원의 면책결정에 따라 회수불능으로 확정된 채권

⑥ 「민사집행법」 따라 채무자의 재산에 대한 경매가 취소된 압류채권

2. 해당 사유가 발생하여 손비로 계상한 날

① 물품의 수출 또는 외국에서의 용역제공으로 발생한 채권으로서 기획재정부령으로 정하는 사유에 해당하여 「무역보험법」에 따른 한국무역보험공사로부터 회수불능으로 확인된 채권

② 채무자의 파산, 강제집행, 형의 집행, 사업의 폐지, 사망, 실종 또는 행방불명으로 회수할 수 없는 채권

③ 부도발생일부터 6개월 이상 지난 수표 또는 어음상의 채권 및 외상매출금[중소기업의 외상매출금으로서 부도발생일 이전의 것에 한정한다]. 다만, 해당 법인이 채무자의 재산에 대하여 저당권을 설정하고 있는 경우는 제외한다.

④ 중소기업의 외상매출금 및 미수금(이하 이 호에서 "외상매출금등"이라 한다)으로서 회수기일이 2년 이상 지난 외상매출금등. 다만, 특수관계인과의 거래로 인하여 발생한 외상매출금등은 제외한다.

⑤ 재판상 화해 등 확정판결과 같은 효력을 가지는 것으로서 회수불능으로 확정된 채권

⑥ 회수기일이 6개월 이상 지난 채권 중 채권가액이 30만원 이하(채무자별 채권가액의 합계액을 기준으로 한다)인 채권

(물음 2)

1. 신고조정과 결산조정의 의미

(1) 신고조정
결산서에 계상된 수익·비용과 세법상 익금·손금이 다른 경우 세무조정계산서에서 조정하는 것

(2) 결산조정
특정 손비항목에 대하여 결산상 비용으로 계상하는 경우에만 손금으로 인정 하는 것

2. 대손금의 귀속시기
해당 사유가 발생한 날에 손금산입하는 사유는 신고조정을 말하며, 법적청구권이 소멸한 날에 손금에 산입해야하기 때문에 귀속시기가 강제 되어진다.
한편, 해당 사유가 발생하여 손비로 계상한 날 손금산입하는 사유는 결산조정을 말하며, 내부적으로 회수불능으로 판단하는 경우 손금으로 산입하기 때문에 귀속시기가 강제되어지는 것은 아니다.

(물음 3)

1. 특례규정을 둔 이유
기업회계기준에서 이들의 비용계상을 인정하고 있지 않기 때문에 세법과 기업회계기준 간의 차이를 조정하고자 예외적으로 신고조정에 의한 손금산입을 허용하고 있다.

2. 특례규정에 해당하는 경우
조세특례제한법상 준비금, 고유목적사업준비금, 비상위험준비금, 일시상각충당금, 압축기장충당금등

(물음 4)

1. 유보와 사외유출의 구분기준
   유보(△유보)는 익금산입·손금산입등을 한 세무조정금액의 효과가 사내에 남아 있는 것으로 결산
   서상 자본과 세법상 자본의 차이가 있는 경우의 처분이다. 사외유출이란 익금산입등을 한 금액이
   기업 외부의 자에게 귀속된 것으로 인정하는 처분이다. 그 구분 기준은 익금산입등을 한 금액이
   사외로 유출되어 외부의자에게 귀속되었는지의 여부이다.

2. 세금부담에 미치는 영향
   (1) 유보
      법인의 자산·부채의 왜곡을 수정하고 손익의 기간 귀속차이를 조정하여 각사업연도소득금액
      또는 청산소득금액을 정확히 계산하도록 하고 있다. 유보는 각사업연도소득금액등을 증가시키
      며, △유보는 각사업연도소득금액을 감소시킨다.
   (2) 사외유출
      익금산입·손금불산입한 금액은 법인의 각사업연도소득금액을 증가시키며 소득의 귀속자의 배
      당·상여·기타소득을 발생하게 한다.

(물음 5)

① 귀속자가 국가·지방자치단체·법인 및 개인사업자인 경우. 국가등에 귀속되는 경우 비과세법인이
   므로 추가적인 과세가 불필요하고 법인·개인사업자에게 귀속되는 경우 해당 금액은 이미 그 사업
   자의 소득금액을 구성하여 법인세 또는 소득세가 과세되었기 때문이다.
② 임대보증금의 간주익금 및 업무용승용차의 처분손실 한도초과액등. 귀속자가 없는 경우에 해당하
   기 때문이다.
③ 기부금한도초과액 및 비지정기부금의 손금불산입액, 접대비한도초과액, 업무무관자산등에 대한 지
   급이자 손금불산입액. 실지귀속을 밝히기 어려운 경우에 해당하기 때문이다.
④ 채권자 불분명 사채이자 및 지급받은 자가 불분명한 채권·증권 이자중 원천징수세액 상당액. 국
   가등에 귀속되는 경우에 해당하기 때문이다.

(물음 6)

1. 미래 법인세부담에 영향을 미치는 처분
   미래 법인세부담에 영향을 미치는 처분은 유보와 △유보 세무조정이 있다.

2. 미래 법인세 부담에 미치는 영향
   유보 소득처분은 익금산입·손금불산입 세무조정을 수반하며 세무상 자산을 증가 시키거나 부채를
   감소시킨다. 당기의 소득금액을 증가시키고 차기이후의 소득금액을 감소시켜 미래 법인세 부담을
   감소시킨다.
   △유보 소득처분은 손금산입·익금불산입 세무조정을 수반하며 세무상 자산을 감소 시키거나 부채
   를 증가시킨다. 당기의 소득금액을 감소시키고 차기이후의 소득금액을 증가시켜 미래 법인세 부담
   을 증가시킨다.

【문제 4】

(물음 1) 장점 및 내용

1. 유산과세방식

   유산과세형은 피상속인이 남긴 유산총액의 이전을 과세물건으로 하여 피상속인을 기준으로 과세하는 방법이다. 즉, 유산을 무상취득하는 상속인이 여러 사람인 공동상속의 경우에도 이를 각자의 상속분으로 분할하기 전에, 분할되지 아니한 유산총액을 과세베이스로 하여 이에다 누진구조의 세율을 적용하게 된다.

   그 장점은 다음과 같다.

   첫째, 유산총액에 누진세율을 적용하므로 유산 취득자들이 위장분할상속으로 상속세의 부담을 회피하는 것을 방지 할 수 있다.

   둘째, 취득과세형보다 세수 증대 효과가 크다

   셋째, 피상속인의 유산총액만을 확인한 후 상속세 신고서를 조사 · 확인하면 되므로 세무행정이 간편하다

2. 취득과세방식

   취득과세형은 수증자, 수유자, 상속인, 즉 재산의 무상이전 취득자의 취득재산가액을 과세베이스로 하여 과세하는 제도이다.

   그 장점은 다음과 같다.

   첫째, 상속인별로 취득한 유산의 유무와 크기에 따라 과세되므로 상속인 각자의 담세력에 맞는 과세를 할 수 있다. 즉, 응능부담의 원칙에 더 부합한다.

   둘째, 부를 광범위하게 분산시킬 수 있으므로 부의 분산 유인기능이 유산과세형보다 우수하다.

(물음 2)

1. 사전증여재산 합산과세

   (1) 규정 내용

   상속개시일 전 다음의 기간내에 피상속인이 상속인이나 상속인 이외의 자에게 증여한 재산은 상속세 과세가액에 가산하여 상속세를 과세한다. 단, 비거주자의 사망으로 인하여 상속이 개시되는 경우에는 국내에 있는 재산을 증여한 경우에만 상속재산가액에 가산한다.

   ① 상속개시일 전 10년 이내에 피상속인이 상속인에게 증여한 재산가액

   ② 상속개시일 전 5년 이내에 피상속인이 상속인이 아닌 자에게 증여한 재산가액

   (2) 취지

   사망 전에 증여를 통하여 상속세의 누진적 부담을 회피하는 것을 방지 하고자 함이다.

2. 증여세액공제

   (1) 규정 내용

   상속재산에 가산한 증여재산에 대한 증여세액(법정금액을 한도로 함)은 상속세산출세액(수증자가 상속인 또는 수유자인 경우인 경우 각자가 납부할 상속세액)에서 공제한다. 다만, 상속세 과세가액에 가산하는 증여재산에 대하여 「국세기본법」에 따른 국세부과 제척기간의 만료로 인하여 증여세가 부과되지 아니하는 경우와 상속세 과세가액이 5억원 이하인 경우에는 증여세액공제를 적용하지 아니한다.

(2) 취지

동일한 재산에 대하여 증여세와 상속세의 이중과세를 방지하고자 함이다.

(물음 3)

1. 사전증여재산 합산과세

영리법인은 상속인에 해당 할 수 없으므로 상속개시일로부터 5년 이내의 증여한 자산에 해당한다면 사전증여재산 합산대상에 해당한다. 사례의 경우 4년이내에 증여한 자산이므로 상속재산가액에 가산되어야 마땅하다.

2. 증여세액공제

상속세 과세가액이 5억원을 초과한다면 법정산식에 따라 계산한 금액을 한도로 상속재산에 가산한 증여재산에 대한 증여세액을 '상속세산출세액'에서 공제한다.

세법학2부

이 상 민 (세무사)

【문제 1】

(물음 1) 건물의 공급가액 계산

1. 의의

사업자가 토지와 그 토지에 정착된 건물 등을 함께 공급하는 경우에 토지의 공급에 대해서는 면세되고 건물 등의 공급에 대하여만 과세된다. 따라서 건물등의 공급가액만 과세표준에 포함하여야 한다.

2. 건물의 공급가액

(1) 원칙

건물 또는 구축물 등의 실지거래가액을 공급가액으로 한다.

(2) 예외 : 안분계산

다음에 해당 할 경우 법정 감정가액등의 비율 순서에 따라 계산한 금액을 건물 또는 구축물등의 공급가액으로 한다.

① 실지거래가액 중 토지의 가액과 건물 또는 구축물 등의 가액의 구분이 불분명한 경우

② 사업자가 실지거래가액으로 구분한 토지와 건물 또는 구축물 등의 가액이 법정 감정가액등의 비율 순서에 따라 안분계산한 금액과 100분의 30 이상 차이가 있는 경우

(3) 안분계산 특례

다만 위 (2)의 ②에 해당하는 경우로써 다음에 해당하는 경우에는 건물등의 실지거래가액을 공

급가액으로 한다.
① 다른 법령에서 정하는 바에 따라 토지와 건물등의 가액을 구분한 경우
② 토지와 건물등을 함께 공급받은 후 건물등을 철거하고 토지만 사용하는 경우

(물음 2)-(1)

1. 부가가치세 공급가액으로 신고하여야 하는 금액
   건물의 공급가액은 0원이다.

2. 근거
   (1) 재화의 공급시기
      ① 재화의 이동이 필요한 경우 : 재화가 인도되는 때
      ② 재화의 이동이 필요하지 않은 경우 : 재화가 이용가능 하게 되는 때(여기서 '이용가능'이라
         함은 사용·소비할 수 있는 사태를 말하며 부동산의 경우 명도 받기로 한 때를 말한다)
      ③ 위 ① 또는 ②를 적용 할 수 없는 경우 : 재화의 공급이 확정되는 때
   (2) 사례의 경우
      재화의 공급시기 현재 건물이 존재하지 않았던 점과 공급받은 자가 토지와 건물등을 함께 공
      급받은 후 건물등을 철거하고 토지만 사용하는 경우 실지거래가액을 공급가액으로 볼수 있다
      는 규정이 존재하는 것으로 미루어 건물 공급가액은 0원이 되어야 마땅하다.

(물음 2)-(2)

1. 재화의 공급으로 보지 아니하는 사업양도
   사업을 양도하는 것으로 사업장별(분할하거나 분할합병하는 경우에는 같은 사업장 안에서 사업부
   문별로 구분하는 경우를 포함)로 그 사업에 관한 모든 권리와 의무를 포괄적으로 승계시키는 것.
   이 경우 그 사업에 관한 권리와 의무 중 다음 각 호의 것을 포함하지 아니하고 승계시킨 경우에도
   그 사업을 포괄적으로 승계시킨 것으로 본다.
   ① 미수금에 관한 것
   ② 미지급금에 관한 것
   ③ 해당 사업과 직접 관련 없는 토지·건물 등에 관한 것

2. 사업의 양도 적용 여부
   사례에 따르면 甲은 주택신축판매업을 운영하고 있으며, 乙은 부동산임대업을 영위하고 있다. 따
   라서 양수자가 양도자의 동질적인 사업을 양수하였다고 볼 수 없으므로 부가가치세법에서 말하는
   재화의 공급에 해당하지 않는 사업의 양도라고 할 수 없다.

【문제 2】

(물음 1) 조건부면세 의의

조건부 면세란 국가시책으로서 특정한 용도에 사용되는 과세물품을 판매장에서 판매하거나 제조장 또
는 보세구역으로부터 반출함에 있어 일정한 조건을 부과하여 면세하는 제도를 말한다.

(물음 2)-(1)

1. 개별소비세 과세여부 및 과세요건
   자동차대여사업에 사용되는 개별소비세 과세대상 승용차를 조건부면세 승인을 받았으나, 구입일로부터 3년 이내에 동일인 또는 동일 법인에 대여한 기간의 합이 6개월을 초과하는 경우 개별소비세를 면세하지 않는다.

2. 신고절차
   반입자는 동일인 또는 동일 법인에 대여한 기간의 합이 6개월을 초과하는 날이 속하는 분기의 다음 달 25일까지 과세표준등 신고서를 반입지 관할 세무서장에게 제출하고 면제받은 개별소비세 전액을 납부하여야 한다.

(물음2)-(2)

1. 조건부면세의 요건
   (1) 관련 판례
       조건부면세로 반출된 물품을 반입자가 재반출하면서 다시 조건부면세를 받기 위하여는 개별소비세법에서 정한 면세승인절차 요건을 마찬가지로 이행하여야 하고, 이는 조건부 면세물품인 자동차대여사업용 차량을 사업양도에 따라 재반출하는 경우에도 같음(대법원 2011두6356, 2011.6.30.)
   (2) 요건
       관련 판례의 요지를 바탕으로 조건부면세 또는 면세반출에 대한 승인과 반출 후 반입증명이 필요하다.

2. 신고절차
   승용자동차의 조건부면세를 받기 위해서는 과세표준신고서에 면세반출신고서, 자동차등록증등을 첨부하여 제출하여야 한다.

【문제 3】

(물음 1)

1. 국가나 지방자치단체가 국방상의 목적 외에는 그 사용 및 처분 등을 제한하는 공장 구내의 토지

2. 「국토의 계획 및 이용에 관한 법률」, 「도시개발법」, 「도시 및 주거환경정비법」, 「주택법」 등에 따른 개발사업의 시행자가 개발사업의 실시계획승인을 받은 토지로서 개발사업에 제공하는 토지 중 다음 각 목의 어느 하나에 해당하는 토지
   가. 개발사업 관계법령에 따라 국가나 지방자치단체에 무상귀속되는 공공시설용 토지
   나. 개발사업의 시행자가 국가나 지방자치단체에 기부채납하기로 한 기반시설용 토지

3. 「방위사업법」에 따라 허가받은 군용화약류시험장용 토지(허가받은 용도 외의 다른 용도로 사용하는 부분은 제외한다)와 그 허가가 취소된 날부터 1년이 지나지 아니한 토지

4. 「한국농어촌공사 및 농지관리기금법」에 따라 설립된 한국농어촌공사가 「혁신도시 조성 및 발전에

관한 특별법」에 따라 국토교통부장관이 매입하게 함에 따라 타인에게 매각할 목적으로 일시적으로 취득하여 소유하는 같은 법에 따른 종전부동산

5. 「한국수자원공사법」에 따라 설립된 한국수자원공사가 「한국수자원공사법」 및 「댐건설·관리 및 주변지역지원 등에 관한 법률」에 따라 환경부장관이 수립하거나 승인한 실시계획에 따라 취득한 토지로서 「댐건설·관리 및 주변지역지원 등에 관한 법률」에 따른 특정용도 중 발전·수도·공업 및 농업 용수의 공급 또는 홍수조절용으로 직접 사용하고 있는 토지

(물음 2)

1. 재산세 부과 기준

재산세의 과세대상 물건이 토지대장, 건축물대장 등 공부상 등재되지 아니하였거나 공부상 등재현황과 사실상의 현황이 다른 경우에는 사실상의 현황에 따라 재산세를 부과한다. 다만, 재산세의 과세대상 물건을 공부상 등재현황과 달리 이용함으로써 재산세 부담이 낮아지는 경우 등 다음에 해당하는 경우에는 공부상 등재현황에 따라 재산세를 부과한다.

① 관계 법령에 따라 허가 등을 받아야 함에도 불구하고 허가 등을 받지 않고 재산세의 과세대상 물건을 이용하는 경우로서 사실상 현황에 따라 재산세를 부과하면 오히려 재산세 부담이 낮아지는 경우

② 재산세 과세기준일 현재의 사용이 일시적으로 공부상 등재현황과 달리 사용하는 것으로 인정되는 경우

2. 위 기준에 따르는 이유

원칙적으로 재산세 과세대상은 사실상현황을 우선 적용하여 과세하는것이나, 공장건축물 부속토지는 위 '1'기준에 따라 예외적으로 공부상 등재현황을 우선 적용 하도록 하고 있다. 그 이유는 별도합산과세대상이 아닌 종합합산과세대상으로 제재를 가하고 종합합산과세대상으로 과세할 경우 세액이 더 낮은 경우에는 다시 별도합산과세대상으로 과세하면서 납세자간 과세형평을 구현함에 그 취지가 있다.

【문제 4】

(물음 1) 최저한세 감면배제 규정이 필요한 이유

1. 의의

감면후세액이 최전하세액에 미달하는 경우에는 감면후세액이 최저한세액 이상이 되도록 최저한세 적용대상 조세감면 중 일부를 배제해야 한다. 이 경우 납세의무자가 신고 또는 수정신고하는 경우에는 납세의무자의 임의선택에 따라 배제하지만, 경정하는 경우에는 일정한 순서가 필요하다. 이에 따라 조세특례제한법은 경정하는 경우 배제 순서를 규정하고 있다.

2. 규정이 필요한 이유

(1) 과세형평성

과세관청의 경정에 따라 세액이 결정되는 경우로써 최저한세규정이 적용될 때 감면배제순서에 관한 규정이 없다면 납세자간 과세형평을 저해할 위험이 크다.

⑵ 조세부담의 최소화

법인세 및 소득세는 신고납부세목이므로 납세자 스스로 세부담이 최소화 될수있도록 의사결정 할 수 있는 권한을 가지고 있다. 이에따라 세법에서는 감면배제의 순서도 납세자의 선택에따라 조세부담이 최소화 될 수 있도록 규정 하고 있는 것이다.

(물음 2)

1. 조세감면 배제 순서
   ① 「조세특례제한법」 제10조의 2에 따른 연구개발 관련 출연금 등의 과세특례 규정에 의한 익금 불산입
   ② 「조세특례제한법」 제7조에 따른 중소기업에 대한 특별세액감면
   ③ 「조세특례제한법」 제12조에 따른 기술이전 및 기술취득 등에 대한 과세특례규정에 의한 세액감면
2. 배제 순서 기술 근거
   ⑴ 관련 법령
   납세의무자가 신고한 소득세액 또는 법인세액이 법에서 규정한 최저한세액에 미달하여 소득세 또는 법인세를 경정하는 경우에는 다음 순서(동일 호 내에서는 조문순서에 따른다)에 따라 감 면을 배제하여 세액을 계산한다.
   ① 조세특례제한법에 따른 손금산입 및 익금불산입
   ② 세액공제(동일 조문에 의한 감면세액중 이월된 공제세액이 있는 경우에는 나중에 발생한 것부터 적용 배제한다)
   ③ 법인세 또는 소득세의 면제 및 감면
   ④ 소득공제 및 비과세
   ⑵ 기술 근거
   1) 「조세특례제한법」 제10조에 따른 연구·인력개발비에 대한 세액공제는 중소기업의 경우에 는 최저한세 배제대상이 아니므로 배제대상에서 제외 하였다.
   2) 출연금등의 과세특례는 제일 우선순위로 배제하도록 규정하고 있다. 과세이연제도에 해당 하므로 납세자에게 유리하게 감면을 배제하고자 하는데 그 취지가 있다.
   3) 관련 법령에 따르면 동일 호 내에서는 조문순서 따른다고 규정하고 있으므로 7조와 12조 규정은 7조 규정을 먼저 배제 하였다.

2021년도 제58회 기출문제 **풀이**

> **회계학1부**

김 정 호 (공인회계사 / 서울디지털대학교 겸임교수)

【문제 1】

(물음 1)

⑴ 답 : ① ₩1,200,000, ② ₩200,000

    ① 제공자산 공정가치 1,600,000 – 현금수취액 400,000 = 1,200,000

    ② 제공자산 공정가치 1,600,000 – 제공자산 장부금액 1,400,000 = 200,000

〈회계처리〉

(차) 건물(취득)	1,200,000	(대) 건물(순액,제공)	1,400,000
현 금	400,000	유형자산처분이익	200,000

⑵ 답 : ① ₩1,600,000, ② (–)₩100,000

    ① 취득자산 공정가치 1,600,000 = 1,600,000

    ② 제공자산 공정가치 1,600,000 – 제공자산 장부금액 1,400,000 = 200,000

〈회계처리〉

(차) 건물(취득)	1,600,000	(대) 건물(순액,제공)	1,300,000
유형자산처분손실	100,000	현 금	400,000

(물음 2)

⑴ 답 : ① ₩0 ② ₩90,000

    감가상각후 장부금액 = 1,200,000 × 4년/5년 = 960,000

    재평가잉여금(OCI) = 공정가치 1,050,000 – 장부금액 960,000 = **90,000**

    회수가능액 = MAX(1,090,000, 1,020,000) = 1,090,000

    회수가능액 1,090,000 > 공정가치 1,050,000 → **손상차손 = 0**

⑵ 답 : ₩7,500

    감가상각후 장부금액 = 1,050,000 × 3년/4년 = 787,500

    재평가이익(손실) = 공정가치 730,000 – 장부금액 787,500 = (–)57,500

회수가능액 = MAX(680,000, 690,000) = 690,000
손상금액 = 공정가치 730,000 − 회수가능액 690,000 = 40,000
손상차손(NI) = 손상금액 40,000 − 재평가잉여금 32,500(90,000 − 57,500) = **₩7,500**

(3) 답 : **₩12,500**

감가상각후 장부금액 = 690,000 × 2년/3년 = 460,000
재평가증(손상차손환입포함) = 공정가치 490,000 − 장부금액 460,000 = 30,000
회수가능액 = MAX(470,000, 480,000) = 480,000
손상차손 = 공정가치 490,000 − 회수가능액 480,000 = 10,000
기타포괄이익 = 재평가증 30,000 − 손상차손환입 7,500 − 손상차손 10,000 = **₩12,500**

[참고] 재평가 및 손상

	20×1초	20×1말	20×2말	20×3말	NI	OCI
FV	1,200,000					
	×4/5					
20×1말	960,000→	1,050,000				**90,000**
		×3/4				
20×2말		787,500→	730,000			(57,500)
			↓			
			690,000		**(7,500)**	(32,500)
			×2/3			
20×3말			460,000→	490,000	7,500	**22,500**
				↓		
				480,000		**(10,000)**

연도	내용	NI	OCI
20×1년	재평가이익		90,000
20×2년	재평가손실		(57,500)
	손상(FV − 회수가능액) 40,000	(7,500)	(32,500)
20×3년	재평가증(손상환입포함) 30,000	7,500	22,500
	손상(FV − 회수가능액)		(10,000)

[참고] 회계처리

⟨20×1년 말⟩

(차) 감가상각비	240,000	(대) 감가상각누계액	240,000

(차) 감가상각누계액	240,000	(대) 기계장치	150,000
		재평가잉여금	90,000

⟨20×2년 말⟩

(차) 감가상각비	262,500	(대) 감가상각누계액	262,500

(차) 감가상각누계액	262,500	(대) 기계장치	320,000
재평가잉여금	57,500		

(차) 재평가잉여금	32,500	(대) 손상차손누계액	40,000
손상차손	7,500		

⟨20×3년 말⟩

(차) 감가상각비	230,000	(대) 감가상각누계액	230,000

(차) 감가상각누계액	230,000	(대) 기계장치	240,000
손상차손누계액	40,000	손상차손환입	7,500
		재평가잉여금	22,500

(차) 손상차손	10,000	(대) 손상차손누계액	10,000

[참고] 연도별 기계장치 순장부금액 및 제평가잉여금 표시

과목	20×1년 말	20×2년 말	20×3년 말
기계장치(FV)	₩1,050,000	₩730,000	₩490,000
손상차손누계액	[주1] (−)	[주2] (40,000)	[주3] (10,000)
순장부금액[*]	₩1,050,000	₩690,000	₩480,000
재평가잉여금	₩90,000	−	₩12,500

[*] Min[FV, 회수가능액]
[주1] 회수가능액 〉FV
[주2] FV 730,000 − 회수가능액 690,000 = 40,000
[주3] FV 490,000 − 회수가능액 480,000 = 10,000

【문제 2】

(물음 1)

(1) 답 : ① ₩122,000, ② (₩8,000)

확정급여채무

지급액	10,000	기초	100,000
		이자원가(주1)	10,000
		당기근무원가	120,000
기말	230,000	재측정요소(−)	10,000
	240,000		240,000

(주1) 이자원가 = 100,000 × 10% = 10,000

사외적립자산

기초	80,000	지급액	10,000
기여금수령액	70,000		
이자수익(주1)	8,000		
재측정요소(+)	2,000	기말	150,000
	160,000		160,000

(주1) 이자수익 = 80,000 × 10% = 8,000

당기근무원가	₩120,000
이자원가	10,000
이자수익	(8,000)
① 퇴직급여(당기손익)	₩122,000

확정급여채무(보험수리적손익)	(₩10,000)
사외적립자산(수익 − 이자수익)	2,000
② 재측정요소이익(손실)	(₩8,000)

(2) 답 : ① ₩72,000

확정급여채무

지급액	10,000	기초	100,000
		이자원가(주1)	10,000
기말	220,000	당기근무원가	120,000
	230,000		230,000

(주1) 이자원가 = 100,000 × 10% = 10,000

사외적립자산

기초	80,000	지급액	10,000
기여금수령액	70,000		
이자수익(주1)	8,000	**기말**	**148,000**
	158,000		158,000

(주1) 이자수익 = 80,000 × 10% = 8,000

확정급여채무	₩220,000
사외적립자산	(148,000)
① 순확정급여부채	**₩72,000**

(물음 2)

(1) 답 : ① ₩43,200 ② ₩93,000

① (100명 – 3명 – 7명) × 10개 × ₩144 × 1년/3년 = ₩43,200

② (100명 – 3명 – 4명 – 3명) × 10개 × ₩155 × 2년/3년 = ₩93,000

(2) 답 : ① ₩61,200, ② ₩109,200

행사로 현금지급	30명 × 10개 × ₩155	+ ₩45,000
② 20×3년 말 부채	(100명 – 3명 – 4명 – 3명 – 30명) × 10개 × ₩182 ×3년/3년	+ 109,200
20×2년 말 부채		– 93,000
① 20×3년 비용		**₩61,200**

(3) 답 : ① ₩15,000, ② ₩64,200

행사로 현금지급	30명 × 10개 × ₩200	+ ₩60,000
② 20×4년 말 부채	(100명 – 3명 – 4명 – 3명 – 30명 – 30명) × 10개 × ₩214	+ 64,200
20×3년 말 부채	(100명 – 3명 – 4명 – 3명 – 30명) × 10개 × ₩182 × 3년/ 3년	– 109,200
① 20×4년 비용		**₩15,000**

【문제 3】

(물음 1) 답 : (1) 50단위 (2) 50단위

재공품(물량흐름)

(40%)	기초	200	완성	2,000	
	투입	2,600	1차 공손	100	(20%)
			2차 공손	100	(100%)
			기말	600	(60%)

1차 합격품 = (완성품 2,000 − 기초재공품 200) + 2차공손 100 + 기말재공품 600 = 2,500
1차 검사 정상공손수량 = 2,500 × 2% = **50단위**
2차 합격품 = 완성품 2,000 = 2,000
2차 검사 정상공손수량 = 2,000 × 2.5% = **50단위**

(물음 2) 답 : (1) ₩1,000 (2) ₩2,100,000 (3) ₩60,200

	물량	재료 + 전환원가
기초재공품(40%)	200	
당기투입	2,600	
계	2,800	
당기완성품		
기초	200	120
당기투입	1,800	1,800
1차 검사 정상공손	50	10
1차 검사 비정상공손	50	10
2차 검사 정상공순	50	50
2차 검사 비정상공손	50	50
기말재공품(60%)	600	360
계	2,800	2,400
완성품환산량 단위원가		
당기투입원가[주1]		2,400,000
÷ 완성품환산량		2,400
		₩1,000

[주1] 1,440,000 + 960,000 = 2,400,000

기초재공품원가		₩22,600
당기투입완성원가	(120단위 + 1,800단위) × ₩1,000	1,920,000
1차 검사 정상공손원가 배분	₩10,000[주1] × 1,800단위/(1,800단위 + 600단위 + 100단위)	7,200
2차 검사 정상공손원가 배분	₩50,200[주2] × 2,000단위/2,000단위	50,200
폐기물 처리원가	200단위 × ₩500	100,000
결합제품원가		₩2,100,000

[주1] 1차 검사 정상공손원가 = 10단위 × ₩1,000 = ₩10,000

[주2] 2차 검사 정상공손원가

    = 50단위 × ₩1,000 + ₩10,000 × 50단위/(1,800단위 + 600단위 + 100단위)

    = ₩50,000 + ₩200

    = ₩50,200

1차 검사 비정상공손원가	10단위 × ₩1,000	10,000
2차 검사 비정상공손원가	50단위 × ₩1,000 + ₩10,000 × 50단위/ (1,800단위 + 600단위 + 100단위)[주] = 50,000 + 200	50,200
비정상공손원가		₩60,200

[주] 1차 검사 정상공손원가배분

[참고] 정상공손원가 배분

구분	수량	공손원가	1차 검사 정상공손배분	2차 검사 정상공손배분
완성품	1,800		7,200	50,200
기말재공품	600		2,400	
1차 검사 정상공손	50	10,000	(10,000)	
1차 검사 비정상공손	50	10,000		
2차 검사 정상공손	50	50,000	200	(50,200)
2차 검사 비정상공손원가	50	50,000	200	
합계	2,600			

(물음 3) 답 : A ₩630,000 B ₩725,000 C ₩1,245,000

구분	계산식	NRV	비율
A	400단위×₩2,000 – ₩200,000	₩600,000	30%
B	600단위×₩1,500 – ₩200,000 – ₩200,000	500,000	25%
C	800단위×₩2,000 – ₩300,000 – ₩400,000	900,000	45%
합계		₩2,000,000	100%

결합원가배분액 = ₩2,000,000 + 폐물폐기원가 ₩100,000(200단위×₩500) = ₩2,100,000

구분	결합원가배분액 + 추가가공원가	제품원가
A	₩2,100,000×30% + 0	₩630,000
B	₩2,100,000×25% + 200,000	725,000
C	₩2,100,000×45% + 300,000	1,245,000

(물음 4) 답 : ₩50,000, 수락

판매금액	200단위×₩1,500	₩300,000
폐기원가 절감	200단위×₩500	100,000
추가가공원가		(350,000)
증분이익		₩50,000

증분이익 > 0 → 수락

(물음 5) 답 : A ₩615,000 B ₩712,500 C ₩1,222,500
부산물NRV = 판매금액 300,000 – 추가가공원가 350,000 = (–)50,000
결합원가배분액 = ₩2,000,000 + 부산물NRV차감 ₩50,000 = ₩2,050,000

구분	결합원가배분액 + 추가가공원가	제품원가
A	₩2,050,000×30% + 0	₩615,000
B	₩2,050,000×25% + 200,000	712,500
C	₩2,050,000×45% + 300,000	1,222,500

【문제 4】

(물음 1) 답 : ₩400,000
단위당 변동원가 = 400 + 100 + 50 + 100×50% = 600
총공헌이익증가 = 2,000단위×(₩800 – ₩600) = ₩400,000

(물음 2) 답 : ₩800

단위당 변동원가 = 500 + 100 + 50 + 100 = 750

이익증가 = 2,000단위 × (**단위당 판매가격** − ₩750) + ₩1,000,000 = ₩1,500,000

단위당 판매가격 = **₩800**

(물음 3) 답 : ₩1,580,000

증분이익 = 1.200단위 × (₩900 − ₩650 − ₩100 × (1 − 40%)) − 2,000단위 × (₩1,000 − ₩650)

       = ₩2,280,000 − ₩700,000

       = **₩1,580,000**

(물음 4) 답 : ₩3,300,000

증분이익 = 15,000단위 × (₩1,000 − ₩650 − ₩100 − ₩10) − ₩1,000,000 + ₩700,000

       = ₩3,600,000 − ₩300,000

       = **₩3,300,000**

(물음 5) 답 : 25%

A. 매출액	1,000단위 × ₩1,000 + 2,000단위 × ₩1,000	₩3,000,000
B. 총변동비	1,000단위 × (₩650 + ₩50) + 2,000단위 × (₩750 + ₩25)	2,250,000
C. 총공헌이익		₩750,000
공헌이익률	C ÷ A	25%

회계학2부

김 형 준 (세무사)

【문제 1】

(물음 1)

(1) 총급여액	(2) 근로소득금액
85,000,000	71,000,000

1. 총급여액

    기본급 3,500,000 × 12 + 상여금 3,500,000 × 6 + 직책수당 250,000 × 12 + 식대 150,000 × 12

    + 자가운전보조금 (300,000 − 00,000) × 12 + 학비보조금 8,000,000 × 2 = **85,000,000**

* 식대는 현물로 제공 받고 있으므로 현금지급분 전액 과세되며, 실비변상적 자가운전보조금에 대해서는 20만원 비과세한다.

2. 근로소득금액

(1) 근로소득공제 : $12,000,000 + (85,000,000 - 45,000,000) \times 5\% = 14,000,000$

(2) 근로소득금액 : $85,000,000 - 14,000,000 = \mathbf{71,000,000}$

(물음 2)

(1) 기본공제액	(2) 추가공제액	(3) 인적공제 합(1+2)
7,500,000	2,000,000	9,500,000

1. 기본공제액

$1,500,000 \times 5 = \mathbf{7,500,000}$

* 모친은 소득이 있지만 분리과세소득이므로 기본공제 대상자이고, 자녀 B는 장애인이므로 나이의 제한을 받지 않는다. 그러므로 자녀 A를 제외한 5명이 기본공제대상자이다.

2. 추가공제액

장애인공제 **2,000,000**

(물음 3)

(1) 건강보험료 등 소득공제액	(2) 연금보험료 소득공제액
1,500,000	3,000,000

1. 건강보험료 등 소득공제액

건강보험료 $1,200,000 +$ 노인장기요양보험료 $100,000 +$ 고용보험료 $200,000 = \mathbf{1,500,000}$

2. 연금보험료 소득공제액

국민연금보험료 **3,000,000**

(물음 4)

(1) 기본한도내 공제액	(2) 추가공제액	(3) 신용카드 등 소득공제액 합(1+2)
2,500,000	1,240,000	3,740,000

1. 기본한도내 공제액 : MIN{(1), (2)} = **2,500,000**

(1) 사용금액에 대한 공제액

전통시장 $4,200,000 \times 40\% +$ 대중교통 $600,000 \times 40\% +$ 직불카드 등 $5,900,000 \times 30\% +$ 신용카드 $(28,300,000 - 82,000,000 \times 25\%) \times 15\% = 4,860,000$

(2) 한도액 : 2,500,000

2. 추가공제액 : MIN{⑴, ⑵} = **1,240,000**
   ⑴ 추가공제액 : 전통시장 MIN(4,200,000×40%, 1,000,000)
                  + 대중교통 MIN(600,000×40%, 1,000,000) = 1,240,000
   ⑵ 한도 : 4,860,000 − 2,500,000 = 2,360,000

(물음 5)

⑴ 과세표준	⑵ 산출세액
53,260,000	7,562,400

1. 과세표준 : ⑴ − ⑵ = **53,260,000**
   ⑴ 종합소득금액 : 71,000,000
   ⑵ 종합소득공제 : 9,500,000 + 1,500,000 + 3,000,000 + 3,740,000 = 17,740,000

2. 산출세액 : 5,820,000 + (53,260,000 − 46,000,000)×24% = **7,562,400**

(물음 6)

세액공제 항목	금 액
⑴ 근로소득 세액공제	500,000
⑵ 자녀세액공제	300,000
⑶ 보장성보험료 세액공제	270,000
⑷ 의료비 세액공제	375,000
⑸ 교육비 세액공제	1,650,000
합 계	3,095,000

1. 근로소득 세액공제 : MIN{⑴, ⑵} = **500,000**
   ⑴ 715,000 + (7,300,000 − 1,300,000)×30% = 2,515,000
   ⑵ MAX (①, ②) = 500,000
      ① 660,000 − (82,000,000 − 70,000,000)×50% = 0
      ② 500,000

2. 자녀세액공제 : 150,000×2 (자녀B, 자녀C) = **300,000**

3. 보장성보험료 세액공제
   자동차손해보험 1,000,000(한도)×12% + 장애인전용보험 1,000,000(한도)×15% = **270,000**

4. 의료비 세액공제 : (3,310,000 − 810,000)×15% = **375,000**
   ⑴ 구분
      ① 본인 등 : 본인 860,000 + 모친 870,000 + 장애인 1,580,000 = 3,310,000
      ② 이외 : 자녀A 750,000 + 자녀C (350,000 + 500,000 + 50,000) = 1,650,000
   ⑵ MIN(1,650,000 − 82,000,000×3%, 한도 7,000,000) = (−) 810,000

   * 콘택트 렌즈 구입비는 50만원한도로 공제 가능함

5. 교육비 세액공제

[자녀B 대학수업료 9,000,000(한도) + 자녀C {교복 500,000(한도) + 교과서대금 50,000 + 방과
후수업료 900,000 + 급식비 550,000}] × 15% = **1,650,000**

(물음 7)

(1) 결정세액	(2) 원천징수세액(기납부세액)	(3) 환급세액
4,205,000	4,750,000	545,000

1. 결정세액 : 7,300,000 − 3,095,000 = **4,205,000**

2. 환급세액 : 4,205,000 − 4,750,000 = **(−) 545,000**

【문제 2】

(물음 1)

1. 제10기 회계처리
   (1) 1월 2일

   차) 기계장치　　　　　　100,000,000　　　대) 현금　　　　　　100,000,000

   (2) 12월 31일

   차) 감가상각비　　　　　40,000,000　　　대) 감가상각누계액　　40,000,000

2. 제10기 세무조정

익금산입 및 손금불산입			손금산입 및 익금불산입		
과목	금액	소득처분	과목	금액	소득처분
부당행위	20,000,000	상여	기계장치	20,000,000	유보
감가상각비	8,000,000[*1]	유보			

*1. 40,000,000 × 20,000,000/100,000,000 = 8,000,000
*2. 감가상가비 시부인 (1)−(2)=0
   (1) 회사계상액 : 40,000,000 − 8,000,000 = 32,000,000
   (2) 상각범위액 : 80,000,000 × 40% = 32,000,000

3. 제11기 회계처리
   (1) 12월 31일

   차) 감가상각비　　　　　24,000,000　　　대) 감가상각누계액　　24,000.000
   차) 감가상각누계액　　　64,000,000　　　대) 기계장치　　　　　100,000,000
   　　현　금　　　　　　　20,000,000
   　　기계장치처분손실　　16,000,000

4. 제11기 세무조정

익금산입 및 손금불산입			손금산입 및 익금불산입		
과목	금액	소득처분	과목	금액	소득처분
기계장치	12,000,000	유보			

(물음 2)

구분	세무상 처리에 대한 설명
주주 甲	특수관계인 병에게 분여한 이익을 부당행위로 보아 익금산입함
주주 乙	특수관계인에 해당하지 않아 부당행위계산부인 적용 대상이 아님
주주 丙	특수관계인 갑으로부터 분여 받은 이익을 익금산입함
주주 丁	특수관계인에 해당하지 않아 부당행위계산부인 적용 대상이 아님

구분	익금산입 및 손금불산입			손금산입 및 익금불산입		
	과 목	금 액	처 분	과 목	금 액	처 분
주주 甲	부당행위	9,600,000	기타사외유출			
주주 乙	세무조정 없음					
주주 丙	유가증권	9,600,000	유보			
주주 丁	세무조정 없음					

1. 감자 후 1주당 평가액

$$\frac{30,000주 \times 10,000 - 10,000주 \times 4,000}{20,000주} = 13,000$$

2. 현저한 이익 : $10,000 - 4,000 \geq 10,000 \times 30\%$

3. 분여 받은 이익 : $(13,000 - 10,000) \times 8,000주 \times 4,000/10,000 = 9,600,000$

(물음 3)

구분	세무상 처리에 대한 설명
주주 甲	현저한 이익에 해당하지 않으므로[1] 부당행위계산부인을 적용하지 않음
주주 乙	특수관계인에 해당하지 않아 부당행위계산부인 적용 대상이 아님
주주 丙	현저한 이익에 해당하지 않으므로 부당행위계산부인을 적용하지 않음
주주 丁	특수관계인에 해당하지 않아 부당행위계산부인 적용 대상이 아님

[1]. 현저한 이익 : $10,000 - 8,000 < 10,000 \times 30\%$

구분	익금산입 및 손금불산입			손금산입 및 익금불산입		
	과 목	금 액	처 분	과 목	금 액	처 분
주주 甲	세무조정 없음					
주주 乙	세무조정 없음					
주주 丙	세무조정 없음					
주주 丁	세무조정 없음					

(물음 4)

구분	세무상 처리에 대한 설명
주주 甲	특수관계인 병으로부터 분여 받은 이익을 익금산입함
주주 乙	특수관계인에 해당하지 않아 부당행위계산부인 적용 대상이 아님
주주 丙	특수관계인 갑에게 분여한 이익을 부당행위로 보아 익금산입함
주주 丁	특수관계인에 해당하지 않아 부당행위계산부인 적용 대상이 아님

구분	익금산입 및 손금불산입			손금산입 및 익금불산입		
	과 목	금 액	처 분	과 목	금 액	처 분
주주 甲	부당행위	4,800,000	유보			
주주 乙	세무조정 없음					
주주 丙	유가증권	4,800,000	기타사외유출			
주주 丁	세무조정 없음					

1. 감자 후 1주당 평가액

$$\frac{30,000주 \times 10,000 - 10,000주 \times 13,000}{20,000주} = 8,500$$

2. 현저한 이익 : $13,000 - 10,000 \geqq 10,000 \times 30\%$

3. 분여 받은 이익 : $(10,000 - 8,500) \times 8,000주 \times 4,000/10,000 = 4,800,000$

【문제 3】

(물음 1)

1. 임직원의 퇴직금 지급에 대한 세무조정 : **손금불산입 임원퇴직금 20,000,000*1 상여**
   *1. 퇴직금 지급액 $105,000,000 -$ 한도 $(60,000,000 + 15,000,000 + 75,000,000)$

   $\times 10\% \times 5\frac{8}{12} = 20,000,000$

2. 제14기 세법상 결손금 : $\triangle 220,000,000 + 20,000,000 = \triangle 200,000,000$

(물음 2)

1. 결손금 소급공제를 신청할 경우 최대한 소급공제 받을 수 있는 결손금 : **210,000,000**[*1]

   *1. ⑴ 과세표준×법인세율 = 38,000,000

   　⑵ 20,000,000 ÷ 10% + 18,000,000 ÷ 20% = 290,000,000

   　⑶ 500,000,000 − 290,000,000 = 210,000,000

2. 제14기 소급공제 받을 수 있는 결손금 : **200,000,000**

(물음 3)

제14기 환급받을 세액 : **6,000,000**

1. 소급공제 환급세액 : 80,000,000 − (5억 − 2억)×세율 = 40,000,000

2. 토지 등 양도소득에 대한 법인세액
   {6억 − (245,000,000 + 5,000,000 + 10,000,000)}×10% = 34,000,000

3. 제13기 환급받을 세액 : 1 − 2 = 6,000,000

【문제 4】

(물음 1)

번호	과세표준
1	2,160,000
2	2,000,000
3	600,000
4	1,000,000
5	1,200,000
6	10,850,000
7	175,000,000

1. 730,000,000×90일(10.3~12.31)×1.2% / 365 = 2,160,000

2. 운송비, 하자보증금은 공급가액에서 공제하지 아니하고, 지급한 판매장려금은 과세표준에서 공제
   하지 않는다.

3. 현금 500,000 + 제3자 마일리지 보전액 100,000 = 600,000

4. 중간지급조건부로 재화를 공급하는 경우 대가의 각 부분을 받기로 한때를 공급시기로 한다.

5. 자기가 공급한 재화의 시가를 공급가액으로 한다.

6. $3,150,000 + \$7,000 \times 1,100 = 10,850,000$

7. $(1) + (2) = 175,000,000$

    (1) 건물 : $400,000,000 \times 150,000,000/200,000,000 \times 100,000,000/400,000,000$

        $= 75,000,000$

    (2) 기계장치 : $400,000,000 \times 50,000,000/200,000,000 = 100,000,000$

(물음 2)

구분	세액
(1) 의제매입세액	2,000,000
(2) 과세사업전환 매입세액	1,050,000
(3) 공제받지 못할 매입세액	2,390,000

1. 의제매입세액

    $(38,000,000 + 20,000,000 \times 14억/20억) \times 4/104 = 2,000,000$

2. 과세사업전환 매입세액

    $3,000,000 \times (1 - 25\% \times 2) \times 14억/20억 = 1,050,000$

3. 공제받지 못할 매입세액 : $(1) + (2) + (3) = 2,390,000$

    (1) 공통매입세액 불공제분 : (수리비 $100,000$ + 운송비 $200,000) \times 6억/20억 = 90,000$

    (2) 접대비 $300,000$

    (3) 공장부지 조성비 $2,000,000$

(물음 3)

구분	세액
(1) 납부세액	1,320,000
(2) 재고납부세액	897,750
(3) 세금계산서 등 수취세액공제	220,000

1. 납부세액 : 공급대가 $66,000,000 \times 20\% \times 10\% = 1,320,000$

2. 재고납부세액 : $(1) + (2) = 850,500$

    (1) 제품 : $2,000,000^{*1} \times 10\% \times (1 - 0.5\% \times 110/10) = 189,000$

      *1. 재고품 등의 금액은 장부 또는 세금계산서에 의하여 확인되는 해당 재고품등의 취득가액으로 한다. 다만, 장부 또는 세금계산서가 없거나 장부에 기록이 누락된 경우 해당 재고품등의 가액은 시가에 따른다. 해당 문제에서는 장부가액을 제시하고 있으므로 해당 금액을 취득가액으로 보아 계산하였다.

    (2) 기계장치 : $10,000,000 \times 10\% \times (1 - 25\% \times 1) \times (1 - 0.5\% \times 110/10) = 708,750$

3. 세금계산서 등 수취세액공제 : $44,000,000 \times 0.5\% = 220,000$

세법학1부

이 상 민 (세무사)

【문제 1】

(물음 1)

1. 중복세무조사 금지 원칙 : 세무공무원은 적정하고 공평한 과세를 실현하기 위하여 필요한 최소한의 범위에서 세무조사를 하여야 하며, 다른 목적 등을 위하여 조사권을 남용해서는 아니 된다. 또한 세무공무원은 법정 사유에 해당하는 경우가 아니면 같은 세목 및 같은 과세기간에 대하여 재조사를 할 수 없다.

2. 중복세무조사가 허용되는 경우
   1) 조세탈루의 혐의를 인정할 만한 명백한 자료가 있는 경우
   2) 거래상대방에 대한 조사가 필요한 경우
   3) 2개 이상의 과세기간과 관련하여 잘못이 있는 경우
   4) 불복청구 또는 과세전적부심사청구 재조사 결정에 따라 조사를 하는 경우(결정서 주문에 기재된 범위의 조사에 한정한다)
   5) 납세자가 세무공무원에게 직무와 관련하여 금품을 제공하거나 금품제공을 알선한 경우
   6) 세무조사중 법에따라 부분조사를 실시한 후 해당 조사에 포함되지 아니한 부분에 대하여 조사하는 경우
   7) 부동산투기, 매점매석, 무자료거래 등 경제질서 교란 등을 통한 세금탈루 혐의가 있는 자에 대하여 일제조사를 하는 경우
   8) 과세관청 외의 기관이 직무상 목적을 위해 작성하거나 취득해 과세관청에 제공한 자료의 처리를 위해 조사하는 경우
   9) 국세환급금의 결정을 위한 확인조사를 하는 경우
   10)「조세범 처벌절차법」에 따른 조세범칙행위의 혐의를 인정할 만한 명백한 자료가 있는 경우

(물음 2) 재조사의 적법성

1. 결론 : 과세관청의 2017년 제2기 부가가치세 세무조사는 적법하다.

2. 근거 : B회사의 대표이사는 구체적 증빙자료를 제시하면서 가공거래라는 사실을 진술하였고 이에 따른 수정신고 등을 하였다. 이는 A회사의 조세탈루를 인정할만한 명백한 자료가 있는 사유에 해당한다 할 수 있으므로 같은 세목 및 같은 과세기간에 대하여 재조사하는 것은 적법하다.

(물음 3) 세무조사 범위 확대 사유

세무공무원은 다음 어느하나에 해당하는 경우를 제외하고는 조사진행 중 세무조사의 범위를 확대할 수 없다.
1) 다른 과세기간·세목 또는 항목에 대한 구체적인 세금탈루 증거자료가 확인되어 다른 과세기간·

세목 또는 항목에 대한 조사가 필요한 경우

2) 명백한 세금탈루 혐의 또는 세법 적용의 착오 등이 있는 조사대상 과세기간의 특정 항목이 다른 과세기간에도 있어 동일하거나 유사한 세금탈루 혐의 또는 세법 적용 착오 등이 있을 것으로 의심되어 다른 과세기간의 그 항목에 대한 조사가 필요한 경우

(물음 4) A회사가 취할 수 있는 조치

1. 관련법령(납세자보호위원회)
   1) 납세자 권리보호에 관한 사항을 심의하기 위하여 세무서, 지방국세청 및 국세청에 납세자보호위원회를 둔다.
   2) 납세자보호위원회는 다음의 사항을 심의한다.
      ① 세무조사 기간 연장 및 세무조사 범위 확대에 대한 중소규모납세자의 세무조사 일시중지 및 중지 요청
      ② 위법 · 부당한 세무조사 및 세무조사 중 세무공무원의 위법 · 부당한 행위에 대한 납세자의 세무조사 일시중지 및 중지 요청
2. 결론 : A회사는 쟁점 사건 범위 확대에 대하여 과세관청을 상대로 세무조사 일시중지 및 중지 요청을 할 수 있다.

【문제 2】

(물음 1)

1. 국세기본법상 근거과세 원칙
   1) 납세의무자가 세법에 따라 장부를 갖추어 기록하고 있는 경우에는 해당 국세 과세표준의 조사와 결정은 그 장부와 이와 관계되는 증거자료에 의하여야 한다.
   2) 1)에 따라 국세를 조사 · 결정할 때 장부의 기록 내용이 사실과 다르거나 장부의 기록에 누락된 것이 있을 때에는 그 부분에 대해서만 정부가 조사한 사실에 따라 결정할 수 있다.

2. 소득세법상 추계과세
   납세지 관할 세무서장 및 지방국세청장은 과세표준신고를 하지 아니하거나 신고내용에 탈루 또는 오류가 있는 등의 법정사유에 해당하는 경우에는 과세표준 및 세액을 경정하여야 하며 이 경우 장부나 그밖의 증명서류를 근거로 하여야 한다. 다만, 법정사유에 해당하여 장부나 그밖의 증명서류에 의하여 소득금액을 계산할 수 없는 경우에는 법소정 계산 방식에 따라 소득금액을 추계조사 결정할 수 있다.

(물음 2)

1. 소득세법상 추계 결정 · 경정할 수 있는 사유
   1) 과세표준을 계산할 때 필요한 장부와 증빙서류가 없거나 한국표준산업분류에 따른 동종업종 사업자의 신고내용 등에 비추어 수입금액 및 주요 경비 등 중요한 부분이 미비 또는 허위인 경우
   2) 기장의 내용이 시설규모 · 종업원수 · 원자재 · 상품 또는 제품의 시가 · 각종 요금 등에 비추어 허위임이 명백한 경우

3) 기장의 내용이 원자재사용량 · 전력사용량 기타 조업상황에 비추어 허위임이 명백한 경우

2. 추계 사유의 적법성

사례의 경우 월별 수입금액만 기록 되어있을 뿐 수입금액에 관한 장부나 증빙이 없는 점, 5월부터 8월까지의 원시 장부상 실제 수입금액과 서류상의 수입금액이 다른 점 등으로 보아 과세표준 계산시 수입금액 및 주요 경비 등 중요한 부분이 미비 또는 허위인 경우등에 해당하므로 추계 사유에 해당한다.

(물음 3) 기준경비율 제도

수입금액에서 다음 각 목의 금액의 합계액(수입금액을 초과하는 경우에는 그 초과하는 금액은 제외한다)을 공제한 금액을 그 소득금액으로 결정 또는 경정한다. 다만, 해당금액이 수입금액에서 수입금액에 단순경비율을 곱한 금액을 공제한 금액에 법정 배율을 곱하여 계산한 금액 이상인 경우 그 배율을 곱하여 계산한 금액을 소득금액으로 결정할 수 있다.

가. 매입비용(사업용 유형자산 및 무형자산의 매입비용을 제외한다. 이하 이 조에서 같다)과 사업용 유형자산 및 무형자산에 대한 임차료로서 증빙서류에 의하여 지출하였거나 지출할 금액

나. 종업원의 급여와 임금 및 퇴직급여로서 증빙서류에 의하여 지급하였거나 지급할 금액

다. 수입금액에 기준경비율을 곱하여 계산한 금액. 다만, 복식부기의무자의 경우에는 수입금액에 기준경비율의 2분의 1을 곱하여 계산한 금액

(물음 4)

1. 수입금액 계산방법

1) 기장이 정당하다고 인정되어 기장에 의하여 조사 결정한 동일업황의 다른 사업자의 수입금액을 참작하여 계산하는 방법

2) 국세청장이 사업의 종류, 지역 등을 고려하여 사업과 관련된 인적 · 물적시설(종업원 · 객실 · 사업장 · 차량 · 수도 · 전기 등)의 수량 또는 가액과 매출액의 관계를 정한 영업효율이 있는 때에는 이를 적용하여 계산하는 방법

3) 국세청장이 업종별로 투입원재료에 대하여 조사한 생산수율을 적용하여 계산한 생산량에 당해 과세기간중에 매출한 수량의 시가를 적용하여 계산하는 방법

4) 국세청장이 사업의 종류별 · 지역별로 정한 다음 어느하나에 해당하는 기준에 따라 계산하는 방법

가. 생산에 투입되는 원 · 부재료중에서 일부 또는 전체의 수량과 생산량과의 관계를 정한 원단위 투입량

나. 인건비 · 임차료 · 재료비 · 수도광열비 기타 영업비용중에서 일부 또는 전체의 비용과 매출액의 관계를 정한 비용관계비율

다. 일정기간동안의 평균재고금액과 매출액 또는 매출원가와의 관계를 정한 상품회전율

라. 일정기간동안의 매출액과 매출총이익의 비율을 정한 매매총이익률

마. 일정기간동안의 매출액과 부가가치액의 비율을 정한 부가가치율

5) 주로 최종소비자를 대상으로 거래하는 업종에 대하여는 국세청장이 정하는 입회조사기준에 의하여 계산하는 방법

2. 갑 주장의 적법성

수입금액이 확인되지 않을 뿐 원시기록 장부상 실제 재료 지출액 및 기타 비용이 확인된다. 관련법령상 소득금액 계산시 단순경비율적용대상자의 경우 법정 비율을 곱한 금액을 수입금액에서 차감

하고, 단순경비율적용대상자외의자의 경우 매입비용, 급여등을 공제하여 계산 하도록 명시하고 있다. 또한 판례에 따르면 일부 허위로 기재된 부분이 있다고 하더라도 그 부분을 제외한 나머지 부분이 모두 사실에 부합하는 자료임이 분명하여 이를 근거로 과세표준을 계산할 수 있다면 그 과세표준과 세액은 실지조사의방법에 의하여 결정해야하며, 납세자 스스로 추계의 방법에 의 한 조사결정을 원하고 있다는 사유만으로는 추계과세요건이 갖추어진 것이라고 볼 수 없다고 하였다. 따라서 실제 필요경비가 확인됨에도 불구하고 추계 계산 하여야 한다는 갑의 주장은 위법하다.

【문제 3】

(물음 1)

1. 결론 : 과세관청의 법인세 부과처분은 적법하지 않다.

2. 근거
   ⑴ 건설자금 충당 차입이자의 지급이자 손금불산입
   명목여하에 불구하고 사업용 유형자산 및 무형자산의 매입·제작 또는 건설에 소요되는 차입금에 대한 지급이자 또는 이와 유사한 성질의 지출금은 각 사업연도의 소득금액 계산시 손금에 산입하지 아니한다.
   ⑵ 사례의 경우
   건설자금을 조달하는 과정에서 발생한 대출실행수수료등의 쟁점수수료는 건설에 소요되는 차입금에 대한 지금이자 또는 이와 유사한 성질의 지출금이라고 볼수 있으나, 부동산매매업의 분양사업을 위한 X건물은 법인세법상 재고자산에 해당하는것이지 유·무형자산은 아니므로 자산의 취득원가가 될 수 없으며 손금에 해당할 뿐이다.

(물음 2)

1. 쟁점 : 쟁점상표권이 무형자산에 해당 할 경우 2020년 감가상각비를 손금에 산입할 수 있는지 여부

2. 관련법령
   ⑴ 감가상각비의 결산조정 : 내국법인이 각 사업연도의 결산을 확정할 때 토지를 제외한 건물, 기계 및 장치, 특허권 등 유형자산 및 무형자산에 대한 감가상각비를 손비로 계상한 경우에는 상각범위액의 범위에서 그 계상한 감가상각비를 해당 사업연도의 소득금액을 계산할 때 손금에 산입하고, 그 계상한 금액 중 상각범위액을 초과하는 금액은 손금에 산입하지 아니한다
   ⑵ 감가상각비의 신고조정 : 위 ⑴에도 불구하고 영업권등에 해당하는 무형자산으로써 내용연수를 확정할 수 없는 무형자산의 감가상각비는 법정 산식에 따라 계산한 금액이 위 ⑴에 따라 손금에 산입한 금액보다 큰 경우 그 차액의 범위에서 추가로 손금에 산입할 수 있다.
   ⑶ 손금귀속시기 : 결산조정사항은 결산서에 계상한 사업연도이나, 신고조정사항은 세법상 규정된 사업연도이다. 따라서 신고조정사항은 손금산입시기의 조정이 불가능하다.

3. 사례판단 : 과세관청의 부과처분이 적법하여 무형자산으로 본다 하여도 감가상각비의 손금산입이 결산조정사항이라면 2020년도 손금에 귀속시킬수 없다. 하지만, 위 사례의 사실관계와 관련법령에 에 비추어볼 때 쟁점상표사용권은 국내에서 영구무상 사용할 수 있는 상표권으로써 그 내용연

수를 확정할 수 없는 무형자산에 해당하므로 신고조정사항 대상에 해당한다고 볼 수 있고 이 경우 손금산입은 규정에 사업연도에 한하여 가능한 것이다.

4. 결론 : 쟁점상표사용권에 대한 감가상각비는 2020년의 손금에 산입할 수 있다.

(물음 3) 부과처분의 적법성

1. 결론 : 과세관청의 부과처분은 적법하다

2. 근거
  (1) 업무무관 부동산
    ① 법인의 업무에 직접 사용하지 아니하는 부동산. 다만, 유예기간이 경과하기 전까지의 기간 중에 있는 부동산을 제외한다.
    ② 유예기간 중에 당해 법인의 업무에 직접 사용하지 아니하고 양도하는 부동산. 다만, 부동산 매매업을 주업으로 영위하는 법인은 매매용부동산을 유예기간(5년) 내에 양도하는 경우에는 그 부동산을 업무에 직접 사용한 것으로 본다.
  (2) 사례판단
    쟁점토지를 부동산매매업에 해당하는 자산으로 볼 경우 취득후 5년 내에 양도하였으므로 업무에 직접 사용한 것으로 볼 수 있을 것이다. 그러나 쟁점토지 양도일이 속하는 사업연도 이전에 부동산매매업의 매출액이 없고 총매출의 5%미만에 해당하는 등 부동산매매업을 주업으로 영위한다고 볼 수 없으므로 쟁점토지는 업무와 관련 없는 부동산에 해당하며 이에 따른 이자비용 등은 손금에 산입할 수 없는 것이다.

(물음 4)

1. 부동산매매업의 정의 : 한국표준산업분류에 따른 부동산 개발 및 공급업(묘지분양업을 포함한다) 및 건물 건설업(자영건설업에 한한다)을 말한다.

2. 주업을 판단하는 기준 : 부동산매매업과 다른 사업을 겸영하는 경우에는 해당사업연도와 그 직전 2사업연도의 부동산매매업 매출액의 합계액(해당 법인이 토목건설업을 겸영하는 경우에는 토목건설업 매출액을 합한 금액을 말한다)이 이들 3사업연도의 총수입금액의 합계액의 100분의 50을 초과하는 경우에 한하여 부동산매매업을 주업으로 하는 법인으로 본다.

3. 사례의 경우 : D주식회사는 체육시설업 등만 영위했으나 2012년 1월 15일 부동산매매업을 추가등록하면서 쟁점토지의 양도일 현재 겸영사업자에 해당한다. 그러나 토지 양도일인 2018년 8월 15일 현재 3사업연도의 부동산매매업의 수입금액이 없으므로 총수입금액의 100분의 50 미만에 해당한다. 따라서 부동산매매업이 주업이라고 볼 수 없다.

【문제 4】

(물음 1)

1. 원칙 : 상속세및증여세법에따른 재산의 가액은 평가기준일 현재 시가에 의함을 원칙으로 하고, 그

시가를 산정하기 어려운 경우에는 보충적 평가방법에 의하여 평가한다.

2. 저당권등이 설정된 재산 평가의 특례

다음 중 어느 하나에 해당하는 재산은 ① 평가기준일 현재의 시가 또는 보충적 평가방법으로 평가한 가액과 ② 해당 재산이 담보하는 채권액 중 큰 금액을 그 재산의 가액으로 한다.

ⓐ 저당권, 담보권 또는 질권이 설정된 재산

ⓑ 양도담보재산

ⓒ 전세권이 등기된 재산(임대보증금을 받고 임대한 재산을 포함함)

ⓓ 위탁자의 채무이행을 담보할 목적으로 신탁계약을 체결한 재산

(물음 2)

1. 증여재산가액

1) 관련법령

① 시가가 불분명한 경우 보충적평가방법으로 평가한 가액을 시가로 본다.

② 사실상 임대차계약이 체결되거나 임차권이 등기된 주택은 개별주택가격 및 공동주택가격과 다음의 따라 계산한 평가 가액중 큰 금액으로 한다.

[1년간의 임대료/이자율(12%) + 임대보증금]

③ 저당권 등이 설정된 재산은 ⒜평가기준일 현재의 시가 또는 보충적 평가방법으로 평가한 가액과 ⒝해당 재산이 담보하는 채권액중 큰 금액을 그 재산의 가액으로 한다.

2) 계산

MAX(4억원, 4.5억원*, 5억원**) = 5억원

* 3억원+(150만원×12/0.12)   ** 5억원(임대보증금)+2억원(금융채무)

2. 증여세 과세가액

1) 관련법령

① 증여세 과세가액은 증여일 현재 이 법에 따른 증여재산가액을 합친 금액(합산배제증여재산가액은 제외)에서 그 증여재산에 담보된 채무로서 수증자가 인수한 금액을 뺀 금액으로 한다.

② 해당 증여일 전 10년 이내에 동일인(증여자가 직계존속인 경우에는 그 직계존속의 배우자를 포함한다)으로부터 받은 증여재산가액을 합친 금액이 1천만원 이상인 경우에는 그 가액을 증여세 과세가액에 가산한다. 다만, 합산배제증여재산의 경우에는 그러하지 아니하다.

③ 배우자 간 또는 직계존비속 간의 부담부증여에 대해서는 수증자가 증여자의 채무를 인수한 경우에도 그 채무액은 수증자에게 인수되지 아니한 것으로 추정한다. 다만, 그 채무액이 국가 및 지방자치단체에 대한 채무 등 객관적으로 인정되는 것인 경우에는 그러하지 아니하다.

2) 계산 : 5억원(위 1.증여재산가액) - 5억원(금융채무와 임대보증금 합계) = 0원

(물음 3)

1. 상속세 법정결정기한

상속세 납부의무가 있는 상속인 또는 수유자는 상속개시일이 속하는 달의 말일부터 6개월 이내에 상속세과세가액 및 과세표준을 납세지 관할세무서장에게 신고하여야 한다. 이때 세무서장등은 상속

세과세표준 신고기한부터 9개월 이내에 과세표준과 세액을 경정해야 한다.

2. 증여세 법정결정기한

증여세 납부의무가 있는 자는 증여받은 날이 속하는 달의 말일부터 3개월 이내에 증여세과세가액 및 과세표준을 납세지 관할세무서장에게 신고하여야 한다. 이때 세무서장등은 증여세과세표준 신고기한부터 6개월 이내에 과세표준과 세액을 경정해야 한다.

세법학2부

이 상 민(세무사)

【문제 1】

(물음 1)

1. 세금계산서 발급대상
   1) 관련법령 : 사업자가 재화를 공급(부가가치세가 면제되는 재화의 공급은 제외한다)하는 경우에는 세금계산서를 그 공급을 받는 자에게 발급하여야 한다.
   2) 사례의 경우 : 甲이 과세사업을 통해 재화를 공급하는 경우 공급 받은 자에게 세금계산서를 발급하여야 한다.

2. 세금계산서 발급대상이 아닌 경우
   1) 관련법령
      ① 부가가치세가 면제되는 재화의 공급
         부가가치세가 면제되는 재화를 공급하는 경우에는 세금계산서 발급의무가 없다.
      ② 세금계산서 발급의무 면제
         과세 대상 재화를 공급하는 경우 세금계산서를 발급하여야하는 원칙에도 불구하고 세금계산서를 발급하기 어렵거나 세금계산서의 발급이 불필요한 경우등 다음에 해당하는 경우에는 세금계산서를 발급하지 아니할 수 있다.
         ⓐ 노점 또는 행상을 하는 사람, 무인자동판매기를 이용하여 재화를 공급하는 자
         ⓑ 소매업을 경영하는 자가 공급하는 재화. 다만, 공급받는 자가 세금계산서 발급을 요구하지 아니하는 경우로 한정한다.
         ⓒ 영세율이 적용되는 수출재화, 국내에서 국내사업장이 없는 비거주자 등에게 공급하는 일정한 재화
   2) 사례의 경우
      일반과세자 甲이 면세사업을 통하여 공급하는 재화는 세금계산서 발급의무가 면제되고, 과세재화라 하더라도 사업자가 노점등을 운영하는 경우나 소매업등에 해당 할 경우 세금계산서 발급 의무가 면제 된다.

(물음 2) 세금계산서 발급자

1. 재화 또는 용역을 공급하는 경우
   1) 원칙 : 과세대상 재화 또는 용역을 공급하는 사업자(발급의무 면제대상 사업의 영위하는 자의 경우 예외)
   2) 예외
      ① 위탁판매등 : 위탁판매 또는 대리인에 의한 판매의 경우에 수탁자 또는 대리인이 재화를 인도할 때에는 수탁자 또는 대리인
      ② 매입자 발행 세금계산서 : 세금계산서를 발급하여야 하는 자가 재화 또는 용역을 공급하고 세금계산서를 발급하지 아니한 경우 그 재화 또는 용역을 공급받은 자는 법정절차에 따라 관할 세무서장의 확인을 받아 세금계산서를 발급할 수 있다.

2. 재화를 수입하는 경우(원칙만 존재) : 세관장은 수입되는 재화에 대하여 부가가치세를 징수할 때에는 수입된 재화에 대한 세금계산서를 수입하는 자에게 발급하여야 한다.

(물음 3) 세금계산서 발급시기 (2022 수정)

1. 대가의 전부를 해당 재화의 공급시기 이전에 수령
   1) 원칙 : 세금계산서는 재화의 공급시기에 재화를 공급받는 자에게 발급하여야 한다.

   2) 예외 : 사업자가 재화의 공급시기가 되기 전에 재화에 대한 대가의 전부 또는 일부를 받고, 그 받은 대가에 대하여 세금계산서 또는 영수증을 발급하면 그 세금계산서 등을 발급하는 때를 각각 그 재화의 공급시기로 본다.(따라서 해당 세금계산서는 적법한 세금계산서에 해당)

2. 대가의 전부를 해당 재화의 공급시기 이후에 수령
   세금계산서는 공급시기 전에 발급하였으나 대가를 재화의 공급시기 이후에 수령하였다면 세금계산서를 발급한 때를 공급시기로 볼수 없는 것이나(이 경우 위법한 세금계산서), 다음에 해당하는 경우에는 세금계산서를 발급한 때를 재화의 공급시기로 본다.
   1) 사업자가 재화의 공급시기가 되기 전에 세금계산서를 발급하고 그 세금계산서 발급일부터 7일 이내에 대가를 받으면 해당 세금계산서를 발급한 때를 재화의 공급시기로 본다.
   2) 위 1)에도 불구하고 대가를 지급하는 사업자가 다음 어느 하나에 해당하는 경우에는 재화를 공급하는 사업자가 그 재화의 공급시기가 되기 전에 세금계산서를 발급하고 그 세금계산서 발급일부터 7일이 지난 후 대가를 받더라도 해당 세금계산서를 발급한 때를 재화의 공급시기로 본다.
      ⓐ 거래 당사자 간의 계약서·약정서 등에 대금 청구시기(세금계산서 발급일을 말한다)와 지급시기를 따로 적고, 대금 청구시기와 지급시기 사이의 기간이 30일 이내인 경우
      ⓑ 재화 또는 용역의 공급시기가 세금계산서 발급일이 속하는 과세기간 내(공급받는 자가 제59조 제2항에 따라 조기환급을 받은 경우에는 세금계산서 발급일부터 30일 이내)에 도래하는 경우

(물음 4) 가산세

1. 취지 : 실제 공급이 없었음에도 가공거래를 통해 세금계산서를 발급(소위 자료상)함으로써 세수감소를 초래하는 행태를 방지하기 위한 규정으로 종전에는 부가가치세법상 사업자가 아니라는 이유로 가산세를 부과할 수 없었으나 법의 개정을 통해 가산세를 부과할 수 있게 되었다.

2. 내용
  (1) 관련규정
    1) 사업자 : 사업자란 사업 목적이 영리이든 비영리이든 관계없이 사업상 독립적으로 재화 또는 용역을 공급하는 자를 말한다.
    2) 비사업자의 가공세금계산서 발급시 가산세 : 사업자가 아닌 자가 재화 또는 용역을 공급하지 아니하고 세금계산서를 발급하거나 재화 또는 용역을 공급받지 아니하고 세금계산서를 발급받으면 사업자로 보고 그 세금계산서에 적힌 공급가액의 3퍼센트를 그 세금계산서를 발급하거나 발급받은 자에게 사업자등록증을 발급한 세무서장이 가산세로 징수한다. 이 경우 납부세액은 0으로 본다.
  (2) 사례의 경우 : 관할세무서장은 납세자 丙에게 당초에 납부했던 부가가치세 1천만원은 환급하고 공급가액(1억원) 3%에 해당하는 3백만원은 가산세로 부과 하여야 한다.

【문제 2】

(물음 1)

1. 과세장소의 과세요건
   골프장의 입장행위에 대하여 과세한다. 단, ①국방부장관이 지도·감독하는 골프장과 ②대중체육시설업에 해당하는 골프장은 제외한다.

2. 과세표준
   입장할 때의 인원. 단, 강설, 폭우, 안개등 천재지변 또는 그 밖의 불가항력적인 사유로 골프행위를 중단하는 경우 과세표준이 되는 골프장 입장할 때의 인원은 '당초 골프장에 입장할 때의 인원에서 전체 홀 수 중 실제 이용한 홀수가 차지하는 비율'로 계산한다.

3. 세율
   1명 1회 입장에 대하여 1만2천원.

(물음 2)

대한체육회 및 그 회원인 단체 또는 프로골프선수를 회원으로 하는 사단법인으로서 문화관광부장관이 지정하는 단체가 개최하는 경기대회에 참가하는 선수가 대회기간 중 경기시설을 이용하거나 입장하는 경우에 대해서는 입장행위에 대한 개별소비세를 면제한다.

(물음 3) 과세유흥장소의 과세요건

유흥음식행위에 대하여 개별소비세를 부과하는 과세유흥장소란 유흥주점·외국인전용 유흥음식점과 그 밖에 이와 유사한 장소를 말한다. 그 밖에 이와 유사한 장소란 식품위생법에 따른 유흥주점과 사실상 유사한 영업을 하는 장소(유흥종사자를 두지 않고, 별도의 춤추는 공간이 없는 장소는 제외)를 말한다.

(물음 4)

1. 과세유흥장소의 과세표준
   ① 과세유흥장소에서의 유흥음식행위에 대한 과세표준은 그 유흥음식행위를 할 때의 요금으로 한다.
   ② 요금이란 음식료 · 연주료 그 밖의 명목이 무엇이든 상관없이 과세유흥장소의 경영자가 유흥음식행위를 하는 사람으로부터 받는 금액을 말한다.
   ③ 다만, 받은 금액에 봉사료가 포함되어 있는 경우로서 봉사료를 구분기재하는등 법정요건을 갖춘 경우에는 그 봉사료는 요금에 포함하지 아니하되, 경영자가 봉사료를 자기 수입금액에 계상한 경우에는 포함한다.
   ④ 또한, 금전등록기를 설치 · 사용하는 과세유흥장소는 현금 수입금액을 과세표준으로 할 수 있다.

2. 세율
   유흥음식요금의 10%

【문제 3】

(물음 1) 취득세 납세의무자

1. 조합원용
   「주택법」에 따른 주택조합과 「도시 및 주거환경정비법」및 「빈집 및 소규모주택 정비에 관한 특례법」 재건축조합 및 소규모재건축조합이 해당 조합원용으로 취득하는 조합주택용 부동산(공동주택과 부대시설 · 복리시설 및 그 부속토지를 말한다)은 그 조합원이 취득한 것으로 본다. 따라서 취득세 납세의무자는 조합원이다.

2. 비조합원용
   위 1.에도 불구하고 조합원에게 귀속되지 아니하는 부동산(이하 이 장에서 "비조합원용 부동산"이라 한다)은 조합원이 취득한 것으로 보지 않는다. 따라서 주택조합이 취득세 납세의무자이다.

(물음 2)

1. 쟁점
   구청장이 甲조합을 사실상 소유자로 보아 재산세를 부과한 것이 적법한지 여부

2. 관련법령
   (1) 과세권자 : 시 · 군 · 구내에 소재하는 재산에 대하여 해당 시 · 군 · 구가 부과한다.
   (2) 납세의무자 : 재산세 과세기준일 현재 재산을 사실상 소유하고 있는 자는 재산세를 납부할 의무가 있다. 이때 사실상 소유자란 공부상 소유자로 등재한 여부를 불문하고 재산에 대한 실질적인 소유권을 가진 자를 말한다. 또한 주택조합이 그 조합원용으로 취득하는 조합주택용 부동산은 그 조합원이 취득한 것으로 본다.

3. 사례판단
   소유권보존등기 또는 형식적인 명의와는 무관하게 그 사실상 사용자가 재산세 납세의무자가 되며, 사례의 경우 조합원이 공동주택의 사실상 소유자에 해당하므로 조합원이 재산세 납세의무자에 해당한다.

4. 결론

따라서, 甲조합을 납세의무자로 한 乙구청장의 이 사건 처분은 위법하다.

(물음 3) 오납금

⑴ 지방자치단체의 장은 납세자가 납부한 지방자치단체의 징수금 중 과오납한 금액이 있거나 「지방세법」에 따라 환급하여야 할 환급세액(지방세관계법에 따라 환급세액에서 공제하여야 할 세액이 있을 때에는 공제한 후 남은 금액을 말한다)이 있을 때에는 즉시 그 오납액, 초과납부액 또는 환급세액을 지방세환급금으로 결정하여야 한다.

⑵ 지방자치단체의 장은 지방세환급금으로 결정한 금액을 다음 각 호의 지방자치단체의 징수금에 충당하여야 한다. 다만, 제1호(「지방세징수법」에 따른 납기 전 징수 사유에 해당하는 경우는 제외한다) 및 제3호의 지방세에 충당하는 경우에는 납세자의 동의가 있어야 한다.

1호. 납세고지에 따라 납부하는 지방세

2호. 체납액

3호. 법에따라 신고납부하는 지방세

⑶ 위⑵에 따라 충당후 남은 금액은 지방세환급금의 결정을 한 날부터 지체 없이 납세자에게 환급하여야 한다.

【문제 4】

(물음 1)

1. 취지

창업자의 가업을 직계비속에게 증여할 경우 세제지원을 해줌으로써 중소기업의 영속성을 지원하고자 함이다.

2. 증여자

10년 이상의 가업을 영위한 자로써 60세 이상의 부모(증여 당시 아버지나 어머니가 사망한 경우에는 그 사망한 아버지나 어머니의 부모를 포함한다)로부터 증여받은 경우이어야 한다.

3. 수증자

18세 이상인 거주자가 해당 가업의 주식 또는 출자지분을 증여받은 자 또는 그 배우자가 「상속세 및 증여세법」따른 증여세 과세표준 신고기한까지 가업에 종사하고 증여일부터 5년 이내에 대표이사에 취임하는 경우이어야 한다.

4. 특례내용

「상속세 및 증여세법」에도 불구하고 그 주식등의 가액 중 가업자산상당액에 대한 증여세 과세가액(100억원을 한도로 한다)에서 5억원을 공제하고 세율을 100분의 10(과세표준이 30억원을 초과하는 경우 그 초과금액에 대해서는 100분의 20)으로 하여 증여세를 부과한다.

다만, 가업의 승계 후 가업의 승계 당시 「상속세 및 증여세법」상 최대주주 또는 최대출자자에 해당하는 자(가업의 승계 당시 해당 주식등의 증여자 및 해당 주식등을 증여받은 자는 제외한다)로부터 증여받는 경우에는 그러하지 아니하다.

5. 丙이 특례를 적용 받을 수 있는지 여부

　　18세 이상의 자녀 丙이 60세 이상의 부모로부터 10년이상 경영해온 A회사의 주식을 증여받았고 증여세 과세표준신고전에 특례신청서를 제출하였으므로 과세특례를 적용 받을 수 있다.

(물음 2)

1. 취지

　　젊은 세대로의 부를 조기이전 함에따라 경제활력을 도모하고, 고용을 증대하고자 도입된 제도이다.

2. 증여자

　　60세 이상의 부모(증여 당시 아버지나 어머니가 사망한 경우에는 그 사망한 아버지나 어머니의 부모를 포함한다)에 해당하는 자

3. 수증자

　　① 18세 이상인 거주자로써 창업중소기업 등의 업종을 영위하고 중소기업을 창업할 목적으로 부모 (증여 당시 아버지나 어머니가 사망한 경우에는 그 사망한 아버지나 어머니의 부모를 포함한다) 로부터 토지·건물 등 양도소득세 과세대상 재산을 제외한 재산을 증여받는 자를 말하며,

　　② 창업자금을 증여받은 자는 증여받은 날부터 2년 이내 창업해야하며, 증여받은 날부터 4년이 되는 날까지 창업자금을 모두 사용해야 한다.

4. 특례내용

　　「상속세 및 증여세법」에도 불구하고 해당 증여받은 재산의 가액 중 창업자금[증여세 과세가액 30 억원(창업을 통하여 10명 이상을 신규 고용한 경우에는 50억원)을 한도로 한다]에 대해서는 증여 세 과세가액에서 5억원을 공제하고 세율을 100분의 10으로 하여 증여세를 부과한다. 이 경우 창 업자금을 2회 이상 증여받거나 부모로부터 각각 증여받는 경우에는 각각의 증여세 과세가액을 합 산하여 적용한다.

5. 丁이 특례를 적용 받을 수 있는지 여부

　　18세 이상의 丁이 60세 이상의 부모로부터 창업자금을 목적으로한 10억원의 금액 증여받았고, 증여세 과세표준 신고와 함께 특례신청서를 제출하였으므로 특례 적용이 가능하다.

2020년도 제57회 기출문제 **풀이**

회계학1부

김 정 호 (공인회계사 / 서울디지털대학교 겸임교수)

【문제 1】

(물음 1)

(1) 〈20×2년 1월 1일〉

(차) 관계기업투자주식	7,200,000	(대) 당기손익 – 공정가치 측정 금융자산	1,100,000
		(대) 금융자산처분이익	100,000 *1
		현 금	6,000,000 *2

*1. 100주×(₩12,000 – ₩11,000) = ₩100,000
*2. 500주×₩12,000 = ₩6,000,000

〈20×2년 12월 31일〉

| (차) 관계기업투자주식 | 15,000 | (대) 지분법이익 | 15,000 *1 |

*1. 당기순이익₩50,000×지분율30% = ₩15,000

(2)

취득원가		₩7,200,000
순이익에 대한 몫	(₩50,000 + ₩80,000)×30%	39,000
현금배당	600주×₩20	(12,000)
장부금액(20×3년 말)		₩7,227,000

(3)

처분시점의 공정가치	600주×₩13,000	₩7,800,000
장부금액		7,227,000
처분이익		573,000

| (차) 현 금 | 5,200,000 *1 | (대) 관계기업투자주식 | 7,227,000 |
| (차) 당기손익 – 공정가치 측정 금융자산 | 2,600,000 *2 | 관계기업투자식처분이익 | 573,000 |

*1. 400주×₩13,000 = ₩5,200,000
*2. 200주×₩13,000 = ₩2,600,000

(물음 2)

	20×1초	20×1말	20×2말	NI	OCI
FV	25,000,000	24,750,000	26,400,000		
	×9/10				
20×1말	= 22,500,000 →	24,750,000			2,250,000
		×8/9			
20×2말		= 22,000,000 →	26,400,000		4,400,000

⑴ ① = 감가상각비 ₩2,500,000×공정가치 ₩24,750,000 / 원가모형 장부금액 ₩22,500,000
= ₩2,750,000
② ₩24,750,000 – ₩22,500,000 = ₩2,250,000

⑵ ① = 원가모형 감가상각누계액 ₩5,000,000 × 공정가치 ₩26,400,000 / 원가모형 장부금액
₩20,000,000 = ₩6.600,000
[별해] 공정가치 ₩26,400,000 × 2년/8년 = ₩6,600,000
② 2,250,000 + (₩26,400,000 – ₩22,000,000) = ₩6,650,000

〈20×1년 말〉

과목	원가모형	×	재평가모형
건물	₩25,000,000	1.1	₩27,500,000
감가상각누계액	(2,500,000)	1.1	(2,750,000)
장부금액	₩22,500,000	1.1	₩24,750,000

₩24,750,000/₩22,500,000 = 1.1

〈20×2년 말〉

과목	원가모형	×	재평가모형
건물	₩25,000,000	1.32	₩33,000,000
감가상각누계액	(5,000,000)	1.32	(6,600,000)
장부금액	₩20,000,000	1.32	₩26,400,000

₩26,400,000/₩20,000,000 = 1.32

(3) ① 감가상각비 = ₩26,400,000÷8년×6/12 = ₩1,650,000
   감가상각누계액 = ₩6,600,000 + ₩1,650,000 = ₩8,250,000
   ② 재평가이익(OCI) = ₩25,000,000 - ₩26,400,000×7.5년/8년 = ₩250,000

(차) 감가상각비	1,650,000 *1	(대) 감가상각누계액	1,650,000

*1. ₩26,400,000÷8년×6/12 = ₩1,650,000

(차) 감가상각누계액	8,250,000	(대) 건 물	33,000,000
투자부동산	25,000,000	재평가이익(OCI)	250,000

【문제 2】

(물음 1)

(1) ○

〈판단근거〉

A. 최초금융부채의 장부금액 = ₩964,298

B. 새로운 조건 현재가치(최초유효이자율 8%)
   = ₩1,000,000×3%×3.3121 + ₩1,000,000×0.7350 + 지급수수료 ₩15,000
   = ₩834,363 + ₩15,000 = ₩849,363

CF차이(A - B) = ₩964,298 - ₩849,363 = ₩114,935

새로운 조건에 따른 현금흐름의 현재가치와 최초 금융부채의 나머지 현금흐름의 현재가치의 차이가 10% 이상이어서 계약조건이 실질적으로 변경된 경우이다.

조건변경후 현재가치(유효이자율 10%) = ₩1,000,000×3%×3.1699 + ₩1,000,000×0.6830
                                = ₩778,097

조건변경이익 = ₩964,298 - ₩778,097 - ₩15,000 = ₩171,201

(차) 상각후원가측정금융부채	186,201	(대) 현 금	15,000 *1
		조건변경이익	171,201

*1. 지급수수료 조건변경이익에서 차감

(2) ① ₩778,097×10% = ₩77,810
   ② ₩778,097 + ₩77,810 - ₩30,000 = ₩825,907

(3) ×

〈판단근거〉

A. 최초금융부채의 장부금액 = ₩964,298

B. 새로운 조건 현재가치(최초유효이자율 8%)

$= ₩1,000,000 × 5% × 3.3121 + ₩1,000,000 × 0.7350 + 지급수수료 ₩15,000$

$= ₩900,605 + 지급수수료 ₩15,000 = ₩915,605$

$A - B = ₩964,298 - ₩915,605 = ₩48,693$

새로운 조건에 따른 현금흐름의 현재가치와 최초 금융부채의 나머지 현금흐름의 현재가치의 차이가 10% 미만이어서 계약조건이 실질적으로 변경된 경우가 아니다.

(차) 상각후원가측정금융부채	78,693	(대) 조건변경이익	63,693 [*1]
		현　금	15,000 [*2]

*1. 부채감소: 변경전 부채 ₩964,298 − 변경후 부채 ₩900,605 = ₩63,693
*2. 지급수수료 부채의 장부금액에 가산

[관련 문단]

기존 차입자와 대여자가 실질적으로 다른 조건으로 채무상품을 교환한 경우에 최초의 금융부채를 제거하고 새로운 금융부채를 인식한다. 이와 마찬가지로, 기존 금융부채(또는 금융부채의 일부)의 조건이 실질적으로 변경된 경우(채무자의 재무적 어려움으로 인한 경우와 그렇지 아니한 경우를 포함)에도 최초의 금융부채를 제거하고 새로운 금융부채를 인식한다.(제1109호 문단3.3.2)

문단 3.3.2를 적용할 때 [1] 새로운 조건에 따른 현금흐름의 현재가치와 최초 금융부채의 나머지 현금흐름의 현재가치의 차이가 적어도 10% 이상이라면, 계약조건이 실질적으로 달라진 것이다. 이때 새로운 조건에 따른 현금흐름에는 지급한 수수료에서 수취한 수수료를 차감한 수수료 순액이 포함되며, 현금흐름을 할인할 때에는 최초의 유효이자율을 사용한다. [2] 채무상품의 교환이나 계약조건의 변경을 금융부채의 소멸로 회계처리한다면, 발생한 원가나 수수료는 금융부채의 소멸에 따른 손익의 일부로 인식한다. [3] 채무상품의 교환이나 계약조건의 변경을 금융부채의 소멸로 회계처리하지 아니한다면, 발생한 원가나 수수료는 부채의 장부금액에서 조정하며, 변경된 부채의 남은 기간에 상각한다.(제1109호 문단B3.3.6)

(물음 2)

(1) 리스개시일의 리스부채 = 사용권자산 = ₩100,000 × 5.0757 = ₩507,570

20×2년 12월 31일 리스부채 = (₩507,570 × 1.05 − ₩100,000) × 1.05 − ₩100,000

$= ₩354,596$

20×3년 1월 1일 리스부채 재측정 = ₩100,000 × 120/100 × 3.5460 = ₩425,520

20×3년 1월 1일 사용권자산조정 = ₩425,520 − ₩354,596 = ₩70,924

20×3년 1월 1일 사용권자산 = ₩507,570 × 4년/6년 + ₩70,924 = ₩409,304

① ₩507,570 ÷ 6년 = ₩84,595

② (₩507,570 × 1.05 − ₩100,000) × 5% = ₩21,647

③ ₩409,304 ÷ 4년 = ₩102,326

④ ₩425,520 × 5% = ₩21,276

(2) 리스개시일의 리스부채 = 사용권자산 = ₩200,000 × 5.0757 = ₩1,015,140

20×2년 12월 31일의 사용권자산 = ₩1,015,140 × 4년/6년 = ₩676,760

20×2년 12월 31일의 리스부채 = (₩1,015,140×1.05 − ₩200,000)×1.05 − ₩200,000
　　　　　　　　　　　　 = ₩709,192
20×3년 1월 1일의 리스부채 재측정 = ₩120,000×3.1699 = ₩380,388
20×3년 1월 1일 사용권자산 조정 = 변경된 리스부채 ₩380,388
　　　　　　　　　　　　　　 − 나머지 리스부채 ₩354,596(₩709,192×50%)
　　　　　　　　　　　　　　 = ₩25,792
20×3년 1월 1일 사용권자산 = ₩676,760×50% + ₩25,792 = ₩364,172
① ₩120,000×3.1699 = ₩380,388
② 리스부채 감소 ₩709,192×50% − 사용권자산 감소 ₩676,760×50% = ₩16,216
③ ₩364,172÷4년 = ₩91,043
④ ₩380,388×10% = ₩38,039

【문제 3】

(물음 1) 답 : 절단 ₩160, 조립 ₩135, #107 ₩361,500, #201 ₩200,500,
　　　　　　#202 ₩402,000

전력사용량 = 절단 10,000kwh(5,000시간×2kwh) + 조립 2,000kwh(800시간×2.5kwh)
　　　　　 = 12,000kwh
동력부문의 원가 = ₩216,000 + ₩2×12,000kwh = ₩240,000
kwh당 배부율 = ₩240,000/12,000kwh = ₩20

	절단부문	조립부문
제조간접비(보조부문 원가 배분전)	₩600,000	₩311,000
보조부문 원가 배분	[주1] 200,000	[주2] 40,000
합계	₩800,000	₩351,000
배분기준시간	5,000시간	2,600시간
배부율	₩160	₩135

[주1] 10,000kwh×₩20 = ₩200,000
[주2] 2,000kwh×₩20 = ₩40,000

작업	계산내용	제조간접원가
#107	1,500시간×₩160 + 900시간×₩135	₩361,500
#201	1,000시간×₩160 + 300시간×₩135	₩200,500
#202	1,500시간×₩160 + 1,200시간×₩135	₩402,000

(물음 2) 답 : 기말재공품 ₩450,500, 기말제품 ₩922,000, 매출원가 ₩1,311,500

구분	기말재공품 #201	기말제품 #202	매출원가 #107
기초재공품	–	–	₩420,000
직접재료원가	₩100,000	₩200,000	300,000
직접노무원가	150,000	320,000	230,000
제조간접원가	200,500	402,000	361,500
총 원가	₩450,500	₩922,000	₩1,311,500

(물음 3) 답 : 절단 ₩80,000 과소배부, 조립 ₩32,400 과소배부

구분	절단부문	조립부문
배부액	[주1] ₩640,000	[주2] ₩324,000
실제 발생액	720,000	356,400
배부차이	₩80,000 과소배부	₩32,400 과소배부

[주1] (1,500시간＋1,000시간＋1,500시간)×₩160＝₩640,000
[주1] (900시간＋300시간＋1,200시간)×₩135＝₩324,000

(물음 4) 답 : 기말재공품 ₩474,550, 기말제품 ₩968,200, 매출원가 ₩1,353,650

구분	기말재공품 #201	기말제품 #202	매출원가 #107
차이배부전 총원가	₩450,500	₩922,000	₩1,311,500
차이배부	[주1] 24,050	[주2] 46,200	[주3] 42,150
차이배부후 총원가	₩474,550	₩968,200	₩1,353,650

[주1] ₩80,000×1,000시간/4,000시간＋₩32,400×300시간/2,400시간＝₩24,050
[주2] ₩80,000×1,500시간/4,000시간＋₩32,400×1,200시간/2,400시간＝₩46,200
[주3] ₩80,000×1,500시간/4,000시간＋₩32,400×900시간/2,400시간＝₩42,150

【문제 4】

(물음 1) 답 : ₩2,700

증분수익 = 변동원가 ₩2,400,000(600,000＋900,000＋900,000)＋고정제조원가절감 ₩100,000
＋임대수익 ₩200,000 = ₩2,700,000
답 : 단위당 최대구입가격 = ₩2,700,000/1,000단위 = ₩2,700

(물음 2) 답 : (₩10,000)

증분수익		
고정제조간접원가 절감		₩100,000
변동가공원가 절감	(900,000+900,000)×30%	540,000
임대수익		150,000
합계		₩790,000
증분원가	1,000단위÷5×₩4,000	800,000
영업이익 감소		(₩10,000)

(물음 3) 답 : 25단위

증분수익		
변동원가 절감		₩2,400,000
매출액 증가	1,000단위×₩1,500	1,500,000
합계		₩3,900,000
증분원가		
외부구입가격	1,000단위×₩3,500	₩3,500,000
변동가공원가 증가	1,000단위/1묶음크기×₩10,000	₩10,000,000/1묶음크기
합계		₩3,500,000 + ₩1,000,000/1묶음크기

₩3,900,000 ≥ ₩3,500,000+₩10,000,000/1묶음크기
1묶음크기 ≥ 25단위
답 : 최소 25단위

(물음 4) 답 : (-)₩42,000

자체생산시 총원가		
직접재료원가		₩600,000
직접노무원가	810시간[*1]×₩900	729,000
변동제조간접원가	810시간[*1]×₩900	729,000
고정제조간접원가		500,000
합계		₩2,558,000

*1. 처음 250단위 직접노무시간 = ₩225,000/₩900 = 250시간
　　직접노무시간 = 250시간×0.9^2×4 = 810시간

외부구입시 총원가		
구입가격	1,000단위×₩2,100	₩2,100,000
고정제조간접원가		500,000
합계		₩2,600,000

답 : 영업이익 감소 = 자체생산시원가 ₩2,558,000 − 외부구입시원가 ₩2,600,000

   = (−)₩42,000

회계학2부

이 상 민 (세무사) / **김 형 준** (세무사)

【문제 1】

(물음 1)

구 분	해 답
① 종합소득금액에 합산할 이자소득금액	8,000,000
② 배당가산액(Gross-Up금액)	330,000
③ 종합소득금액에 합산할 배당소득금액	45,330,000

1. 금융소득 분류

분류	무조건 종합과세	조건부 종합과세	출자공동 사업자배당	계
이자소득	5,000,000	3,000,000		**8,000,000**
배당소득(G-up X)		4,000,000*1 +3,000,000	30,000,000	
배당소득(G-up O)		8,000,000		
계	5,000,000	18,000,000		23,000,000

*1. 50,000,000×(0% + 20%×40%/80%)×(1−20%)

2. 배당가산액

   Min(23,000,000 − 20,000,000 , 8,000,000)×11% = **330,000**

3. 종합소득금액에 합산할 배당소득금액

   4,000,000 + 3,000,000 + 8,000,000 + 30,000,000 + 330,000 = **45,330,000**

(물음 2)

구 분	해 답
① 종합소득에 합산할 근로소득금액	14,810,000
② 연금수령한도	**한도 없음**
③ 연금계좌인출시 원천징수할 소득세액	700,000
④ 종합소득금액에 합산할 연금소득금액	7,700,000

1. 근로소득금액
   (1) 총급여액
      (시간외 근무수당 3,000,000 − 비과세 2,400,000) + 자녀학비 보조금 3,000,000
      + 급여 20,000,000 = 23,600,000
   (2) 근로소득공제
      7,500,000 + (23,600,000 − 15,000,000) × 15% = 8,790,000
   (3) 근로소득금액
      23,600,000 − 8,790,000 = **14,810,000**
      * 주택구입자금 무상대여 이익은 <u>중소기업의 종업원</u>의 경우 근로소득에서 제외하며, 요건을
      갖춘 본인의 직업능력개발훈련시설 수업료는 비과세한다.

2. 연금수령한도
   2013.02.28. 이전 가입한 연금계좌로써 17년(55세)을 기산연차(6년차)로 하여 22년에는 연금수
   령연차가 11년차이므로 **한도는 없는 것으로 한다.** (③, ④번은 이를 반영하여 풀이함)
   * 다만, 출제자의 의도는 22년을 기산연차로 하여 {70,000,000 / (11 − 6)} × 120% = 16,800,000 로
   정답을 구하는 것으로 추측된다.

3. 연금계좌인출시 원천징수할 소득세액
   (18,000,000 − 4,000,000) × 5% = **700,000**

4. 연금소득금액
   (1) 연금소득공제액
      4,900,000 + (14,000,000 − 7,000,000) × 20% = 6,300,000
   (2) 연금소득금액
      14,000,000 − 6,300,000 = **7,700,000**

(물음 3)

구 분	이월과세를 적용하는 경우	이월과세를 적용하지 않는 경우
① 양도소득금액	205,000,000	80,000,000
② 양도소득산출세액	57,550,000	38,750,000
③ 갑에게 적용될 양도소득산출세액		57,550,000

	이월과세 적용	이월과세 미적용
양도가액	900,000,000	900,000,000
(−) 취득가액	600,000,000	800,000,000
(−) 필요경비 등	20,000,000 + 30,000,000	20,000,000
= 양도차익	250,000,000	80,000,000
(−) 장기보유특별공제	250,000,000 × 18% = 45,000,000	−
= 양도소득금액	205,000,000	80,000,000
(−) 양도소득기본공제	2,500,000	2,500,000
= 과세표준	202,500,000	77,500,000
산출세액	57,550,000 (기본세율 적용)	38,750,000 (세율 50% 적용)

【문제 2】

(물음 1)

⑴ 금전교부 간주액 : **16,000,000**

$(40,000,000 + 8,000,000) \times (40\% - 20\%)/60\% = $ **16,000,000**

* ㈜A는 합병등기일 현재 ㈜B의 지배주주가 아니므로 합병등기일 전 2년 이내에 취득한 합병포합
주식 중 ㈜B의 발행주식총수의 20%를 초과하는 20%부분에 대한 가액을 금전교부 간주액으로
본다.

(2 − 1) 합병대가 중 주식가액이 차지하는 비율 : **70%**

$$\frac{40,000,000 + 48,000,000\,X\,\frac{(40\% - 20\%)}{60\%}}{40,000,000 + 8,000,000 + 48,000,000\,X\,\frac{40\%}{60\%}} = \textbf{70\%}$$

(2 − 2) ㈜C의 의제배당금액 : **18,000,000**

$(40,000,000 + 8,000,000) - 30,000,000 = $ **18,000,000**

(물음 2)

⑴ ㈜A의 세무조정

손금산입 영업권 20,000,000 (−)유보
손금불산입 합병매수차손 20,000,000*1 유보
손금산입 합병매수차손상각 1,000,000*2 (−)유보

*1. (유동자산 40,000,000 + 토지 120,000,000 + 건물 40,000,000 − 부채 50,000,000)
− (150,000,000 + 20,000,000) = (−)20,000,000

*2. 20,000,000 × 3/60 = 1,000,000

⑵ 양도손익 : **62,000,000**

(150,000,000 + 20,000,000) − (160,000,000 − 50,000,000 − 세무조정사항 2,000,000)

= **62,000,000**

⑶ 의제배당금액 : **130,000,000**

(150,000,000 + 20,000,000) − 40,000,000 = **130,000,000**

【문제 3】

(물음 1)

사업연도	조정유형	과목	금액	소득처분
제22기	익금불산입	미수금	40,000,000	(−)유보
	손금불산입	토지	24,000,000	유보
제23기	익금산입	미수금	40,000,000	유보
	손금산입	토지	24,000,000	(−)유보

사업연도	장부상(인도기준)	세법상(회수기일도래기준)	차이
제22기 (수익)	50,000,000	10,000,000	(−) 40,000,000
제22기 (비용)	50,000,000×60%	10,000,000×60%	24,000,000
제23기 (수익)	0	40,000,000	40,000,000
제23기 (비용)	0	40,000.000×60%	(−) 24,000,000

장기할부조건판매에 해당하며 인도기준으로 회계처리하였으나, 세부담 최소화를 가정하여 중소기업으로서 회수기일 도래기준으로 신고조정하는 것으로 손익의 귀속시기를 판단하여야한다. 또한, 잔금 등을 수령하기 전에 폐업한 경우에는 폐업일을 잔금 등에 대한 손익의 귀속시기로 하여 세무조정을 하여야한다.

(물음 2)

사업연도	조정유형	과목	금액	소득처분
제22기	익금불산입	미수금	40,000,000	(−)유보
	손금불산입	토지	24,000,000	유보
제23기	익금산입	미수금	10,000,000	유보
	손금산입	토지	6,000,000	(−)유보

사업연도	장부상(인도기준)	세법상(회수기일도래기준)	차이
제22기 (수익)	50,000,000	10,000,000	(−) 40,000,000
제22기 (비용)	50,000,000×60%	10,000,000×60%	24,000,000
제23기 (수익)	0	10,000,000	10,000,000
제23기 (비용)	0	10,000.000×60%	(−) 6,000,000

(물음 3)

구 분	해 답
접대비한도액 계산상 수입금액	28,410,000,000
접대비손비한도액	94,584,000

1. 접대비한도액 계산상 수입금액

   손익계산서상 매출액 28,000,000,000 + 부산물 매출액 500,000,000

   – 간주익금 제외 220,000,000 + 반제품 매출액 130,000,000

   = 28,410,000,000

2. 접대비 한도액 계산(①+②+③) = 94,584,000

   ① 12,000,000

   ② 10,000,000,000 × 3/1000 + 18,410,000,000 × 2/1000 = 66,820,000

   ③ Min{(①+②) × 20%, 17,000,000} = 15,764,000

(물음 4) (21년 수정)

조정유형	과목	금액	소득처분
손금불산입	접대비(동창회비)	6,000,000	상여
손금불산입	접대비(적격증빙 미수취)	23,000,000	기타사외유출
손금불산입	접대비 한도초과 부인액	26,416,000	기타사외유출

1. 접대비 한도초과 부인액

   (1) 접대비 지출액 : 150,000,000 – 6,000,000 – 23,000,000 = 121,000,000

   (2) 한도초과액 : 121,000,000 – 94,584,000 = 26,416,000

   * 접대비 관련 세무조정만을 물어보았으므로 반제품 매출액 누락, 간주임대료 관련 세무조정은 제외하였습니다.

   * 21년 수정 – 적격증빙 없는 소액접대비 기준금액 인상(10,000원 → 30,000원) 반영

(물음 5)

익금산입 및 손금불산입			손금산입 및 익금불산입		
과목	금액	소득처분	과목	금액	소득처분
법인세비용	36,000,000	기타사외유출	자산수증이익 결손보전	40,000,000	기타
건설자금이자	10,000,000	유보			

(물음 6) (21년 수정)

조정유형	과목	금액	소득처분
손금산입	법정기부금 한도초과액 이월손금산입	27,000,000	기타
손금불산입	법정기부금 한도초과 부인액	1,500,000	기타사외유출
손금산입	지정기부금 한도초과액 이월손금산입	5,000,000	기타
손금불산입	지정기부금 한도초과 부인액	18,260,000	기타사외유출

1. 기부금 한도 시부인 계산
   (1) 기부금 : ①+② = 50,000,000
      ① 법정기부금 : 10,000,000(한국과학창의재단) + 20,000,000(독립기념관) = 30,000,000
      ② 지정기부금 : 20,000,000(사회복지법인)
      * 건강보험공단의 지정기부금단체 인정기한만료(20.12.31일까지)로 인해 사회복지법인으로 변경

   (2) 한도
      ① 차가감소득 : 255,000,000 + 가산조정 46,000,000 − 차감조정 40,000,000
                  = 261,000,000
      ② 기준소득금액 : 261,000,000 + 50,000,000 − 186,600,000*1 = 124,400,000
      *1. 이월결손금 : 90,000,000 − 40,000,000(자산수증이익 결손보전) + 80,000,000 + 70,000,000
      min[1) 공제가능 이월결손금, 2) 공제한도] = 186,600,000
      1) 200,000,000
      2) 311,000,000 × 60% = 186,600,000

      ③ 법정기부금 한도 : 124,400,000 × 50% = 62,200,000
      ④ 법정기부금 한도초과액 이월손금산입 : Min(27,000,000*2, 62,200,000) = 27,000,000
      *2. 이월손금산입 가능한 법정기부금 한도초과액 : 5백만원 + 10백만원 + 12백만원
      ⑤ 이월손금산입 후 한도 : 35,200,000
      ⑥ 법정기부금 한도초과액 : 없음
      ⑦ 지정기부금 한도 : (124,400,000 − 27,000,000 − 30,000,000) × 10% = 6,740,000
      ⑧ 지정기부금 한도초과액 이월손금산입 : Min(5,000,000*3, 6,740,000) = 5,000,000
      *3. 이월손금산입 가능한 지정기부금 한도초과액 : 4백만원 + 1백만원
      ⑨ 이월손금산입 후 한도 : 1,740,000
      ⑩ 지정기부금 한도초과액 : 20,000,000 − 1,740,000 = 18,260,000

(물음 7)

구 분	해 답
각사업연도 소득금액	249,950,000
과세표준	99,980,000

1. 각사업연도 소득금액 : 261,000,000 + 1,500,000 − 27,000,000 + 19,450,000 − 5,000,000
                    = 249,950,000

2. 과세표준 : 249,950,000 − Min(200,000,000, 249,950,000 × 60%) = 99,980,000

(물음 8)

구 분	해 답
과세표준	680,000,000
산출세액	116,000,000

1. 과세표준 : 250,000,000＋600,000,000－150,000,000－20,000,000＝**680,000,000**
2. 산출세액 : 20,000,000＋(680,000,000－200,000,000)×20%＝**116,000,000**

(물음 9)

구 분	해 답
토지 등 양도소득	430,000,000
토지 등 양도소득에 대한 법인세의 산출세액	172,000,000

1. 토지 등 양도소득 : 600,000,000－150,000,000－20,000,000＝**430,000,000**
2. 토지 등 양도소득에 대한 법인세의 산출세액 : 430,000,000×40%＝**172,000,000**

【문제 4】

(물음 1)

〈자료 1〉의 항목번호	과세표준	세율	매출세액
1	50,000,000	10%	5,000,000
2	8,000,000	10%	800,000
3	12,000,000	10%	1,200,000
4	17,000,000	10%	1,700,000
5	20,000,000	10%	2,000,000
6	0	0%	0
7	22,000,000	0%	0
	13,000,000	10%	1,300,000
8	20,000,000	10%	2,000,000
9	16,000,000	10%	1,600,000
합 계	178,000,000		15,600,000

1. 장기할부판매에 대한 선발급 특례에 해당한다.
2. 당초 매입세액 공제받은 제품에 대해 간주공급을 적용하여 부가가치세를 과세한다.
3. 제품A는 제품을 인도전에 세금계산서를 발급하고 그 발급일로부터 7일이내에 대금을 수령한 경우이므로 세금계산서 발급일을 공급시기로 보는 것이며, 제품B는 제품을 인도전에 대금을 수령하고 받은 대가에 대해 세금계산서를 발급한 경우 그 발급일을 공급시기로 보는 선발급 특례에 해당한다.
4. 공급한 재화의 시가가 불분명하므로 공급받은 재화의 시가를 과세표준으로 하여 부가가치세를 과세한다.
5. 직수출의 경우 선적일을 공급시기로 본다.
6. ㈜A와 ㈜B는 제품을 인도한 날이 속하는 과세기간이 끝난 후 25일이내에 내국신용장이 개설되었으므로 영세율을 적용하지만, ㈜C는 25일이 지난 후 내국신용장이 개설되었으므로 10%의 세율을 적용한다.
7. 인도일의 기준환율을 적용한다.

(물음 2)

〈자료 2〉의 항목번호	과세표준	세율	매출세액
1	251,250,000	10%	25,125,000
2	135,000,000*1	10%	13,500,000
3	46,500,000*2	10%	4,650,000

$$*1. \quad 253,500,000 \; X \; \frac{120,000,000 \; X \; \frac{375}{500}}{40,000,000 + 120,000,000 \; X \; \frac{125}{500} + 120,000,000 \; X \; \frac{375}{500} \; X \, 1.1} = 135,000,000$$

*2. $250,000,000 \times (1 - 5\% \times 8) \times 193,750,000/625,000,000 = 46,500,000$

(물음 3)

〈자료 2〉의 항목번호	매입세액 공제액	매입세액 불공제액
4	10,360,000*1	6,640,000*2

*1. 과세사업분 8,000,000 – 접대비 1,000,000 + 공통매입세액 (5,000,000 + 3,000,000)
　　× 431,250,000/625,000,000 – 기공제분 3,000,000 × 180,000,000/250,000,000 = 10,360,000
*2. 면세사업분 4,000,000 + 공통매입세액 (5,000,000 + 3,000,000) × 193,750,000/625,000,000
　　– 기불공제분 3,000,000 × 70,000,000/250,000,000 + 접대비 1,000,000 = 6,640,000

(별해) 세금계산서 수취 매입세액 17,000,000 – 공제액 10,360,000 = 6,640,000

(물음 4)

〈자료 2〉의 항목번호	의제매입세액 공제액
5	1,900,000*1

*1. $(95,400,000 + 10,000,000 \times 431,250,000/625,000,000 - 7,500,000 \times 180,000,000/250,000,000)$
　　$\times 2/102 = 1,900,000$

(물음 5)

〈자료 2〉의 항목번호	세액	가산 또는 차감 여부
6	270,000	가산

1. 과세기간별 공급가액 비율
　(1) 21년 2기 : 280,800,000/(79,200,000+280,800,000) = 78%
　(2) 22년 1기 : 375,000,000/500,000,000 = 75%
　(3) 22년 2기 : 431,250,000/625,000,000 = 69%

2. 추가 납부세액 또는 환급세액
   6,000,000×(78% − 69%)×(1 − 25%×2) = **270,000 가산**
   * <u>21년 2기와 22년 1기의 과세공급가액 비율이 5% 미만이므로 22년 1기</u>에는 재계산을 하지 않았으므로 <u>22년 2기</u>에는 <u>21년 2기와 22년 2기</u>의 과세공급가액 비율을 비교하여 재계산한다.

세법학1부

김 형 준 (세무사)

【문제 1】

(물음 1) (2021 수정)

1. 제2차 납세의무의 의의
   제2차 납세의무란 주된 납세자와 일정한 관계가 있는 제3자가 주된 납세자의 징수부족액에 대하여 그 금액을 한도로 하여 보충적으로 부담하는 납세의무를 말한다. 이는 세수를 한번에 잃어버리는 것을 방지하고, 조세 채권을 확보하려는데 그 의의가 있다.

2. 주된 납세의무와의 관계
   제2차 납세의무는 주된 납세의무에 대해 부종성과 보충성이라는 2가지 법적 성격을 가지고 있다. 부종성이란 제2차 납세의무는 주된 납세의무가 있음을 전제로 하여 성립하고 주된 납세의무가 어떤 사유에 의하여 소멸하면 제2차 납세의무도 소멸하게 되는 것을 말한다. 보충성이란 제2차 납세의무는 주된 납세의무자의 재산에 체납처분을 집행하여도 징수할 국세 등의 금액에 부족한 경우에 그 부족액에 대하여 납세의무를 지는 것을 말한다.

3. 과세관청의 처분의 적법성
   (1) 관련 법령(출자자의 제2차 납세의무)
       법인의 재산으로 그 법인에 부과되거나 그 법인이 납부할 국세 및 체납처분비에 충당하여도 부족한 경우에는 그 국세의 납세의무 성립일 현재 무한책임사원 또는 과점주주에 해당하는 자는 그 부족한 금액에 대하여 제2차 납세의무를 진다. 여기서 과점주주란 주주 또는 유한책임사원 1명과 그의 특수관계인 중 대통령령으로 정하는 자로서 그들의 소유주식 합계 등이 해당 법인의 발행주식 총수 등의 100분의 50을 초과하면서 그 법인의 경영에 대하여 지배적인 영향력을 행사하는 자들을 말한다.
   (2) 사례 판단
       과세대상이 되는 소득, 수익, 재산, 행위, 거래의 귀속이 명의일 뿐이고 사실상 귀속되는 자가 따로 있을 때에는 사실상 귀속되는 자를 납세의무자로 하여 세법을 적용해야 한다는 실질과세 원칙에 비추어 보면 갑, 을, 병은 대통령령으로 정하는 특수관계인에 해당하며, 이들의 소유주식 합계가 해당 법인의 발행주식 총수의 100분의 50을 초과하지만 갑은 명의 부탁을 받아 명의만 대여해준 명의수탁 주주에 불과한 점, 자신의 소유주식에 관한 권리를 실질적으로 행사한 적이 없는 점으로 미루어 볼 때 갑은 과점주주로 볼 수 없는 것이며 따라서 A회사가 체납한 법인세 등에 대해 제2차 납세의무를 지는 것은 적법하지 않다.

(3) 따라서, 과세관청이 갑을 A회사의 제2차 납세의무자로 지정하여 납부통지한 것은 적법하지 않다.

(물음 2)

1. 과세관청이 을을 제2차 납세의무자로 지정하여 납부통지할 수 있는지 여부

을과 갑 그리고 병은 을의 특수관계인에 해당하며 그들의 소유주식 합계가 해당 법인의 발행주식 총수의 100분의 50을 초과하므로 갑, 을, 병은 모두 과점주주에 해당한다.

따라서 과세관청은 과점주주에 해당하는 을을 제2차 납세의무자로 지정하여 A회사의 체납액에 대해 납부 통지 할 수 있다.

2. 책임범위

과점주주는 그 법인이 납부할 국세 등을 법인의 재산으로 충당하여도 부족한 경우 그 부족한 금액을 그 법인의 발행주식 총수(의결권이 없는 주식은 제외한다)등으로 나눈 금액에 해당 과점주주가 실질적으로 권리를 행사하는 주식 수 등을 곱하여 산출한 금액을 한도로 제2차 납세의무를 부담한다.

따라서 을은 A회사의 2018, 2019, 2020 사업연도의 법인세 등 체납액에 대해 20%을 곱하여 산출한 금액을 한도로 제2차 납세의무에 대한 책임을 진다.

【문제 2】

(물음 1)

1. 이자소득과 사업소득의 판단기준

소득세법에서는 법령에 이자소득으로 열거된 소득과 이와 유사한 소득으로서 금전 사용에 따른 대가로서의 성격이 있는 것을 포괄하여 이자소득으로 규정하고 있다.

어떤 소득이 사업소득에 해당하는지 여부는 당사자 사이에 맺은 거래의 형식이나 명칭 등 외관에 구애될 것이 아니라 그 실질에 따라 평가한 다음, 그 거래의 한쪽 당사자인 당해 납세자의 직업 활동의 내용, 그 활동기간, 횟수 등에 비추어 그 활동이 수익을 목적으로 하고 있는지 여부와 사업 활동으로 볼 수 있을 정도의 계속성과 반복성이 있는지 여부 등을 고려하여 사회 통념에 따라 판단하여야 하며, 그 판단을 함에 있어 당해 활동뿐만 아니라 그 전후를 통한 모든 사정을 참작하여 결정하여야 한다.

2. 과세관청의 처분의 적법성

비록 A금고가 이 사건 수수료를 이자소득으로 원천징수하였을지라도 어떤 소득이 사업소득인지 여부는 그 거래의 형식이나 외관에 구애될 것이 아니라 실질에 따라 판단하여야 한다. 해당 사례에서 갑이 A금고로부터 수령한 예금유치 관련 수수료는 금전 사용에 따른 대가로서의 성격으로 보기 어렵고, 대금업을 영위하는 갑의 사업 활동과 연관이 더 있어 보이는 점, 19년 3월부터 그 해 12월까지 지속적으로 A금고를 소개하여주고 무려 1억 원의 수수료를 수령한 점으로 보아 그 활동기간과 횟수 등이 수익을 목적으로 하며 사업 활동으로 볼 수 있을 정도의 계속성과 반복성이 있는

점 등을 고려하여 볼 때 사회통념상 사업소득으로 보는 것이 타당하다.

따라서 과세관청이 이 사건 수수료를 사업소득에 해당한다고 보아 갑에게 한 이 사건 처분은 적법하다.

(물음 2)

1. 소득세법상 배당소득

(1) 배당소득의 개념 및 범위

해당 과세기간에 내국법인 등으로부터 받는 이익이나 잉여금의 배당 또는 분배금으로써 수익분배의 성격이 있는 것은 배당소득이다. 또한, 상법상 배당으로 보지 않지만 소득세법에서 배당으로 보는 의제배당과 법인세법에 따라 배당으로 처분된 금액, 출자공동사업자의 손익분배비율에 해당하는 금액 등을 배당소득으로 한다.

(2) 출자공동사업자

공동사업에 성명 또는 사업을 사용하게 하거나 공동사업에서 발생한 채무에 대하여 무한책임을 부담하기로 약정하는 자에 해당하지 아니하는 자로서 공동사업의 경영에 참여하지 아니하고 출자만 하는 자를 말한다.

(3) 배당소득 수입시기

1) 실질배당 : 잉여금처분 결의일
2) 의제배당 : 자본감소결의일등
3) 인정배당 : 법인의 결산확정일
4) 집합투자기구로부터의 이익 : 지급받은 날
5) 출자공동사업자의 배당소득 : 과세기간 종료일

2. 과세관청의 처분의 적법성

(1) 관련법령(공동사업에 대한 소득금액 계산의 특례)

사업소득이 발생하는 사업을 공동으로 경영하고 그 손익을 분배하는 공동사업(출자공동사업자가 있는 공동사업을 포함한다)의 경우에는 해당 사업을 경영하는 장소를 1거주자로 보아 공동사업자별로 그 소득금액을 계산한다. 또한, 공동사업에서 발생한 소득금액은 해당 공동사업자 간에 약정된 손익분배비율 등에 의하여 분배되었거나 분배될 소득금액에 따라 각 공동사업자별로 분배한다.

(2) 사례판단

갑과 을은 부동산매매업을 공동으로 영위하기로 계약을 체결하고, 경매 등을 통한 부동산의 취득과 양도를 여러 차례 함께 영위하였으므로 갑과 을 모두 출자공동사업자에 해당하지는 않는다. 또한, 이익의 분배 성격으로써 수용보상금을 받은 것이 아니라 공동사업 탈퇴에 따른 출자금의 반환에 따라 수용보상금을 수령한 것이므로 해당 수용보상금의 성격에 따라 사업소득 혹은 양도소득인지 여부를 판단하여 과세하는 것이 합리적이다.

공동사업으로부터 얻는 소득금액은 각 공동사업자에게 손익분배비율 등에 의하여 귀속되는 것이고 공동사업장은 소득금액계산을 위한 도관의 역할만을 수행하는 것이므로 각 공동사업자가 공동사업장으로부터 수익을 분배받는다고 볼 수 없다. 그러므로 공동사업을 종료하는 <u>2019년</u>을 해당 수용보상금의 수입시기로 보아야한다.

따라서 소득의 구분과 소득의 귀속시기를 달리하여 쟁점 소득을 <u>2020년</u> 배당소득으로 본 과세관청의 처분은 적법하지 않다.

【문제 3】

(물음 1)

1. 〈사례 1〉과 관련하여 외국법인의 의의
   A단체가 외국법인에 해당하기 위해서는 본점 또는 주사무소가 외국에 있는 것과 동시에 사업의 실질적 관리장소가 국내에 있지 아니하여야 하며 다음 중 어느 하나에 해당되어야 한다.
   ① 설립된 국가의 법에 따라 법인격이 부여된 단체
   ② 구성원이 유한책임사원으로만 구성된 단체
   ③ 그 밖에 해당 외국단체와 동종 또는 유사한 국내의 단체가 상법 등 국내의 법률에 따른 법인인 경우의 그 외국단체

2. 실질적 관리장소의 의미
   사업의 실질적 관리장소란 법인이 사업을 수행함에 있어서 중요한 관리 또는 상업적 의사결정이 실질적으로 이루어지는 장소를 의미한다.

(물음 2)

1. 법인세법상 국내사업장으로 인정할 수 있는 요건
   외국법인이 국내에 사업의 전부 또는 일부를 수행하는 고정된 장소를 가지고 있는 경우에는 국내사업장이 있는 것으로 인정한다.

2. 고정된 장소를 두고 있지 않는 경우에도 국내사업장이 있는 것으로 간주할 수 있는 요건
   다음의 어느 하나에 해당하는 자(종속대리인)를 두고 사업을 경영하는 경우에는 고정된 장소를 두고 있지 않은 경우에도 그 자의 사업장 소재지에 국내사업장을 둔 것으로 본다.
   ① 국내에서 그 외국법인을 위하여 외국법인 명의의 계약 등을 체결할 권한을 가지고 그 권한을 반복적으로 행사하는 자
   ② 국내에서 그 외국법인을 위하여 외국법인 명의의 계약 등을 체결할 권한을 가지고 있지 아니하더라도 계약을 체결하는 과정에서 중요한 역할을 반복적으로 수행하는 자

(물음 3)

1. 외국으로의 송금액에 대해 과세할 수 있는 경우
   법인세법 등 법령에서 정한 금액을 빼고 남은 금액을 본사가 있는 외국으로 송금한 금액에 대하여 과세하기 위해서는 우리나라와 그 외국법인의 거주지국과 체결한 조세조약에서 규정하고 있는 경우로 한정하고 있다. 다만, 그 외국법인의 거주지국이 그 국가에 있는 우리나라의 법인의 국외사업장에 대하여 추가하여 과세하지 아니하는 경우는 그러하지 아니한다.

2. 입법취지
   외국법인이 국내에 자회사를 두는 경우에는 법인세에 추가하여 배당소득세가 과세되나, 지점으로 진출하는 경우는 법인세만을 부담하게 되므로 조세측면에서 볼 때 외국법인은 지점형태의 진출을 선호할 것이다. 이렇게 외국법인의 진출방식에 따라 세부담이 달라지는 것에 대해 과세형평을 도모하는데 그 입법취지가 있다.

(물음 4) 추계결정 사유

과세관청은 다음 중 어느 하나에 해당하면 법인세 과세표준과 세액을 추계로 정할 수 있다.
① 소득금액을 계산할 때 필요한 장부 또는 증명서류가 없거나 중요한 부분이 미비 또는 허위인 경우
② 기장의 내용이 시설규모, 종업원수, 원자재·상품·제품 또는 각종 요금의 시가 등에 비추어 허위
   임이 명백한 경우
③ 기장의 내용이 원자재사용량·전력사용량 기타 조업상황에 비추어 허위임이 명백한 경우

(물음 5)

1. 추계로 사업수입금액을 확정하는 방법
   동일업종의 업황이 유사한 다른 법인의 사업수입금액을 참작하여 계산하거나, 국세청장이 사업의
   종류, 지역을 감안한 사업관련 인적·물적시설의 가액과 매출액의 관계를 정한 영업효율, 투입원재
   료에 대한 생산수율 등을 적용하여 계산하거나, 일정 업종에 대해서는 입회조사기준으로 계산하여
   사업수입금액을 확정한다.

2. 해당 사업수입금액에 대응하는 경비를 확정하는 방법
   ① 매입비용과 사업용 고정자산 등에 대한 임차료, 임직원 인건비로서 증명서류에 의해 입증되는
      경비와 사업수입금액에 기준경비율을 곱하여 계산한 금액을 경비로 확정하는 방법
   ② 기준경비율이 결정되지 아니하였거나 천재지변 등으로 장부나 그 밖의 증명서류가 멸실된 때에
      는 기장이 가장 정확하다고 인정되는 동일업종의 다른 법인의 소득금액을 고려하여 그 과세표
      준을 결정 또는 경정하는 방법. 다만, 동일업종의 다른 법인이 없는 경우로서 과세표준신고 후
      에 장부나 그 밖의 증명서류가 멸실된 때에는 과세표준 신고서 및 그 첨부서류에 의하고 과세
      표준신고 전에 장부나 그 밖의 증명서류가 멸실된 때에는 직전 사업연도의 소득률에 의하여
      과세표준을 결정 또는 경정한다.
   ③ 조세특례제한법상 소기업이 폐업한 때에는 단순경비율을 적용하여 계산한 금액, 직전 사업연도의
      소득률을 곱하여 계산한 금액, 기준경비율 적용하여 계산한 금액 중 적은 금액으로 결정하는 방법

3. 이월결손금에 대한 처리
   추계사유에 따라 법인세의 과세표준과 세액을 추계하는 경우에는 이월결손금 공제를 적용하지 아
   니한다. 다만, 천재지변 등으로 장부나 그 밖의 증명서류가 멸실되어 추계하는 경우에는 그러하지
   아니한다.

【문제 4】

(물음 1)

1. 증여의제
   증여의제란 경제적으로나 실질적으로 증여와 같은 효과가 있어 증여로 간주하는 것으로 반대사실
   에 대해 그 반대 증명이 있더라고 세법에 정한 요건에 해당하는 경우에는 그 사실이 번복되지 않기
   에 민법상 증여에 해당되지 않더라도 재산이 무상 이전되는 효과가 발생되는 경우 증여세로 과세
   되는 것을 말한다.

2. 증여추정

과세관청에서 증여세를 과세하더라도 납세자가 그 반대사실에 대해 증명을 하면 그 추정이 번복되어 증여로 보지 않는 것을 말한다.

3. 구별의 실익

증여추정은 비록 증여가 아니라는 사실에 대한 입증책임이 증여세를 부과 받은 납세자에게 있지만 이를 증명할 경우 증여로 보지 않는다. 이는 증여가 아니라는 입증이 있더라도 세법에 정한 요건에 해당하면 증여로 보는 증여의제보다는 납세자에게 유리하다.

(물음 2)

1. 증여의제이익 계산방법

A가 양수한 부동산의 시가와 실제 취득가액과의 차액에 상당하는 금액에서 A의 법인세에 해당 부동산으로 인한 이익(시가와 대가의 차액)이 각 사업연도의 소득금액에서 차지하는 비율을 곱하여 계산한 금액을 차감한 금액에 지배주주 갑의 주식보유비율을 곱한 금액을 증여의제 이익으로 한다. 이때, 해당 부동산의 시가와 그 대가의 차액이 시가의 100분의 30이상이거나 그 차액이 3억원 이상이여야 한다.

2. 시가 판정기준

해당 재산 또는 용역의 시가는 법인세법 시행령에 따라 특수관계인 외의 불특정 다수인 및 제3자 간에 계속적으로 또는 일반적으로 거래된 가격에 따른다. 해당 시가가 불분명한 경우에는 감정가액, 상속세 및 증여세법상 보충적 평가방법을 준용하여 평가한 가액을 순차적으로 계산한 금액에 따른다.

3. 입법취지

특정법인 등의 주식을 낮은 가격으로 자녀 등 특수관계인에게 취득시킨 후 당해 법인에 재산 등을 증여하거나 낮은 가격으로 재산 등을 매입하게하면 기업의 가치가 상승하는데 이를 이용하여 세부담 없이 부를 이전하는 변칙적인 증여행위를 방지하여 조세형평을 실현하는데 그 입법취지가 있다.

(물음 3)

1. 증여의제이익 계산방법

B로부터 제공받은 사업기회로 인하여 발생한 개시사업연도의 C의 이익에 지배주주 정의 주식보유 비율을 곱한 가액에서 개시사업연도분의 법인세 납부세액에 제공받은 사업기회로 인하여 발생한 C의 이익이 각 사업연도 소득금액에서 차지하는 비율을 곱한 금액을 차감하여 계산한 금액이 사업기회제공일이 속하는 연도로부터 3개 연도 동안 동일하게 발생할 것으로 가정하여 3을 곱하여 증여의제이익을 계산한다. 다만, 지배주주 정이 증여세 과세표준 신고기한까지 C로부터 배당받은 소득이 있는 경우에는 증여의제이익에서 공제한다.

2. 정산증여의제이익 계산방법

B로부터 제공받은 사업기회로 인하여 개시사업연도부터 사업기회제공일 이후 2년이 지난 날이 속하는 사업연도(정산사업연도)까지 발생한 C의 이익 합계액에 지배주주 정의 주식보유비율을 곱한 금액에서 개시사업연도부터 정산사업연도분까지의 법인세 납부세액에 제공받은 사업기회로 인하여 발생한 C의 이익이 각 사업연도 소득금액에서 차지하는 비율을 곱한 금액을 차감하여 정산증여의

제이익을 계산한다. 이는 3년간 수혜법인이 얻은 이익이 동일할 것으로 가정하여 계산한 증여의제이익을 실제로 발생한 이익인 정산증여의제이익과 비교하여 해당 증여세를 정산하려는 목적이 있다.

3. 입법취지
수혜법인이 특수관계법인으로부터 사업기회를 제공받음으로써 얻은 이익으로 수혜법인이 성장함에 따라 수혜법인의 주식가치가 상승하여 수혜법인의 지배주주의 부가 무상으로 이전되는 효과가 있어 이러한 조세회피행위를 방지하여 과세형평을 도모하고 조세정의를 실현하는데 그 취지가 있다.

세법학2부

이 상 민 (세무사)

【문제 1】

(물음 1) 신탁과세이론에 따른 납세의무자 판단의 정당성

1. 신탁과세이론
   (1) 도관이론
   도관이론이란 일반적으로 신탁이 소득을 수익자에게 이전하는 도관에 지나지 않기 때문에 도관인 신탁자체에 대해서는 과세하지 아니하고 소득이 귀속되는 수익자단계에서 과세하면 족하다는 주장이다.

   (2) 실체이론
   실체이론이란 신탁이 마치 법인과 유사하게 그 독립성이 보장되고 있으므로 신탁재산 자체를 법인으로 의제하여 과세제도를 운영하여야 한다는 주장이다.

2. 실질과세원칙(귀속)
   과세의 대상이 되는 소득, 수익, 재산, 행위 또는 거래의 귀속이 명의일 뿐이고 사실상 귀속 되는 자가 따로 있을 때에는 사실상 귀속되는 자를 납세의무자로 하여 세법을 적용한다. 신탁과세이론 중 도관이론을 뒷받침하는 근거에 해당한다.

3. 과세관청의 처분 이유
   과세관청은 신탁과세이론 중 도관이론과 실질과세원칙을 근거로 하여 이 사건 처분에 대해 甲을 재화의 공급에 대한 부가가치세 납세의무자로 간주한 것이다.

(물음 2) 처분의 적법성 (2022 수정)

1. 쟁점
   甲을 건물의 공급에 대한 부가가치세 납세의무자로 본 것이 적법한지 여부

2. 관련법령(신탁재산 매매시 재화공급의 특례)
   (1) 원칙(수탁자)
   신탁재산과 관련된 재화 또는 용역을 공급하는 때에는 「신탁법」 제2조에 따른 수탁자가 신탁
   재산별로 각각 별도의 납세의무자로서 부가가치세를 납부할 의무가 있다.

   (2) 예외(위탁자)
   다음의 어느 하나에 해당하는 경우에는 위탁자가 재화를 공급하는 것으로 본다.
   1. 신탁재산과 관련된 재화 또는 용역을 위탁자 명의로 공급하는 경우
   2. 위탁자가 신탁재산을 실질적으로 지배·통제하는 경우로서 일정한 경우
   3. 그 밖에 신탁의 유형, 신탁설정의 내용, 수탁자의 임무 및 신탁사무 범위 등을 고려하여
      대통령령으로 정하는 경우

3. 사례판단
   사례의 경우 수탁자 B신탁회사와 위탁자 甲은 A에 대한 채무이행을 담보할 목적으로 신탁계약을
   하였고 그 후 甲이 A에 대한 채무를 제때 변제하지 못하자 그 채무의 이행을 위하여 B신탁회사는
   해당 신탁재산을 처분 한 것이다. 따라서 해당 건물의 공급은 위탁자 명의로 공급하거나 위탁자가
   신탁재산을 실질적으로 지배·통제하는 경우에 해당하지 않으므로 수탁자인 B신탁회사가 재화를
   공급한 것으로 보아 부가가치세를 과세해야 한다.

4. 결론
   따라서 甲을 납세의무자로 보아 부가가치세를 과세한 이 사건의 처분은 위법하다.

(물음 3) 부가가치세 납세의무자 (2022 수정)

1. 관련법령
   (1) 일반적인 납세의무자
   부가가치세가 과세되는 재화 또는 용역을 공급하는 사업자를 말한다. 이때 사업자란 사업목적
   이 영리이든 비영리이든 관계없이 사업상 독립적으로 재화 또는 용역을 공급하는 자를 말하며
   재화의 공급이란 계약상 또는 법률상의 모든 원인에 의하여 재화를 인도 또는 양도하는 것을
   말한다.

   (2) 신탁관련 납세의무 등
   1) 원칙(수탁자)
      신탁재산과 관련된 재화 또는 용역을 공급하는 때에는 「신탁법」 제2조에 따른 수탁자가 신
      탁재산별로 각각 별도의 납세의무자로서 부가가치세를 납부할 의무가 있다.
   2) 예외(위탁자)
      다음의 어느 하나에 해당하는 경우에는 위탁자가 재화를 공급하는 것으로 본다.
      1. 신탁재산과 관련된 재화 또는 용역을 위탁자 명의로 공급하는 경우
      2. 위탁자가 신탁재산을 실질적으로 지배·통제하는 경우로서 일정한 경우
      3. 그 밖에 신탁의 유형, 신탁설정의 내용, 수탁자의 임무 및 신탁사무 범위 등을 고려하여
         대통령령으로 정하는 경우

2. 사례의 경우

甲과 B신탁회사가 채무 없이 이 사건 건물을 취득한 후 임대관리 및 처분위탁만을 목적으로 B신탁회사에 신탁하고 그 수익을 甲에게 지급함을 내용으로 하는 신탁계약은 관리신탁 및 처분신탁을 의미하는 것이고 해당 사례와 같이 신탁계약에 따라 B신탁회사가 건물을 처분한 경우 위탁자 명의로 공급하거나 위탁자가 신탁재산을 실질적으로 지배·통제하는 경우에 해당하지 않으므로 수탁자인 B신탁회사가 납세의무자가 된다.

【문제 2】

(물음 1)

1. 과세물품

과세물품의 판정은 그 명칭이 무엇이든 상관없이 그 물품의 형태·용도·성질이나 그 밖의 중요한 특성에 의한다. 또한 동일한 과세물품이 과세품목 중 둘 이상에 해당하는 경우에는 그 과세물품의 특성에 맞는 물품으로 취급하되 그 특성이 명확하지 아니한 경우에는 주된 용도로 사용되는 물품으로 취급하고, 주된 용도가 명확하지 아니한 경우에는 높은 세율이 적용되는 물품으로 취급한다. 사례의 경우 고급가방과 보석이 결합된 물품으로써 2이상의 품목에 해당되기는 하나, 특성이나 용도 그리고 원가의 구성 비율 등을 고려해 봤을 때 고급가방으로 보아야 한다.

2. 과세표준

고급물품인 경우로써 제조하여 반출하는 과세물품은 제조장에서 반출할 때의 가격 또는 수량중 기준가격을 초과하는 가격을 과세표준으로 한다. 또한 수탁가공한 물품에 대하여 수탁자가 해당세액을 납부하는 경우로써 일정요건을 충족한 경우에는 그 물품을 인도한 날에 위탁자가 실제로 판매하는 가격에 상당하는 금액을 과세표준으로 한다. 포장비용은 원칙적으로 과세표준에 포함해야하나 일정요건을 충족한 경우 과세표준에서 제외할 수 있다.

사례의 경우 포장비용을 포함한 1,200만원 중 기준가격을 초과하는 1,000만원이 과세표준에 해당한다.

3. 세율

사례의 경우 과세가격의 20%이다.

4. 납세의무자

과세물품을 수탁 받아 제조하는 경우에 동 물품에 대한 납세의무자는 수탁자가 된다. 그러나 수탁자가 위탁자에게 미납세반출한 후, 위탁자가 같은 물품을 다시 반출하는 경우에는 위탁자가 납세의무자가 된다.

사례의 경우 미납세반출승인신청을 하지 않았으므로 납세의무자는 수탁자인 B사이다

(물음 2)

1. 반출시

(1) 관련법령

외국에서 개최되는 박람회 등에 출품하기 위하여 해외로 반출하는 물품은 무조건 면세 대상에 해당한다.

⑵ 과세문제

사례의 경우 A사가 해당 물품을 판매 또는 반출할 때에 면세 신청한 경우로써 면세승인을 받은 경우에는 개별소비세가 면세되므로 신고·납부의무가 없다.

2. 환입시

⑴ 관련법령

국내 또는 국외에서 개최한 박람회 등에 출품한 물품을 제조장에서 환입하는 경우로써 미납세 반출 대상에 해당한다. 이때 미납세반출하고자 하는 자는 법정 미납세반출의 절차를 따라야 한다.

⑵ 과세문제

사례의 경우 미납세반출과 관련하여 별도의 신고·승인이 없었으므로 미납세반출규정을 적용할 수 없다. 따라서 고급가방을 환입시에 개별소비세가 과세된다.

(물음 3)

1. 관련법령

과세물품의 판매 또는 제조를 사실상 폐지한 경우에 판매장이나 제조장에 남아 있는 경우 판매장이나 제조장에서 반출 된 것으로 본다. 단, 제조장등을 사실상 이전하지 아니하고 제조업등을 포괄승계하는 경우에는 개별소비세법을 적용할 때 해당 판매업·제조업 또는 영업을 폐지한 것으로 보지 아니한다.

2. 사례의 경우

제조장을 사실상 이전하지 않고 영업을 포괄승계 받았으므로 제조장에 남아 있는 고급가방에 대하여 개별소비세를 과세하지 않는다.

【문제 3】

(물음 1)

1. 관련법령

⑴ 과세표준

1) 원칙

취득 당시의 가액은 취득자가 신고한 가액으로 한다. 다만, 신고 또는 신고가액의 표시가 없거나 그 신고가액이 시가표준액보다 적을 때에는 시가표준액을 과세표준액으로 한다.

2) 예외(반드시 사실상 취득가액으로 하는 경우)

법인장부에 따라 취득가격이 증명되는 취득 등 일정한 법정 사유에 해당하는 경우에는 취득자의 신고 여부에도 불구하고 사실상의 취득가격 또는 연부금액을 과세표준으로 한다.

⑵ 취득시기(유상승계취득)

1) 반드시 사실상 취득가액을 과세표준으로 하는 경우

법인장부에 의해 취득가격이 증명되는 취득 등 반드시 사실상 취득가액을 과세표준으로 하는 유상승계취득의 경우에는 사실상의 잔금지급일에 취득한 것으로 본다.

2) 위 '1)'외의 유상승계취득의 경우

위 '1)'외에 해당하는 유상취득의 경우에는 계약상 잔금지급일에 취득한 것으로 본다. 다만, 해당 취득물건을 등기·등록하지 아니하고 법정서류에 의하여 계약이 해제된 사실이 입증되는 경우에는 취득한 것으로 보지 아니한다.

3) 다만, 취득일전에 등기 또는 등록을 한 경우에는 그 등기일 또는 등록일에 취득한 것으로 본다.

2. 사례의 경우

(1) 과세표준

갑은 법인인 A회사로부터 취득하였으므로 법인이 작성한 객관적인 증거서류 등을 근거로 사실상 취득가격 또는 연부금액을 과세표준으로한다.

(2) 취득시기

사례에서 사실상 잔금지급일 전인 2018년 11월경 소유권이전등기를 마쳤으므로 소유권이전등기를 한때를 취득시기로 보아야 한다.

(물음 2)

1. 쟁점

유예된 잔금지급채무(이하 '쟁점지금채무'라 함)의 면제가 기 신고·납부한 취득세에 대한 경정청구 사유에 해당하는지 여부

2. 관련법령(후발적 경정청구)

과세표준신고서를 법정신고기한까지 제출한 자 또는 과세표준 및 세액의 결정을 받은 자는 다음의 어느 하나에 해당하는 사유가 발생하였을 때에는 통상적 경정청구 기간에도 불구하고 그 사유가 발생한 것을 안 날부터 90일 이내에 결정 또는 경정을 청구할 수 있다.

① 최초의 신고·결정 또는 경정에서 과세표준 및 세액의 계산근거가 된 거래 또는 행위 등이 그에 관한 소송에 대한 판결(판결과 동일한 효력을 가지는 화해나 그 밖의 행위를 포함함)에 의하여 다른 것으로 확정되었을 때

② 조세조약에 따른 상호합의가 최초의 신고·결정 또는 경정의 내용과 다르게 이루어졌을 때

③ 위 ① 및 ②의 사유와 유사한 사유로서 법정사유가 해당 지방세의 법정신고기한이 지난 후에 발생하였을 때

3. 관련판례

취득세는 본래 재화의 이전이라는 사실 자체를 포착하여 거기에 담세력을 인정하고 부과하는 유통세의 일종으로, 취득자가 재화를 사용·수익·처분함으로써 얻을 수 있는 이익을 포착하여 부과하는 것이 아니다.

이처럼 부동산 취득세는 부동산의 취득행위를 과세객체로 하는 행위세이므로, 그에 대한 조세채권은 그 취득행위라는 과세요건 사실이 존재함으로써 당연히 발생하고, 일단 적법하게 취득한 이상 그 이후에 매매계약이 합의해제되거나, 해제조건의 성취 또는 해제권의 행사 등에 의하여 소급적으로 실효되었다 하더라도, 이로써 이미 성립한 조세채권의 행사에 아무런 영향을 줄 수 없다.

4. 사례판단

판례와 관련 법률을 종합적으로 판단해볼 때 취득세의 성격과 본질 등에 비추어 보면, 공급계약서의 특약에 따라 유예된 잔금지급채무가 면제되었다 하더라도 일단 적법한 취득행위가 존재하였던 이상 위와 같은 사유는 특별한 사정이 없는 한 취득행위 당시의 과세표준을 기준으로 성립한 조세

채권의 행사에 아무런 영향을 줄 수 없다. 따라서 위와 같은 사유만을 이유로 지방세기본법에 따른 통상의 경정청구나 후발적 경정청구를 할 수 없다.

【문제 4】

(물음 1) (21년 수정)

1. 이월과세 적용신청을 하기 위한 요건
   (1) 거주자
   본 특례의 주체(양도인)는 개인인 거주자이다.
   (2) 법인 전환
   다음 방법에 따라 법인으로 전환하는 경우를 말하며 이때 법인에서 호텔업 등 소비성서비스업을 경영하는 법인은 제외한다.
   1) 현물출자 방법
   사업용 고정자산을 현물출자하는 방법에 따라 법인으로 전환 할 것. 사업용 고정자산이란 당해 사업에 직접 사용하는 유형자산 및 무형자산을 말한다.(다만, 주택 또는 주택을 취득할 수 있는 권리는 제외한다)
   2) 사업의 양수도 방법
   해당 사업을 영위하던 자가 발기인이 되어 다음의 요건을 모두 충족한 금액 이상을 출자하여 법인을 설립하고, 그 법인설립일부터 3개월 이내에 해당 법인에게 사업에 관한 모든 권리와 의무를 포괄적으로 양도함에 따라 법인으로 전환 할 것.
   ① 사업용 고정자산을 현물출자하거나 사업양수도하여 법인으로 전환하는 사업장의 순자산가액일 것
   ② 통합으로 인하여 소멸하는 사업장의 중소기업자가 당해 통합으로 인하여 취득하는 주식 또는 지분의 가액이 통합으로 인하여 소멸하는 사업장의 순자산가액(통합일 현재의 시가로 평가한 자산의 합계액에서 충당금을 포함한 부채의 합계액을 공제한 금액을 말한다) 이상일 것

   (3) 자본금
   새로 설립되는 법인의 자본금이 사업용 고정자산을 현물출자하거나 사업양수도하여 법인으로 전환하는 사업장의 순자산가액으로써 당해 통합으로 인하여 취득하는 주식 또는 지분의 가액이 통합으로 인하여 소멸하는 사업장의 순자산가액(통합일 현재의 시가로 평가한 자산의 합계액에서 충당금을 포함한 부채의 합계액을 공제한 금액을 말한다.)이상일 것을 말한다.

   (4) 이월과세 적용 신청
   양도소득세의 이월과세를 적용받고자 하는 자는 현물출자 또는 사업양수도를 한 날이 속하는 과세연도의 과세표준신고(예정신고를 포함한다)시 새로이 설립되는 법인과 함께 이월과세적용신청서(별지 제12호 서식)를 납세지 관할세무서장에게 제출하여야 한다.

2. 과세특례의 취지
   개인기업의 법인전환을 지원하기 위하여 법인전환 시점에서 부동산의 양도에 대하여 과세하지 아니하고, 전환 후 당해 부동산을 양도하는 경우 함께 과세하도록 하여 전환 시점에서 양도소득세 부담이 없도록 하는데 그 취지가 있다.

(물음 2)

1. 의의 및 적용요건

　(1) 의의

　　실질은 부동산의 단순 양도임에도 법인전환시 이월과세규정을 악용하여 사업용 고정자산을 양
　　도함에 따라 발생되는 양도소득세를 이월하여 타 양도소득자와의 과세형평을 저해하는 행위
　　막는데 사후관리규정의 의의가 있다.

　(2) 사후관리 적용요건

　　법인전환에 대한 양도소득세 이월과세 요건을 갖춰 설립된 법인의 설립등기일부터 5년 이내에
　　다음 각 호 어느 하나에 해당하는 사유가 발생하는 경우에는 이월과세 특례를 적용받은 거주
　　자가 사유발생일이 속하는 달의 말일부터 2개월 이내에 특례에 따른 이월과세액(해당 법인이
　　이미 납부한 세액을 제외한 금액을 말한다)을 양도소득세로 납부하여야 한다.

　　1) 설립된 법인이 이월과세를 적용받은 거주자로부터 승계 받은 사업의 사업용 고정자산을 2분
　　　의 1이상을 처분하거나 사업에 사용하지 않는 경우

　　2) 이월과세를 적용받은 거주자가 법인전환으로 취득한 주식 또는 출자지분의 100분의 50 이
　　　상을 처분하는 경우

2. 과세처분의 정당성

　(1) 결론

　　乙세무서장이 사후관리 규정을 적용하여 당초 이월과세 받은 금액을 다시 납부하라는 결정 ·
　　고지 처분은 정당하다.

　(2) 근거

　　① 개정된 법률의 부칙규정을 살펴보면 2013년1월1일 이후 승계 받은 사업을 폐지하거나 취
　　　득한 주식 또는 출자지분을 처분하는 분부터 적용 한다고 규정하고 있다.

　　② 관련 법령에서는 '조세법률주의 원칙상 조세법규의 해석은 법문대로 해석할 것이고, 감면요
　　　건 규정 가운데에 특혜규정이라고 볼 수 있는 것은 엄격하게 해석하는 것이 조세공평의 원
　　　칙에 부합한다' 라고하고 있고 '국세를 납부할 의무가 성립한 소득, 수익, 재산, 행위 또는
　　　거래에 대해서는 그 성립 후의 새로운 세법에 따라 소급하여 과세하지 아니한다' 라고하여
　　　소급과세를 금지하고 있다.

　　③ 또한 관련 예규 및 판례에서는 2012.12.31.이전 법인전환하고 이월과세를 적용받은 거주
　　　자가 2013.1.1.이후 법인전환으로 취득한 주식의 50%이상을 처분한 경우 2013.1.1. 개
　　　정된 조특법 제5항 및 부칙 제11조에 따라 처분일이 속하는 과세연도의 과세표준 신고를
　　　할 때 이월과세액을 양도소득세로 납부 한다고 판시하고 있다.

　　④ 사례에서는 부칙규정 시행전인 2012.12.24.에 현물출자 방식을 통하여 법인전환을 하였지
　　　만 처분일은 2013.1.3.이므로 2013.1.1. 이후에 해당한다.

　　⑤ 이상의 사실관계 및 관련 법령 등을 종합적으로 살피건대, 처분인일 2013.1.3.을 기준으로
　　　개정된 법률의 부칙규정 적용여부 판단하여 과세한 과세관청의 처분은 적법하다.

2019년도 제56회 기출문제 풀이

회계학1부

김 정 호 (공인회계사 / 서울디지털대학교 겸임교수)

【문제 1】

(물음 1) 답 : ① ₩40,000 ② (−)₩14,000 ③ ₩8,000 ④ ₩242,000 ⑤ ₩172,000

① 감가상각비 = 제거된 감가상각누계액 ₩80,000 + 기말 감가상각누계액 ₩60,000
  − 기초 감가상각누계액 ₩100,000 = ₩40,000
  답 : ₩40,000
② 매출채권의 증가(순액) = (₩53,000 − ₩3,000) − (₩38,000 − ₩2,000) = ₩14,000
  답 : (−)₩14,000
③ 답 : ₩8,000
④와 ⑤ 계산과정

영업활동현금흐름		
법인세비용차감전순이익	₩147,000	
가감		
감가상각비	40,000	
매출채권의 증가(순액)	(14,000)	
재고자산의 증가	(52,000)	
금융자산(FVPL)의 감소	91,000	
매입채무의 증가	26,000	
유형자산처분이익	(4,000)	
이자비용	8,000	
영업으로부터 창출된 현금	₩242,000	
이자지급	?	
법인세의 납부	?	
배당금 지급	?	
영업활동순현금흐름		₩172,000

④ 답 : ₩242,000
⑤ 답 : ₩172,000

(물음 2) 답 : ① ₩404,000 ② ₩94,000 ③ (-)₩256,000 ④ (-)₩4,000 ⑤ (-)₩26,000
⑥ (-)₩40,000

영업활동현금흐름		
고객으로부터의 유입된 현금	① ₩404,000	(주1)
금융자산(FVPL)으로 부터의 유입된 현금	② ₩94,000	(주2)
공급자와 종업원에 대한 현금유출	③ (-)₩256,000	(주3)
영업으로부터 창출된 현금	₩202,000	
이자지급	④ (-)₩4,000	(주4)
법인세의 납부	⑤ (-)₩26,000	(주5)
배당금 지급	⑥ (-)₩40,000	(주6)
영업활동순현금흐름		₩172,000

(주1) 매출액 ₩420,000 - 매출채권의 증가(순액) ₩14,000 - 매출채권 손상차손 ₩2,000
= ₩404,000
(주2) 금융자산감소 ₩91,000 + 금융자산평가이익 ₩5,000 - 금융자산처분손실 ₩2,000
= ₩94,000
(주3) - 매출원가 ₩180,000 - 재고자산증가 ₩52,000(₩162,000 - ₩110,000)
+ 매입채무증가 ₩26,000(₩70,000 - ₩44,000) - 판매비와관리비 ₩92,000
+ 감가상각비 ₩40,000 + 매출채권 손상차손 ₩2,000 = (-)₩256,000
(주4) 이자지급 = 이자비용 ₩8,000 - 사채할인발행차금상각 ₩2,000
- 미지급이자 증가 ₩2,000(₩18,000 - ₩16,000) = ₩4,000
(주5) 법인세의 납부 = 법인세비용 ₩24,000 + 미지급법인세감소 ₩2,000(₩4,000 - ₩2,000)
= ₩26,000
(주6) 배당금 지급 = 기초이익잉여금 ₩56,000 + 당기순이익 ₩123,000
- 기말이익잉여금 ₩139,000 = ₩40,000

(물음 3)

[1] 직접법
(1) 장점
① 현금의 유입과 유출을 항목별로 알게 되면 현금흐름을 이해하기 쉽다.
② 미래현금흐름을 예측하는 데 유용하다.

(2) 단점
① 영업활동으로 인한 현금유입액과 현금유출액을 개별 유형별 자료를 구하여 표시하는 절차
가 실무적으로 시간과 비용측면에서 큰 부담이 된다.
② 발생주의 순이익에 익숙한 재무제표이용자들이 현금주의로 표시된 재무제표에 혼돈을 초래
할 수 있다.
③ 기업의 기밀에 속하는 세부항목별 현금흐름내용이 노출될 위험이 있다.

[2] 간접법

(1) 장점

① 직접법보다 작성하기 수월하다.

② 발생주의에 근거하여 산출된 순이익과 영업활동에서 유입된 현금유입간의 차이에 관한 정보를 제공해 준다.

(2) 단점

① 전문지식이 부족한 이용자는 발생주의 순이익에 가감하는 형식의 계산구조를 이해하기 어렵다.

② 현금주의에 따라 작성하는 현금흐름표에 발생주의개념인 당기순이익을 이용하고 당기순이익을 조정하는 방식을 채택함으로써 발생주의와 현금주의가 혼재되어 있다.

(물음 4) 답 : ₩410,000

차량운반구 취득금액 = 기말 차량운반구 ₩740,000 + 처분 차량운반구 ₩100,000
                      − 기초 차량운반구 ₩430,000 = ₩410,000

(물음 5) 답 : ₩252,000

재무활동순현금흐름 = 사채 발행액 ₩190,000$^{(주1)}$ + 유상증자 ₩62,000$^{(주2)}$ = ₩252,000
(주1) ₩95,000 × 2좌 = ₩190,000
(주2) ₩470,000 − ₩408,000 = ₩62,000

【문제 2】

(물음 1)

① ₩5,198,927 + ₩300,000 = 고정리스료 × 3.1699 + ₩500,000 × 0.683
   고정리스료 = ₩1,627,000

②

(차) 금융리스채권	5,498,927	(대) 리스자산	5,198,927
		현 금	300,000

(물음 2)

① 고정리스료합 ₩1,627,000 × 4년 + 추정잔존가치 ₩500,000 = ₩7,008,000
② 리스순투자 = 리스자산 공정가치 ₩5,198,927 + 리스개설직접원가 ₩300,000
            = ₩5,498,927
   리스총투자 ₩7,008,000 − 리스순투자 ₩5,498,927 = ₩1,509,073

(물음 3)

① 리스부채 = ₩1,627,000×3.1699 + ₩200,000×0.683 = ₩5,249,027
   사용권자산 = 리스부채 ₩5,294,027 + 리스개설직접원가 ₩200,000 = ₩5,494,027

②

(차) 사용권자산	5,494,027	(대) 리스부채	5,294,027
		현 금	200,000

(물음 4)

① 이자수익 = ₩5,498,927×10% = ₩549,893
   답 : ₩549,893
② 감가상각비 = (5,494,027 − ₩200,000)÷4년 = ₩1,323,507
   이자비용 = ₩5,294,027×10% = ₩529,403
   총비용 = ₩1,323,507 + ₩529,403 = ₩1,852,910
   답 : (−)₩1,852,910

(물음 5)

① (₩5,498,927 − (₩1,627,000 − ₩549,892))×10% = ₩442,182
② ₩(5,294,027×1.1 − ₩1,627,000)×1.1 − ₩1,627,000 = ₩2,989,073

(물음 6)

Min[무보증잔존가치 ₩300,000, 잔존가치감소 (₩500,000 − ₩300,000)]×0.7513 = ₩150,260

【문제 3】

(물음 1) 답 : 전부 1월 ₩58,000, 전부 2월 ₩59,200, 변동 1월 ₩55,000, 변동 2월 ₩55,000

⑴ 실제전부원가계산
   1) 1월 영업이익
      단위당 변동제조원가 = ₩100 + ₩40 + ₩20 = ₩160
      단위당 고정제조간접원가 = ₩12,000/400단위 = ₩30
      1월 영업이익 = 300단위×₩400 − 300단위×(₩160 + ₩30) − 300단위×₩10
                   − ₩2,000
                 = ₩120,000 − ₩57,000 − ₩3,000 − ₩2,000 = ₩58,000
   2) 2월 영업이익
      단위당 고정제조간접원가 = ₩12,000/500단위 = ₩24

$$2월 \ 영업이익 = 300단위 \times ₩400 - 100단위 \times (₩160 + ₩30) - 200단위$$
$$\times (₩160 + ₩24) - 300단위 \times ₩10 - ₩2,000$$
$$= ₩120,000 - ₩19,000 - ₩36,800 - ₩3,000 - ₩2,000 = ₩59,200$$

(2) 실제변동원가계산

단위당 공헌이익 = ₩400 - ₩100 - ₩40 - ₩20 - ₩10 = ₩230

1월 영업이익 = 300단위 × ₩230 - ₩12,000 - ₩2,000 = ₩55,000

2월 영업이익 = 300단위 × ₩230 - ₩12,000 - ₩2,000 = ₩55,000

(물음 2)

(1) 비용으로 인식된 고정제조간접원가

실제전부원가계산 1월 = ₩12,000 × 300단위/400단위 = ₩9,000

실제전부원가계산 2월 = ₩12,000 × 100단위/400단위 + ₩12,000 × 200단위/500단위

= ₩7,800

실제변동원가계산 1월 = ₩12,000

실제변동원가계산 2월 = ₩12,000

(2) 차이 설명

영업이익 차이는 비용 인식 고정제조간접원가 차이이다.

1) 1월

6구분	영업이익	비용 인식 고정제조간접원가
A 실제전부원가계산	₩58,000	(-)₩9,000
B 실제변동원가계산	₩55,000	(-)₩12,000
차이(A-B)	₩3,000	₩3,000

1) 2월

구분	영업이익	비용 인식 고정제조간접원가
A 실제전부원가계산	₩59,200	(-)₩7,800
B 실제변동원가계산	₩55,000	(-)₩12,000
차이(A-B)	₩4,200	₩4,200

(물음 3) 답 : ₩59,500

단위당 고정제조간접원가 = (₩12,000 × 100단위/400단위 + ₩12,000)/600단위 = ₩25

2월 영업이익 = 300단위 × ₩400 - 300단위 × (₩160 + ₩25) - 300단위 × ₩10 - ₩2,000

= ₩120,000 - ₩55,500 - ₩3,000 - ₩2,000 = ₩59,500

(물음 4) 답 : 전부 1월 ₩57,600, 전부 2월 ₩60,200, 변동 1월 ₩54,600, 변동 2월 ₩54,200

⑴ 정상전부원가계산

시간당 변동제조간접원가배부액 = ₩76,800/(12개월×₩800) = ₩8

시간당 고정제조간접원가배부액 = ₩12,000/₩800 = ₩15

단위당 제조원가 = ₩100 + ₩40 + (₩8 + ₩15) × 9,600시간/4,800단위 = ₩186

1) 1월

	실제원가	배부액	원가차이
변동제조간접원가	400단위×₩20 = ₩8,000	800시간×₩8 = ₩6,400	₩1,600(불리)
고정제조간접원가	12,000	800시간×₩15 = ₩12,000	–

영업이익 = 300단위×₩400 − 300단위×₩186 − 불리한 차이 ₩1,600 − 300단위×₩10
－ ₩2,000 = ₩57,600

2) 2월

	실제원가	배부액	원가차이
변동제조간접원가	500단위×₩20 = ₩10,000	1,000시간×₩8 = ₩8,000	₩2,000(불리)
고정제조간접원가	12,000	1,000시간×₩15 = ₩15,000	₩3,000(유리)

영업이익 = 300단위×₩400 − 300단위×₩186 + 유리한 차이 ₩1,000 − 300단위
×₩10 − ₩2,000
= ₩60,200

⑵ 정상변동원가계산

단위당 변동원가 = ₩100 + ₩40 + ₩8 × 9,600시간/4,800단위 + ₩10 = ₩166

1) 1월

	실제원가	배부액	원가차이
변동제조간접원가	400단위×₩20 = ₩8,000	800시간×₩8 = ₩6,400	₩1,600(불리)

영업이익 = 300단위×₩400 − 300단위×₩166 − 불리한 차이 ₩1,600 − ₩12,000
－ ₩2,000 = ₩54,600

2) 2월

	실제원가	배부액	원가차이
변동제조간접원가	500단위×₩20 = ₩10,000	1,000시간×₩8 = ₩8,000	₩2,000(불리)

영업이익 = 300단위×₩400 − 300단위×₩166 − 불리한 차이 ₩2,000 − ₩12,000 − ₩2,000
= ₩54,200

【문제 4】

(물음 1) 답 : 18,000단위

(목표판매수량×(₩10,000 – ₩6,000 – ₩600) – ₩50,000,000)×(1 – 0.2) – ₩100,000,000×6%
= 2,960,000
목표판매수량 = 18,000단위

(물음 2) 답 : ₩4,800,000, ₩3,600,000

세후영업이익의 증가 = (5,000단위×(₩8,000 – ₩6,000 – ₩200) – ₩3,000,000)×(1 – 0.2)
= ₩4,800,000
경제적 부가가치의 증가 = ₩4,800,000 – (₩120,000,000 – ₩100,000,000)×6% = ₩3,600,000

(물음 3) 답 : ₩7,100

(5,000단위×(최소대체가격 – ₩6,200) – ₩3,000,000)×(1 – 0.2) = ₩20,000,000×6%
최소대체가격 = ₩7,100

(물음 4) 답 : ⑴ ₩3,200, ⑵ ₩3,600,000

⑴ 국내사업부 세후영업이익 = (20,000단위×(₩10,000 – ₩6,600)
+5,000단위×(대체가격 – ₩6,200) – (₩50,000,000 + ₩3,000,000)×(1 – 0.2)
= (5,000대체가격 – ₩16,000,000)×0.8
국내사업부 세후영업이익을 0으로 하는 대체가격은 ₩3,200

⑵ 국내사업부 세후영업이익 = (5,000대체가격×0.8 – ₩16,000,000)×0.8
국내사업부 세후영업이익을 0으로 하는 대체가격은 ₩4,000
기업전체의 세후영업이익 증가 = 해외사업부 세후영업이익 증가
= 5,000단위×(₩4,000 – ₩3,200)×0.9 = ₩3,600,000

[별해]

구분	무 관세, 대체가격 3,200				
	국내사업부		해외사업부		
매출액	20,000단위×10,000	200,000,000	5,000단위×12,000	60,000,000	
	5,000단위×3,200	16,000,000			
매출액합계		**216,000,000**		**60,000,000**	
변동비	20,000단위×6,600	132,000,000	5,000단위×3,200	16,000,000	
	5,000단위×6,200	31,000,000			
고정비	50,000,000+3,000,000	53,000,000			
관세		0			
비용합계		**216,000,000**		**16,000,000**	

구분	무 관세, 대체가격 3,200			
	국내사업부		해외사업부	
세전이익		0		44,000,000
세금		0	44,000,000×10%	4,400,000
순이익		0		39,600,000

구분	20% 관세, 대체가격 4,000			
	국내사업부		해외사업부	
매출액	20,000단위×10,000	200,000,000	5,000단위×12,000	60,000,000
	5,000단위×4,000	20,000,000		
매출액합계		220,000,000		60,000,000
변동비	20,000단위×6,600	132,000,000	5,000단위×4,000	20,000,000
	5,000단위×6,200	31,000,000		
고정비	50,000,000+3,000,000	53,000,000		
관세	20,000,000×20%	4,000,000		
비용합계		220,000,000		20,000,000
세전이익		0		40,000,000
세금		0	40,000,000×10%	4,000,000
순이익		0		36,000,000

세후영업이익 증가 = 관세 철폐후 최대 세후영업이익 ₩39,600,000
 - 관세 부과후 최대 세후영업이익 ₩36,000,000 = ₩3,600,000

회계학2부

김 명 근 (세무사)

【문제 1】 (30점)

(물음 1) (10점)

구분	해답
① 종합소득금액에 합산될 이자소득금액	14,000,000원
② 종합소득금액에 합산될 배당소득금액	26,000,000원
③ 금융소득에 대한 소득세 원천징수세액(분리과세금액 포함)	7,420,000원

A : 무조건 분리과세   B : 무조건 종합과세
C : 조건부 종합과세

번호	분리/종합	이자소득	배당소득	배당가산	원천세율	원천세액
1	C	8,000,000			14%	1,120,000
2	C	6,000,000			14%	840,000
3	C		9,000,000	×	14%	1,260,000
4	A	4,000,000			30%	1,200,000
5	C		12,000,000	×	25%	3,000,000
6	B		5,000,000	×		
종합과세 합계		14,000,000	26,000,000	원천징수총계		7,420,000

(물음 2) (10점)

구분	해답
① 종합소득금액에 합산될 근로소득금액	75,750,000
② 종합소득금액에 합산될 기타소득금액	8,000,000
③ 기타소득에 대한 소득세 원천징수세액(분리과세금액 포함)	9,999,000

A : 무조건 분리과세   B : 무조건 종합과세
C : 조건부 종합과세

문장	근거	근로소득	기타소득	분리/종합	원징세율	원징세액
1	6,000,000×12	72,000,000				
2	500,000×12	6,000,000				
3	비과세	비출자임원의 경우 사택제공이익 비과세				
4	1,000,000×12	12,000,000				
5	30,000,000 − 5,000		29,995,000	A	20%[*1]	5,999,000
6	*2		8,000,000	C	20%	1,600,000
7	비과세	국가 또는 지방자치단체로부터 받는 상금과 부상				
8	*3		12,000,000	B	20%	2,400,000
종합과세합계		90,000,000	8,000,000	6원천징수총계		9,999,000

*1 : 3억원 초과분은 30%, 3억원 미만은 20%

*2 : 필요경비 60%의제소득이므로, 20,000,000 − (20,000,000×60%) = 8,000,000

*3 : 골동품의 보유기간이 10년 이상인 경우에는 골동품 양도가액의 90%와 실제소요된 경비 중 큰 금액을 필요경비로 한다.

   120,000,000 − Max[①, ②] = 12,000,000

   ① 100,000,000

   ② 120,000,000×90% = 108,000,000

① 근로소득금액 : 근로소득 – 근로소득공제(14,250,000) = 75,750,000

(물음 3) (10점) (2022 수정)

구분	해답
① 주택의 양도소득과세표준	26,600,000
② 비상장주식의 양도소득과세표준	96,600,000
③ 양도소득산출세액	20,000,000

①~② 관련

	부동산(1그룹)	주식(2그룹)
양도가액	1,500,000,000	200,000,000
취득가액	500,000,000	100,000,000*3
필요경비	15,000,000*1	900,000*4
양도차익	197,000,000*2	99,100,000
장기보유특별공제	78,800,000	–
양도소득금액	118,200,000	99,100,000
양도소득기본공제	2,500,000	2,500,000
과세표준	115,700,000	96,600,000

*1 해약으로 인한 위약금은 필요경비 산입대상이 아니다.

*2 고가주택에 대한 양도소득세 계산이므로, 9억을 넘는 부분에 대해서만 과세한다.

985,000,000×(1,500,000,000 – 1,200,000,000)÷1,500,000,000 = 197,000,000

21.12.8 이후 양도분부터 1세대 1주택 비과세 기준금액이 9억원에서 12억원으로 상향

*3 주식의 감정평가액은 취득당시의 매매사례가액은 인정되나, 감정평가액은 인정되지 않는다. 매매사례가액이 있는 경우 기준시가보다 우선 감정평가액을 적용한다.

*4 증권거래세는 적격증빙을 보관하지 않아 비용처리는 되지 않으나, 주식의 경우에는 필요경비개산공제가 계산된다. 개산공제율은 기준시가의 1%이다.

90,000,000×1% = 900,000

③ 관련

	부동산(1그룹)	주식(2그룹)
과세표준	30,000,000	82,900,000
세율	15%	20%*1
누진공제	1,080,000	–
세액	3,420,000	16,580,000

*1 중소, 중견기업이 아닌 회사의 대주주가 아닌 경우에는 20%세율을 적용한다.

【문제 2】 (20점)

(물음 1) (6점)

구분		익금산입 및 손금불산입			손금산입 및 익금불산입		
		과목	금액(단위 : 원)	소득처분	과목	금액(단위 :원)	소득처분
제21기	3.1	국고보조금	20,000,000	유보			
	4.30				일시상각충당금	20,000,000	△유보
	12.31	일시상각충당금	3,000,000	유보	국고보조금	3,000,000	△유보
제22기	1.1	일시상각충당금	17,000,000	유보	국고보조금	17,000,000	△유보

① 21기 (3.1)
회계상으로는 수익을 이연국고보조금수익계정으로 이연시켰으나, 법인세법에서는 순자산증가설에 의해 국고보조금 수령시에는 익금으로 보므로 세무조정이 필요하다.
〈익금산입〉 국고보조금 20,000,000 (유보)

② 21기 (4.30)
국고보조금으로 고정자산을 취득한 경우에는 세법상으로는 세부담을 줄이기 위해 일시상각충당금을 설정할 수 있다. 일시상각충당금 설정액은 국고보조금 수령 상당액을 잡아주면 된다.
〈손금산입〉 일시상각충당금 20,000,000 (△유보)

③ 21기 (12.31)
• 감가상각비 한도 검토
  40,000,000×0.2×9개월÷12개월＝6,000,000 (한도내 감가상각비 금액 계상)
• 감가상각 비율만큼 일시상각충당금 유보 추인
  20,000,000×0.2×9개월÷12개월＝3,000,000
  〈손금불산입〉 일시상각충당금 3,000,000 (유보)
• 감가상각 비율만큼 국고보조금 유보 추인
  20,000,000×0.2×9개월÷12개월＝3,000,000
  〈익금불산입〉 국고보조금 3,000,000 (△유보)

④ 22기 (1.1)
자산을 처분하였으므로, 기존의 국고보조금 유보잔액(17,000,000원)과 일시상각충당금 유보잔액(17,000,000)를 모두 추인해주면 된다.
〈익금불산입〉 국고보조금 17,000,000 (△유보)
〈손금불산입〉 일시상각충당금 17,000,000 (유보)

(물음 2) (6점)

⑴ 증자시 발행되는 신주 1주당 인수가액이 ₩35,000이고 A법인주주와 B개인주주가 포기한 신주를 증자전의 지분비율대로 다른 주주에게 추가 배정하는 경우

구분	익금산입 및 손금불산입			손금산입 및 익금불산입		
	과목	금액(단위 : 원)	소득처분	과목	금액(단위 :원)	소득처분
A법인주주	주식	240,000,000	유보			
B개인주주						
C법인주주	부당행위 계산부인	180,000,000	기타사외 유출	주식	180,000,000	△유보
D개인주주						

⑵ 증자시 발행되는 신주 1주당 인수가액이 ₩36,500이고 A법인주주와 B개인주주가 포기한 신주를 재배정하지 않는 경우

구6분	익금산입 및 손금불산입			손금산입 및 익금불산입		
	과목	금액(단위 : 원)	소득처분	과목	금액(단위 :원)	소득처분
A법인주주	주식	120,000,000	유보			
B개인주주						
C법인주주	부당행위계산부인	90,000,000	기타사외유출	주식	90,000,000	△유보
D개인주주						

⑶ 재배정이 있는 경우
  ① 증자후 시가

$$23,000원 = \frac{200,000주 \times 20,000원 + 50,000주 \times 35,000원}{200,000주 + 50,000주}$$

  ② 현저한 차이 검토 : 저가발행·고가발행시 재배정한 경우에는 중요성 요건(현저한 이익요건) 충족여부와 무관하게 적용
  ③ 각 주주별 이익 손실 현황 (고가발행이므로 증자받지 않은 주주가 유리하다.)
    1) 총액법 계산 (증자후 주가 – 신주대금 – 증자전주가)

주주	증자전주가	신주대금	증자후 주가	이익(손실)
A법인주주	20,000원×80,000주 =1,600,000,000원		23,000원×80,000주 =1,840,000,000원	240,000,000
B개인주주	20,000원×40,000주 =800,000,000원		23,000원×40,000주 =920,000,000원	120,000,000
C법인주주	20,000원×60,000주 =1,200,000,000원	35,000원×37,500주 =1,312,500,000원	23,000원×97,500주 =2,242,500,000원	(270,000,000)
D개인주주	20,000원×20,000주 =400,000,000원	35,000원×12,500주 =437,500,000원	23,000원×32,500주 =747,500,000원	(90,000,000)
계				0

    2) 간편법 계산 (주식수가 없는 사람 기준으로 계산한다.)
      • A 법인주주 : (23,000원 – 20,000원)×80,000주 = 240,000,000원 이익

      – C법인주주 손실 : 240,000,000×60,000주÷80,000주=180,000,000 손실
      – D개인주주 손실 : 240,000,000×20,000주÷80,000주=60,000,000 손실
  • B 개인주주 : (23,000원−20,000원)×40,000주=120,000,000원 이익
      – C법인주주 손실 : 120,000,000×60,000주÷80,000주=90,000,000 손실
      – D개인주주 손실 : 120,000,000×20,000주÷80,000주=30,000,000 손실

위의 결과를 토래로 계산하면
  • C법인주주 : 240,000,000원 손실
  • D개인주주 : 120,000,000원 손실

④ 개인주주의 경우 법인세가 과세되지 않으므로 세무조정이 필요없고, 법인주주의 경우에는 특수관계가 있는 자와 거래가 있는 경우에는 이익을 분여받은 쪽은 주식에 대해서 익금산입해야 하고, 이익을 분여하는 쪽은 부당행위계산부인으로 손금불산입해야 한다.

A법인주주 : 240,000,000×(60,000주+20,000주)÷80,000주=180,000,000
〈익금산입〉 주식 180,000,000 (유보)

C법인주주 : 270,000,000×80,000주÷120,000주=180,000,000
〈손금불산입〉 부당행위계산부인 180,000,000 (기타사외유출)

(5) 재배정이 없는 경우
  ① 증자후 시가

$$21,500원 = \frac{200,000주 \times 20,000원 + 20,000주 \times 36,500원}{200,000주 + 20,000주}$$

  ② 현저한 차이 검토 : 저가발행·고가발행시 재배정하지 않은 경우에는 중요성 요건(현저한 이익 요건) 충족하는 경우에만 적용
    • 대가와 시가의 차이 : 36,500원−21,500원=15,000원
    • 대가와 시가의 차이가 시가의 30% 초과 여부 : 6,450원 〈 15,000원
    • 현저한 차이요건을 충족함
  ③ 각 주주별 이익 손실 현황 (고가발행이므로 증자받지 않은 주주가 유리하다.)
    1) 총액법·계산 (증자후 주가−신주대금−증자전주가)

주주	증자전주가	신주대금	증자후 주가	이익(손실)
A법인주주	20,000원×80,000주 =1,600,000,000원		21,500원×80,000주 =1,720,000,000원	120,000,000
B개인주주	20,000원×40,000주 =800,000,000원		21,500원×40,000주 =860,000,000원	60,000,000
C법인주주	20,000원×60,000주 =1,200,000,000원	36,500원×15,000주 =547,500,000원	21,500원×75,000주 =1,612,500,000원	(135,000,000)
D개인주주	20,000원×20,000주 =400,000,000원	36,500원×5,000주 =182,500,000원	21,500원×25,000주 =537,500,000원	(45,000,000)
계				0

2) 간편법 계산 (주식수가 없는 사람 기준으로 계산한다.)
- A 법인주주 : (21,500원 – 20,000원)×80,000주 = 120,000,000원 이익
  - C법인주주 손실 : 120,000,000×60,000주÷80,000주 = 90,000,000 손실
  - D개인주주 손실 : 120,000,000×20,000주÷80,000주 = 30,000,000 손실
- B 개인주주 : (21,500원 – 20,000원)×40,000주 = 60,000,000원 이익
  - C법인주주 손실 : 60,000,000×60,000주÷80,000주 = 45,000,000 손실
  - D개인주주 손실 : 60,000,000×20,000주÷80,000주 = 15,000,000 손실

위의 결과를 토대로 계산하면
- C법인주주 : 135,000,000원 손실
- D개인주주 : 45,000,000원 손실

④ 개인주주의 경우 법인세가 과세되지 않으므로 세무조정이 필요없고, 법인주주의 경우에는 특수관계가 있는자와 거래가 있는 경우에는 이익을 분여받은 쪽은 주식에 대해서 익금산입해야 하고, 이익을 분여하는 쪽은 부당행위계산부인으로 손금불산입 해야 한다.
A법인주주 : 120,000,000×(60,000주 + 20,000주)÷80,000주 = 120,000,000
〈익금산입〉 주식 120,000,000 (유보)

C법인주주 : 135,000,000×80,000주÷120,000주 = 90,000,000
〈손금불산입〉 부당행위계산부인 90,000,000 (기타사외유출)

(물음 3) (8점)

(1) ㈜만세의 제22기 기업소득을 아래와 같이 나누어 계산
① 투자액 제외방식에 따른 기업소득 (미환류소득 계산시 투자액을 차감하는 방식)
각사업연도소득금액 : 3,000,000,000
(+) 가산액 : 790,000,000
지정기부금 한도초과액 손금산입 : 250,000,000
전기분 종합부동산세 환급가산금 : 20,000,000
수입배당금 익금불산입액 : 470,000,000
차량운반구에 대한 감가상각비 : 50,000,000
(–) 차감액 : 840,000,000
법정기부금 한도초과액 : 50,000,000
이월결손금 : 400,000,000
법인세비용 : 350,000,000
이익준비금 : 40,000,000*주1)
기업소득 : 2,950,000,000

② 투자액 포함방식에 따른 기업소득 (미환류소득 계산시 투자액을 차감하지 않는 방식)
2,950,000,000 – 50,000,000 = **2,900,000,000**

주1) 조세특례제한법 시행령 제100조의32 4항 2호 나목에는 "「상법」 제458조에 따라 해당 사업연도에 <u>의무적으로</u> 적립하는 이익준비금"을 기업소득을 계산할 때 각사업연도소득금액에서 차감하도록 하고 있으므로, 현금배당액의 10%인 40,000,000만을 차감해야 하는 것으로 보인다. 문

제에는 상법에 따라 적립하는 이익준비금이라고 표현이 되어있어 해당 문장의 의미가 의무적으로 적립한 이익준비금인지, 상법규정에 따른 이익준비금인지는 명확하지는 않다.

법인, 서면-2017-법령해석법인-0213 [법령해석과-1801] , 2017.06.28.

[제 목]
기업소득에서 차감하는 이익준비금 해당 여부

[요 지]
미환류소득에 대한 법인세를 계산 시 기업소득에서 차감하는 「상법」에 따라 의무적으로 적립하는 이익준비금은 이익배당액의 10분의 1의 금액을 말함

[회 신]
「법인세법 시행령」 제93조제4항제2호나목의 「상법」 제458조에 따라 해당 사업연도에 의무적으로 적립하는 이익준비금은 회사가 그 자본금의 2분의 1이 될 때까지 매 결산기 적립하는 이익준비금으로서 이익배당액(주식배당 제외)의 10분의 1에 해당하는 금액을 말하는 것임

(2) 투자액 제외방식에 따른 기업소득이 ₩2,900,000,000(투자액으로 차감되는 자산에 대한 감가상각비 손금산입액 ₩100,000,000 포함)이라고 가정할 때, ㈜ 만세의 제22기 미환류소득을 아래와 같이 나누어 계산 (21년 수정)

① 투자액 제외방식에 따른 미환류소득
2,900,000,000 × <u>70%</u> − (640,000,000 − 60,000,000 − 80,000,000) + 100,000,000
+200,000,000 + 10,000,000×3) = <u>1,200,000,000</u>

② 투자액 포함방식에 따른 미환류소득
2,800,000,000 × 15% − (100,000,000+200,000,000 + 10,000,000×3)
= **90,000,000**

(3) ㈜만세의 제22기 미환류소득에 대한 법인세 계산
초과환류액은 그 다음 2개 사업년도 동안 이월하여 미환류소득에서 공제 가능하다.
미환류소득에 대한 법인세 : (90,000,000−30,000,000)×20% = **12,000,000**

【문제 3】 (30점)

(물음 1) (8점)

(1) 기부금 한도계산을 제외한 세무조정을 다음 양식에 따라 작성
(단, 세무조정은 가산조정이면 'A', 차감조정이면 'B'로 기입할 것)

세무조정	과목	금액(단위: 원)	소득처분
A	미지급기부금	10,000,000	유보
A	선급기부금	5,000,000	유보
B	건물	6,000,000	△유보

1), 2) 기부금은 지급시기가 귀속시기가 된다.
3) 특수관계인에 대한 지정기부금은 시가와 장부가액 중 큰 금액을 기부금으로 한다.

다만 이미 제품이 매출원가로 반영이 되었으므로 별도의 세무조정은 필요없으며, 해당 금액만큼 지정기부금으로만 인식해주면 된다.

4) 정상가액 (시가의 130%)보다 600만원 비싸게 구매하였으므로, 구입가와 정상가액의 차이를 지정기부금으로 본다. 과다계상한 건물가액에 대해서 세무조정한다.

5) 정상가액 (시가의 70%)보다 100만원 싸게 매각하였으므로, 판매가와 정상가액의 차이를 법정기부금으로 본다. 다만 해당 토지가 이미 매각되었으므로 별도의 세무조정은 필요없다.

(2) 기부금 세무조정을 다음 양식에 따라 작성
(단, 세무조정란은 가산조정이면 'A', 차감조정이면 'B'로 기입할 것)

세무조정	과목	금액(단위: 원)	소득처분
B	전기 법정기부금	2,500,000	기타
B	전기 지정기부금	2,450,000	기타
A	지정기부금한도초과	23,700,000	기타사외유출

1) 종류별 기부금 합계액
   ① 법정기부금 : 1,000,000[4]
   ② 우리사주조합 기부금 : 15,000,000[6]
   ③ 지정기부금 : 20,000,000[3] + 6,000,000[4] = 26,000,000
   ④ 합계 (①+②+③) = 42,000,000

2) 기준금액 = 차가감소득금액 + 기부금합계 − 이월결손금
   ① 차가감소득금액 : 20,000,000 + 15,000,000 − 6,000,000 = 29,000,000
   ② 기부금 합계: 42,000,000
   ③ 이월결손금 : 5,000,000
   ④ 기준금액 (①+② − ③) : 66,000,000

3) 이월기부금 및 기부금한도조정
   2013년 1월 1일 이후 지출한 기부금은 10년간 이월공제가 가능하나, 해당 일자 이전에 지출한 기부금은 5년간 이월공제가 가능하다. 우리사주조합기부금은 이월공제를 적용하지 않는다.
   ① 법정기부금
      • 지출금액 : 1,000,000
      • 한도 : 66,000,000 × 50% = 33,000,000 (한도미달분 32,000,000)
      • 한도미달분 중 공제가능한 이월결손금은 2,500,000원이므로 2,500,000만원만큼 손금산입 기타로 처분한다.
      • 이월액 손금산입 후 한도 : 30,500,000
   ② 우리사주조합기부금
      • 지출금액 : 15,000,000
      • 한도 : [66,000,000 − (1,000,000 + 2,500,000)] × 30% = 18,750,000 (한도미달분 3,750,000)
      • 우리사주조합기부금은 이월공제를 적용하지 않는다.
   ③ 지정기부금
      • 지출금액 : 26,000,000

- 한도 : [66,000,000 − (1,000,000 + 2,500,000 + 15,000,000)] × 10%
  = 4,750,000 (한도초과분 : 23,700,000)
- 한도미달분 중 공제가능한 이월결손금은 2,450,000원이므로 2,450,000만원만큼 손금산입 기타로 처분한다.
- 이월액 손금산입 후 한도 : 2,300,000
- 한도초과분에 대해서 손금불산입 기타사외유출로 세무조정한다.

(물음 2) (7점)

구분	세무조정	과목	금액(단위: 원)	소득처분
제21기	B	기계장치	100,000,000	△유보
	A	부당행위계산부인	100,000,000	배당
	A	기계장치 감가상각비	12,300,000	유보
	A	건설자금이자	40,000,000	유보
제22기	B	기계장치 감가상각비	76,425,700	△유보
	A	건물감가상각비	10,250,000	유보

1. 기계장치
   (1) 특수관계있는 개인주주에게 자산을 고가(시가의 105%)에 구입하였으므로, 자산가액을 감액하고, 주주에 대한 배당으로 처리한다.
   〈손금산입〉 기계장치 100,000,000 (△유보)
   〈손금불산입〉 부당행위계산부인 100,000,000 (배당)

   (2) 감가상각비 판단
   1) 21기
      ① 한도계산대상 감가상각비
      40,000,000(회사계상감가상각비) + 50,000,000(즉시상각의제) = 90,000,000
      해당 자산에 대한 수선비 지출액의 합계가 60,000,000원이고 이는 전기 재무상태표상의 장부가액의 5%를 이상이므로, 수익적지출(10,000,000원)의 경우는 전액 수선비로 처리하고, 자본적지출(50,000,000)의 경우는 즉시상각의제로 보아 감가상각비에 포함하여 시부인 한다.
      ② 세법상 한도
      400,000,000(세법상취득가액) + 50,000,000(즉시상각의제 금액) × 0.259 × 8/12
      = 77,700,000
      ③ 한도초과액 : 12,300,000
      〈손금불산입〉 감가상각비 12,300,000 (유보)
      ※ 문제표현과 관련하여 우선 오해할만한 측면이 있어 관련내용을 짧게 짚고 넘어가고자 한다.
      우선 법정내용연수라는 표현이 구체적으로 어떠한 의미를 담고 있는지 해석이 분분하다.
      단순히 법인세법상의 기준내용연수를 법정내용연수라고 표현을 한 것인지, 아니면 기준내용연수 범위(기준내용연수의 25%가감한 내용연수) 중에 내용연수를 선택한 10년을 의미한 것인지 명확하지가 않다. 문제에는 8년과 10년, 12년의 감가상각내용연수를 모두 제시하고 있으므로 출제자의 의도와 다르게 쓴 수험생도 충분히 있기 때문이다. 여기에서는 후자의 방식, 즉 기준내용연수 중에서 선택한 내용연수를 10년으로 한 것으로 풀이를 하였다.

2) 22기
① 한도계산대상 감가상각비
20,000,000(회사계상감가상각비)
해당 자산에 대한 수선비 지출액 합계가 22,000,000원이고, 이는 전기 재무상태표상의 장부가액 5%[(500,000,000 – 40,000,000)×5% = 23,000,000]에 미치지 못하므로 감가상각비에 포함하여 시부인하지 않아도 된다.
② 세법상 한도
[400,000,000(세법상 취득가액) – 40,000,000(감가상각누계액) + 12,300,000(전기 한도초과액)]×0.259 = 96,425,700
③ 한도시인액 : 76,425,700
* 문제에 조세특례를 받았다고 되어있으므로, 한도시인액에 대해서 감가상각의제가 적용되므로, 손금산입을 해주어야 한다.
〈손금산입〉 감가상각비 76,425,700 (△유보)

2. 건물
(1) 건설자금이자
1) 21기 : 800,000,000×10%×6÷12 = 40,000,000
〈손금불산입〉 건설자금이자 40,000,000 (유보)
2) 22기 : 800,000,000×10%×3÷12 = 20,000,000
당기에 완성되었으므로 즉시상각의제로 보아 감가상각시부인계산을 함

(2) 감가상각비 : 50,000,000
1) 손익계산서상 감가상각비 : 30,000,000
2) 즉시상각의제 : 20,000,000

(3) 한도액
(1,000,000,000 + 40,000,000 + 20,000,000)×0.05×9÷12 = 39,750,000

(4) 한도초과액 : 50,000,000 – 39,750,000 = 10,250,000
〈손금불산입〉 감가상각비 한도초과 10,250,000(유보)

(물음 3) (8점)

(1) ㈜국세의 당기 대손실적율을 다음 양식에 따라 제시

당기 대손금 (①)	6,498,000
전기말 채권잔액(②)	433,200,000
당기 대손실적율(①÷②)	1.5%

⑵ ㈜국세의 대손충당금 한도초과액을 다음 양식에 따라 제시

당기 말 채권잔액	321,362,000
당기 대손충당금 한도액	4,820,430
당기 대손충당금 한도초과액	14,679,570

1) 당기대손실적율
① 당기대손금 : 6,498,000
- 미수금 중 화해로 인한 회수불능채권 : 1,000,000
- ㈜A 외상매출금 중 <u>22기</u> 소멸시효완성금액 : 2,000,000
- ㈜B 받을어음 (6개월이 지난시점에 대손처리) : 1,998,000 (1매당 1,000원씩은 비망가액으로 남겨두어야 하므로 설정제외)
- 소멸시효가 완성된 당기 외상매출금 : 1,500,000
② 전기말 채권잔액
- 당기 기초 재무상태표상 대손충당금 잔액(= 전기말 채권잔액) - 전기 대손충당금 한도초과액 = 10,396,800
- 10,396,800 ÷ 2.4% = 433,200,000

2) 대손충당금 한도초과액
① <u>22기</u> 자본금과 적립금명세서 (을) → 유보관리

과목	기초	당기중 증감		기말
		감소	증가	
미수금	8,000,000	3,500,000		4,500,000
㈜A 외상매출금	3,000,000	2,000,000		1,000,000
㈜B 받을어음	2,000,000	1,998,000		2,000
㈜C 매출채권	△3,200,000	△1,200,000		△2,000,000
㈜D 외상매출금			7,800,000	7,800,000
제품 외상매출금			2,860,000	2,860,000
외상매출금			△1,500,000	△1,500,000
계	9,800,000	6,298,000	9,160,000	12,662,000

② 당기말 채권잔액 : ⑴-⑵+⑶ = 321,362,000
- 재무상태표상 채권 잔액 : 383,700,000
- 설정제외채권 : 75,000,000\
  - 대손공제받은 부가가치세 매출세액 미수금 : 24,000,000
  - 부당행위계산 시가초과 상당액 : 16,000,000
  - 구상채권 : 5,000,000
  - 주택구입자금대여금 : 30,000,000
- 세무상 유보 : 12,662,000
③ 당기 대손충당금 한도액 : 433,200,000 × 1.5% = 4,820,430
④ 당기대손충당금 한도초과액 : 19,500,000 - 4,820,430 = 14,679,570

(물음 4) (7점)

⑴ 연구 및 인력개발비 세액공제액 계산

중소기업이 아닌 일반 기업의 연구인력개발비 이고, 당기 연구비가 당기 개시일부터 소급하여 4년간 발생한 일반연구인력개발비의 연평균발생액보다 크므로, 아래 금액 중 큰 금액을 한도로 한다.

MAX[①, ②] = 3,000,000

① 20,000,000 × 15% = 3,000,000

② (20,000,000 – 19,000,000) × 40% = 400,000 (연구개발비 증가액의 40%)

⑵ 외국납부세액공제

1) 직접외국납부세액 : 2,000,000 (수입배당금 외국원천납부세액)

2) 간접외국납부세액 (해당 주식을 6개월 이상 보유하고, 출자총액의 25%이상을 보유하고 있으므로 계산해야 한다.)

외국자회사의 해당 사업연도 법인세액 × 외국자회사로부터의 수입배당금 ÷ (외국자회사의 소득금액 – 외국자회사의 법인세액)

50,000,000 × 20,000,000 ÷ (300,000,000 – 50,000,000) = 4,000,000

⑶ 최저한세 계산

	감면후 세액	최저한세	조정후 세액
결산서상 당기순이익	150,000,000		
익금산입(손금불산입)	6,000,000		
손금산입(익금불산입)			
각사업연도소득금액	156,000,000		
이월결손금	35,000,000		
과세표준	121,000,000	121,000,000	
세율	10%	8%	
산출세액	12,100,000		12,100,000
연구인력개발비세액공제	3,000,000		2,420,000
감면후 세액	9,100,000	9,680,000	9,680,000

⑷ 차가감납부세액 계산

감면후 세액 : 9,680,000

외국납부세액공제 : 2,400,000

(MIN [① 6,000,000 ②12,100,000 × 24,000,000(수입배당금 + 간접외국납부세액)

÷121,000,000 = 2,400,000])

중간예납세액 : 2,500,000

차가감납부세액 : 4,780,000

【문제 4】 (20점)

(물음 1) (12점)

자료번호	과세표준	세율	매출세액
1	148,000,000	0%	0
2	35,000,000	0%	0
	15,000,000	10%	1,500,000
3	7,000,000	10%	700,000
4	24,000,000	0%	0
	6,000,000	10%	600,000
5	13,000,000	10%	1,300,000
6	27,000,000	10%	2,700,000
7	1,560,000	10%	156,000
8	800,000	10%	80,000
9	297,000,000	10%	29,700,000

번호	근거	과세표준	세율	매출세액
1	$70,000×1,250+60,500,000	148,000,000	0%	0
2	50,000,000×70% (과세사업분)	35,000,000	0%	0
	50,000,000×30% (면세사업분)	15,000,000	10%	1,500,000
3		7,000,000	10%	700,000
4	30,000,000×80% (무상반출분)	24,000,000	0%	0
	30,000,000×20% (국내사용분)	6,000,000	10%	600,000
5	3,000,000+4,000,000+6,000,000	13,000,000	10%	1,300,000
6		27,000,000	10%	2,700,000
7		1,560,000	10%	156,000
8		800,000	10%	80,000
9	202,500,000 +94,500,000	297,000,000	10%	29,700,000

1. 공급일의 환율을 적용하여 계산한다. 단, 공급일 이전에 환가한 경우에는 환가한 금액을 과세표준으로 한다.

3. ㈜대구가 내국신용장이 있는 경우에만 영세율을 적용한다.

4. 대한적십자사가 외국으로 무상반출한 경우만 영세율을 적용한다.

5. ⑴ 제품A는 당초 중간지급조건부에 해당하였으나 중간에 조건변경으로 중도금과 잔금의 납입기일이 통합되어 중간지급조건부에 해당하지 않게 되었으나, 당초의 계약금에 대해서는 이미 세금계산서가 발행이 되었으므로, 10월 4일이 공급일이 된다.

⑵ 제품B는 당초 중간지급조건부에 해당하지 않았으나 계약변경으로 인도일이 계약일과 6개월이상 차이가 나게 되어 중간지급조건부에 해당한다. 중간지급조건부에 해당하는 경우 각 부분의 대가를 받기로 한 때가 공급시기가 된다. 계약금과 중도금이 2022년 2기 확정 공급시기에 속하

므로 공급가액에 포함시켜야 한다.

8. 자기적립 마일리지로 결제를 받는 것이 아니므로 사업상 증여에 해당한다.

9. 매매계약서상의 구분금액이 감정평가액 등 안분계산한 금액과 30% 차이가 나는지 판단해야 한다. 우선적으로 직전과세기간에 평가한 감정가액이 있으므로, 구분금액이 토지, 건축물, 구축물 중 하나라도 감정평가액으로 안분계산한 금액과 30%이상 차이가나면 감정평가액으로 안분한 금액을 과세표준으로 한다. 단, 22.1.1 이후 공급하는 분부터 사업자가 구분한 실지거래가액을 인정할 만한 다음의 사유가 있는 경우에는 제외하는 규정이 신설되었다.

① 다른 법령에서 토지와 건물의 양도가액을 정한 경우

② 건물이 있는 토지를 취득하여 건물을 철거하고 토지만 사용하는 경우

	매매계약서	안분금액	차이
토지	350,000,000	540,000,000×180,000,000÷400,000,000=243,000,000	107,000,000 (44.03%)
건물	140,000,000	540,000,000×150,000,000÷400,000,000=202,500,000	62,500,000 (30.86%)
구축물	50,000,000	540,000,000×70,000,000÷400,000,000=94,500,000	44,500,000 (47.09%)
	540,000,000		

세 가지 안분가액이 모두 안분금액의 30%이상 차이가 나므로 안분금액이 공급가액이 된다.

(물음 2) (8점)

구분	세액
1. 세금계산서 수취분 매입세액	7,140,000
2. 예정신고 누락분	300,000
3. 신용카드매출전표 등 수령명세서 제출분	56,000
4. 의제매입세액	900,000
5. 과세사업전환 매입세액	1,400,000
6. 변제대손세액	700,000
7. 공제받지 못할 매입세액	2,790,000
8. 공통매입세액 면세사업등분	240,000
9. 차가감분(1+2+3+4+5+6-7-8)	7,466,000

구분	근거(숫자는 자료번호)	세액
1	(63,400,000+8,000,000)×10%	7,140,000
2	3,000,000×10%	300,000
3	(700,000×240,000,000÷300,000,000)×10%	56,000
4	[18,700,000+(6,500,000+27,500,000)×240,000,000 ÷300,000,000]×2/102	900,000

5	3,500,000×10%×(1-25%×2)×240,000,000÷300,000,000	1,400,000
6	7,700,000×10÷110	700,000
7	(7,500,000+400,000 + 20,000,000)×10%	2,790,000
8	[(9,000,000+3,000,000)×60,000,000÷300,000,000]×10%	240,000

세법학1부

김 명 근 (세무사)

【문제 1】 (20점)

(물음 1) (12점)

1. 관련 법령
   (1) 실질 과세의 원칙
      제3자를 통한 간접적인 방법이나 둘 이상의 행위 또는 거래를 거치는 방법으로 이 법 또는 세법의 혜택을 부당하게 받기 위한 것으로 인정되는 경우에는 그 경제적 실질 내용에 따라 당사자가 직접 거래를 한 것으로 보거나 연속된 하나의 행위 또는 거래를 한 것으로 보아 이 법 또는 세법을 적용한다.
   (2) 국세부과의 제척기간
      1) 상속세 및 증여세 이외의 국세
         ① 납세자가 사기나 기타 그 밖의 부정한 행위로 국세를 환급/공제 받거나, 과소납부한 경우 : 부과할 수 있는 날로부터 10년간
            a. 이중장부의 작성 등 장부의 거짓 기장
            b. 거짓 증빙 또는 거짓 문서의 작성 및 수취
            c. 장부와 기록의 파기
            d. 재산의 은닉, 소득·수익·행위·거래의 조작 또는 은폐
            e. 고의적으로 장부를 작성하지 아니하거나 비치하지 아니하는 행위 또는 계산서, 세금계산서 또는 계산서합계표, 세금계산서합계표의 조작
            f. 「조세특례제한법」 제5조의2제1호에 따른 전사적 기업자원 관리설비의 조작 또는 전자세금계산서의 조작
            g. 그 밖에 위계(僞計)에 의한 행위 또는 부정한 행위
         ② 무신고한 경우 : 부과할 수 있는 날로부터 7년간
         ③ 이외의 경우 : 부과할 수 있는 날로부터 5년간

2) 상속세 및 증여세

① 납세자가 부정 행위로 상속세 및 증여세를 포탈하거나, 환급/공제 받은 경우, 무신고의 경우, 거짓신고 및 누락신고의 경우 : 부과할 수 있는 날로부터 15년간

② 위 이외의 경우 : 부과할 수 있는 날로부터 10년간

2. 사례적용

(1) 사실관계

납세자는 법정신고기한인 2015년 2월 증권거래세 신고를 하였고, 관할세무서는 실질과세의 원칙에 의거 甲의 B주식회사 주식을 C주식회사로 직접 양도한 것으로 보아 국세를 부과할 수 있는 날인 2015년 3월 1일로부터 6년이 지난 시점인 2021년 5월 4일 증액경정처분을 하였다.

(2) 법령적용

1) 사기 및 기타 부정행위에 해당하는지 여부

甲의 위임을 받은 乙은 B주식회사의 주식을 C주식회사에 100억원에 거래하였지만, D주식회사에 80억에 양도하고, D주식회사가 C주식회사에 100억원으로 양도하는 것으로 거래를 하였다. 이는 거래의 조작 및 은폐에 해당하는 것에 해당하여 사기 및 기타부정행위에 해당한다.

2) 부과제척기간 적용

관할세무서는 납세자가 법정신고기한 까지 신고한 증권거래세에 대해서는 사기 및 기타부정한 행위이므로 10년이 지난 시점인 2025년 2월 28일까지 국세를 부과할 수 있으며, 해당 시점이후 진행한 증액경정처분은 정당하다,

3. 결어

관할세무서가 甲에게 한 증액경정처분은 유효하다.

(물음 2) (8점)

1. 실질과세의 원칙

① 과세의 대상이 되는 소득, 수익, 재산, 행위 또는 거래의 귀속이 명의(名義)일 뿐이고 사실상 귀속되는 자가 따로 있을 때에는 사실상 귀속되는 자를 납세의무자로 하여 세법을 적용한다.

② 세법 중 과세표준의 계산에 관한 규정은 소득, 수익, 재산, 행위 또는 거래의 명칭이나 형식에 관계없이 그 실질 내용에 따라 적용한다.

③ 제3자를 통한 간접적인 방법이나 둘 이상의 행위 또는 거래를 거치는 방법으로 이 법 또는 세법의 혜택을 부당하게 받기 위한 것으로 인정되는 경우에는 그 경제적 실질 내용에 따라 당사자가 직접 거래를 한 것으로 보거나 연속된 하나의 행위 또는 거래를 한 것으로 보아 이 법 또는 세법을 적용한다.

2. 사례적용

(1) 甲이 乙에게 B주식회사의 매각을 지시하면서 대략적인 매도수량만 정해줬을 뿐 매도가격, 매도상대방을 정할 수 있는 권한을 포괄적으로 위임하였다. 이는 乙에게 거래대금을 받을 권리도 일정부분 위임한 것으로 볼 수 있다.

(2) 乙은 甲의 위임에 의해서 C주식회사로부터 거래대금을 받았고, 거래대금 100억원을 甲에게 지급하여야 하나, 乙이 甲의 위임에 반해 거래대금 20억원을 편취하였다. 거래대금의 편취가 있었다고는 하나

실제 乙이 편취한 20억원은 甲에게 사실상 귀속되는 부분이다.

(3) 乙은 甲에게 편취한 20억원에 대해서 상환할 의무는 여전히 있는 것이고, 이는 甲과 乙 이 내부적으로 해결할 문제이다.

3. 결어

관할세무서가 증액경정한처분은 정당하다.

【문제 2】 (30점)

(물음 1) (12점)

1. 사례금의 의미 및 판단방법

'사례금'은 사무처리 또는 역무의 제공 등과 관련하여 사례의 뜻으로 지급되는 금품을 의미하고, 이에 해당하는지의 여부는 당해 금품수수의 동기, 목적, 상대방과의 관계, 금액 등을 종합적으로 고려하여 판단하여야 한다.

2. 소득금액의 계산

(1) 사례금은 「소득세법」 상의 기타소득에 해당한다.

(2) 사례금에 해당하는 필요경비는 해당 과세기간의 총수입금액에 대응하는 비용으로서 일반적으로 용인되는 통상적인 것의 합계액을 필요경비에 산입한다. 다만 필요경비 의제가 적용되는 것은 아니며, 이를 입증할 수 있는 명확한 증빙이 있어야 한다.

(3) 사례금에서 필요경비를 차감한 금액이 300만원 이하인 경우에는 선택적으로 분리과세를 적용 할 수 있으나 그 외의 경우에는 종합소득금액에 포함하여야 한다.

3. 과세방법

(1) 사례금을 지급하는 자는 사례금 상당액의 20%를 기타소득세로 원천징수하여 지급하여야 한다.

(2) 사례금이 300만원 이하인 경우에는 납세자의 선택에 의해서 분리과세로 종결할 수 있으며, 이 경우는 종합소득세를 추가로 신고하지 않아도 된다.

(3) 사례금이 300만원을 넘거나 분리과세를 선택하지 않은 경우에는 종합과세가 되므로, 사례금에서 입증되는 필요경비를 차감한 금액을 종합소득금액에 합산하여 다른 소득과 함께 종합소득세 신고 를 해야 한다. 이 때 원천징수 된 금액은 기납부세액으로 공제한다.

(물음 2) 18점

〈사례 1〉

1. 관할세무서장의 판단

관할세무서장은 乙이 甲에게 오랜 친분관계가 있고, 법적의무 없이 乙의 형사재판 및 수감생활과 관련하여 사무처리를 원만하게 도와준 것에 대해서 사례(고마운 뜻)으로 지급한 것으로 보았으며, 사례금으로 판단하였다.

또한 금액으로 봤을 때 단순히 인적용역으로 지급받는 금액으로 보기는 어렵고 친분관계에 있었기 에 거액을 지급한 것으로 판단된다.

2. 처분의 적법성

일시적 인적용역을 제공하고 지급받은 금품이, 제공한 역무나 사무처리의 내용, 당해 금품 수수의 동기와 실질적인 목적, 금액의 규모 및 상대방과의 관계 등을 종합적으로 고려해 보았을 때, 용역제공에 대한 보수 등 대가의 성격뿐 아니라 사례금의 성격까지 함께 가지고 있어 전체적으로 용역에 대한 대가의 범주를 벗어난 것으로 인정될 경우에는 일시적 인적용역의 대가가 아니라 사례금으로 보아야 한다. 따라서 관할세무서의 처분은 적법하다.

〈사례 2〉

1. 관할세무서장의 판단

관할세무서장은 丙이 丁에게 지급받은 15억원의 대가는 동업관계 청산 시 丁에 대한 고마움과 사실상 합의의 대가로서 지급한 것으로 보았으며, 이에 대해서 사례금으로 판단 과세하였다.

2. 처분의 적법성

丙이 丁에게 15억원을 받게 된 동기와 목적, 丙과 丁과의 관계, 금액 산정의 경위 등에 비추어보면, 丙과 丁은 동업관계를 청산하면서 서로 이해관계가 대립하는 당사자의 지위에서 각자의 지분에 상응하는 몫을 정하기 위하여 이 사건 합의에 이르렀으므로, 丁이 丙에 일방적으로 회사를 동업으로 운영하면서 제공한 사무 또는 역무처리와 동업관계에서 탈퇴하는 것 등에 대한 위로와 감사에 따른 사례의 뜻으로 선뜻 거액을 지급한다는 것은 경험칙 상 매우 이례적이라 할 수 있다. 해당금액에는 동업 청산에 따라 잔여재산을 분할 인수하고 정산하기 위한 대가이거나 디자인 또는 패턴을 양도 · 대여한 대가를 포함하고 있을 여지가 크다.

따라서 위 금액이 외견상 사무처리 등에 대한 사례의 뜻으로 지급되는 것처럼 보일지라도 그 중 실질적으로 사례금으로 볼 수 없는 것이 포함이 되어있다면 그 전부를 사례금으로 볼 수 없다. 따라서 해당 금원의 어떠한 명목으로 구성되었는지 판단을 하고 사례금에 해당하는 부분에 대해서만 과세를 해야 한다.

관할세무서장이 15억원 전액을 사례금으로 처분한 부분은 적법하지 않다.

【문제 3】 (30점)

(물음 1) (15점)

1. 법인세법상 익금의 귀속시기에 관한 제 원칙
   ⑴ 권리확정주의
      1) 의의 및 취지
         권리확정주의란 소득의 원인이 되는 권리의 확정시기와 소득의 실현시기와의 사이에 시간적 간격이 있는 경우 과세상 소득이 실현 된 때가 아닌 권리가 발생한 때 소득이 있는 것으로 보고, 당해연도의 소득을 산정하는 것을 말한다.

      2) 취지
         ① 납세자가 자의적으로 귀속시기를 결정할 수 없게 하기 위함이다.
         ② 과세관청 입장에서는 소득을 획일적인 기준으로 파악하게 하기 위함이다.

      3) 법령
         각 사업연도의 익금의 귀속시기는 그 익금이 확정된 날이 속하는 사업연도로 한다. 익금의 경우 받을 권리가 확정된 때가 귀속시기가 된다.

    4) 판례의 태도

      판례에서는 소득이 현실적으로 실현여부와 관련 없이 실현가능성에 있어 상당히 높은 정도로 성숙 확정되었는지 여부를 기준으로 귀속시기를 합리적으로 판단하는 것으로 보고 있다.

  ⑵ 기업회계기준 및 관행의 보충적 적용

    각 사업연도의 소득금액을 계산할 때 그 법인이 익금과 손금의 귀속연도에 관해서 일반적으로 공정·타당하다고 인정되는 기업회계기준을 적용하거나 관행을 계속 적용하여 온 경우는 법령에 달리 규정하고 있는 경우를 제외하고는 그 기업회계기준 또는 관행에 따른다.

  ⑶ 예외규정

    모든 거래를 획일적으로 규정하기는 어려우므로, 관련 법령에서는 일부 거래에 대해서는 예외규정을 두고 있다.

    사례에 해당하는 예외규정은 아래와 같다.

    상품(부동산 제외), 제품, 기타의 생산품(이하 "상품 등"이라 한다.) : 그 상품 등을 인도한 날

2. 세무조정 필요여부

  ⑴ 사실관계

    1) 회사에서는 회계장부에 <u>2018년</u>에는 현금수입액을 선수금(부채)으로, <u>2019년</u> 상품을 인도하고 장부에 매출(수익)로 인식을 하였다.

    2) 세법상의 원칙과 제규정에 의하면 상품 등이 인도가 된 때 권리가 확정된 때로 본다. 회사 수익의 법인세법상 귀속시기는 <u>2019년</u>이다.

    3) 따라서 회계처리는 법인세법을 준수한 것으로 보인다.

  ⑵ 판단

    세무조정은 회사의 장부와 법인세법의 차이를 조정하는 것이므로, 세무조정이 필요하지 않다.

(물음 2) (15점)

1. 법인세법상 손금의 귀속시기에 관한 제원칙

  ⑴ 손금의 의의

    손금이란 자본 또는 지분의 환급, 잉여금의 처분 및 법인세법에서 규정하는 손금불산입 항목을 제외하고는 해당 법인의 순자산을 감소시키는 거래로 인하여 발생하는 손비의 금액을 의미한다. 여기서 손비는 그 법인의 사업과 관련하여 발생하거나 지출한 비용 또는 손실로서 통상적인 것 중 에서 수익과 직접관련된 것으로 한다.

  ⑵ 의무확정주의

    1) 의의

      의무확정주의란 소득의 원인이 되는 의무의 확정시기와 소득의 실현시기와의 사이에 시간적 간격이 있는 경우 과세상 소득이 실현 된 때가 아닌 의무가 발생한 때 소득이 있는 것으로 보고, 당해연도의 소득을 산정하는 것을 말한다.

    2) 법령

      각 사업연도의 손금의 귀속시기는 그 손금이 확정된 날이 속하는 사업연도로 한다. 손금의 경우 지급 의무가 확정된 때가 귀속시기가 된다.

  ⑶ 수입금액에 대응하는 비용의 경우

    수입금액에 대응하는 비용의 경우에는 당해 수입금액이 확정되어 익금에 산입되는 때가 손금의 귀속시기가 된다.

2. 세무조정 필요여부

(1) 사실관계

1) 판매수수료에 대해서는 회사에서 계약금을 수령한 시점인 <u>2019년</u>에 비용으로 인식하였고, 매출원가에 대해서는 <u>2020년</u> 비용으로 인식하였다.

2) 판매와 관련한 매출원가와 판매수수료 등 부대비용은 A법인이 상품을 인도한 시점에 대응원가로 비용처리가 되어야 한다. 계약시점에 판매수수료를 부대비용으로 인식한 것에 대해서는 회사가 계상한 회계기준과 세법간의 차이가 있다.

(2) 판단

세무조정은 회사의 장부와 법인세법의 차이를 조정하는 것이므로, 아래와 같이 세무조정한다.

〈손금산입〉 판매수수료 200,000 (△유보)

【문제 4】(20점)

(물음 1) (10점)

1. 상속세의 납세의무

상속인 또는 수유자는 각자의 상속재산에 부과된 상속세에 대하여 상속세를 납부할 의무가 있다. 상속세 납세의무자는 피상속인의 상속재산에 대하여 부과된 상속세에 대하여 상속재산 중 각자가 받았거나 받을 재산을 기준으로 안분계산한 상속세를 납부할 의무가 있다.

2. 연대납세의무

상속인 또는 수유자는 상속재산 중 각자가 받았거나 받을 재산을 한도로 연대하여 납부할 의무를 진다.

3. 판례의 태도

공동상속인 상호간에 상속재산에 관하여 협의분할이 이루어짐으로써 협의분할이 이루어짐으로써 공동상속인 중 일부가 고유의 상속분을 초과하는 재산을 취득하게 되었다고 하더라도 이는 상속개시 당시에 소급하여 피상속인으로부터 승계받은 것으로 보아야 한다.

4. 사례의 적용

丙과 丁은 상속을 포기하였으므로 상속세의 납부의무 및 연대납세의무가 없으며, 乙이 단독으로 상속세 산출세액 7천만원에 대해서 모두 납부하여야 한다.

(물음 2) (10점)

1. 상속재산의 협의분할

(1) 원칙

상속개시 후 상속재산에 대하여 등기 등에 의하여 각 상속인의 상속분이 확정되어 등기 등이 된 후, 그 상속재산에 대하여 공동상속인 사이의 협의에 따른 분할에 의하여 특정상속인이 당초 상속분을 초과하여 취득하는 재산가액은 해당 분할에 의하여 상속분이 감소된 상속인으로부터 증여받은 재산에 포함한다.

(2) 예외(증여세가 부과되지 않는 경우)

1) 상속세 과세표준 신고기한 이내 재분할에 의하여 당초 상속분을 초과하여 취득한 경우

2) 상속재산 재분할에 대하여 정당한 사유가 있는 경우

① 상속회복청구의 소가 있는 경우

② 채권자대위권 행사에 의한 협의분할을 하는 경우

③ 물납허가를 받지 못하여 물납재산을 재분할 하는 경우

2. 사례의 적용

해당 사례의 경우 상속세 신고기한이 지나서 상속재산의 협의분할이 이루어졌으나 해당 사례의 경우에는 채권자대위권 행사와 관련해서 협의분할을 하였으므로, 정당한 사유가 있다고 볼 수 있다. 따라서 증여세가 부과되지 않는다.

세법학2부

김 명 근 (세무사)

【문제 1】 (35점)

(물음 1) (15점)

1. 관련법령

   (1) 용역의 공급

   계약상 또는 법률상의 모든 원인에 의하여 역무를 제공하거나 재화, 시설물 권리를 사용하게 하는 것을 의미한다.

   (2) 부가가치세 면세

   부가가치세의 역진성 완화, 부가가치 생산요소, 그 밖의 정책적 목적에 따라 부가가치세를 면세하고 있으며, 주택임대용역은 부가가치세 면세 용역이다.

   (3) 공제하는 매입세액

   사업자가 자기의 사업을 위하여 사용하였거나 사용할 목적으로 공급받은 재화 또는 용역에 대한 부가가치세액

   (4) 면세전용에 대한 자가공급

   사업자가 과세사업과 관련되어 생산·취득한 재화를 부가가치세 면세사업을 위하여 사용 또는 소비하는 것을 말한다. 다만, 매입세액이 공제되지 아니한 재화인 경우에는 재화의 공급으로 보지 않으며, 주된 사업과 관련하여 일시 우발적으로 전용되는 경우에는 재화의 공급으로 보지 아니한다.

2. 사례적용

   (1) 매입세액공제를 받은 경우

   1) 임차인에게 사업용으로 임대하는 경우

   ① 甲이 임차인에게 임대용역을 공급하는 것은 부가가치세가 과세되는 용역의 공급에 해당

이 되므로, 임차인에게 부가가치세를 거래징수 하여야 한다.

② 甲이 매입세액공제 받은 부분에 대해서는 추가 과세문제가 없다.

　2) 임차인에게 주택용으로 임대하는 경우

　　① 甲이 임차인에게 주택목적으로 공급하는 것은 부가가치세가 면세되는 용역의 공급에 해당이 되므로, 임차인에게 부가가치세를 거래징수하지 않아도 된다.

　　② 甲이 매입세액공제를 받은 부분에 대해서는 면세전용에 대한 자가공급에 해당하나, 일시적으로 주거용으로 임대하였다면 면세전용에 해당하지 않는다.

⑵ 매입세액공제를 받지 못한 경우

　1) 임차인에게 사업용으로 임대하는 경우

　　① 甲은 일반사업자이므로, 임차인에게 임대용역을 공급하는 것은 부가가치세가 과세되는 용역의 공급에 해당이 되므로, 임차인에게 부가가치세를 거래징수 하여야 한다.

　　② 甲이 과세사업에 사용한다면 매입세액을 공제받을 수 있으므로, 기존에 공제받지 못한 매입세액은 경정청구를 통해서 공제받을 수 있다.

　2) 임차인에게 주택용으로 임대하는 경우

　　① 甲이 임차인에게 주택목적으로 공급하는 것은 부가가치세가 면세되는 용역의 공급에 해당이 되므로, 임차인에게 부가가치세를 거래징수하지 않아도 된다.

　　② 甲이 매입세액을 공제받지 못한 받은 부분에 대해서는 추가 과세문제가 없다.

(물음 2) (10점)

1. 매입세액공제여부

⑴ 상가부분

상가를 공급은 부가가치세가 과세되는 재화의 공급에 해당하므로, 전체 공사비 중 상가부분의 신축공사비는 매입세액공제가 가능하다.

⑵ 국민주택규모 초과 주택

국민주택을 초과하는 주택의 공급은 부가가치세가 과세되는 재화의 공급에 해당하므로, 전체 공사비 중 국민주택규모초과주택 부분에 대한 신축공사비는 매입세액공제가 가능하다.

⑶ 국민주택규모 이하 주택

국민주택주택규모 이하의 주택의 공급은 부가가치세가 면세되는 재화의 공급에 해당하므로, 전체 공사비 중 국민주택규모 이하 주택부분의 신축공사비는 매입세액공제를 받을 수 없다.

2. 공제방법

⑴ 乙의 전체공사비 중 부가가치세가 과세되는 공사비에서 상가부분면적과 국민주택규모 초과부분 주택 면적에 대한 매입세액을 공제받으면 된다.

⑵ 乙의 전체공사비 중 부가가치세가 과세되는 공사비 중에서 국민주택규모이하 주택면적에 공사비는 매입세액공제를 공제받을 수 없다.

(물음 3) (10점)

① 취지

중간단계에서 면세되는 경우의 누적효과를 제거하기 위함이다.

누적효과란 취득당시에는 면세사업용으로 매입하였으나, 면세 전단계의 과세된 부가가치세액이 최종단계에서 다시 과세됨으로써 중복과세될 분만 아니라 면세 전단계의 부가가치세에 대해서도 부가가치세가 과세되는 것을 말한다.

② 공제요건

당초 매입시 면세사업 관련분이라는 사유로 매입세액이 공제되지 아니한 감가상각자산을 과세사업에 사용하거나 소비하는 경우에는 과세사업에 사용·소비하는 날이 속하는 과세기간의 매입세액으로 공제할 수 있다.

③ 과세전환에 대한 매입세액의 계산방법

증축 건물을 전부 과세사업에 사용하는 경우에는 아래 산식에 따라 매입세액을 공제받을 수 있다.

공제되는 세액 = 취득 당시 공제받지 못한 매입세액 × (1 - 5% × 경과된 과세기간 수)

④ 일부과세전환에 대한 매입세액의 계산방법

증축 건물중 일부를 과세사업에 사용하는 경우에는 아래 산식에 따라 매입세액을 공제받을 수 있다.

공제되는 세액 = 취득 당시 공제받지 못한 매입세액 × (1 - 5% × 경과된 과세기간 수)

× 증축 건물 중 과세사업 사용면적 / 총 증축건물 면적

【문제 2】 (20점) (2021 수정)

(물음 1) (7점)

⑴ 관련 법령

지방세법 107조 ②항 5호

수탁자의 명의로 등기 또는 등록된 신탁재산의 경우에는 위탁자를 납세의무자로 본다. 이 경우 위탁자가 신탁재산을 소유한 것으로 본다.

⑵ 사례 적용

지방세법 개정으로 신탁재산의 재산세 납세의무자는 수탁자에서 위탁자로 변경되었다. 따라서 수탁자의 고유재산과 위탁자의 신탁재산은 서로 구분하여 과세하며 위탁자의 다른 재산과 신탁재산을 합하여 종합합산 또는 별도합산 한다.

구분	종전	개정후
납세의무자	수탁자(예 : 은행)	위탁자(예:토지소유자)
체납처분	수탁자에 체납처분	① 위탁자 재산 우선 체납처분 ② 수탁자 물적납세의무 부여 ③ 신탁재산 체납처분

⑶ 취지

위탁자가 탈세 혹은 조세회피를 목적으로 신탁제도를 악용하는 것을 방지하되 수탁자에게 부당한 납세협력비용이 발생하지 않도록 하기 위함.

(물음 2) (5점)

1. 관련 법령

지방세법 119조의2

신탁재산의 위탁자가 다음 각 호의 어느 하나에 해당하는 재산세 등을 체납한 경우로서 그 위탁자의 다른 재산에 대하여 체납처분을 하여도 징수할 금액에 미치지 못할 때에는 해당 신탁재산의 수탁자는 그 신탁재산으로써 위탁자의 재산세 등을 납부할 의무가 있다.

2. 판단

신탁재산의 납세의무자를 위탁자로 하는 경우 재산세 체납을 징수하기 어려움이 있고 조세회피할 수 있음을 방지하기 위하여 신탁설정일 이후에 법정기일이 도래하는 재산세 등을 체납한 경우로서 그 위탁자의 다른 재산에 대하여 체납처분을 하여도 징수할 금액에 미치지 못하는 때에는 신탁재산의 수탁자에게 물적납세의무를 부과한다.

(물음 3) (8점) 물음3의 경우 질문의 특성상 개정 전 내용 그대로 서술하였음.

1. 납세자의 주장

신탁재산의 사실상 소유자는 위탁자임에도 불구하고 신탁재산에 대한 재산세의 납세의무자를 위탁자에서 수탁자로 변경한 조항은 실질과세원칙과 과잉금지원칙에 위반되어 수탁자의 재산권을 침해한다.

2. 법령의 취지

법령 개정 전에는 위탁자에 대한 재산세에 기해서는 신탁재산에 대하여 체납처분을 할 수 없었다. 법령개정으로 신탁재산에 대한 재산세의 납세의무자를 수탁자로 규정함으로써 수탁자에 대한 재산세에 기해서 신탁재산에 대한 압류 등 체납처분을 할 수 있도록 하여 세수를 확보하고자 하는 것이다.

3. 수탁자의 재산권 침해 여부

(1) 해당 법령에는 수탁자의 고유재산과 위탁자의 재산을 합산하지 않도록 하고 있으므로, 각 위탁자별로 합산하도록 하고 있으므로, 법령적용으로 인한 누진과세로 각 위탁자 또는 수탁자의 세부담이 증가하지 않는다.

(2) 또한 위탁자별 구분된 재산에 대한 납세의무자는 각각 다른 납세자로 보고 있으므로, 위탁자의 재산 또는 수탁자의 재산에 대한 재산세가 체납되더라도 다른 납세의무자의 체납여부에는 영향을 미치지 아니한다.

【문제 3】 (20점)

(물음 1) (7점)

1. 면세승인 절차

(1) 면세승인을 할 때에는 관할세무서장 또는 세관장은 3개월이내 지정기한을 두어 정해진 요도에 공한 사실을 증명할 것을 조건부로 승인한다.

(2) 甲은 A를 수출 및 주한외국군대에 납품하고, 해당 기관으로부터 해당 용도로 사용한 증명서를 甲에게 교부한다.

(3) 甲은 해당 기관으로부터 받은 증명서를 지정기한까지 관할세무서장 또는 세관장에게 제출한다.

2. 개별소비세 추징

(1) 수출 및 군납면세물품으로 정해진 용도로 제공한 사실에 대한 증명서를 관할 세무서장 또는 세관장이 지정한 지정기한에 증명하지 아니한 것에 대해서는 판매자, 반출자 또는 수입신고인으로부터 개별소비세를 징수한다.

⑵ 수출 및 군납면세 물품이 반입장소에 반입되기 전에 재해나 그 밖의 부득이한 사유로 멸실된 경우에는 개별소비세를 징수하지 아니한다.

(물음 2) (8점)

1. 개별소비세 추징

⑴ 원칙

개별소비세 외교관면세를 받은 물품을 그 면세의 승인을 받은 날로부터 3년 내에 타인에게 양도한 경우에는 이를 양수한 자가, 면세 승인을 받은 날부터 3년 내에 타인이 소지한 경우에는 이를 소지한 자가 반출 또는 수입신고를 한 것으로 보아 개별소비세를 징수한다.

⑵ 예외

개별소비세를 면제받은 물품 중 자동차에 대해서는 부득이한 사유가 있는 경우에는 면세승인을 받은 날부터 3년 내에 타인에게 양도하거나 타인이 소지한 경우에도 개별소비세를 징수하지 아니한다.

1) 주한외교관 등이 타국으로 이임하는 경우
2) 주한외교관 등이 직무가 종료되거나 직위를 상실한 경우
3) 주한외교관 등이 사망한 경우

2. 사례의 적용

외교관의 자동차에 대한 면세승인을 2022년 3월 5일에 받고, 丙이 3년 이내인 2022년 8월 5일에 양도받았으므로, 개별소비세 추징 예외사항에 해당하여 개별소비세가 추징되지 않는다.

(물음 3) (5점)

수출 및 군납면세의 경우 해당 물품을 판매 또는 반출한 날이 속하는 분기의 다음달 25일까지 해당 분기분의 과세표준신고서에 용도증명서를 첨부하여 제출한 경우에는 수출 및 군납면세를 적용한다. 단, 유류에 해당하는 과세물품은 판매 또는 반출한 날이 속하는 달의 다음 달 말일까지 해당월 분을 제출하여야 한다.

【문제 4】 (25점)

(물음 1) (20점)

1. 공익사업용 토지 등에 대한 양도소득세 감면

⑴ 취지

공익사업에 필요한 토지를 정책적으로 매입하는 경우 공익사업을 지원하고, 이로 인한 부작용 및 국민의 사유재산 침해가 최소화 되도록 하기 위함이다.

⑵ 감면 요건

1) 사업시행자등에게 양도하는 경우

다음 어느 하나에 해당하는 소득으로서 해당 토지등이 속하는 사업지역에 대한 사업인정고시일부터 소급하여 2년이내 취득한 토지등을 2023년 12월 31일 이전에 양도함으로써 발

행하는 소득

① 「공익사업을 위한 토지 등의 취득 및 보상에 관한 법률」이 적용되는 공익사업에 필요한 토지등을 그 공익사업의 시행자에게 양도함으로써 발생하는 소득

② 「도시 및 주거환경정비법」에 따른 정비구역(정비기반시설을 수반하지 아니하는 정비구역은 제외한다)의 토지등을 같은 법에 따른 사업시행자에게 양도함으로써 발생하는 소득

③ 「공익사업을 위한 토지 등의 취득 및 보상에 관한 법률」이나 그 밖의 법률에 따른 토지 등의 수용으로 인하여 발생하는 소득

2) 지정전 사업자에게 양도하는 경우

거주자가 공익사업의 시행자 또는 사업시행자로 지정되기 전의 사업자에게 2년 이상 보유한 토지등을 2015년 12월 31일 이전에 양도하고 해당 토지 등을 양도한 날이 속하는 과세기간의 과세표준신고를 법정신고기한까지 한 경우로서 지정 전 사업자가 그 토지 등을 양도일로부터 5년 이내에 사업시행자로 지정받은 경우에는 양도소득세 감면을 받을 수 있다.

(3) 감면내용

1) 원칙 : 양도소득세의 10%를 감면한다.

2) 예외

① 토지등의 양도대금을 채권으로 받는 부분은 15%

② 공공택지 특별법 등 법률에 따라 협의매수 또는 수용됨으로써 발생한 소득으로 해당 채권을 3년 이상 만기까지 보유하기로 한 특약을 체결하는 경우 30%(만기가 5년인 경우 40%)

(4) 사후관리

1) 공익사업을 이행하지 않는 경우

다음에 해당하는 경우에는 해당 사업시행사업자 등은 감면된 세액에 상당하는 금액 및 이자상당가산세를 그 사유가 발생한 과세연도의 과세표준신고를 할 때에 소득세 또는 법인세로서 납부하여야 한다.

① 공익사업의 시행자가 사업시행인가 등을 받은 날부터 3년 이내에 그 공익사업에 착수하지 아니하는 경우

② 사업시행자가 아래 기한 내에 도시 및 주거환경정비법에 따른 사업시행계획인가를 받지 아니하거나 그 사업을 완료하지 아니한 경우

• 사업시행계획인가에 있어서는 「도시 및 주거환경정비법」에 의하여 사업시행자의 지정을 받은 날부터 1년이 되는 날

• 사업완료에 있어서는 「도시 및 주거환경정비법」에 의하여 사업시행계획인가를 받은 사업시행계획서상의 공사완료일

2. 대토보상에 대한 양도소득세 과세특례

(1) 취지

공익사업으로 인한 대토보상에 대해서는 토지로 양도대가를 받으므로, 현금납부를 기본으로 하는 양도소득세 납부가 어려울 수 있으므로 이를 고려하기 위함이다.

(2) 감면 요건

1) 거주자가 사업인정고시일부터 소급하여 2년이전에 취득한 토지등을 2023년 12월 31일 이전에 해당 공익사업의 시행자에게 양도

2) 해당 공익사업의 시행자가 대토보상 명세서를 다음달 말일 까지 관할세무서에 통보

⑶ 감면내용

아래 두가지 중 하나의 방법을 선택할 수 있다.

1) 양도소득세의 40%감면

2) 양도소득세의 과세이연

⑷ 사후관리

양도소득세를 과세이연 받은 거주자는 다음의 어느 하나에 해당하는 경우 감면받거나 과세이연받은 세액 및 이자상당가산세를 양도소득세로 납부하여야 한다.

1) 대토보상받기로 한 보상금을 현금으로 받는 경우 등 아래 사유가 발생하는 경우

① 전매금지를 위반함에 따라 대토보상이 현금보상으로 전환된 경우

② 대토에 대한 소유권 이전등기를 완료한 후 3년 이내에 해당 대토를 양도하는 경우

③ 그 밖의 사유로 현금보상으로 전환되는 경우

④ 해당 대토를 증여하거나 상속이 이루어지는 경우

2) 대토보상으로 취득하는 토지에 관한 소유권이전등기의 등기원인이 대토보상으로 기재되지 아니하는 경우

(물음 2) (5점) (21년 수정)

1. 감면요건

⑴ 자경농지에 대한 양도소득세 감면 규정의 경작기간

① 해당 거주자가 8년이상 계속하여 직접 경작하여야 한다.

② 농지가 속한 시군구나 농지가 속한 연접 시군구 또는 농지로부터 직선거리 30km이내 거주한 기간만 산입한다.

③ 해당 거주자의 총급여와 사업소득금액의 합계가 3700만원인 연도는 경작기간에서 제외한다.(복식부기 의무자 수입금액 기준 이상의 수입금액이 있는 경우 해당 과세기간은 자경기간에서 제외한다)

⑵ 농지대토에 대한 양도소득세 감면규정의 경작기간

① 해당 거주자가 4년이상 계속하여 직접 자경하여야 하고 새로운 농지 취득 후 계속하여 종전농지 경작기간과 신규농지 경작기간을 합산하여 8년 이상 자경아여야 한다.

② 농지가 속한 시군구나 농지가 속한 연접 시군구 또는 농지로부터 직선거리 30km이내 거주한 기간만 산입한다.

③ 해당 거주자의 총급여와 사업소득금액의 합계가 3700만원인 연도는 경작기간에서 제외한다.(복식부기 의무자 수입금액 기준 이상의 수입금액이 있는 경우 해당 과세기간은 자경기간에서 제외한다)

2. 감면한도

⑴ 자경농지에 대한 양도소득세 감면 규정의 감면한도

과세연도별 1억 한도

5년간 통산하여 2억 한도

⑵ 농지대토에 대한 양도소득세 감면규정의 감면한도

과세연도별 1억 한도

5년간 통산하여 1억 한도

2018년도 제55회 기출문제 **풀이**

회계학1부

김 정 호 (공인회계사 / 서울디지털대학교 겸임교수)

【문제 1】

(물음 1) 답 : (1) ① ₩1,000,000 ② ₩875,653 ③ ₩124,347 (2) ₩87,565

(1) ① ₩1,000,000(현금 증가)
  ② ₩1,000,000×5%×2.48685+₩1,000,000×0.75131=₩875,653
  ③ ₩1,000,000−₩875,653=₩124,347
(2) ₩875,653×10%=₩87,565

(물음 2)

(1) ① 현 금   7,200,000
      자기주식처분이익   2,000,000
      자기주식처분손실   400,000

  ② 자기주식   9,600,000 *1

    *1. 1,200주×₩8,000=₩9,600,000

(2) ① 보상원가   6,000,000 *1

    *1. 10,000개×₩1,800÷3년=₩6,000,000

  ② 주식선택권   6,000,000

(3)

구분	자본잉여금	기타포괄손익누계액	자본조정
20×1년 초	78,000,000		
1/1 신주인수권부사채	124,347		
7/1 유상증자	[1]30,000,000		

구분	자본잉여금	기타포괄손익누계액	자본조정
9/1 자기주식 취득			(24,000,000)
10/1 자기주식 처분	(2,000,000)		(400,000)
			9,600,000
11/1 자기주식 처분	5,900,000		400,000
			7,200,000
12/31 주식선택권			6,000,000
12/31 재평가차익		[2]5,000,000	
20×1년 말	112,024,347	5,000,000	(−)1,200,000

[1] 5,000주×(₩11,000 − ₩5,000) = ₩30,000,000
[2] ₩15,000,000 − ₩10,000,000 = ₩5,000,000

(물음 3) 답 : (1) ① 12,950주 ② ₩4,000 (2) 신주인수권부사채 (3) ₩2,601 (4) ₩2,527

(1) ①

기간(월)	유통보통주식수	무상증자조정	월수	적수
1~6	10,000	1.2*1	6	72,000
7~8	15,000		2	30,000
9	12,000		1	12,000
10	13,200		1	13,200
11~12	14,100		2	28,200
합계			12	155,400

$$* \quad 1 + 무상증자비율 = \frac{10,000 + 5,000}{10,000 + 5,000 \times 11,000/22,000} = 1.2$$

가중평균유통보통주식수 = 155,400주 ÷ 12 = 12,950주

② 우선주배당금 = ₩50,000,000 × 6% = ₩3,000,000
보통주당기순이익 = 당기순이익 ₩54,800,000 − 우선주배당금 ₩3,000,000 = ₩51,800,000
기본주당순이익 = ₩51,800,000 ÷ 12,950주 = ₩4,000

(2) 잠재적보통주의 전환으로 인한 "이익의 증분/보통주식수의 증분" 계산

구분	① 이익의 증분	② 보통주식수의 증분	①÷②	희석화고려순서
전환우선주	₩3,000,000	10,000주*1	₩300	2
신주인수권부사채	₩0	375주*2	₩0	1
주식선택권	₩4,800,000*3	125주*4	₩38,400	3

*1. 10,000주 × 1주/1주 = 10,000주
*2. 1,000주 × (1 − ₩10,000/₩16,000) = 375주
*3. ₩6,000,000 × (1 − 0.2) = ₩4,800,000

*4. 조정후 행사가격 = ₩14,000 + ₩18,000,000/10,000개 = ₩15,800

　　10,000주 × (1 - ₩15,800/₩16,000) = 125주

답 : 신주인수권부사채가 가장 희석효과가 높다. 그 이유는 재적보통주의 전환으로 인한 "이익의 증분/보통주식수의 증분"의 값이 가장 낮기 때문이다.

(3)

	보통주순이익	보통주식수	주당이익	희석효과
보고수치	₩50,000,000	10,000	₩5,000	
신주인수권부사채	0	375		
	₩50,000,000	10,375	4,819	희석성
전환우선주	3,000,000	10,000		
	₩53,000,000	20,375	2,601	희석성
주식선택권	4,800,000	125		
	₩57,800,000	20,500	2,820	반희석성

답 : ₩2,601

(4) 잠재적보통주의 전환으로 인한 "이익의 증분/보통주식수의 증분" 계산

구분	① 이익의 증분	② 보통주식수의 증분	①÷②	희석화고려순서
전환우선주	3,000,000	10,000	300	2
전환사채	70,052*1	1,000*2	70	1
주식선택권	4,800,000	125	38,400	3

*1. ₩87,565 × (1-0.2) = ₩70,052　　　　　　　　*2. ₩1,000,000 ÷ ₩1,000 = 1,000주

	보통주순이익	보통주식수	주당이익	희석효과
보고수치	₩50,000,000	10,000	₩5,000	
전환사채	70,052	1,000		
	₩50,070,052	11,000	₩4,552	희석성
전환우선주	3,000,000	10,000		
	₩53,070,052	21,000	₩2,527	희석성
주식선택권	4,800,000	125		
	₩57,870,052	21,125	₩2,739	반희석성

답 : ₩2,527

(물음 4) 답 : (1) ① ₩5,000,000 ② 0 ③ ₩5,000,000 (2) ₩91,322

(1) ① 자산변동 = 현금수취액 = ₩5,000,000

　　② 부채변동 = 0

　　③ 자본변동 = ₩5,000,000

〈참고〉 회계처리

| (차) 현　　금 | 5,000,000 | (대) 자 본 금 | 2,500,000 |
| | | 주식발행초과금 | 2,500,000 |

－ 아래 회계처리는 선택

| (차) 신주인수권대가 | 62,174 | (대) 주식발행초과금 | 62,174 |

(2) 이자비용 = (₩875,653 × 1.1 − ₩50,000) × 10% = ₩91,322

【문제 2】

(물음 1)

(1) ① 현금　4,320,000

　　② 수익　4,320,000

(2) 60개 × ₩72,000 = ₩4,320,000

(3) ① 고객과의 계약을 식별 ② 수행의무를 식별 ③ 거래가격을 산정 ④ 거래가격을 수행의무에 배분
　　⑤ 수행의무를 이행할 때 수익을 인식

(4) ① ○ ② ○

(물음 2)

(1) ①

| 현　　금 | 978,083 [*1] |
| 사채할인발행차금 | 61,917 |

*1. 현재가치(20 × 1.1.1.) = ₩1,000,000 × 12% × 2.28323 + ₩1,000,000 × 0.65752 = ₩931,508
　　현금 = ₩931,508 × (1 + 0.15 × 4/12) = ₩978,083

②

| 사　　채 | 1,000,000 |
| 미지급이자 | 40,000 [*1] |

*1. ₩1,000,000 × 12% × 4/12 = ₩40,000

(2) ㈜세무 ①

| 이자비용 | 93,151 [*1] |
| 미지급이자 | 40,000 |

*1. ₩931,508(5월1일) × 15% × 8/12 = ₩93,151

	② 현　　금	120,000		
	사채할인발행차금	13,151		

㈜한국 ①

현　　금	120,000
상각후원가측정금융자산	13,151

② 이자수익	93,151
미수이자	40,000

(3) ① 20×1.1.1. 공정가치＝₩1,000,000×12%×1.64666＋₩1,000,000×0.76947＝₩967,069

　　　 당기순이익 영향＝이자수익 ₩93,151＋평가이익 15,835(₩967,069－₩951,234)

　　　　　　　　　＝₩108,986

② ₩93,151　③ ₩15,835

(물음 3) 답 : (1) ① ₩230,034 ② ₩115,046 (2) ① (－)₩109,242 ② (－)₩60,758

(1) ① 회수가능액＝₩50,000×1.66810＋₩800,000×0.78315＝₩709,925

　　 20×2.12.31. 상각후원가＝(₩910,767×1.13－₩100,000)×1.13－₩100,000＝₩949,959

　　 20×2.12.31. 손실충당금＝₩949,959－₩709,925＝₩240,034

　　 20×2.12.31. 손상차손＝₩240,034－₩10,000＝₩230,034

② 20×2.12.31. 회수가능액＝(₩80,000＋₩900,000)×0.88496＝₩867,261

　　 20×3.12.31. 장부금액＝₩709,925×1.13－₩50,000＝₩752,215

　　 20×3.12.31. 손상차손환입＝₩867,261－₩752,215＝₩115,046

⟨20×1.12.31.⟩

(차) 현　　금	100,000	(대) 이자수익	118,400
상각후원가측정금융자산	18,400		

(차) 손상차손	10,000	(대) 손실충당금	10,000

⟨20×2.12.31.⟩

(차) 현　　금	100,000	(대) 이자수익	120,792
상각후원가측정금융자산	20,792		

(차) 손상차손	230,034	(대) 손실충당금	230,034

⟨20×3.12.31.⟩

(차) 현　　금	50,000	(대) 이자수익	92,290
상각후원가측정금융자산	42,290		

(차) 손실충당금	115,046	(대) 손상차손환입	115,046

(2) ① 이자수익 ₩120,792 - 손상차손 ₩230,034 = (-)₩109,242
   ② - 평가손실 ₩60,758 = (-)₩60,758

〈20×1.12.31.〉

(차) 현 금	100,000	(대) 이자수익	118,400
FVOCI금융자산	18,400		

(차) FVOCI금융자산	10,833 *1	(대) 금융자산평가이익	20,833
손상차손	10,000		

*1. FV ₩940,000 - ₩929,167(₩910,767+₩18,400)=₩10,833

〈20×2.12.31.〉

(차) 현 금	100,000	(대) 이자수익	120,792
FVOCI금융자산	20,792		

(차) 손상차손	230,034	(대) FVOCI금융자산	290,792 *1
금융자산평가손실	60,758		

*1. FV ₩670,000 - ₩960,792(₩940,000+₩20,792)=(-)₩290,792

㈜ FVOCI금융자산 = 기타포괄손익 - 공정가치 측정 금융자산

【문제 3】

(물음 1) 답 : (1) 4,600단위 (2) ₩4,770,000

(1) 4월생산량 = 4,500단위×90% + 5,500단위×10% = 4,600단위
(2) 5월생산량 = 5,500단위×90% + 5,000단위×10% = 5,450단위
   4월재료매입량 = (4,600단위×80% + 5,450단위×20%)×2kg = 9,540kg
   4월재료매입예산 = 9,540kg×₩500 = ₩4,770,000

(물음 2)

(1)

매출액			₩9,000,000
변동원가			
변동매출원가	4,500단위×₩1,300	5,850,000	
변동판매비	4,500단위×₩100	450,000	6,300,000
공헌이익			₩2,700,000

고정원가

    고정제조원가   1,800,000

    고정판매비   800,000   2,600,000

  순이익   ₩100,000

(2)

표준매출원가	4,500단위 × ₩1,600[*1]	₩7,200,000
조업도차이(불리) 조정	(18,000시간 − 4,600단위 × 3) × ₩100	420,000
매출원가		₩7,620,000

   *1. 단위원가 = ₩1,300 + ₩1,800,000/18,000시간 × 3 = ₩1,600

(물음 3) 답 : ₩2,441,000

4월 초 현금		₩2,500,000
매출채권 회수		
3월 매출	₩7,000,000 × 40%	2,800,000
4월 매출	₩9,000,000 × 60%	5,400,000
외상매입금 결제		
3월 매입	₩3,800,000[*1] × 30%	(1,140,000)
4월 매입	₩4,770,000 × 70%	(3,339,000)
직접노무비원가	4,600단위 × ₩180	(828,000)
변동제조간접원가	4,600단위 × ₩120	(552,000)
고정제조간접원가	₩1,800,000 − ₩600,000	(1,200,000)
변동판매비	4,500단위 × ₩100	(450,000)
고정판매비	₩800,000 − ₩50,000	(750,000)
4월 말 현금		₩2,441,000

  *1 3월제품생산량 = 3월판매량 × 90% + 4월판매량 × 10%

                     = 3,500단위 × 90% + 4,500단위 × 10% = 3,600단위

   3월재료매입액 = (3,600단위 × 80% + 4,600단위 × 20%) × ₩1,000 = ₩3,800,000

(물음 4) 답 : ₩150,000

가중평균자본비용 = 12% × (1 − 0.25) × 20% + 15% × 80% = 13.8%

경제적 부가가치 = ① − ② = ₩150,000

① 세후영업이익 = ₩4,800,000 × (1 − 0.25) = ₩3,600,000

② (총자산 − 유동부채) × 가중평균자본비용 = ₩25,000,000 × 13.8% = ₩3,450,000

【문제 4】

(물음 1) 답 : ₩374

7,000단위 × (최저 판매가격 − ₩150 − ₩110 − ₩40 − ₩10 × 40%) − ₩110,000
− 2,000단위(₩500 − ₩150 − ₩110 − ₩40 − ₩10) = 0
최저 판매가격 = ₩374

(물음 2) 답 : ₩390

5,000단위 × 단위당 판매가격 − 5,000단위 × (₩150 + ₩110 + ₩40)
− ₩500,000 + ₩200,000 − 1,250시간 × ₩80 = ₩50,000
단위당 판매가격 = ₩390

(물음 3) 답 : ₩30,000

10,000단위 × (₩350 − ₩150 − ₩110 − ₩40 − ₩10 × 30%) − ₩440,000 = ₩30,000

(물음 4) 답 : (1) (−)₩10,000 (2) ₩70,000 (3) ₩20,000 감소

(1) 1,000단위 × (₩480 − ₩500 + ₩10) = (−)₩10,000
(2) 1,000단위 × (₩480 − ₩420 + ₩10) = ₩70,000
(3) 수락시 증분이익 = 1,000단위 × (₩320 − ₩150 − ₩110 − ₩40) = ₩20,000
　　따라서 거절시 ₩20,000 감소

회계학2부

월간회계 편집실

【문제 1】

(물음 1)

구분	해답
① 종합소득과세표준	₩145,980,000
② 종합소득산출세액	31,993,000

1. 금융소득의 구분

비영업대금이익	₩7,000,000	
외국법인 배당	14,000,000	무조건 종합과세
비상장내국법인 배당(인정배당)	18,000,000*1	
	₩39,000,000	

*1. Gross-up 가능 배당소득

*2. 직장공제회 초과반환금은 무조건 분리과세 금융소득에 해당한다.

2. 종합과세되는 금융소득금액 : ₩39,000,000 + Min[₩18,000,000, ₩19,000,000] × 11%
   $= ₩40,980,000$

3. 종합소득금액 : ₩40,980,000 + ₩115,000,000 = ₩155,980,000

4. 종합소득과세표준 : ₩155,980,000 − ₩10,000,000 = ₩145,980,000

5. 종합소득산출세액 : Max[①, ②] = ₩31,993,000
   ① 일반산출세액(₩145,980,000 − ₩20,000,000) × 기본세율 + ₩20,000,000 × 14%
      $= ₩31,993,000$
   ② 비교산출세액
      (₩145,980,000 − ₩40,980,000) × 기본세율 + ₩32,000,000 × 14% + ₩7,000,000 × 25%
      $= ₩28,080,000$

(물음 2)

구분	해답
① 직장공제회 초과반환금에 대하여 원천징수할 소득세액	₩210,000
② 퇴직소득 한도초과액	277,200,000
③ 연금계좌로부터의 연금수령한도액	한도 없음

1. 직장공제회 초과반환금에 대하여 원천징수할 소득세액

   $[₩10,000,000 − ₩4,000,000^{*1} − ₩2,500,000^{*2}] × \dfrac{1}{7년} × 6\% × 7년 = ₩210,000$

   * 1. 직장공제회초과반환금의 기본공제 : ₩10,000,000 × 40% = ₩4,000,000
   * 2. 불입연수공제 : (₩300,000 × 5년) + (₩500,000 × 2년) = ₩2,500,000

2. 퇴직소득 한도초과액(근로소득) : (1) − (2) = ₩277,200,000
   (1) 2012년 이후 퇴직급여 : ₩844,800,000 − ₩60,000,000* = ₩784,800,000
      * 2011년까지의 퇴직급여 Max[a, b] = ₩60,000,000
      a. $₩844,800,000 × \dfrac{6개월}{132개월} = ₩38,400,000$
      b. ₩60,000,000
   (2) 한도 : $\dfrac{540,000,000}{3}$ (19.12.31 부터 소급 3년간 총급여 연평균 환산액) $× \dfrac{1}{10} × \dfrac{96개월}{12} × 3배$

$+378,000,000^* \times \dfrac{36개월}{30개월} \times \dfrac{1}{3}$ (퇴직전 3년 동안 총급여 연평균 환산액) $\times \dfrac{1}{10} \times \dfrac{30개월}{12} \times 2배$

$= \underline{₩507,600,000}$

* 310,000,000+48,000,000+20,000,000

3. 연금계좌로부터의 연금수령한도액 : 한도 없음*

  * 2013.3.1. 이전에 가입한 연금계좌의 경우 연금수령연차의 기산연차는 연금수령 개시 신청과 관계없이 연령 요건(55세 이후 연금수령개시를 신청한 후 인출할 것) 및 가입기간 요건(가입일로부터 5년이 경과된 후에 인출할 것. (다만, 이연퇴직소득이 있는 경우 제외)을 충족하는 과세기간에 해당한다. 따라서 요건이 모두 충족되는 2015년도를 기산연차(6년차)로 하기 때문에 2022년도는 13년차가 되므로 한도를 적용하지 않는다.

  * 다만, 기산연차에 대해서는 이견이 있다.

(물음 3)

구분	해답
① 근로소득금액	₩316,530,000
② 퇴직소득과세표준	₩358,900,000

1. 근로소득금액 : (1) − (2) = ₩316,530,000

  (1) 총급여액

퇴직소득 한도초과액	₩268,000,000
급여액	48,000,000
상여금	18,000,000
부상에 대한 위자료	–
직무발명보상금	2,000,000
총급여액	₩336,000,000

    상여금 ₩20,000,000 − ₩2,000,000(2021년 귀속)
    부상에 대한 위자료 비과세 근로소득
    직무발명보상금 ₩12,000,000 − ₩5,000,000(기타소득) − ₩5,000,000(비과세 근로소득)

  (2) 근로소득공제액

    ₩14,750,000 + (₩336,000,000 − ₩100,000,000) × 2% = ₩19,470,000

2. 퇴직소득과세표준 : (1) − (2) = ₩358,900,000

  (1) 환산급여 : (퇴직소득금액 − 근속연수공제) $\times \dfrac{12}{근속연수}$

    $= (₩576,800,000^* - ₩4,800,000) \times \dfrac{12}{11년} = ₩624,000,000$

    * ₩844,800,000 − ₩268,000,000 = ₩576,800,000

  (2) 환산급여공제 : ₩151,700,000 + (₩624,000,000 − ₩300,000,000) × 35%

    = ₩265,100,000

(물음 4)

구분	해답	
① 종합과세되는 연금소득금액	[견해1]	₩300,000
	[견해2]	11,300,000
② 원천징수 대상 기타소득금액	11,000,000	

1. 종합과세되는 연금소득금액

(1) 총연금액 공적연금(국민연금) : $₩12,000,000 × \dfrac{₩450,000,000}{₩750,000,000} - ₩3,200,000$

$= ₩4,000,000$

(2) 총연금액 사적연금(연금계좌)

[견해1] 의료목적, 천재지변이나 그 밖에 부득이한 사유 등 법정요건을 갖추어 인출하는 연금소득은 연도 중 인출시점과 무관하게 한도적용없이 분리과세 혜택을 주고자 하는 것이 법의 취지이므로 의료목적 등의 인출은 C(세액공제○+운용수익)부분의 금액을 인출신청하여 인출하는 것을 의미한다.

① 연금계좌의 구성 및 평가액

구 분	평가액	연금수령		연금외수령
		의료비	나머지	
A 세액공제×	₩10,000,000	–	₩10,000,000	–
B 이연퇴직소득	–	–	–	–
C 세액공제○+운용이익	55,000,000	₩8,000,000	6,000,000	₩6,000,000
합 계	₩65,000,000	₩8,000,000	₩16,000,000*1	₩6,000,000*2

*1. 연간연금수령한도(가정치)

*2. ₩22,000,000(인출액) – ₩16,000,000(한도) = ₩6,000,000

② 소득구분

구분	연금수령				연금외수령	소득구분
	의료비	소득구분	나머지	소득구분		
A	–	–	₩10,000,000	과세×	–	–
B	–	–	–	–	–	–
C	₩8,000,000	연금소득 (분리과세)	6,000,000	연금소득 (분리과세 선택)	₩6,000,000	기타소득 (분리과세)

→ 사적연금의 총연금액이 ₩12,000,000 이하이므로 납세의무자가 분리과세를 선택할 수 있다.

 a. 분리과세시 세액 : ₩6,000,000 × 5% = ₩300,000

 b. 종합과세시 세액 : (₩6,000,000 – ₩1,800,000*1) × 한계세율 *2 〉 ₩300,000

*1. 연금소득공제증가액 : ㉠ – ㉡ – ₩1,800,000

 ㉠ 사적연금 종합과세시 연금소득공제 :

₩4,900,000 + (₩10,000,000 - ₩7,000,000) × 20% = ₩5,500,000

ⓒ 사적연금 분리과세시 연금소득공제 :

₩3,500,000 + (₩4,000,000 - ₩3,500,000) × 40% = ₩3,700,000

*2. 종합과세시 세액과 분리과세시 세액이 같아지는 한계세율은 약 7.14% 이다. 문제에 주어진 자료가 충분하지 않으나, 근로소득 등의 종합과세대상 타소득금액과 통상적인 종합소득공제 수준을 고려했을 때 한계세율이 더 높을 것으로 추정되므로 분리과세를 선택한다.

(3) 종합소득과세표준에 포함할 연금소득금액 : ① - ② = ₩300,000

① 총연금액 : ₩4,000,000(공적연금)

② 연금소득공제 : ₩3,500,000 + (₩4,000,000 - ₩3,500,000) × 40% = ₩3,700,000

[견해2] 일반적인 인출과 의료목적 등의 인출은 구분없이 A → B → C 순서로 인출된다.

① 연금계좌의 구성 및 평가액

| 구 분 | 평가액 | 연금수령 | | 연금외수령 |
		의료비	나머지	
A 세액공제×	₩10,000,000	₩8,000,000	₩2,000,000	-
B 이연퇴직소득	-	-	-	-
C 세액공제○ + 운용이익	55,000,000	-	14,000,000	₩6,000,000
합 계	₩65,000,000	₩8,000,000	₩16,000,000*1	₩6,000,000*2

*1. 연간연금수령한도(가정치)

*2. ₩22,000,000(인출액) - ₩16,000,000(한도) = ₩6,000,000

② 소득구분

| 구분 | 연금수령 | | | | 연금외수령 | 소득구분 |
	의료비	소득구분	나머지	소득구분		
A	₩8,000,000	과세×	₩2,000,000	과세×	-	-
B	-	-	-	-	-	-
C	-	-	14,000,000	연금소득 (종합과세)	₩6,000,000	기타소득 (분리과세)

∴ 사적연금의 총연금액이 ₩12,000,000을 초과하므로 종합과세된다.

(3) 종합소득과세표준에 포함할 연금소득금액 : ① - ② = ₩11,300,000

① 총연금액 : ₩4,000,000(공적연금) + ₩14,000,000(사적연금) = ₩18,000,000

② 연금소득공제 : ₩6,300,000 + (₩18,000,000 - ₩14,000,000) × 10% = ₩6,700,000

* [견해2]의 경우 한 과세기간동안 같은 금액을 인출하더라도 의료목적의 인출의 인출시점에 따라 분리과세여부가 달라진다. 연초에 의료목적으로 인출을 신청한 경우에는 나머지 일반 적 인출액이 종합과세될 수 있으므로 납세의무자에게 불리하며, 연말에 의료목적으로 인출을 신청한 경우에는 분리과세될 수 있으므로 납세의무자에게 유리하다. 즉, 인출시점에 따라 조세혜택이 달라지는 문제점이 있다.

2. 원천징수 대상 기타소득금액 : (1)+(2)=₩11,000,000
   (1) 퇴직후 직무발명보상금 : ₩5,000,000
   (2) 연금외수령 기타소득 : ₩6,000,000

【문제 2】

(물음 1)

(1) 의제배당금액과 감자와 관련된 세무조정
   ① 의제배당금액 : a−b=₩26,320,000
      a. 감자대가 : 2,000주×₩20,000=₩40,000,000
      b. 소멸주식의 세무상 취득가액 : 2,000주×₩6,840*1=₩13,680,000
      *1. $\dfrac{4,000주 \times ₩7,500 + 4,000주 \times ₩8,350 + 1,000주 \times ₩0 + ₩1,000주 \times ₩5,000}{10,000주}$=₩6,840

      *2. <u>2018. 10. 20부터 2022. 4. 1까지의 기간이 2년을 초과하므로 단기소각주식특례규정이 적용되지 않는다.</u>

   ② 감자와 관련된 세무조정 : 〈익금불산입〉 감자시 의제배당 ₩1,000,000* (△유보)
      * ₩27,320,000−₩26,320,000=₩1,000,000
      → 간편법 : ₩5,000,000(기초 주식에 대한 유보잔액)× 20%(감자비율)=₩1,000,000

(2) 수입배당금에 대한 이중과세조정 : 〈익금불산입〉 수입배당금 ₩7,896,000* (기타)
    * ₩26,320,000×30%=₩7,896,000

(물음 2)

※ 재원분석

구성내역	금액	의제배당 해당여부
주식발행초과금	₩15,000,000	×
자기주식소각이익	15,000,000	○
자기주식처분이익	10,000,000	○
이익준비금	10,000,000	○
합계	₩50,000,000	

(1) 의제배당금액과 무상주 수령과 관련된 세무조정
   ① 의제배당금액 : a+b=₩7,600,000
      a. 본래의 의제배당소득 : 2,000주×70%*×₩5,000=₩7,000,000
         * $\dfrac{₩35,000,000}{₩50,000,000}$=70%

      b. 지분율증가에 의한 의제배당소득 : 400주*1×30%*2×₩5,000=₩600,000
         *1. 2,000주 − 8,000주 × 20%=400주   *2. $\dfrac{₩35,000,000}{₩50,000,000}$=30%

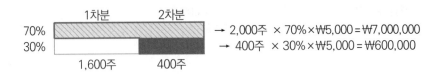

1차분 : 1,600주 × 70%×₩5,000 = ₩5,600,000
2차분 :   400주×100%×₩5,000 = ₩2,000,000

② 무상주 수령과 관련된 세무조정 : 〈익금산입〉 무상주 의제배당 ₩7,600,000 (유보)

(2) 수입배당금에 대한 이중과세조정 : 〈익금불산입〉 수입배당금 ₩2,280,000 (기타)
  * ₩7,600,000× 30% = ₩2,280,000

(물음 3)

(1) 2021년 세무조정
  ① 주식 취득 관련 세무조정 : 〈익금산입〉 주식 ₩2,750,000* (유보)
    * (₩6,000 – ₩5,500) × 5,500주 = ₩2,750,000
  ② 주식 처분 관련 세무조정 : 〈손금산입〉 주식 ₩475,000 (△유보)
    a. 장부상 처분 주식가액(선입선출법) : 500주×₩5,500 = ₩2,750,000
    b. 세법상 처분 주식가액(평균법) : 500주×₩6,450* = ₩3,225,000
      * 세법상 평균단가 : {5,500주×₩6,000＋4,500주×₩7,000} over {10,000주} =₩6,450

    c. 세무조정금액 : ₩3,225,000 – ₩2,750,000 = ₩475,000
      * 장부상 평균단가를 적용하지 않았으므로 주식에 대한 유보잔액(₩2,750,000)에 주식처분비율
        (5%)을 곱한 금액을 추인해서는 안된다.

(2) 수입배당금 익금불산입
  ① 수입배당금 총액 : ₩10,000,000×47.5% = ₩4,750,000
  ② 익금불산입 대상 배당 금액 : 수입배당금×익금불산입률

  $$(₩4,750,000 \times \frac{5,000주^{*1}}{9,500주}) \times 30\%^{*2} = ₩750,000$$

  *1. 5,500주 – 500주 = 5,000주
      배당금은 배당기준일 현재의 보유주식(9,500주)에 대하여 지급되나, 이 중 배당기준일 현재 3개
      월 이상 계속 보유하고 있는 주식을 보유함으로써 발생하는 수입배당금액에 대해서 익금불산입규
      정이 적용된다. 이 경우 보유주식 등의 수를 계산할 때 동일 종목의 주식 등의 일부를 양도한 경
      우에는 먼저 취득한 주식 등을 먼저 양도한 것으로 본다.
  *2. 수입배당금액에 대한 익금불산입률은 배당기준일 현재 3개월 이상 계속 보유하고 있는 주식
      (5,000주, 25%)을 기준으로 계산한다.

③ 지급이자차감액 : 지급이자 × $\dfrac{T.주식적수}{B.총자산적수}$ × 익금불산입률

$$(₩16,300,000^{*1} \times \dfrac{₩30,000,000^{*2}}{10억원}) \times 30\% = ₩146,700$$

*1. ₩18,000,000 - ₩1,700,000 = ₩16,300,000

*2. ₩6,000 × 5,000주 = ₩30,000,000

*3. 전기이전에 주식을 취득하였으므로 적수계산은 생략한다.

④ 세무조정 : 〈익금불산입〉 수입배당금 ₩603,300 (기타)

  * ₩750,000 - ₩146,700 = ₩603,300

【문제 3】(21년 수정)

물음번호		조정유형	과 목	금액	소득처분
[물음 1] (1)	제22기	〈익금산입〉	매출채권	₩1,000,000	(유보)
		〈손금산입〉	재고자산	700,000	(△유보)
	제23기	〈익금불산입〉	매출채권	₩1,000,000	(△유보)
		〈손금불산입〉	재고자산	700,000	(유보)
(2)	제22기	〈익금산입〉	선수금	₩100,000,000	(유보)
		〈익금산입〉	미수금	100,000,000	(유보)
		〈손금산입〉	토지	80,000,000	(△유보)
	제23기	〈익금불산입〉	선수금	₩100,000,000	(△유보)
		〈익금불산입〉	미수금	100,000,000	(△유보)
		〈손금불산입〉	토지	80,000,000	(유보)
[물음 2] (1) 세무조정		〈손금불산입〉	증빙불비접대비	₩500,000	(기타사외유출)
		〈손금불산입〉	증빙불비접대비	3,000,000	(기타사외유출)
(2) 접대비한도초과액 : ₩35,500,000					
[물음 3] (1) 세무조정		〈손금산입〉	사용수익기부자산	₩80,000,000	(△유보)
		〈손금불산입〉	감액분 상각비	8,000,000	(유보)
		〈손금불산입〉	상각부인액	11,000,000	(유보)
(2) 사용수익기부자산 상각부인액 : ₩19,500,000					
[물음 4] (1) ① ㈜대한		〈손금불산입〉	부당행위계산부인	₩67,500,000	(기타사외유출)
② ㈜민국		〈손금불산입〉	부당행위계산부인	1,687,500	(기타사외유출)
(2) ㈜화성		〈익금산입〉	주식	67,500,000	(유보)

(물음 1)

(1) 제품A(장기할부)

구분	제22기 사업연도	제23기 사업연도
B	₩9,000,000 회수기준	₩11,000,000 회수기준
T	₩10,000,000 회수기일도래기준	₩10,000,000 회수기일도래기준
D	〈익금산입〉 매출채권 ₩1,000,000(유보) 〈손금산입〉 재고자산 ₩700,000*(△유보) * ₩1,000,000×70% = ₩700,000	〈익금불산입〉 매출채권 ₩1,000,000(△유보) 〈손금불산입〉 재고자산 ₩700,000*(유보) * ₩1,000,000×70% = ₩700,000

(2) 토지 양도(단기할부)

구분	제22기 사업연도			제23기 사업연도		
B	현 금 100,000,000	선수금	100,000,000	현 금 100,000,000	토지	80,000,000
				선수금 100,000,000	토지처분이익	120,000,000
T	현 금 100,000,000	토지	80,000,000	현금 100,000,000	미수금	100,000,000
	미수금 100,000,000	토지처분이익	120,000,000			
D	〈익금산입〉 선수금 ₩100,000,000 (유보) 〈익금산입〉 미수금 ₩100,000,000 (유보) 〈손금산입〉 토지 ₩80,000,000 (△유보)			〈익금불산입〉 선수금 ₩100,000,000 (△유보) 〈익금불산입〉 선수금 ₩100,000,000 (△유보) 〈손금불산입〉 토지 ₩80,000,000 (유보)		

* 부동산 양도손익의 귀속시기는 대금청산일, 소유권이전등기일, 인도일, 사용수익일 중 빠른 날이므로 제21기 사업연도에 손익을 인식해야 한다.

(물음 2) (21년 수정)

(1) 접대비 세무조정
  ① 접대비 해당액

I/S상 접대비	₩50,000,000	
임직원 회식비	(2,000,000)	→ 복리후생비
거래처 임원 자녀 경조사금(건당 20만원 초과분)	(500,000)	→ 손금불산입(기타사외유출)
임원 개인명의 신용카드(건당 3만원 초과분)	(3,000,000)	→ 손금불산입(기타사외유출)
종업원 단체(법인)에 대한 운영비	5,000,000	
약정에 따른 채권포기액	10,000,000	
접대비관련 부가가치세 불공제매입세액	400,000	
현물접대비관련 부가가치세 매출세액	100,000	
계	₩60,000,000	

② 접대비 한도액 : $₩36,000,000 \times \dfrac{12}{12} + ₩9,200,000,000^* \times \dfrac{3}{1,000} + (₩800,000,000$

$\times \dfrac{3}{1,000} + ₩200,000,000 \times \dfrac{2}{1,000}) \times 10\% = ₩63,880,000$

　　* 88억원(제품매출액) + 2억원(본사건물의 임대료수입) + 2억원(부산물매각대) = 92억원

③ 한도초과액 : ₩60,000,000 - ₩63,880,000 = ₩3,880,000 미달 → 세무조정 없음

(2) 부동산임대업을 주된 사업으로 하는 특정내국법인인 경우

① 접대비 해당액 : ₩50,000,000

② 접대비 한도액 : a + b = ₩14,500,000

a. $(₩12,000,000 \times \dfrac{12}{12} + ₩5,000,000,000 \times \dfrac{3}{1,000}) \times 50\% = ₩13,500,000$

b. Min[₩1,000,000, ₩13,500,000 × 20%] = ₩1,000,000

③ 한도초과액 : ₩50,000,000 - ₩14,500,000 = ₩35,500,000 → 손금불산입(기타사외유출)

(물음 3)

(1) 사용수익기부자산에 대한 세무조정

① 사용수익기부자산 회계처리

구분	제21기 사업연도			
B	사용수익기부자산	300,000,000	건물	220,000,000
			유형자산처분이익	80,000,000
T	사용수익기부자산	220,000,000	건물	220,000,000
D	〈손금산입〉 사용수익기부자산 ₩80,000,000 (△유보)			

② 사용수익기부자산 감액분 상각비 추인

$₩80,000,000 \times \dfrac{₩30,000,000}{₩300,000,000} = ₩8,000,000$ → 손금불산입(유보)

③ 사용수익기부자산 상각시부인

a. 감가상각비 해당액 : ₩30,000,000 - ₩8,000,000 = ₩22,000,000

b. 상각범위액 : $₩220,000,000 \times 0.1(내용연수 10년) \times \dfrac{6}{12} = ₩11,000,000$

c. 상각부인액 : ₩11,000,000 → 손금불산입(유보)

(2) 사용수익기부자산 상각부인액

① 감가상각비 해당액 : ₩20,000,000 + ₩10,000,000 = ₩30,000,000

② 상각범위액 : $(₩200,000,000 + ₩10,000,000) \times 0.1(내용연수 10년) \times \dfrac{6}{12} = ₩10,500,000$

③ 상각부인액 : ₩19,500,000 → 손금불산입(유보)

(물음 4)

(1) ㈜대한과 ㈜민국의 세무조정 : 부당행위계산의 부인 요건 충족여부

① 특수관계요건 : ㈜서울과 ㈜부산은 특수관계에 있는 법인이므로 요건충족

② 현저한 이익분여 요건 : 1주당 평가차액이 합병후 1주당 평가액의 30% 이상이므로 요건충족

- 합병후 주가 = $\dfrac{(\text{₩}50,000\times30,000주)+(\text{₩}10,000\times20,000주)}{30,000주+10,000주}$ = ₩42,500

- 1주당 평가차액 : ₩42,500 − ₩10,000×2주 = ₩22,500

- ₩22,500 ≥ ₩12,750(₩42,500×30%)

  - ㈜대한 → ㈜화성 : (₩50,000−₩42,500)×30,000주×75%×40%
    = ₩67,500,000 → 손금불산입(기타사외유출)

  - ㈜민국 → 거주자B : (₩50,000−₩42,500)×30,000주×15%×5%
    = ₩1,687,500 → 손금불산입(기타사외유출)

(2) ㈜화성의 세무조정 : ₩67,500,000 → 익금산입(유보)

【문제 4】

(물음 1)

자료번호	과세표준
1.	₩48,500,000[*1]
2.	80,000,000[*2]
3.	10,000,000[*3]
4.	15,000,000[*4]
5.	4,000,000[*5]
6.	4,500,000[*6]
7.	20,000,000[*7]
8.	500,000,000[*8]
합 계	₩682,000,000

*1. ₩50,000,000 − ₩1,500,000 = ₩48,500,000

*2. 수탁자 판매분 : ₩80,000,000

*3. 장기할부판매 : ₩10,000,000

*4. ①+② = ₩15,000,000

　　① 제품A(중간지급조건부×, 공급시기 : <u>2023. 7. 25</u>) : ₩0

　　** 제품A의 경우 계약금과 잔금만 받기로 하여, 계약금 외의 대가를 분할하여 받는 경우(3회 이상 분할)에 해당하지 않으므로 중간지급조건부에 해당하지 않는다.

　　② 제품B(중간지급조건부○) : ₩15,000,000

*5. ①+② = ₩4,000,000

① 장기근속 종업원 포상 : ₩4,000,000(시가)

② 국가에 제품 무상 제공 : ₩0(면세)

*6. 기계장치A 무상이전 : ₩9,000,000 × (1 – 25% × 2) = ₩4,500,000

*7. 건물(완성도기준지급조건부) : ₩200,000,000 × 10% = ₩20,000,000

*8. ① + ② = ₩500,000,000

① 기계장치B(중간지급조건부×, 공급시기 : 2023. 2. 1) : ₩0

** 기계장치B의 경우 계약금을 받기로 한 날의 다음날부터 재화를 인도하는 날 또는 이용가능하게 하는 날까지의 기간이 6개월 이상이 아니므로 중간지급조건부에 해당하지 않는다.

② 건물(중간지급조건부×, 공급시기 : 2022. 12. 15) : ₩500,000,000

** 건물의 경우 계약금을 받기로 한 날의 다음 날부터 재화를 인도하는 날 또는 재화를 이용가능하게 되는 날까지의 기간 이내에 중도금만을 1회 받기로 하여 계약금 외의 대가를 분할하여 받는 경우에 해당하지 않으며, 그 기간이 6개월 이상에도 해당하지 않으므로 중간지급조건부에 해당하지 않는다.

(물음 2)

구분	세액
(1) 세금계산서 수취분 매입세액	₩24,000,000
(2) 신용카드매출전표등 수령명세서 제출분	1,107,000
(3) 의제매입세액	1,350,000
(4) 과세사업전환 매입세액	525,000
(5) 공제받지 못한 매입세액	4,500,000
(6) 공통매입세액 면세사업등분	937,000
(7) 차가감 계{(1)+(2)+(3)+(4)–(5)–(6)}	₩21,545,000

(1) 세금계산서 수취분 매입세액 : ₩24,000,000

(2) 신용카드매출전표등 수령명세서 제출분 : ① + ② = ₩1,107,000

① ₩500,000 × 70%*1 = ₩350,000

② ₩1,000,000 × 75.7%*2 = ₩757,000

(3) 의제매입세액 : ① – ② = ₩1,350,000

① 제2기 과세기간의 의제매입세액공제액 : $(₩41,140,000 + ₩66,960,000 + ₩9,500,000 × 70\%^{*1}) \times \frac{2}{102} = ₩2,250,000$

② 예정신고기간의 의제매입세액공제액 : $(₩41,140,000 + ₩7,000,000 × 68\%^{*3}) \times \frac{2}{102} = ₩900,000$

(4) 과세사업전환 매입세액 : ₩3,000,000 × (1 – 25% × 3) × 70%*1 = ₩525,000

*1. 제2기 과세기간 과세공급가액비율

$= \dfrac{₩340,200,000(과일통조림)}{₩145,800,000(과일판매) + ₩340,200,000(과일통조림)} = 70\%$

*2. 제2기 과세기간 과세공급가액비율

$= \dfrac{₩340,200,000(과일통조림) + ₩114,000,000(부동산임대)}{₩600,000,000(총공급가액)} = 75.7\%$

*3. 제2기 예정신고기간 과세공급가액비율

$$= \frac{\text{₩}132,812,500(\text{과일통조림})}{\text{₩}62,500,000(\text{과일판매}) + \text{₩}132,812,500(\text{과일통조림})} = 68\%$$

(5) 공제받지 못한 매입세액 : ₩4,500,000

(6) 공통매입세액 면세사업등분 : (₩5,000,000 + ₩4,000,000) × 24.3%*1 − ₩5,000,000
　　　　　　　　　　　　　　 × 25%*2 = ₩937,000

　*1. 2022년 제2기 과세기간의 면세공급가액비율 : $\frac{\text{₩}145,800,000(\text{과일판매})}{\text{₩}600,000,000(\text{총공급가액})} = 24.3\%$

　*2. 2022년 제2기 예정신고기간의 면세공급가액비율 : $\frac{\text{₩}62,500,000(\text{과일판매})}{\text{₩}250,000,000(\text{총공급가액})} = 25\%$

(물음 3) (21년 수정)

구분		세액
납부세액		₩756,000
공제세액	세금계산서 등 수취세액공제	198,000
	신용카드매출전표 등 발행세액공제	260,000
	계	458,000
예정고지세액		220,000
차가감 납부할 세액(△환급세액)		₩78,000

(1) 납부세액 : ① + ② + ③ = ₩756,000

　① 숙박업 : ₩20,000,000 × 20% × 10% = ₩400,000

　② 소매업 : ₩30,000,000 × 10% × 10% = ₩300,000

　③ 공통사용재화 : ₩4,000,000 × 14%* × 10% = ₩56,000

　* 가중평균부가가치율 : 20% × $\frac{\text{₩}20,000,000}{\text{₩}50,000,000}$ + 10% × $\frac{\text{₩}30,000,000}{\text{₩}50,000,000}$ = 14%

(2) 공제세액 : ₩458,000

　* 공제세액의 합계액이 각 과세기간의 납부세액을 초과하는 경우에는 그 초과하는 부분은 없는 것으로 본다.

　① 세금계산서 등 수취세액공제 : a + b + c = ₩198,000

　　a. 숙박업 : ₩1,000,000 × $\frac{110}{10}$ × 0.5% = ₩55,000

　　b. 소매업 : ₩1,600,000 × $\frac{110}{10}$ × 0.5% = ₩88,000

　　c. 공통매입세액 : ₩1,000,000 × $\frac{110}{10}$ × 0.5% = ₩55,000

　* 수취세액공제시 업종별 실지귀속을 구분할 수 없는 경우에는 5%의 부가가치율을 적용한다.

　② 신용카드매출전표 등 발행세액공제 : (₩8,000,000 + ₩12,000,000) × 1.3%
　　　　　　　　　　　　　　　　　　　 = ₩260,000(한도 1,000만원 이내)

세법학1부

정 지 훈 (세무사)

【문제 1】 국세기본법

(물음 1)

1. 가산세의 의의

   세법에서 규정한 의무를 위반한 자에게 국세기본법 또는 세법에서 정하는 바에 따라 가산세를 부과할 수 있다. 이를 통해, 국세기본법 또는 세법에서 정한 의무위반에 대한 제재 및 세법상 의무의 성실할 이행을 기대할 수 있다.
2. 가산세의 법적성격

   행정질서벌의 성격을 가지고 있으면서도 본세의 세액에 가산하여 함께 징수하는 세금의 성격이 혼재하는 행정상 제재의 일종이다(대법95누92 등).

(물음 2) (2021 수정)

1. 가산세를 부과하지 않는 경우
   ① 그 부과의 원인이 되는 사유가 천재지변 등으로 인한 기한연장사유에 해당하는 경우
      - 천재지변이 발생한 경우
      - 납세자가 화재 · 전화 그 밖에 재해를 입거나 도난을 당한 경우
      - 납세자 또는 그 동거가족이 질병이나 중상해로 6개월 이상의 치료가 필요하거나 사망하여 상중인 경우
      - 정전, 프로그램의 오류 그 밖의 부득이한 사유로 한국은행 등의 정보통신망의 정상적인 가동이 불가능한 경우
      - 금융기관 등의 휴무 그 밖의 부득이한 사유로 인하여 정상적인 세금납부가 곤란하다고 국세청장이 인정하는 경우
      - 권한 있는 기관에 장부 또는 서류가 압수 또는 영치된 경우
      - 납세자의 장부를 작성하는 세무사 도는 공인회계사가 화재, 전화, 그 박의 재해를 입거나 도난을 당한 경우 등
   ② 납세자가 의무를 불이행한 것에 대하여 정당한 사유가 있는 경우
   ③ <u>세법해석에 관한 질의 · 회신 등에 따라 신고 · 납부 하였으나 이후 다른 과세처분을 하는 경우</u>
   ④ <u>토지 등의 수용 또는 사용, 그 밖의 법령 등으로 인해 세법상 의무를 이행할 수 없게 된 경우</u>
   ⑤ 실손의료보험금을 의료비에서 제외할 때에 실손의료보험금 지급의 원인이 되는 의료비를 지출한 과세기간에 대한 소득세를 수정신고하는 경우(해당 보험금을 지급받은 과세기간에 대한 종합소득 과세표준 확정신고기한까지 수정신고하는 경우로 한정함)

2. 가산세를 감면하는 경우
① 법정신고기한이 지난 후 일정 기한 내에 수정신고한 경우
② 법정신고기한이 지난 후 일정 기한 내에 기한후신고를 한 경우
③ 과세전적부심사 결정 · 통지기간에 그 결과를 통지하지 아니한 경우
④ 세법에 따른 제출 · 신고 · 가입 · 등록 · 개설의 기한이 지난 후 1월 이내에 제출 등의 의무를 이행하는 경우
⑤ ①에도 불구하고 세법에 따른 예정신고기한 및 중간신고기한까지 예정신고 및 중간신고를 하였으나 과소신고하거나 초과신고한 경우로서 확정신고기한까지 과세표준을 수정하여 신고한 경우
⑥ ②에도 불구하고 세법에 따른 예정신고기한 및 중간신고기한까지 예정신고 및 중간신고를 하지 아니하였으나 확정신고기한까지 과세표준신고를 한 경우

(물음 3)

Ⅰ. 신의성실의 원칙
납세자가 그 의무를 이행하거나 과세관청이 직무를 수행함에 있어서 신의를 쫓아 성실히 하여야 한다는 원칙이다. 다만 신의성실의 원칙을 적용하기 위해서는 과세관청의 선행조치, 즉 공적인 견해 표명이 있어야 한다.

Ⅱ. 판단
과세관청이 변호사이면서 파산관재인으로 일시적 용역을 제공하고 지급받는 대가는 기타소득에 해당하는 것으로 견해를 표명하였고, 신의성실의 원칙에 따라 가산세 부과처분은 위법하다.

【문제 2】 소득세법

(물음 1)

Ⅰ. 甲에 의하여 해약된 경우
1. 소득의 종류
부동산계약 후 계약불이행으로 인하여 일방 당사자가 받은 위약금 또는 해약금은 이를 기타소득으로 보는 것임(소득-429, 2009.02.02.).

2. 수입시기
위약금 또는 해약금을 지급을 받은 날

3. 과세방법
기타소득은 종합소득과세표준에 합산하여 과세(기타소득금액이 300만원 이하이면서 원천징수된 경우 분리과세로 종결할 수 있지만, 사례의 경우 계약금이 2억원이므로 종합과세)한다.

4. 원천징수시기
위약금 또는 해약금을 지급을 받은 날에, 기타소득금액의 20%를 원천징수하여 그 지급일이 속하는 달의 다음 달 10일까지 납부하여야 한다.

Ⅱ. 乙에 의하여 해약된 경우

　1. 소득의 종류

　　부동산계약 후 계약불이행으로 인하여 일방 당사자가 받은 위약금 또는 해약금은 이를 기타소
　　득으로 보는 것임(소득-429, 2009.02.02).

　2. 수입시기

　　원칙적으로 위약금 또는 해약금을 지급을 받은 날이나 계약금이 위약금·배상금으로 대체되는
　　경우 계약의 위약 또는 해약이 확정된 날

　3. 과세방법

　　기타소득은 종합소득과세표준에 합산하여 과세(기타소득금액이 300만원 이하이면서 원천징수
　　된 경우 분리과세로 종결할 수 있지만, 사례의 경우 계약금이 2억원이므로 종합과세)한다.

　4. 원천징수시기

　　계약금이 위약금으로 대체되는 경우 원천징수의무가 없다.

(물음 2)

Ⅰ. 각 시점을 양도시기로 보는 근거

　⑴ 2020.06.01.를 양도시기로 보는 근거

　　해당 사례의 경우 계약금을 제외한 해당 자산의 양도대금을 2회 이상 분할하여 수입하였고,
　　양도하는 자산의 사용수익일의 다음날부터 최종 할부금 지급기일까지의 기간이 1년이상인 장
　　기할부거래이다. 장기할부거래의 양도시기의 경우, 소유권이전등기 접수일·인도일 또는 사용
　　수익일 중 빠른 날을 양도시기로 하므로 사용수익일인 2020.06.01.이 양도시기가 된다.

　⑵ 2021.02.01.를 양도시기로 보는 근거

　　양도자산의 취득시기는 대금을 청산한 날(해당 자산이 사실상 이전되고 사회통념상 거의 지급되었
　　다고 볼만한 정도의 대금지급이 이행된 날 포함)로 하는 것이므로(사전-2015-법령해석재산
　　-0092,2015.06.26.),중도금지급일인 2021.2.01.이 양도시기가 된다.

　⑶ 2022.02.01.를 양도시기로 보는 근거

　　일반적인 유상양도의 경우로서 대금청산일이 분명한 경우, 그 대금청산일인 잔금지급일이 양도시
　　기가 된다. 따라서 잔금급일인 2022.02.01.이 양도시기가 된다.

Ⅱ. 사례판단

　양도라 함은 자산에 대한 등기 또는 등록에 관계없이 매도, 교환, 법인에 대한 현물출자 등으로
　인하여 그 자산이 유상으로 사실상 이전되는 것을 말하며, 그 취득시기는 대금을 청산한 날이 분명
　하지 아니한 경우 등에 해당하지 않는 경우 해당 자산의 대금을 청산한 날로 한다.
　본 사례에서 중도금지급까지 양도가액의 99.5%를 지급하였고, 사회통념상 해당 자산이 거의 지급
　되었다고 볼만한 정도의 대금지급이 이행된 경우 이를 양도시기로 보므로 중도금 지급일인
　2021.02.01.이 양도시기가 된다.

(물음 3)

Ⅰ. 해제권이 인정되는 경우

　양도소득세는 자산의 양도와 그에 따른 소득이 있음을 전제로 하여 과세하는 것으로서, 그 매매계

약이 합의해제 되었다면 매매계약의 효력은 상실되어 자산의 양도가 이루어지지 않는 것이 되므로 양도소득세의 과세요건인 자산의 양도가 있었다고 볼 수 없다(대법원 92누9944). 따라서 양도소득세 과세대상이 될 수 없다.

Ⅱ. 해제권이 인정되지 않는 경우

甲에게 해제권이 인정되지 않는 경우, 계약금과 중도금을 포함하여 양도가액의 99.5%를 지급하였고, 사회통념상 해당 자산이 거의 지급되었다고 볼 수 있으므로 양도소득세 과세대상이 될 수 있다.

【문제 3】 법인세법

(물음 1)

Ⅰ. 법인세법상 부당행위계산 부인규정의 적용요건
  (1) 특수관계인과의 거래일 것
     특수관계인과의 거래행위 또는 계산에 대하여 적용한다.
  (2) 행위, 계산의 부당성
     행위 또는 계산이 경제적 사정 및 경제적 합목적성에 비추어 보아 부당한 것이어야 한다.
  (3) 조세부담의 감소
     특수관계인과의 거래로 인하여 조세부담을 감소시킨 결과가 발생하여야 한다.

Ⅱ. 판례상 경제적 합리성 유무의 판단기준
  법인세법 제52조에서 규정한 부당행위계산부인은 법인이 특수관계에 있는 자와의 거래에 있어 정상적인 경제인의 합리적인 방법에 의하지 아니하고 조세부담을 부당하게 회피하거나 경감시킨 경우에 과세권자가 이를 부인하고 법령에 정하는 방법에 의하여 객관적이고 타당하다고 보이는 소득이 있는 것으로 의제하는 제도로서, 경제인의 입장에서 볼 때 부자연스럽고 불합리한 행위계산을 하여 경제적 합리성을 무시하였다고 인정되는 경우에 한하여 적용되는 것이고, 경제적 합리성의 유무에 관한 판단은 거래행위의 여러 사정을 구체적으로 고려하여 과연 그 거래행위가 건전한 사회통념이나 상관행에 비추어 경제적 합리성을 결여한 비정상적인 것인지의 여부에 따라 판단하여야 한다(대법2017두63887, 2018.03.15.).

(물음 2)

Ⅰ. 일반적인 시가의 기준 및 산정방법
  시가는 해당 거래와 유사한 상황에서 해당 법인이 특수관계인 외의 불특정다수인과 거래한 가격 또는 특수관계인이 아닌 제3자 간에 일반적으로 거래된 가격이 있는 경우 그 가격에 따른다.

Ⅱ. 시가 입증책임의 귀속
  부당행위계산 부인의 적용기준이 되는 시가에 관한 주장·증명책임은 부당행위계산 부인을 주장하는 과세관청에 있다(대법2013두10335).

(물음 3)

Ⅰ. 금전 차용거래의 시가

1. 원칙적인 경우

금전의 대여 또는 차용의 경우에는 가중평균차입이자율을 시가로 한다.

2. 예외적인 경우

① 가중평균차입이자율의 적용이 불가능한 경우로서, 다음의 사유가 있는 경우 : 해당 대여금 또는 차입금에 한정하여 당좌대출이자율을 적용

ⓐ 특수관계인이 아닌 자로부터 차입한 금액이 없는 경우

ⓑ 차입금 전액이 채권자가 불분명한 사채 또는 매입자가 불분명한 채권·증권으로 발행된 경우

ⓒ 가중평균차입이자율 또는 대여금리가 해당 대여시점 현재 자금을 차입한 법인의 각각의 차입금 잔액(특수관계인으로부터의 차입금은 제외한다)에 차입 당시의 각각의 이자율을 곱한 금액의 합계액을 해당 차입금 잔액의 총액으로 나눈 비율보다 높은 때 : 해당 대여금 또는 차입금에 한정하여 당좌대출이자율을 적용

② 대여한 날부터 해당 사업연도 종료일까지의 기간이 5년을 초과하는 대여금이 있는 경우

③ 해당 법인이 과세표준 신고와 함께 당좌대출이자율을 시가로 선택하는 경우 : 선택한 사업 연도와 이후 2개 사업연도는 당좌대출이자율을 적용

Ⅱ. 금전 차용거래의 시가를 적용하기 위한 요건

다음에 해당하는 경우로서, 시가와 거래가액의 차액이 3억원 이상이거나 시가의 100분의 5에 상당하는 금액 이상인 경우에 한하여 적용한다.

① 금전을 무상 또는 시가보다 낮은 이율로 대부한 경우

② 금전을 시가보다 높은 이율로 차용한 경우

(물음 4)

Ⅰ. 쟁점

〈사례〉의 차입거래가 법인세법상 경제적 합리성을 가진 거래인지 여부

Ⅱ. 판단근거

경제적 합리성 유무에 관한 판단은 거래행위의 여러 사정을 구체적으로 고려하여 과연 그 거래행위가 건전한 사회통념이나 상관행에 비추어 경제적 합리성이 없는 비정상적인 것인지에 따라 판단하되, 비특수관계자 간의 거래가격, 거래 당시의 특별한 사정 등도 고려하여야 한다(대법원 2012. 11. 29. 선고, 2010두19294 판결 등 참조).

Ⅲ. 사례판단

① 해당 차입거래와 유사한 상황에서 A가 B 외의 불특정다수인과 계속적으로 거래한 이자율 또는 B가 아닌 제3자 간에 일반적으로 거래한 이자율은 확인되지 않는 점

② 민간투자사업은 그 사업기간 장기여서 사업의 편익 및 비용이 당초 예측과 다르게 실제 사업환경에 따라 변동될 위험이 있는 점을 감안하여 볼 때, 정부와의 실시협약에 다른 최소운영수입보장율이 인하되면 이를 보전해주는 것이 없는 이상 채무불이행 위험이 증가한다고 보는 것이 합리적인 점

③ 건설교통부장관이 후순위차입금의 이자율이 적정한 것으로 보아 자금조달계획을 승인하였고,

최소운영수입보장율을 90%에서 80%로 인하하여 정부의 재정적 부담을 완화한 점
등의 사정을 종합하여 보면, 법인세법상 경제적 합리성을 무시한 거래로 단정하거나 건전한 사
회통념이나 상관행에 비추어 비정상적인 거래로 보기 어렵다.

【문제 4】 상증세법

(물음 1)

1. 일반적인 경우
   상장주식의 경우 평가기준일을 이전·이후 각 2개월 동안 공표된 매일의 거래소 최종 시세가액의
   평균액을 해당 주식의 시가로 본다.

2. 증자·합병 등의 사유가 있는 경우
   평가기준을 전후 각 2개월의 기간 중 증자·합병 등의 사유가 발생한 경우 평가는 다음 기간에
   따른다.
   ① 평가기준일 이전에 사유 발생 : 사유발생날의 익일부터 평가기준일 이후 2월 되는 날까지
   ② 평가기준일 이후에 사유 발생 : 평가기준일 이전 2월부터 사유발생날 전일까지
   ③ 평가기준일 전후에 사유 발생 : 평가기준일 이전 사유발생날의 익일부터 평가기준일 이후 사유
      발생날 전일까지

(물음 2)

Ⅰ. 증여재산가액
   60,000,000원

Ⅱ. 근거
   특수관계에 있는 자로부터 시가보다 낮은 가액으로 재산을 양수하는 경우로서 시가에서 그 대가를
   차감한 가액이 시가의 30%이상이거나 그 차액이 3억원 이상인 경우에는 시가와 대가와의 차액에
   서 시가의 30%와 3억원 중 적은 금액을 차감한 가액은 당해 재산의 양수자의 증여재산가액이
   된다. 사례의 경우 시가는 양도일 전후 2개월 간 최종시세가액인 8억원이다.

> 증여재산가액 = 대가와 시가와의 차액 − min(시가×30%, 3억원)
> 60,000,000원 = (8억원 − 5억원) − min(2억4천만원, 3억원)

다만, 乙이 양도대금을 지급한 것을 입증하지 못하는 경우 상증세법상 배우자등에 대한 증여추정
에 해당하여 시가인 8억원이 증여재산가액이 될 수 있다.

(물음 3)

Ⅰ. 비상장주식의 시가산정방법

1. 시가평가의 원칙
   ① 상속세 또는 증여세가 부과되는 재산의 가액은 상속개시일 또는 증여일 현재의 시가에 의
      해 평가한다.

② 시가란 불특정 다수인 사이에 자유로이 거래가 이루어지는 경우에 통상 성립된다고 인정되는 가액을 말하고, 수용·공매가액 및 감정가액 등 시가로 인정되는 것을 포함한다.

2. 보충적 평가방법

비상장주식의 시가를 산정하기 어려운 경우에는 해당 법인의 자산 및 수익 등을 고려하여 보충적 평가방법에 따라 평가한다.

원칙적으로 비상장주식은 1주당 순손익가치와 1주당 순자산가치를 각각 3:2의 비율로 가중평균한 가액을 1주당 가액으로 한다. 다만, 자산총액 중 부동산 등 가액이 50% 이상인 부동산과다보유법인의 경우에는 1주당 순손익가치와 1주당 순자산가치를 각각 2:3의 비율로 가중평균한 가액을 1주당 가액으로 한다.

Ⅱ. 보충적 평가방법에 의한 가액을 시가로 보아 증여재산가액을 산출한 것의 적법여부

Y주식의 고가양도 거래에 관행상 정당한 사유가 없었고, 평가기준일 현재 시가가 불분명하다고 판단하여 상속세 및 증여세법상 보충적 평가방법에 따라 증여재산가액을 산정한 것은 적법하다.

세법학2부

정 지 훈 (세무사)

【문제 1】 부가가치세

(물음 1)

(1) 세금계산서 미수취·불분명 매입세액 및 매입처별세금계산서합계표 미제출·불분명 매입세액

세금계산서를 발급받지 않은 경우의 매입세액 또는 발급받은 세금계산서에 필요적 기재사항의 전부 또는 일부가 적히지 않았거나 사실과 다르게 적힌 경우의 매입세액은 공제하지 않는다.

또한 매입처별 세금계산서합계표를 제출하지 않은 경우의 매입세액 또는 제출한 매입처별 세금계산서합계표의 기재사항 중 ① 거래처별 등록번호 ② 공급가액의 전부·일부가 적히지 않거나 사실과 다르게 적힌 경우의 매입세액은 매출세액에서 공제하지 않는다.

현행 부가가치세법은 전단계세액공제법에 따라 매출세액에서 매입세액을 차감하는 방식을 택하고 있고, 이와 같은 방식에서는 세금계산서의 적정한 수수로 거래질서를 확립하는 것이 매우 중요하기 때문에 세금계산서 및 합계표의 미수취·불분명금액에 대하여 매입세액을 불공제하고 있다.

(2) 사업과 직접 관련이 없는 지출에 대한 매입세액

사업과 직접 관련이 없는 다음의 지출에 대한 매입세액은 공제되지 않는다.

① 법인세법·소득세법에 따른 업무무관비용

② 법인세법에 다른 공동경비 중 분담기준금액을 초과하는 금액

'자기의 사업을 위하여 사용되었거나 사용될' 재화 또는 용역의 공급이나 수입에 대하여 공제하므

로, 사업관련성이 없는 지출은 불공제되고 있다.

(3) 영업용이 아닌 승용자동차의 구입과 임차 및 유지에 관한 매입세액

개별소비세 과세대상이 되는 승용자동차로서, 영업용이 아닌 목적으로 사용하는 것은 매입세액이 공제되지 않는다.

영업용이 아닌 승용자동차도 사업을 위해 사용될 수 있으나, 단순히 임직원의 편의를 위해 사용되는 경우도 많고 현실적으로 이를 구분하기가 어려워 일률적으로 사업과 관련 없는 지출에 대한 매입세액으로 보고 공제를 허용하지 않고 있다.

(4) 접대비 및 이와 유사한 비용의 지출에 관련된 매입세액

접대비 및 이와 유사한 비용의 지출에 관련된 매입세액은 매출세액에서 공제하지 않는다.

접대비도 사업을 위해 사용될 수 있으나, 단순히 임직원의 개인적인 목적으로 사용되는 경우도 많고 사실상 이를 구분하기가 어려워, 일률적으로 사업과 관련 없는 지출에 대한 매입세액으로고 공제를 허용하지 않고 있다.

(5) 면세사업 등에 관련된 매입세액

부가가치세 면세사업 등에 관련된 매입세액은 매출세액에서 공제하지 않는다.

부가가치세 면세사업 등에 관련된 매출의 경우 부가가치세 면세가 되고, 이에따라 면세사업 등과 관련된 매입의 경우 매출세액에서 공제하지 않는다.

(6) 토지의 조성 등을 위한 자본적 지출에 관련된 매입세액

토지의 조성 등을 위한 자본적 지출에 관련된 매입세액으로서 토지의 취득 및 형질변경, 공장부지 및 택지의 조성 등에 관련된 매입의 경우 매출세액에서 공제되지 않는다.

토지를 매각할 때에 그 토지가 과세사업에 사용하든 면세사업에 사용하든 관계없이 그 재화 자체가 면세재화이므로 자신의 토지의 조성을 위한 자본적 지출에 관련된 매입세액은 매출세액에서 공제하지 않는 것이다.

(7) 사업자등록을 신청하기 전의 매입세액

사업자등록을 신청하기 전의 매입세액은 매출세액에서 공제하지 않는다.

이는 사업자의 사업자등록을 유도하기 위함이다.

(물음 2) (2022 수정)

1. 취지

전단계세액공제법을 채택하고 있는 현행 부가가치세법 체계에서 세금계산서 제도는 당사자 간의 거래를 노출시킴으로써 납세자 간 상호검증의 기능을 갖고 있으며, 이와 같은 상호검증기능을 해치지 않는 선에서 세금계산서를 발급받은 경우 매출세액에서 매입세액을 공제해주고 있다.

2. 내용

① 사업자등록을 신청한 사업자가 사업자등록증 발급일까지의 거래에 대해서 해당 사업자 또는 대표자의 주민등록번호를 적어 발급받은 경우

② 발급받은 세금계산서의 필요적 기재사항 중 일부가 착오로 사실과 다르게 적혔으나 그 세금계산서에 적힌 나머지 필요적 기재사항 또는 임의적 기재사항으로 보아 거래사실이 확인되는 경우

③ 재화 또는 용역의 공급시기 이후에 발급받은 세금계산서로서 국세청장에게 전송되지 않았으나 발급한 사실이 확인되는 경우

④ 전자세금계산서 의무발급 사업자로부터 발급받은 전자세금계산서로서 국세청장에게 전송되지
않았으나 발급된 사실이 확인되는 경우

⑤ 전자세금계산서 의무발급 사업자로부터 전자세금계산서 외의 세금계산서로서 재화 또는 용역의
공급시기가 속하는 과세기간에 대한 확정신고기한까지 발급받았고, 그 거래사실도 확인되는 경우

⑥ 실제로 재화 또는 용역을 공급하거나 공급받은 사업장이 아닌 사업장을 적은 세금계산서를 발급받았
더라도 ㉠ 그 사업장이 총괄하여 납부하거나 사업자단위과세 사업자에 해당하는 사업장인 경우로서
㉡ 그 재화 또는 용역을 실제로 공급한 사업자가 납세지 관할세무서장에게 해당 과세기간에 대한
납부세액을 예정신고 · 확정신고하고 납부한 경우

⑦ 공급시기 이후에 발급받은 세금계산서로서 해당 공급시기가 속하는 과세기간의 확정신고기한
다음날부터 1년 이내에 발급받은 것으로서 수정신고 · 경정청구하거나, 거래사실을 확인하여
결정 · 경정한 경우

⑧ 공급시기 이전에 세금계산서를 발급받았으나 실제 공급시기가 그 세금계산서의 발급일 부터
6개월 이내에 도래하고 거래사실을 확인하여 결정 · 경정한 경우

(물음 3)

Ⅰ. 대손세액의 공제 특례
  1. 대손세액 공제시점
     대손세액은 그 대손이 확정이 된 날이 속하는 과세기간의 매출세액에서 공제한다.
  2. 외상 매출금의 전부 또는 일부를 회수한 경우의 처리
     매입세액에서 대손세액을 매입세액에서 뺀 해당사업자가 대손금액의 전부 또는 일부를 변제한
     경우에는 변제한 대손금액에 관련된 대손세액을 변제한 날이 속하는 과세기간의 매입세액에
     더한다.
  3. 절차규정
     대손세액공제를 받으려는 사업자는 부가가치세 확정신고서에 대손세액 공제신고서와 대손사실
     을 증명하는 서류를 첨부하여 관할세무서장에게 제출하여야 한다.

Ⅱ. 甲의 매입세액에 대한 처리방법
   사업자가 과세재화 · 용역을 공급한 후 공급받는 자의 파산 등의 사유로 부가가치세를 거래징수하
   지 못하는 경우에는 그 대손세액을 매출세액에서 뺄 수 있으며, 이 경우 공급받은 자는 그 세액을
   매입세액에서 뺀다. 따라서 乙이 대손세액공제를 받은 경우 그 세액을 甲의 매입세액에서 뺀다.

(물음 4)

1. 해당 용역이 대리납부 대상에 해당되는지에 대한 판단기준
   다음 중 어느 하나에 해당하는 비거주자 또는 외국법인으로부터 국내에서 용역 또는 권리를 공급받는
   자가 그 대가를 지급하는 때에 그 대가를 받은 자로부터 부가가치세를 징수하여 납부하여야 한다.

2. 대리납부 대상에 해당하는지 여부
   가. 용역을 제공받은 甲이 해당 용역을 과세사업에 사용하는 경우
      과세사업에 사용하는 경우 대리납부대상에 해당하지 않으나, 매입세액 불공제 대상 용역 등에

해당하는 경우 대리납부의무가 있다.
나. 용역을 제공받은 甲이 해당 용역을 면세사업에 사용하는 경우
　　면세사업에 사용하는 경우 대리납부의무가 있다.
다. 용역을 제공받은 甲이 해당 용역을 과세사업과 면세사업에 공통으로 사용하는 경우
　　면세사업에 사용한 부분에 대하여 대리납부의무가 있다. 그 실질귀속을 구분할 수 없는 경우
　　해당과세기간의 총공급가액에서 면세공급가액에 차지하는 비율에 대하여 대리납부의무가 있다.

3. 적용환율
　　대가를 외화로 지급하는 경우로서, 외화를 원화로 매입하여 지급하는 경우 지급일 현재의 대고객
　　외국환매도율에 따라 계산한 금액을 적용한다.

【문제 2】 개별소비세

(물음 1)

Ⅰ. 납세의무자
　① 과세물품을 제조하여 반출하는 자
　② 과세물품을 보세구역에서 반출하는 자
　③ 기타 관세를 납부할 의무가 있는 자

Ⅱ. 과세대상
　　피우는 담배, 씹거나 머금는 담배, 냄새 맡는 담배

Ⅲ. 과세표준 및 세율
　1. 피우는 담배
　　　제1종 궐련 : 20개비당 594원
　　　제2종 파이프담배 : 1그램당 21원
　　　제3종 엽궐련 : 1그램당 61원
　　　제4종 각련 : 1그램당 21원
　　　제5종 전자담배
　　　(1) 궐련형 : 20개비당 529원
　　　(2) 기타유형 : 1그램당 51원
　　　제6종 물담배 : 1그램당 422원
　2. 씹거나 머금는 담배
　　　1그램당 215원
　3. 냄새 맡는 담배
　　　1그램당 15원

(물음 2)

1. 의의
　　미납세반출이란 개별소비세의 과세가 유보된 상태에서 판매 또는 반출되는 것을 말한다. 이는 사

업자의 자금부담 완화 및 소비목적이 아닌 반출에 대한 과세유보에 있다.

2. 미납세반출 대상

개별소비세법상 미납세반출 규정에도 불구하고 담배에 대하여 개별소비세를 징수하지 아니하는 사유에 관하여는 지방세법 제53조(미납세 반출)을 준용한다. 따라서 다음 중 어느 하나에 해당하는 담배에 대하여 개별소비세를 징수하지 아니한다.

① 담배 공급의 편의를 위하여 제조장 또는 보세구역에서 다른 제조장 또는 보세구역으로 반출하는 것
② 담배를 다른 담배의 원료로 사용하기 위하여 반출하는 것
③ 그 밖의 제조장을 이전하기 위하여 담배를 반출하는 것, 수출할 담배를 제조장으로부터 다른 장소에 반출하는 것

3. 미납세 반출 절차

(1) 원칙적인 절차

① 미납세반출 물품을 반출하려는 자는 미납세반출신청서를 관할세무서장 또는 세관장에게 제출하고, 신청을 받은 세무서장 또는 세관장은 그 신청서에 준하는 내용의 승인서를 발급하고, 반입지 관할 세무서장 또는 세관장에게 그 사실을 통보한다.
② 미납세반출 물품을 반입한자는 반입한 날이 속하는 달의 다음 달 15일까지 반입사실을 반입지 관할 세무서장 또는 세관장에게 신고하고, 반입지 관할 세무서장 또는 세관장은 이를 확인하여 반입자에게 반입증명서를 발급한다.
③ 반입된 사실을 증명하기 위한 서류는 해당 물품을 판매 또는 반출한 날부터 3개월의 범위에서 반출지 관할 세무서장 또는 세관장이 지정하는 날까지 제출하여야 한다.

(2) 미납세반출승인신청에 대한 특례

판매장, 제조장, 또는 하치장에서 판매 또는 반출하는 물품에 대하여 미납세반출을 받으려는 자는 판매 또는 반출한 날이 속하는 달의 다음 달 말일까지 해당 월분의 과세표준신고서에 반입증명서를 첨부하여 제출하여야 한다.

(물음 3)

1. 납세의무 성립시기

국내물품으로서 제조장 과세물품의 경우, 과세물품을 제조장에서 반출할 때 납세의무가 성립한다.

2. 실질과세의 원칙

법적 형식이나 외관에 불구하고 실질에 따라 세법을 해석하고 요건사실을 인정하여야 한다는 원칙

3. 판단

담배의 경우 국내물품으로서 제조장 과세물품에 해당하고, 과세물품을 제조장에서 실제로 반출·판매한 시기가 2015년임을 알 수 있다. 또한 2014년에 물리적 반출이 이루어졌다고 하더라도, 가장반출 등의 행위는 부당하게 조세를 회피하기 위한 의도로 보이며 실질과세원칙에 따라 판단할 때 해당 과세처분은 적법하다.

【문제 3】 지방세

(물음 1)

Ⅰ. 취득시기

취득세의 과세표준은 취득 당시의 가액으로 하며, 연부로 취득하는 경우에는 연부금액으로 한다. 취득 당시의 가액은 취득자가 신고한 가액으로 하며, 신고 또는 신고가액의 표시가 없거나 그 신고가액이 시가표준액보다 적을 때에는 그 시가표준액으로 한다.

그러나 다음 중 어느 하나에 해당하는 취득에 대해서는 위 시가표준액을 과세표준으로 하는 규정에도 불구하고 사실상의 취득가격(또는 연부금액)을 과세표준으로 한다.

① 국가 · 지방자치단체로부터 취득

② 외국으로부터 수입에 의한 취득

③ 판결문에 의해 취득가격이 증명되는 취득

④ 법인장부에 따라 취득가격이 증명되는 취득

⑤ 공매 · 경매방법에 의한 취득

⑥ 법에 따른 부동산거래신고서를 제출하여 부동산거래가액 검증체계에 의해 적격검증이 이루어진 취득

위 취득에 따른 취득가격은 취득의 시기를 기준으로 해당 물건을 취득하기 위하여 거래상대방 또는 제3자에게 지급하였거나 지급하여야 할 직접비용과 간접비용의 합계액으로 한다.

Ⅱ. 사례판단

〈사례〉의 경우 내국법인A가 경매방법에 의한 취득에 해당하므로, 사실상의 취득가격(또는 연부금액)을 과세표준으로 한다. 〈사례〉의 과세표준의 경우 내국법인A가 상가건물 및 부속토지를 취득하기 위한 직접비용과 대항력을 갖춘 임차인 乙에게 지급할 임차보증금(간접비용)의 합계액이 과세표준이 된다.

(물음 2)

Ⅰ. 개요

1. 원시취득

① 어떤 권리가 타인의 권리에 근거함이 없이 특정에게 새로 발생하는 것

② 과세대상자산이 새로이 생성되거나, 법률규정에 의하여 특정인에게 권리가 새로이 형성되는 것을 의미함

2. 승계취득

① 어떤 권리가 타인의 권리에 근거하여 특정인에게 승계적으로 발생하는 것

② 유상승계취득(매매, 교환, 현물출자 등)과 무상승계취득(상속, 증여, 사인증여 등)이 있음

Ⅱ. 사례판단

지방세법상 '원시취득'이란 그 명칭이나 형식에 관계없이 기존에 실재하지 않았던 과세물건에 대해 납세의무를 성립하게 하는 과세요건인 점, 지방세법의 개정으로 기존의 소유권 보존에 대응하는 개념으로 원시취득이 도입된 점, 실질과세의 원칙 및 경매로 인하여 소유권을 상실하는 종전소유

자에게 양도소득세를 부과하는 점 등을 고려하면, 경매로 인한 부동산의 취득은 사실상 유상으로 종전 소유자로부터 부동산을 양도받는 행위로서 원시취득이 아닌 그 밖의 원인으로 인한 취득(유상 승계취득)에 해당한다고 보아야 할 것이다.

【문제 4】 조세특례제한법

(물음 1)

1. 운용취지
   근로소득을 증대시킨 기업에 대하여 임금증가분의 일정부분을 법인세 또는 소득세에서 공제하여 줌으로써, 기업의 근로소득 증가를 유인하고 정규직 전환을 유도하는 데 그 취지가 있다.

2. 상시근로자의 임금인상 관련 적용 요건
   내국인이 다음 요건을 충족하는 경우 직전 3년 평균 초과 임금증가분의 5%(중견10%, 중소20%)에 상당하는 금액을 해당 과세연도의 법인세 또는 소득세에서 공제한다.
   ① 상시근로자의 해당 과세연도의 평균임금 증가율이 직전 3개 과세연도의 평균임금 증가율보다 클 것.
   ② 해당 과세연도의 상시근로자 수가 직전 과세연도의 상시근로자 수보다 크거나 같을 것

   * 상시근로자
     근로기준법에 따라 근로계약을 체결한 근로자를 의미하며, 다음은 제외한다.
     ⓐ 법인세법 시행령에서 정하는 임원
     ⓑ 소득세법에 따른 근로소득이 7,000만원 이상인 근로자
     ⓒ 해당 기업의 최대주주 또는 최대출자자 및 그와 친족관계인 근로자
     ⓓ 근로소득원천징수부에 의하여 근로소득세를 원천징수한 사실이 확인되지 않는 근로자
     ⓔ 근로계약기간이 1년 미만인 근로자
     ⓕ 근로기준법에 따른 단시간 근로자

3. 정규직 전환근로자 관련 적용 요건
   내국인이 다음요건을 충족하는 경우 정규직 전환 근로자에 대한 임금증가분 합계액의 5%(중견10%, 중소20%)에 상당하는 금액을 해당 과세연도의 법인세 또는 소득세에서 공제한다.
   ① 해당 과세연도에 정규직 전환 근로자가 있을 것
   ② 해당 과세연도의 상시근로자 수가 직전 과세연도의 상시 근로자 수보다 크거나 같을 것

(물음 2) (2021 수정)

1. 운용취지
   국민의 주거생활안정 및 주택을 소유하고 있지 않는 세대의 근로자의 월세부담완화를 위하여 월세액의 일정액을 세액공제해주고 있다.

2. 적용대상자
   과세기간 종료일 현재 주택을 소유하고 있지 않는 세대의 세대주(세대주가 월세 세액공제 및 주택자금 소득공제를 받지 않은 경우에는 세대의 구성원)로서 해당 과세기간의 총급여액이 7천만원

이하인 근로소득이 있는 거주자(해당 과세기간에 종합소득금액이 6천만원을 초과하는 사람은 제외한다)

3. 적용대상자의 소득금액별 공제액
   ① 해당과세기간의 총급여액이 5,500만원 이하인 근로소득자 : 월세액의 12% 공제
      (해당과세기간의 종합소득금액이 4천5백만원을 초과하는 사람은 제외)
   ② 해당과세기간의 총급여액이 7,000만원 이하인 근로소득자 : 월세액의 10% 공제(해당과세기간의 종합소득금액이 6천만원을 초과하는 사람은 제외)

4. 월세액의 적용요건
   다음의 요건을 충족하는 주택(오피스텔 및 고시원 포함)을 임차하기 위하여 지급하는 월세액을 말한다.
   ① 주택법에 따른 국민주택규모의 주택이거나 기준시가 3억원 이하인 주택일 것
   ② 주택 및 오피스텔에 딸린 토지가 도시지역의 토지는 5배, 그 밖의 토지는 10배를 초과하지 않을 것
   ③ 임대차계약증서의 주소지와 주민등록표 등본의 주소지가 같을 것
   ④ 해당 거주자 또는 거주자의 기본공제대상자가 임대차계약을 체결할 것

(물음 3) (2022 수정)

중소기업 및 대통령령으로 정하는 중견기업을 경영하는 내국인이 2022년 12월 31일까지 중소기업 및 중견기업에 지급한 구매대금 중 대통령령으로 정하는 상생결제제도를 통하여 지급한 금액이 있는 경우로서 해당 과세연도에 지급한 구매대금 중 약속어음으로 결제한 금액이 차지하는 비율이 직전 과세연도보다 증가하지 아니하는 경우에는 법인세 또는 소득세에서 일정금액을 공제한다.

2017년도 제54회 기출문제 **풀이**

회계학1부

김 정 호 (공인회계사 / 서울디지털대학교 겸임교수)

【문제 1】

(물음 1)

(물음 1-1) 답 : ① ₩150,000 ② (−)₩350,000 ③ (−)₩50,000 ④ (−)₩250,000
⑤ ₩450,000

구분	20×5년	20×6년	20×7년
공사이익(공사손실)	① ₩150,000	② (−)₩350,000	③ (−)₩50,000
미청구공사(초과청구공사)	④ (−)₩250,000	⑤ ₩450,000	−

① 진행률 = ₩600,000/(₩600,000 + ₩1,800,000) = ₩600,000/₩2,400,000 = 25%
　공사수익 = ₩3,000,000 × 25% = ₩750,000
　공사이익 = ₩750,000 − ₩600,000 = ₩150,000
④ 초과청구공사 = 진행청구액 ₩1,000,000 − 미성공사 ₩750,000 = ₩250,000
② 누적발생원가 = ₩600,000 + ₩2,550,000 = ₩3,150,000
　추정총공사원가 = ₩3,150,000 + ₩1,050,000 = ₩4,200,000
　진행률 = ₩3,150,000/₩4,200,000 = 75%
　공사수익 = ₩4,000,000 × 75% − ₩750,000 = ₩3,000,000 − ₩750,000 = ₩2,250,000
　예상손실 = 추가원가 ₩1,050,000 − 추가수익 ₩1,000,000 = ₩50,000
　공사원가 = 발생원가 ₩2,550,000 + 예상손실 ₩50,000 = ₩2,600,000
　공사손실 = ₩2,250,000 − ₩2,600,000 = (−)₩350,000
⑤ 미성공사 = 누적진행수익 ₩3,000,000 − 예상손실 ₩50,000 = ₩2,950,000
　(※ 별해 : 미성공사 = 누적발생원가 ₩3,150,000 + 20×6년 공사이익 ₩150,000
　　　　　　　 − 20×6년 공사손실 ₩350,000 = ₩2,950,000)
　진행청구액 = ₩1,000,000 + ₩1,500,000 = ₩2,500,000
　미청구공사 = ₩2,950,000 − ₩2,500,000 = ₩450,000
③ 공사수익 = ₩4,000,000 − ₩3,000,000 = ₩1,000,000
　공사원가 = 발생원가 ₩1,100,000 − 20×6년말 예상손실 ₩50,000 = ₩1,050,000
　공사이익 = ₩1,000,000 − ₩1,050,000 = (−)₩50,000
　※ 별해 = 공사손실 = ₩1,050,000 − ₩1,100,000 = (−)₩50,000

(물음 1-2) 답 : ① ₩200,000 ② (−)₩1,350,000 ③ ₩900,000 ④ 영업활동 ⑤ 영업활동
⑥ 영업활동

구분	20×5년	20×6년	20×7년
대금 회수액	₩800,000	₩1,200,000	₩2,000,000
공사원가	(−)600,000	(−)2,550,000	(−)1,100,000
현금유출입 금액	₩200,000	(−)₩1,350,000	₩900,000
현금유출입 금액	① ₩200,000	② (−)₩1,350,000	③ ₩900,000
현금흐름의 활동구분	④ 영업활동	⑤ 영업활동	⑥ 영업활동

(물음 2)

(물음 2-1) 답 : ₩150,000

기초현금및현금성자산 = ₩500,000
기말현금및현금성자산 = ₩800,000 − ₩150,000 = ₩650,000
현금및현금성자산의 순증감액 = ₩650,000 − ₩500,000 = ₩150,000

(물음 2-2) 답 : (재무활동) 현금유입액 ₩1,150,000 (재무활동) 현금유출액 (−)₩1,000,000

단기차입금

상환	1,000,000	초	500,000
말	650,000	차입	1,150,000
	1,650,000		1,650,000

(재무활동) 현금유입액 단기차입금 차입 ₩1,150,000
(재무활동) 현금유출액 단기차입금 상환 (−)₩1,000,000

(물음 2-3)

① ⑴ 현금흐름이 기업의 활동이 아닌 고객의 활동을 반영하는 경우로서 고객을 대리함에 따라 발생하는 현금유입과 현금유출
⑵ 회전율이 높고 금액이 크며 만기가 짧은 항목과 관련된 현금유입과 현금유출

② 차입 당시 만기일이 3개월 이내인 단기차입금에서 발생하는 현금흐름은 순증가액으로 보고할 수 있다.

(물음 3)

기계장치				감가상각누계액			
초	2,000,000	처분	1,500,000	처분	200,000	초	400,000
취득	1,000,000	말	1,500,000	말	500,000	상각	300,000
	3,00,0000		3,000,000		700,000		700,000

활동구분	보고할 내용	금액
영업활동	감가상각비	₩300,000
영업활동	유형자산처분이익(주1)	(−)₩200,000
투자활동	기계장치 처분	₩1,500,000
투자활동	기계장치 취득(주2)	(−)₩500,000

(주1) 처분금액 ₩1,500,000 − 장부금액 ₩1,300,000 = ₩200,000
(주2) 취득액 ₩1,000,000 − 미지급액 ₩500,000 = ₩500,000

【문제 2】

(물음 1)

(물음 1-1)

2월 28일 단가 = (₩220,000 + ₩2,952,000)/(200개 + 2,400개)
       = ₩3,172,000/2,600개 = ₩1,220
8월 20일 매입전 수량 = 2,600개 − 2,100개 + 100개 = 600개
8월 20일 단가 = (600개 × ₩1,220 + ₩3,380,000)/(600개 + 2,600개)
       = 4,112,000/3,200개 = ₩1,285
12월 25일
매출액 = 1,500개 × ₩1,500 = ₩2,250,000
매출원가 = 1,500개 × ₩1,285 = ₩1,927,500

(차변) ① 현금	2,250,000	(대변) ② 매출액	2,250,000
매출원가	1,927,500	재고자산	1,927,500

(물음 1-2) 답 : ₩4,410,000

판매가능원가 = ₩220,000 + ₩2,952,000 + ₩3,380,000 = ₩6,552,000
판매가능수량 = 200개 + 2,400개 + 2,600개 = 5,200개
재고자산 단위원가 = ₩6,552,000/5,200개 = ₩1,260
판매수량 = 판매가능수량 5,200개 − 실사수량 1,700개 = 3,500개
매출원가 = 3,500개 × ₩1,260 = ₩4,410,000

(물음 2)

(물음 2-1) 답 : ₩17,512,380

매입액 = ₩6,000,000 + (₩6,000,000 + ₩12,000,000 × 5%) × 0.92593
   + (₩6,000,000 + ₩6,000,000 × 5%) × 0.85734 = ₩17,512,380

(물음 2-2) 답 : ① ₩52,000 ② ₩37,500

① 감모수량 = 1,100개 − 1,050개 = 50개
   감모손실 = 50개 × ₩1,300 = ₩65,000
   정상감모손실 = ₩65,000 × 80% = ₩52,000
   비정상감모손실 = ₩65,000 × 20% = ₩13,000
   매출원가에 미치는 영향 = ₩52,000
② 단위당 순실현가능가치 = ₩1,400 − ₩150 = ₩1,250
   20×1년 12월 31일 재고자산평가충당금 = 1,050개 × (₩1,300 − ₩1,250) = ₩52,500
   재고자산평가손실 = ₩52,500 − ₩15,000 = ₩37,500
   매출원가에 미치는 영향 = ₩37,500

(물음 2-3) 답 : ① ₩39,550,000 ② ₩27,459,500 ③ ₩1,966,010

① 매출액 = 총매출액 ₩40,000,000 − 매출에누리와환입 ₩300,000 − 매출할인 ₩150,000
     = ₩39,550,000
② 순매입액 = 총매입액 ₩30,000,000 − 매입에누리와환출 ₩1,000,000 − 매입할인 ₩400,000
     = ₩28,600,000

기초재고	₩200,000	
순매입액	+28,600,000	
기말재고(감모및평가전)	−1,430,000	1,100개 × ₩1,300
매출원가(감모및평가전)	₩27,370,000	
정상감모손실	+52,000	
비정상감모손실	+37,500	
매출원가	₩27,459,500	

③

매출총이익	₩3,000,000	
매출운임	−100,000	
비정상감모손실	−13,000	
이자비용	−920,990	(₩17,512,380 − ₩6,000,000) × 8%
당기순이익	₩1,966,010	

(물음 3) 답 : ① ₩8,470,000 ② ₩880,000 ③ ₩5,430,000

	20×3년 매출원가	20×3년 당기순이익	20×3년 기말 이익잉여금
수정전 금액	₩10,000,000	₩1,000,000	(주1) ₩5,500,000
매출액		- 500,000	
매출원가	- 450,000	+ 450,000	
매출액		- 1,000,000	
매출원가	- 1,000,000	+ 1,000,000	
이자비용		(주2) - 50,000	- 50,000
매출액		- 100,000	- 100,000
매출원가	(주3) - 80,000	+ 80,000	+ 80,000
수정후 금액	① ₩8,470,000	② ₩880,000	③ ₩5,430,000

(주1) ₩1,500,000 + ₩3,000,000 + ₩1,000,000 = ₩5,500,000

(주2) (₩1,100,000 - ₩1,000,000) × 3개월/6개월 = ₩50,000

(주3) ₩100,000 × (1 - 20%) = ₩80,000

【문제 3】

※ 물량흐름과 진척도

재공품 - 제1공정 / 재공품 - 제2공정

(물음 1)

(물음 1-1) 답 : 680단위, 320단위

제1공정 완성수량 = 제2공정 투입수량 = 1,000단위 + 19,000단위 - 1,500단위 = 18,500단위

공손수량 = 1,500단위 + 18,500단위 - 17,000단위 - 2,000단위 = 1,000단위

정상공손수량 = 17,000단위 × 4% = 680단위

비정상공손수량 = 1,000단위 - 680단위 = 320단위

(물음 1-2) 답 : ₩15.852

[제1공정]

직접재료원가완성품환산량 = 1,000단위 + 19,000단위 = 20,000단위

직접재료원가완성품환산량당 단위원가 = (₩3,500 + ₩56,500)/20,000단위 = ₩3

전환원가완성품환산량 = 18,500단위 + 1,500단위 × 80% = 19,700단위
전환원가완성품환산량당 단위원가 = (₩10,300 + ₩88,200)/19,700단위 = ₩5
제2공정대체원가 = 18,500단위 × (₩3 + ₩5) = ₩148,000

[제2공정]
전공정원가완성품환산량당 단위원가 = ₩148,000/18,500단위 = ₩8
직접재료원가완성품환산량
 = 17,000단위 + 1,000단위 × 60% + 2,000단위 × 60% − 1,500단위 × 60% = 17,900단위
직접재료원가완성품환산량당 단위원가 = ₩35,800/17,900단위 = ₩2
전환원가완성품환산량
 = 17,000단위 + 1,000단위 × 70% + 2,000단위 × 40% − 1,500단위 × 10% = 18,350단위
가공원가완성품환산량당 단위원가 = ₩55,050/18,350단위 = ₩3

[완성품원가]
(1) 전공정원가 = ₩11,010 + 15,500단위 × ₩8 = ₩135,010
(2) 직접재료원가 = ₩19,290 + 16,100단위 × ₩2 = ₩51,490
(3) 전환원가 = ₩24,750 + 16,850단위 × ₩3 = ₩75,300
(4) 정상공손원가 = 680단위 × ₩8 + 680단위 × 60% × ₩2 + 680단위 × 70% × ₩3 = ₩7,684
   완성품원가 = (1) + (2) + (3) + (4) = ₩269,484
   완성품의 단위당 원가 = ₩269,484/17,000단위 = ₩15.852

(물음 2)

(물음 2-1) 답 : ₩263,364, ₩20,800

공손품의 단위당 순실현가능가치 = ₩15 − ₩4 − ₩2 = ₩9
정상공손품의 순실현가능가치 = 680단위 × ₩9 = ₩6,120
제2공정 완성품원가 = ₩269,484 − ₩6,120 = ₩263,364

[제2공정 기말재공품]
(1) 전공정원가 = 2,000단위 × ₩8 = ₩16,000
(2) 직접재료원가 = 2,000단위 × 60% × ₩2 = ₩2,400
(3) 전환원가 = 2,000단위 × 40% × ₩3 = ₩2,400
제2공정 기말재공품원가 = (1) + (2) + (3) = ₩20,800

(물음 2-2)

(차) 제 품	263,364	(대) 재 공 품	273,100
공 손 품	9,000 *1		
공손손실	736 *2		

*1. 공손품의 순실현가능가치 = 1,000단위 × ₩9 = ₩9,000
*2. 비정상공손 = 320단위 × ₩8 + 320단위 × 60% × ₩2 + 320단위 × 70% × ₩3 − 320단위 × ₩9
    = ₩736

※ 참고 : 제2공정 원가흐름 요약

재공품 – 제2공정

기초	55,050	완성	263,364
전공정원가	148,000	공손품	9,000
직접재료원가	35,800	비정상공손	736
전환원가	55,050	기말	20,800
합계	293,900	합계	293,900

(물음 3)

내부실패원가 = 공손품원가 = ₩8,780 + ₩2,520 = ₩11,300
외부실패원가 = 불량품에 대한 손해배상 ₩12,000 + 고객지원(보증수리) ₩34,000
         = ₩46,000

[품질검사 수행시 증분이익 계산]
⑴ 증분수익 = (₩11,300 + ₩46,000) × 50% = ₩28,650
⑵ 증분원가 = ₩26,000
⑶ 증분이익 = ⑴ – ⑵ = ₩2,650
"증분이익 > 0"이므로 품질검사를 수행한다.

【문제 4】

(물음 1) 답 : ₩270,000

공헌이익률 = ₩1,140,000/₩4,000,000 = 28.5%
목표매출액 = (₩93,560/(1 – 20%) + ₩1,100,000)/28.5% = ₩4,270,000
매출증가액 = ₩4,270,000 – ₩4,000,000 = ₩270,000

(물음 2)

(물음 2-1) 답 : 28.5, ₩123,200

영업리버지도 = 공헌이익/영업이익 = ₩1,140,000/₩40,000 = 28.5
매출액증가율 = ₩400,000/₩4,000,000 = 10%
세후영업이익 = ₩40,000 × (1 + 28.5 × 10%) × (1 – 20%) = ₩123,200

(물음 2-2) 답 : ₩0

B제품매출액증가액 = ₩400,000 × ₩2,000,000/₩4,000,000
                = ₩200,000
B제품공헌이익증가액 = ₩200,000 × ₩500,000/₩2,000,000
                 = ₩50,000

세후영업이익 = (− ₩50,000 + ₩50,000) × (1 − 20%) = ₩0
※ 매출배합 : 매출액 기준(가정)

(물음 3) 답 : ₩936

1. 제품BB의 특별주문수량 = 18단위 + (50시간 + 30시간) × 2,000단위/5,000시간 = 50단위

2. 단위당 증분원가계산
   (1) 기회원가
       B제품 18단위 포기 공헌이익상실액 = 18단위 × ₩500,000/2,000단위 = ₩4,500
       A제품 50시간 투입감소에 따른 공헌이익상실액
       = 50시간 × ₩280,000/4,000시간 = ₩3,500
       C제품 30시간 투입감소에 따른 공헌이익상실액
       = 30시간 × ₩360,000/6,000시간 = ₩1,800
       단위당 기회원가 = (₩4,500 + ₩3,500 + ₩1,800)/50단위 = ₩196
   (2) 변동원가
       (₩800,000 × 110% + ₩600,000)/2,000단위 = ₩740
   (3) 단위당 증분원가 = (1) + (2) = ₩936

3. 최소판매가격 = 단위당 증분원가 = ₩936

(물음 4)

(물음 4-1) A제품 500단위, B제품 300단위, C제품 100단위

(1) 기계시간당 공헌이익 계산
    A제품 : ₩280,000/4,000시간 = ₩70 (2순위)
    B제품 : ₩500,000/5,000시간 = ₩100 (1순위)
    C제품 : ₩360,000/6,000시간 = ₩60 (3순위)

(2) 생산수량 할당

제품구분	수량	단위당 기계시간	기계시간
B제품	2,500단위 − 2,000단위 = 500단위	5,000단위/2,000단위 = 2.5시간	1,250시간
A제품	2,300단위 − 2,000단위 = 300단위	4,000단위/2,000단위 = 2시간	600시간
C제품	150시간/1.5시간 = 100단위	6,000단위/4,000단위 = 1.5시간	150시간
합계			2,000시간

(물음 4-2) 답 : ₩60,800

세전영업이익증가
(1) B제품 : 500단위 × ₩500,000/2,000단위 = ₩125,000
(2) A제품 : 300단위 × ₩280,000/2,000단위 = ₩42,000

⑶ C제품 : 100단위×₩360,000/4,000단위=₩9,000
⑷ 임차료 : (₩100,000)
합계 = ⑴+⑵+⑶+⑷ = ₩76,000
세후영업이익 = ₩76,000×(1-20%) = ₩60,800

회계학2부

월간회계 편집실

【문제 1】

물음번호	조정유형	과　　목	금액(단위 : ₩)	소득처분
(물음 1)	〈손금불산입〉	임원상여금한도초과액	9,000,000	(상여)
	〈손금불산입〉	임원퇴직금한도초과액	32,800,000	(상여)
	〈손금산입〉	개발비감액	41,800,000	(△유보)
	〈손금불산입〉	개발비감액분 상각비	8,360,000	(유보)
	〈손금불산입〉	개발비 상각부인액	173,730,000	(유보)
(물음 2)	〈익금산입〉	제품	5,000,000	(유보)
	〈손금산입〉	원재료	300,000	(△유보)
	〈익금산입〉	대주주사용분	80,000	(배당)
	〈익금산입〉	사유불명분	30,000	(상여)
(물음 3)	〈손금불산입〉	증빙미비접대비	700,000	(기타사외유출)
	〈손금불산입〉	증빙불비접대비	300,000	(상여)
	〈손금불산입〉	접대비한도초과액	5,000,000	(기타사외유출)
	〈손금산입〉	건물감액분	200,000	(△유보)
	〈손금불산입〉	건물감액분 상각비	10,000	(유보)
	〈손금불산입〉	건물 상각부인액	897,500	(유보)
(물음 4)	〈익금산입〉	유가증권	60,000,000	(유보)
	〈손금산입〉	유가증권	30,000,000	(△유보)
	〈익금산입〉	부당행위계산부인	50,000,000	(배당)

(물음 5)	〈손금산입〉	양도분 주식유보 추인	615,000	(△유보)
	〈익금불산입〉	감자시 주식의 차액	30,000	(△유보)
	〈익금불산입〉	주식평가이익	405,000	(△유보)
(물음 6)	〈손금불산입〉	주식보상비용	8,500,000	(유보)
	〈손금산입〉	장기미지급금	4,800,000	(△유보)
	〈손금산입〉	주식선택권	5,000,000	(기타)

[계산근거]

(물음 1)

(1) 임원상여금한도초과액 : ① - ② = ₩9,000,000

　① 임원상여금 : ₩5,000,000 × 9개월 = ₩45,000,000

　② 한도 : ₩10,000,000 × 9개월 × 40% = ₩36,000,000

(2) 임원퇴직금한도초과액 : ① - ② = ₩32,800,000

　① 임원퇴직금 : ₩100,000,000

　② 한도 : (₩120,000,000 + ₩60,000,000 − ₩12,000,000) × 10% × 4년 = ₩67,200,000

(3) 개발비감액분 : ₩9,000,000 + ₩32,800,000 = ₩41,800,000

(4) 개발비감액분 상각비 : $₩41,800,000 × \dfrac{₩240,000,000}{₩1,200,000,000} = ₩8,360,000$

(5) 개발비 상각시부인

　① 회사계상액 : ₩240,000,000 − ₩8,360,000 = ₩231,640,000

　② 상각범위액 : $(₩1,200,000,000 − ₩41,800,000) × 0.2 × \dfrac{3}{12} = ₩57,910,000$

　③ 상각부인액 : ① - ② = ₩173,730,000

(물음 2)

1. 재고자산 평가

구 분	장부상 평가액	세법상 평가액
제품	₩10,000,000	₩15,000,000[*1]
재공품	4,000,000	4,000,000
원재료	1,800,000	1,500,000[*2]

*1. 임의변경에 해당하므로 당초 신고한 평가방법(선입선출법)에 의한 평가액과 선입선출법에 의한 평가액 중 큰 금액을 재고자산평가액으로 한다.

*2. 신고한 방법으로 평가하였으나 계산착오로 과대 또는 과소평가한 경우에는 임의변경으로 보지 않으므로 세법상 정확한 평가액을 재고자산평가액으로 한다.

2. 부당행위계산의 부인

저장품 중 대주주(임원 또는 사용인이 아닌 개인)의 개인적 사용분은 익금산입하고 배당으로 처분하며, 사유불명분은 귀속자가 불분명하므로 익금산입하고 대표자상여로 처분한다.

(물음 3)

1. 접대비 시부인

(1) 시부인대상 접대비

I/S상 접대비	₩5,800,000	비용계상분
건당 3만원 초과 영수증수취분	(700,000)	비용계상분
증빙불비 접대비	(300,000)	비용계상분
건물계상 접대비	1,200,000	자산계상분
계	₩6,000,000	

(2) 접대비한도초과액 : ₩6,000,000 − ₩1,000,000 = ₩5,000,000

(3) 건물 감액분 : ₩5,000,000 − ₩4,800,000(비용계상분) = ₩200,000

2. 건물에 대한 감가상각관련 세무조정

(1) 건물감액분 상각비 : $₩200,000 \times \dfrac{₩3,600,000}{₩72,000,000} = ₩10,000$

(2) 건물 상각시부인

① 회사계상액 : ₩3,600,000 − ₩10,000 = ₩3,590,000

② 상각범위액 : $(₩72,000,000 − ₩200,000) \times 0.050 \times \dfrac{9}{12} = ₩2,692,500$

③ 상각부인액 : ① − ② = ₩897,500

(물음 4)

(1) 유가증권 취득시 익금산입액 : (₩20,000 − ₩17,000) × 20,000주 = ₩60,000,000

* 특수관계인인 개인으로부터 유가증권을 저가매입한 경우에는 시가와 저가매입가의 차액을 익금에 산입한다.

(2) 유가증권 양도시 유보추인액 : $₩60,000,000 \times \dfrac{10,000주}{20,000주} = ₩30,000,000$

(3) 부당행위계산부인 금액 : (₩21,000 − ₩16,000) × 10,000주 = ₩50,000,000

* 상장주식을 한국거래소에서 거래한 경우에는 현저한이익분여요건은 적용하지 않는다.

(물음 5)

1. 2020년 세무조정

〈익금불산입〉 주식평가이익 3,000,000* (△유보)

* 1,500주 × (₩7,000 − ₩5,000) = ₩3,000,000

2. <u>2021년 세무조정</u>

〈익금산입〉무상주 의제배당 6,375,000* (유보)

* 의제배당소득 : ① + ② = ₩6,375,000

① 본래의 지분비율에 따른 무상주 취득분 : $1,500주 \times \dfrac{₩15,000,000}{₩25,000,000} \times ₩5,000 = ₩4,500,000$

② 자기주식보유분에 대한 무상주 취득분 : 375주 × ₩5,000 = ₩1,875,000

〈익금불산입〉주식평가이익 300,000* (△유보)

* (1,500주 + 1,875주) × ₩3,200 – 1,500주 × ₩7,000 = ₩300,000

3. <u>2022년 세무조정</u>

(1) 양도분 주식유보 추인

〈손금산입〉양도분 주식유보 추인 615,000* (△유보)

* $(△₩3,000,000 + ₩6,375,000 + △₩300,000) \times \dfrac{675주}{3,375주}$ (주식처분비율) = ₩615,000

(2) 주식변동내역

일자	내역	처분전	처분주식	처분후	유상감자	감자후
2020.1.1	유상취득	1,500주	300주	1,200주	870주	1,350주
2021.1.1	무상증자	1,275주*1	255주	1,020주		
2022.1.1	무상증자 (단기소각주식)	600주	120주	480주	480주	–
		3,375주	675주	2,700주	1,350주	1,350주

*1. $1,500주 \times \dfrac{₩15,000,000}{₩25,000,000} + 375주 = 1,275주$

*2. 유상처분의 경우 단기소각주식특례가 적용되지 않으므로 처분주식은 평균적으로 감소된다.

*3. 의제배당으로 과세되지 않은 무상주가 2년 이내에 감자되었으므로 단기소각주식에 해당한다. 따라서 단기소각주식이 먼저 소각된 것으로 보며 그 취득가액은 '0'으로 하여 의제배당소득을 계산한다.

(3) 감자시 의제배당에 대한 세무조정

〈손금산입〉주식(감자시의제배당의 차액) 30,000* (△유보)

* 세무조정금액 : ① – ② = ₩30,000

① 세법상 소멸한 주식의 취득가액 : 480주 × ₩0 + 870주 × ₩5,000 = ₩4,350,000

② 장부상 금융자산 감소액 : ₩4,320,000

(4) 주식평가이익에 대한 세무조정

〈익금불산입〉주식평가이익 ₩405,000* (△유보)

* 1,350주(감자후주식수) × (₩3,500 – ₩3,200) = ₩405,000

(물음 6)

1. 주가차액보상권

(1) 장부상 회계처리

(차) 주식보상비용	8,500,000	(대) 장기미지급비용	8,500,000
(차) 장기미지급비용	4,800,000	(대) 현금	4,000,000
		주식보상비용	800,000

(2) 세법상 회계처리

| (차) 주식보상비용 | 4,000,000 | (대) 현금 | 4,000,000 |

(3) 세무조정
〈손금불산입〉 주식보상비용 8,500,000 (유보)
〈손금산입〉 장기미지급비용 4,800,000 (△유보)

2. 주식선택권
(1) 장부상 회계처리

| (차) 현금 | 15,000,000 | (대) 자본금 | 5,000,000 |
| 주식선택권 | 1,200,000 | 주식발행초과금 | 11,200,000 |

(2) 세법상 회계처리

| (차) 현금 | 15,000,000 | (대) 자본금 | 5,000,000 |
| 주식보상비용 | 5,000,000* | 주식발행초과금 | 15,000,000 |

* 5,000개×(₩4,000 − ₩3,000) = ₩5,000,000
주식매수선택권을 부여받은 경우 약정된 주식매수시기에 주식매수선택권 행사에 따라 주식을 시가보다 낮게 발행하는 경우 그 주식의 시가와 실제 매수가격의 차액은 손금에 산입한다.

(3) 세무조정
〈손금산입〉 주식보상비용 5,000,000 (기타)

【문제 2】

(물음 1) (21년 수정)

항 목	㈜대한	㈜민국
1. 각 사업연도 소득금액	₩361,680,000	₩75,681,000
2. 연결조정항목의 제거		
① 수입배당금 익금불산입 → 익금산입(기타)	(+)38,820,000	(+)7,290,000
② 적격증명서류 미수취 접대비 손금불산입 → 손금산입(기타)	(−)7,000,000	(−)3,000,000

항　목	㈜대한	㈜민국
③ 접대비 한도초과액 손금불산입 → 손금산입(기타)	(−)19,500,000	(−)12,880,000
④ 기부금 손금불산입 → 손금산입(기타)	−	(−)16,591,000
3. 연결법인 간 거래손익의 조정		
① 다른 연결법인으로부터 받은 수입배당금 → 익금불산입(기타)	(−)30,000,000	−
② 다른 연결법인에게 지급한 접대비 → 손금불산입(기타)	(+)4,000,000	(+)8,000,000
③ 다른 연결법인 채권에 대한 대손충당금 → 손금불산입(기타)	(+)1,800,000	−
④ 자산양도차손익의 이연		
a. 건축물 양도손실 → 익금산입(유보)	(+)10,000,000	−
b. 건축물 양도손실 실현분 → 손금산입(△유보)	(−)500,000	−
c. 금융투자상품 양도이익 → 손금산입(△유보)	−	(−)5,000,000
d. 금융투자상품 양도이익 실현분 → 익금산입(유보)	−	(+)1,500,000
4. 연결조정항목의 연결법인별 배분	(−)17,430,000	(−)11,620,000
① 수입배당금 익금불산입 배분 → 익금불산입(기타)	(+)7,000,000	(+)3,000,000
② 적격증명서류 미수취 접대비 → 손금불산입(기타사외유출)	(+)12,706,804	(+)7,173,196
③ 접대비 한도초과액 손금불산입 배분 → 손금불산입(기타사외유출)		
5. 연결 차가감 소득금액	₩379,192,474	₩63,497,526
6. 지정기부금 한도초과액 → 손금불산입(기타사외유출)	(+)₩5,676,417	(+)₩4,054,583
7. 연결조정 후 연결법인별 소득금액	₩384,868,891	₩67,552,109

[계산근거]

1. 연결법인 간 거래손익의 조정

  (1) 다른 연결법인 채권에 대한 대손충당금

$$(₩20,000,000 − ₩10,000,000) × \frac{₩180,000,000}{₩1,000,000,000} = ₩1,800,000$$

  (2) 자산양도차손익

　① 건축물 양도손실 실현분 : $₩10,000,000 × 0.100 × \frac{6}{12} = ₩500,000$

　② 금융투자상품 양도이익 실현분 : $₩5,000,000 × 30\% = ₩1,500,000$

　　* ㈜대한이 ㈜민국에게 매각한 매출채권은 거래 건별로 장부가액이 1억원 이하인 경우에도 양도손익 과세이연 적용 선택이 가능하다. 단, 문제에서는 과세이연 적용을 선택하지 않은 것으로 가정하였다.

2. 연결조정항목의 연결법인별 배분

  (1) 수입배당금 익금불산입액

　① ㈜국세에 대한 수입배당금 익금불산입액

$$(₩50,000,000 − ₩90,000,000 × \frac{₩300,000,000}{₩6,000,000,000 − ₩600,000,000}) × 50\%$$

$$= ₩22,500,000$$

② ㈜세무에 대한 수입배당금 익금불산입액

$(₩25,000,000 - ₩90,000,000 \times \dfrac{₩190,000,000}{₩6,000,000,000 - ₩600,000,000}) \times 30\%$

$= ₩6,550,000$

* ㈜대한과 ㈜민국을 하나의 회사로 보아 수입배당금 익금불산입해야 하므로 두 회사의 수입배당금, 주식장부가액, 지급이자, 자산총액을 합하며, 지분율 또한 합하여 익금불산입률을 적용한다.

③ 각 회사 배분액

• ㈜대한 : $₩22,500,000 \times \dfrac{30\%}{50\%} + ₩6,550,000 \times \dfrac{30\%}{50\%} = ₩17,430,000$

• ㈜민국 : $₩22,500,000 \times \dfrac{20\%}{50\%} + ₩6,550,000 \times \dfrac{20\%}{50\%} = ₩11,620,000$

(2) 접대비 손금불산입액

① 접대비 해당액 : $(₩73,000,000 - ₩7,000,000 - ₩4,000,000) + (₩46,000,000 - ₩3,000,000 - ₩8,000,000) = ₩97,000,000$

② 접대비 한도 : $₩36,000,000 + ₩10,000,000,000 \times \dfrac{3}{1,000}$ $+ ₩4,960,000,000$

$\times \dfrac{2}{1,000} + ₩6,000,000,000 \times \dfrac{2}{1,000} \times 10\% = ₩77,120,000$

* 일반수입금액 : $₩12,500,000,000 + (₩8,460,000,000 - ₩6,000,000,000)$
$= ₩14,960,000,000$

* 특정수입금액 : ₩6,000,000,000

③ 접대비 한도초과액 : ₩19,880,000

④ 각 회사 배분액

• ㈜대한 : $₩19,880,000 \times \dfrac{₩62,000,000}{₩97,000,000} = ₩12,706,804$

• ㈜민국 : $₩19,880,000 \times \dfrac{₩35,000,000}{₩97,000,000} = ₩7,173,196$

3. 지정기부금 한도초과액

(1) 지정기부금 해당액 : $₩35,000,000 + ₩25,000,000 = ₩60,000,000$

(2) 지정기부금 한도 : $₩502,690,000^* \times 10\% = ₩50,269,000$

* 기준소득금액 : $₩442,690,000 + ₩60,000,000 - ₩0(이월결손금) = ₩502,690,000$

(3) 지정기부금 한도초과액 : (1) - (2) = ₩9,491,000

(4) 각 회사 배분액

• ㈜대한 : $₩9,731,000 \times \dfrac{₩35,000,000}{₩60,000,000} = ₩5,676,417$

• ㈜민국 : $₩9,731,000 \times \dfrac{₩25,000,000}{₩60,000,000} = ₩4,054,583$

(물음 2)

1. 연결과세표준 : $(₩388,000,000 - ₩5,000,000) + ₩67,000,000 = ₩450,000,000$

2. 연결산출세액 : $₩200,000,000 \times 10\% + ₩250,000,000 \times 20\% = ₩70,000,000$

3. 연결법인별 산출세액

① ㈜대한 : $\text{₩}383,000,000 \times \dfrac{\text{₩}70,000,000}{\text{₩}450,000,000} = \text{₩}59,577,778$

② ㈜민국 : $\text{₩}67,000,000 \times \dfrac{\text{₩}70,000,000}{\text{₩}450,000,000} = \text{₩}10,422,222$

4. 연결세율 : $\dfrac{\text{₩}70,000,000}{\text{₩}450,000,000} = 15.56\%$

【문제 3】

(물음 1)

1. 금융소득

항목	금액		
	조건부 종합과세	무조건 종합과세	비과세·분리 과세 등
개인종합자산관리계좌			₩3,000,000*2
소기업·소상공인공제부금 이익	₩6,000,000		
국외이자		₩2,000,000	
무상주 의제배당(지분율상승분)	10,000,000		
무상주 의제배당	10,000,000*1		
계	₩26,000,000	₩2,000,000	₩3,000,000

*1. Gross-up 대상 배당소득

*2. 300만원 중 200만원까지는 비과세되며, 200만원을 초과하는 100만원은 9%로 원천징수되고 무조건 분리과세된다.

*3. 조건부종합과세대상 금융소득과 무조건부종합과세대상 금융소득의 합계액(₩28,000,000)이 2,000만원을 초과하므로 조건부종합과세대상 금융소득을 종합과세한다.

2. 배당가산액 : Min[₩10,000,000, ₩8,000,000] × 11% = ₩880,000
3. 종합과세 금융소득금액 : ₩28,000,000 + ₩880,0000 = ₩28,880,000

※ 임대보증금 운용이자의 경우 이자의 유형(예금이자 등)이 명확하게 제시되지 않았으며, 〈자료2〉에 제시한 점을 미루어 출제시 고려가 되지 않았던 것으로 짐작된다. 그러므로 답안은 출제의도를 추정하여 임대보증금 운용이자를 제외하고 풀이하였으나, 아래와 같이 운영이자를 포함하여 풀이하여도 점수를 주는 것이 바람직할 것으로 판단된다.

① 조건부 종합과세 금융소득 : ₩26,000,000 + ₩300,000 × 60% = ₩26,180,000
② 무조건 종합과세 금융소득 : ₩2,000,000
③ 배당가산액 : Min[₩10,000,000, ₩8,180,000] × 11% = ₩899,800
④ 종합과세 금융소득금액 : ₩28,180,000 + ₩899,800 = ₩29,079,800

(물음 2)

1. 간주임대료 : (₩200,000,000 – ₩100,000,000*)×3% – ₩300,000 = ₩2,700,000
   * 건물가액 : ₩300,000,000 – ₩200,000,000 = ₩100,000,000

2. 부동산임대와 관련한 공동사업장의 소득금액
   (1) 공동사업장 총수입금액 : ① + ② = ₩12,700,000
       ① 임대료 : ₩10,000,000
       ② 간주임대료 : ₩2,700,000
   (2) 공동사업장 필요경비 : ₩5,000,000*
       * 거주자가 부동산임대 공동사업에 출자하기 위하여 차입한 차입금의 지급이자는 당해 공동사업장의
         소득금액계산에 있어서 필요경비에 산입할 수 없는 것이나, 출자를 위한 차입금 외에 당해 공동사업을 위하
         여 차입한 차입금의 지급이자는 당해 공동사업의 필요경비에 산입할 수 있다. [서일-1201(2005.10.7.)]

   (3) 공동사업장 소득금액 : (1) – (2) = ₩7,700,000

3. 갑 씨의 사업소득금액 : ₩7,700,000×60% = ₩4,620,000
   * 지분율을 허위로 정한 것이 아니므로 공동사업합산과세는 적용되지 않는다.

(물음 3)

1. 월정액급여 : ₩1,250,000 + ₩200,000(식대보조비) + ₩40,000(사회보장성 보험료 회사 대납분)
   = ₩1,490,000 ≤ 2,100,000
   * 행정해석에서는 건강보험법 등에 따라 사용자가 부담하는 부담금도 월정액급여 계산시 제외하도록 되어
     있어 건강보험료 등의 사용자부담분은 월정액급여 계산시 제외하였다.

2. 근로소득 총급여액

급여	₩15,000,000	
상여금	8,000,000	
시간외근무수당	600,000	₩3,000,000 – ₩2,400,000
자녀교육비보조금	1,000,000	
식대보조비*	–	비과세
건강보험료	480,000	₩40,000×12개월
성과급	10,000,000	
총급여액	₩35,080,000	

   * 사용자가 기업외부의 음식업자와 식사 · 기타 음식물 공급계약을 체결하고 그 사용자가 교부하는
     식권에 의하여 제공받는 식사 · 기타 음식물로서 해당 식권이 현금으로 환금할 수 없고 일정한 요
     건을 충족하는 경우에는 비과세되는 식사 · 기타 음식물로 본다.[집행기준 12-17의 2-1]

3. 근로소득금액 : (1) – (2) = ₩24,568,000
   (1) 총급여액 : ₩35,080,000
   (2) 근로소득공제 : ₩7,500,000 + (₩35,080,000 – ₩15,000,000)×15% = ₩10,512,000

(물음 4)

1. 연금수령한도 : $\dfrac{\text{₩}150,000,000}{11-7} \times 120\% = \text{₩}45,000,000$

   * 2013년 3월 1일 전에 가입한 연금계좌에 이연퇴직소득세가 있는 경우 2021년에 55세 시점이 되므로 2022년은 7년차가 된다.

   ① 연금계좌의 구성 및 평가액

구 분	내 용
A : ₩8,000,000*	연금계좌 자기불입분 중 불입시 소득공제(또는 세액공제)받지 못한 부분
B : ₩30,000,000	퇴직소득 원천징수이연분
C : ₩112,000,000	연금계좌 자기불입분 중 불입시 소득공제(또는 세액공제)를 받은 부분과 운용수익
계 : ₩150,000,000	

   * ₩10,000,000 – ₩2,000,000(2018년 인출액) = ₩8,000,000

   ② 2022년도에 연금의 형태로 인출한 금액은 ₩50,000,000이다.
   ③ 연간연금수령한도 : ₩45,000,000
   ④ 연금형태로 인출로 인한 소득의 구분(인출순서는 A → B → C 순)

1단계 (연금수령 한도)	2단계 (인출순서)	3단계 (소득구분)
한도내 : ₩45,000,000	A : ₩8,000,000	과세제외
	B : 30,000,000	연금소득(분리과세)
	C : 7,000,000	연금소득(분리과세 선택)
한도초과 : 5,000,000	C : 5,000,000	기타소득(분리과세)
합계 : ₩50,000,000	합계 : ₩50,000,000	

2. 연금수령과 관련한 원천징수세액 : ① + ② = ₩630,000
   ① 이연퇴직소득 : ₩400,000 × 70% = ₩280,000
   ② 연금수령한 연금소득 : ₩7,000,000 × 5% = ₩350,000
      * 기타소득은 연금외수령분이므로 기타소득에 대한 원천징수세액은 연금수령과 관련한 원천징수세액에 포함되지 않는다.

3. 종합과세할 연금소득금액 : ₩0
   * 문제에서 종합소득금액 최소화를 가정했고, 사적연금 연금소득(무조건 분리과세 제외) 합계액 (₩7,000,000)이 1,200만원 이하이므로 분리과세를 선택한다.

(물음 5) (2019 수정)

구분	가액(계산내역 별도 제시)
양도가액	150,000,000*1
− 취득가액	(59,000,000)*2
− 기타비용	(15,000,000)*3
= 양도차익	76,000,000
− 장기보유특별공제	(6,080,000)*4
= 양도소득금액	₩69,920,000

*1. 양도가액 : 특수관계법인에게 고가양도시 법인세법상 부당행위계산부인규정이 적용됨에 따라 시가초과액에 대하여 배당 · 상여 · 기타소득으로 처분된 경우에는 시가를 실지거래가액으로 한다.

*2. 취득가액 : ₩85,000,000 − ₩26,000,000 = ₩59,000,000

 ① 양도소득을 실지거래가액으로 결정하는 경우 등록세, 취득세는 납부 영수증이 없는 경우에도 양도소득금액계산시 필요경비로 공제한다. [재일46070-4192(1993.11.26.)]

 ② 양도자산의 보유기간 중에 필요경비에 산입하였거나 산입할 금액이 있는 때에는 그 금액을 취득가액에서 공제한다.

*3. 기타비용 : 중개수수료가 통상의 부동산 취득에 따른 중개수수료에 비해 많다고 하더라도 실지 지급된 금액은 필요경비에 산입된다. (집행기준 97-163-42)

*4. 장기보유특별공제 : ₩76,000,000×8% = ₩6,080,000

 ※ 갑과 회사와의 관계가 제시되지 않았고, 소득처분이 상여, 배당, 기타소득 중 어떤 것인지 제시되지 않았으므로 해당 소득부분은 고려하지 않고 문제를 풀이하였다.

【문제 4】

(물음 1)

자료번호	과세표준	세율	매출세액
1	₩10,000,000	0%	−
	20,000,000*1	10%	₩2,000,000
2	5,000,000*2	10%	500,000
3	1,300,000	10%	130,000
4	20,000,000*3	10%	2,000,000
	45,000,000*4	10%	4,500,000
5	425,000,000*5	10%	42,500,000
6	2,000,000*6	10%	200,000
	93,750,000*7	10%	9,375,000
	121,875,000*8	10%	12,187,500
7	−	−	(₩7,272,727)*9
	−	−	4,000,000*10

*1. 내국신용장이 과세기간 종료 후 25일 이내에 개설되지 않았으므로 10%로 과세된다.

*2. ₩2,000,000(현금결제액) + ₩3,000,000(보전받은 금액) = ₩5,000,000

*3. ₩10,000,00(중도금, 공급시기 : 5.1) + ₩10,000,000(잔금, 공급시기 : 5.20) = ₩20,000,000

계약금을 받기로 한 날의 다음날부터 재화를 인도하는 날 또는 재화를 이용하게 되는 날까지의 기간 이내에 중도금만을 1회 받기로 하여 계약금 외의 대가를 분할하여 받는 경우에 해당하지 않으므로 중간지급조건부에 해당하지 않는다. 그러므로 공급시기는 재화를 인도하는 날이 된다. 그러나 당초에는 중간지급조건부로 계약하여 대가의 각 부분을 받기로 한 때 세금계산서를 발급하였을 것이므로 선발급특례에 따라 계약금과 중도금은 세금계산서 발급하는 때가 공급시기이며, 잔금은 원칙에 따라 인도일이 공급시기가 된다.

*4. 장기할부판매의 공급시기가 도래하기 전에 세금계산서를 발급하는 경우에는 이를 발급하는 때에 공급된 것으로 본다.

*5. ₩500,000,000 × (1 - 5% × 3기) = ₩425,000,000

취득가액에는 매입세액이 공제되지 아니한 취득세 등은 제외한다.

*6. ₩1,000,000 × 2개월(4월분, 5월분) = ₩2,000,000

간주임대료는 토지, 건물 등의 부동산을 임대한 경우에만 계산하므로 기계장치 임대의 경우 간주임대료를 계산하지 않는다.

*7. 기계장치 : $₩500,000,000 × \dfrac{₩60,000,000}{₩320,000,000} = ₩93,750,000$

*8. 건물 : $(₩500,000,000 - ₩93,750,000) × \dfrac{₩120,000,000}{₩200,000,000} × 50\%(사용면적비율) = ₩121,875,000$

*9. 회생계획 인가결정에 따른 출자전환시 매출채권의 장부가액과 출자전환으로 취득한 주식의 시가와의 차액에 대한 매출세액에 대하여는 대손세액공제를 적용한다.

① 대손금액 : ₩110,000,000 - ₩30,000,000 = ₩80,000,000

② 대손세액 : $₩80,000,000 × \dfrac{10}{110} = ₩7,272,727$

*10. $₩44,000,000 × \dfrac{10}{110} = ₩4,000,000$

(물음 2)

자료번호		매입세액	매입세액 불공제액	매입세액 공제액
1	(1)	₩500,000	–	₩500,000
	(2)	– *1	–	–
	(3)	1,000,000*2	–	1,000,000
	(4)	30,000*3	–	30,000
	(5)	500,000*4	500,000	–
	(6)	(3,000,000)*5	–	(3,000,000)
2		7,500,000*6	5,000,000	2,500,000
3		1,000,000*7	–	1,000,000
4		600,000*8	–	600,000

*1. 개인이 물적시설 없이 근로자를 고용하지 않고 독립된 자격으로 용역을 공급하고 대가를 받는 인적용역(강연료 등)은 면세이다.

*2. 재화 또는 용역의 공급시기 이후에 발급받은 세금계산서로서 해당 공급시기가 속하는 과세기간에 대한 확정신고기한까지 발급받은 경우 매입세액은 공제된다.

*3. 현금영수증 수취분은 매입세액이 공제되며, 간이과세자로부터 재화를 구입하고 영수증을 수취한 경우 매입세액은 공제되지 아니한다. 간이과세자로부터 영수증 수취분은 신고서 서식상 기재되지 아니하므로 답안양식에 별도로 표시하지 않았다.

*4. 사업자가 보유주식 매각과 관련하여 지출한 수수료에 대한 매입세액은 사업과 관련이 없는 매입세액으로서 공제되지 아니한다. (부가가치세과-3066, 2008.09.16.)

*5. 계약취소의 경우 해당 사유가 발생한 날에 수정세금계산서(마이너스 세금계산서)를 발급하므로 매입세액공제액의 차감으로 표시하였다.

*6. 매입세액 : ① +②+③ = ₩7,500,000

① 건물 : $₩300,000,000 \times \dfrac{₩20,000,000}{₩200,000,000} \times 10\% = ₩3,000,000$(매입세액 불공제액)

② 건축물 철거비용 : ₩20,000,000×10% = ₩2,000,000(매입세액 불공제액)

③ 옹벽공사비 : ₩25,000,000×10% = ₩2,500,000(매입세액 공제액)

옹벽공사비에 대한 매입세액은 옹벽이 건물 건축과 관련된 경우에는 공제되나, 토지와 관련된 경우에는 공제되지 아니한다. 옹벽이 건물과 토지 중 어느 것과 관련된 것인지는 사실 판단문제이므로 사례별로 다르다. 해당 문제에서 명확하게 제시되지 않았으나, 건물 신축을 위하여 토지 구입 후 옹벽공사를 한 것이라고 하였으므로 건물 건축 관련 매입세액으로 보아 공제되는 것으로 문제를 풀이하였다.

[관련사례]

• 쟁점옹벽은 기 조성된 공장부지에 건물착공과 동시 착공된 것으로 보이는 점, 공장부지가 임야를 평탄화시켜서 조성된 것으로서 그 지상 소재 건축물의 안전을 위해서는 옹벽의 설치가 중요하였고, 관련 법령에서 옹벽 등을 설치하게 한 것도 이를 위한 것으로 보이는 점, 쟁점옹벽으로 인하여 토지의 실제 가용면적이 늘어났다고 하더라도 안전성 등 감안시 이를 다른 토지와 같이 사용하는 것이 어려운 점, 기존 석축옹벽이나 처분청이 제시한 증가토지가액 등에 비하여 쟁점옹벽공사 가액이 현저히 크고, 그 건축규모 또한 별도의 건축물로 보기에 충분한 점, 이외 청구법인이 이를 구축물로 보아 지방세 및 법인세를 신고·납부한 점 등에 비추어 쟁점옹벽은 토지 조성 등을 위한 것이라기보다는 독자적인 건축물(구축물)로 보는 것이 보다 타당한 것으로 보인다(조심 2014부-3273, 2014.12.31.).

• 건축토공사는 연약 지반의 토지에 대하여 터파기 공사를 한 후 되메우기 및 다짐공사를 한 다음 잔토를 처리한 공사이고, 옹벽공사는 아파트부지 경계를 위한 옹벽설치공사이며, 기타 공사도 위 토공사 등에 부대하여 시행된 공사임이 처분청이 제시한 심리자료에 의하여 확인된다. 위 사실내용과 같이 청구법인이 아파트를 직접 신축하여 분양한 것이 아니고 임야 등을 취득하여 부지를 조성한 후 건설업체에 아파트 건축을 도급하는 방법으로 공사를 진행하였고, 쟁점공사 내용이 아파트부지조성을 위한 공사인 점등을 종합하여 볼 때, 쟁점공사는 토지의 조성 등을 위한 자본적지출로 보이므로 처분청이 쟁점공사 관련 매입세액을 불공제한 처분은 잘못이 없는 것으로 판단된다(국심 2004전2618, 2005.9.30.).

*7. 과세사업에 사용하던 건물과 부속 토지를 양도시 부동산컨설팅 및 중개수수료를 지출하면서 부담한 매입세액은 공제가 가능하다(상담3팀-309, 2008. 2.12).

*8. 과세전환매입세액 : ① +② = ₩600,000

① 개인용 컴퓨터 : ₩600,000×(1-25%×2기) = ₩300,000

② 회의실 비품 : ₩1,000,000×(1-25%×1)×40% = ₩300,000

책상 및 의자는 4기 이상 경과하였으므로 과세전환매입세액이 없으며, 소모품은 감가상각자산이 아니므로 과세전환매입세액을 계산하지 않는다.

세법학1부

황 준 수(세무사)

【문제 1】

(물음 1)

Ⅰ. 의의
  ⑴ 세무공무원은 적정하고 공평한 과세를 실현하기 위해 필요한 최소한의 범위에서 세무조사를 실시하고, 다른 목적 등을 위해서 조사권을 남용하지 못 하도록 하고 있다.
  ⑵ 특정한 사유인 경우를 제외하고 같은 세목 및 같은 과세기간에 대하여 재조사를 할 수 없게 함으로써 세무공무원의 조사권을 최소한의 범위에서 신중하게 사용하도록 하고 남용하지 못하도록 방지하는 데 그 의의가 있다.

Ⅱ. 재조사 허용 사유
  ⑴ 조세탈루의 혐의를 인정할 만한 명백한 자료가 있는 경우
  ⑵ 거래상대방에 대한 조사가 필요한 경우
  ⑶ 2개 이상의 과세기간과 관련하여 잘못이 있는 경우
  ⑷ 납세자가 세무공무원에게 직무와 관련하여 금품을 제공하거나 금품제공을 알선한 경우

(물음 2)
개정 이후 현재는 부분조사를 실시한 후 해당 조사에 포함되지 않은 부분에 대하여 조사하는 경우에는 예외적으로 재조사가 가능하나 질문의 특성상 개정 전 내용으로 서술함.

Ⅰ. 문제제기
  부분조사를 한 후에 통합조사를 하는 것은 중복조사에 해당한다.

Ⅱ. 결론
  2차 세무조사는 중복조사에 해당하므로 위법한 세무조사이다.

Ⅲ. 판례의 태도
  세무공무원이 특정한 항목에 대해서 세무조사를 하고, 후에 다시 세무조사를 하면서 당초에 세무조사를 한 특정한 항목을 제외하여 세무조사의 내용이 중첩되지 아니하였다고 하여도 그 세목의 같은 과세기간에 대해 세무조사를 하는 것은 재조사금지의 예외사유가 없는 이상 국세기본법에서 금지하는 재조사에 해당한다.

Ⅳ. 사례판단
  ⑴ 국세기본법에 따르면 같은 세목 및 같은 과세기간에 대해서 특별한 사유가 없는 한 재조사를 금지하고 있으며, 판례 역시 특정한 사유가 없으면 원칙적으로 같은 세목 및 같은 과세기간에 대하여 재조사를 금지하고 있다.

⑵ 사례의 1차 조사와 2차 조사는 부분조사와 통합조사로 중첩되지 않는 부분에 대한 조사이지만 법인세라는 같은 세목, <u>2019년 1월 1일부터 2020년 12월 31일</u>이라는 같은 과세기간을 조사 대상으로 하고 있다.

⑶ 또한, 사례에는 어떠한 특별한 사유가 있는 것이 확인되지 않으므로 재조사금지 예외사유도 존 재하지 않는다.

⑷ 따라서, 2차 세무조사는 같은 세목 및 같은 과세기간에 대한 재조사에 해당하므로 위법한 세무 조사이다.

(물음 3)

Ⅰ. 결론
각종 과세자료의 처리를 위한 재조사에 해당하지 않는다.

Ⅱ. 근거

⑴ 사례에서 이루어진 재조사는 과세관청 내의 감사 과정에서 발생한 지적사항에 따라서 당초 세 무조사한 내용에 대해서 재조사를 한 경우이다.

⑵ 각종 과세자료의 처리로 위한 재조사에 해당이 되려면 과세관청내부에서 발견된 오류를 바로잡 기 위한 것이 아니라, 과세관청 이외의 기관이 직무상 목적을 위하여 작성하거나 취득하여 과세 관청에 제공한 서류를 말한다.

⑶ 예를 들어, 검찰 수사의 과정에서 확보된 과세자료의 진위 여부를 확인하기 위해 과세관청에 제출하고 결과를 통보하여 달라고 함에 따라 이루어진 재조사의 경우 각종 과세자료의 처리를 위한 재조사에 해당한다.

⑷ 따라서, 과세관청 내부에서 오류를 발견하고 재조사하는 것은 각종 과세자료의 처리를 위한 재 조사에 해당하지 않는다.

【문제 2】

(물음 1)

Ⅰ. 과세요건
공동사업자 중에 거주자 1인과 특수관계에 있는 자가 포함되어 있는 경우로서 손익분배비율을 허 위로 정하는 등 조세회피목적 등의 사유가 있는 때에는 특수관계자의 소득금액은 그 손익분배비율 이 큰 공동사업자의 소득금액으로 보아 합산하여 과세한다.

Ⅱ. 특수관계인의 범위
해당 과세기간의 종료일 현재 다음의 관계에 있으면 특수관계인으로 한다.

1. 친족관계
   배우자와 직계비속(친생자의 배우자를 포함) 그리고 6촌이내 혈족, 4촌 이내 인척을 말한다.

2. 경제적 연관관계
   본인의 금전이나 그 밖의 재산으로 생계를 유지하는 자 또는 임원과 그 사용인을 말하며 이들 과 생계를 함께하는 친족을 포함한다.

3. 경영지배관계

　본인이 직접 또는 그와 친족관계 또는 경제적 연관관계에 있는 자를 통하여 법인의 경영에 대하여 지배적인 영향력을 행사하고 있는 경우 그 개인 또는 법인

4. 경영에 지배적인 영향력을 행사하는 것으로 보는 경우

　법인발행주식 총수 또는 출자총액의 100분의 30 이상을 출자하거나, 임원의 임면권의 행사, 사업방침의 결정 등 법인의 경영에 대하여 사실상 영향력을 행사하고 있다고 인정되는 경우

Ⅲ. 주된 공동사업자

공동사업자 중 손익분배비율이 가장 큰 사업자를 주된 공동사업자로 한다. 손익분배비율이 동일한 경우에는 공동사업소득 외의 종합소득금액이 많은 자, 공동사업소득 외의 종합소득금액이 동일한 경우 직전 연도의 종합소득금액이 많은 자, 직전 연도의 종합소득금액이 동일한 경우 해당 사업에 대한 종합소득과세표준을 신고한 자, 공동사업자 모두가 해당 사업에 대한 종합소득세 과세표준을 신고하였거나 신고하지 않은 경우 납세지관할세무서장이 정하는 자의 순으로 주된 공동사업자를 정한다.

Ⅳ. 연대납세의무

주된 공동사업자에게 합산과세 되는 경우 합산과세 되는 소득금액에 대하여는 주된 공동사업자 외의 특수관계자는 그의 손익분배비율에 해당하는 소득금액을 한도로 주된 공동사업자와 연대하여 납세의무를 진다.

(물음 2)

Ⅰ. 사업자별 사업소득금액

사업자	甲	丙	丁
사업소득금액	30억원	10억원	0원

Ⅱ. 계산 근거

1. 甲
　⑴ 공동사업자인 乙, 丁과 특수관계인에 乙과 丁당은 실질적으로 경영에 참여하지 않으며 손익분배비율도 허위로 정하는 등 조세회피목적으로 공동으로 사업을 하는 것으로 보인다.
　⑵ 따라서, 甲, 乙, 丁 의 손익분배비율에 해당하는 사업소득금액을 甲의 사업소득금액으로 하여야 한다.
　⑶ 甲의 소득금액은 40억원의 75%(甲(30%),乙(20%),丁(25%)의 합계)인 30억원이 된다.

2. 丙
　⑴ 丙은 甲과 특수관계인에 해당하지만, 직접 사업에 참여하여 경영을 하고 있고, 유일하게 출자비율과 손익분배비율을 사실에 의하여 정하였다.
　⑵ 甲과 특수관계인에 해당하지만 조세회피 목적으로 공동으로 사업을 경영한다고 볼 수 없다.
　⑶ 따라서, 丙의 사업소득금액은 40억원의 25%(丙의 손익분배비율)인 10억원이 된다.

3. 丁
　공동사업 합산과세 대상 특수관계인이므로 사업소득금액은 0원이 된다. 다만, 주된 공동사업자와 함께 손익분배비율에 해당하는 그의 소득금액을 한도로 연대납세의무를 진다.

(물음 3)

Ⅰ. 과세문제
임대료수입에 대하여 부당행위계산의 부인규정이 적용된다.

Ⅱ. 사례 판단
(1) 乙은 공동사업에 무상으로 부동산 임대용역을 제공하고 있다.
(2) 1거주자로 보는 공동사업장과 乙은 특수관계인에 해당하고, 시가보다 저가로 부동산임대용역을 제공하는 경우에 부당행위계산의 부인규정이 적용된다.
(3) 따라서, 乙의 사업소득금액 계산시 부당행위계산의 부인규정이 적용되어 부동산임대용역 수입금액이 재계산된다.

Ⅲ. 관련 규정 및 예규
1. 부당행위계산의 부인
(1) 사업소득이 있는 거주자의 행위 또는 계산이 그 거주자와 특수관계인과의 거래로 인하여 그 소득에 대한 조세부담을 부당하게 감소시킨 것으로 인정되는 경우에는 그 거주자의 행위 또는 계산과 관계없이 해당 과세기간의 소득금액을 계산할 수 있다.
(2) 거주자가 특수관계인이 있는 자에게 용역을 무상 또는 낮은 가격으로 제공하는 경우에 그 거래가액과 시가의 차액이 3억원 이상이거나 시가의 100분의 5 이상인 경우에 적용된다.
2. 공동사업에 대한 소득금액계산의 특례
사업소득이 발생하는 사업을 공동으로 경영하고 그 손익을 분배하는 공동사업의 경우에는 해당 사업을 경영하는 장소를 1거주자로 보아 공동사업장별로 그 소득금액을 계산한다.
3. 특수관계인간 공동사업에 자산을 무상 제공한 경우
특수관계인간 공동사업에 구성원으로 참여하면서 자신의 자산을 무상으로 제공하는 경우 공동사업장을 1거주자로 보는 것에 불구하고 공동사업장인 각각의 특수관계인에게 자산의 임대용역을 무상으로 제공한 것으로 보아 부당행위계산의 부인규정이 적용된다.

(물음 4)

1. 공동사업 합산과세
(1) 공동사업 합산과세를 하는 경우 소득금액에 따른 누진세의 적용으로 세율이 증가하여 세부담이 증가한다.
(2) 실제 손익분배비율을 기초로 하여 납세지관할세무서장에게 신고하도록 한다.

2. 부동산 무상제공에 대한 부당행위계산의 부인
(1) 甲과 乙은 본인 소유 건물과 토지를 공동사업에 무상으로 사용하게 하면서 특수관계인에 임대용역을 무상으로 제공함에 따라 부당행위계산의 부인규정을 적용받는다.
(2) 부당행위계산의 부인규정을 적용받는 경우 甲과 乙의 소득금액은 증가하고, 소득금액 증가에 따라 세율이 증가하여 세부담이 늘어날 수 있다.
(3) 부당행위계산의 부인규정을 적용받지 않기 위해서는 시가를 계산하여 적정한 임대료를 수취하는 것이 절세방안이 된다.
(4) 자산무상제공의 시가는 "(자산시가의50% − 보증금)*정기예금이자율"로 계산이 된다.
(5) 공동사업자들로부터 자산시가의 50%에 상당하는 보증금을 수취하게 되면 자산 무상제공에 따

른 부당행위계산의 부인규정이 적용되지 않게되고, 소득금액이 늘어나지 않아 세부담이 증가하지 않게 된다.

【문제 3】

(물음 1)

Ⅰ. 결론
신의칙을 위반하지 않았으므로 위법한 처분이다.

Ⅱ. 납세자에 대한 신의성실의 원칙 적용 요건
납세자에 대하여 신의성실의 원칙을 적용하기 위해서는 다음의 3가지 요건을 모두 충족하여야 한다.
(1) 객관적으로 모순되는 행태가 존재할 것
(2) 그 행태가 납세의무자의 심한 배신행위에 기인하였을 것
(3) 그에 기하여 야기된 과세관청의 신뢰가 보호받을 가치가 있을 것

Ⅲ. 사례 판단
(1) 납세자에 대하여 신의성실의 원칙을 적용하기 위해서는 3가지 요건을 모두 충족하여야 한다.
(2) A는 처음에는 비용을 누락하고, 분식결산이 밝혀지자 비용의 손금산입을 요구하는 등 객관적으로 모순된 행태를 보이고 있다.
(3) 비용을 산입하지 않고 누락하여 장부를 조작하는 분식결산을 하고, 후에 경정청구를 통하여 이를 바로잡을 가능성이 존재하므로 신의성실의 원칙에 반하는 심한배신행위가 있다고 보기 어렵다.
(4) 분식결산에 따라 누락된 손금을 산입하여 법인세액을 재계산하여야하며, 증액경정의 취소를 구하는 것은 과세관청에 의하여 증액경정된 세액의 부과에 대해서만 취소하는 것으로 과세관청의 신뢰가 보호받을 가치가 있다고 보기 어렵다.
(5) 따라서, A가 신의성실의 원칙을 위반했다고 볼 수 없어 과세관청의 처분은 위법하다.

(물음 2)

Ⅰ. 의의
(1) 사실과 다른 회계처리로 인하여 일정한 경고조치 등을 받은 법인이 허위로 수익 또는 자산을 과다하게 계상하거나 손비 또는 부채를 과소계상함으로써 과세표준을 과다하게 계상하여 법인세를 과다납부한 후에 그 환급을 경정청구하여 경정받는 경우에는 이를 즉시 환급하지 아니하고 그 과다납부세액을 향후 매 사업연도의 법인세액에서 공제한다.
(2) 분식회계를 하고 시정조치를 받은 법인의 경정청구에 대하여 환급하지 않고 납부할 법인세에서 공제함으로써 기업경영의 투명성을 유도한다.

Ⅱ. 적용요건
(1) 사업보고서 및 감사보고서를 제출할 때 수익 또는 자산을 과다하게 계상하거나 손비 또는 부채를 과소계상하여 감사인으로부터 경고주의 등의 조치를 받을 것
(2) 사실과 다른 회계처리로 과세표준과 세액을 과다하게 신고하고 납부한 것에 대하여 경정청구를 할 것
(3) 경정청구한 내역에 대하여 경정을 받을 것

Ⅲ. 환급제한 방법
1. 일반적인 경우
내국법인이 해당 사실과 다른 회계처리와 관련하여 그 경정일이 속하는 사업연도 이전의 사업연도에 수정신고를 하여 납부할 세액이 있는 경우에는 그 납부할 세액에서 사실과 다른 회계처리로 인하여 과다 납부한 세액을 해당 세액의 20%를 한도로 먼저 공제 하여야 한다.
2. 해산하는 경우
⑴ 합병 또는 분할에 의한 해산
합병법인 또는 분할신설법인이 공제하지 않고 남아있는 과다납부한 법인세액을 승계하여 향후 매 사업연도별로 과다납부한 법인세액의 20%에 상당하는 세액을 공제한다.
⑵ 합병 또는 분할에 의한 해산이 아닌 해산
과다납부한 법인세액에서 청산소득에 대한 법인세를 차감하고 남은 과다납부한 법인세액을 즉시 환급한다.

(물음 3)

Ⅰ. 판례의 태도
1. 원칙
회사의 자금을 횡령하는 경우 판례에서는 사외유출로 처리하고 횡령자의 소득으로 소득처분하는 것을 원칙으로 한다.
2. 예외
법인의 실질적 경영자인 대표이사 등이 법인의 자금을 유용하는데 특별한 사정이 있어 당초에 회수를 전제로 하였다면 사외유출에 해당하지 않는다.

Ⅱ. 판단기준
유용 당시부터 회수를 전제하지 않은 것으로 볼 수 없는 특별한 사정은 횡령 주체의 법인 내에서의 실질적인 지위 및 법인에 대한 지배 정도, 횡령행위에 이르게 된 경위 및 횡령 이후의 법인의 조치, 그 횡령 주체의 의사를 법인의 의사와 동일시하거나 그 사이에 경제적 이해관계가 사실상 일치하는 것으로 보기 어려운 경우인지 여부 등 제반 사정을 종합하여 개별적·구체적으로 판단하여야 한다.

【문제 4】

(물음 1)

Ⅰ. 결론
상가와 주택 두 자산에 대하여 증여세 과세되지 않는다.

Ⅱ. 근거
⑴ 甲과 乙이 이혼을 하면서 乙은 위자료로 상가를, 재산분할판결에 의해 아파트의 소유권을 이전받았다.
⑵ 위자료는 이혼 등에 따라서 정신적 또는 재산상 손해배상의 대가로 받는 것으로 증여세의 과세대상에 해당하지 않는다.

    (3) 혼인 중 형성된 재산의 상당부분은 부부 쌍방의 협력에 의하여 이루어지는 것이므로 어느 일방에 소유권이 귀속되어있다고 하더라도 실질적 공유재산에 해당한다. 이러한 실질적 공유재산을 청산하는 것이 이혼에 따른 재산분할에 해당한다.

    (4) 따라서, 재산분할에 의한 자산이전은 공유물의 분할 내지 잠재화되어있던 지분권의 현재화에 지나지 않으므로 증여행위에 해당하지 않는다.

    (5) 결과적으로 위자료와 재산분할에 따른 소유권 이전에 대해 증여세가 과세되지 않는다.

(물음 2)

Ⅰ. 결론

상가에 대해서는 양도세과 과세되고, 주택에 대해서는 양도세가 과세되지 않는다.

Ⅱ. 근거

    (1) 위자료는 이혼에 따른 정신적 또는 재산상 손해배상의 대가로 금전으로 지급하는 것을 원칙으로 한다. 다만, 양도소득세 과세대상 재산으로 위자료를 지급하는 경우에는 대물변제에 해당한다.

    (2) 대물변제는 양도소득세 과세대상 거래에 해당하므로 지급자인 甲은 위자료로 지급한 상가에 대해서 양도소득세 납세의무를 진다.

    (3) 재산분할에 의한 자산이전은 공유물의 분할 내지 잠재화되어있던 지분권의 현재화에 지나지 않으며 이는 양도소득세 과세대상이 아니다.

    (4) 따라서, 재산분할판결에 따라 지급하는 주택에 대해서는 양도소득세가 과세되지 아니한다.

(물음 3)

Ⅰ. 결론

乙에게 증여세 납세의무는 발생하지 않고, 甲에게는 상가의 소유권 이전에 대한 양도소득세 과세된다.

Ⅱ. 근거

    (1) 이혼을 하면서 위자료 또는 재산분할에 따라 취득하는 재산에 대해서는 증여세를 과세하지 아니한다.

    (2) 이혼을 하면서 위자료 명목으로 양도소득세 과세대상 재산을 지급하는 경우 양도소득세가 과세되고, 재산분할에 따라 소유권을 이전하는 양도소득세 과세대상 재산에 대해서는 양도소득세가 과세되지 아니한다.

    (3) 이혼에 대해서 재판상 이혼과 협의 이혼을 따로 구별하지 않는다. 단지, 이혼의 방식에 있어서 법원의 판단을 받느냐 서로 간의 합의에 의하느냐의 차이일 뿐이다.

    (4) 따라서, 증여세 등이 과세되지 아니하고, 甲이 위자료로 지급하는 상가에 대한 양도소득세만 과세된다.

(물음 4)

Ⅰ. 납부하여야하는 조세

증여세를 납부하여야 한다.

Ⅱ. 근거

(1) 丙이 사망하면서 丙의 상속인 戊에게 자산이 상속이 된다.

(2) 사실혼에 있는 丁은 법률상 상속인에 해당하지 아니하고, 유언 등이 없는 한 丙의 재산을 상속 받을 수 없으므로 상속세 납세의무가 없다.

(3) 戊가 丁에게 지급하기로 합의한 금액은 戊가 丙의 모든 재산을 상속 받은 후 그 중 일부를 丁에게 무상으로 이전한 것이므로 증여에 해당한다.

(4) 따라서, 丁은 戊에게서 받은 예금에 대한 증여세를 납세할 의무만 발생하게 된다.

세법학2부

황 준 수 (세무사)

【문제 1】

(물음 1)

Ⅰ. 재화와 용역의 정의

1. 재화

   재산 가치가 있는 물건 및 권리를 말한다. 물건에는 상품, 제품, 원료, 기계, 건물 등 모든 유체물과 전기, 가스, 열 등 관리할 수 있는 자연력이 해당하고, 권리에는 광업권, 특허권, 저작권 등 물건 외에 재산적 가치가 있는 모든 것으로 한다.

2. 용역

   재화 외에 재산 가치가 있는 모든 역무와 그 밖의 행위를 말한다. 용역은 건설업, 숙박및음식점업, 금융및보험업, 부동산업및임대업, 서비스업 등 사업에서 사용하는 모든 역무와 그 밖의 행위로 한다. 건설업과 부동산업및임대업 중 부동산 매매 또는 그 중개를 사업목적으로 사업을 하거나, 1과세기간 중 1회 이상 부동산을 취득하고 2회이상 판매하는 사업을 하는 경우에는 재화를 공급하는 것으로 본다.

Ⅱ. 재화나 용역을 공급하는 사업의 구분기준

부가가치세법상 재화나 용역을 공급하는 사업의 구분은 통계청장이 고시하는 해당 과세기간 개시일 현재의 한국표준산업분류에 의한다. 다만, 용역을 공급하는 경우에 있어서는 부가가치세법 시행령에서 용역의 범위로 열거한 사업과 유사한 사업은 한국표준산업분류에 불구하고 같은 항의 사업에 포함된 것으로 한다.

예를 들어 중개업의 경우 한국표준산업분류에 의하면 도매업으로 분류하고 있으나, 중개업은 용역의 범위로 열거한 사업과 유사하므로 부가가치세법상으로는 용역업으로 본다.

Ⅲ. 수탁가공업자의 업태

사업자가 주요자재의 전부 또는 일부를 부담하고 상대방으로부터 인도받은 재화를 가공하여 새로운 재화를 만드는 사업은 제조업에 해당하는 것이다. 하지만, 인도받은 재화에 주요 자재를 부담하지 아니하고 가공만 하는 것은 용역업에 해당한다.

(물음 2)

Ⅰ. 관련규정

　1. 토지임대용역

　　토지의 임대는 부동산의 임대로 보아 부가가치세법에 따라 과세되는 용역에 해당한다. 다만, 전 · 답 · 과수원 · 목장용지 · 임야 또는 염전 임대업은 제외한다. 즉, 전 · 답 · 과수원 · 목장용지 · 임야 또는 염전 임대업에 사용되는 토지가 아니라면 부가가치세법상 용역을 제공하는 부동산임대업에 해당하여 유상공급시 부가가치세가 과세된다.

　2. 주택의 부수토지임대용역

　　⑴ 위에서 보았듯이 전 · 답 · 과수원 · 목장용지 · 임야 또는 염전 임대업을 제외한 토지의 임대에 대하여 부가가치세가 과세된다.

　　⑵ 다만, 국민후생증진이라는 정책적 목적에 따라서 주택(겸용주택포함)과 이에 부수되는 토지의 임대용역에 대해서는 부가가치세를 면세한다.

　　⑶ 주택에 부수되는 토지의 범위는 주택의 연면적과 건물 정착면적의 5배(또는 10배)를 초과하지 아니하는 토지의 임대를 말하며, 이를 초과하는 부분은 토지의 임대로 보아 부가가치세가 과세된다.

Ⅱ. 임야임대에 따른 부가가치세 과세여부

　1. 과세여부

　　부가가치세가 과세되지 않는다.

　2. 근거

　　⑴ 부가가치세법에 따르면 용역의 공급에 해당하는 사업을 열거하고 있다.

　　⑵ 부동산에 해당하는 토지에 대한 임대도 용역의 공급으로 규정하고 있으나, 전 · 답 · 과수원 · 목장용지 · 임야 또는 염전 임대는 용역의 공급으로 보고 있지 않다.

　　⑶ 따라서, 임야임대는 용역의 공급에 해당하지 않아 부가가치세가 과세되지 않는다.

(물음 3)

Ⅰ. 미가공식료품에 대한 면세

　1. 정의

　　가공되지 아니한 식료품(식용으로 제공되는 농.축.수.임산물을 포함)에 대해서 부가가치세를 면제한다.

　2. 미가공식료품

　　⑴ 미가공식료품(식용으로 제공되는 농.축.수.임산물을 포함)은 가공되지 아니하거나 탈곡 · 정미 · 정맥 · 제분 · 정육 · 건조 · 냉동 · 염장 · 포장이나 그 밖에 원생산물의 본래의 성질이 변하지 아니하는 정도의 1차 가공을 거쳐 식용으로 제공하는 것으로 한다.

　　⑵ 미가공식료품에 대해서는 국내에서 생산된 것인지 외국에서 수입하였는지에 불구하고 미가공상태로 국내유통시에는 모두 면세에 해당한다.

Ⅱ. 생선회 판매 과세여부

1. 과세여부

부가가치세 과세된다.

2. 근거

(1) 신선한 생선을 가공하지 아니하고 단순히 식용에 사용하는 생선은 면세한다.

(2) 이에 국세청에서는 사업자가 탁자, 의자, 룸 등 접객시설을 갖춘 장소에서 직접 음용, 소비할 수 있도록 음식용역으로 생선회 등을 제공하는 경우에는 부가가치세가 과세되는 것으로 해석을 하고 있다.

(3) 문제의 사례에서 음식점업을 영위하는 사업자는 생선을 가공하여 생선회를 제공하고 있다.

(4) 이 경우, 음식점업을 영위하는 사업자가 음식점에서 판매하는 생선회에 대해서는 부가가치세가 과세된다.

(물음 4)

Ⅰ. 부수재화 및 부수용역의 공급

1. 의의

(1) 부수 재화 또는 용역의 의미는 주된 재화 또는 용역의 공급에 부수되어 공급되는 것은 주된 재화 또는 용역의 공급에 포함되는 것으로 보아 주된 사업의 과세 및 면세여부 등을 따른다.

(2) 또한, 면세되는 재화 또는 용역의 공급에 통상적으로 부수되는 재화 또는 용역의 공급은 그 면세되는 재화 또는 용역의 공급에 포함되는 것으로 본다.

(3) 따라서 부수재화 또는 용역의 과세대상 여부 · 공급시기 · 공급장소 등은 모두 주된 재화 또는 용역의 공급을 기준으로 하여 과세대상 여부 · 공급시기 · 공급장소 등을 판단한다.

(4) 그러므로 주된 재화의 공급이 부가가치세가 면세되는 재화인 경우 부수되는 재화 또는 용역이 설령 과세대상이라고 하더라도 주된 재화의 과세대상 여부를 따라서 면세되는 재화 또는 용역으로 본다.

Ⅱ. 과세여부

1. 결론

정육상태의 돼지고기는 면세이고, 고기 양념소스는 부수재화에 해당하여 면세이다.

2. 근거

(1) 가공되지 아니한 정육상태의 돼지고기는 부가가치세가 면제되는 미가공식료품에 해당한다.

(2) 고기 양념소스는 주된 재화인 돼지고기에 대한 대가에 통상적으로 포함되어 공급되는 재화에 해당하고, 이를 주된 재화의 공급에 부수되는 재화라 한다.

(3) 부수되는 재화의 경우 주된 재화의 공급에 대한 부가가치세 과세여부를 따른다.

(4) 따라서, 미가공식료품에 해당하는 돼지고기의 공급은 부가가치세가 면세되고 돼지고기에 부수되어 공급되는 고기 양념소스는 주된 재화인 돼지고기의 과세 또는 면세여부를 따르므로 고기 양념소스 역시 부가가치세가 면세된다.

【문제 2】

(물음 1)

(1) 취득세는 신고납세방식의 조세로서 원칙적으로 납세의무자가 스스로 과세표준과 세액을 정하여 신고하는 행위에 의하여 납세의무가 구체적으로 확정되고, 그 납부행위는 신고에 의하여 확정된 구체적인 납세의무를 이행하는 것이다.

(2) 취득세 과세대상을 취득한 자는 그 취득한 날부터 60일 이내에 그 과세표준에 세율을 적용하여 산출한 세액을 신고하고 납부하여야한다. 상속으로 인한 경우는 상속개시일부터, 실종으로 인한 경우는 실종선고일부터 각각 6개월(납세자가 주소를 외국에 둔 경우에는 각각 9개월) 이내에 신고하고 납부하여야 한다. 그러나 취득가액이 50만원 이하인 경우에는 면세점 이하에 해당하여 취득세 신고납부하지 않아도 된다.

(물음 2)

1. 결론
   을의 취득세 신고납부기한은 <u>2022년 5월 20일부터</u> 60일 이내이다.

2. 근거
   (1) 갑은 을에게 토지를 사인증여하는 계약을 체결하고 사망하였으며, 을은 이에 따라 토지를 취득하였다.
   (2) 취득세 신고납부기한은 원칙적으로 과세물건을 취득한 날부터 60일 이내이지만, 상속의 경우 상속개시일부터 6개월이내이다.
   (3) 사인증여는 일반적인 증여계약과 같이 증여계약의 성격을 가지면서 증여자의 사망으로 인하여 계약의 효력이 발생하는 것일 뿐이므로 상속으로 인한 취득이라고 볼 수 없다.
   (4) 또한, 대법원 판례에 따르면 상속인이 아닌 자가 사인증여로 인하여 부동산의 소유권을 취득하는 경우 일반적인 증여와 다르게 취급 할 이유가 없기 때문에 상속이외의 방법으로 취득한 것으로 보고 있다.
   (5) 따라서, 을의 취득은 상속외의 방법으로 취득한 것에 해당하므로 일반적인 취득세 신고납부기한을 적용해야 한다.

(물음 3)

부동산에 대한 취득세는 각 취득의 원인에 따라 다음의 세율을 적용하여 계산한 금액을 그 세액으로 한다.

1. 상속으로 인한 취득
   가. 농지 : 1천분의 23
   나. 농지 외의 토지 : 1천분의 28
2. 상속 외의 무상취득 : 1천분의 35. 다만, 요건을 갖춘 비영리사업자가 취득하는 경우는 1천분의 28로 한다.
3. 원시취득 : 1천분의 28
4. 공유물의 분할 <u>또는 부동산의 공유권 해소를 위한 지분이전으로 취득</u> : 1천분의23
5. 합유물 및 총유물의 분할로 취득 : 1천분의 23

6. 그 밖의 원인으로 취득
    가. 농지 : 1천분의 30
    나. 농지 외의 것 : 1천분의 40

(물음 4)

1. 결론
   을이 취득한 토지에 대한 취득세 세율은 1천분의 35가 적용된다.

2. 근거
   ⑴ 상속으로 취득한 농지가 아닌 토지에 대해서는 1천분의 28, 증여로 취득한 토지에 대해서는 농지여부에 관계없이 취득세율은 1천분의 35가 적용된다.
   ⑵ 사인증여로 취득하는 것은 증여로 인해 취득한 것과 같고 이는 무상취득에 해당한다.
   ⑶ 증여로 인한 무상취득에는 상속으로 인한 취득에 대해 적용하는 세율을 적용할 수 없고, 무상취득에 대한 취득세율인 1천분의 35를 적용해야한다.
   ⑶ 따라서, 을이 취득한 토지에 대한 취득세 세율은 농지인지 여부에 불문하고 1천분의 35가 된다.

【문제 3】

(물음 1)

Ⅰ. 취지
   과세물품을 법에 열거한 목적으로 반출하는 경우 해당 물품에 대한 세액의 부담을 유보한 상태로 반출하는 제도를 미납세 반출이라한다. 이는 개별소비세가 최종소비자를 담세자로 예정하여 과세하는 조세이므로 최종소비를 목적으로 하는 반출이 아닌 경우에 반출과세원칙을 고수한다면 소비이전 상태에서 과세하는 결과를 가져오는 불합리성이 있어 과세권을 유보한 상태로 반출하도록 허용하는 것이다.

Ⅱ. 절차
   1. 세무서장의 사전 승인을 받아 미납세반출하는 경우
      ⑴ 반출하려는 자는 과세물품을 반출하기 전에 관할세무서장에게 미납세반출신청서를 제출
      ⑵ 세무서장은 3개월의 기한을 정하여 반입증명서를 제출하는 조건으로 미납세반출을 승인
      ⑶ 과세물품을 반출하려는 자는 반입지로 과세물품을 반출하고, 미납세반출을 승인한 세무서장은 반입지의 관할세무서장에게 통보
      ⑷ 미납세반출 무품을 반입한 자는 반입한 날이 속하는 달의 다음달 15일까지 반입사실을 관할세무서장에게 신고
      ⑸ 반입사실을 신고받은 반입지의 세무서장은 반입자에게 반입증명서를 발급
      ⑹ 반입증명서를 발급받은 반입자는 반출자에게 반입증명서를 전송
      ⑺ 반출한 자는 미납세반출 승인당시 정한 기한 안에 반출지 관할세무서장에게 반입증명서를 제출

　　2. 사전승인 없이 미납세로 반출하는 경우
　　　⑴ 과세물품을 미납세로 반출
　　　⑵ 반입자는 반입한 날이 속하는 달의 다음달 15일까지 관할세무서장에게 반입신고
　　　⑶ 신고를 받은 반입지 관할세무서장은 반입증명서 발급
　　　⑷ 반입자는 발급받은 반입증명서를 반출자에게 전송
　　　⑸ 반출자는 과세물품을 반출한 날이 속하는 달의 다음 달 말일까지 개별소비세 과세표준신고
　　　　서를 제출하면서 반입증명서를 첨부하여 제출

(물음 2)

1. 결론
　　개별소비세가 과세되지 아니한다.

2. 근거
　　⑴ 외국에서 개최되는 박람회 등에 출품하기 위해서 해외로 반출하는 물품은 무조건 면세대상이다.
　　⑵ 갑은 독일에서 열리는 박람회에 출품하기 위해서 제조장에서 해외로 A를 반출하였다.
　　⑶ 따라서, A는 무조건 면세 대상에 해당하므로 개별소비세가 과세되지 않는다.

(물음 3)

1. 결론
　　적절한 미납세반출 절차를 진행한 경우에 한해 개별소비세가 과세되지 아니한다.

2. 근거
　　⑴ 해외에서 열리는 박람회에 출품하기 위하여 반출했던 과세물품을 제조장에 환입하거나 보세구
　　　역에서 반출하는 것에 대해서는 미납세반출이 적용되어 개별소비세가 과세되자 아니한다.
　　⑵ A는 독일에서 열리는 박람회에 출품하였다가 제조장에 환입되는 것이므로 미납세반출 대상이다.
　　⑶ 따라서, A에 대하여 적절한 미납세반출 절차를 진행한 경우 개별소비세가 과세되지 않는다.

(물음 4)

1. 결론
　　적절한 미납세반출 절차를 진행한 경우에 한해 개별소비세가 과세되지 아니한다.

2. 근거
　　⑴ 승용자동차를 제조하는 제조자가 자신의 판매장에 30일 이상 전시하기 위하여 제조장 또는 보
　　　세구역에서 반출하는 승용자동차는 미납세반출 대상이다.
　　⑵ 갑은 해외 박람회에 출품했다가 제조장으로 환입된 A를 자신의 판매장에 30일 이상 전시하기 위
　　　해서 제조장에서 반출하였으므로 A는 미납세반출 대상이다.
　　⑶ 따라서, A에 대하여 적절한 미납세반출 절차를 진행한 경우 개별소비세가 과세되지 않는다.

【문제 4】 조세특례제한법 제26조 고용창출투자세액공제 규정은 2017년 12월 31일부로 일몰 되었기 때문에 2017년 당시 규정을 기준으로 서술하였다.

(물음 1)

과세의 공평을 구하고 조세 정책을 효율적으로 수행하여 국민경제 발전에 이바지 하기위한 목적으로 조세특례제도를 두고 있다. 조세특례란 일정한 요건에 해당하는 경우에 한정하여 특례세율 적용, 세액 감면, 세액공제, 소득공제, 준비금의 손금산입 등의 조세감면과 특정한 조세 정책적 목적을 달성하기 위한 익금산입, 손금불산입 등의 중과세를 말한다.

(물음 2)

Ⅰ. 적용요건

수도권과밀억제권역에 소재하지 않는 기업으로서 당해 과세연도의 상시근로자 수가 직전 과세연도 의 상시근로자수보다 감소하지 아니한 기업이 새로운 사업용자산을 구매하는 경우에 적용한다. 중 소기업의 경우에는 당해 과세연도의 상시근로자 수가 직전 과세연도의 상시근로자 수보다 감소하 더라도 적용이 가능하지만, 감소한 상시근로자 수 1당 1,000만원을 차감한 금액을 소득세 또는 법인세에서 공제할 금액으로 한다.

Ⅱ. 적용대상업종

호텔업 및 여관업, 주점업 등 소비성 서비스업을 제외한 모든 업종을 대상으로 하여 적용 받을 수 있다.

Ⅲ. 투자대상 자산의 범위

중고품과 금융리스를 제외한 리스에 의한 투자와 수도권과밀억제권역 내에 투자하는 경우는 제외 하고 다음 자산에 투자하는 경우 고용창출투자세액공제를 적용한다.

1. 건설업을 영위하는 자가 당해 사업에 직접 사용하는 기계장비
2. 도매업 · 소매업 · 물류산업 또는 항공운송업을 영위하는 자가 해당 사업에 직접 사용하는 유통 산업합리화시설
3. 관광숙박업 및 국제회의기획업, 노인복지시설을 운영하는 사업을 영위하는 자가 당해 사업에 직접 사용하는 건축물과 당해 건축물에 부착설치된 승강기 등 시설물
4. 전기통신업을 영위하는 자가 타인에게 임대 또는 위탁운용하거나 공동으로 사용하기 위하여 취 득하는 무선설비
5. 전문휴양업 또는 종합휴양업을 영위하는 자가 해당 사업에 직접 사용하는 숙박시설과 골프장을 제외한 전문휴양시설 또는 종합유원시설업의 시설
6. 소비성서비스업을 제외한 사업을 영위하는 자가 취득하거나 투자하여 관련법에 따라 등록한 다 음의 건축물과 해당 건축물에 부착된 승강기 등 시설물
   가. 공공도서관
   나. 박물관이나 미술관
   다. 영화관을 제외한 공연장
   라. 과학관

Ⅳ. 고용의 요건

해당 과세연도의 매월말 상시근로자 수의 합을 해당 과세연도의 개월수로 나누어 계산한 해당 과세연도 상시근로자의 수가 직전 과세연도 매월말 상시근로자 수의 합을 해당 과세연도의 개월수도 나누어 계산하며 직전 과세연도 상시근로자의 수 보다 증가하여야한다. 다음의 근로자들은 상시근로자로 보지 않는다.

1. 근로계약기간이 1년 미만인 근로자
2. 1개월간 소정근로시간이 60시간 미만인 단시간근로자
3. 임원
4. 최대주주 또는 최대출자자와 그 배우자
5. 최대주주 또는 최대출자자의 직계존비속과 그 배우자 및 친족관계인 사람
6. 근로소득세를 원천징수한 사실이 확인되지 아니하고, 국민연금과 직장가입자 건강보험을 납부한 사실이 확인되지 않는 사람

(물음 3)

1. 결론

A회사는 고용창출투자세액공제를 적용받지 못한다.

2. 근거

   (1) 고용창출투자세액공제를 적용하기 위해서는 업종요건과 고용요건 그리고 자산에 대한투자를 모두 충족하여야 한다. 사례에서 A회사는 소비성 서비스업이 아닌 사업을 운영하므로 업종요건은 충족하고 있다.

   (2) 2017년의 상시근로자 수는 2016년의 상시근로자 수보다 증가할 것이므로 고용의 요건도 충족하고 있다.

   (3) A회사는 수도권과밀억제권역 내에 있는 사업에 사용하기 위한 유통합리화시설에 투자를 하였다. 이는 수도권과밀억제권역에 투자하는 행위에 해당하므로, 세액공제 적용 대상 투자에 해당하지 않는다.

   (4) 따라서, A회사는 세 가지 요건을 모두 충족하지 못하였으므로 고용창출투자세액공제를 적용받지 못한다.

2016년도 제53회 기출문제 **풀이**

회계학1부

김 정 호 (공인회계사 / 서울디지털대학교 겸임교수)

【문제 1】

(물음 1)

(물음 1-1) 답 : ₩487,899

현재가치(20×1.1.1.) = ₩500,000×6%×(0.9346+0.8734+0.8163)+₩500,000×0.8163
= ₩30,000×2.6243+₩408,150
= ₩486,879

발행금액(20×1.4.1.) = ₩486,879+₩486,879×7%×3/12−₩30,000×3/12
= ₩486,879+₩8,520−₩7,500
= ₩487,899

(물음 1-2) 답 : ₩25,561

20×1년 이자비용 = ₩486,879×7%×9/12 = ₩25,561

(물음 1-3) 답 : ₩94,601

① 표시이자 합 = ₩30,000×3년 = ₩90,000
② 사채할인발행차금 = ₩500,000−₩486,879 = ₩13,121
③ 1월 1일부터 4월 1일까지 유효이자 = ₩486,879×7%×3/12 = ₩8,520
　총이자비용 = ①+②−③ = ₩90,000+₩13,121−₩8,520 = ₩94,601

(물음 2)

(물음 2-1) 답 : 8.56%

현재가치 = ₩500,000×6%×(0.9259+0.8573+0.7938)+₩500,000×0.7938
= ₩30,000×2.577+₩396,900
= ₩474,210

발행금액 = ₩474,210(현재가치)−₩6,870(사채발행비) = ₩467,340
₩467,340×(1+유효이자율)−₩30,000 = ₩477,340

유효이자율 = 8.56%

(물음 2-2) 답 : 사채상환이익 ₩2,055

사채장부금액(이자포함) = ₩477,340 × (1 + 8.56% × 3/12) = ₩487,555

사채상환이익 = 사채장부금액(이자포함) − 상환액
　　　　　　　 = ₩487,555 − ₩485,500
　　　　　　　 = ₩2,055

(물음 3) 답 : ₩189,294

현재가치(20×1.1.1.) = (₩100,000 + ₩15,000) × 0.9174 + (₩100,000 + ₩10,000) × 0.8417
　　　　　　　　　　 + (₩100,000 + ₩5,000) × 0.7722 = ₩279,169
20×1.1.1.장부금액 = ₩279,169 × 1.09 − ₩115,000 = ₩189,294

【문제 2】

(물음 1)

[계산내역]

	20×1년	20×2년 이후	
세전이익	₩120,000		
감가상각부인액	20,000	(₩20,000)	
제품보증충당부채	5,000	(5,000)	
접대비한도초과액	10,000		
기타포괄손익 − 공정가치측정금융자산 평가이익	5,000		
미수수익	(10,000)	10,000	
기타포괄손익 − 공정가치측정금융자산	(5,000)	5,000	
과세표준	₩145,000	(₩10,000)	
세율	20%	20%	
산출세액	₩29,000	(₩2,000)	이연법인세자산
세액공제	(8,000)		
법인세부담액(당기법인세)	₩21,000		
이연법인세자산증가	(2,000)		
기타포괄손익 − 공정가치측정금융자산 평가이익 법인세효과	(1,000)		
법인세비용	₩18,000		

(물음 1-1) 답 : ① ₩18,000 ② ₩4,000 ③ ₩2,000 ④ 0 ⑤ ₩11,000

① 법인세비용 = ₩21,000(당기법인세) − ₩2,000(이연법인세자산증가) − ₩1,000(기타포괄손익
    − 공정가치측정금융자산평가이익 법인세효과) = ₩18,000
② 기타포괄이익 = ₩5,000 − ₩5,000×20%(법인세효과) = ₩4,000
③ 이연법인세자산(순액) = (₩20,000 + ₩5,000 − ₩10,000 − ₩5,000)×20% = ₩2,000
④ 이연법인세부채 = 0
⑤ 당기법인세부채 = ₩21,000(당기법인세) − ₩10,000(기납부세액) = ₩11,000

(물음 1-2) 답 : 15%

유효세율 = 법인세비용÷법인세비용차감전순이익 = ₩18,000÷₩120,000 = 15%

(물음 1-3)

회계이익에 대한 산출세액	₩120,000×20%	₩24,000
조정내역		
비일시적차이×세율	₩10,000(접대비한도초과액)×20%	2,000
세액공제		(8,000)
법인세비용		₩18,000

차이발생 원인
① 비일시적차이(접대비한도초과액)×세율 : ₩2,000 (증가)
② 세액공제 : ₩8,000 (감소)

(물음 2)

(물음 2-1)

① 미사용 세무상결손금의 이월액
② 미사용 새액공제 등의 이월액

(물음 2-2)

① 동일 과세당국이 부과하는 법인세이다.
② 기업이 당기법인세자산과 당기법인세부채를 상계할 수 있는 법적으로 집행가능한 권리를 가지고
   있다.

【문제 3】

(물음 1)

(물음 1-1) 답 : 16,000단위, 14,800단위

(40%)	재공품			
	기초	2,000	완성	15,000
	투입	16,000	기말 3,000	(20%)

① 직접재료원가 당기완성품환산량 = 16,000단위
② 가공원가 당기완성품환산량 = 15,000단위 − 2,000단위 × 40% + 3,000단위 × 20%
  = 15,000단위 − 800단위 + 600단위
  = 14,800단위

(물음 1-2) 답 : ₩660,000, ₩6,960,000, ₩6,750,000, ₩870,000

① 기초재공품원가

구분	완성품환산량	단위원가	총원가
직접재료원가	2,000단위	₩250	₩500,000
가공원가	800단위	₩200	₩160,000
합계			₩660,000

② 당기총제조원가

구분	완성품환산량	단위원가	총원가
직접재료원가	16,000단위	₩250	₩4,000,000
가공원가	14,800단위	₩200	₩2,960,000
합계			₩6,960,000

③ 완성품원가 = 15,000단위 × (₩250 + ₩200) = ₩6,750,000
④ 기말재공품원가

구분	완성품환산량	단위원가	총원가
직접재료원가	3,000단위	₩250	₩750,000
가공원가	600단위	₩200	₩120,000
합계			₩870,000

(물음 1-3) 답 : ₩117,000

① 기말재고자산(재공품＋제품)에 포함된 고정제조간접원가＝(2,500단위＋600단위)×₩90
$$＝₩279,000$$
② 기초재고자산(재공품＋제품)에 포함된 고정제조간접원가＝(1,000단위＋800단위)×₩90
$$＝₩162,000$$
차이＝①－②＝₩279,000－₩162,000＝₩117,000

(물음 2)

(물음 2-1) 답 : ₩3,853,000, ₩1,503,000

단위당변동원가＝₩250＋₩50＋₩60＋₩50＝₩410
단위당공헌이익＝₩700－₩410＝₩290
총고정비＝₩1,350,000＋₩1,000,000＝₩2,350,000
① 변동원가계산영업이익＝13,500단위×₩290－₩62,000[주1]＝₩3,853,000

(주1) 불리한 변동제조간접원가차이

표준원가	14,800단위×₩60	₩888,000
실제원가	₩2,300,000－1,350,000	₩950,000
차이		(－)₩62,000

② 영업이익＝₩3,853,000－₩2,350,000＝₩1,503,000

(물음 2-2)

손익계산서

㈜대한	20×1.1.1~20×1.12.31		
Ⅰ. 매출액	(13,500단위×₩700)		₩9,450,000
Ⅱ. 매출원가(직접재료원가)	(13,500단위×₩250)		3,375,000
Ⅲ. 재료처리량 공헌이익			₩6,075,000
Ⅳ. 운영비용			4,715,000
1. 직접노무원가	(14,800단위×₩50)	740,000	
2. 제조간접원가		2,300,000	
3. 판매비와관리비	(13,500단위×₩50＋₩1,000,000)	1,675,000	
Ⅴ. 영업이익			₩1,360,000

【문제 4】

(물음 1)

활동중심점	원가동인수	
	제품X	제품Y
기계작업준비	10(주1)	6(주2)
품질검사	9(주3)	6(주4)

(주1) 1,800단위÷400단위＝4.5회 → 5회, 5회×2시간＝10시간
(주2) 1,200단위÷400단위＝3회 → 3회, 3회×2시간＝6시간
(주3) 1,800단위÷100단위×0.5시간＝9시간
(주4) 1,200단위÷100단위×0.5시간＝6시간

활동중심점	원가동인당 원가
기계작업준비	₩84,000÷16시간＝₩5,250
절삭작업	₩60,000÷200시간＝₩300
조립작업	₩80,000÷200시간＝₩400
품질검사	₩28,800÷15시간＝₩1,920
동력지원	₩42,000÷1,200kwh＝₩35

활동중심점	제품X		제품Y	
기계작업준비	10시간×₩5,250	₩52,500	6시간×₩5,250	₩31,500
절삭작업	80시간×₩300	₩24,000	120시간×₩300	₩36,000
조립작업	140시간×₩400	₩56,000	60시간×₩400	₩24,000
품질검사	9시간×₩1,920	₩17,280	6시간×₩1,920	₩11,520
동력지원	800kwh×₩35	₩28,000	400kwh×₩35	₩14,000
합계		₩177,780		₩117,020

제품X 단위당 제품원가＝(₩81,420＋₩177,780) ÷ 1,800단위＝₩144
제품Y 단위당 제품원가＝(₩58,180＋₩117,020) ÷ 1,200단위＝₩146

(물음 2) 답 : ₩40

최소 원가절감액＝₩250－₩210＝₩40

(물음 3) 답 : ₩15,300

① 증분수익＝1,800단위×(₩310－₩220)＝₩162,000

② 증분원가

연마작업원가	1,800단위×10분÷60분×₩300 =	₩90,000
동력지원원가	180kwh×₩42,000÷1,200kwh =	₩6,300
정밀검사원가	1,800단위÷50단위×₩1,400 =	₩50,400
합계		₩146,700

증분이익 = ① - ② = ₩162,000 - ₩146,700 = ₩15,300

회계학2부

월간회계 편집실

【문제 1】

(물음 1)

(물음 1-1) (21년 수정)

〈손금산입〉 업무용승용차 감가상각비 ₩3,000,000 (△유보)
〈손금불산입〉 사적사용비용 ₩25,000,000 (상여)
〈손금불산입〉 800만원 초과분 ₩4,375,000 (유보)

[계산근거]
1. 감가상각시부인
   (1) 회사계상 감가상각비 : ₩30,000,000
   (2) 상각범위액 : ₩165,000,000×0.2 = ₩33,000,000
   (3) 상각부인액(시인부족액) : ① - ② = △₩3,000,000 → 손금산입

2. 사적사용비용 및 업무사용금액 중 감가상각비 조정

구 분	금 액(A)	업무사용 금액(B)	사적사용 금액(C)	업무사용금액(B) 중 800만원 초과(미달) 감가상각비
감가상각비*1	₩33,000,000	₩12,375,000	₩20,625,000	₩4,375,000
유지관련 비용	7,000,000	2,625,000	4,375,000	–
합 계	₩40,000,000	₩15,000,000	₩25,000,000	₩4,375,000

*1 감가상각비 : 감가상각시부인 후의 세법상 감가상각비를 말한다.

*2 업무사용비율 : $\dfrac{₩15,000,000}{₩40,000,000}$ = 37.5%

(물음 1-2)

〈손금산입〉 업무용승용차 감가상각비 ₩3,000,000 (△유보)
〈손금불산입〉 사적사용비용 ₩8,000,000 (상여)
〈손금불산입〉 800만원 초과분 ₩18,400,000 (유보)

[계산근거]

1. 감가상각시부인
   (1) 회사계상 감가상각비 : ₩30,000,000
   (2) 상각범위액 : ₩165,000,000 × 0.2 = ₩33,000,000
   (3) 상각부인액(시인부족액) : ① - ② = △₩3,000,000 → 손금산입

2. 사적사용비용 및 업무사용금액 중 감가상각비 조정

구 분	금 액(A)	업무사용 금액(B)	사적사용 금액(C)	업무사용금액(B) 중 800만원 초과(미달) 감가상각비
감가상각비*1	₩33,000,000	₩26,400,000	₩6,600,000	₩18,400,000
유지관련 비용	7,000,000	5,600,000	1,400,000	–
합 계	₩40,000,000	₩32,000,000	₩8,000,000	₩18,400,000

*1 감가상각비 : 감가상각시부인 후의 세법상 감가상각비를 말한다.
*2 업무사용비율 : 80%

(물음 2)

(물음 2-1)

손금불산입할 금액 : ₩80,000,000* → 손금불산입(상여)

* ₩512,000,000 - ₩432,000,000 = ₩80,000,000

(물음 2-2) (21년 수정)
퇴직금 중 근로소득에 해당하는 금액 : 1 + 2 = ₩101,000,000
1. 인정상여 : ₩80,000,000
2. 소득세법상 임원퇴직금한도초과액(근로소득) : (1) - (2) = ₩21,000,000
   (1) 2012년 이후 퇴직급여 : ₩432,000,000 - ₩75,000,000* = ₩357,000,000
      * 2011년까지의 퇴직급여 Max[a, b] = ₩75,000,000
      a. $₩432,000,000 \times \dfrac{12개월}{144개월} = ₩36,000,0000$
      b. ₩75,000,000
   (2) 한도 : $\dfrac{300,000,000}{3}$ (19.12.31 부터 소급 3년간 총급여 연평균 환산액) $\times \dfrac{1}{10} \times \dfrac{96개월}{12} \times 3배$
      $+ \dfrac{480,000,000}{3}$ (퇴직전 3년 동안 총급여 연평균 환산액) $\times \dfrac{1}{10} \times \dfrac{36개월}{12} \times 2배 = 336,000,000$

* 총급여에는 비과세근로소득를 제외하며, 인정상여와 퇴직함으로써 받는 소득으로서 퇴직소득에 속하지 않는 소득은 포함하지 않는다.

(물음 3) (21년 수정)

〈손금불산입〉 임직원명의 증빙 접대비 ₩10,000,000 (기타사외유출)
〈손금불산입〉 접대비 한도초과액 ₩25,000,000 (기타사외유출)

[계산근거]
1. 접대비 해당액

I/S상 접대비	₩150,000,000	
임직원명의 증빙	(10,000,000)	손금불산입(기타사외유출)
현물접대비(평가차액)	3,000,000	(₩11,000,000 – ₩8,000,000)
복리후생비	(30,000,000)	
계	₩113,000,000	

2. 접대비 한도 : (1)+(2) = ₩88,000,000

　(1) 기초금액 : ₩36,000,000 $\times \dfrac{12}{12}$ = ₩36,000,000

　(2) 수입금액 기준 : (₩10,000,000,000 × 3/1,000) + (₩10,000,000,000 × 2/1,000)
　　　　　　　　　 + (₩10,000,000,000 × 2/1,000 × 10%) = ₩52,000,000

3. 한도초과 : ₩113,000,000 – ₩88,000,000 = ₩25,000,000

(물음 4)

〈손금산입〉 일시상각충당금 ₩40,000,000 (△유보)
〈손금불산입〉 감가상각비 상각부인액 ₩1,500,000 (유보)
〈익금산입〉 일시상각충당금 환입액 ₩1,000,000 (유보)

[계산근거]
1. 감가상각비 상각부인액

　(1) 회사계상 감가상각비 : ₩4,000,000

　(2) 상각범위액 : ₩100,000,000 × 0.05 × $\dfrac{6}{12}$ = ₩2,500,000

　(3) 상각부인액 : (1) – (2) = ₩1,500,000

2. 일시상각충당금 환입액

　(1) 한도내 손금인정 감가상각비 : ₩2,500,000

　(2) 대체자산의 취득가액 : ₩100,000,000

　(3) 일시상각충당금 환입액 : ₩40,000,000 × $\dfrac{(1)}{(2)}$ = ₩1,000,000

2016년도 제53회 기출문제 풀이

(물음 5)

〈손금산입〉 전기대손충당금 한도초과액 ₩5,000,000 (△유보)
〈손금산입〉 전기대손부인액 중 당기소멸시효완성분(외상매출금) ₩10,000,000 (△유보)
〈손금불산입〉 당기대손충당금 한도초과액 ₩12,000,000 (유보)

[계산근거]
1. 당기말 세무상 대손충당금 설정대상채권
   당기말 재무상태표상 채권잔액 − 대손충당금 설정 제외 채권 ± 채권관련 기말유보잔액
   = ₩2,500,000,000 − ₩200,000,000*¹ + ₩100,000,000*² = ₩2,400,000,000
   *1. 설정제외채권

   ₩100,000,000 부당행위에 해당하는 시가초과상당액(₩400,000,000 − ₩300,000,000)
   <u>100,000,000</u> 특수관계인에 대한 업무무관가지급금(무주택 종업원에 대한 주택자금대여금)
   ₩200,000,000

   * 사용인에 대한 경조사비대여금은 업무무관가지급금으로 보지 않는다.

   *2. 채권관련 기말 유보잔액
   ₩110,000,000(기초유보) − ₩10,000,000(당기 소멸시효완성분) = ₩100,000,000(기말유보)

2. 당기 대손충당금 한도액 : ₩2,400,000,000 × Max[1%, 2%*] = ₩48,000,000

   * 대손실적률 : $\dfrac{₩20,000,000 + ₩10,000,000}{₩1,500,000,000}$ = 2%

3. 당기 대손충당금 한도초과액 : ₩60,000,000 − ₩48,000,000 = ₩12,000,000

(물음 6)

1. 법정기부금

회사계상 한도초과액	₩20,000,000
한도액의 증가	(10,000,000)*
수정후 한도초과액	₩10,000,000

   * 기준소득금액의 과소계상분(₩20,000,000) × 50%

2. 지정기부금

회사계상 한도초과액	△₩4,500,000	(한도미달)
한도액의 증가	(1,000,000)*	
수정후 한도초과액	△₩5,500,000	(한도미달)

   * {기준소득금액의 과소계상분(₩20,000,000) − 법정기부금 손금인정액의 증가(₩10,000,000)}
     × 10%

3. 각사업연도소득금액

차가감소득금액	₩170,000,000	=₩150,000,000+₩20,000,000
기부금한도초과액	10,000,000	
기부금한도초과이월액손금산입	(5,500,000)	=Min[₩20,000,000, ₩5,500,000]
각사업연도소득금액	₩174,500,000	

【문제 2】

(물음 1)

1. 간접외국납부세액

의결권 있는 발행주식총수 또는 출자총액의 25% 이상을 배당확정일 현재 6개월 이상 투자하고 있었으므로 A국의 해외자회사는 간접외국납부세액의 계산대상이다.

간접외국납부세액 : $₩50,000,000 \times \dfrac{₩30,000,000}{₩200,000,000 - ₩50,000,000} = ₩10,000,000$

→ 익금산입(기타사외유출)

2. 법인세 산출세액

구 분	국내	A국	B국	합 계
소득금액	₩400,000,000	₩200,000,000	₩100,000,000	₩700,000,000
간접외국납부세액(가산조정)	–	10,000,000	–	10,000,000
이월결손금	–	(5,000,000)	–	(5,000,000)
과세표준	₩400,000,000	₩205,000,000	₩100,000,000	₩705,000,000
×세율				10%, 20%
=산출세액				₩121,000,000

3. 외국납부세액공제액 : (1)+(2)=₩52,163,121

(1) A국 : Min[①, ②]=₩35,000,000

① 외국납부세액 : ₩25,000,000(직접)+₩10,000,000(간접)=₩35,000,000

② 한도 : $₩121,000,000 \times \dfrac{₩205,000,000}{₩705,000,000} = ₩35,184,397$

(2) B국 : Min[①, ②]=₩17,163,121

① 외국납부세액 : ₩15,000,000(직접)+₩5,000,000(의제)=₩20,000,000

② 한도 : $₩121,000,000 \times \dfrac{₩100,000,000}{₩705,000,000} = ₩17,163,121$

(물음 2)

구 분	국내	A국	B국	합 계
소득금액	₩400,000,000	₩200,000,000	₩100,000,000	₩700,000,000
직접외국납부세액(차감조정)	–	(25,000,000)	(15,000,000)	(40,000,000)
간접외국납부세액(차감조정)		(10,000,000)	–	(~~10,000,000~~)
의제외국납부세액(차감조정)	–	–	(5,000,000)	(~~5,000,000~~)
이월결손금	–	(5,000,000)	–	(5,000,000)
과세표준	₩400,000,000	₩160,000,000	₩80,000,000	₩655,000,000
×세율				10%, 20%
=산출세액				₩111,000,000

(물음 3)

익금산입 및 손금불산입			손금산입 및 익금불산입		
과목	금액	소득처분	과목	금액	소득처분
업무무관자산 관련이자	₩2,720,000	기타사외 유출	수입배당금 익금불산입	₩130,800	기타
의제배당(주식배당)	₩2,000,000	유보			

1. 지급이자 손금불산입액

$$₩34,000,000 \times \frac{₩40,000,000^* \times 365일}{₩182,500,000,000} = ₩2,720,000$$

* 업무무관자산은 부당행위계산의 부인규정에 의한 시가초과액을 포함한 금액으로 한다.

2. 수입배당금 익금불산입액

$$(₩2,000,000 - ₩31,280,000^* \times \frac{₩30,000,000 \times 365일}{₩600,000,000 \times 365일}) \times 30\% = ₩130,800$$

* ₩34,000,000 - ₩2,720,000 = ₩31,280,000

【문제 3】

(물음 1)

구분	해답
1. 종합과세 하는 이자소득 총수입금액	₩15,000,000
2. 종합과세 하는 배당소득 총수입금액	₩24,000,000
3. 배당가산액(gross-up 금액)	₩2,090,000

1. 금융소득의 구분

금융소득내역		무조건종합과세	조건부종합과세
이자소득	국외은행 예금이자	₩11,000,000	
	단기저축성보험 보험차익		₩4,000,000*2
배당소득	A법인 무상주 의제배당		15,000,000*1
	B법인 현금배당		9,000,000*1
합 계		₩11,000,000	₩28,000,000

*1. Gross-up대상 배당소득
*2. 단기저축성보험 보험차익 : ₩20,000,000 − ₩16,000,000 = ₩4,000,000
*3. 직장공제회초과반환금과 비실명배당소득은 무조건 분리과세 금융소득이다.

2. 이자소득 총수입금액 : ₩11,000,000 + ₩4,000,000 = ₩15,000,000
3. 배당소득 총수입금액 : ₩15,000,000 + ₩9,000,000 = ₩24,000,000
4. 귀속법인세액(Gross-up금액)
   Min[₩24,000,000, ₩19,000,000] × 11% = ₩2,090,000

(물음 2)

1. 총급여액

급여 및 상여금	₩30,000,000	
연구보조비	1,200,000	(₩2,400,000 − ₩200,000 × 6개월)
사내 강사료	500,000	
상해보험료	1,000,000	
단체순수보장성보험료	800,000	(₩1,500,000 − ₩700,000)
총급여액	₩33,500,000	

* 중소기업 또는 벤처기업의 기업부설연구소와 같은 연구개발 전담부서(중소기업 또는 벤처기업에 설치하는 것으로 한정)에서 연구활동에 직접 종사하는 자가 받는 연구보조비 또는 연구활동비 중 월 20만원 이내의 금액은 실비변상적 급여로 비과세한다.

2. 근로소득공제액
   ₩7,500,000 + (₩33,500,000 − ₩15,000,000) × 15% = ₩10,275,000

3. 근로소득금액
   ₩33,500,000 − ₩10,275,000 = ₩23,225,000

(물음 3)

구분	해답
1. 소득세가 과세되는 기타소득금액	₩23,100,000
2. 소득세가 과세되는 기타소득금액에 대하여 원천징수로 기납부한 소득세액	₩2,970,000

1. 소득세가 과세되는 기타소득금액

구 분	금 액	비 고
퇴직후 주식매수선택권행사이익	₩8,000,000	(₩9,000 − ₩5,000)×2,000주
연금계좌에서 연금외수령한 기타소득	5,000,000	무조건 분리과세
공익사업 관련 지역권 설정대가	1,500,000	₩10,000,000 − Max[₩8,500,000, ₩6,000,000]
계약금이 위약금으로 대체된 금액	7,000,000	무조건 종합과세
사업용고정자산과 함께 양도한 영업권	–	양도소득
유실물 습득으로 인한 보상금	600,000	
상속받은 저작권의 사용대가	1,000,000	저작권외의 자의 저작권사용료로 필요경비의 제규정이 적용되지 않음
계	₩23,100,000	

* 소득세가 과세되는 기타소득금액은 분리과세대상 기타소득금액을 포함한다.

2. 기타소득 원천징수세액(분리과세대상 포함)

구 분	금 액	비 고
연금계좌에서 연금외수령한 기타소득	₩750,000	₩5,000,000×15%
	2,220,000	₩11,100,000[*1]×20%
계	₩2,970,000	

*1. ₩23,100,000 − ₩5,000,000(연금외수령) − ₩7,000,000(계약금 → 위약금) = ₩11,100,000

*2. 소득세가 과세되는 기타소득금액에 대하여 원천징수로 기납부한 소득세액은 종합과세여부불문하고 이미 납부한 소득세액을 의미하는 것으로 분리과세대상을 포함한다.

(물음 4)

구 분	해 답
1. 종합소득과세표준에 포함할 연금소득금액	₩3,700,000
2. 종합소득과세표준에 포함할 연금소득금액에 대하여 원천징수로 기납부한 소득세액	₩0

1. 종합소득과세표준에 포함할 연금소득금액

(1) 총연금액 공적연금(국민연금) : $₩12,000,000 × \dfrac{₩600,000,000}{₩800,000,000} − ₩0 = ₩9,000,000$

(2) 총연금액 사적연금(연금계좌) : ₩6,000,000

(3) 사적연금의 종합과세여부 판단

사적연금의 총연금액이 ₩12,000,000 이하이므로 납세의무자가 분리과세를 선택할 수 있다.

① 분리과세시 세액 : ₩6,000,000×5% = ₩300,000

② 종합과세시 세액 : {₩6,000,000 − ₩1,100,000^{*1}} × 24%^{*2}(한계세율)

= ₩1,176,000

*1. 연금소득공제증가액 : a − b = ₩1,100,000

a. 사적연금 종합과세시 연금소득공제 : ₩6,300,000 + (₩15,000,000

− ₩14,000,000) × 10% = ₩6,400,000

b. 사적연금 분리과세시 연금소득공제 : ₩4,900,000 + (₩9,000,000 − ₩7,000,000)

× 20% = ₩5,300,000

* 2. 한계세율

사적연금을 제외한 과세표준은 다음과 같다.

구분	금액	비고
금융소득금액	₩41,090,000	
근로소득금액	23,225,000	
기타소득금액	18,100,000	₩23,100,000 − ₩5,000,000(무조건분리과세)
연금소득금액	3,700,000	₩9,000,000(공적연금) − ₩5,300,000(연금소득공제)
종합소득금액	₩86,115,000	
종합소득공제	(4,000,000)	
과세표준	₩82,115,000	

Max[①, ②] = ₩12,487,600

① 일반산출세액 : ₩20,000,000 × 14% + ₩62,115,000 × 기본세율 = ₩12,487,600

② 비교산출세액 : ₩39,000,000 × 14% + (₩82,115,000 − ₩41,090,000) × 기본세율

= ₩10,533,750

일반산출세액이 비교산출세액보다 크므로 일반산출세액 기준으로 ₩82,115,000 중

₩20,000,000(14%적용분)을 초과하는 금액은 ₩62,115,000으로 한계세율은 24%이다.

∴ 분리과세시 세부담이 가장 적으므로 분리과세를 선택한다.

(4) 종합소득과세표준에 포함할 연금소득금액 : ① − ② = ₩3,700,000

① 총연금액 : ₩9,000,000(공적연금) + ₩0(사적연금) = ₩9,000,000

② ₩5,300,000(연금소득공제)

2. 연금소득 원천징수세액(분리과세대상 제외)

공적연금을 지급하는 자는 연금소득간이세액표에 의한 세액을 원천징수하고 1월분 연금지급시 연말정산을 하므로 종합소득과세표준에 포함할 연금소득금액에 대하여 원천징수로 기납부한 소득세액은 연말정산시 연금소득금액에 대한 결정세액을 의미한다 .

(1) 연말정산시 과세표준 : ₩3,700,000(연금소득금액) − ₩4,000,000(종합소득공제)

= △₩300,000 → ₩0

(2) 원천징수세액 : ₩0

(물음 5)

구분	해답
1. 산출세액 A	₩14,932,000
2. 산출세액 B	₩12,280,000

1. 과세표준 : ₩43,300,000(금융소득금액) + ₩53,000,000 − ₩4,000,000(종합소득공제)
     = ₩92,300,000
2. 일반산출세액 : ₩20,000,000 × 14% + 72,300,000 × 기본세율 = ₩14,932,000 (산출세액 A)
3. 비교산출세액 : ₩41,000,000 × 14% + (92,300,000 − 43,300,000) × 기본세율
     = ₩12,280,000(산출세액 B)

【문제 4】

(물음 1) (2021년 수정)

구분번호	금　　액	세　　액
(1)	₩23,500,000*1	₩2,350,000
(4)	0*2	
(5)	40,000,000*3	−
(6)	11,100,000*4	−
(8)	−	△12,000,000*5

*1. 세금계산서 발급분 : ① + ② + ③ = ₩23,500,000
  ① 휴대폰 A 유상판매 : ₩150,000 × 50개 = ₩7,500,000
  ② 비영업용승용자동차 유상매각 : ₩15,000,000
  ③ 담보물 제공 대가 : ₩1,000,000(특수관계인이 아니므로 거래가액으로 과세함)
     사업자가 자기소유의 부동산을 타인의 채무에 대한 담보물로 제공하고 그 담보물 제공에 따른 대
     가를 받는 경우　부가가치세가 과세된다.(소비22601-765, 1985.7.16.)

*2. 종업원 경품(개인적 공급)
   사업자가 자기의 사업과 관련하여 실비변상적이거나 복지후생적인 목적으로 자기의 사용인에게 재화
   를 무상으로 공급하는 것으로서 다음에 예시하는 것에 대하여는 재화의 공급으로 보지 아니한다.
   ① 작업복 · 작업모 · 작업화
   ② 직장체육비 · 직장연예비와 관련된 재화
   ③ 경조사(설날 · 추석, 창립기념일 및 생일 등을 포함한다)와 관련된 재화로서 사용인 1명당 연간 10만
     원 이하의 재화를 제공하는 경우

*3. 내국신용장 공급 : ₩30,000,000(A) + ₩10,000,000(C) = ₩40,000,000
   공급받는 자의 검수를 필수적인 인도조건으로 하는 재화 또는 용역의 공급시기는 당해 재화 또는 용
   역의 검수가 완료되는 때이므로 매출처 B의 거래금액은 공급시기인 검수일이 속하는 2020년 제2기
   과세기간의 과세표준에 포함되어야 한다.

*4. ₩3,900,000 + $6,000 × ₩1,200(2021. 5. 1 기준환율) = ₩11,100,000
   직수출한 재화의 공급시기는 선적일(또는 기적일)이다.

*5. ₩132,000,000 × $\frac{10}{110}$ = ₩12,000,000

매출처	비 고
가	대손확정기한(2026.7.25.)내에 대손사유가 발생하였으며, 그 대손이 확정된 날이 속하는 과세기간(2022년 제1기)에 대손세액공제를 받을 수 있다.
나	대손확정기한(2027.1.25.)내에 대손사유가 발생하였으며, 그 대손이 확정된 날이 속하는 과세기간(2022년 제1기)에 대손세액공제를 받을 수 있다.
다	대손확정기한(2027.7.25.)내에 대손사유가 발생하였으며, 그 대손이 확정된 날이 속하는 과세기간(2022년 제2기)에 대손세액공제를 받을 수 있다.
라	대손확정기한(2027.7.25.)내에 대손사유가 발생하였으며, 그 대손이 확정된 날이 속하는 과세기간(2022년 제2기)에 대손세액공제를 받을 수 있다.

(물음 2) (2022 수정)

구분번호	금 액	세 액
(10)	₩70,000,000*1	₩7,000,000
(11)	90,000,000*2	9,000,000

*1. ₩10,000,000(휴대폰 A)+₩10,000,000(원재료 A)+₩50,000,000(공동경비)=₩70,000,000

원재료B의 공급시기는 2022.4.1.이나 세금계산서를 2022.7.28.에 발급받아 공급시기가 속하는 과세기간에 대한 확정신고기한까지 세금계산서를 발급받지 않았으므로 매입세액 불공제된다. 다만, 과세기간의 확정신고기한 다음날부터 1년 이내에 발급받은 것으로서 수정신고 · 경정청구하거나, 거래사실을 확인하여 결정 · 경정하는 경우 매입세액공제가 가능하다.

(공급가액의 0.5% 가산세는 적용됨)

*2. 건물 매입액 : $₩300,000,000 \times \dfrac{₩30,000,000}{₩70,000,000+₩30,000,000} = ₩90,000,000$

* 실지거래가액 구분이 불분명하고 2020.11.1. 감정평가업자의 감정평가가액이 있으므로 감정평가가액의 비율로 안분계산한다.

* 감정평가가액 : 공급시기(중간지급조건부 또는 장기할부판매의 경우는 최초공급시기)가 속하는 과세기간의 직전 과세기간 개시일부터 공급시기가 속하는 과세기간의 종료일까지 감정평가업자가 평가한 감정평가가액으로 한다.

(물음 3)

구분번호	금 액	세 액
(49)	₩10,000,000*	₩1,000,000

* ₩50,000,000 − ₩100,000,000×40% = ₩10,000,000

공동경비 중 공동경비 분담기준을 초과하여 부담한 금액은 사업과 직접 관련없는 지출로 매입세액 불공제된다.

(물음 4)

1. 폐업시 잔존재화

구 분	계산내역	과세표준
유가증권	재화에 해당하지 않음	–
원재료	시 가	₩40,000,000
토지	면 세	–
건물A	₩100,000,000×(1 – 5%×12)	40,000,000
기계장치	₩160,000,000×(1 – 25%×2)×20%*1	16,000,000
차량운반구	매입세액불공제분	–
비품*2	₩10,000,000×(1 – 25%×4)×20%*1	–
계		₩96,000,000

*1. 직전과세기간의 공급가액비율 : $\dfrac{₩100,000,000}{₩100,000,000 + ₩400,000,000} = 20\%$

　　과세사업과 면세사업을 겸영하는 일반사업자가 사업을 폐지하는 때에 잔존하는 감가상각자산에 대한 자가공급의 부가가치세 과세표준은 간주시가를 산정한 후 과세사업과 면세사업등에 공통으로 사용된 재화의 공급가액 계산규정에 의해 안분 계산한 가액으로 한다.

*2. 비품 중 그림(1998년 창작품)은 면세이다.

2. 건물B 유상공급

　₩100,000,000×20%*1 = ₩20,000,000

*1. 직전과세기간의 공급가액비율 : $\dfrac{₩100,000,000}{₩100,000,000 + ₩400,000,000} = 20\%$

*2. 폐업 전에 공급한 재화 또는 용역의 공급시기가 폐업일 이후에 도래하는 경우에는 그 폐업일을 공급시기로 한다.

3. 과세표준

　₩96,000,000 + ₩20,000,000 = ₩116,000,000

세법학1부

김 재 상 (세무사 / 웅지세무대학교 교수)

【문제 1】

(물음 1) 후발적 경정청구

1. 취지

　　후발적 경정청구제도는 납세의무 성립 후 일정한 후발적 사유의 발생으로 말미암아 과세표준 및 세액의 산정기초에 변동이 생긴 경우 납세자로 하여금 그 사실을 증명하여 감액을 청구할 수 있도록 함으로써 납세자의 권리구제를 확대하려는 데 그 취지가 있는 것으로서 개별세법에 다른 규정이 없는 한 그 적용범위를 함부로 제한할 것이 아니다.

2. 후발적 경정청구

(1) 의의

과세표준신고서를 법정신고기한까지 제출한 자 또는 국세의 과세표준 및 세액의 결정을 받은 자는 일정 사유가 발생한 때에는 일반적인 경정 등의 청구기한에 불구하고 그 사유가 발생한 것을 안 날부터 3개월 이내에 결정 또는 경정을 청구할 수 있다.

(2) 청구사유

① 최초의 신고 · 결정 또는 경정에 있어서 과세표준 및 세액의 계산근거가 된 거래 또는 행위 등이 그에 관한 소송에 대한 판결(판결과 같은 효력을 가지는 화해 그 밖의 행위를 포함)에 의하여 다른 것으로 확정되었을 때

② 소득이나 그 밖의 과세물건의 귀속을 제3자에게로 변경시키는 결정 또는 경정이 있을 때

③ 조세조약에 따른 상호합의가 최초의 신고 · 결정 또는 경정의 내용과 다르게 이루어졌을 때

④ 결정 또는 경정으로 인하여 그 결정 또는 경정의 대상이 되는 과세기간 외의 과세기간에 대하여 최초에 신고한 국세의 과세표준 및 세액이 세법에 따라 신고하여야 할 과세표준 및 세액을 초과할 때

⑤ 최초의 신고 · 결정 또는 경정을 할 때 과세표준 및 세액의 계산근거가 된 거래 또는 행위 등의 효력과 관계되는 관청의 허가나 그 밖의 처분이 취소된 경우

⑥ 최초의 신고 · 결정 또는 경정을 할 때 과세표준 및 세액의 계산근거가 된 거래 또는 행위 등의 효력과 관계되는 계약이 해제권의 행사에 의하여 해제되거나 해당 계약의 성립 후 발생한 부득이한 사유로 해제되거나 또는 취소된 경우

⑦ 최초의 신고 · 결정 또는 경정을 할 때 장부 및 증거서류의 압수, 그 밖의 부득이한 사유로 과세표준 및 세액을 계산할 수 없었으나 그 후 해당 사유가 소멸한 경우

⑧ 그 밖에 이에 준하는 사유가 있는 경우

3. 후발적 경정청구 사유 해당여부

(1) 결어

주어진 사례의 경우에는 후발적 경정청구 사유에 해당하지 아니한다.

(2) 법인세법의 규정 적용

법인세에서 위 2의 (2)에서 서술한 후발적 경정청구 사유 중 '해제권의 행사나 부득이한 사유로 인한 계약의 해제'는 원칙적으로 후발적 경정청구사유가 된다.

다만 ① 법인세법이나 관련 규정에서 일정한 계약의 해제에 대하여 그로 말미암아 실현되지 아니한 소득금액을 그 해제일이 속하는 사업연도의 소득금액에 대한 차감사유 등으로 별도로 규정하고 있거나 ② 경상적 · 반복적으로 발생하는 상품판매계약 등의 해제에 대하여 납세의무자가 기업회계의 기준이나 관행에 따라 그 해제일이 속한 사업연도의 소득금액을 차감하는 방식으로 법인세를 신고하여 왔다는 등의 특별한 사정이 있는 경우에는 그러한 계약의 해제는 당초 성립하였던 납세의무에 영향을 미칠 수 없으므로 후발적 경정청구사유가 될 수 없다고 할 것이다.

(3) 2012년도 개정세법

정부는 법인세법 기본통칙(40-69…4) "건설업을 영위하는 내국법인의 소득금액을 계산함에

있어서 당초 작업진행률에 의하여 계상한 수입금액이 공사계약의 해약으로 인하여 수입금액으로 확정된 금액과 차액이 발생된 경우에는 그 차액을 해약일이 속하는 사업연도의 익금 또는 손금에 산입한다"는 규정을 법령으로 명확화하기 위하여 2012년 세법개정을 통하여 법인세법 시행령 제69조 ③항을 신설하였고, 부칙을 통해 2012년 1월 1일부터 적용하도록 하였다.

⑷ 소결
국세기본법 시행령 25조의 2를 통해 '해제권의 행사나 부득이한 사유로 인한 계약의 해제'가 후발적 경정청구사유로 규정하고 있으나, 법인세법시행령 제69조 ③항에 공사계약의 해약에 따른 수입금액 계산을 그 해제일이 속하는 사업연도의 소득금액에 대한 차감사유 등으로 별도로 규정하고 있어, 계약해제에 대한 손익의 귀속시기에 대하여 「법인세법 시행령」에 명문화된 이후의 사건에 대하여까지 소급하여 익금과 손금을 재산정하는 것은 아니라 할 것이다.

(물음 2)

1. 결어
분양계약 해제로 인한 수입금액은 그 분양계약 해제일인 <u>2014년</u> 귀속분으로서 과세관청의 법인세 경정청구의 거부는 적법하다.

2. 사례적용
⑴ 귀속시기의 적용 판단
법인세법상 예약매출에 대한 손익은 각 사업연도마다 작업진행률 및 분양률에 의하여 수입과 비용을 산정하여 결산을 확정하고 법인세를 신고·납부하는 것이다.
따라서, 일반적으로 계속기업을 전제로 할 경우 수분양자의 일부 분양계약의 해제로 인하여 발생한 수입금액과의 차액은 해약일이 속하는 사업연도의 손익에 반영하는 것이 재무정보의 신뢰성 및 법적 안정성, 조세행정의 복잡화 등을 방지할 수 있어 합리적이라고 할 것이다.

⑵ 부칙적용
2012.2.2. 대통령령으로 신설된 「법인세법 시행령」 제69조 제3항, 부칙 제2조에서 2012.1.1. 이후 개시하는 사업연도 분부터 아파트분양계약을 해제하는 경우에는 계약해제일이 속하는 사업연도에 사업손익을 인식하도록 규정하고 있으므로, 이 건 2012.1.1. 이후 개시하는 사업연도(<u>2014년</u> 12월 경)에 분양계약이 해제된 부분에 대하여 경정을 거부한 것에는 잘못이 없다고 하겠다.

【문제 2】

(물음 1)

기타소득에 해당하는 위약금과 배상금이 되기 위한 요건은 다음과 같다.

1. 재산권에 관한 계약일 것
'재산권에 관한 계약'이란 엄격한 의미의 계약만을 가리킨다고 봄이 타당하므로, 당초 재산권에 관한 계약과 관계가 없던 것으로서 소송상 화해로 비로소 발생하는 의무의 위반을 원인으로 한 배상금은 해당한다고 볼 수 없다.

2. 계약의 위약 또는 해약으로 인한 손해배상일 것

'위약금과 배상금'이란 재산권에 관한 계약의 위약 또는 해약으로 받는 손해배상금으로서, 보험금을 지급할 사유가 발생하였음에도 불구하고 보험금 지급이 지체됨에 따라 받는 손해배상을 포함한다.

3. 지급 자체에 대한 손해를 넘는 손해에 해당하는 가액일 것

그 명목여하에 불구하고 본래의 계약의 내용이 되는 지급 자체에 대한 손해를 넘는 손해에 대하여 배상하는 금전 또는 그 밖의 물품의 가액을 말한다. 이 경우 계약의 위약 또는 해약으로 반환받은 금전 등의 가액이 계약에 따라 당초 지급한 총금액을 넘지 아니하는 경우에는 지급 자체에 대한 손해를 넘는 금전 등의 가액으로 보지 않는다.

4. 그 밖의 사항

① 계약의 위약 또는 해약으로 인하여 타인의 신체의 자유 또는 명예를 해하거나 기타 정신상의 고통 등을 가한 것과 같이 재산권 외의 손해에 대한 배상 또는 위자료로서 받는 금액은 포함되지 않는다.

② 교통사고로 인하여 사망 또는 상해를 입은 자 또는 그 가족이 그 피해보상으로 받는 사망·상해 보상이나 위자료는 소득세 과세대상소득에 해당되지 않는다.

③ 「공익사업을 위한 토지 등의 취득 및 보상에 관한 법률」에 따라 지급받는 손실보상금 및 이에 따른 지연손해금은 재산권에 관한 계약의 위약 또는 해약으로 인해 받는 위약금과 배상금에 해당하지 않으며 기타소득에 해당하지 않는다.

(물음 2)

1. 결어

주어진 사례의 지연손해금은 기타소득에 해당한다.

2. 소득세법 규정

소득세법에 의하면 계약의 위약 또는 해약으로 인하여 받는 위약금과 배상금을 기타소득의 하나로 들고 있고, 위약 또는 해약으로 인하여 받은 위약금 또는 배상금은 재산권에 관한 계약의 위약 또는 해약으로 인하여 받는 손해배상으로서 그 명목 여하에 불구하고 본래의 계약의 내용이 되는 지급자체에 대한 손해를 넘는 손해에 대하여 배상하는 금전 또는 기타의 물품의 가액으로 한다고 규정하고 있다.

3. 대법원 판례

채무의 이행지체로 인한 지연배상금이 본래의 계약의 내용이 되는 지급자체에 대한 손해라고 할 수는 없는 것이고 나아가 그 채무가 금전채무라고 하여 달리 해석할 것은 아니므로, 금전채무의 이행지체로 인한 약정지연손해금의 경우도 위 법령에 의한 기타소득이 되는 위약금 또는 배상금에 포함되는 것이라고 할 것이다.(대법원 94다3070, 1994.05.24.)

(물음 3)

1. 소득의 종류 : 기타소득

⑴ 대물변제에 해당

사례에 의하면, 甲이 <u>2018. 9. 23.</u> 丙에 대하여 금전채무를 부담하였다가 이를 이행하지 못

하자 약정에 따라 <u>2020. 10. 15.</u> 금전채무의 이행에 갈음하여 甲이 丙에게 양도대금채권을 양도하였다.

이는 본래의 채무의 이행에 갈음하여 다른 급부를 함으로써 변제와 같은 효력을 지니게 되는 대물변제를 예약한 것으로 보는 것이 타당하며, 실제 丙은 해당 금액을 지급받았으므로 쟁점 채권의 취득원인은 기존의 채무를 변제한 것이며 丙은 해당 채권의 소유권을 완전하게 취득한 것이라고 볼 수 있다.

(2) 소득세법 규정

계약의 위약 또는 해약으로 인하여 받는 소득으로서 ① 위약금 ② 배상금 ③ 부당이득 반환 시 지급받는 이자는 기타소득으로 과세된다.

여기서 위약금과 배상금이란 재산권에 관한 계약에 있어서의 채무불이행 또는 계약의 해제 및 해지로 인하여 받는 위약금·해약금 또는 기타의 손해배상금으로서 본래의 계약에 의하여 지급하기로 약정한 손해를 초과하는 손해배상금을 말한다.

(3) 대법원 판례

매수인이 매도인과 매매계약을 해약하면서 그로부터 당초 지급한 매매대금 상당액을 넘는 금액을 지급받은 것은 본래의 계약의 내용이 되는 지급 자체에 대한 손해를 넘는 손해에 대하여 배상하는 금전을 취득하는 경우로서 기타소득인 계약의 위약 또는 해약으로 인하여 받는 위약금 또는 배상금에 해당한다.

(4) 과세소득 금액 : 10억원

<u>2020. 10. 15</u> 甲은 금전채무를 이행하지 못하자 양도대금채권을 양도하여 당초채무가 대물변제로 소멸되었으므로 채권가액 20억원 중 채무의 원리금 10억을 초과하는 부분을 기타소득 보아야 한다.

2. 과세방법

(1) 원천징수

국내에서 거주자 또는 비거주자에게 기타소득을 지급하는 자는 해당 세액을 원천징수하여 그 징수일이 속하는 달의 다음 달 10일까지 정부에 납부하여야 한다.

<u>다만, 계약의 위약 또는 해약으로 인하여 받는 위약금과 배상금 중 계약금이 위약금·배상금으로 대체되는 경우에는 원천징수하지 않는다.</u>

(2) 종합과세와 분리과세

기타소득은 원칙적으로 종합소득과세표준에 합산하여 과세하나, 기타소득금액이 300만원이하이면서 원천징수된 소득은 납세의무자의 손택에 따라 분리과세를 선택하여 종합소득과세표준에 합산하지 않을 수 있다.

<u>다만, 계약의 위약 또는 해약으로 인하여 받는 위약금과 배상금 중 계약금이 위약금·배상금으로 대체되는 경우에는 무조건 종합과세한다.</u>

(3) 과세최저한

일반적인 기타소득금액이 건별로 5만원 이하인 경우에는 소득세를 과세하지 않는다.

3. 수입시기

(1) 쟁점

기타소득의 수입시기가 양도대금채권의 양도시기인지 해당 채권의 대금회수시기인지 여부

(2) 결어

해당 소득의 수입시기는 양도대금채권의 대금회수시기인 <u>2021년 6월 1일이다.</u>

(3) 판례의 입장

사법상 성질이나 효력에 불구하고 일정한 경제적 이익을 지배 · 관리 · 향수하는 경우에 납세자금을 부담할 담세력이 있다고 보아 그에 대하여 부과하는 것이므로, 사법상 어떠한 소득이 생긴 것으로 보이더라도 그것이 계산상 · 명목상의 것에 불과할 뿐 실제로는 경제적 이익을 지배 · 관리 · 향수할 수 없고 담세력을 갖추었다고 볼 수 없다면, 소득세의 과세대상인 소득이 있다고 할 수 없다.

채무자가 양도하는 채권의 가액에서 원래 채권의 원리금을 넘는 금액을 채무불이행으로 인한 위약금 또는 배상금으로서 채권자에게 귀속시키려는 의사로 채무변제에 갈음한 채권양도를 한 경우, 채권자로서는 비록 채무자 및 채권 액면금액 등이 변경되기는 하지만 여전히 채권이라는 형태의 자산을 보유한 채 그 실질적 · 종국적인 만족을 얻지 못한 상태에 머물게 된다는 점에서 종전과 다름이 없다.

소득세법에서도 기타소득의 수입시기를 원칙적으로 '지급을 받은 날'로 규정하고 있다.

(4) 소결

이러한 점들에 비추어 보면, 채권자가 채무변제에 갈음한 채권양도로 원래 채권의 원리금을 넘는 새로운 채권을 양수함으로써 원래의 채권이 소멸한 것만으로는 특별한 사정이 없는 한 아직 원래의 채권에 대한 기타소득이 발생하였다고 할 수 없고, 그 양수한 채권에 기하여 채권자가 원래의 채권의 원리금을 초과하는 금액을 현실로 추심한 때에 비로소 원래의 채권에 대한 기타소득이 발생한다고 보아야 할 것이다.

【문제 3】

(물음 1) 비영리내국법인

A중앙회는 비영리내국법인으로서 영리법인이 아님에도 법인세 납세의무를 부담하는 근거와 범위는 다음과 같다.

1. 비영리법인의 개념

비영리내국법인이란 학술 · 종교 등 영리 아닌 사업을 목적으로 하는 법인을 말한다. 이는 이윤추구를 통하여 가득한 경제적 이익을 구성원에게 분배하지 않는다는 것을 의미한다.

따라서 비영리법인은 그 수익사업에서 가득한 이윤을 구성원에게 분배할 수 없고 고유목적사업에 사용하여야 하는 것이다.

2. 과세대상소득 및 근거

비영리내국법인은의 과세소득의 범위는 다음과 같다.

(1) 각사업연도소득

비영리내국법인은 영리를 목적으로 하지 않기 때문에 고유목적사업을 제외한 다음과 같이 열거된 수익사업에서 발생하는 과세소득에 대하여 과세한다.

① 제조업, 건설업, 도매업 · 소매업, 소비자용품수리업, 부동산 · 임대 및 사업서비스업 등의 사업소득

② 「소득세법」에 따른 이자소득

③ 「소득세법」에 따른 배당소득

④ 주식·신주인수권 또는 출자지분의 양도로 인하여 생기는 수입

⑤ 고정자산(처분일 현재 3년 이상 계속하여 고유목적사업에 직접 사용하는 고정자산의 처분으로 인한 수입은 제외한다)의 처분으로 인하여 생기는 수입

⑥ 양도소득세 과세대상자산인 부동산에 관한 권리와 기타자산의 양도로 인하여 생기는 수입

⑦ 소득세법에 다른 이자소득이 발생하는 채권 등을 매도함에 다른 채권매매익

(2) 토지 등 양도소득

비영리내국법인 등은 법인의 종류에 관계없이 법인이 주택 및 별장, 비사업용 토지 등을 양도하는 경우에는 그 토지등양도소득에 10%(미등기 토지등은 40%)를 곱하여 산출한 세액을 일반법인세에 추가하여 납부하여야 한다. 이는 법인의 부동산투기를 방지하기 위하여 추가과세하는 것이다.

(3) 청산소득

비영리내국법인은 청산소득에 대한 법인세 납세의무는 부담하지 않는다.

3. 구분경리

비영리법인은 수익사업에서 생기는 소득에 대하여 법인세의 납세의무가 있기 때문에 수익사업과 기타사업을 구분하여 경리하여야 한다. 이 경우, 수익사업과 비영리사업의 구분경리는 수익과 비용에 관한 경리분만 아니라 자산과 부채에 관한 경리를 포함하는 것으로 한다

(물음 2)

1. 부당행위계산부인(가지급금 인정이자 익금산입)

(1) 의의

법인세법에서 정한 부당행위계산부인이란 법인이 특수관계에 있는 자와의 거래에 있어 정상적인 경제인의 합리적인 방법에 의하지 아니하고 부당한 거래형태를 빙자하여 남용함으로써 조세부담을 부당하게 회피하거나 경감시킨 경우에 과세권자가 이를 부인하고 법령에 정한 방법에 의하여 객관적이고 타당하다고 보이는 소득이 있는 것으로 의제하는 제도이다.

이러한 이상(異常)한 법형식을 통한 조세를 회피하는 것을 방지하고 조세평등주의를 구현하기 위하여 법인세법은 가지급금에 대한 규제를 하고 있다.

(2) 적용요건

가지급금에 대한 법인세법상 규제의 적용요건은 다음과 같다.

① 특수관계인과의 거래일 것

그 행위 당시를 기준으로 하여 해당 법인과 특수관계인 간의 거래에 대하여 이를 적용한다. 이 경우 해당 법인도 그 특수관계인의 특수관계인으로 본다.

② 해당 법인의 부당한 행위·계산으로 조세부담이 감소되었다고 인정될 것

이 경우 당사자의 주관적인 조세회피 의사는 필요하지 않다.

③ 현저한 이익을 분여할 것

시가와 거래가액의 차액이 시가의 5%에 상당하는 금액이거나 3억원 이상인 경우에 한정하여 부당행위계산의 부인규정을 적용한다.

④ 가지급금의 개념에 부합할 것

'가지급금이란' 명칭 여하에 불구하고 해당 법인의 업무와 관련이 없는 자금대여액을 말한다. 비영리법인에게 있어서 업무무관 가지급금은 주된 수익사업으로 볼 수 없는 자금의 대여액이 여기에 포함하도록 규정하고 있다.

2. 업무무관 가지급금 손금불산입

　(1) 의의

　　법인세법은 법인이 업무무관자산을 취득·보유하거나 특수관계인에게 업무와 관련없는 가지급금을 지급하고 있는 경우에 그에 상당하는 지급이자는 이를 손금에 산입하지 않는다.

　　이러한 규정의 입법목적은 차입금을 보유하고 있는 법인이 특수관계자에게 업무와 관련없이 가지급금 등을 지급한 경우에는 이에 상당하는 차입금의 지급이자를 손금불산입하도록 하는 조세상의 불이익을 주어, 차입금을 생산적인 부분에 사용하지 아니하고 특수관계자에게 대여하는 비정상적인 행위를 제한함으로써 타인자본에 의존한 무리한 기업확장으로 기업의 재무구조가 악화되는 것을 방지하고, 기업자금의 생산적 운용을 통한 기업의 건전한 경제활동을 유도하는 데에 있다.

　(2) 적용요건

　　① 업무무관자산을 보유하거나 특수관계인에게 업무무관 가지급금을 지급할 것

　　　가지급금의 개념 및 범위는 지급이자 손금불산입 규정과 동일하다.

　　② 차입금에 대한 지급이자를 계상하고 있을 것

　　　적정한 이자를 수령하고 있는 경우에도 규제대상자산에 포함한다.

(물음 3)

1. 결어

　사례의 대여거래에 대하여는 법인세법상 부당행위계산부인이나 업무무관 가지급금의 손금불산입 관련 규정을 적용할 수 없어 과세관청의 처분은 위법하다.

2. 쟁점

　회원조합에 365코너 설치비용 무이자 대여가 업무무관 가지급금 및 부당행위계산부인 규정에 적용되는지 여부

3. 사례적용

　(1) 고유목적사업에 해당함

　　① 고유목적사업 : 법인세법에서 '고유목적사업'이라 함은 당해 비영리내국법인의 법령 또는 정관에 규정된 설립목적을 직접 수행하는 사업으로서 수익사업 외의 사업을 말한다.

　　② 정관규정 : A중앙회의 정관에는 그 목적을 달성하기 위한 a)회원의 상환준비금과 여유자금의 운영·관리, b)회원과 그 조합원의 사업 및 생활개선을 위한 정보망의 구축, c)정보화교육 및 보급 등을 위한 사업 수행'을 규정하고 있다.

　　③ A중앙회가 소속 조합원들을 위해 365일 운영되는 현금자동인출기 코너 설치를 지원하는 것은 b)회원과 그 조합원의 사업 및 생활개선을 위한 정보망의 구축사업에 해당하므로, 이 사건 대여거래는 원고가 고유목적사업에 사용하기 위하여 수익사업에 속하는 차입금을 무상으로 대여한 경우에 해당한다.

　(2) 업무무관 가지급금 및 부당행위계산부인의 적용 불가

　　비영리법인의 경우 부당행위계산부인이나 업무무관 가지급금의 손금불산입 관련 규정은 법인세의 납세의무가 있는 수익사업에 관한 거래에 대하여만 적용되고, 비영리법인이 고유목적사업에 사용하기 위하여 수익사업에 속하는 차입금을 특수관계자에게 무상으로 대여한 경우에는

그것을 수익사업에 관한 거래로 보기 어려우므로 이에 대하여는 부당행위계산부인이나 업무무
관 가지급금의 손금불산입 관련 규정을 적용할 수 없다.

(3) 비영리법인의 특수성

비영리내국법인에 대하여는 소득이 있더라도 그 소득이 수익사업으로 인한 것이 아닌 이상 법
인세를 부과할 수 없고, 비영리법인이 고유목적사업에 지출하기 위하여 고유목적사업준비금을
계상한 경우에 한하여 일정한 범위 안에서만 손금에 산입하도록 하고 있으나, 고유목적사업준
비금을 계상하지 않고 고유목적사업에 지출한 경우에는 비영리내국법인의 수익사업에 속하는
잉여금 및 자본원입액에서 상계할 수밖에 없다.

【문제 4】

(물음 1) 동거주택 상속공제 (2022 수정)

Ⅰ. 상속세법상 규정

1. 공제요건

거주자의 사망으로 상속이 개시되는 경우로서 다음의 요건을 모두 갖춘 경우에는 일정한 금액
을 상속세 과세가액에서 공제한다.

① 피상속인과 상속인(직계비속 및 「민법」 제1003조 제2항에 따라 상속인이 된 그 직계비속
의 배우자인 경우로 한정)이 상속개시일부터 소급하여 10년 이상(상속인이 미성년자인 기
간은 제외함) 계속하여 하나의 주택에서 동거할 것

② 피상속인과 상속인이 상속개시일부터 소급하여 10년 이상 계속하여 1세대를 구성하면서
1세대1주택에 해당할 것. 이 경우 무주택 기간이 있는 경우 해당 기간은 전단에 따른 1세
대1주택에 해당하는 기간에 포함함.

③ 상속개시일 현재 무주택자이거나 <u>피상속인과 공동으로 1세대를 공동으로 1세대 1주택을
보유한 자로서</u> 피상속인과 동거한 상속인이 상속받은 주택일 것

2. 공제금액

위 요건을 모두 충족한 경우에는 다음의 금액을 상속세과세가액에서 공제한다. 다만, 그 공제
할 금액은 <u>6억원</u>을 한도로 한다.

> <u>동거주택상속공제액 = MIN{상속주택가액(단, 상속주택에 담보된 채무액은 차감한다), 6억원}</u>

3. 일시적 2주택이상의 경우

'1세대 1주택'이란 소득세법에 따른 1세대가 1주택(소득세법에 따른 고가주택을 포함함)을 소
유한 경우를 말한다. 이 경우 1세대가 다음 중 어느 하나에 해당하여 2주택 이상을 소유한 경
우에도 1세대가 1주택을 소유한 것으로 본다.

① 피상속인이 다른 주택을 취득(자기가 건설하여 취득한 경우를 포함함)하여 일시적으로 2주
택을 소유한 경우. 다만, 다른 주택을 취득한 날부터 2년 이내에 종전의 주택을 양도하고
이사하는 경우만 해당함.

② 상속인이 상속개시일 이전에 1주택을 소유한 자와 혼인한 경우. 다만, 혼인한 날부터 5년
이내에 상속인의 배우자가 소유한 주택을 양도한 경우만 해당함.

③ 피상속인이 문화재보호법에 따른 등록문화재에 해당하는 주택을 소유한 경우

④ 피상속인이 소득세법에 따른 이농주택을 소유한 경우

⑤ 피상속인이 소득세법에 따른 귀농주택을 소유한 경우

⑥ 1주택을 보유하고 1세대를 구성하는 자가 상속개시일 이전에 60세 이상의 직계존속을 동거봉양하기 위하여 세대를 합쳐 일시적으로 1세대가 2주택을 보유한 경우. 다만, 세대를 합친 날부터 10년 이내에 피상속인 외의 자가 보유한 주택을 양도한 경우만 해당한다.

⑦ 피상속인이 상속개시일 이전에 1주택을 소유한 자와 혼인함으로써 일시적으로 1세대가 2주택을 보유한 경우. 다만, 혼인한 날부터 5년 이내에 피상속인의 배우자가 소유한 주택을 양도한 경우만 해당한다.

4. 동거기간의 계산특례

동거주택 상속공제의 적용 여부를 판단함에 있어 피상속인과 상속인이 다음의 어느 하나에 해당하는 사유로 인해 동거하지 못한 경우에는 이를 계속하여 동거한 것으로 보되, 그 동거하지 못한 기간은 동거 기간에는 산입하지 아니한다.

① 징집

② 초·중등교육법에 따른 학교(유치원·초등학교 및 중학교는 제외함) 및 고등교육법에 따른 학교에의 취학

③ 직장의 변경이나 전근 등 근무상의 형편

④ 1년 이상의 치료나 요양이 필요한 질병의 치료 또는 요양

⑤ 위 ①~④와 비슷한 사유로서 기획재정부령으로 정하는 사유

Ⅱ. 공제가능여부

1. 요건검토

① 동거기간 : 부천아파트 취득일인 2009. 3. 1.부터 상속개시일인 2022. 3. 1.은 총13년이다. 부천아파트 취득당시 상속인 乙은 만21세로서 미성년자인 기간은 없었으며 2년간의 군복무기간도 계속 동거한 것으로 보므로 상속개시일부터 소급하여 10년 이상 계속하여 하나의 주택에서 동거하였다.

② 피상속인 甲과 상속인 乙이 상속개시일부터 소급하여 10년 이상 계속하여 1세대를 구성하면서 1세대 1주택에 해당 한다.

③ 乙은 상속개시일 현재 무주택자로서 甲과 동거한 상속인이며 부천아파트를 상속받았다.

2. 공제가능여부

위 요건을 충족하였으므로 동거주택상속공제는 가능하다.

(물음 2) 상속공제의 한도

1. 공제 적용의 한도

거주자의 사망으로 인해 상속이 개시되는 경우 기초공제, 배우자 공제, 그 밖의 인적공제, 일괄공제, 금융재산 상속공제, 재해손실 공제 및 동거주택 상속공제는 다음의 금액을 한도로 공제한다. 다만, ③은 상속세 과세가액이 5억원을 초과하는 경우에만 적용한다.

상속공제의 종합한도

〈상속세 과세가액〉
① 상속인이 아닌 자에게 유증·사인증여 한 재산의 가액
② 상속인의 상속 포기로 그 다음 순위의 상속인이 상속받은 재산의 가액
③ 상속세 과세가액에 가산한 증여재산가액(증여공제 받은 금액이 있으면 그 증여재산가액에서 그 공제받은 금액을 뺀 가액을 말함)

---

2. 입법취지

상속공제의 한도를 정하여 놓은 이유는 상속공제의 입법 취지가 상속개시에 의하여 취득하는 재산에 대하여 피상속인의 가족상황을 고려하여 상속세 부담을 덜어주자는 데 있고, 유증 등 재산가액과 5년 또는 10년내에 증여한 재산가액을 상속재산가액에 합산하는 취지는 상속세 부담에 있어서 초과 누진세율의 회피를 목적으로 과세가액을 감소시키는 변태수법을 방지하고자 하는 데에 있으므로 각각의 제도적 취지가 상이하다.

즉, 상속재산가액에 합산되는 유증 등 재산가액과 증여재산가액까지 상속공제를 허용하면 초과누진세율 적용회피를 방지하고자 합산하는 본래의 취지에도 어긋나므로 합산된 유증 등 재산가액과 증여재산가액을 과세가액에서 차감하도록 한 것이다.

3. 사례적용

주어진 사례에서 상속공제의 종합한도는 다음과 같이 계산된다.

상속세 과세가액 : 15억원

－ 丁에게 유증 한 인천상가의 가액
－ 丙의 상속포기로 丁이 상속받은 김포토지의 가액
－ 丙에 대한 강화토지의 증여재산가액(5,000만원 증여공제 받은 금액을 뺀 가액)

세법학2부

김 재 상(세무사 / 웅지세무대학교 교수)

【문제 1】

(물음 1) 용역 공급의 특례

1. 용역의 자가공급
   (1) 의의
       용역의 자가공급이란 사업자가 다른 사업자로부터 당해 용역을 공급받는 것으로 가정하는 경우

에 그에 관한 매입세액을 사업자가 부담하여야 할 용역 등과 같은 특정의 용역에 대하여 사업자가 자기의 사업을 위하여 직접 자기에게 용역을 공급하는 경우에 비록 그 거래가 회계학상의 내부거래에 지나지 아니한다 하더라도 조세상의 필요에 의하여 사업자가 사업자인 자기에게 그 용역을 공급하는 것으로 의제하는 것을 말한다.

(2) 범위

용역의 자가공급으로서 과세대상이 되는 용역은 당해 용역이 사업자 자기에게 무상으로 공급되어 다른 동업자와의 과세형평이 침해되는 경우로서 그 대상 및 이에 필요한 사항은 시행규칙으로 정하도록 하고 있으나 현재로서는 이에 관하여 규정하고 있지 아니한 관계로 실질적으로 용역의 자가공급으로서 과세대상으로 하고 있는 것은 없다.

(3) 부가가치세 과세여부

따라서 사업자가 자기의 사업을 위하여 직접 자기에게 용역을 공급하는 경우에는 용역의 자가공급으로서 과세대상으로 규정하고 있는 것은 없으므로 모든 용역의 자가공급은 부가가치세의 과세대상에 해당되지 아니한다.

2. 용역의 무상공급과 근로의 제공

일반적인 용역의 공급은 계약상 또는 법률상의 모든 원인에 의하여 역무를 제공하거나 재화, 시설물 또는 권리를 사용하게 하는 것으로 한다. 그러나 이러한 계약상 또는 법률상의 모든 원인에 의한 역무의 제공, 재화 · 시설물 또는 권리의 사용이라 하더라도 재화의 공급의제와는 달리 대가를 받지 아니하고 타인에게 용역을 공급하는 것은 용역의 공급으로 보지 아니하며 또한 고용관계에 의하여 근로를 제공하는 것도 용역의 공급으로 보지 아니한다.

(1) 용역의 무상공급

사업자가 대가를 받지 아니하고 타인에게 용역을 공급하는 것은 용역의 공급으로 보지 아니한다. 다만, 사업자가 특수관계인에게 사업용 부동산의 임대용역 등을 공급하는 것은 용역의 공급으로 본다. 한편 산업교육진흥 및 산학연협력촉진에 관한 법률에 따라 설립된 산학협력단과 대학 간 사업용 부동산의 임대용역은 용역의 공급으로 보지 아니한다.

(2) 근로의 제공

고용관계에 의하여 근로를 제공하는 것은 용역의 공급으로 보지 아니한다. 이러한 근로의 대가는 인건비로서 부가가치세의 과세기준이 되는 부가가치의 생산요소가 되기 때문에 부가가치세의 이론적인 이유에 의하여 용역의 공급으로 보지 아니한다.

(물음 2) 판매목적 타사업장 반출

1. 의의

사업장이 둘 이상인 사업자가 자기의 사업과 관련하여 생산 또는 취득한 재화를 판매할 목적으로 자기의 다른 사업장에 반출하는 것은 재화의 공급으로 보는데, 이는 재화의 공급으로 의제하여 부가가치세 납부기한과 환급기한 사이에 사업자의 자금부담을 완화시켜주기 위함이다.

2. 적용요건

(1) 판매목적

판매목적이란 현금판매, 외상판매, 할부판매, 장기할부판매, 조건부 및 기한부판매, 위탁판매 및 매매계약 등에 의하여 재화를 인도 또는 양도하기 위한 목적으로 다른 사업장에 반출하는 것을 의미한다.

(2) 다른 사업장

다른 사업장이란 사업자가 자기의 사업과 관련하여 생산 또는 취득한 재화를 직접 판매하기 위하여 특별히 판매시설을 갖춘 장소인 직매장만을 의미하는 것이 아니라 기타의 사업장도 포함하는 개념으로 사용되고 있다.

(3) 반출

반출은 일반적으로 재화를 일정한 장소에서 다른 장소로 운반하여 옮기는 것, 즉 공간적 이동을 의미한다 할 것이나 이러한 공간적 이동이 아닌 경우에도 재화의 반출로 보아 재화의 공급으로 하는 사례가 있다.

3. 적용제외

다만, 다음의 어느 하나에 해당하는 경우는 재화의 공급으로 보지 아니한다.

① 사업자가 사업자 단위 과세 사업자로 적용을 받는 과세기간에 자기의 다른 사업장에 반출하는 경우

② 사업자가 주사업장 총괄 납부의 적용을 받는 과세기간에 자기의 다른 사업장에 반출하는 경우. 다만, 세금계산서를 발급하고 관할 세무서장에게 신고한 경우는 제외한다.

(물음 3) 재화의 공급으로 보지 않는 경우

1. 법률에 다른 공매 · 경매

(1) 국세징수법에 따른 공매(수의계약에 따라 매각하는 것을 포함) 및 민사집행법에 따른 경매에 따라 재화를 인도하거나 양도하는 것은 재화의 공급으로 보지 아니한다.

(2) 이와 같은 경매를 과세대상으로 볼 경우 국세를 체납하거나 채무를 변제하지 못하였던 경매재화의 공급자가 부가가치세를 거래징수하여 납부하여야 하나, 경매재화의 공급자는 대부분 폐업, 파산 등으로 세금부담능력이 없기 때문에 부가가치세를 납부하지 아니한다. 반면, 경매재화의 구입자, 즉 경락자는 매입세액을 공제받기 때문에 과세관청의 입장에서는 세수일실만 초래한다. 그렇다고 경매대금의 배분시 부가가치세가 다른 채권에 반드시 우선하지도 않으므로 조세채권의 확보가 곤란하다.

2. 법률에 따른 수용

(1) 도시 및 주거환경정비법 · 공익사업을 위한 토지 등의 취득 및 보상에 관한 법률 등에 따른 수용절차에서 수용대상 재화의 소유자가 수용된 재화에 대한 대가를 받는 경우에는 재화의 공급으로 보지 아니한다.

(2) 이는 도시 및 주거환경정비와 공익사업의 원활한 진행과 수용된 재화가 공익사업을 위하여 철거 · 멸실되는 점을 고려한 것이다.

3. 담보제공

(1) 채무자 또는 제3자가 채권자에게 질권 · 저당권 또는 양도담보의 목적으로 제공하는 목적물은 재화의 공급으로 보지 아니한다.

(2) 담보제공의 경우에는 채무자 또는 제3자가 그 목적물을 채권자에게 점유이전을 하는 것이 아니거나 그 목적물을 채권자에게 점유하게 하여 소유권을 이전하지만 그 사용 · 수익권은 채무자 또는 제3자에게 그대로 있는 것으로 그 실질은 "소유자로서의 유체물의 처분을 행하는 권한을 위양하는 것"이 아니므로 재화의 공급이라 할 수 없다.

4. 사업의 양도

(1) 사업장별로 그 사업에 관한 모든 권리와 의무를 포괄적으로 승계시키는 것은 그 사업을 양수받는 자가 대가를 지급하는 때에 그 대가를 받은 자로부터 부가가치세를 징수하여 납부한 경우를 제외하고 재화의 공급으로 보지 아니한다.

(2) 그 이유는 ① 사업의 양도는 특정재화의 개별적 공급을 과세요건으로 하는 부가가치세의 공급에 대한 본질적 성격과 맞지 아니하며, ② 사업의 양도는 일반적으로 그 거래금액과 나아가 그에 대한 부가가치세액이 크며 그 양수자는 거의 예외없이 매입세액으로서 공제받을 것이 예상되는 거래에 대하여 매출세액을 징수하도록 하는 것은 국고에 아무런 도움이 없이 사업의 양수자에게 불필요한 자금부담을 주게 되어 이를 지양하도록 하여야 한다는 조세 내지 경제정책상의 배려에 연유한다 할 것이다〈대법 82누 86, 1983. 6. 28.〉.

5. 조세의 물납

(1) 사업용자산을 물납하는 경우 재화의 공급으로 보지 않도록 규정(과세대상에서 제외)하였다.

(2) 이는 물납에 대하여 부가가치세 거래징수를 인정할 경우 국고측면에서 실익이 없으면서 납세자의 불편을 초래하고, 국가로부터의 거래징수가 사실상 불가능하며, 국가가 물납을 기피할 소지가 있어 이를 보완하고자 한 것이다

6. 신탁재산의 소유권 이전

(1) 신탁재산의 소유권 이전으로서 다음 어느 하나에 해당하는 경우 재화의 공급으로 보지 아니한다.

① 위탁자로부터 수탁자에게 신탁재산을 이전하는 경우

② 신탁의 종료로 인하여 수탁자로부터 위탁자에게 신탁재산을 이전하는 경우

③ 수탁자가 변경되어 새로운 수탁자에게 신탁재산을 이전하는 경우

(2) 이는 신탁으로 인한 신탁재산의 소유권이전은 형식적인 소유권 이전에 불과하므로 재화의 공급으로 보지 않는 것이다.

(물음 4) (2022 수정)

1. 결어

재화의 간주공급을 당해 재화의 매입시 매입세액을 공제받은 경우로 한정하는 것은 타당하다.

2. 재화의 간주공급

'재화의 공급의제(간주공급)'라 함은 재화공급의 일반적 요건 중 일부를 충족하지 못하여 본래의 재화공급에는 해당하지 않으나, 부가가치세법상 일정한 것을 재화의 공급으로 보는 것을 말한다. 이에 해당하는 거래는 다음과 같다. 다만, 처음부터 매입세액이 공제되지 아니한 재화(다만, 사업양도에 의하여 사업양수자가 양수한 자산으로서 사업양도자가 매입세액을 공제받은 재화는 공급의제 됨)는 재화의 공급으로 보지 아니한다.

(1) 면세사업 전용재화

과세사업을 위하여 생산하거나 취득한 재화를 부가가치세가 면제되는 재화 또는 용역을 공급하는 사업을 위하여 사용·소비하는 경우에는 재화의 공급으로 본다.

(2) 비영업용 소형자동차와 그 유지를 위한 재화

자기의 사업과 관련하여 생산하거나 취득한 재화를 비영업용 소형승용자동차와 그 유지에 사용·소비하는 경우에는 재화의 공급으로 본다.

⑶ 개인적 공급

사업자가 자기의 사업과 관련하여 생산하거나 취득한 재화를 자기나 그 사용인의개인적 목적 또는 기타의 목적으로 사용·소비하는 것은 재화의 공급으로 본다.

⑷ 사업상 증여

사업자가 자기의 사업과 관련하여 생산하거나 취득한 재화를 불특정 다수인에게 증여하는 것을 말하고, 증여되는 재화의 대가가 주된 거래인 재화공급의 대가에 포함되지 아니한 것은 재화의 공급으로 본다

⑸ 폐업할 때 남아 있는 재화의 공급

사업자가 사업을 폐지하는 때 또는 신규로 사업을 개시하고자 하는 자가 사업개시 전 등록한 경우로서 사실상 사업을 개시하지 아니하게 되는 때에 잔존하는 재화는 자기에게 공급한 것으로 본다

⑹ 위탁매매 또는 대리인에 의한 매매

위탁매매 또는 대리인에 의한 매매를 할 때에는 위탁자 또는 본인이 직접 재화를 공급하거나 공급받은 것으로 본다. 다만, 위탁자 또는 본인을 알 수 없는 경우로서 대통령으로 정하는 경우에는 수탁자 또는 대리인에게 재화를 공급하거나 수탁자 또는 대리인으로부터 재화를 공급받은 것으로 본다.

⑺ 신탁법에 따른 위탁자의 지위 이전

「신탁법」 제10조에 따라 위탁자의 지위가 이전되는 경우에는 기존 위탁자가 새로운 위탁자에게 신탁재산을 공급한 것으로 본다. 다만, 신탁재산에 대한 실질적인 소유권의 변동이 있다고 보기 어려운 경우로서 대통령령으로 정하는 경우에는 신탁재산의 공급으로 보지 아니한다.

3. 매입시 매입세액 공제받은 경우로 한정하는 근거

⑴ 부가가치세의 부담이 없는 재화의 소비방지

전단계세액공제법에 의해 부가가치세법상 과세사업자가 매입시 매입세액공제를 받은 후 자가공급, 개인적공급, 사업상증여, 폐업을 하는 경우에는 부가가치세 부담없는 재화의 소비가 가능하게 되므로 이를 공급으로 의제할 필요가 있다.

⑵ 사업자간 또는 소비자간의 과세형평을 도모

부가가치세는 일반소비세로서 재화 또는 용역을 공급하는 자가 공급받는 자로부터 거래징수하여야 하는데, 과세사업과 면세사업을 영위하는 겸영사업자와 면세사업만을 영위하는 사업자 간에 과세형평을 도모하기 위해 과세사업과 관련하여 매입세액공제를 받은 경우 이를 공급으로 의제할 필요가 있다.

⑶ 조세회피방지

매입세액공제는 '과세사업에 사용되거나 사용할' 시점에 공제되므로, 매입시 매입세액공제를 받은 후 해당 재화를 공급·소비하는 경우 부가가치세 부담을 회피할 수 있으므로 이를 공급으로 의제하여 조세회피를 방지할 필요가 있다.

⑷ 당초 공제받은 세액의 추징·환수

재화의 공급의제는 당초 매입세액을 공제 받을 수 없는 경우임에도 불구하고 매입세액 공제를 받은 경우 공급으로 의제하여 당초 공제받은 세액을 추징·환수하는 개념이므로 매입세액 불공제의 경우에 공급으로 의제할 수는 없는 것이다.

⑸ 조세의 중립성 유지

매입시 매입세액 공제여부에 따라 부가가치세 부담이 달라지는 조세의 중립성 유지를 위해서 매입세액 공제의 경우 공급으로 의제할 필요가 있다.

【문제 2】 조건부 면세

(물음 1) 장애인이 구입하는 승용자동차

장애인이 구입하는 승용자동차의 경우에는 개별소비세를 면제한다.
이러한 조건부 면세는 국가시책으로 특정한 용도에 사용되는 과세물품을 제조장 또는 보세구역으로부
터 반출시 일정한 조건을 달아 세액을 부담시키지 않는 제도를 말한다.

1. 장애인의 범위

개별소비세를 면제하는 '장애인'의 범위는 다음과 같다.
 ① 국가유공자 등 예우 및 지원에 관한 법률에 따른 국가유공자 중 장애인
 ② 장애인복지법에 따른 장애인(장애의 정도가 심한 장애인으로 한정한다)
 ③ 5·18민주유공자 예우에 관한 법률에 따른 5·18민주화운동부상자로서 등록된 자
 ④ 고엽제후유의증 등 환자지원 및 단체설립에 관한 법률에 따른 고엽제후유의증 환자로서 경도장
   애 이상의 장애등급 판정을 받은 자

2. 장애인 승용자동차의 범위

 (1) 개별소비세가 면제되는 승용자동차는 장애인 1명당 1대로 한한다.
 (2) 면제한도

   장애인을 위한 특수장비 설치비용을 과세표준에서 제외하고 산출한 금액으로서 500만원을 한
   도로 개별소비세를 면제한다.
 (3) 제출서류

   면세를 받고자 하는 장애인은 과세표준의 신고서에 아래에 해당하는 서류를 첨부하여 관할세
   무서장 또는 세관장에게 제출하여야 한다(국세정보통신망에 의한 제출을 포함한다).
   a. 승용자동차 개별소비세 면세 반출 신고서
   b. 자동차매매계약서 사본(같은 용도의 것으로 양도한 경우만 해당함)
 (4) 명의 등의 확인

   장애인에 대한 승용자동차 면세특례 규정에 의하여 과세표준신고를 받은 관할세무서장 또는
   세관장은 전자정부법에 따른 행정정보의 공동이용을 통하여 다음의 행정정보를 확인하여야 한다.
   ① 사업자등록증(환자수송용 또는 영업용의 경우만 해당)
   ② 자동차등록증(제조장에서 반출하는 경우에 한함)
   ③ 주민등록표 등본 또는 외국인등록사실증명(주민등록표, 외국인등록표 또는 국내거소신고원
     부에 의하여 장애인과 세대를 함께 하는 것이 확인되는 배우자, 직계존비속, 형제자매 또는
     직계비속의 배우자와 공동명의로 장애인 전용 승용자동차를 구입하는 경우에 한함)
   ④ 장애인등록증 또는 상이등급이 기재된 국가유공자증서
   ⑤ 국내거소신고사실증명(③에 따라 확인할 수 없는 경우에 한함)

3. 면세특례의 적용절차

 (1) 원칙적인 절차

   ① 조건부면세를 받으려는 자는 면세신청서를 해당 물품을 판매 또는 반출할 때에(수입물품의
     경우에는 그 수입신고 시부터 수입신고수리 전까지) 관할 세무서장 또는 세관장에게 제출(국세정
     보통신망을 통한 제출을 포함한다)하여 그 승인을 받아야 한다.
   ② 신청을 받은 관할 세무서장 또는 세관장이 해당 물품에 대한 면세를 승인하였을 때에는 그

신청서에 준하는 내용의 승인서를 발급하여야 하며, 반입지 관할 세무서장 또는 세관장에게 그 뜻을 통지하여야 한다.
③ 과세물품을 반입 장소에 반입한 자는 반입한 날이 속하는 분기의 다음 달 15일까지 반입 사실을 반입지 관할 세무서장 또는 세관장에게 신고하여야 한다.

(2) 면세반출승인신청에 대한 특례(사후 제출)
용도에 사용하기 위하여 제조장 또는 하치장에서 반출하는 물품에 대하여 면세를 받으려는 자는 위 절차에도 불구하고 해당 물품을 판매 또는 반출한 날이 속하는 분기의 다음 달 25일까지 해당 분기분(석유류·담배는 반출한 날이 속하는 달의 다음 달 말일까지 해당 월분)의 과세표준신고서에 반입증명서 또는 용도증명서를 첨부하여 제출하여야 한다.

(물음 2)

(1) 반입 미증명
조건부 면세물품에 대하여 반입지에 반입한 사실을 증명하지 아니한 것에 대해서는 관할 세무서장 또는 세관장이 그 판매자·반출자 또는 수입신고인으로부터 개별소비세를 징수한다.

(2) 용도변경 등
다음의 사유가 발생하는 경우 반입자는 사유가 발생한 날이 속하는 분기의 다음 달 25까지 개별소비세신고서를 반입지 관할 세무서장 또는 세관장에게 제출하고 개별소비세를 납부하여야 한다.
① 개별소비세를 면제받은 장애인의 승용자동차로서 반입자가 반입한 날부터 5년 이내에 그 용도를 변경하거나 양도한 경우. 다만, 조건부면세가 적용되는 장애인이 구입한 승용자동차의 경우 반입자가 반입한 날부터 5년 이내에 사망한 경우에는 용도변경 등으로 보지 아니한다.
② 노후한 장애인 전용 승용차를 교체 등의 사유로 1인 2대가 된 경우로서 종전의 승용자동차를 새로 취득한 장애인 전용 승용자동차의 취득일부터 3개월 이내에 처분하지 않은 경우

【문제 3】

(물음 1)

1. 결어
甲은 신탁재산에 대한 과점주주의 간주취득세 납세의무가 있다.

2. 지방세법 규정
(1) 과점주주의 간주취득세 납세의무
법인의 주식 또는 지분을 취득함으로써 「지방세기본법」에 따른 과점주주가 되었을 때에는 그 과점주주가 해당 법인의 부동산등(법인이 「신탁법」에 따라 신탁한 재산으로서 수탁자 명의로 등기·등록이 되어 있는 부동산등을 포함한다)을 취득(법인설립 시에 발행하는 주식 또는 지분을 취득함으로써 과점주주가 된 경우에는 취득으로 보지 아니한다)한 것으로 본다. (2015. 12. 29. 개정)
(2) 과점주주의 취득
법인의 과점주주가 아닌 주주 또는 유한책임사원이 다른 주주 또는 유한책임사원의 주식 등을

취득하거나 증자 등으로 최초로 과점주주가 된 경우에는 최초로 과점주주가 된 날 현재 해당 과점주주가 소유하고 있는 법인의 주식등을 모두 취득한 것으로 보아 취득세를 부과한다.

3. 종전판례 및 개정세법

　(1) 종전판례의 입장

　　신탁법상의 신탁은 위탁자가 수탁자에게 특정의 재산권을 이전하거나 기타의 처분을 하여 수탁자로 하여금 신탁 목적을 위하여 그 재산권을 관리 · 처분하게 하는 것이므로, 부동산 신탁에 있어 수탁자 앞으로 소유권이전등기를 마치게 되면 대내외적으로 소유권이 수탁자에게 완전히 이전되고 위탁자와의 내부관계에서 소유권이 위탁자에게 유보되는 것이 아니며, 이와 같이 신탁의 효력으로서 신탁재산의 소유권이 수탁자에게 이전되는 결과 수탁자는 대내외적으로 신탁재산에 대한 관리권을 갖게 된다

　　따라서 신탁계약이나 신탁법에 의하여 수탁자가 위탁자에 대한 관계에서 신탁 부동산에 관한 권한을 행사할 때 일정한 의무를 부담하거나 제한을 받게 되더라도 그것만으로는 위탁자의 과점주주가 신탁 부동산을 사실상 임의처분하거나 관리운용할 수 있는 지위에 있다고 보기도 어렵다.

　　어느 법인의 부동산이 신탁법에 의한 신탁으로 수탁자에게 소유권이 이전된 후 그 법인의 과점주주가 되거나 그 법인의 주식 또는 지분 비율이 증가된 경우에는 특별한 사정이 없는 한 신탁 부동산을 그 법인이 보유하는 부동산으로 보아 그 법인의 과점주주에게 구 지방세법 제105조 제6항 등에서 정한 간주취득세를 부과할 수는 없다고 봄이 타당하다.

　(2) 개정세법

　　2015년 12월 29일 법 개정시 신탁법에 따른 신탁재산은 위탁자에게 귀속되는 것으로 보아 위탁법인의 과점주주에게 간주취득세를 부과토록 하였다. 이는 대법원 판례(대법 2014두36266, 2014. 9. 4.)에서 신탁재산을 위탁법인의 재산에 포함하여 과점주주 간주취득세를 부과할 수 없다고 판시함에 따라 이로 인한 조세회피 목적의 신탁행위가 조장되는 것을 방지하기 위하여 납세의무 규정을 보완한 것이다.

4. 사례적용

　(1) 간주취득세 제도의 입법취지

　　법인의 과점주주에 대하여 그 법인의 재산을 취득한 것으로 보아 취득세를 부과하는 것은 과점주주가 되면 해당 법인의 재산을 사실상 임의처분하거나 관리운용할 수 있는 지위에 서게 되어 실질적으로 그 재산을 직접 소유하는 것과 크게 다를 바 없다는 점에서 담세력이 있다고 보기 때문이다.

　　법인의 신탁재산에 대하여 과점주주의 간주취득세를 부과할 수 없다면 신탁과 신탁의 해지로 인한 취득에 대하여 취득세가 비과세되는 점을 이용하여 신탁과 신탁의 해지를 반복하면서 과점주주의 간주취득세 부과를 회피할 수 있게 되어 과점주주 취득세의 입법 취지에 어긋난다.

　(2) 신탁의 법률관계

　　신탁의 효력으로서 신탁재산의 소유권이 수탁자에게 이전되는 결과 수탁자는 대내외적으로 신탁재산에 대한 관리권을 갖게 된다고 할 것이나, 이러한 경우에도 수탁자는 신탁의 목적 범위 내에서 신탁계약에 정하여진 바에 따라 신탁재산을 관리 · 처분하여야 하는 제한이 있고, 원칙적으로 신탁재산을 고유재산으로 하거나 이에 관하여 권리를 취득하지 못하며 신탁재산에 대한 관리를 적절히 하지 못하여 신탁재산의 멸실, 감소 기타의 손해를 발생하게 한 경우 또는 신탁의 본질에 위반하여 신탁재산을 처분한 때에는 손해배상책임을 부담하기도 하는 등 위탁

자와의 관계에서는 일정한 제한이 유보된 소유권을 취득하는 것일 뿐이다.

(3) 소결

따라서 법인인 위탁자가 「신탁법」에 의하여 수탁자 명의로 재산을 등기한 후에 그 법인의 과점주주가 된 경우에는 신탁등기에도 불구하고 과점주주 취득세를 납부할 의무가 있다고 봄이 타당하다.

(물음 2) (2021 수정)

1. 결어

신탁재산에 대한 재산세 납세의무자는 위탁자인 A이다.

2. 지방세법 규정

(1) 납세의무자

재산세 과세기준일 현재 재산을 사실상 소유하고 있는 자는 재산세를 납부할 의무가 있다. 다만, 「신탁법」에 따라 수탁자 명의로 등기·등록된 신탁재산의 경우 위탁자가 납세의무자가 되며 이 경우 위탁자가 신탁재산을 소유한 것으로 본다.

(2) 수탁자의 물적납세의무

신탁재산의 위탁자가 신탁 설정일 이후에 법정기일이 도래하는 재산세 등을 체납한 경우로서 그 위탁의 다른 재산에 대하여 체납처분을 하여도 징수할 금액에 미치지 못할 때에는 해당 신탁재산의 수탁자는 그 신탁재산으로써 위탁자의 재산세 등을 납부할 의무가 있다.

3. 세법개정 및 입법취지

(1) 세법개정

2020년 12월 29일 법 개정시 신탁재산에 대한 재산세 납세의무자를 수탁자에서 위탁자로 변경하였으며 위탁자가 재산세 등을 체납할 경우 일정 요건 충족시 수탁자에게 물적납세의무를 부여 하였다.

(2) 입법취지

위탁자가 탈세 혹은 조세회피를 목적으로 신탁제도를 악용하는 것을 방지하되 수탁자에게 부당한 납세협력비용이 발생하지 않도록 하기 위함.

【문제 4】

(물음 1) 벤처기업 주식매수선택권 행사이익 납부특례 (2022년 수정)

1. 개요

행사시점에서 주식매수선택권 행사이익에 대한 소득세 과세시 과도한 소득세 부담에 따른 현금유동성 부족 등에 어려움이 있다. 이러한 문제점을 완화하여 벤처기업이 임원 또는 종업원에 대한 성과보상 등의 수단으로 주식매수선택권을 보다 잘 활용할 수 있도록 지원하고자, 벤처기업의 임원 또는 종업원이 <u>2024년 12월 31일까지</u> 해당 벤처기업으로부터 부여받은 주식매수선택권을 행사(벤처기업 임원 등으로서 부여받은 주식매수선택권을 퇴직 후 행사하는 경우를 포함)함으로써 얻은 이익(<u>비과세되는 연간 5천만원 이내의 금액은 제외</u>)에 대하여는 다음의 납부특례에 따라 해당 소득세를 최고 5회에 걸쳐 연불할 수 있도록 하였다.

2. 행사이익의 범위

벤처기업 임원 등이 해당 벤처기업으로부터 부여받은 주식매수선택권을 행사하여 주식을 시가보다 낮은 행사가액에 취득하는 경우에는 전술한 바와 같이 행사일을 지급시기로 하여 해당 주식의 시가와 행사가액과의 차액을 근로소득 또는 기타소득으로 지급한 것으로 본다.

3. 납부특례의 내용

⑴ 원천징수의무 면제

해당 납부특례가 적용되는 경우에는 벤처기업 임원 등이 주식매수선택권을 행사함으로써 얻은 이익에 대하여 종합소득과세표준 확정신고를 통해 직접 소득세를 신고·납부하도록 하고 있는 바, 벤처기업 임원 등이 원천징수의무자에게 본 조에 따른 납부특례의 적용을 신청하는 경우에는 소득세법의 원천징수 규정에도 불구하고 소득세를 원천징수하지 아니한다.

⑵ 종합소득과세표준 확정신고·납부

납부특례 적용신청에 따라 원천징수를 하지 아니한 경우 벤처기업 임원 등은 주식매수선택권을 행사한 날이 속하는 과세기간의 종합소득과세표준 확정신고 시 주식매수선택권을 행사함으로써 얻은 이익을 포함하여 종합소득 과세표준을 신고하여야 한다.

⑶ 분할납부세액의 납부

주식매수선택권을 행사함으로써 얻은 이익에 관련한 소득세액으로서 해당 과세기간의 결정세액에서 해당 과세기간의 종합소득금액 중 주식매수선택권을 행사함으로써 얻은 이익에 따른 소득금액을 제외하여 산출한 결정세액을 뺀 금액의 4/5에 해당하는 금액("분할납부세액")은 제외하고 납부할 수 있다.

소득세를 납부한 경우 벤처기업 임원 등은 주식매수선택권을 행사한 날이 속하는 과세기간의 다음 4개 연도의 종합소득과세표준 확정신고 시 분할납부세액의 1/4에 해당하는 금액을 각각 납부하여야 한다.

⑷ 납세의무자의 출국시 납부특례의 적용

벤처기업 임원 등이 해당 납부특례에 따라 소득세를 납부하는 중 출국하는 경우에는 출국일이 속하는 과세기간의 과세표준을 출국일의 전날까지 납부하여야 한다.

(물음 2) 주식매수선택권 행사이익에 대한 과세특례 (2022년 수정)

1. 개요

벤처기업 우수인력 유치를 지원하기 위하여 벤처기업 임직원이 해당 벤처기업으로부터 부여받은 적격주식매수선택권을 2024년 12월 31일까지 행사함으로써 얻은 이익에 대해서 벤처기업 임직원이 양도소득세 과세방식을 신청한 경우에는 주식매수선택권 행사시에 소득세를 과세하지 아니하고 적격주식매수선택권 행사에 따라 취득한 주식을 양도하여 발생하는 양도소득에 대해서 양도소득세 과세대상 주식 등으로 보아 양도소득세를 과세한다.

2. 과세특례의 요건

벤처기업 임직원이 해당 벤처기업으로부터 부여받은 주식매수선택권으로서 다음의 요건을 갖춘 주식매수선택권("적격주식매수선택권")을 행사(벤처기업 임직원으로서 부여받은 주식매수선택권을 퇴직 후 행사하는 경우를 포함함)함으로써 얻은 이익(주식매수선택권 행사 당시의 시가와 실제 매수가액과의 차액을 말하며, 주식에는 신주인수권을 포함함)에 대해서 벤처기업 임직원이 설명하는 양도소득세 과세방식을 적용받을 것을 신청한 경우에는 주식매수선택권 행사시에 소득세를 과세하지 아니할 수 있다.
① 벤처기업육성에 관한 특별조치법에 따른 주식매수선택권으로서 다음의 요건을 갖출 것
    a. 벤처기업이 주식매수선택권을 부여하기 전에 주식매수선택권의 수량·매수가액·대상자 및
       기간 등에 관하여 주주총회의 결의를 거쳐 벤처기업 임직원과 약정할 것
    b. a에 따른 주식매수선택권을 다른 사람에게 양도할 수 없을 것
    c. 주식매수선택권을 부여받은 벤처기업 임직원이 사망 또는 정년을 초과하거나 그 밖에 자신
       에게 책임 없는 사유로 퇴임 또는 퇴직하는 불가피한 사유가 있는 경우를 제외하고는 벤처
       기업육성에 관한 특별조치법에 따른 주주총회 결의일로부터 2년 이상 해당 법인에 재임 또
       는 재직한 후에 주식매수선택권을 행사할 것
② 해당 벤처기업으로부터 부여받은 주식매수선택권의 행사일부터 역산하여 2년이 되는 날이 속하
  는 과세기간부터 해당 행사일이 속하는 과세기간까지 전체 행사가액의 합계가 5억원 이하일
  것

3. 과세특례의 내용
  (1) 양도소득세 과세
    적격주식매수선택권 행사시 위에 따라 소득세를 과세하지 아니한 경우 적격주식매수선택권 행사에 따라
    취득한 주식(해당 주식의 보유를 원인으로 해당 벤처기업의 잉여금을 자본에 전입함에 따라 무상으로 취
    득한 주식을 포함함)을 양도하여 발생하는 양도소득(비과세되는 연간 5천만원 이내의 금액은 제외)
    에 대해서는 소득세법에도 불구하고 양도소득세 과세대상 주식등에 해당하는 것으로 보아 양도소득세를
    과세한다. 이 경우 적격주식매수선택권 행사 당시의 실제 매수가액을 소득세법에 따른 취득가액으로
    한다.
  (2) 주식매수선택권 행사비용의 손금불산입
    과세특례에 따라 주식매수선택권 행사이익에 대하여 소득세를 과세하지 아니한 경우에는 해당
    주식매수선택권의 행사에 따라 발생하는 비용으로서 약정된 주식매수시기에 약정된 주식의 매
    수가액과 시가의 차액을 법인세법에도 불구하고 해당 벤처기업의 각 사업연도의 소득금액을
    계산할 때 손금에 산입하지 아니한다.

4. 사후관리
  벤처기업 임직원이 적격주식매수선택권 행사로 취득한 주식을 증여하거나 행사일로부터 1년이 지
  나기 전에 처분하는 경우에는 양도소득세 과세방식을 신청한 경우라도 소득세법에 따라 근로소득
  또는 기타소득에 대한 소득세로 과세하며, 이 경우 소득의 귀속시기는 주식의 증여일 또는 처분일
  이 속하는 과세연도로 한다.
  다만, 다음에 해당하는 부득이한 사유가 있는 경우에는 그러하지 아니하다
  ① 주식매수선택권을 부여한 벤처기업이 파산하는 경우
  ② 채무자 회생 및 파산에 관한 법률에 따른 회생절차에 따라 법원의 허가를 받아 주식을 처분하는
    경우
  ③ 합병·분할 등에 따라 해당 법인의 주식을 처분하고 합병법인 또는 분할신설법인의 신주를 지
    급받는 경우

【제23판】
세무사 제2차시험 기출문제집

1998年 12月　5日　初版 印刷
1998年 12月　7日　初版 發行
2000年　1月　5日　2版 發行
2002年　1月　2日　3版 發行
2003年　6月　2日　4版 發行
2004年　6月　7日　5版 發行
2005年 10月　5日　6版 發行
2006年　9月 21日　7版 發行
2007年 11月　6日　8版 發行
2008年 11月　3日　9版 發行
2010年　1月　7日　10版 發行
2010年 12月　6日　11版 發行
2012年　4月　3日　12版 發行
2012年 11月 21日　13版 發行
2013年 11月 13日　14版 發行
2014年 11月 10日　15版 發行
2015年 11月　4日　16版 發行
2016年 11月 14日　17版 發行
2017年 11月 29日　18版 發行
2018年 10月 30日　19版 發行
2019年 10月 22日　20版 發行
2021年 10月 20日　22版 發行
2022年 10月 18日　23版 1刷 發行

편　저　자 | 月刊會計 編輯室
세법과목감수 | 김신영 세무사
발　행　인 | 李　振　根
발　행　처 | 會　經　社

서울시 구로구 디지털로33길 11, 1008호(구로동 에이스테크노 타워 8차)
TEL : (02) 2025 - 7840, 7841　　　FAX : (02) 2025 - 7842
homepage : http://www.macc.co.kr　✉ e-mail : macc7@macc.co.kr
登錄 : 1993. 8. 17.　제16 - 447호
ISBN 978 - 89 - 6044 - 248 - 1　13320